Wiener Jahrbuch für Theologie

7 (2008)

Wiener Jahrbuch für Theologie

herausgegeben von der

Evangelisch-Theologischen Fakultät
der Universität Wien

Schwerpunktthema:
Protestantische Identität
im europäischen Kontext

Redaktion:
Gottfried Adam, Wilhelm Pratscher

LIT

Umschlagbild: Christlieb Rezendorf, Vertheidigung des Dreyfachen Klee-Blats … , Altdorf 1732

Gedruckt mit Unterstützung des Bundesministeriums
für Wissenschaft und Forschung in Wien
der Evangelischen Kirche in Österreich
und der Evangelisch-Theologischen Fakultät der Universität Wien

Bibliografische Information der Deutschen Nationalbibliothek
Die Deutsche Nationalbibliothek verzeichnet diese Publikation in der Deutschen Nationalbibliografie; detaillierte bibliografische Daten sind im Internet über http://dnb.d-nb.de abrufbar.

ISBN 978-3-7000-0873-6 (Österreich)
ISBN 978-3-8258-1596-7 (Deutschland)
ISSN 1607-4289

Krotenthallergasse 10/8
A-1080 Wien
Tel. +43 (0) 1 / 409 56 61
Fax +43 (0) 1 / 409 56 97
e-Mail: wien@lit-verlag.at
http://www.lit-verlag.at

LIT VERLAG Dr. W. Hopf
Berlin 2008
Verlagskontakt:
Fresnostr. 2
D-48159 Münster
Tel. +49 (0) 2 51/620 32 - 22
Fax +49 (0) 2 51/922 60 99
e-Mail: lit@lit-verlag.de
http://www.lit-verlag.de

Auslieferung:
Deutschland/Schweiz: LIT Verlag Fresnostr. 2, D-48159 Münster
Tel. +49 (0) 2 51/620 32 - 22, Fax +49 (0) 2 51/922 60 99, e-Mail: vertrieb@lit-verlag.de
Österreich: Medienlogistik Pichler-ÖBZ GmbH & Co KG
IZ-NÖ, Süd, Straße 1, Objekt 34, A-2355 Wiener Neudorf
Tel. +43 (0) 2236/63 535-290, +43 (0) 2236/63 535 - 243, mlo@medien-logistik.at

Inhalt

Vorwort

Das Schwerpunktthema des vorliegenden Bandes lautet: „Protestantische Identität im europäischen Kontext“. Es ist wichtig, sich von Zeit zu Zeit der eigenen Herkunft zuzuwenden, die Frage der eigenen Identität zu bedenken und das eigene Selbstverständnis im Blick auf die Zukunft zu reflektieren. In den Beiträgen wird sowohl von „evangelischer“ wie „protestantischer“ Identität gesprochen. Darin spiegelt sich, dass der Sprachgebrauch nicht einheitlich ist. In Deutschland stellt der Begriff „evangelisch“ beispielsweise den Oberbegriff für lutherisch und reformiert dar. Im südosteuropäischen Raum wird dafür der Begriff „protestantisch“ verwendet. Das hat einen Grund darin, dass z.B. in der slowakischen und ungarischen Sprache der Begriff „evangelisch“ für „lutherisch“ steht, sodass dieser nicht mehr als Oberbegriff für reformiert und lutherisch zur Verfügung steht. Es spiegeln sich im Sprachgebrauch in jedem Falle unterschiedliche Traditionen.

Wenn man heute über das eigene Selbstverständnis nachdenkt und eine gegenwärtige Standortbestimmung vornehmen will, so kann das nicht mehr ohne die Beachtung der europäischen Dimension geschehen. Die Entwicklung hin zu Europa hat eine solche Dynamik gewonnen, dass alle Lebensbereiche davon betroffen sind, sodass auch Kirche und Theologie davon zunehmend betroffen sind. Gewiss war die wissenschaftliche Diskussion schon immer stärker international ausgerichtet, aber heute wird nicht nur vom europäischen Forschungsraum gesprochen, sondern Forschung zunehmend auch in diesem Rahmen organisiert. Aus den genannten Gründen muss die Formulierung des Schwerpunktthemas „Protestantische Identität im europäischen Kontext“ lauten. In den Beiträgen wird erkennbar, in welch hohem Maße die europäische Dimension bereits einen integralen Bestandteil von Selbstverständnis und wissenschaftlich-theologischer Reflexion darstellt. Die Artikel zum Schwerpunktthema dieses Bandes sind von den Mitarbeiterinnen und Mitarbeitern der Fakultät verfasst. In drei Fällen schließen sie Gastvorlesungen ein, die an der Fakultät gehalten wurden. Für die Fragen der Bildungsverantwortung, der wissenschaftlichen Vernetzung und der Perspektive des Lutherischen Weltbundes haben wir Experten um Gastbeiträge gebeten. Auf diese Weise wollten wir die europäische Dimension „abrunden“.

Das Bild auf dem Umschlag des Jahrbuches stellt einen Ausschnitt aus der Veröffentlichung von Christlieb Rezendorf, Vertheidigung des Dreyfachen Klee-Blats …, Altdorf 1732 dar. Es handelt sich dabei um eine Schrift zur

Stärkung der Identität der Protestanten, die im katholischen Umfeld lebten. Das Bild enthält auf der linken Seite die Visualisierung des katholischen Glaubensverständnisses (mit der Unterschrift „Das Alte ist vergangen") und auf der rechten Seite bildliche Darstellungen zum evangelischen Glaubensverständnis (mit der Unterschrift „Siehe, es ist alles neu geworden"). Die Formulierung des eigenen Selbstverständnisses war seinerzeit offensichtlich nur in diesem Gegenüber möglich. Die Formulierung dessen, was Christsein im evangelischen Verständnis in einer Zeit ausmacht, die nicht zuletzt auch von der Ökumene bestimmt ist, wird hier andere Wege gehen müssen.

Die zweite Gruppe von Beiträgen des Jahrbuches enthält wiederum Artikel „Aus der Wiener Forschungswerkstatt". Diese erstrecken sich auf Themen, die von Augustin bis zu aktuellen systematisch-theologischen Fragestellungen, von der Analyse historischer Kinderbibeln bis hin zu neuesten archäologischen Forschungsergebnissen reichen. Wir hoffen, damit wiederum einen Einblick in die Breite der an der Fakultät betriebenen Forschung geben zu können. Teil III enthält wieder Statistiken.

Der vorliegende Band erscheint zu einem Zeitpunkt, wo die Fakultät Gastgeberin des „XIII. Europäischen Kongresses für Theologie" ist. Dieser findet vom 21. bis 25. September 2008 in Wien statt und widmet sich dem Thema „Kommunikation über Grenzen". Damit sind auch die größeren Horizonte im Blick, unter denen heute Theologie zu treiben ist. Die Thematik dieses Jahrbuches passt daher in inhaltlicher Hinsicht gut zum Thema des Kongresses. Die Wiener Fakultät grüßt darum die Teilnehmerinnen und Teilnehmer des Kongresses, indem sie ihnen dieses Jahrbuch überreicht.

Wir danken der Evangelischen Kirche in Österreich sowie dem Bundesministerium für Wissenschaft und Forschung in Wien, dass sie durch die Gewährung von namhaften Druckkostenzuschüssen die Publikation des Jahrbuches ermöglicht haben. Weiterhin danken wir auch Herrn Stud.Ass. Thomas Feldkirchner und Herrn Adalbert Raab für die Erstellung der Druckvorlagen und das Lesen der Korrekturen, für letzteres auch Frau Karin Sima-Seth und Herrn Erich Foltinowsky.

Wien, im Juli 2008

Gottfried Adam
Wilhelm Pratscher

I.

Schwerpunktthema: Protestantische Identität im europäischen Kontext

Bildung als Dimension protestantischer Identität. Überlegungen zur evangelischen Bildungsverantwortung

GOTTFRIED ADAM

Bildung ist seit längerem ein zentrales Thema der öffentlichen Diskussion geworden. Dabei haben die Ergebnisse der internationalen Vergleichsstudien (z.B. PISA, TIMSS) zu Klagen über das Bildungssystem in vielen Ländern Europas geführt. Sie waren Auslöser von Reformen, die weit reichende Konsequenzen haben. Insgesamt ist dabei das Bewusstsein für die Notwendigkeit von besserer Bildung gewachsen. Es werden darum auch Forderungen nach mehr Bildung erhoben. Freilich bleiben die finanziellen Ressourcen, die zur Umsetzung notwendig sind, dahinter bedauerlicher Weise zurück.

Auch in der kirchlichen Diskussion spielt Bildung seit langem wieder eine wichtige Rolle.[1] Die EKD veröffentlichte in ihrer Denkschrift „Maße des Menschlichen" evangelische Perspektiven zur Bildung in der Wissens- und Lerngesellschaft.[2] Die Evangelisch-Lutherische Kirche in Bayern verabschiedete auf ihrer Landessynode im März 2004 ein „Bildungskonzept für die Evangelisch-Lutherische Kirche in Bayern"[3], in dem für den Bereich der Landeskirche ein Gesamtkonzept für die gesamte Bildungsarbeit vorgelegt wurde. Die VELKD führte jüngst zum Thema „Profilierte Bildung – Der Beitrag der christlichen Kirchen zu den Bildungsaufgaben der Gegenwart"[4] ein Pastoralkolleg durch, dessen Referate in gedruckter Form zugänglich sind. Und Rüdiger Sachau, Direktor der Evangelischen Akademie in Berlin, formulierte jüngst: „Bildung hat eine Schlüsselfunktion für die Zukunftsfähigkeit der Kirche."[5] Er nennt dafür sieben Gründe. Kirche bilde,

- erstens weil sie die in der Religion gesammelten Erfahrungen immer wieder neu in die Lebenswirklichkeit gegenwärtiger Menschen übersetzen will;
- zweitens weil sie Menschen auf ihren Lebenswegen begleiten will;

---

1 Es sei nur erinnert an die Bildungssynoden der EKD von 1958, 1971 und 1978 und der EKiÖ von 1996.

2 Hg. vom *Kirchenamt der EKD*, Gütersloh 1993.

3 München 2004. 46 S.

4 Der Dokumentationsband trägt den gleichen Titel und wurde herausgegeben von *R. Schmidt-Rost/N. Dennerlein/U. Hahn,* Hannover 2006.

5 So der Untertitel seines Beitrages „Mündige Menschen fördern", in: Nachrichten der Evangelisch-Lutherischen Kirche in Bayern 62 (2007), Nr. 2, S. 387-40, hier: S. 37.

- drittens weil sie um den unableitbaren Wert jedes einzelnen Menschen weiß;
- viertens weil sie den einzelnen Menschen in seiner Eigenständigkeit, Urteilsfähigkeit und Verantwortlichkeit ernst nehmen will;
- fünftens weil sie Menschen in ihrer Ganzheit wahrnimmt;
- sechstens um einen Beitrag zur demokratischen Kultur zu geben;
- siebtens weil sie qualifizierte Mitarbeiterinnen und Mitarbeiter braucht.[6]

Diese wenigen Blitzlichter machen exemplarisch die Aktualität der Thematik auch im kirchlichen Bereich deutlich. Wenn wir einen Blick zurückwerfen, so können wir mit Fug und Recht feststellen, dass Bildung seit der Reformation untrennbar mit der protestantischen Identität verknüpft ist. Der Titel dieses Bandes schließt darum auch nicht mit einem Fragezeichen, eigentlich wäre ein Ausrufungszeichen hinzuzusetzen.

Darum fragen wir zunächst nach der Reformation und ihrem Verhältnis zur Bildungsfrage zurück, gehen sodann auf einige Aspekte eines heutigen protestantischen Bildungsverständnisses ein, und sprechen schließlich noch die Frage der protestantischen Stimme im europäischen Bildungsdiskurs an.

1. Reformation und Bildung

Die Verbindung von Glaube und Bildung stellt seit der Alten Kirche ein besonderes Charakteristikum des Christentums dar. An der Geschichte kann man ablesen, dass Bildungsoffenheit einen grundlegenden Wesenszug des christlichen Glaubens ausmacht. Als Protestanten können wir uns in dieser Frage vor allem auf die Reformation berufen. Sie war auch in pädagogischer Hinsicht von grundlegender Bedeutung – und zwar in einer doppelten Hinsicht: sowohl im Blick auf die innerkirchlichen Bildungserfordernisse als auch im Blick auf die schulischen und gesellschaftlich-bildungspolitischen Aspekte. Nehmen wir Luther als Beispiel. Das führt uns einerseits auf seine Katechismen, die als zentrale Instrumente religiöser Bildung dienten. Luther zeigt hier in eindrücklicher Weise, wie sich der christliche Gottesglaube und menschliches Verstehen zusammenfügen. Das führt uns andererseits auf Luthers sog. Schulschriften „An die Ratsherren aller Städte deutschen Landes, dass sie christliche Schulen aufrichten und halten sollen (1524)" sowie „Eine Predigt, dass man

6 Ebda., S. 40.

Kinder zur Schule halten solle (1530)". Luther zeigt hier, wie sich evangelischer Glaube und die Anliegen einer Bildungsreform miteinander verbinden.[7]

Die Namen fast aller Reformatoren tauchen auch als Schulreformer, Universitätsreformer und Initiatoren von Bildungsinstitutionen auf. Ich nenne exemplarisch Calvin, Zwingli, Melanchthon und Luther. Philipp Melanchthon, Luthers engster Mitstreiter und Freund, hat für die Bildungsgeschichte eine solch bedeutsame Rolle gespielt, dass man ihn zu Recht als „Praeceptor Germaniae", d.h. den Lehrer Germaniens schlechthin, genannt hat.

Auch bei Luther spürt man das leidenschaftliche Interesse für Erziehungsfragen, wenn er schreibt: „Aber ich, wenn ich vom Predigtamt und anderen Sachen lassen könnte oder müsste, so wollte ich kein Amt lieber haben als Schulmeister oder Knabenlehrer zu sein. Denn ich weiß, dass dieser Beruf (werck) nächst dem Predigtamt der allernützlichste, größte und beste ist. Ich weiß dabei noch nicht einmal, welcher von beiden der bessere ist; denn es ist schwer, alte Hunde zu bändigen und alte Bösewichte fromm zu machen, woran doch das Predigtamt arbeitet und viel vergeblich arbeiten muss. Aber die jungen Bäumchen kann man besser biegen und aufziehen, obgleich auch manche dabei zerbrechen. Lieber, lass es der höchsten Tugend eine sein, auf Erden fremden Leute Kinder treulich zu erziehen, welches gar wenige und fast niemand tut mit seinen eigenen."[8] Auch wenn Luther den Begriff Bildung nicht gebraucht hat, geht es doch genau darum, wenn er die Erziehungs- und Schulfragen anspricht.

Martin Luther ging es bei seinen Überlegungen zu Fragen der Bildung immer um zweierlei: Einerseits um die Bildung zum Zwecke des sachgemäßen Verstehens der Bibel. Für ihn gehörten Glaube und Verstehen, Glaube und Denken zusammen. Darum war ihm die selbständige Reflexion und persönliche Urteilsbildung des einzelnen Christen und der einzelnen Christin wichtig, was ja auch eine notwendige Folge des Prinzips des allgemeinen Priestertums darstellt; andererseits war ihm die Bildung zum Zwecke der Gewinnung beruflicher und politischer Qualifikationen wichtig gemäß jenem Satz aus dem Je-

---

7 Vgl. dazu *I. Asheim,* Glaube und Erziehung bei Luther. Ein Beitrag zur Geschichte des Verhältnisses von Theologie und Pädagogik, Pädagogische Forschungen 17, Heidelberg 1961. Ferner: *E. Kamp-Franke,* Ehe- und Hausstand, häusliche Erziehung und Schule. Eine Studie zu Luthers Auffassung des Verhältnisses von Gesellschaft und Erziehung. Diss. Phil. Univ. Marburg 1994, und *H. Schluss*, Martin Luther und die Pädagogik - Versuch einer Re-konstruktion, in: Vierteljahresschrift für wissenschaftliche Pädagogik 76 (2000), S. 321ff.

8 *M. Luther,* Eine Predigt, dass man Kinder zur Schulen halten solle (1530), in: WA 30/II, S. 579f (sprachlich modernisiert).

remiabuch, den Luther in diesem Zusammenhange gerne zitiert hat: „Suchet der Stadt Bestes!“ (Jer 29, 7).

Luther hat in eindringlicher Weise für die Schule geworben, und er hat die Schule als Pflichtaufgabe der Obrigkeit ins Stammbuch geschrieben – um des Wohles des Landes und der Menschen willen. Dabei hat er auch für die Mädchen eine Schulbildung gefordert. In all diesen Fragen war er ein Mensch, der im Umbruch der Zeiten lebte. Einerseits war er ein mittelalterlicher Mensch und andererseits ein moderner Zeitgenosse, der in Bildungsfragen seiner Zeit weit voraus war. War im Mittelalter das Bildungswesen im wesentlichen unter dem Gedanken organisiert, dass der Nachwuchs für die Bedürfnisse der katholischen Kirche herangebildet werden sollte, so hat Luther die Aufgabe des Bildungswesens darin gesehen, eine Bildung für alle um des Wohles des menschlichen Lebens willen zu ermöglichen.

Im Jahre 1524 wendet er sich „An die Bürgermeister und Ratsherren aller Städte in deutschen Landen“ und fordert sie auf, „dass sie christliche Schulen aufrichten und halten sollen“.[9] Und im Jahre 1530 greift er erneut zur Feder und wendet sich an die Eltern: „Eine Predigt, dass man Kinder zur Schule halten solle“.[10] Er bindet den Eltern auf ihr christliches Gewissen, dass sie ihren Kindern eine gute Bildung ermöglichen sollen. Dabei benutzt er zur Bekräftigung das stärkste Argument, das man benutzen kann: Er sagt, dass es Gottes Gebot sei, so zu verfahren.

Luther wirbt in Briefen, Predigten und Schriften immer wieder für die Bildung. Er ermahnt die Eltern, dass sie Gott, der Christenheit und aller Welt kein besseres Werk tun können als ihre Kinder wohl aufzuziehen; er beschreibt die Berufsaussichten: Kaiser und Könige bedürfen der Kanzler, Schreiber, Räte, Juristen und Gelehrte; die Städte müssen Stadtschreiber, Syndici und Gelehrte haben; es werden Handwerker und Kaufleute gebraucht; Luther weist darauf hin, dass man gute Lehrer suchen und bezahlen solle; er weist auf die Differenz in den Ausgaben für den Rüstungshaushalt auf der einen Seite und die Bildungsaufgaben auf der anderen Seite hin.

Luthers Wort zur Aufgabe der Bildung bleibt zunächst im Bereich der Ermahnung, d.h. des Gesetzes. Das Gesetz kann nur die Notwendigkeit des erzieherischen Tuns aufs äußerste einschärfen und die Verantwortung dafür deutlich machen. Es kann im Einzelnen keine methodischen Vorschriften erlassen. Luther rückt die Bildungsaufgabe unter den Gesichtspunkt der von Gott gebotenen Pflicht. Damit bietet er eine Antwort auf die Frage nach der

---

9 WA 15, S. 9ff.
10 WA 30/II, S. 508ff.

Legitimation von Erziehung und Bildung. Nicht der biologische Tatbestand des Vater- und Mutterseins legitimiert schon zu Erziehung und Bildung, auch nicht das göttliche Urrecht der Familie, sondern das Verhältnis der Generationen ist vom Schöpfungsglauben her zu verstehen. Eltern haben ihre Kinder nicht zur „Lust“ oder „Weltpracht“ zu erziehen, sondern sie haben das von Gott übertragene Mandat der Erziehung und Bildung wahrzunehmen.

Auf diese Weise hat Luther zum einen die Würde der Erziehenden auf ihre Verantwortung vor Gott begründet, zum andern die Erziehenden auf das Kind als Geschöpf Gottes ausgerichtet, und zum dritten einen bestimmten Umgangsstil intendiert, der dem Evangelium gemäß ist.[11] Gleichwohl kann vom Evangelium her keine ein für allemal gültige Form christlicher Erziehung verordnet werden. Hier sind der Kreativität und dem Einfallsreichtum der Eltern und Lehrer/innen Tor und Tür geöffnet.

Zusammenfassend kann man Luthers gesamtes Anliegen mit dem Satz aus der Deutschen Messe charakterisieren: „Christus, da er Menschen ziehen wollte, musste er Mensch werden; sollen wir Kinder ziehen, so müssen wir auch Kinder mit ihnen werden.“[12]

Wir leben in einer anderen Zeit und in einer anderen Gesellschaft als Luther. Wir erleben dramatische Umbrüche in Familie, Schule, Kirche und Gesellschaft. Hilfreich sind aber auch für uns jene Grundimpulse, die wir bei Luther wahrgenommen haben :

- Wir sind unseren Kindern eine möglichst gute schulische und berufliche Bildung schuldig. Das Gemeinwesen hat hier eine wesentliche Aufgabe wahrzunehmen.
- Wir sind unseren Kindern, Jugendlichen und Erwachsenen in unseren Kirchen eine elementare Bildung in Fragen des Glaubens schuldig, so dass sie sich und anderen Rechenschaft geben können über die Elementaria des christlichen Glaubens.
- Wo wir unsere Erziehungs- und Bildungsaufgabe in der Verantwortung vor Gott und in Wahrnehmung der Kinder als seine Geschöpfe verstehen, da wird

---

11 *R. Preul* schreibt dazu: „Dieser Stil kann … entweder gesetzlich sein oder evangeliumsgemäß. In einer *gesetzlichen* Erziehung erfährt das Kind nur bedingte Wertschätzung, je nachdem, wie es sich benimmt, was es leistet, ob es den Eltern Ehre macht oder sie blamiert. In einer *evangeliumsgemäßen* Erziehung gibt es zwar auch Regeln, Bewertung nach Leistung und Verhalten wie auch entsprechende Affektausbrüche, aber das alles spielt sich ab auf der Grundlage der Erfahrung von unbedingter und unverbrüchlicher Wertschätzung, ja Liebe. Und diese Liebe wird zugleich transparent für die Liebe Gottes.“ (Bildung und Erziehung nach Gesichtspunkten Luthers, in: Lutherjahrbuch 70 (2003), S. 11-32: hier: S. 27).

12 WA 19, S. 78,13.

eine Gesamtperspektive für Bildung und Erziehung erkennbar, die man mit Oskar Hammelsbeck in dem Satz zusammenfassen kann, dass alle „Erziehung vom Evangelium her“ eine „Erziehung um der Freiheit des Menschen willen“ ist.

2. Glaube und Bildung heute

In welcher Weise ist das Bildungsanliegen heute in pädagogischer und theologischer Verantwortung wahrzunehmen?[13] Der Bildungsbegriff hat von seiner Herkunftsgeschichte her eine gewisse Affinität zu Religion und Glaube. Eine seiner Wurzeln liegt nicht zufällig in der Mystik (z.B. bei Meister Eckart). Doch für den heutigen allgemeinen Sprachgebrauch ist maßgebend, was in den klassischen Bildungstheorien von Wilhelm v. Humboldt, Johann H. Pestalozzi, Friedrich D.E. Schleiermacher u.a. vor knapp zweihundert Jahren grundgelegt wurde. Die klassischen Bildungstheorien weisen bei aller Unterschiedlichkeit vier Charakteristika auf, die ihnen weitgehend gemeinsam sind:

(1) Bildung zielt auf die Befähigung zu vernünftiger Selbstbestimmung. Dabei bezeichnet Bildung einerseits die Bildung, die jemand erworben hat – also den Bildungsinhalt, und andererseits den Weg dazu – also den Bildungsprozess, in dem jemand sich bildet. Selbstbestimmung, Freiheit, Autonomie und Mündigkeit sind Begriffe, die bei der Beschreibung dieses Sachverhaltes verwendet werden.

(2) Bildung wird im Zusammenhang der jeweiligen Lebensgegebenheiten und kulturellen Situation erworben. Sie kann nur in der aktiven Auseinandersetzung mit der Welt, in der wir leben, erworben werden. Die Klassiker sprechen bei diesem Charakteristikum der Bildung von Humanität, Menschlichkeit, Welt und Allgemeinem. Heute fragt man in der pädagogischen Diskussion an dieser Stelle nach „Schlüsselproblemen“ und „allgemeiner Bildung“.

(3) Bildung kann jeder Mensch nur für sich selbst erwerben. Dies kann einem niemand abnehmen, sonst wäre es ja Fremdbestimmung. Der einzelne, die einzelne ist unvertretbar. Er, sie ist ein Individuum. Jede Person muss diesen Prozess selbst durchlaufen, der im gelingenden Falle ein Leben in Freiheit ermöglicht. Bildung ist Aufgabe und Werk eines jeden Menschen selbst.

(4) Der Bildungsprozess vollzieht sich in Gemeinschaft. Dieser individuelle Bildungsprozess geschieht nicht im luftleeren Raume, sondern ist angewiesen

---

13 Zum Folgenden s. insgesamt *V. Ladenthin,* Was ist Bildung?, in: EvTh 63 (2003), S. 237-260 sowie insbesondere *W. Jank/H. Meyer,* Didaktische Modelle, Frankfurt am Main 1991, S. 137ff.

auf die Begegnung, Auseinandersetzung und den Dialog mit anderen Menschen.

Während der Begriff der Erziehung die durchaus auch notwendige Aufgabe der Einordnung, die einübenden Seiten des Eingliederungsprozesses des einzelnen in die menschliche Gesellschaft bezeichnet, geht es beim Bildungsbegriff darum, was eigentlich den Maßstab der Personwerdung des Menschen ausmacht. Er ist damit ein kritischer Begriff, von dem der Pädagoge Herwig Blankertz schreibt: „Das ist die pädagogische Norm, die mit dem Bildungsbegriff in die Didaktik eingesetzt ist: Die Inhalte dürfen mit ihren Ansprüchen den Educandus nicht determinieren, sondern als bildende Lehre müssen sie so verwandt werden, dass sie zugleich kritische Vernunft entbinden, die sich, potentiell jedenfalls, auch gegen die Inhalte selbst muss richten können."[14] Nur so kann die Freiheit der Heranwachsenden gewahrt und ihr Menschsein ernstgenommen werden. Damit wird festgehalten: Das Individuum bildet sich selber.

Peter Biehl hat in seiner Studie über „Die Gottebenbildlichkeit des Menschen und das Problem der Bildung"[15] in folgender Weise beachtenswerte theologisch-religionspädagogische Perspektiven im Blick auf das Freiheitsverständnis und den Zusammenhang von rechtfertigenden Glauben und Bildungsverständnis formuliert. Mit Bezug auf Luthers Anthropologie stellt er heraus, dass der Mensch als Gottes Ebenbild ein sprach-, erfahrungs- und handlungsfähiges Wesen ist, das als solches vor Gott verantwortlich ist.

„- Er (= der Mensch) ist als Person anzusprechen, da er sein Personsein im Glauben empfängt; diese Mitteilung erreicht ihn in, mit und unter menschlicher Rede. Die Sprache ist daher das Medium, in dem wir uns selbst erfahren und die Welt in Erfahrung bringen;
- der Glaube ist eine neue ‚Erfahrung mit der Erfahrung' (E. Jüngel);
- im Handeln vollzieht der Mensch das nach, was er im Glauben empfangen hat und als Person schon ist."[16]

Für das reformatorische Freiheitsverständnis ist die Rechtfertigung allein aus Glauben der entscheidende Angelpunkt. Auch für die klassischen Bildungstheorien ist das Freiheitsthema zentral. Insoweit liegt hier eine wesentliche Gemeinsamkeit vor. Schaut man auf das Autonomiepostulat der Bildungstheorien, so trifft sich die Rechtfertigungslehre mit diesen in dem Punkt, dass

---

[14] *H. Blankertz,* Theorien und Modelle der Didaktik, München ^{9}1975, S. 41.
[15] In: *P. Biehl,* Erfahrung, Glaube und Bildung. Studien zu einer erfahrungsbezogenen Religionspädagogik, Gütersloh 1991, S. 124-223.
[16] Ebda., S. 197.

das Wesen des Menschen jeder Fremdbestimmung entzogen sein soll. Doch wird man auch jenen Punkt markieren müssen, an dem eine Differenz zwischen Glaube und Bildung, Rechtfertigungslehre und Bildungstheorie herauszustellen ist. Die Rechtfertigungsaussage „trennt sich von dem Autonomiepostulat jedoch in der Beurteilung der Tatsache, dass die Selbstkonstitution des Menschen im Prozess seines Handelns scheitert".[17] Das Sein des Menschen ist Gabe des Evangeliums, wobei man nicht außerachtlassen darf, dass die Rechtfertigung nicht ohne Folgen bleibt. Gleichwohl geschieht Gottes Zuwendung zum Menschen immer grund- und bedingungslos. Das Personsein des Menschen wird eben nicht im Vollzug ethischer Verwirklichung gewonnen, sondern im Glauben an die Verheißung ergriffen.

Es ist darum hilfreich, mit P. Biehl zwischen Personsein und dem Subjektwerden zu unterscheiden. Die Unterscheidung möchte einschärfen, dass der Glaube auch als Moment der Bildung begriffen werden kann. „Erst unter der Voraussetzung eines solchen Wechselverhältnisses lässt sich eine umfassende religionspädagogische Bildungstheorie gewinnen."[18] Passivität und Aktivität stehen im menschlichen Leben in einem dialektischen Zusammenhang. Die Verhältnisbestimmung von Glaube und Bildung kann von dem Verständnis des Glaubens als einer neuen „Erfahrung mit der Erfahrung" (Jüngel) ausgehen. So meint Glaube eine neue Erfahrung mit aller bisherigen Lebenserfahrung, wozu ja auch das religiöse Leben gehört. Das religiöse Leben macht Wandlungen durch, es kennt Höhepunkte, radikale Umbrüche, aber auch die Stagnation und den kontinuierlichen Verlauf. Die Gestaltwerdung des religiösen Lebens vollzieht sich in Symbolen und Ritualen. Aber auch hier gilt, dass die Symbole und Bilder, in denen sich religiöse Erfahrungen ausdrücken, zerbrechen können, sich wandeln können, überboten werden können. Auch das Selbst- und Weltverständnis dessen, der glaubt, verändert sich im Fortschreiten der Zeit und aufgrund von Erfahrungen. Hier gilt Luthers Satz, dass das Sein des Christen im Werden besteht.

Das Verhältnis von Glaube und Bildung wird von Biehl in der Doppelthese zusammengefasst: „1. Der Glaube ist ohne Bildung nicht lebbar; denn Bildung ist eine notwendige Vollzugsform des Glaubens. 2. Der Glaube ist das Kriterium der Bildung; denn mit Hinblick auf den Bildungsprozess ist zwischen der Zueignung des Personseins und der Aufgabe der Subjektwerdung zu unterscheiden."[19] Auf diese Weise werden Glaube und Bildung ganz eng aneinan-

---

17 *W. Huber/H.E. Tödt*, Menschenrechte, München ^{3}1988, S. 182.
18 *P. Biehl*, a.a.O. (Anm. 15), S. 166.
19 Ebda., S. 169.

dergerückt. Christlicher Glaube ist Glaube an Jesus Christus. Dieser Glaube, dessen grundlegende Struktur als Vertrauen zu beschreiben ist, hat einen ganz bestimmten Inhalt. Wenn ein Mensch an Jesus Christus glaubt, weiß er auch, was er glaubt. Dieser Glaube bestimmt ihn in seinem Sein, in seinem Selbstverständnis, in seinem Lebenshorizont auf entscheidende Weise. In dieser Hinsicht geht es um die Bildungsfrage, die im Kern des christlichen Glaubens selbst angesiedelt ist, und was im Rahmen gemeindlicher und schulischer Religionspädagogik zu bedenken und zu bearbeiten ist. Die glaubende Person muss fähig sein, Rechenschaft abzulegen über den christlichen Glauben, seine Inhalte, Intentionen und Konturen. Darüber hinaus ist es für eine Kirche und ihre Gemeinden wichtig, im Blick auf die jeweilige Gegenwart einen Konsens zu finden und zu formulieren. Ziel ist es dabei, in Glaubensfragen die selbständige Urteilsbildung des einzelnen Christen, der einzelnen Christin, zu ermöglichen.

Doch auch die andere Seite ist zu bedenken: Evangelische Bildungsverantwortung wahrnehmen im Blick auf den gesellschaftlichen Zusammenhang, konkret: die Mitverantwortung der Kirche für die Ziele und Wege von Bildung und Erziehung in unserer Gesellschaft ganz allgemein und in den unterschiedlichen Bildungsinstitutionen. Und hier haben sich im letzten Jahrzehnt ganz neue Herausforderungen ergeben, die ihren Grund im europäischen Einigungsprozess haben.

3. Evangelische Bildungsverantwortung wahrnehmen im europäischen Bildungsdiskurs

Auf einmal wird es notwendig, die Stimme des Protestantismus im europäischen Bildungsdiskurs zur Geltung zu bringen. So wie das werdende Europa hinsichtlich des Kirche-Seins und hinsichtlich des Christ-Seins Wirkungen hat, bleibt auch hinsichtlich des Bildungsdiskurses Europa nicht ohne Folgen für die einzelnen Kirchen, wie für den Protestantismus insgesamt.[20] Hier stehen wir freilich erst am Anfang, auch die vorhandenen Institutionen sind noch keineswegs hinreichend ausgebildet, um die Stimme des Protestantismus im

---

[20] Zum Folgenden s. *P. Schreiner/V. Elsenbast/F. Schweitzer* (Hg.), Europa-Bildung-Religion. Demokratische Verantwortung und die Religionen, Münster u.a. 2006, sowie insbesondere *J. Frank,* Die Stimme des Protestantismus im europäischen Bildungsdiskurs, in: *K. Holz u.a.* (Hg.), Bildung fördern, Villigst Profile 7, Hamburg u.a. 2005, S. 1-12.

europäischen Bildungsdiskurs in dem Maße zur Geltung zu bringen, wie das notwendige wäre.

Im Blick auf den europäischen Bildungsdiskurs werden wir uns in Zukunft noch stärker mit den Fragen zu beschäftigen haben: Wer redet wo und worüber? Es gibt viele Orte im europäischen Bildungsdiskurs: offizielle und persönlich-private, auf Zeit geschaffene und institutionell abgesicherte. Insgesamt gesehen muss man feststellen, dass die evangelischen Kirchen und „der Protestantismus" bislang nur eine leise Stimme haben. Das liegt zweifellos nicht zuletzt an der Vielfalt des Protestantismus und seiner Organisationsform, die über kein zentrales Kommunikationsnetz oder -zentrum verfügt. So gibt es Fachtagungen, bildungspolitische Events, regionale Konsultationen usw. Aber das reicht nicht aus. Es wird notwendig sein, die vorhandenen Institutionen zukünftig stärker auszubauen. Dabei ist an die Konferenz Europäischer Kirchen und an die ICCS und andere Verbünde zu denken.

Ich kann meine Überlegungen schließen mit dem Hinweis auf zwei weitere Beiträge in diesem Jahrbuch. Für den Bereich der Lehrerbildung zeigt Eckhart Marggraf in seinem Beitrag „Europa braucht gebildete Protestanten" an welchem Punkte wir hier im Blick auf dieses Thema in der Frage der Wahrnehmung der Bildungsverantwortung durch die protestantischen Kirchen stehen. Für den Bereich des Religionsunterrichts und des religionspädagogischen Austausches hat Friedrich Schweitzer in seinem Beitrag „Religionspädagogik auf dem Weg nach Europa?" ebenfalls die vorhandenen Erfahrungen und Perspektiven hinsichtlich seines Themas gesichtet und behandelt. Hier zeigen sich hoffnungsvolle Ansätze, die aber des entschiedenen Ausbaues bedürfen, soll die Stimme des Protestantismus im europäischen Bildungsdiskurs auch in Zukunft nicht nur ziemlich leise sein.

Evangelische Kirche und die Frage der Minderheiten. Eine Standortbestimmung aus christlicher Sicht

MICHAEL BÜNKER

Zuerst herzlichen Dank an die Veranstaltenden dieses Kongresses für die Gelegenheit, hier als Kärntner und zugleich als Mitglied einer Minderheit, nämlich als Evangelischer, zu Ihnen sprechen zu können.[1] Erlauben Sie mir vorab einige Bemerkungen aus dieser Perspektive. Im Weiteren möchte ich dann über den Kärntner und auch den österreichischen Horizont hinausblicken und eher in meiner Funktion als Generalsekretär der „Gemeinschaft Evangelischer Kirchen in Europa (GEKE)" einige Überlegungen zum Thema anstellen. Aber nun zurück zu meinen eigenen Wurzeln. Die Evangelischen in Österreich und auch in Kärnten haben im Laufe ihrer Geschichte alle Facetten einer Minderheit kennen gelernt und auch alle Selbstbilder, die eine Minderheit von sich und ihrer Rolle in der sie umgebenden Gesellschaft haben kann, gelebt.

1. Evangelisch in Österreich - Facetten einer religiösen Minderheit

Zuerst begegnet uns die Trauer über eine verlorene Größe in der Vergangenheit. Waren nicht am Ende des 16. Jahrhunderts fast alle evangelisch? Daraus resultiert eine Haltung, derzufolge sich die Evangelischen vornehmlich als die Opfer der Geschichte sehen. Bis heute kann man manchmal den Eindruck haben, Evangelische sind im Verhältnis zur Mehrheitskirche ängstlich, misstrauisch und besorgt. Nicht selten begegnet auch heute noch die Klage, von der Mehrheit übergangen und zu wenig wahrgenommen zu werden, ja sogar dann und wann die Befürchtung, vereinnahmt, assimiliert, geschluckt zu werden. Auf jeden Fall sind wir die armen Kleinen, über die alle, vor allem die ungerechte Geschichte, achtlos hinweggehen. Konträr dazu hat es als Gegenbild die Überzeugung gegeben, die evangelische Minderheit wäre eine Art Elite im Lande. Waren sie nicht überverhältnismäßig unter den Universitätslehrenden oder den industriellen Innovatoren der Monarchie vertreten? Oder man verstand sich als die Kirche der wahrhaft Glaubenden, der mutigen Bekenner, die sich vom großen grauen Meer der undifferenzierten katholischen Volks-

[1] Vortrag, gehalten beim XVIII. Europäischen Volksgruppenkongress in Klagenfurt am 14. November 2007.

kirche, der Mehrheitskirche, abgehoben hat. Aber auch das hat sich als Mythos herausgestellt, denn gerade in den Übertrittsbewegungen der dreißiger Jahre im vergangenen Jahrhundert wurden viele ehemalige Katholiken evangelisch ohne irgendeine tiefere spirituelle Begründung, sondern eher nach dem Motto: „Evangelisch sein ist halb so schlimm." Ob diese Meinung heute überwunden ist?

Schließlich gehört in dieses Spektrum auch jene Rolle der evangelischen Minderheit in Österreich und in Kärnten hinein, die sich im Jahr 1938 besonders verhängnisvoll ausgewirkt hat. Schon 1919 haben die Evangelischen hierzulande auf einer Großveranstaltung, dem Villacher Gemeindetag, vehement den Anschluss an Deutschland, dem „Mutterland der Reformation" gefordert. Organisationen wie der Evangelische Bund haben seit dem späten neunzehnten Jahrhundert mit der Unterstützung der Evangelischen Kirche auch die nationale Identität der deutschsprachigen Bevölkerung im jeweiligen Gebiet fördern wollen. In die Sprache der ethnischen Minderheiten übersetzt würde man hier von einer gewissen irredentistischen Ambition des österreichischen Protestantismus sprechen können.

Die Opferrolle kann durchaus ambivalent gesehen werden. Sie kann sich einerseits in einer Selbstgeringschätzung äußern, die bis zum Selbsthass reichen kann. Andererseits kann sie sich zur Selbstüberschätzung steigern, die in der Minderheit oft ohne rationale Gründe eine Elite, die Avantgarde, die glaubwürdige Variante sieht. Dazu die Sehnsucht nach dem Anschluss an die große Mehrheit und die Verbindung mit nationalen Motiven – so ist eine Gemengelage gegeben, die sich auch anderswo auf das Verhältnis von Religion und Minderheit anwenden lässt. Damit verlasse ich meine Vorbemerkungen mit ihrer Einbindung in meinen Kärntner Herkunftskontext und wende mich der europäischen Ebene zu.

2. Die Kirchen Europas und die Frage der Minderheiten

Als im Jahr 1997 die Kirchen Europas in Graz zu einer großen Versammlung zusammenkamen, taten sie dies unter dem Motto: „Versöhnung – Gabe Gottes und Aufgabe der Menschen". Es war dies die Zweite Europäische Ökumenische Versammlung, zu der von katholischer Seite der Rat der Bischofskonferenzen in den europäischen Ländern (CCEE) eingeladen hatte. Die evangelischen, orthodoxen, altkatholische und anglikanische Kirche beteiligten sich über die „Konferenz europäischer Kirchen" (KEK), einem ökumenischen Zusammenschluss, der im Jahr 1959, also in den Zeiten des „Kalten Krieges" gegründet wurde. KEK und CCEE hatten bereits im Jahr 1989 eine Erste Europäische Ökumenische Versammlung in Basel veranstaltet, die unter dem Thema „Frieden in Gerechtigkeit" gestanden hatte. Nun war also 1997 nach dem Mauerfall und dem Zusammenbruch des kommunistischen Systems in Europa Versöhnung auf der Tagesordnung der Kirchen. Unter diesem Stichwort ist auch der spezifische Beitrag gesehen worden, den die Kirchen im zusammenwachsenden Europa einbringen können. An vielen Beispielen von Nordirland bis in nach Serbien ließe sich zeigen, wie dies konkret geschieht und wie mühevoll Versöhnungsarbeit auch normalerweise ist.

Ich greife ein konkretes Ergebnis von Graz heraus, das auch für unsere Fragestellung von großer Bedeutung ist: nämlich das Dokument unter dem Titel *Charta Oecumenica*. Damit haben KEK und CCEE im Jahr 2001 erstmalig „Leitlinien für die wachsende Zusammenarbeit unter den Kirchen in Europa" beschlossen. In Abschnitt II unter dem Titel „Auf dem Weg zur sichtbaren Gemeinschaft der Kirchen in Europa" verpflichten sich die Kirchen anzuerkennen, dass jeder Mensch seine religiöse und kirchliche Bindung frei wählen kann. Niemand darf durch moralischen Druck oder materielle Anreize zur Konversion bewegt werden, ebenso darf niemand an einer aus freier Gewissenentscheidung getroffenen Konversion gehindert werden. Damit wird also der menschenrechtliche Grundsatz der individuellen Religions- und Gewissenfreiheit, also konkret Artikel 9 der Europäischen Menschenrechtskonvention, gleich oben auf die Liste der Selbstverpflichtungen der Kirchen gesetzt (Abschnitt 2, eine wiederholende Bekräftigung findet sich in Abschnitt 12). Konsequent ergibt sich daraus in der *Charta Oecumenica* die Verpflichtung der Kirchen, für die Rechte der Minderheiten einzutreten und für den Abbau von Vorurteilen und Missverständnissen zwischen Mehrheits- und Minderheitskirchen einzutreten (Abschnitt 4) und allen Versuchen zu widerstehen, Religion und Kirche für ethnische und nationalistische Zwecke zu missbrauchen (Abschnitt 7).

In der Zwischenzeit ist für den Bereich der KEK, also die nichtkatholischen Kirchen Europas, ein weiterer Entwicklungsschritt gesetzt worden. Vorbereitet durch die Arbeitsgruppe für Menschenrechte und Religionsfreiheit der Kommission für Kirche und Gesellschaft der KEK wurde vereinbart, dass Mehrheits- und Minderheitskirchen sich nicht nur tolerieren, sondern ihre gemeinsamen Belange vor allem gegenüber dem Staat auch gemeinsam vorbringen werden. Dabei ist es wichtig, dass der KEK als gesamteuropäischer Instanz eine vermittelnde und unterstützende Rolle zuerkannt wurde. Hier fließt natürlich die nachhaltige und langjährige Befassung der KEK mit dem Thema der Minderheiten ein. Dies geschieht übrigens auf allen europäischen Ebenen, auf der Ebene der EU genauso wie auf der Ebene des Europarates und der OSZE. Die „Mindeststandards für Minderheitskirchen“, die von der genannten Arbeitsgruppe vorgelegt wurden, belegen nachdrücklich, dass sich die Kirchen gemeinsam für einen effektiven Minderheitenschutz einsetzen.

Die *Charta Oecumenica* als Leitlinie des Umgangs der europäischen Kirchen miteinander und für ihre Aufgaben in Europa ist 2001 von KEK und CCEE unterzeichnet worden. Die Rezeption durch alle Mitgliedskirchen der KEK und alle Bischofskonferenzen der CCEE in allen europäischen Ländern (Europa meint hier mehr als die EU!) ist zwar noch nicht abgeschlossen, es liegt aber damit doch bereits jetzt eine verlässliche Grundlage für Religionsfreiheit und Minderheitenschutz in den verschiedenen Kirchen, zwischen ihnen und durch sie auch in den jeweiligen Gesellschaften und Staaten vor.

Ich schlage nun eine Brücke von der Zweiten Europäischen Ökumenischen Versammlung im Jahre 1997 zur Dritten Versammlung, die im September 2007 in Hermannstadt/Sibiu stattgefunden hat. Zur Situation in Rumänien im Allgemeinen und zu Siebenbürgen im Besonderen muss von mir nichts gesagt werden, da haben Sie bei weitem Berufenere unter den Vortragenden. Ich möchte nur einige Passagen der Schlussbotschaft der Versammlung zitieren, die deutlich machen, dass das Anliegen des Minderheitenschutzes weiterhin auf der Agenda der europäischen Kirchen ganz oben steht. Die Versammlung erklärt ihre Solidarität mit religiösen Minderheiten, besonders mit denen im Nahen Osten und im Irak, sie empfiehlt an mehreren Stellen einen größeren Einsatz der Kirchen für ethnische Minderheiten, wobei namentlich die Roma erwähnt werden.

Ein besonderes Augenmerk findet die Frage der ethnischen bzw. religiösen Minderheit in den Aussagen des Dokuments zur Zuwanderung. Da heißt es: „Wir rufen die Staaten in Europa auf, Zuwanderer nicht mehr ungerechtfertigt zu inhaftieren, alle Anstrengungen zu unternehmen, die Zuwanderung zu regularisieren, Migranten, Flüchtlinge und Asylsuchende einzugliedern, den Zusammenhalt der Familie zu achten und Menschenhandel und die Ausbeutung der Opfer des Menschenhandels zu bekämpfen. Wir fordern die Kirchen auf, ihre Seelsorgearbeit unter den verletzlichen Zuwanderern zu verstärken. Wir empfehlen, dass unsere Kirchen ... die Rechte von ethnischen Minderheiten in Europa, insbesondere der Roma, fördern.“ Wie kommen die Kirchen Europas – noch einmal: dieses Dokument ist von allen christlichen Kirchen unseres

Kontinents verabschiedet worden – zu diesen Forderungen und Empfehlungen? Um auf diese Frage eine nachvollziehbare Antwort versuchen zu können, ist die Rückfrage nach dem Auftrag, den die Kirchen zu verwirklichen haben, notwendig. Daher folgt jetzt ein theologisches Zwischenspiel.

3. Theologisches Zwischenspiel

Ich möchte die Problematik vertiefen, indem ich dem Zusammenhang von religiöser und ethnischer Minderheit nachgehe. Ich tue das aus evangelischer Perspektive und beziehe mich auf die Arbeit innerhalb der „Gemeinschaft Evangelischer Kirchen in Europa (GEKE)“. Ihr Motto lautet „Einheit in versöhnter Verschiedenheit“. Unmittelbar nach dem Fall des Eisernen Vorhanges ist ja deutlich geworden, dass es in den Ländern des früheren europäischen Ostens zu einem Wiedererstarken nationalistischer Bestrebungen gekommen ist und, wie es scheint, weiterhin kommt. Diese Entwicklung ist bis heute nicht nur nicht gebremst worden, sie hat sich trotz der verheerenden Auswirkungen vor allem in den Balkanländern, da und dort – ich denke zum Beispiel an Ungarn oder Serbien – sogar noch verstärkt. Nun stehen wir ja vor dem Phänomen, dass nicht wenige der ethnischen Minderheiten zugleich auch religiöse Minderheiten sind. Wie verhalten sich diese beiden Größen zueinander?

Das war das Thema einer Studie, die von Vertretern evangelischer Kirchen des Südostmitteleuropäischen Raumes in mehrjähriger Arbeit erstellt wurde und unter dem Titel „Kirche – Volk – Staat – Nation“ im Jahr 2002 veröffentlicht wurde.

Darin wird betont, dass der Protestantismus auf der einen Seite von Anfang an eine sehr positive und fördernde Beziehung zu Volk und Nation kennt. Die Bibelübersetzungen in die jeweilige Volkssprache stehen dafür. Das ist auch der Grund für die bemerkenswerte Tatsache, dass der Gedenktag der Reformation, der 31. Oktober, nicht etwa in einem mehrheitlich evangelischen Land wie Finnland oder Schweden ein nationaler Feiertag ist, sondern in einem kleinen Land, in dem sich gerade einmal ein Prozent der Bevölkerung zum evangelischen Glauben bekennen: nämlich in unserem Nachbarland Slowenien. Es ist das respektvolle Andenken an die Bibelübersetzung des Primus Trubar und ihre Auswirkungen auf die Nationwerdung Sloweniens, die damit zum Ausdruck kommt. Eine positive Bezugnahme auf Volk und Nation findet sich natürlich auch im Katholizismus, der Gottesdienst in der Volkssprache und das Anliegen der Inkulturation des Evangeliums stehen dafür, aber auch in der Orthodoxie, die die nationale Prägung ihrer Kirchen hochhält, ohne dass es deshalb Nationalkirchen wären. Rumänen und Griechen, Russen und Serben bleiben orthodox, wo immer sie sich aufhalten, aber eben immer auch zugleich rumänisch-, russisch-, griechisch- oder serbisch-orthodox.

Gleichzeitig kennt christliche Theologie auch eine grundsätzliche Distanz zu Volk und Nation. Diese ist schon im Neuen Testament begründet. Unsere Heimat ist im Himmel, schreibt der Apostel Paulus. Wir sind ein wanderndes Gottesvolk, das erst bei Gott selbst seine Ruhe, ein bleibendes Zuhause finden wird, heißt es im Hebräerbrief. Wir sind hier in der Fremde, wo immer wir sind, ja gerade die Heimat ist für den Glauben auch eine Gefahr, Jesus wird ausgerechnet in seiner Heimatstadt mit Steinigung bedroht: Der Prophet gilt bekanntlich nichts im eigenen Lande. Die Geburtsstunde der Kirche ist gerade das alle Grenzen von Sprache und Nation überwindende Pfingstereignis, und wer sich zu Jesus bekennt, tritt in den Lebensbereich Christi ein, in dem es nach Paulus weder Jude noch Grieche, weder Barbar noch Einheimischer, weder Mann noch Frau gibt. Die irdischen Unterschiede sind aufgehoben in der einen Taufe. Der Philosoph Hegel, übrigens Nachfahre von vertriebenen Kärntner Evangelischen, hat gemeint, Christen sind in jeder Heimat fremd und in jeder Fremde beheimatet.

In der evangelischen Ethik ist für die Verhältnisbestimmung von Volk und Kirche, von Glaube und Heimat auch eine Unterscheidung üblich geworden, die Dietrich Bonhoeffer in seiner Ethik entwickelt hat. Es ist die Unterscheidung von Letztem und Vorletztem. Sie will uns ständig davor warnen, dass wir nicht Vorletztes, also geschaffene Dinge dieser Welt, in den Rang göttlicher Offenbarung heben und mit einer letztgültigen Bedeutung für den Menschen und sein Heil versehen. Insofern sind für den christlichen Glauben Größen wie Ethnie, Volk, Nation zwar gute Gaben in Gottes Schöpfung, aber gegenüber dem Kern der Botschaft, dem Evangelium selbst, von abgeleiteter, indirekter und damit relativer Bedeutung.

Für die Kirche entspringt die Sorge für Minderheiten aus der Wurzel der individuellen Religionsfreiheit. Sie begründet die Zugangsweise zur Frage der Minderheiten deutlicher als etwa Faktoren wie Ethnizität oder nationaler Zugehörigkeit. Nun wissen wir aber auch, dass eine bloß individuelle Form der Religionsfreiheit dem Wesen der Religion nicht angemessen ist. Religion ist zwar uneingeschränkt und immer nur eine Sache der persönlichen Gewissenentscheidung, aber sie will doch gemeinsam und öffentlich gefeiert und gelebt werden. Was ist nun, wenn dies aufgrund bestimmter Umstände in meiner eigenen Sprache, der Muttersprache oder Herkunftssprache, in meiner Kultur nicht möglich ist? Sie sehen, wie wir auf diesem Weg doch wieder beim Zusammenhang von religiöser und ethnischer Minderheit angekommen sind, diesmal aber nicht in abgrenzender Absicht, sondern in der Absicht einer positiven Bestimmung.

Zuerst sind die Kirchen davor zu warnen, sich auf das Spiel derjenigen politischen und nationalistischen Gruppen einzulassen, die entweder hegemoniale staatsübergreifende Ansprüche erheben oder die Minderheiten zu diskriminieren oder zu assimilieren versuchen. Demgegenüber ist es Aufgabe der Kirchen, auf die Universalität der Menschenrechte, auf die Tragfähigkeit der demokratischen Bürgergesellschaft und auf die Idee des gesellschaftlichen Pluralismus hinzuweisen. Pluralismus folgt aus dem Grundrecht der Religionsfreiheit, denn wenn Religionen, Konfessionen und Weltanschauungen gleich anerkannt und berechtigt sind, dann entsteht Pluralismus, und zwar auf sicherer grundrechtlicher Basis, nicht nur als eine moralische Haltung. Ein Prüfstein für die Glaubwürdigkeit der kirchlichen Stellungnahmen ist natürlich immer, wie sie in den eigenen Reihen mit Minderheiten umgeht. Als ein Kriterium für das Handeln der Kirche wird vorgeschlagen, den Maßstab der Lebensdienlichkeit anzulegen. Was Kirche sagt und tut, soll lebensdienlich sein und an der Liebe, die in Jesus Christus Mensch geworden ist, orientiert sein. Dazu gehören – erlauben Sie mir es schlagwortartig zu sagen - der Einsatz für Recht und Gerechtigkeit, für Frieden und Versöhnung, für die gerechte Verteilung der Lebensgrundlagen, für die Partizipation aller am öffentlichen und politischen Leben. Das ist immer auch ein Reden und Handeln, das für die jeweils Schwächeren eintritt und sie darin unterstützt, innerhalb der Gesellschaft Chancengleichheit zu finden. Die Vielfalt der Minderheiten soll gepflegt werden, dabei sind die Minderheiten aber immer auch daran zu erinnern, dass sie sich nicht in eine selbstgenügsame Isolation begeben dürfen, sondern dass sie eine gesamtgesellschaftliche Aufgabe wahrzunehmen haben, nämlich für den unaufgebbaren Wert von Differenz und Pluralität einzustehen.

4. Religion und Minderheit – autochthon und allochthon

Ich komme zu meinem vorletzten Abschnitt: Eine ganz neue Dimension erfährt unser Thema durch die Tatsache der Migration. Daraus ergeben sich nicht nur soziale, kulturelle und ethnische, sondern eben auch religiöse Konsequenzen. Hier erscheint die historische Erinnerung angebracht, dass bereits in der Vergangenheit die Entstehung mancher religiös und ethnisch definierter Minderheiten durch Migrationen, zumeist Zwangsmigrationen, entstanden sind. Ich erwähne als Beispiel die slowakisch sprechenden lutherischen Minderheiten in Rumänien und Serbien, die durch die Transmigrationspolitik der Habsburger entstanden sind.

Zurück zur heutigen Situation: Die Veränderungen in den protestantischen Kirchen Italiens durch die Zuwanderung von Menschen aus Westafrika, die überwiegend charismatisch-pentecostal, also pfingstlerisch, orientiert sind, werden als tiefgreifend beschrieben. Aber auch in Schweden hat man plötzlich eine wahrnehmbare katholische Minderheit, das sind die Polen und Polinnen, die seit dem EU Beitritt ihres Landes in Schweden zur Arbeit kommen. Die größte Aufmerksamkeit in diesem Bereich verdient natürlich die Zuwanderung von Muslimen, die in sich wieder vielfältig ist, nicht einheitlich, nicht selten auch widersprüchlich. Unbestritten wird aber sein, dass islamische Zuwanderer aus der Türkei in Europa – zumindest in Deutschland und Österreich – heute die größte ethnisch-religiöse Minderheit darstellen. Insgesamt hat sich dadurch die religiöse Landschaft Europas in den letzten drei, vier Jahrzehnten tiefgreifend verändert. Entgegen allen Trends von Säkularisierung und Modernisierung spielt Religion nun nicht etwa eine geringere Rolle im Leben der Zuwandernden, sondern im Gegenteil eine größere. Ein beträchtlicher Teil der Zuwandernden gewinnt zur eigenen religiösen Herkunft einen neuen Bezug und beteiligt sich aktiv am Aufbau einer religiösen Gemeinschaft in der neuen Heimat.

Es sind verschiedene Motive, die hinter diesem Bedeutungszuwachs der Religion stehen. Sicher ist, dass eine starke Verschiebung vom Religiösen zum Sozialen stattfindet. Der Gottesdienst ist weniger ein spirituelles Ereignis, als ein Treffpunkt, Sammelplatz, Begegnungsort für die, die sich in der Fremde durchschlagen müssen. Erforscht ist das für Polen/innen in Berlin und Wien, für philippinische Haushaltshilfen in Mailand, für vietnamesische Familien in New Orleans oder für die russisch-jüdischen Zuwanderer/innen in Deutschland – um nur einige Beispiele zu nennen. Aber ist das in ganz traditionellen volkskirchlichen Gemeinden der autochthonen Bevölkerung anders? Religion wird zum Kennzeichen der eigenen Gruppe, sie bietet Halt, Schutz und einen sicheren Hafen. Sie ist der Anker der Identität, denn die Identität droht in der Begegnung mit anderen Religionen und im Kontext einer säkularen Gesellschaft verloren zu gehen. Dabei ist nur für die erste Generation zu beobachten, dass die Religion so praktiziert wird, wie es auch im Herkunftsland geschieht. Spätestens die zweite Generation kennt nicht mehr diesen quasi automatisierten traditionellen Vollzug religiöser Riten, sondern gestaltet das eigene religiöse Leben ganz bewusst, nicht selten auch unter klarer Betonung der Differenzen, die dann und wann auch zu schroffer Abgrenzung und unerwünschten Fundamentalismen führen kann.

Nun hat die neuere Migrationsforschung ergeben, dass für einen guten Weg in ein Miteinander, das von Klarheit im Verhältnis und guter Nachbarschaft geprägt ist, auch das Verhalten der jeweiligen Mehrheit einen entscheidenden Einfluss hat. Je schroffer die Abgrenzung, desto massiver fällt als Reaktion die Ethnisierung und auch religiöse Fundamentalisierung aus. Freilich kann es türkischen Nationalismus und islamischen Fundamentalismus auch unabhängig davon geben. Aber doch: Die Mehrheit kann durch eine glaubwürdige Politik der Integration, die nie eine Einbahn darstellt, langfristig entscheidend mithelfen, diese unerwünschten Tendenzen nicht wachsen zu lassen oder sie womöglich sogar – vielleicht oft auch gegen die eigentliche Absicht – zu fördern.

5. Heimkehr und Schluss

Wir Evangelische in Österreich haben genau diese Erfahrung im ökumenischen Miteinander der letzten Jahrzehnte gemacht: Seit uns die katholische Kirche auf gleicher Augenhöhe begegnet und wir eine Ökumene nach dem Motto *par cum pari* leben, ist es – paradoxerweise – viel schwerer, eine Minderheit zu sein. Alle abgrenzenden, antikatholischen Haltungen sind unmöglich geworden. Wir sind bescheidener und selbstbewusster zugleich. Alle Kirchen haben erkannt, dass wir gemeinsam mehr erreichen können und glaubwürdiger sind, als allein. Ein Meilenstein dieser positiven ökumenischen Entwicklung ist im Bewusstsein der Kirchen das „Ökumenische Sozialwort", das vor vier Jahren – am 1. Adventsonntag 2003 – veröffentlicht wurde. In ihm bekennen sich die Kirchen zum Reichtum unterschiedlicher Religionen und Kulturen (84). Sie sprechen sich gegen jede Diskriminierung von Minderheiten aus (153) und betonen ihre Brückenfunktion zwischen unterschiedlichen Kulturen und Gruppen. „Dies betrifft alle Menschen, die dieses Europa bevölkern, dazu gehören auch alle Einwanderer" (151).

Die gemeinsame Stimme der Kirchen konnte weiters erprobt werden anlässlich der Beteiligung der Kirchen am österreichschen Verfassungskonvent. Im Hearing am 21. November 2003 traten die Kirchen gemeinsam auf und formulierten unter anderem: „Mit vielen wissen sich die Kirchen einig, dass die kulturelle, religiöse, sprachliche ethnische und politische Vielfalt anerkannt, geschützt und gefördert werden muss. Es geht um Anerkennung und Förderung. Es geht nicht um Duldung. Die Einheit in der Vielfalt ist eine Maxime der Europäischen Union. Die Vielfalt im politischen Sinne ist ein demokratisches Prinzip. Die religiöse, kulturelle, sprachliche und ethnische Vielfalt ist eine Bereicherung. Für die Kirchen ist der Schutz der Minderheiten ein unverzichtbarer Baustein des österreichischen Verfassungsrechtes.“ Daher traten die Kirchen für eine Ergänzung der österreichischen Bundesverfassung im Sinne internationaler Konventionen ein, die die Verantwortung von Bund, Ländern und Gemeinden für die Erhaltung und Förderung vor allem der sprachlichen und kulturellen Vielfalt festhält.

Die Auflösung der traditionellen Siedlungsgebiete, die Mobilität in Europa, Migrations- und Fluchtbewegungen, eine zunehmende berufliche Mobilität und die veränderte Rechtslage in Europa zeigen, dass ethnischer Pluralismus nicht mehr nur in den angestammten Volksgruppen gesehen werden kann. Daher schlugen die Kirchen eine neue Formulierung für die Staatszielbestimmung in Artikel 8 der Bundesverfassung vor, die von einer Erweiterung des Minderheitsbegriffes ausgeht und von dem Grundsatz geleitet ist, dass das Bekenntnis zu einer Volksgruppe frei ist. Letztlich fanden diese Vorschläge aber keinen Eingang in den Entwurfstext, was die Vertreterin der Kirchen, Oberin Christine Gleixner, bei ihrer letzten Stellungnahme im Konvent am 28.1.2005 so ausdrückte: „Bei den Volksgruppenrechten bestand Einhelligkeit über Grundsätze. Sie fehlen im Entwurf: Dieser Abschnitt scheint eher die soziale, kulturelle und politische Entwicklung in den letzten Jahren zu verdrängen als die europäische und österreichische Wirklichkeit zukunftweisend zu gestalten.“ Hier wird also von den Kirchen noch weiterer Klärungsbedarf geortet.

Meine sehr geehrten Damen und Herren, ich habe Ihnen hoffentlich zeigen können, dass und warum sich die Kirchen immer für die Belange von Minderheiten einsetzen. Sie müssen es von ihrem Auftrag her tun, Stimme für die Schwachen zu sein. Gleichzeitig stehen sie selbst in der Gefahr der Versuchung zum Nationalismus. Da gilt es wachsam zu sein und auf unerwünschte Entwicklungen zu reagieren. Durch ihre weltweite Ökumene sind die Kirchen für die anderen grundsätzlich offen und gewohnt, mit Pluralität umzugehen. Diese Ökumene wird auf allen Ebenen gelebt, entscheidend ist dies vor Ort, im alltäglichen Leben der Menschen. Hier leisten die Kirchen einen unverwechselbaren und – wie ich denke – auch unverzichtbaren Beitrag zu gegenseitiger Verständigung, zum Aufbau einer Kultur des Respekts und der gegenseitigen Anerkennung auf verlässlicher Basis von Menschen- und Grundrechten und damit auch für ein zukunftsfähigeres Miteinander in unserem Land und in Europa.

*Wozu evangelisches Kirchenrecht? Zur Lage dieser theologischen Disziplin in den Ev.-theol. Fakultäten der Bundesrepublik Deutschland**

JOACHIM E. CHRISTOPH

I. Einleitung

Das evangelische Kirchenrecht ist in der Bundesrepublik Deutschland in den Ev.-theol. Fakultäten nur noch rudimentär vertreten. Im Gegensatz zu den grundsätzlich auch mit kanonistischen Lehrstühlen ausgestatteten Kath.-theol. Fakultäten[1] gibt es in keiner Ev.-theol. Fakultät einen Lehrstuhl für evangelisches Kirchenrecht mehr.[2] Entsprechendes gilt für die Kirchlichen Hochschulen. Lediglich in der Ev.-theol. Fakultät zu Tübingen besteht ein Lehrstuhl für Kirchenordnung; diese abweichende Bezeichnung soll auf einen (vermeintlichen) Unterschied dieses Lehrstuhls zu den kirchenrechtlichen Einrichtungen in den Juristischen Fakultäten hinweisen.[3] In einzelnen Ev.-theol. Fakultäten wird die Ausbildung der Theologiestudierenden im Kirchenrecht, z. T. auch im Staatskirchenrecht, durch die Vergabe von Lehraufträgen sichergestellt.[4] Vereinzelt haben insb. in der Vergangenheit Lehrstuhlinhaber anderer theo-

* Vortrag im Kirchenrechtlichen Seminar der Ev.-theol. Fakultät der Universität Wien am 18. November 2005, für die Drucklegung überarbeitete und mit Anmerkungen versehene Fassung. – Meinen beiden Kindern zum jeweils bestandenen Examen.

1 Dazu *G. May*, Kirchenrechtswissenschaft und Kirchenrechtsstudium, in: HdbKathKR, Regensburg ²1999, S. 90ff (95f); *Graulich,* Art. „Kirchenrechtsstudium. II. Kath.“, in: LKStKR, Bd. 2, Paderborn u. a. 2002, S. 505f m. N. einschlägiger Rechtsnormen. Gem. Can. 252 § 3 CIC/1983 muss es gemäß den Vorschriften der Ordnung für die Priesterausbildung Vorlesungen u. a. in Kirchenrecht (lectiones iuris canonici) geben.

2 Sofern überhaupt kirchenrechtliche Lehrstühle in einzelnen Ev.-theol. Fakultäten bestanden haben sollten, sind diese im Laufe der Zeit entweder ersatzlos weggefallen oder für eine andere theologische Disziplin umgewidmet worden.

3 Dieser Lehrstuhl ist 1964 errichtet worden, seine bisherigen Inhaber waren: Hermann Diem, Klaus Scholder, Joachim Mehlhausen und seit dem 1.4.2006 Jürgen Kampmann. Einen wesentlichen Schwerpunkt haben die bisherigen Lehrstuhlinhaber auf die Kirchen(rechts)geschichte des 19. und 20. Jahrhunderts gelegt; siehe auch S. 88 mit Anm. 88.

4 Kritisch zu einem derartigen Einsatz von Lehrbeauftragten *M. Heckel*, Die Situation des Kirchenrechts an den deutschen Universitäten, ZevKR 18 (1983), S. 330ff (348), wieder abgedruckt in: *ders*., Gesammelte Schriften: Staat, Kirche, Recht, Geschichte (GS), Jus Ecclesiasticum, Bd. 38, Bd. I, Tübingen 1989, S. 539ff (557). – Laut einer Umfrage des Verf. bestehen im SS 2006 bzw. im WS 2006/7 Lehraufträge für „Kirchenrecht“ in Bethel, Greifswald, Mainz, Neuendettelsau und Rostock. Lehraufträge für „Kirchen- und Staatskirchenrecht“ sind in Hamburg, Heidelberg und Marburg/L. erteilt worden. In Kiel wird „Kirchenrecht“ durch einen Honorarprofessor vertreten.

logischer Disziplinen auch „Kirchenrecht“ gelesen, obwohl dieses von ihrer Lehrstuhlumschreibung her nicht gefordert war.[5] Daneben können ausgewählte Einzelprobleme und Teilaspekte des Kirchenrechts in neutestamentlichen, kirchengeschichtlichen, systematischen und praktisch-theologischen Vorlesungen sowie Seminaren am Rande mit zur Sprache kommen. In einigen Bundesländern schließlich „werden die Bedürfnisse der Studierenden der evangelisch-theologischen Fachbereiche im Hinblick auf die Vertretung des Kirchenrechts in angemessener Weise“ in den Juristischen Fachbereichen „wie bisher berücksichtigt“.[6]

Diese unbefriedigende Vertretung des evangelischen Kirchenrechts in den Ev.-theol. Fakultäten hat verschiedene Ursachen. Vordergründig könnte geltend gemacht werden, dass das Kirchen- und Staatskirchenrecht nicht zu den fünf theologischen Hauptfächern (Altes Testament, Neues Testament, Kirchengeschichte, Systematische Theologie und Praktische Theologie) in der Ersten Theologischen Prüfung / der Diplomprüfung in Evangelischer Theologie gehören, sondern nur den Status von „weiteren Fächern“ haben.[7] Entspre-

---

5 Für die Ev.-theol. Fakultät in Marburg/L. lässt sich eine diesbezügliche Tradition seit der Mitte des vorletzten Jahrhunderts nachweisen: Heppe hat während seiner Marburger Lehrtätigkeit (1864-1879), auch „Evangelisches Kirchenrecht“ gelesen, s. *Gundlach* (Bearb.), Catalogus Professorum Academiae Marburgensis, Veröff. der Hist. Kommission für Hessen und Waldeck, Bd. XV, Marburg/L. 1927, Nr. 72 (S. 48); Scheffer hat zwischen 1841-1864 Vorlesungen über „Verfassungsfrage der evangelischen Kirche“ und zwischen 1866-1882 über „Protestantisches Kirchenrecht“ gehalten, ebda., Nr. 66 (S. 43f); Hans v. Soden, zwischen 1924 und 1945 in Marburg/L., hat in diesen Jahren mehrfach „Kirchenrecht“ gelesen, s. unten S. 48, Anm. 74; A. Niebergall hat in den 60er Jahren des letzten Jahrhunderts den Anspruch erneuert, dass in der Ev.-theol. Fakultät Vorlesungen über „Kirchenrecht“ gehalten werden; Härle hat in seiner Marburger Zeit (1978-1995) zusammen mit Bielitz, Vizepräsident des Landeskirchenamtes der Ev. Kirche von Kurhessen-Waldeck, diesbezügliche Lehrveranstaltungen (Seminare) durchgeführt. – Im SS 2006 wurde nur in Münster „Kirchenrecht“ und „Staatskirchenrecht“ von Lehrstuhlinhabern anderer theologischer Disziplinen gelesen.

6 So Art. 2 III des Vertrags zwischen dem Bayerischen Staate und der Ev.-Luth. Kirche in Bayern (Bereinigte Fassung, Stand: 1.7.1987), u. a. abgedruckt in: *Listl*, Die Konkordate und Kirchenverträge in der Bundesrepublik Deutschland. Textausgabe für Wissenschaft und Praxis, 1. Bd., Berlin 1987, S. 604ff. Eine bedingt vergleichbare Regelung findet sich in Art. 4 IV des Vertrages zwischen dem Land Mecklenburg-Vorpommern und der Ev.-Luth. Kirche Mecklenburgs und der Pommerschen Ev. Kirche vom 20.01.1994, GVBl. Mecklenburg-Vorpommern S. 560, wieder abgedruckt in: *Burger*, Staatskirchenrecht in den neuen Bundesländern, Leipzig 2000, S. 23: „Kirchenrecht und Staatskirchenrecht werden in der Lehre angemessen berücksichtigt.“ Nicht geregelt ist, ob dieses durch Lehrveranstaltungen in der Theologischen oder in der Juristischen Fakultät erfolgt.

7 So die als Richtlinie vom Rat der EKD im Juli 1998 beschlossene „Übersicht über die Gegenstände des Studiums der Evangelischen Theologie und die Voraussetzungen und Gegenstände der theologischen Prüfungen, veröffentlicht in: *Kirchenamt der EKD* (Hg.), Studium der Evangelischen Theologie zur Vorbereitung auf den Pfarrberuf. Über-

chendes gilt mit geringen Unterschieden für die Zweite theologische Dienstprüfung.[8] Die in den meisten Landeskirchen übliche Kurzausbildung im Kirchen- und Staatskirchenrecht während der Vikariatszeit kann die angehenden Amtsträger in der Regel nicht dazu motivieren, bereits im Rahmen ihres Universitätsstudiums Vorlesungen, Übungen und Seminare in diesen beiden Disziplinen zu hören bzw. zu besuchen.[9] Entscheidender dürfte vielmehr sein, dass seit der Reformationszeit eine tiefgehende Abneigung in manchen Kreisen der evangelischen Kirche gegen das Kirchenrecht besteht, wobei gerne auf die symbolträchtige Verbrennung u. a. der Bannandrohungsbulle „Exsurge Domine", des Beichthandbuches „Summa angelica" des *Angelus de Clavasio* und des damaligen kirchlichen Gesetzbuches, des Corpus Juris Canonici, durch *Luther* am 10. Dezember 1520 vor dem Elstertor in Wittenberg verwiesen wird.[10]

---

sicht über die Studienmöglichkeiten im Bereich der EKD, EKD-Texte, Nr. 28, Hannover o. J. (Stand: SS 2006), S. 79ff, wieder abgedruckt in: *Ahme/Beintker* (Hg.), Theologische Ausbildung in der EKD. Dokumente und Texte aus der Arbeit der Gemischten Kommission/Fachkommission I zur Reform des Theologiestudiums (Pfarramt und Diplom) 1993-2004, Leipzig 2005, S. 95ff. Die genannte „Übersicht über die Gegenstände des Studiums der Evangelischen Theologie ..." geht davon aus, dass „auf jeden Fall [...] die Themen dieser Fächer (hier: Kirchen- und Staatskirchenrecht, der Verf.) [...] als durchgehende Dimension oder als Teil in den fünf Hauptfächern behandelt werden." (ebda., S. 79ff [83] bzw. S. 95ff [100]).

8 Z. B. Ev. Kirche von Kurhessen-Waldeck: § 15 VO über die Zweite Theologische Prüfung vom 9.7.1970, KABl. EKKW S. 59, i. d. F. d. Bkm. vom 16.1.2002, KABl. EKKW S. 24 (erfolgreiche Teilnahme an einem Kurs in Kirchen- und Verwaltungsrecht vor der mündlichen Prüfung; der Nachweis wird erbracht durch ein Kolloquium oder ein Referat nach Anordnung des Vorsitzenden des Prüfungsamtes).

9 Dazu *H. M. Müller,* Das Kirchenrecht in der evangelischen Theologenausbildung. Zum theologischen Ort des Kirchenrechts, ZevKR 34 (1989), S. 225ff, wieder abgedruckt in: *ders.*, Bekenntnis – Kirche – Recht. Gesammelte Aufsätze zum Verhältnis Theologie und Kirchenrecht (GA), Jus Ecclesiasticum, Bd. 79, Tübingen 2005, S. 346ff.

10 S. dazu bereits Luthers leidenschaftliche Rechtfertigung dieser Maßnahme in seiner Schrift „Warum des Papstes und seiner Jünger Bücher von D. Martin Luther verbrannt sind" (1520), abgedruckt in: *Luther,* Werke. Kritische Gesamtausgabe (Weimarer Ausgabe), WA VII, Weimar 1897, S. 161ff. Für die mit den damaligen lokalen Verhältnissen und Gebräuchen in Wittenberg Vertrauten hatte die Bücherverbrennung vor dem Elstertor einen zusätzlichen besonderen Bedeutungsgehalt: Dort wurden die Kleiderstücke der an einer Seuche Verstorbenen verbrannt. – Insb. im Decretum Gratiani sah Luther den Anhänger bzw. Schrittmacher eines voll ausgebildeten mittelalterlichen Papalsystems mit einem sowohl kirchlichen als auch weltlichen umfassenden Herrschaftsanspruch. Pointiert konnte Luther formulieren: „Qua propter ius Canonicum ut res venenata merito extinguendum et vitandum est.", ebda., 169, 28f. Dazu *J. Heckel*, Das Decretum Gratiani und das deutsche evangelische Kirchenrecht, Studia Gratiana, Vol. III, Bologna 1955, S. 485ff, wieder abgedruckt in: *ders.*, Das blinde, undeutliche Wort ‚Kirche', Gesammelte Aufsätze (GA), Köln u. a. 1964, S. 1ff.

Für diese Abneigung, die teilweise bis zu einer strikten Ablehnung eines evangelischen Kirchenrechts überhaupt reichen kann,[11] lassen sich verschiedene, meist recht komplexe Gründe nennen.[12] Erstens wurde die Ausbildung einer eigenständigen evangelischen kirchlichen Rechtsordnung[13] und damit eines evangelischen Kirchenrechts[14] durch das neue Verständnis des Verhältnisses von Kirche und Rechtfertigungsglauben erschwert, das sich scharf gegen eine Vergesetzlichung des Kirchenverständnisses im kanonischen Recht (z. B. päpstlicher Primat, hierarchische Gliederung der Kirche, Unterscheidung zwischen Klerus und Laien, Verbot der Priesterehe) wenden musste. Zweitens führte das Entstehen eines landesherrlichen Kirchenregiments[15] schnell dazu, dass theologische Ansätze[16] zu einer eigenständigen kirchlichen Rechtsbildung durch staatsrechtliche Theorien über ein protestantisches Staatskirchentum in den Territorialstaaten und ein paritätisches Reichskirchenrecht bis 1806 verdrängt wurden.[17] Drittens haben die Aufklärung und die theologisch unzu-

---

11 Statt anderer *Sohm*, Kirchenrecht, 1. Bd., Leipzig 1892, S. 1: „Das Kirchenrecht steht mit dem Wesen der Kirche in Widerspruch.“ bzw. S. 700: „Das Wesen des Kirchenrechtes steht mit dem Wesen der Kirche in Widerspruch.“

12 Dazu *Heckel*, a.a.O. (Anm. 4), S. 330ff (345), wieder abgedruckt in: *ders.*, GS, a.a.O. (Anm. 4), S. 539ff (553f).

13 *Sprengler-Ruppenthal,* Art. „Kirchenordnungen II. Evangelische, II/1. Reformationszeit“, in TRE, Bd. XVIII, Berlin u. a. 1989, S. 670ff; *dies.,* Gesammelte Aufsätze (GA). Zu den Kirchenordnungen des 16. Jahrhunderts, Jus Ecclesiasticum, Bd. 74, Tübingen 2004; *Sichelschmidt,* Recht aus christlicher Liebe oder obrigkeitlicher Gesetzesbefehl? Juristische Untersuchungen zu den evangelischen Kirchenordnungen des 16. Jahrhunderts, Jus Ecclesiasticum, Bd. 49, Tübingen 1995. – Aus dem Bereich der Kirchenordnungen des 16. Jhdts. sind insb. die sog. Kastenordnungen zu nennen, an denen z. T. auch Luther mitgewirkt hat; als Beispiel sei die Leisniger Kastenordnung von 1523 genannt, abgedruckt in: *Luther,* WA XII, Weimar 1891, S. 11ff; auch abgedruckt in: *Richter* (Hg.), Die evangelischen Kirchenordnungen des sechszehnten Jahrhunderts, 1. Bd., Weimar 1846, S. 10ff, und *Sehling* (Hg.), Die evangelischen Kirchenordnungen des XVI. Jahrhunderts. Erste Abtheilung. Sachsen und Thüringen, nebst angrenzenden Gebieten, Erste Hälfte. Die Ordnungen Luthers. Die ernestinischen und albertinischen Gebiete, Leipzig 1902, S. 598ff. Dazu *Dummler,* Die Leisniger Kastenordnung von 1523, ZevKR 29 (1984), S. 337ff. Siehe auch *Sprengler-Ruppenthal,* Zur Entwicklungsgeschichte der reformatorischen Kirchen- und Armenordnungen im 16. Jahrhundert, Heidelberg 2005 (Sonderdruck des Diakoniewissenschaftlichen Instituts der Ruprecht-Karls-Universität Heidelberg).

14 Übersicht bei *Sehling*, a.a.O. (Anm. 13), S. Vff (Vorwort).

15 Siehe dazu den Überblick bei *M. Heckel*, Zur Entwicklung des deutschen Staatskirchenrechts von der Reformation bis zur Schwelle der Weimarer Verfassung, ZevKR 12 (1966/67), S. 1ff (16ff), wieder abgedruckt in: *ders.*, GS, a.a.O. (Anm. 4), S. 366ff (380ff); *Krumwiede,* Art. „Kirchenregiment, Landesherrliches“, in: TRE, Bd. XIX, Berlin u. a. 1990, S. 59ff.

16 Dazu *Sprengler-Ruppenthal,* Zu den theologischen Grundlagen reformatorischen Kirchenrechts, JGNKG 85 (1987), S. 67ff, wieder abgedruckt in: *dies.,* GA, a.a.O. (Anm. 13), S. 278ff.

17 In Anknüpfung an das sog. vorreformatorische landesherrliche Kirchenregiment s. *Luther*, An den christlichen Adel deutscher Nation von des christlichen Standes Besserung (1520), abgedruckt in: *Luther,* WA VI, Weimar 1888, S. 404ff. Der einstimmige

treffende Unterscheidung zwischen einer Rechts- und einer Geistkirche[18] im 19. und beginnenden 20. Jahrhundert dazu geführt, dass einerseits die Rechtsfremdheit in der evangelischen Kirche zunahm und andererseits die Anlehnung des weithin vom Staat gesetzten evangelischen Kirchenrechts an das staatliche Recht bis zum Ende des landesherrlichen Kirchenregiments im Jahr 1918 enger wurde,[19] in modifizierter Form sogar bis in die Zeit des Kirchenkampfes andauerte. – In einem ersten Teil dieser Abhandlung soll deshalb in einem kurzen historischen Rückblick nachgezeichnet werden, wie die Rechtsgebiete, die heute als Kirchen- und Staatskirchenrecht[20] bezeichnet werden, im Rahmen der damaligen Theologischen bzw. Juristischen Fakultäten in den protestantisch gewordenen Territorien gepflegt wurden. In einem zweiten Teil soll dann erörtert werden, welche Eigenart und Aufgabe die theologische Disziplin ‚Evangelisches Kirchenrecht' heute hat und wie sie am besten im Rahmen einer Ev.-theol. Fakultät vertreten sein könnte.

Beschluss des Reichstags von Speyer 1526, dass sich jeder Reichsstand hinsichtlich des Wormser Ediktes so verhalten solle, „wie ein jeder solches gegen Gott und Kayserliche Majestät hoffet und vertrauet zu verantworten", ist von den evangelischen Fürsten als reichsrechtliche Freigabe des Evangeliums verstanden worden. In einzelnen Territorien wurden, z. T. auf Drängen *Luthers* hin, von den Landesherren als praecipua membra ecclesiae Visitationen durchgeführt. Kritische Vorbehalte Luthers gegen ein im Entstehen begriffenes landesherrliches Kirchenregiment bereits in seiner Vorrede zu dem „Unterricht der Visitatorn an die Pfarhern ym Kurfürstenthum zu Sachsen (1528), abgedruckt in: *Luther,* WA XXVI, Weimar 1909, S. 195ff; auch abgedruckt in: *Richter*, a.a.O (Anm. 13), S. 82ff, und *Sehling* a.a.O. (Anm. 13), S. 149ff.

18 *M. Heckel* hat dieses wie folgt umschrieben: „Das Kirchenrecht der ecclesia universalis kann nicht von der ecclesia spiritualis getrennt und abgeschlossen werden, wie es die neuprotestantische Scheidung von Geistkirche und Rechtskirche als Grundlage des Kirchenrechtes versuchte.", a.a.O. (Anm. 15), S. 1ff [4], wieder abgedruckt in: *ders.*, GS, a.a.O. (Anm. 4), S. 366ff [369]).

19 *Gneist*, Der Rechtsstaat, Berlin 1872, S. 122, hat diesen Vorgang zugespitzt wie folgt beschrieben: „Im Gebiet der Kirchenverwaltung liegt nach schweren Kämpfen keinem Staatswesen das Bedürfnis einer gesetzlichen Ordnung und Jurisdiktion so nahe, wie dem deutschen, mit alten und neuen Grundsätzen der Gleichberechtigung der Kirchen und Bekenntnisse."

20 Der Terminus ‚Kirchenrecht' wird bereits im 18. Jhdt. als der deutsche Begriff für ‚ius ecclesiasticum' verwendet. Der Begriff ‚Staatskirchenrecht' stammt aus der ersten Hälfte des 19. Jahrhunderts, früher Beleg in: Katholische Zustände der Gegenwart, mit besonderer Rücksicht auf Deutschland und die Schweiz. Mit einem Anhange. Historisch-politische Denkschrift von einem Layen, Schaffhausen 1846, S. 61: „Die neueren Kanonisten teilen sich in *Kuralisten* und *Territorialisten.* – Die letztern, welche dem *Febronianismus* huldigen, nennt man auch *Staatskanonisten*, weil sie den Polizeistaat und das Polizei-Staatsrecht als apriorisch und absolut Gegebenes setzen und erst aus diesem das Recht der Kirche, d. h. ein sogenanntes *Staatskirchenrecht*, heraus demonstriren und herleiten."

II. Historischer Rückblick

Die um die Wende des 12. zum 13. Jahrhundert entstandenen Universitäten – zuerst Bologna und Paris – folgten auf Grund einer jeweils unterschiedlichen Entstehungsgeschichte keinem einheitlichen Modell.[21] Sogar bei den Neugründungen des 13. und 14. Jahrhunderts war es die Ausnahme, dass alle vier Fakultäten (Theologie, Jura sowie Medizin einerseits und Philosophie, die artes liberales der sog. ‚Artistenfakultät' andererseits) von Anfang an vertreten waren.[22] Dieses ergab sich häufig daraus, dass die neuentstandene Universität aus einer Lehranstalt hervorgegangen war, in der nur ein studium generale (i. S. einer späteren Fakultät) möglich war.[23] Sofern eine Theologische Fakultät in einer Universität vorhanden war, hatte das kanonische Recht den Status einer eigenständigen integralen Disziplin dieser Fakultät, die sog. ‚theologia practica externa'.[24] Daneben wurde das kanonische Recht auch in den Juristischen Fakultäten gelesen. Ursache hierfür war, dass während des 15. Jahrhunderts im Rahmen einer ersten Rezeption in Deutschland[25] das kanonische Recht in Wissenschaft und Praxis dem römischen Recht im Sinne eines jus commune vorgezogen wurde.[26] Dieses hatte für die Ausstattung der damaligen Juristischen Fakultäten mit den respektiven Lehrstühlen eine nicht unerhebliche Bedeutung. In Wittenberg z. B. bestanden in der Juristischen Fakultät im Jahr 1511 – also kurz vor der Reformation – je vier Ordinariate für das kanonische Recht und vier für das (römische) Zivilrecht.[27] Diese doppelte Vertretung des kanonischen Rechts in zwei verschiedenen Fakultäten sollte nach der

[21] Allgemeiner Überblick über die mittelalterliche Universitätsgeschichte bei *Verger,* Art. „Universität. A. Westen", in: Lexikon des Mittelalters, Bd. VIII, München 2002, Sp. 1249ff.

[22] *Verger*, ebda., Sp. 1249ff (1250); unter kirchenrechtlichen Aspekten *Hinschius*, Das Kirchenrecht der Katholiken und Protestanten in Deutschland. System des katholischen Kirchenrechts mit besonderer Rücksicht auf Deutschland, Bd. 4, Berlin 1888, S. 640ff (647ff).

[23] Zu dem Begriff ‚studium generale' (Lehranstalt für alle) *Hinschius*, ebda., S. 640 m. Anm. 6.

[24] Eingehend zu *Gratian*, dem Decretum Gratiani und der Stellung des kanonischen Rechts als eigenes Lehrfach *Feine*, Kirchliche Rechtsgeschichte. Die katholische Kirche, Köln u. a. [5]1972, S. 276ff.

[25] Dazu *Wieacker*, Privatrechtsgeschichte der Neuzeit unter besonderer Berücksichtigung der deutschen Entwicklung, Göttingen [2]1967, S. 97ff.

[26] *Liermann*, Das kanonische Recht als Gegenstand des gelehrten Unterrichts an den protestantischen Universitäten Deutschlands in den ersten Jahrhunderten nach der Reformation, Studia Gratiana, Vol. III, Bologna 1955, S. 541ff, wieder abgedruckt in: *ders*., Der Jurist und die Kirche. Ausgewählte kirchenrechtliche Aufsätze und Rechtsgutachten (GA), Jus Ecclesiasticum, Bd. 17, München 1973, S. 108ff (112).

[27] *Liermann*, GA, ebda., S. 108ff (113).

Reformation für das Fortbestehen dieser Disziplin in den protestantisch gewordenen Territorien wichtig werden.

Die akademische Ausbildung der angehenden Pfarrer im Geist der reformatorischen Theologie war eines der wichtigen Anliegen von *Luther* und *Melanchthon*.[28] Die in den der erneuerten Lehre zugewandten Ländern gelegenen Universitäten wurden deshalb grundlegend reformiert. In den Theologischen Fakultäten wurden die Lehrstühle für kanonisches Recht ersatzlos gestrichen. Bei protestantischen Universitätsneugründungen, z. B. Marburg/L. im Jahr 1527, wurde folgerichtig kein kanonistischer Lehrstuhl mehr eingerichtet. Sogar die dortige Juristische Fakultät wurde mit keinem Lehrstuhl für kanonisches Recht ausgestattet.[29] Versuche *Luthers* jedoch, in der Juristischen Fakultät in Wittenberg alle kanonistischen Lehrstühle einziehen zu lassen, scheiterten damals an dem Widerstand der dortigen Juristischen Fakultät und des Landesherrn.[30] Gleichwohl wurde nach der Universitätsreform in Wittenberg im Jahr 1536 die bisherige Anzahl dieser Lehrstühle von vier auf einen reduziert.[31]

In fast gegenläufiger Richtung entwickelte sich die Bedeutung des kanonischen Rechts in zwei etwas unterschiedlichen Bereichen des sich langsam herausbildenden evangelischen Kirchenwesens. In den evangelischen Kirchenordnungen des 16. Jahrhunderts, die insbesondere in ihrer Anfangszeit eigenständige evangelische Kirchenrechtsbildungen enthielten, wurde in der sog. ersten Generation dieser Kirchenordnungen vielfach auf das kanonische Recht zurückgegriffen. Die Untersuchungen von *Sprengler-Ruppenthal*[32] haben ge-

---

[28] Überblick bei *H.M. Müller*, Der rechtliche Status der Vikare in theologischer Sicht, ZevKR 22 (1977), S. 282ff (291f), wieder abgedruckt in: *ders.*, GA, a.a.O. (Anm. 9), S. 329ff (337f). Eingehend *Cohrs,* Art. „Unterrichts- und Bildungswesen, theologisches. III. Theologisches Unterrichts- und Bildungswesen seit der Reformation (bes. in Deutschland)", in: RE[3], Bd. 20, Leipzig 1908, S. 301ff (306ff). Richtungweisend war der „Unterricht der Visitatorn an die Pfarhern ym Kurfürstenthum zu Sachsen" von 1528, abgedruckt in: *Luther,* WA XXVI, a.a.O. (Anm. 17), S. 195ff (235); auch abgedruckt in: *Richter*, a.a.O. (Anm. 13), S. 77ff (99), und in: *Sehling*, a.a.O. (Anm. 13), S. 149ff (171).

[29] *Liermann*, a.a.O. (Anm. 26), S. 108ff (116).

[30] *Liermann*, ebda., S. 108ff (114); *Wolter,* Die Fortgeltung des kanonischen Rechts und die Haltung der protestantischen Juristen zum kanonischen Recht in Deutschland bis in die Mitte des 18. Jahrhunderts, in: *Helmholz* (Hg.), Canon Law in Protestant Lands, Berlin 1992, S. 13ff (18f).

[31] *Liermann*, ebda., S. 108ff (115).

[32] *Sprengler-Ruppenthal*, Art. „Recht, Kanonisches II. Geltung in den Kirchen der Reformation", in: TRE, Bd. XXVIII, Berlin u. a. 1997, S. 277ff; *dies.*, Das kanonische Recht in Kirchenordnungen des 16. Jahrhunderts, in: *Helmholz*, a.a.O. (Anm. 30), S. 49ff; wieder abgedruckt in: *dies.,* a.a.O. (Anm. 13), S. 298ff.

zeigt, dass die insbesondere von *Bugenhagen, Corvinus, Rhegius* und *Tiemann* – alle Theologen – ausgearbeiteten Kirchenordnungen auf vielen Gebieten das kanonische Recht als Belegstellen angeführt haben. Darin folgen diese Kirchenordnungen *Melanchthon*, der bei der Abfassung der Confessio Augustana und der Apologie durch wiederholte Bezugnahmen auf das kanonische Recht, insb. das Decretum Gratiani, nachzuweisen versucht, dass die Lehre der Wittenberger Reformatoren die Lehre und das Recht der katholischen Kirche erneuern und eigentlich nur wiederherstellen wolle.[33] Anders verhält es sich demgegenüber mit den Kirchenordnungen der sog. zweiten Generation, für die stellvertretend *Chemnitz*[34] genannt werden soll. Zitate aus dem kanonischen Recht und Beweisführungen mit Hilfe des sog. ‚päpstlichen' Rechts treten jetzt auffallend zurück. Ein Grund dafür mag auch darin liegen, dass die Vertreter der ersten Generation das kanonische Recht noch im Rahmen ihres Studiums in den Theologischen Fakultäten gehört hatten, die Vertreter der zweiten Generation, die erst in nachreformatorischer Zeit ausgebildet worden waren, einen direkten Zugang zum kanonischen Recht nicht mehr besaßen, weil dieses in den Theologischen Fakultäten nicht mehr gelesen wurde. Gewichtiger dürfte demgegenüber der Gesichtspunkt sein, dass nach dem Augsburger Religionsfrieden von 1555 mit der Suspension der Jurisdiktion der röm.-kath. Bischöfe in den protestantisch gewordenen Territorien und der reichsrechtlichen Anerkennung der Augsburger Konfessionsverwandten als zweite Religionspartei[35] der apologetische Druck im Zusammenhang mit dem Augsburger Reichstag von 1530 nachgelassen hatte, u. a. mit Hilfe des kanonischen Rechts nachzuweisen, dass die evangelische Kirche die ‚wahre' erneuerte katholische Kirche sei.

---

33 Siehe auch Luthers Vorrede zu Spenglers Auszug aus den päpstlichen Rechten (1530), abgedruckt in: *Luther*, WA XXX/2, Weimar 1909, S. 219.

34 *Mahlmann*, Art. „Chemnitz", in: TRE, Bd. VII, Berlin u. a. 1981, S. 714ff. Chemnitz ist – neben Andreä – Verfasser der Kirchenordnung für das Fürstentum Braunschweig-Wolfenbüttel von 1569, abgedruckt in: *Richter* (Hg.), Die evangelischen Kirchenordnungen des sechszehnten Jahrhunderts, 2. Bd., Weimar 1846, S. 318ff, und *Sehling,* fortgeführt vom Institut für evangelisches Kirchenrecht der EKD zu Göttingen (Hg.), Die evangelischen Kirchenordnungen des XVI. Jahrhunderts, 6. Bd. Niedersachsen, 1. Hälfte: Die Welfischen Lande, 1. Halbbd.: Die Fürstentümer Wolfenbüttel und Lüneburg mit den Städten Braunschweig und Lüneburg, Tübingen 1955, S. 83ff.

35 §§ 15, 20 Augsburger Religionsfrieden von 1555 (AR), abgedruckt in: *v. Senckenberg/Schmauß,* Neue und vollständigere Sammlung der Reichs-Abschiede, 3. Theil, Frankfurt/M. 1747, S. 14, wieder abgedruckt in: *Zeumer* (Bearb.), Quellensammlung zur Geschichte der Deutschen Reichsverfassung in Mittelalter und Neuzeit, Tübingen ^{2}1913, S. 241, und in: *Buschmann* (Hg.), Kaiser und Reich. Klassische Texte zur Verfassungsgeschichte des Heiligen Römischen Reiches Deutscher Nation vom Beginn des 12. Jahrhunderts bis zum Jahre 1806, München 1984, S. 215.

Eine zunehmende Bedeutung gewann demgegenüber das kanonische Recht in der Praxis der Konsistorien.[36] Nach einer Formulierung von *Smend* waren diese „der Schlußstein der reformatorischen Kirchengebilde".[37] In diesen landesherrlichen Behörden arbeiteten in paritätischer Besetzung neben Theologen auch Juristen. Letztere hatten während ihrer juristischen Ausbildung das auch in den protestantisch gewordenen Territorien – wenn auch in geringerem Ausmaß – weiter gepflegte kanonische Recht als Teil des weltlichen gemeinen Rechts gehört. Da in der Praxis der Konsistorien sehr schnell die Ehegerichtsbarkeit eine nicht unerhebliche Rolle spielte, kam neben dem grundsätzlich mit Modifikationen weitergeltenden kanonischen Eherecht[38] und dem Testamentsrecht auch das kanonische Prozessrecht zum Zuge. Vergleichbares galt für das Patronatsrecht und das kirchliche Vermögensrecht, insb. das Pfründe- und Baulastrecht, Rechtsgebiete, in denen weithin unbefangen auf das kanonische Recht zurückgegriffen wurde.[39] Einen Höhepunkt der Geltung dieses ‚päpstlichen' Rechts, sofern es mit protestantischen Bekenntnisgrundsätzen vereinbar war, stellte zu Beginn des 18. Jahrhunderts das große fünfbändige Werk von *Justus Henning Boehmer*[40] dar, Professor u. a. für Kirchenrecht in der Juristischen Fakultät in Halle. Bereits der Titel dieses großen Handbuches, ergänzt durch ein Jus parochiale[41], lässt erkennen, unter welchem Blickwinkel die Weitergeltung des kanonischen Rechts im evangelischen Kirchenrecht ge-

---

36 Durch § 20 AR wurden aus dem Bereich der weltlichen Geltung des Corpus Iuris Canonici ‚Immunitätsbezirke' herausgeschnitten, deren Fortgeltung von dem Willen der protestantischen Landesherren abhängig wurde. So *Heckel*, a.a.O. (Anm. 10), S. 485ff (514), wieder abgedruckt in: *ders.*, a.a.O. (Anm. 10), S. 1ff (25).

37 *Smend*, Die Konsistorien in Geschichte und heutiger Bewertung, ZevKR 10 (1963/64), S. 134ff (135).

38 Eingehende Darstellung bei *Dieterich*, Das protestantische Eherecht in Deutschland bis zur Mitte des 17. Jahrhunderts, Jus Ecclesiasticum, Bd. 10, München 1970; s. auch *Sprengler-Ruppenthal*, Zur Rezeption des Römischen Rechts im Eherecht der Reformatoren, in: a.a.O. (Anm. 13), S. 202ff, und *Frassek*, Eherecht und Ehegerichtsbarkeit in der Reformationszeit, Jus Ecclesiasticum, Bd. 78, Tübingen 2005.

39 *Wasserschleben†/v. Schulte*, Art. „Kanonisches Rechtsbuch", in: RE³, 10. Bd., Leipzig 1901, S. 18ff (21f); kritisch zu derartigen Katalogen weiter geltender kanonischer Rechtsvorschriften *Eichhorn*, Grundsätze des Kirchenrechts der Katholischen und der Evangelischen Religionspartei in Deutschland, 1. Bd., Göttingen 1831, S. 370ff, s. andererseits *Schmalz*, Handbuch des canonischen Rechts und seiner Anwendung in den deutschen evangelischen Kirchen, Berlin ³1834.

40 *de Wall*, Zum Kirchenrechtlichen Werk Justus Henning Böhmers, ZRG 118, Kan. Abt. LXXXVII (2001), S. 455ff.

41 Jus parochiale ad fundamenta genuina revocatum a spuriis principiis purgatum adque ita adornatum ut ius ecclesiasticum Protestantium illustrare et usum modernum libri tertii decretalium quoad praecipuas materias ostendere queat, Halle ⁶1760.

sehen wurde: Jus ecclesiasticum Protestantium, usum modernum juris canonici iuxta seriem decretalium ostendens, et ipsis rerum argumentis illustrans.[42]

Neben die evangelischen Kirchenordnungen des 16. Jahrhunderts und das durch den usus modernus[43] im Sinne einer zweiten Rezeption durch Assimilation in der Praxis der Konsistorien partiell weitergeltende kanonische Recht sollte seit dem Ausgang des Reformationsjahrhunderts eine weitere, dritte Rechtsschicht treten. Es handelte sich dabei um die in zeitlicher Abfolge hintereinander entstandenen staatsrechtlichen Theorien des Episkopal-[44], Territorial-[45] und Kollegialsystems[46], die in unterschiedlicher, teilweise konträrer Weise die respektive ‚staatskirchenrechtliche' Begründung für das landesherrliche Kirchenregiment und eine Grundlegung der Kirchengewalt liefern sollten. Bei diesen drei Theorien handelte es sich nicht um kirchenverfassungsrechtliche Entwürfe, sondern um staatsrechtliche Verfassungstheorien, die in das seit dem 16. Jahrhundert entstehende jus publicum, die Publizistik als neue, dritte Disziplin der Rechtswissenschaft gehören, die heute als das sog. ‚Öffentliche Recht' bezeichnet wird.[47]

Theologen, insb. Universitätstheologen, hatten in sehr unterschiedlicher Weise Anteil an der Ausarbeitung und der Modifikation dieser drei Theorien. Eine nicht unerhebliche ekklesiologische Veränderung des von den Greifswalder Juristen *Joachim*[48] und *Matthias*[49] *Stephani* begründeten Episkopalsystems bedeutete die sog. ‚Dreiständelehre' des der lutherischen Orthodoxie

---

42 Halle, ^{1}1714-1737, ^{5}1756-1789; als Auszug aus diesem Werk *ders.*, Institutiones iuris canonici tum ecclesiastici tum pontificii ad methodum decretalium nec non ad fora Catholicorum atque Protestantium compositae, Halle ^{1}1738, ^{5}1770.

43 Zum usus modernus und dem Abschluss der praktischen Rezeption *Wieacker*, a.a.O. (Anm. 25), S. 204ff.

44 *M. Heckel*, Art. „Episkopalsystem", in: EvStL^{3}, Bd. I, Stuttgart 1987, Sp. 728ff; wieder abgedruckt in: *ders.*, Staat und Kirche nach den Lehren der evangelischen Juristen Deutschlands in der ersten Hälfte des 17. Jahrhunderts, Jus Ecclesiasticum, Bd. 6, München 1968, S. 237ff.

45 *M. Heckel*, Art. „Territorialsystem", in: EvStL^{3}, Bd. II, ebda., Sp. 3600ff; wieder abgedruckt in: *ders.*, Staat und Kirche ..., ebda., S. 241ff.

46 *Schlaich*, Art. „Kollegialismus", in: EvStL^{3}, Bd. I, ebda., Sp. 1810ff.

47 Dazu eingehend *Stolleis*, Geschichte des öffentlichen Rechts in Deutschland, Bd. 1, Reichspublizistik und Policeywissenschaft 1600-1800, München 1988, passim, bes. S. 141ff.

48 Erste Information bei *Rommel*, Art. „Stephani, Joachim", in: LKStKR, Bd. 3, Paderborn u. a. 2004, S. 604f; s. auch *Heckel*, a.a.O. (Anm. 44), S. 79ff, und *J. Heckel*, Das Episkopalsystem des Joachim Stephani und sein Schicksal, ZRG 44, Kan. Abt. XIII (1924), S. 523ff, wieder abgedruckt in: *ders.*, a.a.O. (Anm. 10), S. 387ff.

49 Erste Information bei *Rommel*, Art. „Stephani, Matthias", in: LKStKR, Bd. 3, ebda., S. 605.

verpflichteten *Johannes Gerhard*[50]. Hatten die Erstgenannten im Augsburger Religionsfrieden von 1555 eine Restitution der von der Kirche usurpierten jura episcopalia für die Territorialobrigkeit gesehen,[51] hat *Gerhard* das Kirchenregiment des Fürsten innerkirchlich an den Konsens und die abgestufte Mitwirkung der beiden anderen Stände ‚Geistlichkeit' und ‚Kirchenvolk' gebunden.[52] Letzterem folgend hat der Jurist *Benedict Carpzov* das für Jahrzehnte führende große ‚Lehrbuch' des evangelischen Kirchenrechts vorgelegt, das Opus definitionum ecclesiasticarum seu consistorialium, das auch unter dem Titel Jurisprudentia ecclesiastica seu consistorialis erschienen ist.[53]

Die beiden Hauptvertreter der dritten dieser Theorien, des Kollegialsystems (Kollegialismus) waren die glänzendsten Universitätstheologen des 18. Jahrhunderts: *Matthäus Pfaff*[54] und *Johann Lorenz von Mosheim*[55]. In Abwehr des vorangegangenen rationalen Territorialsystems[56] begründeten sie eine evangelische Theorie einer kirchlichen Legitimierung und zugleich auch Limitierung des landesherrlichen Kirchenregiments und damit einer neuen Verhältnisbestimmung von Staat und Kirche einschließlich einer theologischen und juristischen Begründung des Wesens der Kirche und ihres Rechts überhaupt.[57] Das Recht in der Kirche wird in vernunftrechtlicher Sicht als säkulares Gesell-

[50] Dazu *Heckel*, a.a.O. (Anm. 44), S. 127ff; eingehend *Honecker*, Cura religionis Magistratus Christiani. Studien zum Kirchenrecht im Luthertum des 17. Jahrhunderts, insbesondere bei Johann Gerhard, Jus Ecclesiasticum, Bd. 7, München 1968.

[51] *Heckel,* Staat und Kirche, a.a.O. (Anm. 44), S. 79ff.

[52] Ebda., 139ff. *Heckel* sieht in der Dreiständelehre das erste System der Gewaltenteilung und der Gewaltenverbindung im deutschen Raum, ebda., S. 149.

[53] Überblick bei *v. Schulte*, Die Geschichte der Quellen und Literatur des Canonischen Rechts von Gratian bis auf die Gegenwart, Bd. III/2, 3, Die Geschichte der Quellen und Literatur des Canonischen Rechts von der Mitte des 16. Jahrhunderts bis zur Gegenwart. Das evangelische Recht, die evangelischen Schriftsteller, die Geschichte der wissenschaftlichen Behandlung, Übersicht, Stuttgart 1880, S. 39ff; *Heckel*, Staat und Kirche, a.a.O. (Anm. 44), S. 127ff (passim, z. B. S. 150f).

[54] Überblick bei *Link*, Art. „Pfaff, Christoph Matthäus", in: LKStKR, Bd. 3, a.a.O. (Anm. 48), S. 199ff; *ders*., Herrschaftsordnung und bürgerliche Freiheit. Grenzen der Staatsgewalt in der älteren deutschen Staatslehre, Wien u. a. 1979, S. 322ff.

[55] Überblick bei *v. Schulte,* a.a.O. (Anm. 53), S. 112. S. auch *de Wall*, Die Reformuniversitäten der Aufklärungszeit (Halle, Göttingen und Erlangen) und das Kirchenrecht, ZRG 117, Kan. Abt. LXXXVI (2000), S. 433ff (440ff).

[56] *Schlaich,* Der rationale Territorialismus. Die Kirche unter dem staatsrechtlichen Absolutismus um die Wende vom 17. zum 18. Jahrhundert, ZRG 85, Kan. Abt. LIV (1968), S. 269ff, wieder abgedruckt in: *ders.,* Gesammelte Aufsätze. Kirche und Staat von der Reformation bis zum Grundgesetz (GA), Jus Ecclesiasticum, Bd. 57, Tübingen 1997, S. 204ff.

[57] Dazu *Schlaich*, Kollegialtheorie. Kirche, Recht und Staat in der Aufklärung, Jus Ecclesiasticum, Bd. 8, München 1969; *ders*., Kirchenrecht und Vernunftrecht. Kirche und Staat in der Sicht der Kollegialtheorie, ZevKR 14 (1968/69), S. 1ff, wieder abgedruckt in: *ders.,* GA, ebda., S. 179ff.

schaftsrecht verstanden. Mit der Lehre von der Übertragung der kirchlichen jura collegialia auf den Landesherrn differenziert diese Lehre zwischen der staatlichen Kirchenhoheit (19. Jahrhundert: jura circa sacra) und der Kirchengewalt (19. Jahrhundert: jura in sacra).[58] Bemerkenswert und neu ist, dass beide Professoren die Kirchenrechtswissenschaft für die Theologie reklamieren; *von Mosheim* ging sogar soweit, den Juristen die Zuständigkeit für das Kirchenrecht zu bestreiten.[59] Diese akademischen Lehren führten jedoch nicht dazu, dass auf Grund dieser kollegialistischen Sicht des Kirchenrechts in den Ev.-theol. Fakultäten wieder eigene Lehrstühle für Kirchenrecht errichtet worden wären.

Die im 19. Jahrhundert auch im evangelischen wie im katholischen Kirchenrecht blühende historische Rechtsschule[60] (z. B. *Eichhorn*, *Ae. L. Richter, Hinschius, Sohm* und *Friedberg* als Protestanten sowie *Walter, v. Schulte* und *Phillips* als Katholiken) fand keine großen Anklänge bei den evangelischen Theologen. Vergleichbares gilt für zwei weitere ‚Schulrichtungen' im evangelischen Kirchenrecht des ausgehenden 19. und beginnenden 20. Jahrhunderts, den rechtswissenschaftlichen Positivismus[61] und die sog. kirchenrechtsgeschichtliche Schule. Für die erstere soll ihr bekanntester Vertreter genannt werden, der Göttinger Kirchenrechtler *Paul Schoen*, der in seinen Darstellungen des evangelischen Kirchenrechts bewusst auf jegliche theologischen Erörterungen verzichtet hat.[62] Die andere ‚Schule' wird durch *Ulrich Stutz* repräsentiert, der die „Kirchliche Rechtsgeschichte" zu einer eigenen Teildisziplin des Kirchenrechts entwickelt hat und einen bedeutenden Schülerkreis schaffen konnte (u. a. *H. E. Feine, Johannes Heckel*).[63]

---

58 Dazu J. *Heckel*, Cura religionis, ius in sacra, ius circa sacra, in: FS Stutz, KRA 117/118, Stuttgart 1938, S. 224ff; als Sonderausgabe erschienen in: Libelli, Bd. XLIX, Darmstadt [2]1962.

59 Dazu *Liermann*, a.a.O. (Anm. 26), S. 108ff (129f) m. Nachweis einschlägiger Zitate bei *Pfaff* und *v. Mosheim*. Letzterer konnte pointiert formulieren: „Die Herren Rechtsgelehrten haben in dem Kirchenrechte Meinungen ergriffen, davon man vorher nichts gewußt hat. Dieses erweckte die Geistlichen aus ihrem Schlummer, das Kirchenrecht zu untersuchen, um die Rechte der Kirche, die unter den Händen der Rechtsgelehrten in den letzten Zügen lagen, aufrecht zu erhalten, und dieselben zu vertheidigen." (Allgemeines Kirchenrecht der Protestanten. Nach dessen Tode herausgegeben und mit Anmerkungen versehen von *v. Windheim,* Helmstedt 1760, S. 1f).

60 Zur historischen Rechtsschule allgemein *Wieacker*, a.a.O. (Anm. 25), S. 348ff.

61 Zum Begriff des ‚rechtswissenschaftlichen Positivismus' *Wieacker*, ebda., S. 430ff.

62 *Schoen*, Das evangelische Kirchenrecht in Preußen, 1. Bd., Berlin 1903, S. VI: „Theologische und kirchenpolitische Erörterungen sind prinzipiell vermieden."

63 Grundlegend *Stutz*, Die Kirchliche Rechtsgeschichte. Rede zur Feier des 27. Januar 1905 gehalten in der Aula der Universität zu Bonn, Stuttgart 1905; *ders*., Kirchenrecht.

Nachdem über 350 Jahre Juristen die Disziplin ‚Evangelisches Kirchenrecht' dominiert und mit unterschiedlichen Theorien wissenschaftlich begründet und entfaltet hatten, kam im ausgehenden 19. Jahrhundert *Sohm* – wiederum ein Jurist und nicht ein Theologe – zu dem alles in Frage stellenden gegenteiligen Ergebnis: „Das Kirchenrecht steht mit dem Wesen der Kirche in Widerspruch."[64] Diese These ist auch deshalb bemerkenswert, weil die evangelische Kirche zu diesem Zeitpunkt im Rahmen eines kirchlichen Konstitutionalismus gerade damit beschäftigt war, im Zuge eines langsamen Auseinandertretens von Staat und Kirche in neuen kirchenverfassungsrechtlichen Ordnungen[65] neben den bereits vorhandenen Konsistorien und den Leitenden Geistlichen (Generalsuperintendenten etc.) auch eigene synodale Vertretungskörperschaften auszubilden.[66] Diese revolutionäre These *Sohms* fand umgehend Widerspruch, nicht nur von Kirchenrechtlern (z. B. *Kahl*[67]), sondern auch von dem bedeutendsten Vertreter der liberalen Theologie, *Adolf (von) Harnack*[68]. Verständlich ist daher, dass in dieser krisenhaften Situation, in der die Existenzberechtigung von Kirchenrecht überhaupt bestritten wurde, kein Anlass dazu bestand, Lehrstühle für evangelisches Kirchenrecht in den Ev.-theol. Fakultäten zu errichten. Es bedurfte vielmehr zweier grundstürzender Ereignisse, um einen ersten bescheidenen Wandel herbeizuführen.

Die erste Zäsur bedeutete das Ende des landesherrlichen Kirchenregiments und die durch die Weimarer Reichsverfassung vom 11. August 1919 einerseits verfügte Trennung von Staat und Kirche, Art. 137 I WRV, andererseits die verfassungsrechtliche Gewährleistung des kirchlichen Selbstbestimmungsrechts, Art. 137 III WRV. Die kirchen- und staatskirchenrechtliche Tragweite

---

Geschichte und System, in: *v. Holtzendorff-Kohler,* Enzyklopädie der Rechtswissenschaft in systematischer Bearbeitung, Bd. V, München u. a. 7 1914, S. 276ff.

64 S. den Nachweis in Anm. 11.

65 S. dazu die Quellensammlung von *Friedberg* (Hg.), Die geltenden Verfassungs-Gesetze der evangelischen deutschen Landeskirchen, Freiburg i. Br. 1885, Erster bis Vierter Ergänzungsband 1888-1904; vorher *Dove,* Sammlung der wichtigeren neuen Kirchenordnungen, Kirchen-Verfassungsgesetze, Synodal- und kirchlichen Gemeinde-Ordnungen des evangelischen Deutschlands. Urkunden zur Darstellung des gegenwärtigen Zustandes der Verfassung in den deutschen Landeskirchen, Ergänzungsband der ZKR, Tübingen 1865.

66 Dazu eingehend *Ris*, Der „kirchliche Konstitutionalismus". Hauptlinien der Verfassungsbildung in der evangelisch-lutherischen Kirche Deutschlands im 19. Jahrhundert, Jus Ecclesiasticum, Bd. 33, Tübingen 1988.

67 *Kahl*, Lehrsystem des Kirchenrechts und der Kirchenpolitik, 1. Hälfte. Einleitung und allgemeiner Teil, Freiburg i. Br. u. a. 1894, S. 70ff.

68 *A. v. Harnack,* Entstehung und Entwicklung der Kirchenverfassung und des Kirchenrechts in den ersten zwei Jahrhunderten, Leipzig 1910, bes. S. 143ff.

dieses revolutionären Verfassungsumbruchs ist nicht sofort gesehen worden.[69] Erst gegen Ende der Weimarer Republik konnte *G. J. Ebers* mit seiner Monographie „Staat und Kirche im neuen Deutschland" für das Staatskirchenrecht eine neue, den Verfassungsbestimmungen gemäße Sicht des Verhältnisses von Staat und Kirche veröffentlichen.[70] Im evangelischen Bereich sind zwar nach 1919 bald neue Kirchenverfassungen verabschiedet und auch literarisch kommentiert worden, die sich aber stark an weltlichen Verfassungstexten orientierten.[71] Mit einem Abstand von 10 Jahren nach der Entlassung der evangelischen Kirche in die rechtliche Selbstständigkeit hat *Holstein* seine Monographie „Die Grundlagen des evangelischen Kirchenrechts" vorgelegt, in der es „um das innere Erfassen eines wesenhaft evangelischen Kirchenrechts" geht.[72] Im universitären Bereich wurden neben den großen Vorlesungen über Kirchen- und Staatskirchenrecht in den Juristischen Fakultäten[73] auch in einzelnen Ev.-theol. Fakultäten Vorlesungen über Kirchenrecht angeboten. Zu nennen ist hier neben anderen *Hans v. Soden*, der als Neutestamentler nach seinem Ruf nach Marburg/L. – wie bereits vorher in Breslau – mehrfach „Kirchenrecht" gelesen hat.[74]

Die zweite Zäsur bedeutete die nationalsozialistische Machtübernahme und der bald einsetzende Kirchenkampf. Unter der Federführung von *Karl Barth* ist die sog. Barmer Theologische Erklärung vom Mai 1934 verfasst und verabschiedet worden.[75] In kirchenrechtlicher Hinsicht ist in Abwehr der Übernah-

---

69 Beispielhaft sei auf die eher noch konservative Auslegung der staatskirchenrechtlichen Bestimmungen der Weimarer Reichsverfassung durch *Anschütz*, Die Verfassung des Deutschen Reichs vom 11. August 1919, Berlin [14]1933, hingewiesen.

70 *Ebers*, Staat und Kirche im neuen Deutschland, München 1930.

71 S. die Quellensammlung von *Giese/Hosemann* (Hg.), Die Verfassungen der Deutschen Evangelischen Landeskirchen. Unter Berücksichtigung der kirchlichen und staatlichen Ein- und Ausführungsgesetze, Quellen des Deutschen Evangelischen Kirchenrechts. Sammlung der in den Deutschen Evangelischen Landeskirchen geltenden Kirchengesetze. I. Die Verfassungen, Berlin 1927; *Schoen,* Das neue Verfassungsrecht der evangelischen Landeskirchen in Preußen, Berlin 1929.

72 *Holstein*, Die Grundlagen des evangelischen Kirchenrechts, Tübingen 1928, S. V.

73 Zwischen 1918 und 1933 hatte das Kirchenrecht seinen Platz als obligatorisches und prüfungsrelevantes Fach behalten; s. beispielhaft *Hollerbach*, Kirchenrecht an der Freiburger Rechtsfakultät 1918-1945, ZevKR 23 (1978), S. 28ff.

74 *Hans v. Soden,* Autobiographische Skizze, in: *E. Dinkler* und *E. Dinkler-von Schubert,* bearb. von *M. Wolter* (Hg.), Theologie und Kirche im Wirken Hans von Sodens. Briefe und Dokumente aus der Zeit des Kirchenkampfes 1933-1945, AZKZ, Reihe A: Quellen, Bd. 2, Göttingen 1984, S. 376ff (379).

75 Die „Theologische Erklärung zur gegenwärtigen Lage der Deutschen Evangelischen Kirche" ist veröffentlicht in: *Immer* (Hg.), Bekenntnissynode der Deutschen Evangelischen Kirche Barmen 1934. Vorträge und Entschließungen, Wuppertal-Barmen 1934, S. 8ff; dazu *Ratschow*, Theologische Erklärung zur gegenwärtigen Lage der Deutschen Evangelischen Kirche Barmen-Gemarke 29. bis 31. Mai 1934, ZevKR 28 (1983),

me des sog. ‚Führerprinzips' in die evangelische Kirche insb. Art. III dieser Erklärung wichtig und grundlegend geworden.[76] Die dritte These der Barmer Theologischen Erklärung besagt zweierlei: Einmal, dass kirchliche Ordnung (Kirchenrecht) eigenständiges und eigengeartetes Recht ist, das nicht dem „Belieben oder dem Wechsel der jeweils herrschenden weltanschaulichen und politischen Überzeugung überlassen" werden darf. Zum anderen – und dieses ist viel wichtiger –: Die Existenz einer kirchlichen Ordnung wird 42 Jahre nach der Infragestellung der legitimen Existenz von Kirchenrecht überhaupt durch *Sohm* als selbstverständlich (und wesensdienlich) neben die ‚Botschaft' der Kirche gestellt („die Gestalt ihrer Botschaft und ihrer Ordnung").[77] Angesichts des nationalsozialistischen Kirchenkampfes ist es aber verständlich, dass diese rechtstheologische Einsicht der Bekennenden Kirche nicht zu der Errichtung auch nur eines einzigen kirchenrechtlichen Lehrstuhls in einer Ev.-theol. Fakultät in Deutschland führen konnte. Vielmehr wurde auch in den Juristischen Fakultäten das Vorlesungsangebot im Kirchen- und Staatskirchenrecht drastisch reduziert.[78]

Erst im Rahmen einer auf rechtsstaatlichen Grundlagen beruhenden Wissenschaftspflege, die auch die Theologischen Fakultäten vom Kulturstaatsauftrag des religiös-weltanschaulich neutralen Staates mit umfasst sieht, konnte die Errichtung eines kirchenrechtlichen Lehrstuhls in einer Ev.-theol. Fakultät gelingen. Nach dem Zweiten Weltkrieg und dem Inkrafttreten des Bonner Grundgesetzes wurde eine große Zahl von Kirchenverfassungen auf Grund der Erfahrungen des Kirchenkampfes novelliert.[79] Daneben setzte die sog. ‚rechts-

---

S. 370ff; *H.Ph. Meyer,* Predigt und politische Verantwortung nach der Theologischen Erklärung der Bekenntnissynode von Barmen 1934, ZevKR 28 (1983), S. 392ff. Siehe auch die von *Burgsmüller* hrsg. Dokumentation ‚Kirche als „Gemeinde von Brüdern" (Barmen III)', Bd. 1: Vorträge aus dem Theologischen Ausschuß der EKU; Bd. 2: Votum des Theologischen Ausschusses der EKU, Gütersloh 1980.

[76] Dazu *Ratschow*, ebda., S. 370ff (382ff); *H. Ph. Meyer,* ebda., S. 392ff (401ff).

[77] Wichtig dazu Nr. 3 der Erklärung zur Rechtslage der Bekenntnissynode der Deutschen Evangelischen Kirche: „In der Kirche ist eine Scheidung der äußeren Ordnung vom Bekenntnis nicht möglich.", veröffentlicht in: *Immer*, a.a.O. (Anm. 75), S. 37. Dazu *Smend*, Wissenschafts- und Gestaltprobleme im evangelischen Kirchenrecht, ZevKR 6 (1957/58), S. 225ff (225f): Nr. 3 dieser Erklärung steht „in schärfstem Gegensatz zu Sohm", der 42 Jahre vor der *praktischen* Infragestellung des evangelischen Kirchenrechts durch die nationalsozialistische Revolution seine *theoretische* Infragestellung in seinem „Kirchenrecht" veröffentlicht hatte.

[78] Statt anderer *Hollerbach,* a.a.O. (Anm. 73), S. 28ff (29f); in der Reichs-Justizausbildungsordnung vom 22.07.1934 kommt das Kirchenrecht nicht mehr vor, es hätte nur auf den individuellen Antrag eines Kandidaten zum Gegenstand der Prüfung gemacht werden können, RGBl. I S. 727, s. insb. § 5!

[79] S. dazu die einschlägigen Abhandlungen in der ZevKR, zu finden mit Hilfe des Registerbandes unter „Kirchenverfassung", und die Quellenedition von *Kraus* (Hg.), Evange-

theologische Grundlagendiskussion' ein, in der mehrere rechtstheologische Grundlagenentwürfe vorgelegt worden sind: von *Johannes Heckel*[80], *Erik Wolf*[81], *Hans Dombois*[82] und *Siegfried Grundmann*[83]. Bei den Genannten handelt es sich ausschließlich um Juristen[84]; aus der Feder eines Theologen ist kein einziger Entwurf beigesteuert worden. Zwar haben sich einige Theologen unterschiedlicher Disziplinen an dieser rechtstheologischen Grundlagendiskussion beteiligt[85], ein nachhaltiger Einfluss ist jedoch von dieser Diskussion auf die Wissenschaft der evangelischen Theologie in Deutschland nicht ausgegangen.[86] In der Zwischenzeit wird sogar von einer gewissen ‚Grundlagenmüdigkeit' nicht nur bei den Theologen, sondern auch bei den Juristen gesprochen.[87] Um so dankbarer ist zu vermerken, dass im Jahr 1964 in Tübingen

---

lische Kirchenverfassungen in Deutschland. Textsammlung mit einer Einführung, Berlin 2001.

80 *J. Heckel* (Hg.), Lex charitatis. Eine juristische Untersuchung über das Recht in der Theologie Martin Luthers, Köln u. a. ²1973; *ders.*, Initia iuris ecclesiastici Protestantium, Sitzungsberichte der Bayerischen Akademie der Wissenschaften, Philosophisch-historische Klasse, Jahrgang 1949, Heft 5, München 1950, wieder abgedruckt in: *ders.*, a.a.O. (Anm. 10), S. 132ff.

81 *E. Wolf*, Ordnung der Kirche. Lehr- und Handbuch des Kirchenrechts auf ökumenischer Basis, Frankfurt/M. 1961.

82 *Dombois*, Das Recht der Gnade. Oekumenisches Kirchenrecht, Bd. I, Witten 1961; *ders.*, Das Recht der Gnade, Ökumenisches Kirchenrecht, Bd. II. Grundlagen und Grundfragen der Kirchenverfassung in ihrer Geschichte, Witten 1974; *ders.*, Das Recht der Gnade, Ökumenisches Kirchenrecht, Bd. III. Verfassung und Verantwortung, Bielefeld 1983.

83 *Grundmann*, Der Lutherische Weltbund. Grundlagen – Herkunft – Aufbau, Köln u. a. 1957, bes. S. 1-112; *ders.*, Verfassungsrecht in der Kirche des Evangeliums, ZevKR 11 (1964/65), S. 9ff, wieder abgedruckt in: *ders.*, Abhandlungen zum Kirchenrecht (GA), Köln u. a. 1969, S. 68ff.

84 Gesamtdarstellung bei *Steinmüller*, Evangelische Rechtstheologie. Zweireichelehre – Christokratie – Gnadenrecht, 2 Halbbde., Köln u. a. 1968; *A. Stein*, Zur Entwicklung der deutschen evangelischen Kirchenrechtswissenschaft 1961-1975 – Versuch einer Bestandsaufnahme –, ZevKR 22 (1977), S. 6ff; *Schlaich*, Die Grundlagendiskussion zum evangelischen Kirchenrecht, in: *ders.*, a.a.O. (Anm. 56), S. 269ff, und *Schwarz*, Rechtstheologie – Kirchenrecht. Anmerkungen und Aperçus zu innerprotestantischen Kontroversen hinsichtlich Begründung und Entfaltung eines evangelischen Kirchenrechts, ZevKR 28 (1983), S. 172ff.

85 Z. B. *K. Barth*, Christengemeinde und Bürgergemeinde, München 1946, S. 6f; *ders.*, Die Ordnung der Gemeinde. Zur dogmatischen Grundlegung des Kirchenrechts, München 1955 (Sonderdruck von § 67 IV der KD, Bd. IV/2), dazu *H. Diem*, Vertrauen und Mißtrauen im Kirchenrecht. Zu Karl Barths dogmatischer Grundlegung des Kirchenrechts, ZevKR 5 (1956), S. 274ff.

86 Dazu *Müller*, a.a.O. (Anm. 9), S. 346ff (347). Bemerkenswert jetzt *Stock*, Die Theorie der christlichen Gewißheit. Eine enzyklopädische Orientierung, Tübingen 2005, S. 112ff, 303ff, bes. S. 307: „So zeigt sich, daß die evangelische Kirchenrechtswissenschaft als eine unentbehrliche Disziplin im Gefüge der Theologie als positiver Wissenschaft anzusehen ist."

87 *Dreier*, Entwicklungen und Probleme der Rechtstheologie, ZevKR 25 (1980), S. 20ff (21). Der Ausdruck „gewisse Grundlagenmüdigkeit" bereits bei *A. v. Campenhausen*, Literaturbericht zum Kirchenrecht (Erster Teil), ThR N. F. 38 (1973), S. 119ff (120),

in der Ev.-theol. Fakultät der bereits genannte Lehrstuhl für Kirchenordnung errichtet worden ist. Im Anklang an die Kirchenordnungen des 16. Jahrhunderts und an die Barmer Theologische Erklärung ist die Bezeichnung ‚Kirchenrecht' vermieden und durch ‚Kirchenordnung' ersetzt worden.[88]

In der DDR ist die Entwicklung anders verlaufen. Zwar hat es auch dort eine gewisse rechtstheologische Grundlagendiskussion gegeben, über die kürzlich eingehend berichtet worden ist.[89] Im Gegensatz zur Lage in der Bundesrepublik Deutschland ist das Kirchen- und Staatskirchenrecht in den Juristischen Fakultäten der DDR nach 1945 nicht mehr gelesen worden. Deshalb mussten die evangelischen Kirchen nicht nur ihre angehenden Theologen im Kirchenrecht, sondern auch die künftigen Kirchenjuristen weitgehend selber ausbilden. Dieses ist im Wesentlichen in den beiden Juristenkursen in den 60er Jahren im Katechetischen Oberseminar in Naumburg geschehen.[90]

Überblickt man die seit der Reformation in der Zwischenzeit vergangenen fast 500 Jahre, ist zu konstatieren, dass in Wissenschaft und Praxis Juristen die Disziplin ‚Evangelisches Kirchenrecht' beherrscht und dominierend vertreten haben. Die evangelischen Theologen treten, auch wenn einzelne von ihnen nachhaltige Weichenstellungen für die Weiterentwicklung des evangelischen Kirchenrechts geschaffen haben, auffallend zurück. Dieses zeigt auch eine Durchsicht der 572 mehr oder weniger ausführlichen Biographien der evangelischen „Schriftsteller und ihrer Werke", die *v. Schulte* in seiner mehrbändigen Darstellung „Die Geschichte der Quellen und Literatur des Canonischen Rechts von der Mitte des 16. Jahrhunderts bis zur Gegenwart" im Jahr 1880 mitgeteilt hat.[91]

Diese Bilanz einer fast 500-jährigen Pflege und Vertretung des evangelischen Kirchenrechts in Wissenschaft und Praxis könnte Anlass geben, sich

---

wieder abgedruckt in: *ders.,* Gesammelte Schriften (GS), Jus Ecclesiasticum, Bd. 50, Tübingen 1995, S. 496ff (497).

88 Dieses geht wesentlich auf *Hermann Diem* zurück. Grundlegend *ders.,* Restauration oder Neuanfang in der Evangelischen Kirche?, Stuttgart 1946. Siehe auch *Schwarz,* a.a.O. (Anm. 84), S. 172ff (184).

89 *P. Müller*, Wege und Irrwege. Grundsätzliche Überlegungen zum Kirchenrecht in den evangelischen Kirchen in der DDR, ZevKR 49 (2004), S. 191ff.

90 Daneben sind einzelne Juristen aus dem staatlichen Bereich übernommen worden. Weiter bestand die Möglichkeit, dass von der Kirche einzelne Interessenten für ein Jurastudium an die staatlichen Juristischen Fakultäten delegiert werden konnten. Schließlich hat die sächsische Landeskirche nach den beiden Juristenkursen in Naumburg eine eigene Ausbildung für Kirchenjuristen durchgeführt.

91 *v. Schulte*, a.a.O. (Anm. 53), Bd. III/2, 3, S. 22ff.

damit abzufinden, dass das evangelische Kirchenrecht eine Materie ist, die überwiegend von Kirchenjuristen in den Konsistorien/Kirchenämtern und deshalb im akademischen Bereich von Kirchenrechtlern in den Juristischen Fakultäten und nicht von Theologen in den Theologischen Fakultäten zu bearbeiten sei. Aber schon die herkömmliche Klassifizierung, das Kirchenrecht (die Kanonistik) sei „eine theologische Disziplin mit juristischer Methode“[92] bzw. das Kirchenrecht sei „seiner Herkunft nach und auch heute noch ein Grenzgebiet zwischen Theologie und Jurisprudenz“[93], lassen Zweifel aufkommen, ob die pointierte Aussage *Liermanns* „das Kirchenrecht (sei) keine theologische, sondern eine juristische Disziplin“[94] noch haltbar ist. Die Erfahrungen, welche die evangelische Kirche in Deutschland einmal im Kirchenkampf mit dem Nationalsozialismus und andererseits in den Auseinandersetzungen mit dem ‚real existierenden Sozialismus' der DDR gemacht hat, könnte äußerer Anlass sein, der These nachzugehen, dass das evangelische Kirchenrecht von seinem Wesen her eine theologische Disziplin sei, die in den Bereich der Ev.-theol. Fakultäten und der Kirchlichen Hochschulen gehöre. Daneben und unabhängig davon stellt sich die grundsätzliche Frage, ob aus theologischen, insb. rechtstheologischen Gründen das evangelische Kirchenrecht wieder eine Heimat in den Ev.-theol. Fakultäten finden soll und muss.

III. Die Aufgabe eines evangelischen Kirchenrechts heute

Bevor auf die spezifische Aufgabe des evangelischen Kirchenrechts im Rahmen einer Ev.-theol. Fakultät eingegangen werden kann, müssen die Funktionen einer Ev.-theol. Fakultät insgesamt kurz umschrieben werden,[95] wenn die theologische Disziplin ‚Evangelisches Kirchenrecht' ein integraler Bestandteil dieser Fakultät sein sollte.

---

92 So *Mörsdorf*, Lehrbuch des Kirchenrechts auf Grund des Codex Iuris Canonici, 1. Bd., München u. a. [11]1964, S. 36. Dazu *Dreier*, Methodenprobleme der Kirchenrechtslehre, ZevKR 23 (1978), S. 343ff (345ff).

93 *Liermann*, Deutsches Evangelisches Kirchenrecht, Bibliothek des öffentlichen Rechts, Bd. V, Stuttgart 1933, S. 3.

94 *Liermann*, a.a.O. (Anm. 26), S. 108ff (131).

95 Überblick bei *A. v. Campenhausen*, Theologische Fakultäten/Fachbereiche, in: HdbWissR, Bd. 1, Berlin u. a. [2]1996, S. 963ff; *ders./de Wall*, Staatskirchenrecht, München [4]2006, S. 219ff; *ders.*, in: *v. Mangoldt/Klein/Starck*, GG, Bd. III, München [5]2005, Art. 140 GG/Art. 137 WRV, Rdnrn. 120ff; *Jeand'Heur/Korioth*, Grundzüge des Staatskirchenrechts, Stuttgart u. a. 2000, S. 225ff; *Winter*, Staatskirchenrecht der Bundesrepublik Deutschland, Neuwied u. a. 2001, S. 93ff.

1. Die Theologischen Fakultäten gehören zu den gemeinsamen Angelegenheiten von Staat und Kirche, da sie gleichermaßen kirchliche wie staatliche Belange berühren. Der Begriff ‚gemeinsame Angelegenheiten'[96] soll – vergleichbar seiner Anwendung für den Religionsunterricht in staatlichen Schulen, die Anstaltsseelsorge, die kommunalen Friedhöfe und das Kirchensteuerrecht – einen Lebenssachverhalt bezeichnen, der eine primäre Zweckbeziehung sowohl zum Staat als auch zur Kirche in sich trägt. Grundsätzlich handelt es sich bei diesen gemeinsamen Angelegenheiten um staatliche Aufgaben, an denen jedoch ein konkurrierendes elementares eigenständiges Interesse der Kirche besteht.[97]

Im Gegensatz zu dem sog. ‚christlichen Staat' vergangener Jahrhunderte, der unter der Geltung eines landesherrlichen Kirchenregiments diese Fakultäten auf Grund seiner cura religionis unterhalten hatte,[98] werden sie heute infolge eines umfassenden Kulturstaatsauftrags vom weltlichen, säkularen Staat vorgehalten und unterhalten.[99] Die Theologischen Fakultäten in den staatlichen Universitäten nehmen zugleich staatliche wie kirchliche Funktionen wahr; sie haben daher einen sog. ‚Doppelcharakter'.[100] Einerseits beinhalten diese Fakultäten in positiver Religionspflege, Art. 4 I und II GG,[101] als institutionelle Förderung durch den Staat das Angebot an die Kirchen – nicht jedoch eine Verpflichtung für diese wie in der Zeit des Kulturkampfes –, insbesondere ihre angehenden Geistlichen durch ein akademisches Studium dort ausbil-

---

[96] Zu dem Begriff ‚gemeinsame Angelegenheiten' s. *A. v. Campenhausen/de Wall*, Staatskirchenrecht, ebda., S. 196; *M. Heckel*, Grundfragen der theologischen Fakultäten seit der Wende, in: FS Link, Tübingen 2003, S. 213ff (248f), wieder abgedruckt in: *ders.*, Gesammelte Schriften (GS), Bd. V, Jus Ecclesiasticum, Bd. 73, Tübingen 2004, S. 401ff (435); s. auch *Hollerbach,* Theologische Fakultäten und staatliche Pädagogische Hochschulen, in: HdbStKirchR, Bd. 2, Berlin ^{2}1995, S. 549ff (560f), der die Theologische Fakultät mit einem überkommenen Begriff als „res mixta" bezeichnet. Der Begriff ‚gemeinsame Angelegenheiten' ist kein normativer, sondern ein deskriptiver Hilfsbegriff, aus dem keine selbstständigen rechtlichen Folgerungen deduziert werden können.

[97] *A. v. Campenhausen*, in: v. *Mangoldt/Klein/Starck*, GG, Bd. III, a.a.O. (Anm. 95), Art. 140 GG/Art. 137 WRV, Rdnr. 116.

[98] Dazu *M. Heckel*, Die theologischen Fakultäten im weltlichen Verfassungsstaat, Tübingen 1986, S. 10f; eingehend zum Begriff ‚cura religionis' *Heckel*, a.a.O. (Anm. 58), S. 224ff (225ff), Sonderausgabe S. 1ff (2ff).

[99] Eingehend dazu *Heckel,* Fakultäten, a.a.O. (Anm. 98), S. 17ff; *Solte,* Theologie an der Universität. Staats- und kirchenrechtliche Probleme der theologischen Fakultäten, Jus Ecclesiasticum, Bd. 13, Tübingen 1971, S. 39f.

[100] *Heckel,* Fakultäten, a.a.O. (Anm. 98), passim, insb. S. 265f.

[101] So *J. Heckel*, Kirchengut und Staatsgewalt, in: FS Smend, Göttingen 1952, S. 103ff (107), wieder abgedruckt in: *ders.,* a.a.O. (Anm. 10), S. 328ff (332). Eine ‚positive Religionspflege' ist heute i. S. e. Religionsförderung nur als Teil einer offenen pluralistischen Kulturförderung möglich.

den zu lassen.[102] Andererseits sind diese Fakultäten im Rahmen des Kulturstaatsauftrags Teil der staatlichen Wissenschaftspflege, Art. 5 III GG.[103] Weil diese Norm keine bestimmte Auffassung von Wissenschaft und keine bestimmte Wissenschaftstheorie schützt, ermöglicht die in pluralistischer Offenheit auszulegende Wissenschaftsfreiheit des Art. 5 III GG[104] dem Staat auch die Pflege bekenntnisgebundener Wissenschaft als Teil der universitas litterarum und damit die wissenschaftliche Entfaltung der christlichen Botschaft in Forschung und Lehre.[105] Denn der zur religiös-weltanschaulichen Neutralität verpflichtete Staat hat mit den Worten des Bundesverwaltungsgerichts „ein legitimes Interesse daran, etwa mit Hilfe bekenntnisgebundener Studiengänge – deren Inhalte freilich allein in der Verantwortung der Religionsgesellschaften stehen – menschliche Wertorientierung zu fördern".[106] Angesichts der bereits genannten religiös-weltanschaulichen Neutralität ist der Staat darauf beschränkt, nur die *weltliche* Seite im Recht der Theologischen Fakultäten zu regeln.[107] Deshalb hat der Staat bei der Ausgestaltung des Rechts der Theologischen Fakultäten die verfassungsrechtlichen Vorgaben einzuhalten, die hier anhand des Grundgesetzes genannt werden sollen: Neben dem grundrechtlichen Schutz der Religionsfreiheit, Art. 4 I und II GG,[108] sowie der in pluralistischer Offenheit auszulegenden Wissenschaftsfreiheit, Art. 5 III GG, muss er angesichts der Trennung von Staat und Kirche, Art. 140 GG i. V. m. Art. 137 I

---

[102] An dieser Stelle kann nicht der Frage nachgegangen werden, wie sich dieses Angebot des Staates zu der Möglichkeit der Kirchen verhält, eigene Kirchliche Hochschulen zu begründen und zu betreiben.

[103] Eingehend dazu *Heckel,* a.a.O. (Anm. 99), S. 17ff; *ders.,* Grundfragen der theologischen Fakultäten seit der Wende, in: FS Link, a.a.O. (Anm. 96), S. 213ff (248f), wieder abgedruckt in: *ders.,* GS, Bd. V, a.a.O. (Anm. 96), S. 401ff (453); *Solte,* a.a.O. (Anm. 99), S. 39ff.

[104] *Starck,* in: *v. Mangoldt/Klein/Starck,* GG, Bd. I, München ^{5}2005, Art. 5 III, Rdnrn. 351ff. Siehe dazu auch die Explikation des Wissenschaftsbegriffs in BVerfGE 35,79 (113): „Damit ist zugleich gesagt, dass Art. 5 III GG nicht eine bestimmte Auffassung von der Wissenschaft oder eine bestimmte Wissenschaftstheorie schützen will. Seine Freiheitsgarantie erstreckt sich vielmehr auf jede wissenschaftliche Tätigkeit, d. h. auf alles, was nach Inhalt und Form als ernsthafter planmäßiger Versuch zur Ermittlung der Wahrheit anzusehen ist. Dies folgt unmittelbar aus der prinzipiellen Unabgeschlossenheit jeglicher wissenschaftlichen Erkenntnis."

[105] *Hollerbach,* Theologische Fakultäten und staatliche Pädagogische Hochschulen, in: HdbStKirchR, Bd. 2, a.a.O. (Anm. 96), S. 549ff (554ff); *Heckel,* a.a.O. (Anm. 96), S. 213ff (233ff), wieder abgedruckt in: *ders.,* GS, Bd. V, a.a.O. (Anm. 96), S. 401ff (420ff); *Solte,* a.a.O. (Anm. 99), S. 34.

[106] BVerwG, Urteil vom 18.7.1996, E 101, 309 (316f) = ZevKR 41 (1996), S. 4650 (466) = KirchE 34, S. 273 (278).

[107] Statt anderer *Heckel*, a.a.O. (Anm. 99) S. 23ff (25).

[108] *A. v. Campenhausen/de Wall,* a.a.O. (Anm. 95), S. 50ff; *ders.,* Religionsfreiheit in: HdbStR, Bd. VI, Heidelberg 1989, S. 369ff (390ff), wieder abgedruckt in: *ders.,* GS, a.a.O. (Anm. 87), S. 256ff (280ff); *Listl,* Glaubens-, Bekenntnis- und Kirchenfreiheit, in: HdbStKirchR, Bd. I, Berlin ^{2}1994, S. 439ff.

WRV,[109] insb. die lex regia des Staatskirchenrechts, das kirchliche Selbstbestimmungsrecht einschließlich der kirchlichen Ämterautonomie, Art. 140 GG i. V. m. Art. 137 III WRV,[110] im Blick auf diese Fakultäten beachten und einhalten. Dieses bedeutet andererseits, dass mögliche *innerkirchliche* Aufgaben, Befugnisse und Kompetenzen der staatlichen Theologischen Fakultäten angesichts des Doppelcharakters dieser Fakultäten nicht auf staatlichem, sondern nur auf kirchlichem Recht beruhen dürfen.[111]

Die Ev.-theol. Fakultäten sind ein integraler Bestandteil der jeweiligen Landeskirche, auf deren Territorium sie gelegen sind. Diese Fakultäten sind im Sinne der Rechtsprechung des Bundesverfassungsgerichts, der sog. ‚Goch-Entscheidung', in staatskirchenrechtlicher Hinsicht der verfassten Kirche zugeordnet, nicht jedoch in diese eingeordnet.[112] Deshalb sind sie eine Lebensäußerung der respektiven Landeskirche, deren Bekenntnisstand sie teilen.[113] Diese Zuordnung der einzelnen Ev.-theol. Fakultäten zu ‚ihrer' Landeskirche folgt, sofern keine kirchenvertragliche Regelung besteht, entweder kraft jahrhundertealtem Herkommen bzw. der Zustimmung der Landeskirche zur Neuerrichtung und Einrichtung dieser Fakultät, weil der Staat derartige Fakultäten einer Landeskirche nicht gegen ihren Willen aufdrängen darf.[114] Auf Grund dieser Zuordnung der Ev.-theol. Fakultäten zu der einzelnen Landeskirche und damit ihrer Stellung als integraler Teil der verfassten Kirche haben diese Fa-

---

[109] *A. v. Campenhausen/de Wall,* a.a.O. (Anm. 95), S. 90ff; *ders.,* in: *v. Mangoldt/Klein/Starck,* GG, Bd. III, a.a.O. (Anm. 95), Art. 140 GG/Art. 137 WRV, Rdnrn. 2ff; *Ebers,* a.a.O. (Anm. 70), S. 119ff, bes. 132ff.

[110] *A. v. Campenhausen/de Wall,* a.a.O. (Anm. 95), S. 99ff; *ders.,* in: *v. Mangoldt/Klein/Starck,* GG, Bd. III, a.a.O. (Anm. 95), Art. 140 GG / Art. 137 WRV, Rdnrn. 30ff; *Hesse,* Das Selbstbestimmungsrecht der Kirchen und Religionsgemeinschaften, in: HdbStKirchR, Bd. I, Berlin [2]1994, S. 521ff.

[111] Nach einer prägnanten Formulierung von *Heckel,* a.a.O. (Anm. 98), S. 154, haben die staatlichen Theologischen Fakultäten nach weltlichem Recht keine Kompetenzen als staatliche Bekenntniskommissare in Lehr- und Bekenntnisfragen.

[112] BVerfG, Beschluss vom 11.10.1977, E 46, 73 = ZevKR 23 (1978), S. 414 = KirchE 16, S. 189; dazu *A. v. Campenhausen,* Staat – Kirche – Diakonie. Historische Bezüge und aktuelle Probleme, in: *v. Campenhausen/Erhardt,* Kirche – Staat – Diakonie. Zur Rechtsprechung des Bundesverfassungsgerichts im diakonischen Bereich, Hannover 1982, S. 10ff (49f).

[113] *A. v. Campenhausen/Christoph,* Zur Konfessionalität einer Theologischen Fakultät. Gutachtliche Stellungnahme zur Berufung eines Baptisten als Professor an die Evangelisch-theologische Fakultät der Ruhr-Universität Bochum, ZevKR 41 (1996), S. 159ff (166). Zur historischen Entwicklung des Bekenntnisstandes Theologischer Fakultäten *Heckel*, a.a.O. (Anm. 99), S. 89.

[114] Dazu eingehend *Kriewitz,* Die Errichtung theologischer Hochschuleinrichtungen durch den Staat, Jus Ecclesiasticum, Bd. 42, Tübingen 1992; *M. Heckel,* Organisationsstrukturen der Theologie in der Universität, Staatskirchenrechtliche Abhandlungen, Bd. 18, Berlin 1987.

kultäten nicht nur als Einrichtungen der staatlichen Universitäten Anteil an dem Grundrecht der Wissenschaftsfreiheit, Art. 5 III GG, sondern auch in ihrer bekenntnisbestimmten und bekenntnisgeprägten Lehre an der korporativen Religionsfreiheit, der sog. Kirchenfreiheit, Art. 4 I und II GG, sowie am kirchlichen Selbstbestimmungsrecht, Art. 140 GG i. V. m. Art. 137 III WRV.[115]

Als ein sog. ‚membrum ecclesiae'[116] – das evangelische Kirchenrecht hat es bisher versäumt, für die kirchliche Seite der Ev.-theol. Fakultäten eine innerkirchliche Rechtsstellung zur Verfügung zu stellen[117] – sind diese Fakultäten einerseits ein Teil der jeweiligen Landeskirche, andererseits aber auch auf Grund ihrer akademischen Aufgaben in Forschung und Lehre ein notwendiges und in kritischer Solidarität ein unverzichtbares Gegenüber zu der verfassten Kirche, die nach evangelischem Verständnis kein unfehlbares Lehramt kennt. Die staatskirchenrechtliche Besonderheit der Theologischen Fakultäten besteht darin, dass sie zwar teilhaben an der staatlichen Wissenschaftsfreiheit, Art. 5 III GG, diese aber nicht grenzenlos gewährleistet wird, da jede einzelne Fakultät und ihr Lehrkörper in ihrer Forschung und Lehre durch die Bindung an Schrift und Bekenntnis auch in ihrer Wissenschaftsfreiheit limitiert[118] ist. Dieses zeigt sich u. a. darin, dass nicht nur die Ausbildungs- und Prüfungsordnungen der Ev.-theol. Fakultäten der Zustimmung der jeweiligen Landeskirche unterliegen,[119] sondern auch auf Grund eines votum decisivum die Berufung jedes einzelnen Theologieprofessors der Zustimmung der Landeskirche bedarf.[120] Entsprechendes gilt auch für die Berufung von sog. ‚peers' bei einem Akkreditierungsverfahren.[121]

Die Ev.-theol. Fakultäten haben aus heutiger Sicht eine Vielzahl kirchlicher Aufgaben, die nur z. T. kirchenverfassungsrechtlich oder in sonstiger Weise

---

115 Dazu *Heckel*, a.a.O. (Anm. 99), S. 33ff.

116 So eine rechtlich vage Umschreibung für die kirchlichen Aufgaben und Funktionen der Ev.-theol. Fakultäten bei *A. v. Campenhausen,* Theologische Fakultäten/Fachbereiche, in: HdbWissR, a.a.O. (Anm. 95), S. 963ff (972).

117 Kritisch dazu *Christoph,* Die Ev.-theol. Fakultäten und das evangelische Kirchenrecht – Rechtsstellung und aktuelle Probleme, ZevKR 50 (2005), S. 46ff (55ff).

118 *A. v. Campenhausen/Christoph,* a.a.O. (Anm. 113), S. 159ff (166).

119 *A. v. Campenhausen/de Wall*, a.a.O. (Anm. 95), S. 222; *Heckel,* a.a.O. (Anm. 99), S. 220ff; ausdrückliche vertragsstaatskirchenrechtliche Regelungen z. B. in Art. 5 VIII Bayerischer Kirchenvertrag (Studienordnungen), a.a.O. (Anm. 6), S. 604ff; Art. 4 III Kirchenvertrag Mecklenburg-Vorpommern (Studien- und Prüfungsordnungen), a.a.O. (Anm. 6).

120 *A. v. Campenhausen/Christoph,* a.a.O. (Anm. 113), S. 159ff.

121 *Christoph,* Zur Akkreditierung theologischer Studiengänge, ZevKR 49 (2004), S. 253ff (269).

kirchenrechtlich normiert sind, in vielen Fällen vertragsstaatskirchenrechtlich abgesichert sind und sich ansonst aus dem Herkommen ergeben.[122] Neben der Ausbildung der angehenden Amtsträger, besonders im Rahmen des universitären Studiums, und der Lehrkräfte in öffentlichen, insb. höheren Schulen für die Religionsfakultas, sind einige weitere wichtige Funktionen dieser Fakultäten für die sog. Amtskirche zu nennen. Diese sind die Erstattung von theologischen Gutachten und die Mitwirkung einzelner Professoren in landeskirchlichen und gesamtkirchlichen Organen (Synode, Kirchenleitung), in landes- und gesamtkirchlichen Ausschüssen, Kammern und Kommissionen, in Lehrbeanstandungsverfahren und schließlich im Prüfungswesen für die theologischen Dienstprüfungen der Landeskirchen.

2. In Kenntnis der besonderen Stellung, welche die Ev.-theol. Fakultäten in den staatlichen Universitäten auf Grund ihres Doppelcharakters besitzen, sind die Eigenart und Aufgabe der theologischen Disziplin ‚Evangelisches Kirchenrecht' im Rahmen der Funktionen dieser Fakultäten zu bestimmen.

a) Im Unterschied zum Staatkirchenrecht,[123] das vom säkularen, weltlichen Staat für alle in seinem Staatsgebiet bestehenden Kirchen, Religions- und Weltanschauungsgemeinschaften erlassen wird, ist das evangelische Kirchenrecht – wie die gesamte Wissenschaft der evangelischen Theologie auch – bekenntnisgebunden, es ist daher bekenntnisgeprägtes kirchliches Recht. Evangelisches Kirchenrecht ist deshalb zum einen *eigenständiges* Recht, weil es nicht vom Staat abgeleitetes Recht ist, sondern *originär* von der Kirche im Rahmen ihres verfassungsrechtlich gewährleisteten Selbstbestimmungsrechts, Art. 140 GG i. V. m. Art. 137 III WRV, erlassen wird. Dieses gilt auch für die Rechtsgebiete, in denen die evangelische Kirche (Landeskirchen, gliedkirchliche Zusammenschlüsse) auf Grund ihres Körperschaftsstatus, Art. 140 GG i. V. m. Art. 137 V WRV, im Rang von staatlichem öffentlichen Recht stehendes Kirchenrecht schaffen können.[124] Evangelisches Kirchenrecht ist zum anderen *eigengeartetes* Recht, da es durch Schrift und Bekenntnisstand bekennt-

---

[122] Eine Zusammenstellung des einschlägigen Normenbestandes bei *Christoph,* a.a.O. (Anm. 117), S. 46ff (55ff).

[123] Zu diesem staatsrechtlichen Begriff *A. v. Campenhausen,* Art. „Staatskirchenrecht" in: LKStKR, Bd. 3, a.a.O. (Anm. 48), S. 585ff.

[124] Dazu *A. v. Campenhausen/Christoph,* Göttinger Gutachten. Kirchenrechtliche Gutachten in den Jahren 1980-1990 erstattet vom Kirchenrechtlichen Institut der Evangelischen Kirche in Deutschland, Jus Ecclesiasticum, Bd. 48, Tübingen 1994, S. 89ff (98 m. w. N.).

nisbestimmtes Recht ist.[125] Dieses hindert aber nicht, dass das evangelische Kirchenrecht in seiner Rechtsförmlichkeit weltlichem Recht entsprechen kann, so dass nicht von einem doppelten Rechtsbegriff[126] ausgegangen werden sollte.

Wenn evangelisches Kirchenrecht eigenständiges und eigengeartetes, d. h. bekenntnisgeprägtes Recht ist, verbietet sich eine wissenschaftliche Darstellung und Bearbeitung des evangelischen Kirchenrechts im Sinne eines rechtswissenschaftlichen Positivismus.[127] Evangelisches Kirchenrecht bedarf, wenn es sein Wesen als eigenständiges und eigengeartetes Recht nicht verleugnen will, der rechtstheologischen Grundlegung und Begründung.[128] Beides kann sich das evangelische Kirchenrecht nicht selber ‚besorgen', sondern muss es aus Schrift und Bekenntnis beziehen. Evangelisches Kirchenrecht ist deshalb nicht voraussetzungsloses Recht, sondern an Vorgaben gebunden, die außerhalb der theologischen Disziplin ‚Evangelisches Kirchenrecht' liegen. Dieser Einsicht steht die Pflege der Wissenschaft vom evangelischen Kirchenrecht in den Juristischen Fakultäten nicht entgegen, sondern reklamiert nur eine originäre Zuständigkeit der Ev.-theol. Fakultäten für diese Disziplin.

Da evangelisches Kirchenrecht bekenntnisgeprägtes, durch einen bestimmten Bekenntnisstand präformiertes kirchliches Recht ist, muss insb. die wissenschaftliche Forschung das evangelische Kirchenrecht aus rechtstheologischen Gründen auch unter kontroverstheologischen und apologetischen Gesichtspunkten bearbeiten. Das Kirchenrecht anderer christlicher Konfessionen, insb. das kanonische Recht als die ältere Schwester, wird rechtsvergleichend unter kontroverstheologischen Aspekten in den Blick kommen müssen, wo die

---

[125] Das evangelische Kirchenrecht ist eigengeartet, da insb. nach lutherischer Auffassung für die Unterscheidung von kirchlichem und weltlichem Recht die Unterscheidung von Gesetz und Evangelium konstitutiv ist, die sonst in der Rechtsidee keine Rolle spielt. So *Müller*, a.a.O. (Anm. 9), S. 225ff (232), wieder abgedruckt in: *ders.,* GA, a.a.O. (Anm. 9), S. 346ff (352).

[126] Das positive Kirchenrecht teilt in empirischer Sicht die Strukturmerkmale weltlichen Rechts, dazu *Dreier*, a.a.O. (Anm. 92), S. 343ff (362). S. auch *Pirson,* Universalität und Partikularität der Kirche, Jus Ecclesiasticum, Bd. 1, München 1965, S. 15ff (17). Ein kurzer Überblick über die monistische und die dualistische Qualifizierung weltlicher und kirchlicher Rechtsordnung bei *Grundmann*, Zur Einführung: Evangelisches Kirchenrecht, JuS 6 (1966), S. 466ff (467f), wieder abgedruckt in: *ders.,* GA, a.a.O. (Anm. 83), S. 1ff (3ff).

[127] Dieses ist eine bleibende Erkenntnis des Kirchenkampfes. – Zum rechtswissenschaftlichen Positivismus im evangelischen Kirchenrecht s. o. S. 46 mit Anm. 61 und 62.

[128] Zur rechtstheologischen Grundlagendiskussion s. d. o. S. 50 samt Anm. 80-83 genannten Autoren und Werke; jüngst *D. Lange,* Zur theologischen Begründung des Kirchenrechts, ZevKR 51 (2005), S. 1ff.

respektiven Unterschiede und die jeweiligen Gemeinsamkeiten bestehen. Bestrebungen, Gedankengut des jeweils herrschenden säkularen weltlichen Rechts in das evangelische Kirchenrecht ungeprüft zu implantieren, müssen gegebenenfalls aus rechtstheologischen Gründen apologetisch zurückgewiesen werden.[129]

Die theologische Disziplin ‚Evangelisches Kirchenrecht' ist aus rechtstheologischen Gründen auf die wissenschaftlichen Arbeitsergebnisse der fünf theologischen Hauptfächer angewiesen. Durch die Bindung des bekenntnisbestimmten und daher bekenntnisgeprägten evangelischen Kirchenrechts an Schrift und Bekenntnis werden dabei speziell die Forschungsergebnisse der neutestamentlichen Wissenschaft und der Reformationsgeschichte im Vordergrund stehen. Von der Systematischen Theologie, insb. der Dogmatik, wird die evangelische Kirchenrechtswissenschaft sich eine Aussage darüber erhoffen, wo das evangelische Kirchenrecht dogmatisch ‚angesetzt' werden muss, z. B. in der Ekklesiologie.[130] In diesem Zusammenhang wird das evangelische Kirchenrecht mit Hilfe der Systematischen Theologie ferner die Frage zu klären haben, ob die sog. Zwei-Regimenten-Lehre auch in der Kirche in ihrer irdischen Verfasstheit[131] gilt, um die Geltung von Kirchenrecht in der Kirche

---

[129] Dieses gilt nicht nur für die Übernahme des sog. ‚Führerprinzips' durch die Deutschen Christen z. Zt. des Nationalsozialismus, sondern auch für eine ungeprüfte Übernahme einzelner Ausprägungen des auf rechtsstaatlichen Grundlagen beruhenden Parlamentswesens. In den Synoden der evangelischen Kirche gibt es keinen Oppositionsführer, der als sog. ‚Möchtegernbischof' durch ein konstruktives Misstrauensvotum an die ‚Macht' gelangen kann. S. dazu auch *H. M. Müller*, Kirche in der Demokratie – Demokratie in der Kirche?, ZevKR 44 (1999), S. 324ff, wieder abgedruckt in: *ders.,* GA, a.a.O. (Anm. 9), S. 128ff.

[130] Für eine Verortung des evangelischen Kirchenrechts in der theologischen ‚Ethik' *Herms,* Das Kirchenrecht als Thema der theologischen Ethik, ZevKR 28 (1983), S. 199ff, bes. S. 273f.

[131] Grundlegend dazu *H. Ph. Meyer,* Kirchenleitung nach lutherischem Verständnis. Zur Auslegung von Confessio Augustana Art. 28, ZevKR 25 (1980), S. 115ff; s. auch *Müller,* a.a.O. (Anm. 9), S. 225ff (235f), wieder abgedruckt in: *ders.,* GA, a.a.O. (Anm. 9), S. 346ff (356). – Für das theologische Verständnis des evangelischen Kirchenrechts ist die Lehre von den beiden Regimenten unbedingt heranzuziehen. Die Unterscheidung, die dabei leitend ist, ist die Unterscheidung zwischen Grund und Gestalt der Kirche, die sich schon in CA VII und VIII finden lässt. Eingehend *Hüffmeier* (Hg.), Die Kirche Jesu Christi. Der reformatorische Beitrag zum ökumenischen Dialog über die kirchliche Einheit, Leuenberger Texte, Heft 1, Frankfurt/M. ^{3}2001, S. 21ff. Zum ‚Grund der Kirche' macht das evangelische Kirchenrecht keine rechtlichen Aussagen. Hinsichtlich der ‚Gestalt der Kirche' wirkt das evangelische Kirchenrecht durch normierende Regelungen mit. Kirchenrechtliche Bestimmungen, das ius ecclesiasticum humanum, gehören in das ‚Reich zur Linken' und damit zum weltlichen (jedoch nicht staatlichen) Regiment. Den Bestimmungen des evangelischen Kirchenrechts ist deshalb folge zu leisten, sofern dieses ohne Sünde möglich ist, vgl. CA XV. Negativ gewendet bedeutet dieses: Wer gegen Normen des evangelischen Kirchenrechts verstößt, kann durch die iure humano

theologisch zu legitimieren,[132] einschließlich der Notwendigkeit, es gegebenenfalls auch zwangsweise – sogar mit Hilfe des Staates – durchsetzen zu können.[133] Schließlich muss das evangelische Kirchenrecht die Arbeitsergebnisse der Praktischen Theologie berücksichtigen. Dieses gilt nicht nur für das klassische Teilgebiet der Kybernetik,[134] sondern in der jetzigen Zeit vor allem für die im Bereich dieser Disziplin ressortierende Diakoniewissenschaft. Die Diakonie ist heute eine der bedeutendsten Lebensäußerungen der evangelischen Kirche; schon ein Blick auf die Zahl der von der Kirche und ihrer Diakonie getragenen Einrichtungen (Krankenhäuser, Altersheime, Kindergärten etc.) und der dort beschäftigten kirchlichen Mitarbeiter kann dieses bestätigen.[135]

Die Wissenschaft vom evangelischen Kirchenrecht gehört zu den Disziplinen, die in der heutigen Zeit nur noch interdisziplinär und interfakultiv erfolgreich arbeiten können. Dieses gilt – wie bereits angedeutet – zunächst für die fünf theologischen Hauptfächer. Das evangelische Kirchenrecht ist deshalb angesichts der hohen disziplinären Ausdifferenzierung in der theologischen Wissenschaft im Sinne einer enzyklopädischen Arbeitsweise besonders stark auf eine Zusammenschau der Arbeitsergebnisse der einzelnen Fachdisziplinen unter kirchenrechtlichem Aspekt angelegt. Daneben ist die Wissenschaft vom evangelischen Kirchenrecht auch auf eine fakultätenübergreifende Zusammenarbeit angewiesen. Dieses gilt zunächst und insbesondere für das in den Juristischen Fakultäten ressortierende Staatskirchenrecht, ein Teilgebiet des Öffentlichen Rechts.

---

geübte Kirchengewalt sanktioniert werden, geht aber nicht zwangsläufig auch des Heils verlustig. S. jetzt *Knuth,* Das Regiment zur Linken in der Kirche in ihrer irdischen Verfasstheit, in: *Hauschildt/Hahn* (Hg.), Kirche und Recht – theologische und juristische Annäherungen, Hannover 2008, S. 11ff.

132 Die *Notwendigkeit* evangelischen Kirchenrechts ergibt sich u. a. daraus, dass die Kirche nicht nur ein corpus permixtum ist, zu der auch Heuchler und offenkundige Sünder gehören, vgl. CA VIII, sondern auch daraus, dass die Glieder der Kirche begnadigte Sünder sind (simul iusti et peccatores). Der *Geltungsgrund* evangelischen Kirchenrechts ist aber weder die seit der altlutherischen Orthodoxie vertretene Ansicht, das Kirchenrecht diene dazu, die getauften Ungläubigen mit den Zwangsmitteln des Rechts in Schranken zu halten und zu bekämpfen, noch die Notwendigkeit, die Bösen vor den Bösen zu schützen. Der Geltungsgrund evangelischen Kirchenrechts kann nur darin gesehen werden, den von Gott gegebenen Auftrag, rechte Wortverkündigung und evangeliumsgemäße Sakramentsverwaltung zu vollziehen, s. CA V, und mit den Mitteln menschlichen Rechts (iure humano) zu ordnen.

133 Einzelheiten bei *Ehlers,* Rechts- und Amtshilfe, in: HdbStKirchR, Bd. 2, a.a.O. (Anm. 96), S. 1117ff.

134 Dazu *Müller*, a.a.O. (Anm. 9), S. 225ff (228f), wieder abgedruckt in: *ders.,* GA, a.a.O. (Anm. 9) S. 346ff (348ff).

135 S. dazu den Überblick bei *A. v. Campenhausen,* a.a.O. (Anm. 112), S. 10ff.

Die Kirchen genießen zwar das Grundrecht der Religionsfreiheit in der Gestalt der Kirchenfreiheit, Art. 4 I und II GG,[136] und das kirchliche Selbstbestimmungsrecht, Art. 140 GG i. V. m. Art. 137 III WRV.[137] Letzteres ist aber nur innerhalb der Schranken des für alle geltenden Gesetzes von der Verfassung gewährleistet. Hier kann nicht auf die interpretatorischen Probleme eingegangen werden, die sich bei der Ermittlung der Reichweite dieses kirchlichen Selbstbestimmungsrechts in praktischer Konkordanz im Licht der Schrankenformel ergeben.[138] Deutlich ist jedoch, dass insb. die kirchliche Gesetzgebung – z. B. im kirchlichen Mitgliedschaftsrecht, im kirchlichen Dienst- und Arbeitsrecht – die ihr von der staatlichen Verfassung gegebenen Gestaltungsmöglichkeiten und Grenzen kennen und beachten muss. Dem steht nicht entgegen, dass die Kirchen aus wohlerwogenen theologischen Gründen auch vom staatlichen Recht bewusst abweichende Regelungen schaffen können, die gegebenenfalls auf Grund der Schranken des für alle geltenden Gesetzes dann zwar (nur) im innerkirchlichen, nicht aber im weltlichen Bereich eine Geltung entfalten können.[139] Schließlich wird bei der wissenschaftlichen Bearbeitung des evangelischen Kirchenrechts auch die kirchenpolitische Frage zu erörtern sein, ob staatskirchenrechtliche Regelungen eher im Wege einer zwar nach Anhörungen ‚paktierten', letztlich aber doch einseitigen staatlichen Gesetzgebung oder besser im Wege vertragsstaatskirchenrechtlicher Vereinbarungen erfolgen sollte.[140] Weil der religiös-weltanschaulich neutrale Staat, der seinem Wesen nach ekklesiologisch ‚farbenblind' ist, die respektiven Interessenlagen der einzelnen Kirchen und Religionsgemeinschaften nicht kennt und kennen kann, legen sich im Zweifel vertragliche Absprachen, z. B. in Gestalt von Kirchenverträgen, nahe, die durch den jeweiligen Transformationsakt dann auch zu einem Teil des evangelischen Kirchenrechts werden.[141]

---

136 *A. v. Campenhausen/de Wall,* a.a.O. (Anm. 95), S. 50ff; *Listl,* Glaubens-, Bekenntnis- und Kirchenfreiheit, in: HdbStKirchR, Bd. I, a.a.O. (Anm. 108), S. 439ff.

137 *A. v. Campenhausen/de Wall,* Staatskirchenrecht, ebda., S. 99ff; *Hesse,* Das Selbstbestimmungsrecht der Kirchen und Religionsgemeinschaften, in: HdbStKirchR, Bd. I, ebda., S. 521ff.

138 *A. v. Campenhausen/de Wall,* Staatskirchenrecht, ebda., S. 107ff; *Hesse,* Das Selbstbestimmungsrecht der Kirchen und Religionsgemeinschaften, ebda., S. 544ff.

139 Klassische Beispiele sind das Mitgliedschaftsrecht der röm.-kath. Kirche, das einen Kirchenaustritt nicht vorsieht, und das Eherecht dieser Kirche, die das Rechtsinstitut der Ehescheidung nicht kennt.

140 Dazu *A. v. Campenhausen/de Wall,* a.a.O. (Anm. 95), S. 50.

141 Zum Vertragsstaatskirchenrecht grundlegend *Hollerbach,* Verträge zwischen Staat und Kirche in der Bundesrepublik Deutschland, Frankfurt/M. 1965; s. jetzt *A. v. Campenhausen/de Wall,* Staatskirchenrecht, ebda., S. 45ff; *Hollerbach,* Die vertragsrechtlichen

Neben das deutsche Staatskirchenrecht tritt in zunehmendem Maße das Europarecht, insb. das von der Europäischen Union gesetzte Recht.[142] Bis zu 50 % des jeweiligen nationalen Rechts werden in der Zwischenzeit durch das sog. Primär- und Sekundärrecht dieser inzwischen staatsnahen Verbindung von 27 Mitgliedstaaten präformiert und geprägt. Unstreitig besitzen die Europäische Union und die ihr zugeordneten Europäischen Gemeinschaften keine Regelungskompetenz für den Bereich der Religions- bzw. Kirchenpolitik, genauerhin für das Staatskirchenrecht.[143] Dieses bedeutet aber nicht, dass die Kirchen von der Geltung europarechtlicher Vorschriften ausgenommen wären. Vielmehr sind sie und ihre Mitglieder wie alle EU-Bürger in den Geltungsbereich dieser Ebene des Europarechts mit einbezogen. Dieses nimmt die Kirchen in ihrer Besonderheit als Kirchen in der Regel nicht in den Blick; partiell und ungezielt gilt das Recht der EU wie für jeden Dritten auch für die Kirchen auf den Gebieten, auf denen deren Lebensäußerungen in den Zuständigkeitsbereich der Union und ihrer Gemeinschaften fallen. Dieses gilt insbesondere für das individuelle und kollektive Arbeitsrecht, das Steuer-, Sozial-, Wettbewerbs- und Datenschutzrecht. Daraus haben einzelne Kirchen und kirchliche Zusammenschlüsse (z. B. die EKD, die KEK und die röm.-kath. Kirche) frühzeitig die richtige Konsequenz gezogen, bereits im Vorfeld bei den Beratungen der künftigen europäischen Gesetzgebung – insb. in Brüssel – ihre Belange durch geeignete Interessenvertretungen einzubringen.[144] In den noch nicht in Kraft getretenen Entwurf einer künftigen europäischen Verfassung (Reformvertrag) hat dieses in Art. I - 17 III mit folgendem Wortlaut überzeugend Eingang gefunden: „Die Union pflegt in Anerkennung der Identität und des besonderen Beitrags dieser Kirchen und Gemeinschaften einen offenen, transparenten und regelmäßigen Dialog mit ihnen.“

Neben diesen beiden Teildisziplinen des Öffentlichen Rechts muss das evangelische Kirchenrecht je nach den respektiven Aufgaben und Arbeitser-

---

Grundlagen des Staatskirchenrechtes, in: HdbStKirchR, Bd. I, a.a.O. (Anm. 108), S. 253ff.

142 Grundlegend *Hollerbach,* Europa und das Staatskirchenrecht, ZevKR 35 (1990), S. 250ff; *Robbers,* Europarecht und Kirchen, in: HdbStKirchR, Bd. I, a.a.O. (Anm. 108), S. 315ff; s. jetzt die laufende Berichterstattung durch *de Wall:* Europäisches Staatskirchenrecht, ZevKR 45 (2000), S. 157ff; Neue Entwicklungen im Europäischen Staatskirchenrecht, ZevKR 47 (2002), S. 205ff; Das Religionsrecht der EU. Grundstrukturen und Spannungen, ZevKR 50 (2005), S. 383ff; *H. Weber,* Geltungsbereiche des primären und sekundären Europarechts für die Kirchen, ZevKR 47 (2002), S. 221ff.

143 Statt anderer *Hollerbach,* Europa und das Staatskirchenrecht, ebda., S. 250ff (268).

144 Dazu *Christoph*, Interessenvertretung der evangelischen Kirchen bei der Europäischen Union, ZevKR 47 (2002), S. 249ff.

fordernissen der einzelnen kirchlichen Regelungsbereiche, z. B. Dienst- und Arbeitsrecht, rechtliche Organisationsstrukturen, diakonische Einrichtungen usw., die Relevanz der verschiedensten Rechtsgebiete der Juristischen Fakultät berücksichtigen. Schließlich werden bei der wissenschaftlichen Bearbeitung des evangelischen Kirchenrechts auch die Forschungsergebnisse der historischen Wissenschaften, der Soziologie und der Philosophie mit einzubeziehen sein, je nachdem, was das jeweilige Forschungsobjekt umschließt.[145]

b) Das Wort von Kreuz und Auferstehung schafft Botschafter der Versöhnung an Christi Statt, vgl. 2 Kor 5, 11-21. Durch den Glauben an den Gekreuzigten als Auferstandenen sind die Glaubenden gerechtfertigt. Mit den Worten von CA V hat Gott, um diesen Rechtfertigungsglauben zu erlangen, das Predigtamt eingesetzt, das Evangelium und die Sakramente gegeben, durch die er als durch Mittel den Heiligen Geist gibt, der den Glauben, wo und wann er will, in denen, die das Evangelium hören, wirkt.[146] Evangelisches Kirchenrecht hat keinen anderen Auftrag, als das *dienende*, theologisch zu verantwortende rechtliche Regelungssubstrat für diesen vorgegebenen Verkündigungsauftrag unter Berücksichtigung der jeweiligen zeitlichen und geographischen Besonderheiten zu schaffen. In Aufnahme von CA VII und VIII wird dabei zunächst das reformatorische Kirchenverständnis zu entfalten sein, das zwar zu unterscheidende, aber unaufgebbare Beziehungsgeflecht von ecclesia visibilis und ecclesia invisibilis (spiritualis) sowie von ecclesia universalis und ecclesia particularis. Im Unterschied zu den Attributen „Einheit, Heiligkeit, Katholizität und Apostolizität", die von der verborgenen Kirche gelten und Gegenstände des Glaubens sind, handeln die Wesensmerkmale von der Kirche nach CA VII, die rechte Wortverkündigung und die evangeliumsgemäße Sakramentsverwaltung, von der sichtbaren Kirche, die sich als ecclesiae particulares manifestiert. Was rechte Wortverkündigung und evangeliumsgemäße Sakramentsverwaltung ist, wird in der evangelischen Kirche gem. CA I im magnus consensus[147] – und nicht durch ein womöglich unfehlbares Lehramt – auf

[145] Dazu *Heckel*, a.a.O. (Anm. 4), S. 330ff (339ff); wieder abgedruckt in: *ders.*, GS, a.a.O. (Anm. 4), S. 539ff (548ff).

[146] Auf die Frage, ob die theologische Bekenntnisaussage „institutum est ministerium docendi evangelii et porrigendi sacramenta" als ein ius divinum qualifiziert werden muss, kann hier nicht eingegangen werden.

[147] Dazu *Scharbau,* Magnus Consensus als ökumenische Disziplin, ZevKR 43 (1998), S. 223ff (bes. S. 245ff); *de Wall,* Die Änderung der Grundartikel evangelischer Kirchenverfassungen – zum Urteil des Kirchlichen Verfassungs- und Verwaltungsgerichts der Ev. Kirche in Hessen und Nassau vom 1. März 1993, ZevKR 39 (1994), S. 249ff S. auch *Sauter,* Art. „Consensus", in: TRE, Bd. VIII, Berlin 1981, S. 182ff; *H.M. Müller,*

Grund der magno consensu erlassenen Lehrordnung der Kirche entschieden. Zu dieser Lehrordnung gehören in jedem Fall die Heilige Schrift und bestimmte altkirchliche Glaubensbekenntnisse und reformatorische Bekenntnisschriften. Schrift und Bekenntnis sind selbst zwar nicht gesetztes Recht, normieren aber als norma normans und norma normans normata das evangelische Kirchenrecht insofern, als dieses nicht schrift- und/oder bekenntniswidrig sein darf. Die Ordnung der Wortverkündigung und der Sakramentsverwaltung hat zur Folge, dass diese insb. institutionell durch kirchenrechtliche Normen zu regeln ist. Im Sinne von CA XV sind diese Bestimmungen die ritus ecclesiastici, die ‚Kirchenordnungen', die traditiones humanae, die dem Frieden und der guten Ordnung in der sichtbaren partikularen Kirche dienen und die ohne Sünde eingehalten werden sollen.[148] Hierher gehören nach rechtstheologischer Grundlegung und Begründung der sog. ‚Kirchengewalt'[149] das gesamte kirchliche Verfassungsrecht einschließlich des kirchlichen Mitgliedschaftsrechts und der institutionellen Gliederung mit Organen samt dem diesbezüglichen Wahlrecht, das sog. jus liturgicum, die Lebensordnungen, das kirchliche Dienst- und Arbeitsrecht, das Haushalts- und Vermögensrecht, das kirchliche Kirchensteuerrecht usw.

Diese rechtstheologisch begründete Aufgabe des evangelischen Kirchenrechts bedeutet für die akademische Vertretung in der Disziplin ‚Evangelisches Kirchenrecht' eine Vielzahl von Arbeitsgebieten. Neben die wissenschaftliche Pflege dieser Disziplin in Forschung und Lehre tritt die Erstattung von Rechtsgutachten in kirchenrechtlichen Streitfragen. Wünschenswert ist ferner die Berufung bzw. Entsendung eines akademischen Lehrers dieser Disziplin in die Organe einer Landeskirche oder eines gliedkirchlichen Zusammenschlusses (Synode, Kirchenleitung) sowie der einschlägigen Ausschüsse, Kammern und Kommissionen, in denen kirchenrechtlicher Sachverstand benötigt wird. Entsprechendes kann für eine Tätigkeit in einem kirchlichen Gericht gelten. Wird der wissenschaftliche Vertreter des Kirchenrechts in kirchlichen Leitungsfunktionen tätig, insbesondere bei der Beratung beabsichtigter kirchlicher Gesetzgebung, weitet sich sein Aufgabengebiet von der akademischen Kirchenrechtswissenschaft zur Kirchenrechtspolitik, die den Herausfor-

---

Magno consensu docent ... Zum Konsensusbegriff nach evangelischem Verständnis, KuD 28 (1982), S. 113ff, wieder abgedruckt in: *ders.*, GA, a.a.O. (Anm. 9), S. 64ff.

[148] Die Kirchenordnungen i. S. v. CA XV, die sog. traditiones humanae, sind ius humanum.

[149] Dazu *de Wall*, Kirchengewalt und Kirchenleitung nach lutherischem Verständnis, ZevKR 47 (2002), S. 149ff; s. auch *Heckel,* a.a.O. (Anm. 15), S. 1ff (5), wieder abgedruckt in: *ders.,* GS, a.a.O. (Anm. 15), S. 366ff (369).

derungen der Zeit und den finanziellen Ressourcen entsprechende Arbeits- und Organisationsformen für den kirchlichen Verkündigungsauftrag de lege ferenda schaffen soll.

Evangelisches Kirchenrecht muss, will es den Anforderungen und Bedürfnissen der heutigen Zeit entsprechen, nicht nur interdisziplinär insb. mit den fünf theologischen Hauptfächern zusammenarbeiten, sondern ist auch interfakultativ auf die wissenschaftlichen Erkenntnisse insb. der Juristischen Fakultät angewiesen, besonders im Staatskirchen- und Europarecht. Wird angesichts dieser anspruchsvollen Arbeitsweise das evangelische Kirchenrecht zu der dominierenden theologischen ‚Königsdisziplin'? Dieses ist grundsätzlich zu verneinen, da es die Aufgabe und die Funktionen des evangelischen Kirchenrechts prinzipiell verkennen würde. Evangelisches Kirchenrecht hat seinem Selbstverständnis nach nur eine dienende, keine verkündigende Funktion. Das evangelische Kirchenrecht kann immer nur den jeweiligen Verhältnissen entsprechende rechtliche Rahmenbedingungen im Sinne einer stets theologisch zu verantwortenden Rechtsförmlichkeit zur Verfügung stellen, die ritus ecclesiastici gem. CA XV, die den allgemeinen Verkündigungsdienst von CA V,[150] den öffentlichen Verkündigungsdienst von CA XIV in Wort und Sakrament sowie den diakonischen Dienst von CA VI[151] umschreiben und erleichtern sollen, einschließlich des dafür jeweils erforderlichen materiellen Substrats, den sog. temporalia. Verkennt evangelisches Kirchenrecht diese seine Aufgabe, mutiert es zu einem anderen Recht und verliert seinen Charakter als dienendes evangelisches Kirchenrecht. Gleichzeitig kennt das evangelische Kirchenrecht aus rechtstheologischen Gründen weite theologische Bereiche, die prinzipiell seiner Regelungszuständigkeit entzogen sind. Dieses gilt insbesondere für die Beziehung des Menschen zu Gott, die nach reformatorischem Verständnis der

[150] CA V handelt vom Verkündigungsamt, das der Kirche als Ganzes aufgetragen und damit Sache aller Christenmenschen ist; die These vom Allgemeinen Priestertum aller Gläubigen ist die eine Entfaltung dieses Verkündigungsamtes. Das Amt der öffentlichen Wortverkündigung ist daneben besonders in CA XIV (De ordine ecclesiastico) angesprochen worden. S. dazu die Empfehlung der Bischofskonferenz der VELKD „Allgemeines Priestertum, Ordination und Beauftragung nach evangelischem Verständnis", Texte aus der VELKD, Nr. 136/2006, S. 10ff.

[151] Dazu *H.M. Müller,* Evangelischer Diakonat als kirchliches Amt, ZevKR 45 (2000), S. 57ff, wieder abgedruckt in: *ders.,* GA, a.a.O. (Anm. 9), S. 401ff; *ders.,* Diakonie in Deutschland, ZevKR (47/2002), S. 475ff, wieder abgedruckt in: *ders.,* GA, ebda., S. 416ff, jeweils m. w. N. S. dazu einerseits „Der evangelische Diakonat als geordnetes Amt der Kirche. Ein Beitrag der Kammer für Theologie der Ev. Kirche in Deutschland" (1996), EKD-Texte, Nr. 58, Hannover o. J., und andererseits LWB (Hg.), Der Diakonat als ökumenische Chance. Hannover-Bericht der Internationalen anglikanisch-lutherischen Kommission, Genf 1997.

Rechtfertigungslehre gerade kein Rechtsverhältnis ist.[152] – Als Ergebnis dieser Erwägungen lässt sich deshalb festhalten, dass das evangelische Kirchenrecht von seiner Aufgabe und seinen Funktionen her auch eine theologische Disziplin ist,[153] die sich eigenständig und eigengeartet der in der Rechtswissenschaft benutzten Rechtsformen (z. B. bei öffentlich-rechtlicher Ausgestaltung Gesetz, Einzelfallregelung [Verwaltungsakt] und gerichtliches Urteil oder bei privatrechtlicher Ausgestaltung das Gesellschaftsrecht) einschließlich der juristischen Methodenlehre in jeweils theologisch zu verantwortender Weise bedient.[154]

Schließlich stellt sich die Frage, in welchem Ausmaß die in der Bundesrepublik Deutschland bestehenden 18 Ev.-theol. Fakultäten und künftig zwei Kirchlichen Hochschulen mit einem Lehrstuhl für evangelisches Kirchenrecht ausgestattet werden sollten. Deutlich ist, dass dieses allein schon aus finanziellen Gründen nicht in allen Fakultäten möglich ist. Wünschenswert wäre jedoch, wenn in ein oder zwei Ev.-theol. Fakultäten neben dem bereits bestehenden Lehrstuhl für Kirchenordnung in Tübingen jeweils ein Lehrstuhl für evangelisches Kirchenrecht errichtet werden könnte. In dem vielfach zitierten pro memoria von 1995[155] war von den beiden großen Kirchen eine Mindestausstattung einer Theologischen Fakultät mit 11 (10) plus x Lehrstühlen geltend gemacht worden, um wissenschaftlich arbeitsfähige Fakultäten/Fach-

---

152 *H.M. Müller,* Rechtsetzung und Rechtsanwendung in der evangelischen Kirche, in: *Mehlhausen* (Hg.), Recht – Macht – Gerechtigkeit. Veröffentlichungen der Wissenschaftlichen Gesellschaft für Theologie, Bd. 14, Gütersloh 1998, S. 222ff (222), wieder abgedruckt in: *ders.,* GA, a.a.O. (Anm. 9), S. 249ff (249).

153 A. A. *Müller,* a.a.O. (Anm. 9), S. 225ff (233), wieder abgedruckt in: *ders.*, GA, ebda., S. 346ff (354), der nur von „Anleihen" der Theologie bei der Rechtswissenschaft spricht; die evangelische Theologie kenne „kein eigenes kanonisches Recht". Weiterführend demgegenüber *Dreier,* a.a.O. (Anm. 92), S. 343ff (345), der zwischen der Kirchenrechtsdogmatik und der Kirchenrechtstheorie differenziert. Die Kirchenrechtsdogmatik sei eine juristische, genauer: eine mehrdimensionale Disziplin mit Vorrang der juristischen Dimension (S. 345, 359). Die Kirchenrechtstheorie sei demgegenüber eine ebenfalls mehrdimensionale, aber tendenziell integrale Disziplin mit Vorrang der theologischen Dimension (S. 345, 366).

154 Evangelisches Kirchenrecht muss der seelsorgerlichen Verantwortung und der geistlichen Entscheidung den ihnen zukommenden Freiraum geben; s. *H.M. Müller,* ebda., S. 225ff (231), wieder abgedruckt in: *ders.,* GA, ebda., S. 346ff (352).

155 Das „pro memoria" ist im Jahr 1995 von Seiten des Vorsitzenden des Rates der EKD und der Deutschen Bischofskonferenz der Kultusministerkonferenz übergeben worden, bisher *amtlich* nicht veröffentlicht. Der wesentliche Inhalt des „pro memoria" ist wiedergegeben in Nr. 5 der „Thesen zur Situation Evangelisch-theologischer Fakultäten im Bereich der EKD" vom 9.11.2004, abgedruckt als Anlage 2 bei *Christoph*, a.a.O. (Anm. 117), S. 78ff (79). – In einem Positionspapier der Kirchen, das bei dem Spitzengespräch der Kultusministerkonferenz mit der Deutschen Bischofskonferenz und dem Rat der

bereiche vorhalten zu können. Während die Zahl 11 für die Grundausstattung von zweimal fünf Lehrstühlen in den fünf klassischen theologischen Hauptfächern sowie einem Lehrstuhl für Religions-/Missionswissenschaft steht, soll mit der Ziffer x eine weitere Anzahl von Lehrstühlen bezeichnet werden, die einen zusätzlichen Schwerpunkt der jeweiligen Ev.-theol. Fakultät umschreiben soll. Dieses kann auch das evangelische Kirchenrecht sein. Wenn ein derartiger Lehrstuhl mit einer Person besetzt werden könnte, die durch ein Doppelstudium sowohl in der Theologischen als auch in der Juristischen Fakultät ausgewiesen ist, wäre dieses ein ‚optimum'. Sollte aus finanziellen Zwängen eine Neuerrichtung von kirchenrechtlichen Lehrstühlen nicht möglich sein, sollte die Vertretung des evangelischen Kirchenrechts jeweils mit einem Lehrstuhl der fünf klassischen theologischen Hauptfächer verbunden werden. Grundsätzlich kommen dafür alle Disziplinen in Betracht. Sollte diese Verbindung in verschiedenen Ev.-theol. Fakultäten mit unterschiedlichen Hauptfächern gelingen, wäre dieses ein gewichtiger Fortschritt für die wissenschaftliche Verankerung des evangelischen Kirchenrechts in einer Ev.-theol. Fakultät, weil auf diese Weise der jeweils spezifische Beitrag eines theologischen Hauptfaches für das evangelische Kirchenrecht aktiviert werden könnte. Bei allen diesen Bestrebungen muss es letztlich darum gehen, das evangelische Kirchenrecht in den Ev.-theol. Fakultäten wieder ‚heimisch' zu machen,[156] damit einerseits Vorurteile in der evangelischen Kirche gegen diese besondere theologische Disziplin abgebaut werden und andererseits der Dienst dieses interdisziplinär und interfakultativ arbeitenden kleinen Faches durch Forschung und Lehre für den Verkündigungsauftrag der Kirche im reformatorischen Verständnis wieder zum Zuge kommt.[157]

EKD am 1.6.2006 übergeben worden ist, wird die notwendige Ausstattung einer Theologischen Fakultät mit „in der Regel 12 bis 14 Professuren" angegeben.

[156] *H.M. Müller* plädiert dafür, dass die Vertreter des Kirchenrechts in den Juristischen Fakultäten *institutionelle* Ansprechpartner in den Theologischen Fakultäten bekommen. Das Kirchenrecht dürfe in der evangelischen Theologie nicht nur der Liebhaberei einzelner akademischer Lehrer überlassen bleiben, sondern müsse in der Struktur des Lehrpersonals einen festen Ort erhalten. (Das Kirchenrecht in der evangelischen Theologenausbildung, a.a.O. [Anm. 9], S. 225ff [237], wieder abgedruckt in: *ders.,* GA, a.a.O. [Anm. 9], S. 346ff [358]. Pointierter formuliert *Stock,* a.a.O. (Anm. 86), S. 307 Anm. 399: „Deshalb ist es eine dringende Aufgabe der evangelisch-theologischen Fakultäten, für das Überleben dieses heute extrem gefährdeten Faches Sorge zu tragen."

[157] Ein Indiz für die Stellung und Bedeutung des Kirchenrechts ist die Berücksichtigung dieser Disziplin in den Einführungen in das Theologiestudium; für das 18. Jhdt. s. z. B. *Buddeus,* Isagoge historica-theologica ad theologiam universam singulasque eius partes, Tom. I, Leipzig ^{2}1730, S. 651ff (De iurisprudentia ecclesiastica). In der heutigen Einführungsliteratur zum Theologiestudium wird dem Kirchenrecht kein eigenes Kapitel mehr gewidmet. Es fehlt z. B. ganz bei *Ebeling,* Studium der Theologie. Eine enzyklopädische Orientierung, UTB 446, Tübingen 1975; bei *Roth,* (Hg.), Leitfaden Theologie-

Anders formuliert: Die Kirche lebt nicht aus dieser Welt, aber in dieser Welt. Bei der Wahrnehmung und Ausübung des ihr von Gott aufgetragenen Verkündigungsauftrages sollte sie in ihrem eigenen Bereich, beim dienenden Ordnen und Verwalten ihrer Angelegenheiten nach einem theologisch verantworteten Kirchenrecht leben und nur nach einem solchen Kirchenrecht, auch wenn dieses menschliches unzulängliches und manchmal auch fehlsames Kirchenrecht ist. Ein derartiges Kirchenrecht bedarf der ständigen wissenschaftlichen Begleitung, Pflege, dogmatischen Durchdringung und Weiterentwicklung als eigenständige theologische Disziplin im Rahmen dieser besonderen geisteswissenschaftlichen Fakultät, der Theologischen Fakultät.

---

studium, UTB 2600, Göttingen 2004, wird diese Disziplin ganz knapp im Rahmen der „Praktischen Theologie als Ensemble verschiedener Einzeldisziplinen" angesprochen, S. 142f; ebenso kurz *Jung,* Einführung in die Theologie, Darmstadt 2004, S. 38. – Signifikant ist auch, dass beim Gründungskongress der Wissenschaftlichen Gesellschaft für Theologie in Göttingen vom 2. bis 4. April 1974 das „Kirchenrecht" als theologische Disziplin mit keinem Wort Erwähnung gefunden hat. Weder ist dem „Kirchenrecht" eine eigene Studie gewidmet worden noch wird es im Rahmen der Darstellungen zur Lage der einzelnen Disziplinen erwähnt, s. *Lohff/Hahn* (Hg.), Wissenschaftliche Theologie im Überblick, Kleine Vandenhoeck-Reihe 1402, Göttingen 1974.

Religion, Diakonie und Ökonomie. Protestantisches Selbstverständnis im Horizont der modernen Marktwirtschaft

CHRISTIAN DANZ

Die diakonischen Einrichtungen stehen gegenwärtig unter besonderen Herausforderungen. Sie haben nicht nur Anteil an den rasanten gesamtgesellschaftlichen Umbrüchen, die seit einigen Jahren in den Sozialwissenschaften unter dem Stichwort reflexive Modernisierung diskutiert werden,[1] sondern vor allem auch an deren Resultaten, nämlich dem Umbau und der Neustrukturierung des Sozialstaates. Die zu erwartende demoskopische Entwicklung unserer Gesellschaft, die wachsende Diskrepanz zwischen Einnahmen und Ausgaben im Gesundheitswesen sowie dessen zunehmende Ökonomisierung markieren Problemkreise, die sich vor allem auch für die diakonische Arbeit in der näheren und ferneren Zukunft auswirken werden. Hinzu kommt, dass ebenso wie die Kirchen auch die diakonischen Einrichtungen zunehmend weniger in einem nationalstaatlichen Kontext agieren, sondern in einem gesamteuropäischen. Dies hat etwa für Dienstleistungsunternehmen, als die sich ja die diakonischen Einrichtungen verstehen,[2] zur Konsequenz, dass sie auf einem Markt agieren, auf dem unterschiedlichste professionelle Anbieter ihre Leistungen offerieren. Das gravierendste Problem, welches die diakonischen Einrichtungen freilich seit ihrer Neuformierung im 19. Jahrhundert begleitet und das in der spätmodernen Gesellschaft und der mit ihr verbundenen Ökonomisierung aller Lebensbereiche eine ungemeine Zuspitzung erfahren hat, ist damit noch gar nicht genannt. Es besteht in dem spannungsvollen Verhältnis von Nächstenliebe und Organisation, wie es etwa in der Formel, Diakonie sei organisierte Nächstenliebe, zum Ausdruck kommt. Auch religiös motivierte Nächstenliebe will angesichts knapper Ressourcen effektiv gestaltet sein. Diakonisches Handeln geschieht jedoch nicht nur im zwischenmenschlichen Bereich, sondern in so vielfältig institutionalisierten Bereichen wie der Pädagogik und der Medizin, der Sozialhilfe und der Krisenintervention, der Altenpflege und der Flüchtlingsarbeit. Unter den Bedingungen der modernen Gesellschaft bedeutet dies

---

1 Siehe hierzu *U. Beck*, Risikogesellschaft. Auf dem Weg in eine andere Moderne, Frankfurt/Main 1986.

2 Siehe hierzu *R. Anselm*, Ethik als theologische Dienstleistung der Diakonie in der Gesellschaft, in: *M. Schibilsky/R. Zitt* (Hg.), Theologie und Diakonie, Gütersloh 2004, S. 169-176.

jedoch, dass sich das diakonische Handeln, wenn es denn erfolgreich geschehen soll, auf die Sachgesetzlichkeiten dieser höchst unterschiedlichen und in sich komplexen gesellschaftlichen Bereiche einlassen muss. Diese Bedingungen, unter denen das diakonische Handeln in der Gegenwart geschieht, entziehen, wie es Niklas Luhmann lapidar ausgedrückt hat, „dem helfenden Handeln […] seinen spezifisch religiösen Charakter".[3]

Die diakoniewissenschaftliche Diskussion der letzten Jahre hat die mit dem diakonischen Handeln verbundene Spannung aufgegriffen und sich dieser Herausforderung auf die unterschiedlichste Weise in Form einer gesteigerten ethischen Reflexion des diakonischen Handelns gestellt. Dies wird nicht nur an den Leitbilddiskussionen innerhalb der Diakonie sichtbar, sondern auch an den Diskursen über Management und unternehmensethische Konzeptionen für diakonische Einrichtungen.[4] Die neuere diakoniewissenschaftliche Diskussion spricht geradezu von einem Epochenwechsel, der sich daran bemerkbar macht, dass, wie es Michael Schibilsky formuliert hat, „die Ökonomie-Theorie inzwischen einen der Theologie gegenüber gleichberechtigten Rang in der Leitungsdebatte" der Diakonie erhalten hat.[5] Neben solchen die ethische Reflexivität des diakonischen Managements stärkenden Konzeptionen stehen Vorschläge, die aufgrund knapper Ressourcen für eine Output orientierte Konzeption von Diakonie votieren. So wird im Interesse der Profilierung des Leitbildes der Diakonie auf einem inzwischen global gewordenen Dienstleistungsmarkt für eine armutsorientierte Diakonie geworben.[6]

Alle diese Vorschläge für die Profilierung der Diakonie sind freilich mit einem Grundproblem konfrontiert. Es besteht in der Vermittlung zwischen dem

---

3 *N. Luhmann*, Funktion der Religion, Frankfurt/Main [3]1992, S. 264. „Die Frage, worin eigentlich der speziell christliche Charakter von Entwicklungshilfe besteht, erzeugt in den dafür zuständigen Ausschüssen der kirchlichen Organisation ratlose Verlegenheit. Letztlich reduziert sich der religiöse Gehalt solcher Aktivitäten nach dem Auswaschen aller expressiv-religiösen Symbolik auf die Bereitstellung des Motivs, überhaupt etwas zu tun. Wie die Leistung zu erfolgen hat, richtet sich dagegen nach Erfordernissen und Auffassungen der Umwelt." Siehe hierzu auch *A. Nassehi*, Ethik der Diakonie aus organisationstheologischer Perspektive, in: *M. Schibilsky/R. Zitt* (Hg.), Theologie und Diakonie, Gütersloh 2004, S. 177-186, bes. S. 178; *F.W. Graf*, Wie viel Ökonomie verträgt die soziale Arbeit? Zur ethischen Rationalität funktionierender Sozialmärkte, in: *J. Gohde* (Hg.), Diakonie-Jahrbuch 2003, Stuttgart 2003, S. 73-79.

4 So vor allem *A. Jäger*, Diakonie als christliches Unternehmen. Theologische Wirtschaftsethik im Kontext diakonischer Unternehmenspolitik, Gütersloh 1986; *ders.*, Diakonische Unternehmenspolitik. Analysen und Konzepte kirchlicher Wirtschaftsethik, Gütersloh 1992; *H.-S. Haas*, Diakonisches Profil, Gütersloh 2004; *ders.*, Theologie und Ökonomie. Ein Beitrag zu einem diakonierelevanten Diskurs, Gütersloh 2006.

5 *M. Schibilsky*, Paradigmen diakonischer Leitung, in: *M. Schibilsky/R. Zitt* (Hg.), Theologie und Diakonie, Gütersloh 2004, S. 263-277, hier: S. 264.

6 So vor allem *S. Fleßa*, Arme habt ihr allezeit! Ein Plädoyer für eine armutsorientierte Diakonie, Göttingen 2003.

christlich-religiösen Ethos und der Marktökonomie der Gegenwart. Im Kern geht es hierbei aus der Optik des diakonischen Handelns um die auch in der wirtschaftsethischen Diskussion höchst umstrittene Frage, wie viel Moral die Ökonomie und wie viel Ökonomie die Moral verträgt.[7] Diese in der Diakonie zu beobachtende Verschränkung von Religion und Wirtschaft möchte ich im Folgenden zum Ausgangspunkt meiner Überlegungen zum protestantischen Selbstverständnis im Horizont der modernen Marktwirtschaft nehmen. Naturgemäß wird uns die Bearbeitung des in dem diakonischen Handeln auftretenden Problems des Verhältnisses von Religion und Wirtschaft über den Binnenhorizont der Religion hinausführen müssen. Meine Ausführungen setzen sich aus vier Teilen zusammen. Zunächst wird das in meinen Augen grundlegende Problem der Sozialethik in der modernen Gesellschaft zu thematisieren sein. Den zweiten Teil bilden Überlegungen zum christlichen Ethos als einer reflexiven hermeneutischen Verantwortungsethik. Danach soll es um das spannungsvolle Verhältnis von Religion, Wirtschaft und Ethik gehen. Abschließen möchte ich mit einigen Überlegungen zur Relevanz der Theologie für die Diakonie.

1. Sozialethik und moderne Gesellschaft

Keine Konzeption einer Sozialethik, sei sie nun theologischer oder philosophischer Provenienz, kann in der Gegenwart über die soziologischen Tatbestände hinwegsehen, die seit der Herausbildung der Neuzeit die Gesellschaft zunehmend bestimmen. Diese dürfen vor allem in der sozialen Ausdifferenzierung der Gesellschaft infolge gesellschaftlicher Evolution gesehen werden, wie sie seit Herbert Spencer und Georg Simmel in den Sozialwissenschaften beschrieben wird.[8] Das Schema der sozialen Evolution, welches den neueren soziologischen Modernisierungstheorien zugrunde liegt, deckt sich weitgehend

---

7 Einen Überblick über die gegenwärtige wirtschaftsethische Diskussion bieten *H. Lenk/M. Maring* (Hg.), Wirtschaft und Ethik, Stuttgart 1992; *J. Gerlach*, Das Zuordnungsverhältnis von Ethik und Ökonomie als Grundproblem der Wirtschaftsethik, in: *W. Korff* (Hg.), Handbuch der Wirtschaftsethik Bd. 1, Gütersloh 1999, S. 834-871.876-883; *E. Stübinger*, Wirtschaftsethik und Unternehmensethik I und II, in: ZEE 40 (1996), S. 148-161.226-244; *ders.*, Zu neueren Publikationen aus dem Bereich der Wirtschaftsethik, in: ZEE 49 (2005), S. 284-313.

8 Vgl. *T. Luckmann*, Die unsichtbare Religion, Frankfurt/Main 1991, S. 137: „Dieser Prozeß weist eine verwickelte Serie aufeinanderfolgender Phasen auf, während derer politische, religiöse und ökonomische Institutionen zunehmend spezifischere Funktionen übernahmen und die gleichzeitig zu einer zusehends ‚rationaleren' Organisation der institutionellen Bereiche führten." Siehe hierzu auch *N. Luhmann*, Die Gesellschaft der Gesellschaft, Darmstadt 2002.

mit dem Schema, welches bereits Arnold Gehlen seiner Kulturanthropologie zugrunde gelegt hatte. Die Gesamtentwicklung der Menschheit verläuft diesem sozialen Evolutionsschema zufolge in drei großen Phasen, die jeweils eine spezifische Sozialstruktur aufweisen. Diese drei Phasen sind (1.) archaische Gesellschaften, (2.) Hochkulturen und (3.) moderne Industriegesellschaften. Während in archaischen Gesellschaften Politik, Recht, Wirtschaft, Ethos, Religion und Wissenschaft noch weitgehend ineinander verflochten sind, differenzieren sich diese Teilbereiche der Gesellschaft im Verlauf der sozialen Evolution zunehmend aus. Dieser Prozess, der mit der Entstehung der Hochkulturen einsetzte, erreichte seinen bisherigen Höhepunkt sowie seine äußerste Zuspitzung in der von Max Weber so genannten okzidentalen Moderne und ihren „stahlharte[n] Gehäuse[n]" der Rationalität.[9] Infolge der sozialen Evolution hat sich die moderne Gesellschaft in eine Vielzahl von Subsystemen ausdifferenziert, die nicht nur jeweils für eine ganz spezifische Funktion zuständig sind, sondern die überdies lediglich ihrer eigenen Funktionslogik folgen. Max Weber hatte dies bekanntlich als Eigengesetzlichkeit beschrieben. Wie auch immer man diesen Prozess im Einzelnen genauer rekonstruieren und bewerten mag, unbestreitbar ist jedenfalls, dass in der modernen, funktional ausdifferenzierten Gesellschaft unterschiedliche soziale Sphären mit jeweils eigener Funktionslogik nebeneinander koexistieren. Die Besonderheit dieser sozialen Sphären darf darin gesehen werden, dass sie ihre jeweils eigene Funktion nur so zur Geltung bringen können, dass sie andere Funktionssysteme ausschließen.

Die Frage, welche Rolle die Religion für die Herausbildung der modernen Gesellschaft gespielt hat, darf hier auf sich beruhen.[10] Wichtiger für uns ist der Umstand, dass aufgrund des in der modernen Gesellschaft erreichten Niveaus der funktionalen Ausdifferenzierung unterschiedlicher gesellschaftlicher Sphären eine Sozialethik vor hochgradige und komplexe Vermittlungsanforderun-

---

[9] Vgl. *M. Weber*, Vorbemerkungen [zu: Gesammelte Aufsätze zur Religionssoziologie], in: *ders.*, Rationalisierung und entzauberte Welt. Schriften zu Geschichte und Soziologie, Leipzig 1989, S. 238-253, bes. S. 238; *ders.*, Die protestantische Ethik und der „Geist" des Kapitalismus, Frankfurt/Main 1993, S. 153.

[10] Siehe hierzu *M. Weber*, Die protestantische Ethik und der „Geist" des Kapitalismus; *E. Troeltsch*, Die Bedeutung des Protestantismus für die Entstehung der modernen Welt, in: *ders.*, Schriften zur Bedeutung des Protestantismus für die moderne Welt (1906-1913), KGA Bd. 8, hg. v. *T. Rendtorff*, Berlin/New York 2001, S. 183-316; *N. Luhmann*, Die Ausdifferenzierung der Religion, in: *ders.*, Gesellschaftsstruktur und Semantik. Studien zur Wissenssoziologie der modernen Gesellschaft, Bd. 3, Frankfurt/Main 1993, S. 259-357.

gen gestellt ist.[11] Dies kann man sich an jedem klassischen Topos der christlichen Ethik leicht deutlich machen. Zum Kernbestand der christlichen Ethik gehören nicht nur das Brüderschaftsethos Jesu, sondern auch die Gerechtigkeitsidee, die von den alttestamentlichen Propheten zwischen dem 8. und 7. vorchristlichen Jahrhundert ausgebildet wurde. Diese Gerechtigkeitsvorstellung konnte noch umstandslos politische, rechtliche, ökonomische, ethische und religiöse Elemente zu einem konkreten Ethos verschränken.[12] Die gesellschaftliche Evolution und die mit ihr verbundene soziale Ausdifferenzierung haben nun nicht nur die Gesellschaft verändert, sondern auch die ethischen Normen nicht unberührt gelassen. Unter den Bedingungen der Gegenwart hängen die Realisierungschancen der Idee sozialer Gerechtigkeit von komplexen Vermittlungsleistungen ab. So setzt in der modernen Gesellschaft die politisch-ökonomische Dimension von Gerechtigkeit die Gewaltenteilung im modernen Staat, nationale Wirtschaften, Kartellamt, Rechtsordnung, Gewerkschaften, Sozialstaat etc. voraus.

Diese knappen Hinweise mögen schon genügen, um deutlich zu machen, dass unter den Bedingungen der modernen Gesellschaft jede Sozialethik vor der Aufgabe steht, hochstufige Vermittlungsleistungen zu erbringen. Dies gilt selbstverständlich auch für theologische Ethiken. Andernfalls bleiben moralische Normen wie die Idee der sozialen Gerechtigkeit ein abstrakter Appell, der an dem marktökonomischen Wirtschaftssystem abprallt. Diese Vermittlungsaufgabe betrifft nun keinesfalls nur ein hermeneutisches Übersetzungs- oder ein bloßes Anwendungsproblem, sondern ein grundlegenderes strukturelles Problem. Es besteht in der genannten Koexistenz unterschiedlicher sozialer Systeme, die lediglich ihrer eigenen Sachlogik folgen und die sich nicht mehr in eine Gesamtperspektive integrieren lassen. Dass hiervon insbesondere die diakonischen Einrichtungen betroffen sind, lässt sich unschwer erkennen. Aufgrund der Vielschichtigkeit der institutionellen Gestaltungen der diakonischen Arbeit und deren Vernetzung mit so unterschiedlichen Bereichen wie Gesundheitssystem, Ökonomie, Erziehungssystem, staatlichen Einrichtungen etc. bildet sich in ihnen gleichsam die Ausdifferenzierung der modernen Ge-

---

[11] Siehe hierzu *F. Wagner*, Sozialethik als Theorie des Geistes, in: *ders.*, Was ist Theologie? Studien zu ihrem Begriff und Thema in der Neuzeit, Gütersloh, S. 373-393; *C. Danz*, Sozialethik als Theorie der modernen Gesellschaft. Sozialethische Implikationen philosophischer Theologie, in: *ders./J. Dierken/M. Murrmann-Kahl* (Hg.), Religion zwischen Rechtfertigung und Kritik. Perspektiven Philosophischer Theologie, Frankfurt/Main 2005, S. 105-122.

[12] Siehe hierzu *U. Barth*, Die religiöse Dimension des Ethischen. Grundzüge einer christlichen Verantwortungsethik, in: *ders.*, Religion in der Moderne, Tübingen 2003, S. 315-343, bes. S. 318.

sellschaft ab, so dass in ihnen „die unvermeidliche Unübersetzbarkeit der zentralen Funktionen der modernen Gesellschaft empirisch zum Ausdruck" kommt.[13]

Angesichts der skizzierten gesellschaftlichen Rahmenbedingungen erweisen sich nun zwei Modelle der ethischen Urteilsbildung als unzulänglich. Das eine Modell ethischer Urteilsbildung ist das einer Sollensethik, wie es grundlegend von Immanuel Kant ausgearbeitet wurde. Es hatte bekanntlich für die Ethik des Protestantismus eine erhebliche Bedeutung erlangt. Ausgangspunkt dieser Ethik ist ein universales Prinzip, sei dies der kategorische Imperativ Kants oder der Wille Gottes, welches auf die konkreten moralischen Konfliktsituationen angewendet wird. Die Stärke dieses Modells, welches seine hohe Akzeptanz bis hin zu seinen Nachwirkungen in den Konstruktionen von Diskursethiken bei Jürgen Habermas und Karl-Otto Apel erklärt, liegt in der Eindeutigkeit der ethischen Forderung. Diese Stärke der Pflichtenethik ist aber zugleich auch seine Schwäche. Denn die Vielspältigkeit der ethischen Konfliktsituationen und die Strittigkeit der Auslegung des ethischen Kriteriums im Einzelfall kommen in diesem Ethik-Modell gar nicht in den Blick.[14] Diesen methodischen Mangel der Sollensethik versucht das zweite grundlegende Modell der ethischen Urteilsbildung dadurch auszugleichen, dass es nicht von ethischen Prinzipien und Normen ausgeht, sondern von der Besonderheit des jeweiligen Praxisfeldes und seiner Eigenart der moralischen Konfliktsituationen. Derartige Bereichsethiken wurden nicht nur im angloamerikanischen Utilitarismus und Konsequenzialismus ausgearbeitet, sondern auch in der neueren wirtschaftsethischen Diskussion u.a. von Karl Homann vorgeschlagen. Die Stärke solcher Ethik-Modelle liegt in ihrer Situationsbezogenheit und in der Ausarbeitung von methodischen Instrumentarien zur Erschließung der vielschichtigen ethischen Konfliktsituation in komplexen Gesellschaften. Diese Stärke scheint mir jedoch zugleich ihre Schwäche darzustellen. Es besteht nämlich in derartigen Ethik-Modellen die nicht von der Hand zu weisende Gefahr, dass in ihnen die jeweiligen Bereichsrationalitäten sich gegen alle moralischen Prinzipien wenden. Moral und Ethik erscheinen dann als nachträgliche ethische Bemäntelung des zweckrationalen Handelns.

Die angedeuteten Schwächen der beiden Modelle ethischer Urteilsbildung legen die Aufgabe nahe, nach einem alternativen dritten Modell Ausschau zu halten. Ein solches wird nur dann eine weiterführende Alternative darstellen

---

[13] *A. Nassehi*, Ethik der Diakonie aus organisationstheologischer Perspektive, S. 178.

[14] Siehe hierzu *R. Anselm*, Ethik als theologische Dienstleistung der Diakonie in der Gesellschaft, S. 172.

können, wenn es gelingt, auf eine methodisch kontrollierte Weise die Normenreflexion mit der Erschließung der vielspältigen konkreten ethischen Konfliktlage zu verbinden. Ein solches Modell einer hermeneutischen Ethik, wie ich es im Unterschied zu den beiden angesichts der Komplexität der modernen Gesellschaft unzulänglichen Theorien nennen möchte, ist nun im Ausgang von grundlegenden Einsichten des Protestantismus zu entwickeln.

2. Christlich-protestantisches Ethos als hermeneutische Verantwortungsethik

Im Folgenden kann es selbstverständlich nicht darum gehen, die Grundlagen einer theologischen Ethik in Gänze auszuführen. Wir beschränken uns deshalb auf einige grundlegende Aufbauelemente einer reflexiven hermeneutischen Ethik, die es erlauben soll, sich konstruktiv auf die Vielschichtigkeit des Ethos in der pluralen modernen Gesellschaft zu beziehen. Ausgehen können wir hierbei von Luthers Traktat über die *Freiheit eines Christenmenschen* von 1520, dessen lateinischer Urtext nach dem Urteil Albrecht Ritschls geradezu das „*Programm der Reformation Luthers*" enthält.[15]

Gleich zu Beginn seines Freiheitstraktates beschreibt Luther die christliche Freiheit durch eine signifikante Doppelbestimmung: „Ein Christenmensch ist ein freier Herr über alle Ding und niemandem untertan. Ein Christenmensch ist ein dienstbarer Knecht aller Ding und jedermann untertan."[16] Die christliche Freiheit in ihrer doppelten Bestimmtheit kommt allein durch das Wort Gottes zustande. Denn die Seele, so Luther, hat „kein anderes Ding, weder im Himmel noch auf der Erde, worin sie lebt, fromm, frei und Christ ist, als das heilige Evangelium, das Wort Gottes, von Christus gepredigt".[17] Luthers Freiheitsbegriff stellt darauf ab, dass der Mensch zunächst unfrei ist und dass ihm Freiheit eröffnet werden muss. Die christliche Freiheit kommt nun weder durch äußere noch durch innere Dinge zustande. Für den Bereich der äußeren Dinge stehen in Luthers Traktat der Leib und seine Einbindung in die Sozialdimensionen und für die inneren Dinge die Dimension der Innerlichkeit, die Seele. Die christliche Freiheit verdankt sich also weder dem sozioökonomischen Handeln noch der inneren Selbstbestimmung des Einzelnen.

---

15 *A. Ritschl*, Selbstanzeige „Rechtfertigung und Versöhnung II und III", in: *ders.*, Kleine Schriften, hg. v. *F. Hofmann*, Waltrop 1999, S. 28-40, hier: S. 36.

16 *M. Luther*, Von der Freiheit eines Christenmenschen, in: *ders.*, Ausgewählte Schriften, Bd. 1: Aufbruch zur Reformation, hg. v. *K. Bornkamm/G. Ebeling*, Frankfurt, Main/Leipzig 1995, S. 238-263, hier: S. 239.

17 *Luther*, a.a.O. (Anm. 16), S. 240.

Warum dies so ist, das kann man sich daran klar machen, dass der Mensch, wie Luther mit der christlichen Tradition voraussetzt, eine Einheit in der Zweiheit von Leib und Seele ist. Menschliches Handeln ist immer an den Leib gebunden und in diesem sind Leib und Seele zu einer Einheit zu integrieren.[18] Die beiden Umgangsweisen mit der spezifischen Verfassung des Menschen, also die, die vom Leib und die, die von der Seele ausgeht, bleiben nach dem Urteil Luthers aporetisch. Während das an dem Leib orientierte sozioökonomische Handeln davon ausgeht, dass sich die Einheit von Leib und Seele im Ausgang von der Sozialdimension integrieren lässt, baut die andere Umgangsweise mit dem anthropologischen Dualismus deren Einheit im Ausgang von der Selbstbestimmung auf. Weder die dem sozioökonomischen Handeln verpflichtete Integration von Leib und Seele noch die auf Innerlichkeit bezogene führen jedoch zu einem befriedigenden Ergebnis. Und zwar deshalb nicht, weil sie die leib-seelische Einheit entweder vom Leib oder von der Seele her aufbauen wollen. Im ersten Fall baut sich die Freiheit im Äußeren auf und das Innere fungiert als Störfaktor und im zweiten tritt das Äußere als Widerstand auf, der überwunden werden muss.

Die freiheitstheoretische Pointe von Luthers Freiheitstraktat, auf die bereits Albrecht Ritschl hingewiesen hatte, liegt nun genau darin, dass Freiheit durch das Wort Gottes eröffnet wird. Aus diesem Grund kann das Wort Gottes, durch das der Mensch allein frei wird, auf der einen Seite nicht dem anthropologischen Dualismus von Leib und Seele unterliegen, aber es muss sich auf der anderen Seite kritisch auf ihn beziehen. Luthers gedankliche Entfaltung der christlichen Freiheit im ersten Teil des Freiheitstraktates bietet nun in der Tat nichts anderes als eine genaue Beschreibung der Voraussetzungen und Implikationen des Zustandekommens der libertas christiana im Gottesverhältnis. Wir können uns hier gleich dem Resultat zuwenden, nämlich dem dem einzelnen Individuum eröffneten Übergang von der Unfreiheit zur wahren christlichen Freiheit. Er wird von Luther gleichsam in einer ökonomischen Tauschlogik beschrieben, nämlich als „fröhlicher Wechsel und Streit. Weil Christus Gott und Mensch ist, der noch nie gesündigt hat, und seine Frommheit unüberwindlich, ewig und allmächtig ist, so macht er denn die Sünde der gläubigen Seele durch ihren Brautring – das ist der Glauben – sich selbst zu eigen und tut nicht anderes, als hätte er sie getan. So müssen die Sünden in ihm verschlungen und ersäuft werden“.[19] Indem sich das Wort Gottes auf den

---

[18] Siehe hierzu *D. Korsch*, Freiheit als Summe. Über die Gestalt christlichen Lebens nach Martin Luther, in: NZSTh 40 (1998), S. 139-156, bes. S. 143f.

[19] *Luther*, a.a.O. (Anm. 16), S. 246.

antagonistischen Gegensatz von Leib und Seele bezieht und zum Ziel kommt, baut sich der Glaube als Durchsichtigkeit dieses Antagonismus am Ort des Individuums auf. Der aktuale Glaubensvollzug als Selbsterfassung des endlichen Selbst ist für Luther die Überführung des asymmetrischen Antagonismus von Leib und Seele in eine Anerkennung dieses Dualismus als Horizont der Auslegung des endlichen Subjekts.

Personalität konstituiert sich im Gottesverhältnis des Glaubens. Im Gottesverhältnis ist der Mensch bei sich selbst und deshalb frei. So sagt es Luther in seinem Freiheitstraktat. Die weitere Entwicklung im Protestantismus hat hieran angeknüpft und die mit dem Gottesverhältnis verbundene Freiheit in den Mittelpunkt der theologischen Reflexion gestellt.[20] Karl Holl hat bekanntlich den Gehalt von Luthers Rechtfertigungslehre als Anerkennung des Menschen durch Gott beschrieben.[21] Die göttliche Anerkennung des individuellen Menschen eröffnet diesem die Möglichkeit, den Antagonismus von Leib und Seele anzuerkennen. Christliche Freiheit realisiert sich in einer Anerkennung und einem Umgang mit Differenzen. Die theologische Dogmatik beschreibt, dies kann man Luthers Freiheitstraktat entnehmen, den Aufbau eines solchen Selbstverständnisses. Darin ist sie ein reflexiver Ausdruck der Selbstdurchsichtigkeit des Glaubens. An ein solches Verständnis von Dogmatik ist die theologische Ethik zurückzubinden. Eine Rückbindung der Ethik an die Dogmatik besagt freilich nicht, dass die Ethik dogmatisiert werden soll. Aufgrund des eben skizzierten protestantischen Glaubensverständnisses realisiert sich der Glaube als reflexives Freiheitsbewusstsein in der Anerkennung von und im Umgang mit Differenzen. Ethik kann es im Protestantismus nur im Plural geben. Dies hat, wie gezeigt, nicht nur systematische Gründe, die mit dem protestantischen Glaubensverständnis und seiner Zuspitzung auf das Individuum zusammenhängen, sondern es resultiert auch aus der Eigenart der sittlichen Sphäre selbst. Das Ethos ist nämlich, wie Ernst Troeltsch in seiner Auseinandersetzung mit Wilhelm Herrmann unterstrichen hat, keine objektiv vorliegende einheitliche Größe, sondern etwas „Vielspältiges", dessen Vereinheitlichung nicht den Ausgangspunkt, sondern das Problem bildet.[22] Es ist gerade die Freisetzung des Individuums aus traditionalen Sozialbeziehungen durch

[20] Siehe hierzu *C. Danz*, Gott und die menschliche Freiheit. Studien zum Gottesgedanken in der Neuzeit, Neukirchen-Vluyn 2005.

[21] *K. Holl*, Die Rechtfertigungslehre in Luthers Vorlesung über den Römerbrief, in: *ders.*, Gesammelte Aufsätze zur Kirchengeschichte. Bd. 1: Luther, Tübingen ^{6}1932, S. 111-154, bes. 114f.

[22] *E. Troeltsch*, Grundprobleme der Ethik. Erörtert aus Anlaß von Herrmanns Ethik, in: *ders.*, Zur religiösen Lage, Religionsphilosophie und Ethik, Gesammelte Schriften Bd. II, Aalen 1962 (= ND der 2. Auflage Tübingen 1922), S. 552-672, hier: S. 657.

den Entwicklungsprozess der Moderne und deren grundsätzliche Anerkennung, welche Ethik und deren gesteigerten Bedarf auch und gerade in der Diakonie notwendig machen.[23]

Selbstverständlich bedeutet die Anerkennung der Freiheit des Einzelnen durch den Protestantismus kein Plädoyer für einen uneingeschränkten Subjektivismus. Bereits Luthers Freiheitstraktat verbindet die christliche Freiheit mit dem Dienst am Nächsten. Hierin liegt, so meine ich, auch die Pointe von Luthers Schrift über die *Freiheit eines Christenmenschen* und nicht schon in der Grundlegung der Freiheit im Gottesverhältnis.[24] Die christliche Freiheit muss Gestalt gewinnen und sie gewinnt sie nur in der Sphäre der gemeinsamen Interaktion. „Denn der Mensch lebt nicht allein in seinem Leib, sondern auch unter anderen Menschen auf Erden. Darum kann er ihnen gegenüber nicht ohne Werke sein; er muß ja mit ihnen zu *reden* und zu *schaffen* haben, wiewohl ihm von diesen Werken zur Frommheit und Seeligkeit keines not ist."[25] Das christliche Ethos realisiert sich in Gesellschaft und Wirtschaft, im Reden, also Kommunikation, und Schaffen, also Arbeit.[26] Es ist nun gar nicht zu leugnen, dass gerade das Luthertum durch den Gedanken der Dienstbarkeit in diesen Bereichen eine Mentalität befördert hat, die immer wieder, und zwar zu Recht, als Paternalismus und Obrigkeitsgläubigkeit kritisiert wurde und die im Bereich der Diakonie im Anstaltsgedanken eine höchst bedeutsame institutionelle Verankerung gefunden hat.[27] So wenig diese Seite des lutherischen Ethos zu bestreiten ist, so wenig erschöpft sie freilich den systematischen Gehalt von Luthers Verständnis der Realisierung der christlichen Freiheit in Wirtschaft und Gesellschaft. Beides ist nach Maßgabe der im Gottesverhältnis eröffneten gegenseitigen Anerkennung zu gestalten. Es ist dieser Aspekt der wechselseitigen Anerkennung, der nicht nur über den Paternalismus hinausführt, sondern

---

23 Vgl. auch *Anselm*, a.a.O. (Anm. 2), S. 172: Ethik entsteht „dort, wo sich die Freiheitsgrade des Einzelnen aufgrund geistiger und technischer Entwicklungen vergrößern und zugleich diese Freiheitsgrade des Einzelnen als grundsätzlich berechtigt akzeptiert werden. […] Der Ruf nach Ethik ist vielmehr eine Folge der Einsicht in den Respekt vor dem Einzelnen und den damit rapide ansteigenden Handlungsszenarien, die sich zudem durch die naturwissenschaftlich-technischen Entwicklungen der Moderne stark beschleunigt haben."

24 So auch *Korsch*, a.a.O. (Anm. 18), S. 148. Allerdings wäre stärker auf die Ambivalenz von Luthers Konstruktion des protestantischen Ethos hinzuweisen. Luthers Gedanke der Dienstbarkeit der Freiheit ist mit dem Problem konfrontiert, dass die Freiheit des Individuums in dem dienstbaren Bezug auf den Anderen aufgelöst wird.

25 *Luther*, a.a.O. (Anm. 16), S. 258 (Hervorhebungen vom Vf.).

26 Siehe hierzu *Korsch*, a.a.O. (Anm. 18), S. 151.

27 Siehe hierzu *E. Troeltsch*, Schriften zur Bedeutung des Protestantismus für die moderne Welt; *ders.*, Protestantisches Christentum und Kirche in der Neuzeit (1906/1909/1922), KGA Bd. 7, hg. v. *V. Drehsen* in Zusammenarbeit mit *C. Albrecht*, Berlin/New York 2004.

auch über das Ungenügen einer reinen Normenethik auf der einen Seite und einer reinen Bereichsethik auf der anderen. Dies sei an zwei Aspekten kurz angedeutet.

Das mit Luthers Freiheitsverständnis verbundene Ethos ist zunächst als ein Endlichkeitsethos anzusprechen. Ethische Normen und Bestimmungen sind immer geschichtlich wandelbar und nie eindeutig. Aufgabe der Ethik ist es also, die Vielspältigkeit des Ethos gerade unter den Bedingungen der modernen Gesellschaft in die ethische Reflexion einzubeziehen. Zum anderen ist mit Luthers im Gottesverhältnis verankerten Ethos nicht nur die Dimension der Aufklärung der ethischen Situation verbunden, sondern auch ein normativ gehaltvolles Prinzip. Es darf in dem Freiheitsbegriff und deren Realisierung nach Maßgabe einer Anerkennung und konstruktiven Gestaltung des Differenten gesehen werden. Wie aus der Optik einer so gefassten hermeneutischen Ethik, welche eine normative Dimension mit der methodischen Aufklärung der konkreten Situation verbindet, die gesellschaftliche Sphäre der Wirtschaft in den Blick kommt, ist nun zu zeigen.

3. Religion, Wirtschaft und Ethik

Die moderne Wirtschaft fußt auf dem Prinzip der rationalen Gewinnmaximierung. Sie ist Erwerbswirtschaft und keine Haushaltswirtschaft, um noch einmal die einschlägigen Bestimmungen von Max Weber in Erinnerung zu rufen. Als solche stellt sie eine höchst effiziente Form der Vergesellschaftung mit universaler Tendenz dar. Dieser Grundzug der modernen Wirtschaft zur Globalisierung hat eine Entsprechung in der Religion. Auch diese strebt nach globaler Ausbreitung. Dabei zeichnet sich der religiöse Markt in der Moderne, worauf bereits Peter L. Berger hingewiesen hatte, durch eine Gegenläufigkeit von ökumenischen Zusammenschlüssen einzelner Denominationen und gleichzeitiger Betonung und Neuerfindung konfessioneller Identitäten aus.[28] Im Unterschied zur Religion scheint sich jedoch die moderne marktökonomische Erwerbswirtschaft aufgrund ihrer Funktionsprinzipien jeglicher ethischen Steuerung zu entziehen. Gewinnmaximierung, Durchsetzung des Eigeninte-

[28] Vgl. *P.L. Berger*, Ein Marktmodell zur Analyse ökumenischer Prozesse, in: Internationales Jahrbuch für Religionssoziologie 1 (1965), S. 235-249. Bergers Beitrag erschien ursprünglich unter dem Titel: A Market Model for the Analyses of Ecumenicity, in: Social Research 30 (1963), S. 77-93. Einen Überblick über "religious economies" bieten: *R. Finke/R. Stark*, The Dynamics of Religious Economies, in: *M. Dillon* (Hg.), Handbook of the Sociology of Religion, Cambridge 2003, S. 96-109; *D. Schmidtchen*, Ökonomik der Religion, in: ZfR 8 (2000), S. 11-43.

resses und Konkurrenz auf der einen Seite und ethische Normen auf der anderen schließen sich prima vista aus. Verfechter des Neoliberalismus wie Friedrich A. von Hayek erklären deshalb auch unumwunden, dass der Ausdruck soziale Gerechtigkeit „nicht in die Kategorie des Irrtums" gehöre, sondern „in die des Unsinns wie der Ausdruck ‚ein moralischer Stein'".[29] Dies hatte freilich schon der Begründer der modernen Nationalökonomie, Adam Smith, betont. Allein die vollständige Durchsetzung der egoistischen Eigeninteressen der Marktteilnehmer garantiert dank der unsichtbaren Hand die höchst mögliche Wohlfahrt für alle.[30]

Die moderne Marktökonomie setzt in der Tat nicht mehr voraus als die formale Freiheit des Eigeninteresses am Gewinn, die freilich allen Marktteilnehmern zukommt. Eigeninteressen und Gewinnstreben der Marktteilnehmer haben eine überaus starke Durchsetzungskraft. Sie unterlaufen alle Differenzen und Ordnungen, seien diese nun göttlicher, patriarchalischer oder kultureller Natur. Insofern ist mit der modernen Marktökonomie auch eine emanzipierende und vor allem egalisierende Kraft verbunden.[31] Freiheit auf dem Markt führt zu Konkurrenz und beides im Verbunde zu einer ungeheueren Steigerung des gesellschaftlichen Wohlstands. Die Durchsetzung der Eigeninteressen auf dem Markt befördert jedoch nicht von selbst den Aufbau sozialer Gerechtigkeit. Vielmehr wohnt der auf den Prinzipien Freiheit und Konkurrenz aufbauenden marktökonomischen Erwerbswirtschaft eine innere Spannung ein. Beide Prinzipien führen zu einer hohen Effizienz des Wirtschaftens mit ungeahnten Steigerungsmöglichkeiten, die alle bisherigen Formen des Wirtschaftens übertreffen. Eben sie hatte Adam Smith im Blick, wenn er die Steigerung der allgemeinen Wohlfahrt gerade von der Durchsetzung der egoistischen Interessen der Marktteilnehmer abhängig machte. Die marktökonomische Erwerbswirtschaft hat nun jedoch nicht nur eine universale, alles egalisierende Tendenz, sondern überdies individualisiert sie zugleich die globalen Marktteilnehmer. Auf dem Markt bestehen kann nur der, der andere Güter zum Tausch anbietet als andere Marktteilnehmer. Der Individualisierung

---

29 *F.A. v. Hayek*, Recht, Gesetzgebung und Freiheit Bd. 2. Die Illusion der sozialen Gerechtigkeit, Landsberg am Lech 1981, S. 112.

30 Das eigennützige Individuum wird „von einer unsichtbaren Hand geleitet, um einen Zweck zu fördern, den zu erfüllen [es] in keiner Weise beabsichtigt hat […], ja, gerade dadurch, daß [es] das eigene Interesse verfolgt, fördert es häufiger das der Gesellschaft nachhaltiger, als wenn [es] wirklich beabsichtigt, es zu tun". *A. Smith*, Der Wohlstand der Nationen, hg. v. *H.C. Recktenwald*, München 1978, S. 371.

31 Siehe zum Folgenden *J. Dierken*, Universalität und Individualität. Überlegungen zur Globalisierung aus der Perspektive christlicher Ethik, in: Veröffentlichungen der Joachim Jungius-Gesellschaft 95 (2003), S. 171-197, bes. S. 177ff.

durch die Unterschiedlichkeit der Güter korrespondiert die Verbindung der Marktteilnehmer durch die Knappheit der Güter. Egalisierung, Universalisierung und Individualisierung bilden jedoch nur die eine Seite der mit der marktökonomischen Vergesellschaftung verbundenen inneren Spannung. Auf der anderen Seite führen Freiheit und Konkurrenz zu einer Verschärfung der Ungleichheit der Verteilung und damit der Spannung zwischen Besitzenden und Nichtbesitzenden. Die Ungleichheiten in der Verteilung der Güter unter den Marktteilnehmern werden durch den Konkurrenzkampf potenziert. Wer nichts hat, kann auch nicht am globalen Tausch teilnehmen.

Der Siegeszug des modernen Kapitalismus und die tiefgreifenden inneren Spannungen der marktökonomischen Vergesellschaftung beruhen auf der Emanzipation von normativen Vorgaben, seien es solche der Religion oder des Staates, und deren Ersetzung durch Eigeninteresse und Gewinnstreben. Wie auch immer man die Rolle des Christentums und insbesondere des puritanischen Calvinismus für die Herausbildung des okzidentalen Kapitalismus beurteilen mag, unbestreitbar ist, wie seit den 80er Jahren des vorigen Jahrhunderts infolge der ‚kulturalistischen Wende' auch von den ökonomischen Wissenschaften wieder betont wird, dass Religionen die habituellen Einstellungen von Handlungssubjekten tiefgreifend prägen. Max Weber hatte bereits in seiner berühmten und bis heute umstrittenen Protestantismusstudie herausgearbeitet, dass die Genese der kapitalistischen Mentalität durch religiöse Einstellungen geprägt sei, welche eine Rationalisierung der Lebensführung beförderе. Gegenwärtig diskutieren Ökonomen darüber, wie Alltagsgewissheiten und cognitive maps die Prozesse der Entscheidungsfindung von wirtschaftlichen Akteuren steuern.[32] Religionen prägen nicht nur tiefgreifend das Alltagswissen und die Lebenseinstellungen von Menschen, auch die Wirtschaftsethiken der Weltreligionen bewerten das Wirtschaftsstreben durchaus unterschiedlich. Unterschiedliche, ja gegenläufige Bewertungen des Wirtschaftsstrebens treten selbst in Religionen auf, die eine tätige Weltgestaltung eher befördern. Auch das Christentum kennt die Kritik an der Wirtschaft und vor allem am Reichtum. Die Distanz der Religion zur ökonomischen Vergesellschaftung paart sich im Christentum jedoch mit der ethischen Aufgabe der Weltgestaltung. Hierin darf der ethische Sinn der Gottebenbildlichkeitsvorstellung und des dominium terrae gesehen werden, wie sie im ersten Buch der Bibel ausgeführt

32 Siehe hierzu *B. Biervert/J. Wieland*, Gegenstandsbereich und Rationalitätsform der Ökonomie und der Ökonomik, in: *B. Biervert/K. Held/J. Wieland* (Hg.), Sozialphilosophische Grundlagen des ökonomischen Handelns, Frankfurt/Main 1990, S. 7-32; *F.W. Graf*, Die Wiederkehr der Götter. Religion in der modernen Kultur, München 2004, S. 179-202.

sind. Nimmt man zu diesem Gedanken noch Luthers Berufsverständnis hinzu, dann kann auch die „wirtschaftliche Selbstbestimmung als kulturelle Gestalt christlicher Freiheit“ verstanden werden.[33]

Die Aufgabe einer christlich-religiösen Ethik kann in Anbetracht der angedeuteten Ambivalenzen in den beiden Sphären Religion und Wirtschaft weder darin bestehen, den modernen Kapitalismus unter ein Generalverdikt zu stellen noch nach dem starken Staat zu rufen, der angesichts der inneren Ambivalenzen der marktökonomischen Erwerbswirtschaft für soziale Gerechtigkeit sorgt. Vielmehr ist ihre Aufgabe als hermeneutische Verantwortungsethik darin zu sehen, die mit dem modernen Kapitalismus verbundenen inneren Spannungen wahrzunehmen und aus den Leitbegriffen der modernen Ökonomie Linien zu dem Thema der sozialen Gerechtigkeit aufzuzeigen. Auszugehen wäre hierbei von dem Prinzip der Marktwirtschaft selbst, nämlich dem Tausch, wie es in jüngster Zeit von Otfried Höffe und Jörg Dierken vorgeschlagen wurde.[34] Auf diese Weise lässt sich vom Eigeninteresse als dem Leitbegriff der modernen Marktökonomie über Tausch- und Eigentumsverhältnisse ein Weg zum Gerechtigkeitsthema bahnen, der nicht von außen an die Wirtschaft herangetragen ist, sondern der sich aus den inneren Funktionsprinzipien der marktökonomischen Tauschverhältnisse selbst ergibt.

Die Aufgabe einer theologischen Wirtschaftsethik besteht in der Aufklärung der inneren Spannungen der Marktökonomie. Hierzu gelangt sie, wenn sie die Leitbegriffe der Ökonomie im Lichte ihrer eigenen Grundbegriffe reflektiert und innere Entsprechungen in den Prinzipien der Ökonomie zu ihren eigenen Grundprinzipien aufzeigt. Nur so wird die theologische Wirtschaftsethik zu einem reflektierten Urteil über die mit der marktökonomischen Vergesellschaftung verbundenen inneren Ambivalenzen kommen.

4. Theologie, Diakonie und Ökonomie

Wir sind von der in der diakonischen Arbeit der Kirchen auftretenden inneren Spannung von Nächstenliebe und Ökonomie, von moralischen und ökonomischen Wertorientierungen ausgegangen und haben dann diese Spannung durch

---

33 *A v. Scheliha*, Persönliche Sinnfindung und die Selbstbehauptung im Wettbewerb. Theologische Erwägungen zum Konkurrenzbegriff im Anschluss an Georg Simmel, in: *U. Kern* (Hg.), Wirtschaft und Ethik in theologischer Perspektive, Münster 2002, S. 179-198, hier: S. 193.

34 Siehe hierzu *O. Höffe*, Gerechtigkeit als Tausch? Ein ökonomisches Prinzip für die Ethik, in: *H. Lenk/M. Maring* (Hg.), Wirtschaft und Ethik, Stuttgart 1992, S. 119-133; *Dierken*, a.a.O. (Anm. 31), S. 180-187.

Religion und Ökonomie hindurch verfolgt. Es zeigte sich, dass unter den Bedingungen der modernen Gesellschaft sozialethische Konzeptionen unter erhöhten Vermittlungsanforderungen stehen. Aufgrund der strukturellen Verfassung der modernen Gesellschaft prallen individualethische Appelle an der Eigenlogik der funktionalen Subsysteme ab. Wenig weiterführend ist aber auch der Vorschlag, die Ethik allein an der Eigengesetzlichkeit der funktionalen Systeme zu orientieren. Um diesem Dilemma der Sozialethik in der modernen Gesellschaft zu entgehen, habe ich vorgeschlagen, im Anschluss an zentrale Einsichten des Protestantismus eine hermeneutisch-ethische Konzeption einer angewandten Ethik auszuarbeiten. Diese setzt voraus, „daß die ethische Theorie, um adäquat zu sein, unterschiedliche Anwendungsbereiche normativen Urteils zu unterscheiden und für diese Anwendungsbereiche je spezifische Begrifflichkeiten und Kriterien zu entwickeln hat“.[35] Eine solche Konzeption der Ethik scheint mir aber nun gerade für das diakonische Handeln von einer hohen Relevanz zu sein, da dieses in den vielfältigsten institutionellen Bereichen geschieht, in denen die unterschiedlichsten Arten von ethischen Konflikten auftreten. Den Beitrag von Theologie und theologischer Sozialethik für die Diakonie und die Bearbeitung der in ihr auftretenden Spannung von religiös motivierter Nächstenliebe und ökonomischen Sachzwängen möchte ich abschließend an drei Punkten noch kurz andeuten.

Zunächst ist darauf hinzuweisen, dass Religion eine von der marktökonomischen Vergesellschaftung unterschiedene Form der Vergesellschaftung darstellt.[36] Der Glaube eröffnet eine Deutung des Lebens, die nicht der Konkurrenzlogik des Marktes verpflichtet ist. Im Gottesverhältnis des Glaubens ist die Person bei sich selbst. Hierin liegt der Wert der Person beschlossen. Der Einzelne geht in seinem ökonomischen Handeln nicht auf. Darin liegt der nichtökonomische Mehrwert der Person. Auch die religiöse Vergesellschaftung, wie sie etwa in der Reich-Gottes-Vorstellung symbolisiert ist, bringt dies zur Geltung. Die religiöse Form der Vergesellschaftung transzendiert die marktökonomische Vergesellschaftung, aber gerade dadurch relativiert sie die Selbstbehauptung auf dem Markt. Denn in der Reich-Gottes-Vorstellung wird ein Beieinander der Individuen symbolisiert, das nicht durch Konkurrenzkampf und Selbstbehauptung ausgezeichnet ist. Die religiöse Vergesellschaftung der Individuen sowie das Brüderschaftsethos Jesu bedürfen jedoch der

---

[35] *J. Nida-Rümelin*, Theoretische und angewandte Ethik: Paradigmen, Begründungen, Bereiche, in: *ders.* (Hg.), Angewandte Ethik. Die Bereichsethiken und ihre theoretische Fundierung. Ein Handbuch, Stuttgart ^{2}2005, S. 2-87, hier: S. 62.

[36] Siehe hierzu *v. Scheliha*, a.a.O. (Anm. 33), S. 193ff.

Institutionalisierung. Andernfalls verflüchtigen sie sich in eine spiritualistische Innerlichkeit. Ohne solche Institutionalisierung würden sie unter den Bedingungen eines beschleunigten kulturellen und ökonomischen Wandels auch ihre gesellschaftliche Prägekraft verlieren. Eine solche Institutionalisierung einer nichtökonomischen Vergesellschaftung stellt nun auch die Diakonie dar. Sie dient vor allem der Wahrung von Würde und Freiheit der Menschen, die sich innerhalb des sozialen Konkurrenzkampfes nicht entfalten können.

Ist mit der Religion eine Form der Vergesellschaftung verbunden, die nicht der Konkurrenzlogik des Marktes unterliegt und muss diese, wenn sie nicht ihre Prägekraft verlieren soll, institutionalisiert werden, so stellt sich zweitens die Frage, welche Rolle die Theologie für diakonische Einrichtungen spielen kann. Eben diese Frage steht ja auch in den gegenwärtigen diakoniewissenschaftlichen Debatten im Mittelpunkt des Interesses, in denen darum gestritten wird, wie viel Ökonomie und wie viel Theologie die Diakonie verträgt. Theologie scheint mir nun gerade auch angesichts einer sich zunehmend als gegenüber der Kirche eigenständig verstehenden Diakonie für diese unverzichtbar zu sein. Selbstverständlich soll damit nicht gesagt sein, dass die Diakonie unter eine Oberhoheit der Theologie zurückgeholt werden soll. Vielmehr ist von einem wechselseitigen Lernverhältnis von Theologie und Diakonie auszugehen. Der Beitrag der Theologie für die Diakonie dürfte vor allem darin zu sehen sein, dass die Theologie eine Reflexion der ethisch-religiösen Grundlagen und damit des Kirche und Diakonie Gemeinsamen leistet. Auch der Diakonie kann das christlich-protestantische Menschenbild sowie die mit diesem verbundene Betonung der Freiheit des Individuums nicht gleichgültig sein. Dessen Veränderungen und Transformationen in der Geschichte reflektiert die Theologie.

Und schließlich ist mit der Institutionalisierung des Ethos der Nächstenliebe die Spannung von moralischen und ökonomischen Wertvorstellungen verbunden. Welchen konstruktiven Beitrag kann theologische Ethik, wie ich sie skizziert habe, für das diakonische Ethos leisten? Bereits Luthers Bestimmung des Glaubens und seiner Realisierung in den sozioökonomischen Strukturen ließ erkennen, dass die Spannung von Leib und Seele auch für den Christenmenschen bleibt und eine Aufgabe der Gestaltung nach Maßgabe der im Gottesverhältnis eröffneten gegenseitigen Anerkennung darstellt. Auf die Diakonie übertragen heißt dies, die Spannung von ökonomischer Sachlogik und Nächstenliebe stellt eine Aufgabe der Gestaltung dar. Diese kann nur darin bestehen, diese Spannung konstruktiv zu gestalten und gerade nicht, sie aufzulösen. Sie tritt auf allen Ebenen des diakonischen Handelns auf, von der Führungsebene bis hin zu den Mitarbeitern. Die entscheidende Frage im Umgang mit dieser Spannung scheint mir nun nicht zu sein, wie viel Theologie oder Ökonomie in deren Bearbeitung präsent sein sollte, sondern ob in dem diakonischen Handeln ein bestimmtes Ethos zur Darstellung kommt. Das wäre aber auch eine Frage an die ethische Selbstreflexion des diakonischen Handelns. Aufgrund der Verwobenheit des diakonischen Handelns in unterschiedliche ethische Konfliktfelder leistet die Diakonie so aber auch eine Dienstleistung für die Theologie.

Identitätsbildung durch Erziehung in der weisheitlichen Lehrrede und in protestantischen Katechismen

STEFAN FISCHER

Die Erziehung eines jungen Menschen trägt zu dessen Identitätsbildung bei und gibt ihm Eigenverantwortung für die Lebensgestaltung. Die Lebensgestaltung ist jedoch nicht allein intrinsisch motiviert, sondern richtet sich an für eine soziale Gruppe geltenden Vorgaben aus. Dabei kommen verschiedene Leitgedanken und Unterrichtsinhalte in den Blick, die zur Identitätsbildung beitragen. Dazu gehören die Kenntnis des Gesetzes und der Geschichte, das Einüben religiöser Handlungen und kultischer Rituale, das Erlernen und Beherzigen von Lebensweisheit und eine Haltung der Gottesfurcht. Diese kommen in den verschiedenen Abschnitten des Alten Testamentes unterschiedlich zur Geltung, denn bei den hinter ihnen stehenden Gruppen liegen jeweils andere Konzepte der Lebensgestaltung zugrunde.

In weiten Teilen des Alten Testaments kommt eine Haltung zum Ausdruck, in der das Gesetz als göttliche Vorgabe für die Gestaltung des Lebens des Einzelnen in der Gemeinschaft und vor Gott angesehen wird. In anderen Gruppen hat der Kult mit den für ihn relevanten Ritualgesetzen oder die Geschichte Gottes mit seinem Volk ihren Platz. Dabei geht es nicht um klare Trennungen, sondern um Gewichtungen innerhalb priesterlicher, höfischer, prophetischer und anderer Gruppierungen.

Hinter der alttestamentlichen Weisheitsliteratur stehen jedoch andere Gruppen. Bei ihnen sind Gesetz und Geschichte nur von marginaler Bedeutung. Lediglich in zeitlich spät anzusetzenden Torapsalmen (Ps 1 und 119) und in der apokryphen Weisheit des Jesus Sirach mit der programmatischen Aussage: *„wer das Gesetz hält, findet Weisheit“* (Sir 15,1) kommt es zu einer Annäherung bzw. Gleichsetzung von Gesetz und Weisheit.[1] Auch dem Kult kommt keine prominente Rolle zu, obgleich vereinzelte kultische Bezüge der Weisheitssprüche, wie etwa die Aufforderung zum Bringen der Erstlingsgabe (Spr 3,9; vgl. Dtn 26,2) andeuten, dass dieser zur Lebenswirklichkeit gehörte.

Aus den Weisheitstexten soll die weisheitliche Lehrrede[2] (Spr 1-9) herangezogen werden. Sie dient der Belehrung und Erziehung. Ihre Erziehungsziele

---

1 Vgl. Sir 24,32-33; 39,1.

2 Der Begriff wurde von *B. Lang,* Die weisheitliche Lehrrede, SBS 54, Stuttgart 1972, geprägt.

sollen dargestellt werden, da diese die soziale und personale Identität prägen. Da dieses Jahrbuch unter dem Thema evangelische Identität steht, werden zum Vergleich zwei evangelische Schriften herangezogen, welche eine maßgebliche Bedeutung in der Erziehung hatten, und zwar Martin Luthers Kleiner Katechismus von 1529[3] und der Heidelberger Katechismus[4] von 1563. Gemeinsamkeiten und Unterschiede dieser Katechismen und der weisheitlichen Lehrrede sollen herausgestellt werden.

1. Die weisheitliche Lehrrede

Die weisheitliche Lehrrede ist eine Sammlung von Lehrgedichten der Schulweisheit,[5] die von einer ursprünglich mündlichen Volksweisheit zu unterscheiden ist, die in die anderen Sammlungen der Proverbien Eingang gefunden hat. Es handelt sich um schriftlich konzipierte Weisheitstexte aus dem Umfeld des Hofes, die zur Erziehung junger Männer dienten. Die Erziehung zielt also darauf, dass eine personale Identität entwickelt wird, welche sich in die erwartete soziale einfügt.

Zwar dienen Vater und Mutter hier als Vorbilder für die Weisheitsschüler, aber die elterliche Funktion wird vom Weisheitslehrer eingenommen, so dass Lehrer und Eltern in der Weisheitslehre miteinander verschmelzen.[6] Dieses ist bemerkenswert, da den Eltern die Erziehungspflicht zukam und sie gehalten waren, diese mit Strenge umzusetzen, und ist wohl auf den höfischen Kontext und die Konzeption einer schriftlichen Weisheit zurückzuführen.[7] Hier wird selbstverständlich angenommen, dass elterliche Aufgaben von Lehrern übernommen werden können. Möglicherweise liegt hier die Situation eines Internats vor. Zumindest legen höfisches Umfeld und Bildung eine Oberschicht nahe. Die vermittelten Inhalte legen es jedoch nicht nahe, den Empfängerkreis

---

3 WA 30, S. 264-345. Die erste vollständig erhaltene Ausgabe ist die Wittenberger Buchausgabe von 1531 (WA 30, S. 346-425). In den Katechismuszitaten wird dieser Ausgabe gefolgt: *Lutherisches Kirchenamt,* Unser Glaube. Die Bekenntnisschriften der evangelisch-lutherischen Kirche bearbeitet von H. P. Pöhlmann, 3. erweiterte Auflage, 1991.

4 Jeweils zitiert nach Der Heidelberger Katechismus. Neubearbeitung der Jubiläumsausgabe 1963, *Lippische Landeskirche und Evangelisch-reformierte Kirche in Nordwestdeutschland* (Hg.), Lemgo 1971.

5 *C. Westermann,* Wurzeln der Weisheit: Die ältesten Sprüche Israels und anderer Völker, Göttingen 1990, S. 11-13.

6 Dieses geschieht in zehn ursprünglich unabhängigen Instruktionen. Jeweils wird der Sohn angesprochen, seine Aufmerksamkeit verlangt und die Autorität des Sprechers und der Wert seiner Worte hervorgehoben. *N. Whybray,* The composition of the book of Proverbs, JSOT.SS 168, Sheffield 1994, S. 13.

7 *B. Lang,* a.a.O. (Anm. 2), S. 41.

auf Weisheitsschulen im höfischen Kontext zu begrenzen. Dazu fehlt es an Standesmoral.[8]

Die weisheitliche Lehrrede vertritt ein spezifisches Erziehungsideal. Dieses ist auf zwei Ziele hin ausgerichtet: Weisheit und Furcht Jahwes.

1.1 Erziehung zur Furcht Jahwes

Der weitgehende Verzicht auf die allgemeine Gottesbezeichnung Elohim (Spr 3,4.27) und die stattdessen sehr häufige Verwendung des Tetragramms JHWH zeigt, dass Jahwe selbstverständlich als Bezeichnung für Gott verwendet wird. Die Furcht Jahwes ist Voraussetzung und Grundlage[9] einer weisheitlichen Lebensführung und grundlegendes Element der Erziehung. Sie formt nicht nur innerhalb des Textes eine *inclusio* sondern bildet die Klammer aller Erziehung:

Die Furcht Jahwes ist der Anfang der Erkenntnis (Spr 1,7).
Der Beginn der Weisheit ist die Furcht Jahwes (Spr 9,10a).

Obwohl die weisheitliche Lehrrede wie auch andere Teile der Proverbien eine Bekanntschaft mit altorientalischen Weisheitstexten aufweist, bringt der für das Volk Israel reservierte Gottesname nationales Gepräge zum Ausdruck.

Die weisheitliche Lehrrede steht, zumindest was den vorliegenden Text[10] betrifft, innerhalb eines Gemeinschaftsverhältnisses von Jahwe und Israel. Der einzelne Weisheitsschüler wird als jemand angesprochen, der innerhalb dieses Gemeinschaftsverhältnisses steht. Damit gilt die prinzipiell monotheistische Verehrung Jahwes im Unterschied zum Polytheismus umliegender Nationen als gesetzt, auch wenn sie faktisch nicht allgemein gegeben war.[11]

---

8 *B. Gemser,* Sprüche Salomos, HAT 16, Tübingen 1963, S. 7.

9 *L.G. Perdue*, Proverbs, (Interpretation, a biblical commentary for preaching and teaching), Louisville, Kentucky, 2000, S. 36, hebt diese doppelte Bedeutung des Wortes „Beginn" hervor.

10 Ob es sich bei der Jahwesierung um eine spätere, interpretative Überarbeitung handelt, wie McKane annimmt, ist dabei irrelevant. Vgl. *W. McKane*, Proverbs. A New Approach, London 1970, S. 17. Mit *Lang*, a.a.O. (Anm. 2), S. 80, neige ich zu der Auffassung, dass es sich bei der Jahwefurcht *„um etwas der Lehrrede Ursprüngliches, nicht um spätere Glossierung ursprünglich religiös neutraler Texte*" handelt.

11 Die Reden der Propheten gegen die Kultstätten auf den Höhen und die Verehrung anderer Götter sind ein literarisches Zeugnis und das Ostrakon mit der Inschrift „Jahwe und seine Aschera" (Chirbet el-Qōm; ca. 9. Jh.) ist ein archäologisches Zeugnis für den real verbreiteten Synkretismus.

Die Bezugnahme auf König Salomo als Kronzeugen der Weisheit lässt israelitisches Lokalkolorit anklingen. Somit trägt die Erziehung des Weisheitsschülers zur Bildung einer religiösen Identität im israelitischen Kontext bei.

Was in der Aufforderung zur Jahwefurcht fehlt, ist ein Bezug auf dessen Begründung in der Geschichte. Das Gemeinschaftsverhältnis von Jahwe und dem Volk Israel wird am Sinai anlässlich der Stiftung des Gesetzes in einem Bund begründet, so dass Gesetz und Bund aufeinander bezogen sind. Der Bund wird einerseits als Verpflichtung und anderseits als Liebe und Freundschaft[12] aufgefasst. Dieser Aspekt und eine daraus entfaltete Heilsgeschichte werden in Prov 1-9 nicht thematisiert.[13] Die Erziehung geschieht jedoch auf dem daraus resultierenden Gemeinschaftsverhältnis der Volkszugehörigkeit.

Die Geschichte wurde ebenso wie das schriftliche Gesetz nicht als Inhalt weisheitlicher Erziehung angesehen. Zwar kommt es hie und da zur Verknüpfung von Unterweisung und Geschichte wie z.B. im Lob Gottes für sein Handeln in der Geschichte (Ps. 78,3), so dass auch aus der Geschichte gelernt werden kann, aber Geschichte und Gesetz sind in der weisheitlichen Lehrrede nicht explizit, sondern lediglich als eine Folie der Selbstverortung implizit gegenwärtig. Von der Tora Jahwes oder des Mose sowie allen anderen Begriffen, die für das schriftliche Gesetz Verwendung finden, wird in der weisheitlichen Lehrrede nirgends Gebrauch gemacht, geschweige denn zitiert.[14] Tora wird in Prov 1-9 stets als mündliche Weisung angesehen. Für den expliziten Erziehungsanspruch zur Charakterschulung spielt sie keine Rolle.

Das Fehlen der Vermittlung der Geschichte Israels in der weisheitlichen Lehrrede konnte bisher nicht befriedigend erklärt werden. Genügt es, dieses allein auf die Gattung zurückzuführen oder könnte hier vielleicht eine Aufgabenteilung zwischen Weisheitslehrern und Priestern hineinspielen, so dass es sich hier um das Curriculum der Weisheitslehrer[15] handelt? Oder ist eine Abfassung der weisheitlichen Lehrrede anzunehmen, ehe es zu einer (heils)geschichtlichen Interpretation der Existenz Israels kam?

Die Erziehung erfolgt demnach auf die Furcht Jahwes, nicht aber auf das Gesetz Jahwes hin. Während das Gesetz als direkt von Gott offenbart angesehen wird, wird dieses von Proverbien nicht beansprucht. Die Weisungen gel-

---

[12] *M. Weinfeld*, Art. בְּרִית, THAT I, 1973, Sp.781-808, hier: Sp. 785.

[13] Das einzige Vorkommen von „Bund" in Spr 2,17 verwendet nicht den Gottesnamen sondern die allgemeine Gottesbezeichnung Elohim und meint den Ehebund, welcher nur sekundär auf das Verhältnis von Israel zu seinem Gott übertragen wird, so etwa in Hos 1-2.

[14] In Proverbien wird evtl. Spr 29,18 explizit auf die Tora als schriftliches Gesetz bezogen; so *E. Mihalik,* a.a.O. (Anm. 20), S. 13-17.

[15] So bereits *A. Klostermann*, Schulwesen im Alten Israel, Leipzig 1908.

ten nicht als Wort Jahwes, sondern als Worte der Weisheitslehrer, also menschlicher Ratgeber.[16]

1.2 Erziehung zur Weisheit

Die Weisheitslehrer erziehen zur Weisheit. Dazu wird der junge Mann belehrt, um

„Weisheit und Anleitung kennen zu lernen und zu verstehen einsichtige Worte 3 um Anleitung mit Einsicht anzunehmen, [und zwar] Gerechtigkeit, Recht und Redlichkeit; 4 um den Ungelehrten Klugheit zu geben und dem jungen Mann Kenntnis und Scharfsinn (Spr 1,2-4).

Die Erziehung zur Weisheit kann als Lebensklugheit zur Alltagsbewältigung[17] bezeichnet werden, welche die Persönlichkeit formt, so dass die jungen Männer selbst weise und verantwortliche Mitglieder der Gesellschaft werden.[18] Dieses benötigt seitens des Weisheitsschülers Zuhören, Vermehren der Kenntnis und das sich Aneignen von Ratschlägen (Spr 1,5). Den vorgegebenen Worten der Weisung haftet Autorität an. Sie sollen wie die Worte des Gesetzes verinnerlicht und sich vor Augen gehalten werden. Während im Deuteronomium den Eltern die Aufgabe zukommt, den Kindern die Gesetze und Gebote Jahwes, also das offenbarte Gotteswort,[19] einzuschärfen (Dtn 6,6-8; 11,18-21),[20] sind es in Proverbien die Gebote und Weisungen der Eltern, die eingeschärft werden (Spr 6,20-22; Vgl. 3,3; 7,3).

Bewahre, mein Sohn, das Gebot deines Vaters und ignoriere nicht die Weisung deiner Mutter. 21 Binde sie dir immer aufs Herz und binde sie um deinen Hals, 22 sie sollen dich geleiten, wenn du hin und her gehst; sie sollen über dir

---

16 *H.D. Preuß*. Einführung in die alttestamentliche Weisheitsliteratur, Urban Taschenbücher 383, Stuttgart 1987, S. 35.

17 *J.L. Crenshaw*, Old Testament Wisdom: An Introduction, revised and enlarged edition, Louisville, Kentucky, 1998, S. 3 bezeichnet es als: “the reasoned search for specific ways to ensure personal well-being in everyday life.”

18 Vgl. *Whybray*, a.a.O. (Anm. 6), S. 11.

19 Im Erzählzusammenhang des Dtn ist es das mündliche, gerade durch Mose gesprochene Gotteswort, welches auswendig gelernt werden soll. Erst durch die Verschriftlichung kommt es zum Auswendiglernen eines Textkorpus’. Wenn in Ex 13,9 in ähnlichen Formulierungen zum Halten der Tora Jahwes aufgefordert wird, so wäre im dortigen Erzählzusammenhang die Annahme eines schriftlichen Gesetzes anachronistisch.

20 *B. Weber*, Psalm 1 als Tor zur Tora JHWHs. Wie Ps 1 (und Ps 2) den Psalter an den Pentateuch anschliesst, SJOT 21/2 (2007), S. 179-200, sieht hier die formale und inhaltliche Schlüsselstelle zu Ps 1 und verknüpft so Tora und Psalter. Die Verbindungslinie zu Spr 6, 20-22 zieht er nicht.

wachen, wenn du dich niederlegst; sie sollen zu dir sprechen, wenn du aufwachst (Spr 6,20-22).

Dabei sind die Eltern nicht autonom, sondern richten sich nach dem aus, was sie als moralischen Willen Jahwes ansehen, nämlich die Ablehnung von Stolz, Lügen, Streit etc. Diese in einem Zahlenspruch (Spr 6,16-19) formulierten Gebote und Weisungen zeigen den Weg zu einem gelungenen Leben. Sie sind wie ein Licht für den Lebensweg (Spr 6,21) und übernehmen damit die Funktion, die dem Gebot im Torapsalm zukommt (Vgl. Ps 119, 105).[21] Entsprechend folgert Mihalik: „*Die Vorschriften des Gesetzes [...] hat das Kind nicht aus einem Buch kennen gelernt, sondern ganz praktisch, durch die Befehle der Eltern erkannt und sich zu eigen gemacht.*“ [22]

1.3 Jahwefurcht und Weisheit

In der weisheitlichen Lehrrede gilt, wie in der Spruchweisheit grundsätzlich, dass der Weisheitsschüler belehrbar ist und die Möglichkeit hat, durch Weisheit das Leben positiv zu bewältigen.[23]

Die Erziehung zur Jahwefurcht ist dabei keine von den weisheitlichen Ratschlägen zur Lebensgestaltung unterschiedene Haltung, sondern geht in diesen auf. Damit kann sie als eine positivistische Weisheit bezeichnet werden, in welcher es einen relativen Tun-Ergehen-Zusammenhang gibt.

Die durch die Proverbien angestrebte Erziehung des Einzelnen lehrt das Leben in den vorgegebenen sozialen Strukturen zu bewältigen. Diese sind als stabil zu bezeichnen. Die gesellschaftlichen Ordnungen werden nicht in Frage gestellt. Die weisheitliche Lehrrede gehört also nicht in eine Zeit der Krise, in welcher der persönliche Umgang des Einzelnen mit seinem Gott in einem Gegensatz zum äußeren Ergehen stand. Nicht der individuelle Umgang von einem Menschen und seinem Gott, sondern das Halten der Weisungen vergewissert den Schüler des Schutzes Jahwes (Spr 3, 21-26). Deshalb erfolgt hier keine Erziehung zu einer individualisierten persönlichen Frömmigkeit.

Wenn *B. Lang*[24] meint, dass auch in der weisheitlichen Lehrrede die Haltung der persönlichen Frömmigkeit auftritt, so setzt er diese mit der Jahwefurcht gleich. Er übersieht in der Definition, dass es dazu eines persönlichen

---

21 Nach *R. B. Y. Scott,* Proverbs. Ecclesiastes, AncB 18, New York 1965, S. 57, könnten sie auf eine Kultdeklaration zurückgehen (vgl. Psalm 15) und so die Anforderungen kultischer Gottesnähe für den alltäglichen Lebensvollzug vorgeben.

22 *Mihalik,* a.a.O. (Anm. 14), S. 10.

23 *R. Albertz*, TRE 22, S. 464-474, Mensch II. II. Altes Testament, 1992, S. 471.

24 *B. Lang*, a.a.O. (Anm. 2), S. 74-76.

Gottesbezuges bedarf, der hier nicht gegeben ist. Dagegen spricht auch, dass die Bewegung der persönlichen Frömmigkeit in der Krise beheimatet ist, in welcher sich der Einzelne dem unerforschlichen Ratschluss seines Gottes anvertraut, weil er selbst nicht in der Lage ist, dieses angesichts der destruktiven gesellschaftlichen Umstände positiv zu gestalten.[25] Dem Weisheitsschüler gilt die Zusage des Schutzes Jahwes, wenn er die Worte seines Lehrers bewahrt. Die vertikale Linie wird also an die horizontale geknüpft. [26] Der Ertrag der Weisheit und der Ertrag der Jahwefurcht gehören zusammen. Sie sind praktisch identisch.[27] Auch damit unterscheidet sie sich von der persönlichen Frömmigkeit. Denn dort wird der persönliche Gott wie ein Elternteil oder als Herr angesprochen.[28] Dieses hätte sich in der weisheitlichen Lehrrede angeboten, ist aber nicht vollzogen worden. Der Weisheitslehrer erzieht zur Jahwefurcht, nicht aber zur Innigkeit einer persönlichen Frömmigkeit. Damit einher geht die Weltzugewandtheit der weisheitlichen Lehrrede, der die Flucht in die Innerlichkeit fremd ist.

Die Jahwefurcht bewahrt davor, aus der Weisheit ein ethisches System zu machen und sich auf die eigene Weisheit zu verlassen (Spr 3,5). Die praktischen Anweisungen der Weisheitslehre bewahren vor dem Rückzug in die Innerlichkeit einer persönlichen Frömmigkeit.[29]

Der Zusammenhang von Weisheit und Jahwefurcht bleibt auch bei der Schöpfung gewahrt. Die Schöpfung wird in der weisheitlichen Lehrrede nicht als eine Offenbarungsquelle angesehen, aus der der Weisheitsschüler auf Gott, geschweige denn Jahwe, schließen kann. Jedoch schließt die Weisheit das Bekenntnis zu Jahwe als dem Schöpfer ein. Hinter der Unergründlichkeit der Zusammenhänge steht die Weisheit Jahwes (3,19.20), die von Anfang an war (8,22-31). Personalisiert, so auch in einem anderen Bild von der Frau Weisheit in Spr 9, gehört sie zur geschaffenen Welt.[30] Sie tritt damit nicht als zweiter Schöpfer neben Jahwe, sondern ordnet ihm alle Weisheit zu, so dass auch das Vorbild der Weisheitslehrer nicht zu einer Autorität neben Jahwe wird. Die Orientierung an der durch Vorbilder vermittelten Weisheit ist nur möglich,

---

25 Vgl. *W. Helck*, Politische Gegensätze im alten Ägypten, HÄB 23, Hildesheim 1986, S. 1. Seine auf Ägypten bezogene Definition der persönlichen Frömmigkeit gilt auch hier.

26 Die Unterscheidung nach vertikaler und horizontaler Ausrichtung findet sich bereits bei *Gemser*, a.a.O. (Anm. 8), S. 11. Er füllt sie jedoch anders, da er die Jahwefurcht nicht mit einbezieht und die horizontale Ausrichtung weiter fasst als dieses in der weisheitlichen Lehrrede geschieht, indem er sie als „Beobachten und Studieren der täglichen menschlichen Erfahrung und des Verlaufs von Natur und Geschichte" fasst.

27 Vgl. die Ausführungen zu Spr 2, 5-8 mit 2,9-12 bei *Lang*, a.a.O. (Anm. 2), S. 78.

28 *B. Lang*, Jahwe der biblische Gott: ein Porträt. München 2002, S. 141.

29 Vgl. *Gemser*, a.a.O. (Anm. 8), S. 11.

30 Vgl. *W. Zimmerli*. Grundriss der alttestamentlichen Theologie, Stuttgart [5]1985, S. 140.

weil sie aus Jahwe hervorgegangen ist, der diese Welt mit ihren Ordnungen geschaffen hat.

Die Erziehung des Weisheitsschülers hat damit eine doppelte Richtung. Sie ist vertikal auf die Jahwefurcht, nicht aber auf die Offenbarung der Tora, und horizontal auf das menschliche Vorbild ausgerichtet.

Sie steht damit nicht allein, sondern steht der großen Weisheitsrede von Ijob 28 nahe,[31] welche die Quintessenz hat:

Die Furcht Adonais, sie ist Weisheit, und vom Bösen abzuweichen, das ist Einsicht (Ijob 28,28).

Sie unterscheidet sich stärker von der Haltung, die im Epilog bei Kohelet zum Ausdruck kommt. Dort gibt es eine doppelte vertikale Orientierung, da Gottesfurcht mit dem Halten der göttlichen Gebote und nicht mit der horizontalen Ausrichtung auf das menschliche Vorbild verknüpft wird, so dass sich hier eine spätere, legalistische Haltung mit universaler Tendenz zeigt:

Fürchte Gott und halte seine Gebote, denn dieses gilt für jedermann (Koh 12,13).

2. Lutherische und reformierte Katechismen

In der deutschsprachigen protestantischen Tradition haben Martin Luthers Kleiner Katechismus und der Heidelberger Katechismus Generationen von Menschen in ihrer Lebenshaltung und in ihrem Wissen über den christlichen Glauben geprägt. Sie haben Breitenwirkung erzielt und viele Protestanten in ihrer Grundhaltung zum Leben und ihrer Selbstverortung geprägt. Ein Traditionsabbruch ist erst in den letzten Jahrzehnten erfolgt.[32] Das Auswendiglernen dieser Texte, welches auch in der weisheitlichen Lehrrede ein didaktisches Ziel ist, geschieht im Unterricht gar nicht mehr oder nur in geringem Maß.

---

31 *C. Westermann*, Der Aufbau des Buches Hiob, BHTh 23, Tübingen, 1956, S. 106, postulierte einen scharfen Gegensatz zwischen Spr 1-9 und Ijob 28. Zu Recht stellt er fest, dass „Weisheit nie Besitz des Menschen wird". Nur gilt dieses auch für Spr 1-9, da auch dort der Erwerb der Weisheit nicht autonom geschieht. Autonome Weisheit, die sich auf den eigenen Verstand verlässt, wird explizit verworfen (Spr 3,5).

32 In der Schweiz hat dieser bereits im 19. Jahrhundert eingesetzt, als nach dem Bekenntnisstreit der verpflichtende Gebrauch eines Katechismus abgeschafft wurde. Vgl. *R. Gebhard*, Umstrittene Bekenntnisfreiheit: Der Apostolikumstreit in den Reformierten Kirchen der Deutschschweiz im 19. Jahrhundert, Zürich 2002.

2.1 Der Kleine Katechismus Martin Luthers

Mit dem Kleinen Katechismus hat Martin Luther eine Schrift verfasst, welche der Katechese dient. Dabei werden – im Anschluss an die seit dem Mittelalter übliche Abfolge – der Dekalog, das apostolische Glaubensbekenntnis und das Vaterunser behandelt. Daraufhin fügt er die Lehre von Taufe und Abendmahl als weitere Hauptstücke an, um den gemeinen Mann zu lehren, mit der Freiheit des Evangeliums umzugehen. Martin Luther schafft eine konzise Lehre für das Volk, um die Kernelemente des christlichen Glaubens den Unwissenden und religiös Verwahrlosten zu vermitteln. Der Katechismus ist gemäß seiner Vorrede eine Unterweisung für das Alltagsleben, „*um zu wissen, was Recht und Unrecht ist bei denen, bei welchen sie wohnen*". Dabei zielt Martin Luther in der Vorrede beim Lehren der Jugend darauf, sie zu lehren „*nach dem Text hin von Wort zu Wort, dass sie es auch so nachsagen können und auswendig lernen*".

Sowohl der Kleine Katechismus als auch Spr 1-9 richtet sich an junge Leute, wenn auch nicht exklusiv. Sie unterweisen diese nicht nur in der Gotteslehre, sondern richten sich auf die Lebensbewältigung des Alltags aus. Beiden ist das Auswendiglernen wichtig. Mit dem Kleinen Katechismus wurde ein Lehrbuch für Pfarrer und Prediger geschaffen. Auch Spr 1-9 hat nicht nur den Schüler im Blick, sondern gibt auch den Lehrern eine Unterweisung an die Hand, auch wenn diese kein umfassendes Curriculum enthält. Während sich Luther an die Bevölkerung mit niedrigem Bildungsstandard richtet, hat die weisheitliche Lehrrede gebildete Kreise im Blick.

Für die Unterweisung gibt es im Kleinen Katechismus einen vorgegeben Textkorpus. Damit unterscheidet sie sich von der weisheitlichen Lehrrede und steht den Traditionen näher, die sich nach der schriftlichen Tora ausrichten.[33]

Im Kleinen Katechismus setzt die Katechese nicht bei der Erlösung durch Jesus Christus ein, wie dieses im Heidelberger Katechismus geschieht (s. u.), und nimmt auch nicht den geschichtlichen Rahmen des Dekalogs mit dem vorausgehenden Befreiungsakt Gottes aus Ägypten auf, sondern beginnt mit der Auslegung der zehn Gebote. Dabei fasst Martin Luther die Quintessenz seiner Katechese in der Aussage zusammen „*Wir sollen Gott fürchten und lieben.*" Somit stellt er, wie die weisheitliche Lehrrede mit der Betonung der Jahwe-

---

[33] Dabei darf diese Betonung des schriftlichen Gesetzes nicht darüber hinweg täuschen, dass für Luther dieses nur eine der beiden Weisen ist, in denen Gott den Menschen begegnet. Das Gesetz ist auf Tafeln geschrieben und tötet. Das Proprium des Evangeliums ist es, aus der toten Schrift als mündliches Wort zum Leben gebracht zu werden Vgl. *A. Beutel*, Im Anfang war das Wort. Studien zu Luthers Sprachverständnis, Hermeneutische Untersuchungen zur Theologie 27, Tübingen 1990, S. 68, 238.

furcht,[34] das Verhältnis zu Gott ins Zentrum. Von ihm her erschließt sich das Leben in allen Bereichen.

Der umfassende Charakter der Lebensbereiche wird im Kleinen Katechismus durch die vielen Einzelanweisungen ausgedrückt. Diese haben ebenso exemplarischen Charakter wie Spr 1-9. Die ständige Repetition des *„Wir sollen Gott fürchten und lieben"* zeigt nicht nur einen didaktischen Aufbau, der sich einprägt, sondern vermittelt eine Lebenshaltung aus der Ehrfurcht Gottes heraus. Aus dieser heraus konkretisiert sich das Leben, so dass mit praktischen Anweisungen ausgeführt werden kann, wie die Gebote gehalten werden können. Die zehn Gebote dienen einerseits zur praktischen Lebensanweisung und vermitteln andererseits die Forderung des Gesetzes. Dadurch formen sie das Gottesbild eines eifernden Gottes:

Gott droht zu strafen alle, die diese Gebote übertreten; darum sollen wir uns fürchten vor seinem Zorn und nicht gegen seine Gebote handeln. Er verheißt aber Gnade und alles Gute allen, die diese Gebote halten; darum sollen wir ihn auch lieben und vertrauen und gerne tun nach seinen Geboten. (Schluss Erstes Hauptstück).

Damit verändert sich der Akzent im Vergleich zur weisheitlichen Lehrrede. Beide enthalten Warnungen, doch kommt Jahwe in der weisheitlichen Lehrrede kein aktives Strafhandeln zu. Die Warnungen erfolgen als Erfahrungsweisheit innerhalb eines Tun-Ergehen-Zusammenhangs mit immanenter Nemesis.[35]

Den Bösen fangen seine eigenen schlechten Handlungen und mit den Stricken seiner Sünde wird er gebunden (Spr 5,22).

Hingegen ist das Strafhandeln Gottes im ersten Hauptstück des Kleinen Katechismus als Anwendung des Gesetzes zu sehen, hinter dem ein eifernder Gott steht. Es bleibt jedoch nicht allein, da es in Verbindung mit dem zweiten Hauptstück die Spannung von Gesetz und Evangelium aufrichtet.[36]

---

34 *Lang*, a.a.O. (Anm. 2), S. 83 Anm. 24 macht auf die Parallele von Luthers Eingang des Kleinen Katechismus zu Spr 3,5-8 aufmerksam.

35 Das Verhältnis von immanenter Konsequenz einer Tat und aktivem Strafhandeln Gottes bringt Augustin auf die Formulierung: „iussisti enim et sic est, ut poena sua sibi sit omnis inordinatus animus" (Du hast es so geordnet und so ist es, daß sich selbst ein jeder ungeordneter Geist zur Strafe wird). Confessiones I.12, zitiert nach *A. Augustinus*. S. Aureli Augustini confessionum libri XIII, hg. v. A. *Martinus Skutella*, Stuttgart 1996, S. 15.

36 Vgl. S. 537, Anm. 11. Im Grossen Katechismus stellt Luther in der Einleitung zum zweiten Hauptstück „Der Glaube" den Zusammenhang zum ersten Hauptstück „Die zehn Gebote" so dar, dass im ersten aufgezeigt wird, „was Gott von uns getan und ge-

Im Kleinen Katechismus verlässt Luther den geschichtlichen bzw. narrativen Zusammenhang des Dekalogs. Dieser steht im Zusammenhang mit einem Bund, der geschlossen (Ex 20) oder erneuert (Dtn 5) wird und dient als Auftakt zu weiteren Gesetzessammlungen. Er steht damit aber nicht im Zusammenhang einer Lehrunterweisung, wie es die Katechismen sind. Seine inhaltliche Universalität erlaubt es jedoch, ihn aus diesem Zusammenhang zu lösen. Dadurch nehmen die Gebote die Funktion der Explikation des allgemeingültigen Willens Gottes ein, von dem her das moralisch verantwortete Leben gestaltet wird.

Diese Allgemeingültigkeit rückt sie in die Nähe der weisheitlichen Lehrrede. Denn auch dort werden Themen angesprochen, die im Dekalog behandelt werden. Wenn etwa vom Ehebruch gesprochen wird (Spr 6,20-35), so wird nicht auf den Dekalog zurückgegriffen. Die Übereinstimmung wurzelt im „gemeinisraelitischen Ethos“,[37] welches Teil einer internationalen, weisheitlichen Lebensbewältigung ist.

Luthers Kleiner Katechismus vertritt damit einen Ansatz, der der weisheitlichen Lehrrede nahe steht, auch wenn er sich im Stellenwert des Gesetzes unterscheidet. In beiden gibt es keine Autonomie, sondern die Gottesfurcht ist als Fixpunkt moralischer Entscheidungen anzusehen. Aus ihr erschließt sich ein gelungenes Leben. Er zeigt damit eine Haltung auf, welche innerhalb der lutherischen Volksfrömmigkeit weit verbreitet ist. Sie bildet die Grundlage für die lutherische Zwei-Regimenter-Lehre[38] und bereitet Diskussionen der Gegenwart vor, ob etwa eine Verfassung einen Gottesbezug haben soll.

2.2 Der Heidelberger Katechismus

Der Heidelberger Katechismus ist nach der vollzogenen Reformation unter den neuen Machtverhältnissen entstanden. Er wurde als *„Katechismus oder christlicher Unterricht, wie er in Kirchen und Schulen [...] getrieben wird“*[39] herausgegeben. Er ist das Werk einer kurfürstlichen Kommission und gleicht in Länge und Abhandlungsweise mehr einem dogmatischen Kompendium.

---

lassen haben will“ und im zweiten „was wir von Gott erwarten und empfangen müssen“. Zitiert nach *Lutherisches Kirchenamt*, a.a.O. (Anm. 3), S. 679.

37 *A. Müller*, Proverbien 1-9. Der Weisheit neue Kleider, Berlin 2000, S. 126.

38 Vgl. *F. Wagner,* TRE 24, S. 153-185, Naturrecht II. Neuzeitliche und evangelische Interpretationen seit der Reformation, 1994, S. 156.

39 Zitiert nach *J.F.G. Goeters*, Zur Geschichte des Katechismus, 109-115, in: *Der Heidelberger Katechismus*. a.a.O. (Anm. 4).

Er teilt sich nach der Einleitung, (1-2), die nicht eine Ausgangsfrage sein will, sondern in der die Summe des Ganzen bereits dargestellt wird,[40] in drei Abschnitte. Auf „*Von des Menschen Elend*“ (3-11) folgt „*Von des Menschen Erlösung*“ (12-85) durch das Heilswerk Christi. Aus der Soteriologie heraus wird unter der Überschrift „*Von der Dankbarkeit*“ (86-129) das christliche Leben entfaltet. Hier werden der Dekalog und das Vaterunser behandelt, während die Sakramente und das Glaubensbekenntnis bereits unter des Menschen Erlösung behandelt wurden.[41] Die Vorordnung der Abhandlungen über Elend und Erlösung des Menschen, ordnen den Dekalog in ein theologisches System ein und der Dankbarkeit unter.[42] Die Haltung des Menschen wird durch die Soteriologie bestimmt.

Am Gesetz erkennt der Mensch seine Unzulänglichkeit und sein Unvermögen, dieses zu halten (zu Frage 114), damit wir „*unsere sündliche Art je länger je mehr erkennen und desto begieriger Vergebung der Sünden und Gerechtigkeit in Christus suchen*“ und „*zu dem Ebenbild Gottes erneuert werden*“ (zu Frage 115). Die Gesetzesinterpretation schließt sich hier der reformatorischen Tradition paulinischer Auslegung,[43] nämlich der menschlichen Unzulänglichkeit, an (Röm 7,22-25).

Die Erlösung macht dankbar und die Dankbarkeit zeigt sich in den guten Werken. Folglich beginnt der dritte Teil „Von der Dankbarkeit“ mit der Frage nach den guten Werken:

„Wenn wir denn aus unserm Elend ohne all unser Verdienst aus Gnade durch Christus erlöst sind, warum sollen wir gute Werke tun?“ (Frage 86)[44]

Sie wird beantwortet mit dem Erkauftsein durch Christus und der Erneuerung durch den Heiligen Geist.

„Danach auch, daß wir bei uns selbst unseres Glaubens aus seinen Früchten gewiß sind und mit unserem gottgefälligen Leben unsere Nächsten auch für Christus gewinnen.“

---

40 *Busch*, a.a.O. (Anm. 37), 1998, S. 17.

41 Zur Diskussion über die Abfolge und Gestaltung des Lehrstoffes vgl. *Busch*, a.a.O. (Anm. 37), S. 16-24.

42 Aus dem Verweis auf die Erlösung aus Ägypten durch Jahwe zu Beginn des Dekalogs (Ex 20,2) lässt sich ableiten, dass das Erwählungs- und Heilshandeln Gottes den Geboten vorausgeht, so dass die Vorordnung der Soteriologie vor den Geboten, wie sie der Heidelberger Katechismus vollzieht, eine Parallele hat.

43 Dieser hermeneutische Zirkel wurde erst in den letzten dreißig Jahren durchbrochen. *E. P. Sanders*, Paul and Palestinian Judaism: a comparison of patterns of religion, London, 1977.

44 Zitiert nach *Der Heidelberger Katechismus*, a.a.O. (Anm. 4).

Die Erläuterung des Dekalogs fordert dazu auf, Gott *„von ganzem Herzen [zu] lieben, fürchten und ehren"* (zu Frage 94) und bietet Anweisungen zur Lebensgestaltung. Am Dekalog wird ausgeführt, wie sich der befreite Mensch für die Mitmenschen interessiert, sich an ihrem Leben beteiligt und das Zusammenleben durch das Gebot geordnet wird. Nur so wird die geschenkte Freiheit nicht zur Gefangenschaft.[45] Dabei kommt dem Dekalog eine Ordnungsfunktion zu. Sie ist jedoch nie ohne Gott zu haben, da dem einen Gott, der den Dekalog gegeben hat, und nicht einzelnen Gesetzen gefolgt wird.[46] So gilt wie bei Luther, dass das Gesetz des Dekalogs nicht auf das Volk Israel als den primären Empfänger des Gesetzes begrenzt ist, sondern auch für Christen gilt.[47]

Der Heidelberger Katechismus und die weisheitliche Lehrrede unterscheiden sich in ihren Erziehungszielen. Gottesfurcht und Weisheit sind nicht mit dem Gehorsam aus Dankbarkeit für die Erlösung identisch.

3. Die Ausbildung unterschiedlicher Identitäten

Der Gebrauch des Dekalogs im Heidelberger Katechismus ist von dem des Kleinen Katechismus verschieden. Hier deuten sich bereits zwei unterschiedlich gelagerte protestantische Identitäten an, auch wenn ihnen gemeinsam ist, dass der Dekalog Handlungsanweisungen zur Lebensgestaltung bietet.[48]

Durch Belehrung und Ermahnung wird der Gläubige erzogen. Gebot und Verheißung sollen sein Denken prägen. So kommt das Gesetz zur Geltung. Ebenso wird der Weisheitsschüler nie als Außenstehender betrachtet, denn er gehört ja zu Israel. Deshalb kommt in beiden das Gesetz bzw. die Weisheit als Erziehung zur Lebensgestaltung zum Tragen. Gemeinsam ist beiden ein Tun-

---

45 *Busch*, a.a.O. (Anm. 37), S. 243-244.

46 *Busch*, a.a.O. (Anm. 37), S. 251.

47 Nicht nur zum Dekalog sondern zum Gesetz insgesamt stellt Johannes Calvin die Wirkung des Gesetzes an den Gläubigen, den *tertius usus legis,* als den entscheidenden heraus. *„Die dritte Anwendung des Gesetzes ist nun die wichtigste und bezieht sich näher auf seinen eigentlichen Zweck: sie geschieht an den Gläubigen, in deren Herz Gottes Geist bereits zur Wirkung gelangt ist. Ihnen ist zwar mit Gottes Finger das Gesetz ins Herz geschrieben, ja eingemeißelt: das bedeutet: sie sind durch die Leitung des Geistes innerlich so gesinnt und gewillt, dass sie Gott gern gehorchen möchten [...] keiner ist schon so weit in der Weisheit vorgedrungen, dass er nicht durch die tagtägliche Erziehungsarbeit des Gesetzes neue Fortschritte zur reineren Erkenntnis des Willens Gottes machen könnte."* (Institutio II.7.12, zitiert nach *O. Weber,* Johannes Calvin, Unterricht in der christlichen Religion. Institutio Christiane Religionis, 2. Auflage, Neukirchen, 1963).

48 Nicht die Bergpredigt, sondern der Dekalog ist Grundlage der moralischen Entscheidungen.

Ergehen-Zusammenhang. Die von Jahwe verliehene Weisheit ist erworbene, durch Lernen angeeignete Weisheit, die einen entsprechenden Lebensvollzug nach sich zieht und durch diesen in der Weisheit wächst. Jahwes Eingreifen ist damit kein ständiges Reagieren auf Einzelsituationen, sondern die lebensweltliche Auswirkung göttlichen Segens. Im Heidelberger Katechismus schlägt er sich in den Früchten des Glaubens nieder, durch welche der Glaube seine Bestätigung findet. Der Erfolg der guten Werke steht im Zusammenhang mit der Vergewisserung des eigenen Glaubens.

Die weisheitliche Lehre mit der Orientierung am Vorbild des Lehrers, bzw. von Vater und Mutter, übernimmt in der weisheitlichen Lehrrede die Funktion der Explikation des göttlichen Willens. In dieser horizontalen Ausrichtung unterscheidet sie sich von beiden Katechismen. In ihnen kommt das göttlich offenbarte Gesetz zum Tragen. Gemeinsam hat Spr 1-9 mit dem Kleinen Katechismus die Ausrichtung auf die Gottesfurcht und mit dem Heidelberger Katechismus die Anrede aus der Zugehörigkeit zur Glaubens- bzw. Volksgemeinschaft heraus. Trotz dieser Übereinstimmungen wird in den beiden Katechismen nicht direkt auf die weisheitliche Lehrrede zurückgegriffen.

So trugen alle drei Texte zur Ausbildung unterschiedlicher Identitäten bei. Während jedoch die weisheitliche Lehrrede auf einen individuellen Wirkungskreis beschränkt blieb und sich, was die nationale Identitätsbildung Israels betrifft, gegenüber den prophetischen und gesetzlichen Strömungen nicht durchsetzen konnte, haben die Katechismen innerhalb der Evangelischen Kirche neben der individuellen auch eine kirchlich-kollektive Wirkung gehabt.

Protestantische Identität im Gegenüber zum Judentum. Alttestamentliche Impulse

MARIANNE GROHMANN

1. „Auf dem Weg zur Umkehr"

1998 – 60 Jahre nach dem Novemberpogrom, der sog. „Reichskristallnacht", und dem „Anschluss" Österreichs an Nazi-Deutschland – beschlossen die Evangelischen Kirchen in Österreich die Erklärung „Zeit zur Umkehr", in der sie das Verhältnis zum Judentum reflektierten.[1] Die Erklärung geht nicht auf lange Diskussionsprozesse in den Gemeinden zurück, sondern wurde von einer Arbeitsgruppe erstellt und dann in der Generalsynode beschlossen. Das Schwerpunktjahr 2008 der Evangelischen Kirchen in Österreich „Auf dem Weg zur Umkehr – Jahr der Standortbestimmung zum evangelisch-jüdischen Verhältnis in Österreich" gibt Anlass, an einzelne Punkte aus diesem Dokument wieder zu erinnern.

Das Synodenwort beginnt mit einem Bekenntnis zur Mitschuld der Evangelischen Kirchen in Österreich an der Shoah. Im zweiten Punkt erinnert die Erklärung an die Geschichte der eigenen Verfolgung und Diskriminierung in der Gegenreformation und bekennt: „Mit Scham stellen wir fest, daß sich unsere Kirchen für das Schicksal der Juden und ungezählter anderer Verfolgter unempfindlich zeigten."[2]

Im dritten Punkt werden die Israelitischen Kultusgemeinden, Jüdinnen und Juden in Österreich direkt angesprochen. Die Aufarbeitung von Antisemitismus soll zu einem besseren Verhältnis führen: „Die evangelischen Kirchen wissen sich verpflichtet, Lehre, Predigt, Unterricht, Liturgie und Praxis der Kirche auf Antisemitismen zu überprüfen und auch über ihre Medien Vorurteilen entgegenzutreten. Die Evangelischen Kirchen wissen sich verpflichtet, jeglichem gesellschaftlichen und persönlichen Antisemitismus zu wehren. Die Evangelischen Kirchen wollen in der Beziehung zu Juden und Kultusgemeinden einen gemeinsamen Weg in eine neue Zukunft gehen."[3]

---

[1] Zitiert werden Passagen aus der Erklärung nach der Ausgabe von *Hans Hermann Henrix/Wolfgang Kraus*, Die Kirchen und das Judentum II: Dokumente von 1986 bis 2000, Gütersloh 2000, S. 522-525. Zu finden ist der Text auch im Internet: http://www.evang.at/fileadmin/evang.at/doc_reden/umkehr.pdf.

[2] *Henrix/Kraus*, a.a.O. (Anm. 1), S. 522.

[3] Ebda., S. 523.

Im vierten Abschnitt wird zunächst an die bleibende Erwählung Israels erinnert und festgehalten, dass die Auseinandersetzungen über die Bedeutung Jesu im Neuen Testament nicht antijüdisch missbraucht werden dürfen. Dann heißt es wörtlich: „Uns evangelische Christen belasten in diesem Zusammenhang die Spätschriften Luthers und ihre Forderung nach Vertreibung und Verfolgung der Juden. Wir verwerfen den Inhalt dieser Schriften.“[4] Hier findet sich also eine ganz klare und eindeutige Distanzierung von Luthers judenfeindlicher Haltung, die z.B. in der Schrift „Von den Juden und ihren Lügen“ von 1543 zum Ausdruck kommt.

Der fünfte und letzte Abschnitt der Erklärung ist zunächst hermeneutischen Fragen im Verhältnis von Altem und Neuem Testament gewidmet. In Bezug auf jüdische Bibelauslegung heißt es: „Wenn wir Christen die Bibel beider Testamente als Einheit lesen, ist die jüdische Auslegung der Hebräischen Bibel, unseres Alten Testaments, mitzuhören, wohl wissend, dass für Juden das Neue Testament keine Heilige Schrift ist. [...] Es ist zu bedenken, daß das Neue Testament – das Jesus Christus als den Erlöser der Welt verkündet – vor allem von Juden geschrieben worden ist. Unser Herr Jesus Christus war nach Herkunft, Bildung und seinem Glauben an Gott Jude und ist als Jude zu verstehen.“[5] Aus dieser Verhältnisbestimmung folgert das Synodenwort die Betonung des Bundes und die Ablehnung der Judenmission: „Da der Bund Gottes mit seinem Volk Israel aus lauter Gnade bis ans Ende der Zeit besteht, ist Mission unter den Juden theologisch nicht gerechtfertigt und als kirchliches Programm abzulehnen.“[6] Auch an diesem Punkt spricht die Erklärung also eine sehr eindeutige Sprache. Diskussionen nach der Synode und Leserbriefe in verschiedenen kirchlichen Zeitschriften zeigten allerdings, dass es hier in den Gemeinden durchaus unterschiedliche Meinungen gibt und sich die Synodalerklärung diesbezüglich keineswegs auf einen breiten Konsens stützen kann.

Im letzten Punkt wird auf die Gründung des Staates Israel Bezug genommen und die Hoffnung zum Ausdruck gebracht, dass Juden, Christen und Muslime in der Region friedlich zusammenleben können. Der abschließende Vorschlag, den 17. Januar, den Tag vor der „Gebetswoche für die Einheit der Christinnen und Christen“ als „Tag des Judentums“, als Lehr- und Lerntag im Gegenüber zum Judentum, zu begehen, wird seit dem Jahr 2000 in den österreichischen Kirchen umgesetzt.

---

4 Ebda., S. 523.
5 Ebda., S. 524.
6 Ebda., S. 524.

In ihrer Wortwahl ist die Erklärung von 1998 sehr klar und eindeutig formuliert. Aufgrund der kurzen Entstehungszeit werden viele Themen angesprochen, aber nicht immer ausführlich und systematisch durchreflektiert. Wie weit sie rezipiert wurde und wird, ist regional und personell unterschiedlich.[7]

2. Mithören jüdischer Bibelauslegungen

Hier soll nun ein Impuls aus der Synodenerklärung weiter diskutiert werden: das Mithören jüdischer Bibelauslegungen. Dass die hebräische Sprache wichtig ist, um das Alte Testament bzw. die Hebräische Bibel besser verstehen zu können, ist seit der Reformationszeit zentraler Bestandteil protestantischer Identität. Dass darüber hinaus auch das Verhältnis zu jüdischer Bibelauslegung ein wichtiges Element biblisch-theologischer Reflexionen ist, wurde im Laufe der Auslegungsgeschichte in unterschiedlicher Intensität praktiziert oder abgelehnt. Im Zuge von Umdenkprozessen protestantischer Theologie nach dem 2. Weltkrieg, die im Hintergrund der österreichischen Synodenerklärung stehen, wurde es noch einmal besonders hervorgehoben. Welche Konsequenzen hat das Mithören jüdischer Bibelauslegungen für die alttestamentliche Wissenschaft? Prinzipiell wird dieses Programm begrüßt. Aber was bedeutet es für die konkrete exegetische Arbeit?

Der Dialog zwischen jüdischen und christlichen Bibelwissenschaftlerinnen und Forschern ist bei Kongressen und Forschungsprojekten zu einer Selbstverständlichkeit geworden.[8] Wie weit aber jüdische Bibelauslegungen in die Exegese einfließen, hängt von den einzelnen Personen ab. Es stellt sich sofort die Frage: Welche jüdische Bibelauslegung soll wahrgenommen werden? Die Bandbreite reicht von den klassischen rabbinischen und mittelalterlichen Kommentaren über jüdische historisch-kritische Zugänge, die sich kaum von christlichen unterscheiden, bis hin zu postmodernen Ansätzen, die Midrasch-Lektüren mit Literaturtheorien verbinden.[9] Fragt man rein historisch-kritisch

---

[7] Zur Darstellung und Diskussion der Synodenerklärung vgl. *Marianne Grohmann/Roland Ritter-Werneck*, Christlich-jüdischer Dialog in Österreich, in: *Katja Kriener/Bernd Schröder*, in Verbindung mit *Ernst Michael Dörrfuß* (Hg.), Lernen auf Zukunft hin. Einsichten des christlich-jüdischen Gesprächs – 25 Jahre „Studium in Israel". Im Auftrag des Arbeitskreises von „Studium in Israel e.V.", Neukirchen-Vluyn 2004, S. 195-204. Dem Synodenwort „Zeit zur Umkehr" und seinen theologischen Implikationen ist auch das Schwerpunktheft Nr. 2/2008 der religionspädagogischen Zeitschrift „Das Wort" gewidmet.

[8] Vgl. *Erhard Blum/Ernst M. Dörrfuß*, Altes Testament und christlich-jüdisches Gespräch, in: *Kriener/Schröder*, a.a.O. (Anm. 7), S. 57-69.

[9] Vgl. *Marianne Grohmann*, Aneignung der Schrift. Wege einer christlichen Rezeption jüdischer Hermeneutik, Neukirchen-Vluyn 2000.

nach der Entstehungsgeschichte alttestamentlicher Texte, lassen sich die jüdischen Kommentare aus rabbinischer und mittelalterlicher Zeit nicht unmittelbar heranziehen. Bezieht man aber die rezeptionsgeschichtliche Perspektive ein, tragen diese späteren Auslegungen durchaus zu einem vertieften Verständnis bei. Schon allein die Sprache stellt oft ein Wahrnehmungshindernis dar. Jüdische Bibelauslegung wird heute meist in englischer oder hebräischer Sprache verfasst. Auch inhaltlich ist Vieles sperrig und schwer verständlich. Die Synodenerklärung lädt uns dazu ein, diese Schwierigkeiten zu akzeptieren: „Unterschiede des Schriftverständnisses können in gegenseitiger Achtung ausgehalten werden.“[10] Dazu ist es zunächst einmal wichtig, die andere Seite überhaupt wahrzunehmen und sich trotz mancher Verständnisprobleme darauf einzulassen.

Ein Werk, das Bibelauslegung vor dem Hintergrund des Reformjudentums zugänglich macht, ist der 1981 in englischer Sprache und 1999-2004 in deutscher Übersetzung erschienene Kommentar zur Tora (Bereshit – Dewarim), den 5 Büchern Mose, von W. Gunther Plaut.[11] Er verbindet drei exegetische Zugänge miteinander: einen historisch-kritischen, der nach der Herkunft und der historischen Bedeutung des Textes fragt, einen philologisch-textorientierten, der die vielfältige Sprachgestalt des Hebräischen beschreibt, wie es die jüdische Tradition durch die Jahrhunderte gemacht hat, und Perspektiven heutiger Leserinnen und Leser, die nach der aktuellen Relevanz des Textes fragen.

3. Pluralismus und Sola Scriptura

Für jüdische Bibelauslegung ist der Pluralismus charakteristisch: „70 Gesichter hat die Tora” (BemR Naso’ 13,15). Auf 70 und mehr verschiedene Arten wird die Hebräische Bibel heute gelesen. Ihre Vieldeutigkeit ist schon in den hebräischen Texten selbst angelegt. Die fest stehenden Konsonanten der hebräischen Schrift lassen sich immer wieder mit unterschiedlichen Vokalen lesen. Dadurch ergeben sich vielfältige Bedeutungen. So paraphrasiert z.B. Plaut in seiner Auslegung von Dtn 1,1 – *Das sind die Worte (dewarim), die Mose zu ganz Israel gesprochen hat* – den Midrasch Dewarim Rabba 1,6 so: „דְּבָרִים (*dewarim*, Worte; Reden) kann auch so vokalisiert werden, dass es דְּבֹרִים

---

[10] *Henrix/Kraus*, a.a.O. (Anm. 1), S. 524.

[11] *W.G. Plaut* (Hg.), תורה. Die Tora. In jüdischer Auslegung. Autorisierte Übersetzung und Bearbeitung von *Annette Böckler*, Bd. 1-5, Gütersloh 1999-2004.

(*deworim*, Bienen) bedeutet. Wie bei der Biene ihr Honig süß und ihr Stachel spitz ist, so ist es auch mit den Worten der Tora."[12] Die in der hebräischen Sprache angelegten Möglichkeiten der Auslegung gelten nicht nur als menschliche Sprachspiele, sondern als Teil der göttlichen Botschaft.[13] Die Vielstimmigkeit der jüdischen Bibelauslegungen ist in den klassischen Bibelausgaben, den מקראות גדולות *Miqra'ôt G^edolôt* („großen Bibeln"),[14] schon im Druck sichtbar: Der hebräische Bibeltext ist von Kommentaren umgeben, die beim Bibelstudium mitgelesen und -diskutiert werden.[15] Dieses Spiel mit dem Bedeutungsreichtum biblischer Texte können Christinnen und Christen von jüdischer Bibelauslegung lernen.[16]

Ein solcher Zugang wirkt natürlich auf den ersten Blick anders als das protestantische Schriftprinzip – *sola scriptura* / die Bibel allein –, steht aber nicht unbedingt in Widerspruch dazu. Es bleibt auch für historisch-kritische Bibelauslegung in einem christlichen Kontext wichtig, die Bibel, v.a. auch das Alte Testament / die Hebräische Bibel, zunächst einmal für sich allein, in ihrem historischen Kontext zu lesen, ohne christologische Brille. Die Tradition spielt sicher im Judentum eine größere Rolle als im protestantischen Christentum. Aber es ist ein anderes, „demokratisches" Verständnis von Tradition als das, wogegen sich das *sola scriptura* ursprünglich richtet. Durch die Bezeichnung „mündliche Tora" wird die Tradition mit der „schriftlichen Tora" auf eine Stufe gestellt. Gleichzeitig bleibt aber die hervorgehobene Rolle der Bibel und darin v.a. der Tora im Sinne der 5 Bücher Moses. In ihrem Versuch, möglichst viele Nuancen des Hebräischen auszuloten, führt jüdische Bibelauslegung zur Bibel hin. Sie verdeutlicht auf ihre eigene Weise die *claritas scripturae.*

Die Hebräische Bibel / das Alte Testament wird im Judentum und im Christentum auf je unterschiedliche Art und Weise angeeignet: im Judentum

---

12 *Plaut*, ebda., Bd. 5: דברים Dewarim/Deuteronomium, S. 52.

13 Vgl. *Günter Stemberger*, Hermeneutik der Jüdischen Bibel, in: *Ch. Dohmen/G. Stemberger*, Hermeneutik der Jüdischen Bibel und des Alten Testaments, KStTh 1,2, Stuttgart/Berlin/Köln 1996, S. 23-132, hier: S. 80.

14 *Menachem Cohen* (Hg.), Mikra'ot Gedolot ‚Haketer'. A revised and augmented scientific edition of ‚Mikra'ot Gedolot'. Based on the Aleppo Codex and early Medieval MSS, Jerusalem 1992ff.

15 Vgl. *Hanna Liss*, Tanach – Lehrbuch der jüdischen Bibel, Schriften der Hochschule für jüdische Studien Heidelberg 8, Heidelberg 2005, S. 17: „[…] die ‚jüdische' Lesart liest die Bibel niemals ohne die traditionelle Bekleidung, d.h. ohne ihre Einbindung in den Strom der nachbiblischen Traditions- und Auslegungsliteratur."

16 Praktische Vorschläge zur Umsetzung dieses Lernens vom Judentum bei unterschiedlichen Themen geben *A. Lohrbächer/H. Ruppel/I. Schmidt* (Hg.), Was Christen vom Judentum lernen können. Anstöße, Materialien. Entwürfe, Stuttgart 2006; eine ausführliche Besprechung mit Auszügen von Material vgl.: http://www.compass-infodienst.de/Was_Christen_vom_Judentum_lernen_koennen__Anstoesse_-_Marterialien_-_Entwuerfe.1610.0.html.

als mündliche Tora in Talmud und Midrasch, im Christentum als Evangelium im Neuen Testament. Diese unterschiedlichen Aneignungsformen haben nebeneinander ihr Recht, auch wenn sie verschiedene Wahrheitsmomente enthalten. Für den christlichen Zusammenhang von Altem und Neuem Testament bedeutet das, dass zwischen beiden Teilen der christlichen Bibel sowohl Diskontinuität als auch Kontinuität besteht. Sie sind einerseits jeweils in ihrem Eigenwert für sich zu lesen, andererseits ist aber auch „ein produktives, kontrastives ‚Schriftgespräch' zwischen beiden Teilen der einen christlichen Bibel"[17] zu führen. Trennlinie zwischen jüdischer und christlicher Schriftauslegung wird immer die Christologie bleiben. Die christologische Interpretation hat im Rahmen der christlichen Interpretationsgemeinschaft ihr eigenständiges Recht. Die Hebräische Bibel ist als die Bibel Jesu Teil der christlichen Bibel.[18] Die rabbinische Hermeneutik zeigt, dass eine „Vielfalt ohne Beliebigkeit"[19] sehr wohl möglich ist, dass Bedeutungspluralismus sehr wohl mit der Einheit der Schrift vereinbar ist. Grenzen werden v.a. durch die Halacha, die konkrete Lebenspraxis, gesetzt. Die konstruktive Spannung zwischen Einheit und Vielfalt der Schrift, die für jüdische Bibelauslegung charakterisiert ist, kann auch für protestantisches Schriftverständnis interessant sein.[20]

4. „Auge um Auge"

Ein Stolperstein im Verständnis der Hebräischen Bibel vor ihrem jüdischen Hintergrund sind immer wieder Texte von Feindschaft und Gewalt. Hartnäckig hält sich in der christlichen Theologie und Kirche, aber auch in säkularen Medien – trotz aller Aufklärungsarbeit – das Klischee vom strengen Gott des Alten Testament im Gegensatz zum liebevollen und barmherzigen Gott des Neuen Testaments. Ein Beispiel dafür ist das viel zitierte „Auge um Auge", das zu einem Inbegriff für den „Gott der Rache und Vergeltung" im Alten Testament geworden ist. Offensichtlich braucht christliche Identitätsbildung immer wieder ein Negativbild, von dem sie sich abgrenzen kann.

---

17 *Erich Zenger*, Einleitung in das Alte Testament, KStTh 1,1, Stuttgart/Berlin/Köln ^{2}1995, S. 20. In neueren Auflagen (^{6}2006) formuliert Zenger diesen Sachverhalt mit anderen Worten.

18 Vgl. *Grohmann*, a.a.O. (Anm. 9), S. 251.

19 *Jürgen Ebach*, Die Bibel beginnt mit einem „b". Vielfalt ohne Beliebigkeit, in: *ders.*, Gott im Wort. Drei Studien zur biblischen Exegese und Hermeneutik, Neukirchen-Vluyn 1997, S. 85-114.

20 Vgl. *Grohmann*, a.a.O. (Anm. 9), S. 241.

Bei genauerer Betrachtung ist die Hebräische Bibel dafür aber gänzlich ungeeignet: Lesen wir „Auge um Auge“ in seinem Kontext Ex 21,22-24 so zeigt sich, dass es um einen ganz konkreten Fall geht: Männer streiten und verletzen dabei eine schwangere Frau. Aus dieser Regelung für einen konkreten Anlassfall wurde ein allgemeines Prinzip der Rechtssprechung, das sogenannte „Talionsprinzip“. Schon der Vergleich mit altorientalischen Parallelgesetzen zeigt, dass es bei diesem Prinzip von Anfang an nicht um unmittelbare körperliche Vergeltung gegangen ist, sondern um eine gleichwertige finanzielle Ersatzleistung: Bei Körperverletzung soll der entsprechende Wert bezahlt werden. Es ist nicht vom Geschädigten die Rede, der sich rächen soll, sondern von dem, der den Schaden verursacht hat und der für einen gerechten Ausgleich sorgen soll.[21] Liest man dazu jüdische Auslegungen aus rabbinischer und mittelalterlicher Zeit, so gehen sie immer davon aus, dass es hier um finanzielle Entschädigung geht. Im Talmud werden ausführliche Bestimmungen dazu entwickelt, wie hoch dieser Geldwert sein soll. In den juristischen Details, die diskutiert werden, lassen sie sich mit modernen Versicherungsverträgen vergleichen.[22]

Diese Art der Diskussionen über die Halacha, die richtige Lebensführung, in vielen Details des Alltags hat dem Judentum immer wieder den Vorwurf der „Gesetzlichkeit“ eingebracht. Hören wir auf jüdische Bibelauslegung, so wird deutlich, dass Gebote nicht als Einschränkung wahrgenommen werden, sondern als Gnadengabe Gottes. Die vielen Weisungen und Gebote werden nicht wortwörtlich übernommen, sondern durch die Jahrhunderte immer wieder der aktuellen Lebenspraxis angepasst.[23] Der Dekalog, der häufig isoliert als zeitloses Gesetz rezipiert wird, ist in eine Geschichte eingebettet. Am Anfang steht der Exodus, die große Befreiungstat des Gottes Israels. JHWH befreit sein Volk aus Ägypten. Diese Barmherzigkeit Gottes, die sich auch über den Exodus hinaus auf vielfältige Weise zeigt, ist das theologische Zentrum der Hebräischen Bibel. Von ihr her sind die Gebote Weisungen für gutes Leben. Die Erfüllung der Tora ist Antwort auf die Barmherzigkeit Gottes.

---

21 Zur Diskussion über Ex 21,22–25 vgl. neben den Kommentaren z.B. *Frank Crüsemann*, Die Tora. Theologie und Sozialgeschichte des alttestamentlichen Gesetzes, München 1992, S. 189-190. Der Text spielt auch in Diskussionen um den Status des ungeborenen Lebens eine wichtige Rolle: vgl. *Matthias und Heidelore Köckert*, Ungeborenes Leben in Exodus 21,22-25. Wandlungen im Verständnis eines Rechtssatzes, in: *Ingolf Hübner* et al. (Hg.), Lebenstechnologie und Selbstverständnis. Hintergründe einer aktuellen Debatte, Religion – Staat – Kultur 3, Münster 2004, S. 43-73; *Marianne Grohmann*, Fruchtbarkeit und Geburt in den Psalmen, FAT 53, Tübingen 2007, S. 255-257.

22 Vgl. *Plaut*, a.a.O. (Anm. 11), Bd. 2: שמות Shemot/Exodus, S. 245.

23 Vgl. *Lohrbächer/Ruppel/Schmidt*, a.a.O. (Anm. 16), S. 94-95.

5. Feindbilder in den Psalmen

Ein anderes Beispiel für das Klischee vom alttestamentlichen Gott der Rache ist die scharfe Feindpolemik, die sich durch die Psalmen – und andere Texte – zieht. Die Psalmen sind voll von Appellen an Gott, den Beter im Kampf gegen die Feinde zu unterstützen. Die Bedrohung, die von ihnen ausgeht, wird in vielfältigen Sprachbildern drastisch geschildert.

Als ein Beispiel für die Feindpolemik in den Psalmen sei hier Ps 58,4.7 zitiert:

> 4 *Abgewendet haben sich die Frevler vom Mutterleib an,*
> *geirrt haben seit dem Bauch die Lügenredner.*
> 7 *Gott, zerbrich ihre Zähne in ihrem Mund,*
> *das Gebiss der Junglöwen zerschlage, JHWH.*[24]

In ihrer Vorstellungswelt geht die betende Person hier nicht zimperlich mit den Feinden um. Und auch Gott wird zu brutalem Eingreifen aufgefordert. Christliche Theologie hat immer wieder Schwierigkeiten mit der Feindpolemik der Psalmen und anderer – v.a. poetischer – alttestamentlicher Texte, die auf den ersten Blick nicht zum Bild des liebevollen, barmherzigen Gottes passen. In den Psalmenlesungen evangelischer Gesangbücher werden sie gerne weggelassen. Die christologische Psalmenauslegung, wie sie sich z.B. bei Luther – in guter altkirchlicher Tradition[25] – findet, fügt der Feindpolemik noch eine antijüdische Variante hinzu: Die Feinde, die ja in der ursprünglichen Situation gerade die Feinde des Volkes Israel sind, werden mit den Juden identifiziert, die Jesus gegenüber feindlich auftreten.[26] Diese Tradition antijüdischer Psalmenauslegung ist entschieden abzulehnen.

Gebete wie Ps 58 sind Hilfeschreie von real Bedrängten. Es sind Sprachbilder, Fantasien, in denen der Wunsch nach ausgleichender Strafe an Gott delegiert wird. Es wird nicht ausgemalt, wie und ob Rache tatsächlich stattfin-

---

[24] Zu den zahlreichen textkritischen Problemen von Ps 58 vgl. *Peter Krawczack*, „Es gibt einen Gott, der Richter ist auf Erden!“ (Ps 58,12b). Ein exegetischer Beitrag zum Verständnis von Psalm 58, BBB 132, Berlin 2001.

[25] Zu Ps 58 vgl. z.B. die Auslegung des Augustinus in seinen „Ennarationes in Psalmos“. Eine Übersetzung findet sich bei *Erich Zenger*, Ein Gott der Rache? Feindpsalmen verstehen, in: *ders*., Psalmen Auslegungen 4, Freiburg/Basel/Wien 2003, S. 89-91.

[26] Vgl. z.B. Luthers Auslegung von Ps 58,4 (bzw. 57,4): „*Alienati sunt* auertendo se a vero intellectu scripture *peccatores* Iudẹi, ideo quia peccant, alienantur *a vulua* Scriptura sancta, que spirituali sensu grauida est;“ zitiert nach: *Martin Luther*, Werke, WA 55, Weimar 1993, S. 428.

det und ausgelebt wird.[27] Am Ende der dramatischen Schilderungen in Ps 58 steht die Hoffnung, dass sich JHWHs Gerechtigkeit durchsetzt:

> *12 Der Mensch soll sagen: Es gibt doch Frucht für den Gerechten,*
> *es gibt doch einen Gott, der auf der Erde Gerechtigkeit schafft.*

Zielpunkt des Psalms ist also die Gerechtigkeit, die nur Gott herstellen kann. Ps 58 lässt sich als *„Schrei nach Recht und Gerechtigkeit“*[28] lesen. Bei den Rachefantasien geht es nicht um Vergeltung, sondern Opfer von Unrecht sollen gerettet werden.[29] Ein Blick auf jüdische Auslegungen, die sich auf Ps 58 beziehen, zeigt, dass dieser Text auch ganz anders kontextualisiert werden kann: Der Midrasch GenR 63 zu Gen 25,22 verknüpft Gen 25,22, Jer 1,5 und Ps 58,4 miteinander: Ps 58,4 ist hier Beispiel für das frevelhafte Wesen Esaus von Mutterleib an: „Immer wenn sie (Rebekka) bei Versammlungshäusern (Synagogen) und Lehrhäusern stand, wollte Jakob herauskommen, wie geschrieben steht: *Bevor ich dich im Mutterleib gebildet habe, habe ich dich erkannt* (Jer 1,5). Immer wenn sie an Häusern für den Götzendienst vorbeiging, wollte Esau herauskommen, wie geschrieben steht: *Abgewendet haben sich die Frevler vom Mutterleib an* (Ps 58,4).“[30] Hier wird die Abgrenzung von den Frevlern zur eigenen Identitätsbildung verwendet und auf eine Typologie Jakob – Esau angewendet. Es ist das Verdienst historisch-kritischer Exegese, auf die Relativität aller dieser Kontextualisierungen hinzuweisen.

Alttestamentliche Wissenschaft heute steht also vor vielfältigen Herausforderungen: Zunächst geht es immer wieder darum, auch die schwierigen Texte der Hebräischen Bibel in ihrem Eigenwert und in ihrem jeweiligen historischen Kontext zu verstehen. Die Feindpolemik wird von Beterinnen und Betern formuliert, die sich in einer Situation realer und konkreter Bedrängnis befinden. Es sind Hilfeschreie von Machtlosen. Sie lassen in diesen Texten ihren Ängsten, ihrer Klage und ihren Fantasien freien Lauf. Die dramatischen Feindschilderungen machen die Bearbeitung von Ängsten in einer Bedro-

---

[27] Vgl. *Bernd Janowski*, Konfliktgespräche mit Gott. Eine Anthropologie der Psalmen, Neukirchen-Vluyn [2]2006, S. 129-133; vgl. ebda., S. 130-131: „Wie der Kontext vieler ‚Rachewünsche‘ oder ‚Vergeltungsbitten‘ zeigt, geht es nicht um das *Ausleben von Rachephantasien*, sondern um die *Wiederherstellung des Rechts* durch Gottes rettende Gerechtigkeit. Die Klage ist deshalb ein Schrei nach Gerechtigkeit in einer Welt voller Ungerechtigkeit.“

[28] *Zenger*, a.a.O. (Anm. 25), S. 88.

[29] Ebda., S. 94.

[30] GenR 63 zu Gen 25,22 in eigener Übersetzung. Der hebräische Text in einer kritischen Edition findet sich bei *J. Theodor/C. Albeck*, Bereschit Rabba mit kritischem Apparat und Kommentar, Jerusalem 1965. Eine ähnliche Deutung findet sich auch in MTeh (*Buber*) zu Ps 58,4.

hungssituation überhaupt erst möglich, indem sie verbalisiert werden. „Die ‚Feindpsalmen' sind ein Weg, den aggressiven Feindbildern ihre Destruktivität zu nehmen und sie in konstruktive Kraft umzuwandeln."[31] Ein zweiter wichtiger Schritt, gerade auch für protestantisch geprägte Exegese, ist immer wieder das Beiseite-Legen der christologischen Brille. Ihre bleibende Wichtigkeit liegt darin, den Psalter als Gebetbuch Jesu und der ersten Christen und Christinnen sichtbar zu machen. Aber sie hat darin viel Leid angerichtet, dass sie diese christliche Verbundenheit mit der Bibel Israels antijüdisch ausgelegt hat. Um einen solchen Antijudaismus in der Auslegung von Psalmen und anderer alttestamentlicher Texte zu vermeiden und die Relativität der eigenen Auslegungstradition bewusst zu machen, kann es immer wieder hilfreich sein, von jüdischer Exegese zu lernen.

---

[31] *Zenger*, a.a.O. (Anm. 25), S. 7.

Dietrich Bonhoeffers Ethik als ekklesiologischer Entwurf?

EVA HARASTA

1. Einleitung[1]

Für Dietrich Bonhoeffer war die Kirche seit seiner Dissertation ein theologisches Lebensthema, dem er theoretisch und praktisch verpflichtet war.[2] Als Auslandsvikar in Barcelona[3] und als Auslandspfarrer in London[4], als Gastdozent in New York City[5] und als Leiter des Predigerseminars der Bekennenden Kirche in Finkenwalde[6] setzte er sich mit sehr verschiedenen Frömmigkeitsstilen auseinander. Zugleich beschäftigte sich Bonhoeffer intensiv mit der zeitgenössischen theologischen Szene, wie sich an seiner Dissertation („Sanctorum Communio"), die nach der Verbindung von dogmatischer und soziologischer Untersuchung über die Kirche fragt[7], und an seiner Habilitationsschrift („Akt und Sein"), die das Leitthema der deutschen Theologie der zwanziger Jahre zu identifizieren und ekklesiologisch zu lösen versucht, sehen lässt.[8] Der Abschluss der Habilitationsschrift markiert mit Bonhoeffers unmittelbar daran

---

1 Dieser Text begann als Vortrag an der Evangelisch-theologischen Fakultät der Universität Wien am 8. Jänner 2008. Ich danke Herrn Prof. Dr. Ulrich Körtner für die freundliche Einladung und der John Templeton Foundation für die Finanzierung. Den Zuhörenden danke ich für die anregende Diskussion.

2 Wolfgang Huber bezeichnet die Kirche als das Lebensthema Bonhoeffers schlechthin. Da Bonhoeffer Christus nie unter Absehung von der Kirche behandelt, widerspricht das nicht dem zweiten Grundthema, der Christologie (*W. Huber*, Wahrheit und Existenzform. Anregungen zu einer Theorie der Kirche bei Dietrich Bonhoeffer, in: *E. Feil/I. Tödt* (Hg.), Konsequenzen. Dietrich Bonhoeffers Kirchenverständnis heute, München 1980, S. 87-139, hier: S. 90; zur Christologie: S. 129).

3 *E. Bethge*, Dietrich Bonhoeffer. Eine Biographie, Gütersloh [8]2004, S. 129f.

4 *Bethge*, a.a.O. (Anm. 3), S. 381. Zur Freundschaft mit Bischof George Bell: *Bethge*, a.a.O. (Anm. 3), S. 419.

5 *Bethge*, a.a.O. (Anm. 3), S. 193-195 (zu Bonhoeffers Besuchen in der Abyssinian Baptist Church in Harlem: *E. Bethge*, a.a.O. [Anm. 3], S. 187).

6 *Bethge*, a.a.O. (Anm. 3), S. 490-493.

7 So bereits im Vorwort von „Sanctorum Communio" (Dietrich Bonhoeffer Werke, 17 Bände und 2 Ergänzungsbände, hg. von *E. Bethge* u.a., München 1986ff. [= DBW] 1, S. 13). Die Ekklesiologie der beiden Qualifikationsschriften Bonhoeffers bleibt hier aber ausgeblendet. Einen Überblick über die Debatte um den „Gegenstand" von „Akt und Sein" und dessen Verhältnis zur Dissertation gibt *C. Green*, Freiheit zur Mitmenschlichkeit. Dietrich Bonhoeffers Theologie der Sozialität, aus dem Amerikanischen übersetzt von Ilse Tödt, Gütersloh 2004 (englisch [2]1999), S. 78-82. Er optiert dafür, den Zusammenhang in der Anthropologie zu sehen – die freilich für ihn (wie für Bonhoeffer) als solche sozial ist (*C. Green*, a.a.O. [Anm. 7], S. 84), das heißt auf die Ekklesiologie zumindest verweist.

8 Das beansprucht Bonhoeffer bereits mit dem programmatischen Anfang von „Akt und Sein" (DBW 2, a.a.O. [Anm. 7], S. 21).

anschließenden Aufenthalt in New York City einen gewissen Einschnitt in seinem theologischen Stil, sein praktisches und theoretisches Interesse an der Kirche aber bleibt.[9] Die Ethikfragmente setzen Bonhoeffers ekklesiologische Grundausrichtung fort.

Freilich ist es eines, der Kirche in den Ethikfragmenten eine wichtige Rolle zuzuschreiben, aber etwas anderes, Bonhoeffers Ethik als einen ekklesiologischen Entwurf anzusprechen. Ein ekklesiologischer Entwurf zielt als Ganzes auf eine theologische Bestimmung der Kirche und möchte primär das kirchliche Lehren und Handeln orientieren. Ist die Grundabsicht der „Ethik" das Ringen um die Kirche?

Um nicht in den Verdacht zu geraten, Bonhoeffers Ethik allzu leichtfertig dogmatisch zu lesen, werde ich diese These auf dialektischem Weg prüfen.[10] Zunächst werden Argumente gegen die These angeführt, dass Bonhoeffers Ethik einen ekklesiologischen Entwurf darstellt. Dann folgen Argumente dafür (zugleich Widerlegung der Gegenargumente). Am Ende werde ich vorschlagen, was für ein ekklesiologischer Entwurf Bonhoeffers Ethikfragmente sind.

2. Warum Bonhoeffers Ethik kein ekklesiologischer Entwurf sein kann

Als erstes Gegenargument kann darauf hingewiesen werden, dass Bonhoeffers Ethikfragmente eine Ethik vorlegen wollen. In ihnen eine Ekklesiologie zu suchen, verfehlt ihre Gattung, gehört doch die Ekklesiologie zur Dogmatik. Ethische Aussagen über die Kirche, so die Prämisse, setzen eine dogmatische Bestimmung der Kirche voraus, legen aber nicht selbst eine dogmatische Kirchentheorie vor.

Blickt man auf Bonhoeffers Bestimmung des Verhältnisses von Dogmatik und Ethik, lässt sich das Argument durchaus mit der einzigen ausführlicheren[11] Bezugnahme auf die Problematik in den Ethikfragmenten untermauern: „Das Problem der christlichen Ethik ist das Wirklichwerden der Offenbarungswirklichkeit Gottes in Christus unter seinen Geschöpfen, wie das Problem der Dogmatik die Wahrheit der Offenbarungswirklichkeit Gottes in Chris-

---

[9] Auch Tödt identifiziert die Kirche als Lebensthema Bonhoeffers, wobei er aber v.a. die Spättheologie berücksichtigt und nicht auf „Akt und Sein" Bezug nimmt (*H.E. Tödt*, Theologische Perspektiven nach Dietrich Bonhoeffer, hg. v. *E.-A. Scharffenorth*, Gütersloh 1993, S. 16).

[10] Bonhoeffer besuchte Karl Barth während der Arbeit an der „Ethik" dreimal in Basel und empfing die Druckfahnen für die KD II/2 (*I. Tödt/H.E. Tödt/E. Feil/C. Green*, Nachwort der Herausgeber, DBW 6, a.a.O. [Anm. 7], S. 413-456, hier: S. 419).

[11] Einmal bezieht sich Bonhoeffer in der Ethik im Vorübergehen auf die Dogmatik (DBW 6, a.a.O. [Anm. 7], S. 256).

tus ist."[12] Es mag die Dogmatikerin stören, dass Bonhoeffer der Dogmatik die Pilatusfrage zuweist (Joh 18,38), doch muss sie die klare Ausrichtung der Ethikfragmente auf die Frage nach der Verwirklichung des göttlichen Willens in der Welt anerkennen: „Die dogmatisch korrekte Ausrichtung der christlichen Verkündigung genügt nicht [...] konkrete Weisung in der konkreten Situation ist nötig."[13] Dogmatische Ekklesiologie erreicht nicht die Frage nach dem Wirklichwerden der Verkündigungsinhalte. Es wäre von da aus eigentlich ein Armutszeugnis für die Ethik Bonhoeffers, wenn sie eine dogmatische Ekklesiologie wäre: Dann würde sie die genuin ethische Aufgabe verfehlen und in der dogmatischen Reflexion „stecken bleiben", anstatt zum eigentlichen Thema, dem Wirklichwerden der Christuswirklichkeit, vorzudringen.

Als zweites Gegenargument lässt sich vorbringen, dass Bonhoeffer in den Ethikfragmenten eine theologische Deutung der Wirklichkeit mit dezidiert universaler Ausrichtung entwirft und gerade nicht an der partikularen Wirklichkeit der Kirche interessiert ist. In der Ethik eine Ekklesiologie zu sehen, widerspricht Bonhoeffers Interesse am universalen Anspruch der Versöhnung.

Im Fragment „Christus, die Wirklichkeit und das Gute" entwirft Bonhoeffer seine Vision der in Christus versöhnten Wirklichkeit zwischen der Welt und Gott und beharrt darauf, dass die Christuswirklichkeit allumfassend ist. Außerhalb von Christus ist kein Heil, doch nichts ist außerhalb von Christus.[14] Zwar nimmt die erfahrbare Kirche einen umgrenzten Raum in der Welt ein, aber dieser Raum der Kirche greift immer schon über sich selbst hinaus. Der umgrenzte Raum der Kirche erscheint so beinah als „ein Geheimnis, für das es keine Erklärung gibt"[15]. Bonhoeffers Anliegen ist aber der allumfassende Anspruch Christi an die ganze Welt, auch an die „säkulare" Welt.[16]

Ein drittes Gegenargument, das an das eben genannte anknüpft, bringt vor, dass Bonhoeffer sich gegen ein Entgegensetzen von Welt und Kirche als verschiedener „Räume" verwahrt. Es kommt ihm darauf an, dass die Christen und Christinnen in der einen Christuswirklichkeit mit ungeteiltem Herzen leben. In der Ethik eine Ekklesiologie zu sehen, würde also entweder die universale Ausrichtung der Fragmente ganz übersehen oder sie auf dem Weg der Unter-

---

[12] DBW 6, a.a.O. (Anm. 7), S. 34 (Hervorhebung getilgt).
[13] DBW 6, a.a.O. (Anm. 7), S. 355.
[14] DBW 6, a.a.O. (Anm. 7), S. 45 (u.ö.).
[15] DBW 6, a.a.O. (Anm. 7), S. 83.
[16] So könnte man auch Bonhoeffers späten Ruf nach der nichtreligiösen Interpretation biblischer Begriffe deuten (DBW 8, a.a.O. [Anm. 7], S. 529-535; Brief an Eberhard Bethge, 16.7.1944).

scheidung zwischen den „zwei Räumen“[17] missdeuten. Eher ist die Welt der Fokus der Ethikfragmente als die Kirche: Die Ethikfragmente wären also ein Schritt auf dem Weg zu einer säkularisierten Theologie.[18]

War im zweiten Gegenargument die Christuswirklichkeit gegen die Einrichtung einer Teilwirklichkeit „Kirche“ in Stellung gebracht worden, so wird nun der Einrichtung zweier Teilwirklichkeiten widersprochen, die als „Welt“ und Kontrastgemeinschaft Kirche unausweichlich gegeneinander stünden, sobald die partikulare Gestalt Christi in der Kirche betont wird. Eine Konkurrenz zwischen „Teilwirklichkeiten“ ist in der universalen Christuswirklichkeit nicht möglich, also sei (coram Deo) auch keine Entgegensetzung der Kirche von anderen weltlichen Institutionen möglich, sonst wäre die Einheit der Christuswirklichkeit aufs Spiel gesetzt. Christus ist nicht schizophren, sondern verkörpert die eine Versöhnung zwischen Gott und den Menschen in ihrer Ganzheit. Christi Sache ist „die Sache des Lebens der Menschheit schlechthin“[19].

Freilich scheint dieses Argument recht schwach, denn Bonhoeffer selbst schlägt in Gestalt der vier Mandate (Kirche, Ehe/Familie, Arbeit/Kultur und Obrigkeit)[20] eine Einteilung der Christuswirklichkeit vor. Aber die Mandate sollen die Einheit der Christuswirklichkeit nicht zertrennen, hat Gott doch „nicht nur jeden Einzelnen unter je eines der[...] [Mandate gestellt], sondern alle Menschen unter alle vier“[21]. Die Mandate lassen sich sogar als ein weiteres Gegenargument deuten:

So lautet das vierte Argument, dass Bonhoeffer zwar auf die Kirche als Mandat zu sprechen kommt, aber sie neben den anderen Mandaten kein Sonderrecht beanspruchen kann. Ist die Kirche nur eine von vier zusammenhängenden Gestalten des göttlichen Gebots, dann kann nicht die Ethik insgesamt als ekklesiologischer Entwurf angesprochen werden.

Bonhoeffer spricht im Fragment „Das konkrete Gebot und die göttlichen Mandate“ vom Miteinander, Füreinander und (konstruktiven) Gegeneinander der vier Mandate.[22] Die Mandate begrenzen einander gegenseitig, keines steht

---

[17] Gegen das Denken in zwei Räumen wendet sich Bonhoeffer in „Christus, die Wirklichkeit und das Gute“ (DBW 6, a.a.O. [Anm. 7], S. 44).

[18] Vgl. Bonhoeffers Frage nach dem religionslosen Christentum (DBW 8, a.a.O. [Anm. 7], S. 402-406; Brief an Eberhard Bethge, 30.4.1944).

[19] DBW 6, a.a.O. (Anm. 7), S. 83.

[20] Im Fragment „Christus, die Wirklichkeit und das Gute“ lauten die Namen und die Reihung der Mandate Arbeit, Ehe, Obrigkeit, Kirche (DBW 6, a.a.O. [Anm. 7], S. 55), im (späteren) Fragment „Das konkrete Gebot und die göttlichen Mandate“ lauten sie Kirche, Ehe und Familie, Kultur und Obrigkeit (DBW 6, a.a.O. [Anm. 7], S. 392).

[21] DBW 6, a.a.O. (Anm. 7), S. 55.

[22] DBW 6, a.a.O. (Anm. 7), S. 397.

für sich oder kann gar die anderen verdrängen.[23] So ist es eine dogmatische Verzerrung der Perspektive, wenn man das Mandat der Kirche gegenüber den anderen Mandaten bevorzugt. Diese Verzerrung verfällt dem fragmentarischen Charakter der „Ethik“: Bonhoeffer ist einfach nicht mehr dazu gekommen, die anderen Mandate und ihr Verhältnis untereinander ausführlicher zu behandeln. Das betreffende Fragment „Das konkrete Gebot und die göttlichen Mandate“ lag bei der Verhaftung am 5. April 1943 auf seinem Schreibtisch.[24]

Die nächsten drei Gegenargumente bringen gewichtige Einwände und verlangen nicht hier, sondern erst im nächsten Abschnitt eine ausgiebigere (widerlegende) Behandlung. So lautet das fünfte Gegenargument, dass die „Ethik“ Bonhoeffers auf einem christologischen Fundament ruht, nicht auf einem ekklesiologischen Fundament. Will man die „Ethik“ unbedingt unter dogmatischen Vorzeichen diskutieren, dann sollte man das eher christologisch versuchen als ekklesiologisch. Der Titel des vorliegenden Artikels sollte also besser lauten: „Dietrich Bonhoeffers Ethik als christologischer Entwurf?“.

Sechstens lässt sich gegen die Deutung der „Ethik“ als eines ekklesiologischen Entwurfs einwenden, dass Bonhoeffer in seiner Ethik kein spezifisches Verständnis der Gemeinschaft unter den Glaubenden vorträgt. Insofern intendiert die „Ethik“ eine Orientierung des individuellen Handelns der Christen (und Christinnen), nicht etwa eine Bestimmung der Kirche als Sozialethik.

Als siebentes (hier letztes) Gegenargument ist zu sagen, dass Bonhoeffer seine Ethik unter weitgehender Absehung vom Heiligen Geist und seinem Wirken entwickelt. Eine Ekklesiologie ohne Bezug zur Pneumatologie ist eigentlich ein Unding – bei allem Respekt für das Inkognito des Geistes, der weht wo er will. Nur vereinzelte, kurze Bemerkungen widmet Bonhoeffer in den Ethikfragmenten dem Heiligen Geist.[25] Selbst dort, wo sich ein Hinweis auf den Heiligen Geist sehr nahe legt (in Bonhoeffers Bezugnahme darauf, dass in der Verfolgung säkulare Gerechte zurück zur Kirche finden)[26], bleibt der Geist ungenannt. Die Pneumatologievergessenheit ist auch eine grundsätzliche Anfrage an Bonhoeffers Ethik als theologischer Ethik.[27] Wo ist der le-

---

23 DBW 6, a.a.O. (Anm. 7), S. 397.

24 *I. Tödt/H.E. Tödt/E. Feil/C. Green*, Vorwort der Herausgeber, DBW 6, a.a.O. (Anm. 7), S. 7-28, hier: S. 17.21.

25 DBW 6, a.a.O. (Anm. 7), S. 34.50.83.176.291.351 (bis auf die letzte Stelle verweisen alle auf den Heiligen Geist als das Band der Glaubenden zu Christus; der letzte Beleg zitiert die Rede von den guten Werken als Früchten des Geistes).

26 Im Fragment „Kirche und Welt I“, DBW 6, a.a.O. (Anm. 7), S. 342-344.

27 Auch die Abwesenheit jeden Bezugs auf die Sakramente ist eine Folge der Pneumatologievergessenheit. Nur pneumatologisch können die Sakramente als Orientierung christlichen Handelns in den Blick kommen, also ethisch betrachtet werden. Selbst ein Autor, der ausdrücklich die Sakramentenlehre Bonhoeffers verfolgt, stellt fest: „Das über das

bendigmachende Geist, der den Glauben schafft und erhält? Wo sind die Charismen, mit denen der Geist Gottes die Kirche begabt? Wo ist die Vielfalt der Gestalten Gottes, die freilich Christus nicht verdrängt? Ohne Bezug auf das Wirken des Geistes fehlt der Ekklesiologie der Blick und die Geduld für das Durcheinander, mit der Gott die Individualität der Glaubenden schützt und zugleich in Christus erhält. Doch das ist bereits eine Außenperspektive.

3. Warum Bonhoeffers Ethik ein ekklesiologischer Entwurf ist

Nach der Gegenargumentation hat die These, dass Bonhoeffers „Ethik" einen ekklesiologischen Entwurf darstellt, doch merklich gelitten. Den Einwänden ist nun zu entgegnen.

Das erste Gegenargument lautete, dass es die Gattung der „Ethik" verfehle, in ihr eine Ekklesiologie zu suchen, gehöre doch die Ekklesiologie zur Dogmatik. Dazu ist zu sagen: Bonhoeffers Ethikfragmente bieten eine Ethik, die den Zusammenhang mit der Dogmatik betont.[28] Das steht auch hinter dem genannten Zitat über das Verhältnis zwischen Dogmatik (die mit der Wahrheit der Offenbarungswirklichkeit zu tun hat) und Ethik (die mit deren Wirklichwerden beschäftigt ist). Denn die „Wahrheit" Gottes über den Menschen ist nichts anderes als die Rechtfertigung der Sünderin in Christus[29]– und in der Rechtfertigung als versöhnender Beziehung liegt die Bewegung zum Wirklichwerden, zum Vollzug der neuen Freiheit.

Die dogmatische Grundspannung von Bonhoeffers Ethikfragmenten ist damit die Suche nach einem Begriff des ethischen Handelns unter den Bedingungen des reformatorischen sola gratia. Bonhoeffer findet seinen Begriff des ethischen Handelns aus der Gnade in der „Christuswirklichkeit". Sie verbindet Aktivität und Passivität im „Wirklichwerden", im Gestaltwerden der Welt nach der Gestalt Christi.[30] Die Christuswirklichkeit ist die wahre Einheit von

---

ganze Werk verstreute Material [...] verbietet [...] eine allseits abgerundete und ausgewogene allgemeine Sakramentenlehre" (*G.L. Müller*, Bonhoeffers Theologie der Sakramente, Frankfurter Theologische Studien 28, Frankfurt a.M. 1979, S. 30f).

28 Darin zeigt sich ein Einfluss Karl Barths: Eine Ethik ohne Dogmatik oder eine Dogmatik ohne Ethik war Bonhoeffer nicht denkbar. Doch Bonhoeffer setzt anders als Barth bei der Ethik, nicht bei der Dogmatik an – eine ekklesiologische Weichenstellung. Zu Barths dogmatischer Bestimmung der Ethik, vgl. KD I/2: Die Lehre vom Wort Gottes. Prolegomena zur Kirchlichen Dogmatik, Zollikon-Zürich [3]1945, S. 875-890.

29 DBW 6, a.a.O. (Anm. 7), S. 138.

30 DBW 6, a.a.O. (Anm. 7), S. 80-83. Die Gleichgestaltung schließt die Aufnahme in das Leben des Auferstandenen ein. So ist sie nicht allein ein Geprägtwerden der Wirklichkeit durch Christus, sondern auch ein Aktivwerden nach der Gestalt Christi. Doch „Christus bleibt der einzige Gestalter." (DBW 6, a.a.O. [Anm. 7], S. 81).

Akt und Sein im Werden.[31] Die „Wahrheit", um die es in der Dogmatik geht, ist Beziehungswahrheit. Sie kann nicht anders als in der Gleichgestaltung mit Christus verwirklicht zu werden.[32]

So verfehlt es nicht die Gattung der theologischen Ethik Bonhoeffers, in ihr eine Ekklesiologie zu sehen, sondern es entspricht dem reformatorischen Profil dieser Ethik. Eine allzu ausschließliche Entgegensetzung der beiden Disziplinen widerspricht dem Zusammenhang von Glauben und Liebe, die Luther dazu bringen kann, den Glauben selbst ein Werk und Inbegriff der guten Werke zu nennen.[33] Es kommt aber für die dogmatische Perspektive darauf an, für Bonhoeffers ethische Ekklesiologie offen zu sein. Die Ethikfragmente Bonhoeffers weisen nachdrücklich darauf hin, dass die Kirche nicht nur ein dogmatischer oder praktisch-theologischer Begriff ist, sondern auch ein ethischer Begriff. So eröffnet Bonhoeffer zugleich eine neue Sicht auf die dogmatische Bestimmung der Kirche. Er stellt das Handeln der Kirche in der Welt als Kennzeichen (nota) der Kirche vor Augen. Zugleich nimmt er den dogmatischen Einspruch gegen eine rein funktionale Kirchenauffassung ernst.[34] Angesichts der Unübersichtlichkeit der Handlungszusammenhänge, in denen die Kirche steht, ist die nähere Bestimmung des Welthandelns der Kirche als eines „Kennzeichens" eine Herausforderung. Bonhoeffer schlägt ein Kriterium für das Welthandeln der Kirche vor. Doch zunächst weiter in der Widerlegung.

Das zweite Gegenargument bezog sich auf die universale Ausrichtung der Ethikfragmente Bonhoeffers, die einem Fokus auf die partikulare Wirklichkeit der Kirche widerspräche. Diese Entgegenstellung von universaler und partikularer Perspektive wird Bonhoeffers Argumentation im Fragment „Christus, die Wirklichkeit und das Gute" nicht gerecht. Denn für Bonhoeffer bedeutet der Anspruch Christi auf alle Wirklichkeit gerade keine Missachtung der konkreten Gestalten, in denen sich die Christuswirklichkeit verwirklicht. Es ist freilich ein „Geheimnis, für das es keine Erklärung gibt", dass nur ein Teil der Menschheit Christus erkennt. Aber zugleich ist anzuerkennen, dass Christus

---

[31] In „Akt und Sein" denkt Bonhoeffer die Einheit der beiden titelgebenden Begriffe noch im Personsein Christi, das sich im personalen Sein der Gemeinschaft Christi verwirklicht (DBW 2, a.a.O. [Anm. 7], S. 107-112). In den Ethikfragmenten fasst er diese Einheit unter dem Wirklichkeitsbegriff (der durch den Gleichgestaltungsgedanken an Bonhoeffers Begriff der kollektiven Person zurückgebunden ist).

[32] Vgl. Bonhoeffers Auslegung des sola fide, DBW 6, a.a.O. (Anm. 7), S. 138f.

[33] *M. Luther*, Werke. Kritische Gesamtausgabe, Weimar 1888, WA 6,209,33-210,3.

[34] *Huber*, a.a.O. (Anm. 2), S. 127. – Bonhoeffer hält „die Spannung zwischen erfahrener und geglaubter Kirche" aus (*Huber*, a.a.O. [Anm. 2], S. 128).

seine Gestalt eingrenzt, sich „zusammenzieht".[35] Ein Grund für die Umgrenztheit der Gestalt Christi liegt in der Entzweiung der Welt von Gott, die Christus überwunden hat und die doch in der Zeit der Wegbereitung noch scheinbare Triumphe feiert. Bonhoeffers Einspruch gegen das „Raumdenken" bedeutet keine Blindheit gegenüber der sündigen Wirklichkeit der Welt, doch hält er daran fest, dass „der Raum des Teufels immer nur unter den Füßen Jesu Christi ist"[36]. Unter den Füßen Christi befindet sich damit aber auch die Kirche, sofern sie Teil der entzweiten Welt bleibt, bevor ihre Wirklichkeit in Christus ganz Gestalt angenommen hat.

Gerade die umgrenzte Gestalt der Kirche bezeugt im Vorletzten, dass Christus alle Menschen angenommen hat.[37] Denn sie spezifiziert als Instrument der Verkündigung die Art, wie sich der universale Anspruch der Christuswirklichkeit verwirklicht; darin liegt ihre Berechtigung (die Verteidigung des umgrenzten Raumes ist aber kein Selbstzweck). So folgt die Gestalt des universalen Anspruchs Christi seiner Menschwerdung, mit der er die ganze Menschheit annimmt, indem er ein einzelner Mensch wird.[38] Der universale Anspruch Christi schließt ein, dass er „unter uns heute und hier Gestalt"[39] gewinnen will, je und je neu und kontextuell, eben in der Gestalt einer konkreten Gemeinschaft. Mit Bonhoeffer gesprochen: „Der Ausgangspunkt christlicher Ethik ist der Leib Christi, die Gestalt Christi in der Gestalt der Kirche, die Gestaltung der Kirche nach der Gestalt Christi."[40]

Das dritte Gegenargument meinte, es fiele in das „Raumdenken" zurück, die verschiedenen „Räume" von Welt und Kirche zu unterscheiden. Hier ist mit dem Fragment „Ethik als Gestaltung" einzuwenden, dass es sich bei dem universalen und souveränen Anspruch der Christuswirklichkeit auf die Welt nicht um die Durchsetzung eines ethischen Prinzips handelt, sondern um die Gründung und Rückführung der entzweiten Weltwirklichkeit auf ihren Grund in Christus hin.[41] Der Grund der Wirklichkeit liegt für Bonhoeffer in der lebendigen Gestalt Jesu Christi, die das personale Gegenüber sucht und

[35] DBW 6, a.a.O. (Anm. 7), S. 49: „Wenn Gott in Jesus Christus Raum in der Welt beansprucht [...] so faßt er in diesem engen Raum zugleich die ganze Wirklichkeit der Welt zusammen und offenbart ihren letzten Grund."

[36] DBW 6, a.a.O. (Anm. 7), S. 51.

[37] DBW 6, a.a.O. (Anm. 7), S. 84. Bonhoeffer vertritt die Allversöhnung, doch nicht ohne Gericht; er kannte Barths Erwählungslehre, auch wenn er sich nicht explizit darauf bezieht (*Tödt/Tödt/Feil/Green*, a.a.O. [Anm. 10], S. 419).

[38] DBW 6, a.a.O. (Anm. 7), S. 52f.

[39] DBW 6, a.a.O. (Anm. 7), S. 87 (Hervorhebung getilgt).

[40] DBW 6, a.a.O. (Anm. 7), S. 85.

[41] DBW 6, a.a.O. (Anm. 7), S. 69.80.

schützt.[42] Bonhoeffer entwickelt die vielfältige Gestalt Christi (und der versöhnten Christuswirklichkeit) einerseits anhand der drei Gestalten Christi als Menschgewordener, Gekreuzigter und Auferstandener[43], andererseits anhand der vier Mandate (Kirche, Familie/Ehe, Arbeit/Kultur und Obrigkeit).[44]

Wie die dreifache Gestalt Christi nicht dazu führt, dass man von drei „Christussen" spricht, so zertrennt auch nicht die Vierzahl der Mandate die Christuswirklichkeit. Mit der dreifachen Gestalt Christi weist Bonhoeffer aber darauf hin, dass seine Ekklesiologie als christologische Ekklesiologie zu verstehen ist. Im Fragment „Schuld, Rechtfertigung und Erneuerung" beschreibt er die Wirklichkeit der Kirche in der Gestalt des Gekreuzigten, also unter der Offenbarung der Schuld und dem gnädigen Gericht Gottes. Das Bekenntnis zur eigenen Schuld ist ein Unterpfand des neuen Lebens, der neuen Gerechtigkeit. Besonders in der stellvertretenden Schuldübernahme durch die Kirche für die Welt zeigt sich die ekklesiologische Spitze von Bonhoeffers Ethik.[45] Bonhoeffer betont (seiner Situation gemäß) besonders die Leidensgestalt der Kirche, ihre Verpflichtung und Begabung mit dem Schuldbekenntnis.[46] Hier deutet sich Bonhoeffers Kriterium für das Welthandeln der Kirche immer stärker an.

Das vierte Gegenargument bezog sich auf Bonhoeffers Bestimmung der Kirche als eines der vier Mandate, das für sich kein Sonderrecht beanspruchen könnte; in allen vier zusammen verwirklicht sich Gottes Gebot in der Welt. Das Mandat der Kirche steht aber in einem besonderen Verhältnis zu den anderen drei Mandaten. Die Mandate durchdringen einander gegenseitig und grenzen einander gegenseitig ab.[47] Das Mandat der Kirche erstreckt sich „innerhalb aller anderen Mandate"[48]. Selbst in der fragmentarischen Form der

---

42 DBW 6, a.a.O. (Anm. 7), S. 338.

43 DBW 6, a.a.O. (Anm. 7), S. 80.

44 Der Zusammenhang dieser beiden Zugänge zur Gestalt der Christuswirklichkeit ist eine schwierige Frage, die hier eher festgestellt als gelöst wird. Eine Antwort darauf ist aber im Folgenden durch die Interpretation des Mandatcharakters der Kirche angedeutet. Letztlich geht es dabei um den Zusammenhang der Fragmente „Christus, die Wirklichkeit und das Gute" (DBW 6, a.a.O. [Anm. 7], S. 31-61) und „Ethik als Gestaltung" (DBW 6, a.a.O. [Anm. 7], S. 62-90).

45 DBW 6, a.a.O. (Anm. 7), S. 127.133.

46 Nicht nur im Fragment „Schuld, Rechtfertigung, Erneuerung", sondern auch schon im Fragment „Christus, die Wirklichkeit und das Gute" betont Bonhoeffer die Kreuzesgestalt des Leibes Christi (DBW 6, a.a.O. [Anm. 7], S. 54).

47 DBW 6, a.a.O. (Anm. 7), S. 397.

48 DBW 6, a.a.O. (Anm. 7), S. 59 („Christus, die Wirklichkeit und das Gute"). Vgl. *J. Aussermair*, Konkretion und Gestalt. „Leiblichkeit" als wesentliches Element eines sakramentalen Kirchenverständnisses am Beispiel der ekklesiologischen Ansätze Paul Tillichs, Dietrich Bonhoeffers und Hans Asmussens unter ökumenischen Gesichtspunkt, Paderborn 1997, S. 249.

Mandatenlehre Bonhoeffers wird klar, dass die Kirche stellvertretende Funktion für die ganze Weltwirklichkeit hat: Die Kirche verkündigt das Wort von der Versöhnung der Welt mit Gott.[49] So ist sie „Platzhalter des Auftraggebers“[50] (Christi) in der Welt. Die Kirche bezeugt, dass die Wahrheit der ganzen Welt in der Versöhnung mit Gott schon wirklich ist. Die Kirche hat als sichtbar institutionelles Gemeinwesen zwar kein prinzipielles Vorrecht vor den anderen Mandaten, aber ihr kommt als Ort der Verkündigung Christi eine grundlegende Rolle für die anderen Mandate zu. Sie bezeugt (wenn sich die Verkündigung ereignet) ausdrücklich und direkt die versöhnte Christuswirklichkeit als die eine Wirklichkeit der Welt.[51] Bonhoeffer ist darauf bedacht, die Wortverkündigung und die äußere Gestalt der Kirche nicht voneinander zu trennen. Die äußere Gestalt der Kirche hat ihr Recht, ja im spätesten Ethikfragment spricht Bonhoeffer ihr sogar eine gewisse „Selbstzwecklichkeit“ zu, die man durchaus von den Katholiken lernen könnte (auch wenn man dabei vielleicht nicht übertreiben muss).[52]

Das fünfte Gegenargument unterschied zwischen Christologie und Ekklesiologie und betonte den christologischen Charakter der Ethikfragmente. Offensichtlich verfolgt Bonhoeffer in der Ethik ein christologisches Interesse[53], doch widerspricht es der Theologie seiner Ethikfragmente zutiefst, Ekklesiologie und Christologie einander entgegenzusetzen. Wenn Bonhoeffer von der Kirche spricht, dann spricht er von Christus – und wenn er von Christus spricht, dann spricht er von der Kirche. Christus zeigt sich „als Gemeinde

---

49 DBW 6, a.a.O. (Anm. 7), S. 407.

50 DBW 6, a.a.O. (Anm. 7), S. 393. Wie ekklesiologisch Bonhoeffer denkt, zeigt sich, wenn man Jürgen Moltmanns (von Ernst Käsemann, nicht direkt von Bonhoeffer inspirierte) Rede vom „Platzhalter Gottes auf Erden“ vergleicht: Bei Moltmann ist der „Platzhalter Gottes“ Christus, nicht die Kirche (*J. Moltmann*, Der gekreuzigte Gott. Das Kreuz Christi als Grund und Kritik christlicher Theologie, Gütersloh ^{7}2002, S. 167).

51 Die Kirche verkündigt, dass „die Wirklichkeit in aller Mannigfaltigkeit zuletzt doch *eine* ist, nämlich in dem menschgewordenen Gott Jesus Christus“ (DBW 6, a.a.O. [Anm. 7], S. 60; Hervorhebung im Original).

52 DBW 6, a.a.O. (Anm. 7), S. 410-412. Auch das späte Bild von der Polyphonie des Lebens kann man hier hinzusetzen; es bezieht sich auf das Zugleich von christlicher Liebe und der Liebe zwischen Eberhard und Renate Bethge (DBW 8, a.a.O. [Anm. 7], S. 440f.; Brief an Eberhard Bethge, 20.5.1944).

53 Betont wird das auch von Ernst Feil, der aber einen (Barthianischen?) Akzent auf das Herrsein Christi legt – wohl auch geleitet durch die ältere Anordnung der Ethikfragmente, in der „Kirche und Welt I“ vor „Ethik als Gestaltung“ und vor „Christus, die Wirklichkeit und das Gute“ zu stehen kam (*E. Feil*, Die Theologie Dietrich Bonhoeffers. Hermeneutik – Christologie – Weltverständnis, München 1971, S. 196). In der Anordnung der Fragmente nach DBW 6 erscheint das Herrsein Christi gegenüber der Gestalt des Menschgewordenen, Gekreuzigten und Auferstandenen an weniger prominenter Stelle.

existierend“[54]; „[d]ie Kirche ist nichts als das Stück der Menschheit, in dem Christus Gestalt wirklich gewonnen hat“[55]. Die christologische Perspektive kennzeichnet Bonhoeffers Kirchenverständnis. Das Fragment „Ethik als Gestaltung“ legt den Grund für Bonhoeffers ethische und christologische Ekklesiologie: Christus verwirklicht seine Gestalt, indem er Menschen in seine dreifache Gestalt hineinzieht.[56] So treffen sich Weltwirklichkeit und Gotteswirklichkeit versöhnt in der Christuswirklichkeit.

Ist die Christuswirklichkeit etwa die Kirche? Die Frage so zu stellen, heißt an Bonhoeffer vorbei zu fragen. Nicht in diesem Sinn einer einfachen Gleichsetzung der Christuswirklichkeit mit der Kirche ist es gemeint, wenn hier Bonhoeffers Ethikfragmente als ekklesiologischer Entwurf bezeichnet werden. Bonhoeffers Ansatz besteht vielmehr darin, ekklesiologische Kennzeichen als Wahrheit der ganzen versöhnten Weltwirklichkeit selbst anzusprechen und zugleich an der konkreten, partikularen Gestalt der Verkündigung Christi festzuhalten.

Das sechste Gegenargument monierte, dass Bonhoeffer in den Ethikfragmenten kein spezifisches Verständnis der Gemeinschaft unter den Glaubenden vorträgt. In der Tat fehlt in den Ethikfragmenten eine längere Beschäftigung damit, wie die christliche Gemeinschaft (auch im Unterschied zu anderen Gemeinschaften) aussieht. Doch sind die Ethikfragmente durchzogen von Hinweisen darauf, wie Christus in der Kirche Gestalt gewinnt. Vor allem ist die Kirche die Gemeinschaft in der Schulderkenntnis und im Schuldbekenntnis.[57] Beides, Schulderkenntnis und Schuldbekenntnis, geschehen stellvertretend für die ganze Welt. Die Kirche nimmt die Schuld der ganzen Welt auf sich. So ist Christus selbst in ihr gegenwärtig.[58] Zweitens ist die Gemeinschaft Christi durch die Verbindung von Gottesliebe und Nächstenliebe geprägt. Bonhoeffer betrachtet Gottesliebe und Nächstenliebe als selbstverständliche Einheit. Dazu kommt er, weil er den Satz „Gott ist die Liebe“ ganz und gar von Christus her versteht.[59] Die Gestalt Christi ist die Gestalt der Liebe Gottes. Christus offenbart die christliche Liebe als empfangene Liebe, aber dadurch, dass er die

[54] So bereits die Formulierung aus „Sanctorum Communio“ (DBW 1, a.a.O. [Anm. 7], S. 126.133 u.ö.).
[55] DBW 6, a.a.O. (Anm. 7), S. 84.
[56] DBW 6, a.a.O. (Anm. 7), S. 80.
[57] DBW 6, a.a.O. (Anm. 7), S. 126.
[58] DBW 6, a.a.O. (Anm. 7), S. 127. Bonhoeffer fragt sich selbst „Ist das zuviel gesagt?“ (DBW 6, a.a.O. [Anm. 7], S. 132), um gleich zu antworten, dass gerade in der Radikalität der Schuldübernahme für die ganze entzweite Welt „der Durchbruch der Gestalt Jesu Christi in der Kirche“ liegt (ebda.). Im Schuldbekenntnis der Kirche bekennt im Grund Christus als der gerichtete Mensch die Schuld der von Gott abgefallenen Welt vor Gott.
[59] DBW 6, a.a.O. (Anm. 7), S. 337-341.

Menschen in seine Gestalt hineinzieht, offenbart Christus auch, dass diese Liebe nur im Handeln aus der Versöhnung wirklich wird. Nur im „echten" Tun verwirklicht sich das Wort Gottes, das heißt, vergegenwärtigt sich Christus und führt aus dem Dilemma zwischen Gut und Böse heraus zum Leben nach dem Willen Gottes.[60] „[N]ur der kommende Herr selbst [kann] sich den Weg bereiten."[61] Dass ein christusgemäßes Tun stets ein Gleichgestaltetwerden mit Christus ist, tut der Freiheit dieses Tuns keinen Abbruch. Das ganze christliche Leben ist Buße – eine Buße, die aber nicht vereinzelt, sondern in die Gemeinschaft führt. So deutet Bonhoeffer die versöhnte Gemeinschaft ganz vom sola gratia und vom solus Christus her.

Das siebente und letztgenannte Argument gegen die These, dass Bonhoeffers Ethikfragmente einen ekklesiologischen Entwurf darstellen, verwies darauf, dass Bonhoeffer seine „Ethik" pneumatologievergessen entwickelt. Dieses Argument ist in der Tat schwerwiegend.[62] Doch macht ein gewisses Hintansetzen des Heiligen Geistes um Christi willen noch nicht jede Ekklesiologie unmöglich (wenn man nicht allzu reformiert ist). Bonhoeffer könnte sich zu seiner Verteidigung hier mit einem gewissen Recht auf Luther berufen. Die Frage nach dem Heiligen Geist bleibt aber eine kritische Anfrage an Bonhoeffers christologische Ekklesiologie. Dass der Geist in den Ethikfragmenten unerkannt weht, verweist nämlich auch auf eine Lücke in Bonhoeffers Deutung der Gestalt Christi: Bonhoeffer vergisst die Erhöhung. Er spricht, als lebten wir noch in den 40 Tagen zwischen der Auferstehung Christi und seiner Himmelfahrt.

4. Schluss: Dietrich Bonhoeffers Ethik – ein ekklesiologischer Entwurf?

Bonhoeffers Ethik scheint die Grenzen der Ekklesiologie zu sprengen, weil sie von der Versöhnung der ganzen Welt spricht. Die Christuswirklichkeit ist die Wirklichkeit der ganzen Welt, das letzte Wort, das alles als Vorletztes qualifiziert und auf sich ausrichtet. Sie verwirklicht sich in der ganzen Weltwirklichkeit als Gleichgestaltung mit dem Menschgewordenen, Gekreuzigten und Auferstandenen. Doch ist der Kirche eine bestimmte und unerlässliche Rolle in der Christuswirklichkeit zugewiesen, die sie aus den anderen Mandaten her-

---

[60] DBW 6, a.a.O. (Anm. 7), S. 316-318.

[61] DBW 6, a.a.O. (Anm. 7), S. 159.

[62] Es ist auch in Blick auf Bonhoeffers eigene ekklesiologische Anfänge auffällig, dass er in den Ethikfragmenten kaum mehr an den Heiligen Geist denkt. In „Sanctorum Communio" bezieht er die Pneumatologie durchaus ein (DBW 1, a.a.O. [Anm. 7], S. 100-139).

aushebt, auch wenn Bonhoeffer die Gleichberechtigung der vier Mandate postuliert.

Das Zugleich von universalem Anspruch und notwendig partikularer Gestalt entspricht dem Wesen der Christuswirklichkeit. Denn die Versöhnung für alle verwirklicht sich durch das Wirken und Leiden dieses Einzelnen. Es entspricht diesem Einzelnen, dass er sich in der Kirche partikular für die ganze Welt verkörpert. Die versöhnende Offenbarung ereignet sich, wenn Christus sich in der Verkündigung vergegenwärtigt.[63] Die Versöhnung ist eine wirkende Wahrheit, sie ist eine von Gott geschaffene Beziehung zwischen Personen. Es ist für Bonhoeffer nicht denkbar, Versöhnung als Vorgang zwischen nichtpersonalen Größen zu beschreiben. Handelt Gott an der Welt als Versöhner, dann behandelt er die Welt als ein Gegenüber, das als Adressat der Versöhnung angesprochen werden kann. Dass Gott die entzweite Welt mit sich versöhnt[64], ruft sie in die Beziehung mit Gott und ruft nach einer Gestaltung der zwischenmenschlichen Beziehungen, die der Gestalt der Versöhnung entspricht. So kommt die Versöhnung der Welt als „Wort in Person" in der dreifachen Gestalt des menschgewordenen, gekreuzigten und auferstandenen Christus.[65]

Auferstehung und Kreuz, so die hier vertretene Auffassung, sind für Bonhoeffer (in reformatorischer Tradition) die Leitkriterien: Er betrachtet die versöhnte Wirklichkeit vor allem von der Gestalt des gekreuzigten Auferstandenen her, das heißt, von Christus her, wie er die neue und die alte Wirklichkeit an sich trägt. Dieses Zugleich von Neu und Alt, von Letztem und Vorletztem, ist der Raum der Kirche (als simul iusta et peccatrix). Der gekreuzigte Auferstandene ist kein Programm, das verwirklicht werden will, sondern eine lebendige Gestalt, die sich selbst verwirklicht. Der gekreuzigte Auferstandene verwirklicht sich im Zugleich von Alt und Neu als Gemeinschaft, die „unter uns" „jetzt" von der Versöhnung der ganzen Wirklichkeit zeugt. Freilich über-

---

63 DBW 6, a.a.O. (Anm. 7), S. 249f. Mit Jürgen Moltmanns Auslegung gesprochen: „Wo aber Christus gemäß dem göttlichen Mandat verkündigt wird, dort ist immer auch Gemeinde." (*J. Moltmann*, Herrschaft Christi und soziale Wirklichkeit nach Dietrich Bonhoeffer, Theologische Existenz Heute 71, München 1959, S. 59).

64 Zur Entzweiung äußert sich Bonhoeffer charakteristischerweise dann, wenn es um Gottes Liebe zur Welt geht (DBW 6, a.a.O. [Anm. 7], S. 310f).

65 Der Ausdruck „Gottes Wort in Person" stammt von Gerhard Ebeling (der im 4. Finkenwalder Kurs war; *Bethge*, a.a.O. [Anm. 3], S. 640). Während Bonhoeffer auch in den Ethikfragmenten das Gewicht stärker auf die Seite der Person (bzw. der „Gestalt") legt, betont Ebeling seiner hermeneutischen Grundhaltung gemäß die Seite des Wortes, durch die das Personsein entsteht und vollzogen wird (*G. Ebeling*, Dogmatik des christlichen Glaubens, Bd. 2, Tübingen [3]1989, S. 69-76.81f).

wiegt noch das Alte, Vorletzte, aber es ist bereits als Vorraum des Letzten qualifiziert. Hier wird es im engen und weiten Sinn ekklesiologisch.

Im (sehr) weiten Sinn „ekklesiologisch“ ist die Gestalt des gekreuzigten Auferstanden, weil sie die ganze Welt unter die Verheißung von Gericht und Versöhnung stellt und damit eine Einheit der Welt vor Gott begründet. Bonhoeffer kämpft um die Einheit der Welt, gerade während sie ihm vor den Augen zu zerbrechen scheint. Dass die ganze Welt im Grund eine ist und als eine Art Gemeinschaft vor Gott steht, das kann man aber nur aus der Sicht der Auferstehung Christi als dem Kommen der versöhnten Wirklichkeit bezeugen.

Im engen Sinn ekklesiologisch ist die Gestalt des gekreuzigten Auferstandenen, weil sie sich in der Verkündigung über das Gericht und die Versöhnung in Christus verwirklicht.[66] Die umgrenzte Gestalt der Kirche als christusgemäße Gemeinschaft (auch in ihrer Ambivalenz zwischen Vorletztem und Letztem) bewährt und verkörpert die universale Verheißung Gottes für die Welt. Das ist eine Bestimmung der Kirche, die ganz von der Weltverantwortung der Glaubenden ausgeht: Es ist Bonhoeffers ethische Bestimmung der Kirche.[67]

Bonhoeffers ethische Ausrichtung der Ekklesiologie lenkt zunächst den ekklesiologischen Blick weg von Vollzügen, die man unmittelbar als Kennzeichen der Kirche identifizieren würde: Sakramentsverwaltung und Kanzelpredigt.[68] Die Kirche kann sich nicht in einen eigenen Raum zurückziehen, sie steht mit ihrem Auftrag zur Verkündigung inmitten der Weltwirklichkeit. Doch braucht es eine unterscheidbare Gemeinschaft der Verkündigung, denn „[d]ie Menschheit als Kollektivsubjekt ist eine fiktive Instanz“[69].

Bonhoeffer stellt das Welthandeln der Kirche unter der Gestalt des gekreuzigten Auferstandenen dar. In der stellvertretenden Schuldübernahme durch die Kirche für die Welt zeigt sich die ethische Spitze von Bonhoeffers ekklesiologischem Entwurf. Die Kirche erkennt dank der empfangenen Versöhnung

---

66 Mit Luther gesprochen: „Definitio hominis breviter est hominem iustificari fide.“ (Disputatio de homine, 1536, WA 39/1, a.a.O. [Anm. 33], S. 176,33ff.). Bonhoeffer verwirft das sola fide nicht zugunsten einer Allversöhnungsauffassung. Die Wahrheit über den Menschen besteht in seiner Rechtfertigung vor Gott und wird als fiducia wirklich.

67 Vgl. *Huber*, a.a.O. (Anm. 2), S. 138, Anm. 145 („Man kann auch die Ethik selbst als Entfaltung des Tätigwerdens der Kirche, also als eine Theorie kirchlichen Handelns lesen“ – leider entfaltet Huber diese Anmerkung in diesem Kontext nicht weiter).

68 Das schließt diese Vollzüge nicht aus der Ekklesiologie aus, sondern folgt dem ethischen Akzent.

69 *U.H.J. Körtner*, „... Auf die Anfänge des Verstehens zurückgeworfen“. Was ich von Dietrich Bonhoeffer gelernt habe, in: *A. Klein/M. Geist* (Hg.), „Bonhoeffer weiterdenken...“. Zur theologischen Relevanz Dietrich Bonhoeffers (1906-1945) für die Gegenwart, Wien 2006, S. 1-16, hier: 13.

mit Gott die Schuld der Welt und bekennt sie als eigene Schuld vor Gott.[70] In ihrer Schuldübernahme wird sie gleichgestaltet mit dem Gekreuzigten. Aber die stellvertretende Schuldübernahme durchbricht die Logik des Opfers, weil sie vom Auferstandenen her geschieht: Sie folgt der Versöhnung, sie bekennt die Schuld als Schuld vor Gott und doch schon überwundene.[71]

So ist die Kirche die Gemeinschaft, in der sich das Letzte und das Vorletzte treffen. Das Zugleich von Letztem und Vorletztem geschieht gerade in der Stellvertretung, in der beide quasi die Plätze tauschen – unter den wandelnden Bedingungen, die ihnen von Christus, dem gekreuzigten Auferstandenen, her zukommen. Man kann das Aufeinandertreffen von Letztem und Vorletztem als die Last der Kirche oder als ihre Begabung bezeichnen, beides ist für Bonhoeffer die kirchliche Weise des Wirklichwerdens Christi in der Welt.[72] So sind Bonhoeffers Ethikfragmente ein ekklesiologischer Entwurf mit einem spezifisch ethischen und christologischen Profil.

---

70 Zu den politischen Implikationen bereits des unschuldigen Leidens der Kirche im NS-Staat vgl. *Ch. Strohm*, Theologische Ethik im Kampf gegen den Nationalsozialismus. Der Weg Dietrich Bonhoeffers mit den Juristen Hans von Dohnanyi und Gerhard Leibholz in den Widerstand, Heidelberger Untersuchungen zu Widerstand, Judenverfolgung und Kirchenkampf im Dritten Reich 1, München 1989, S. 327.

71 Klaus-Michael Kodalle kritisiert den Gedanken der stellvertretenden Schuldübernahme als „todessüchtige Opferideologie“ (*K.-M. Kodalle*, Dietrich Bonhoeffer. Zur Kritik seiner Theologie, Gütersloh 1991, S. 103, im Original kursiv). Er meint, dass Bonhoeffer die Stellvertretung als moralische Forderung vertreten würde und damit verlangen würde, „mittels der Stellvertretung im Kampf mit Gott die Gottesgemeinschaft für andere durch die Instrumentalität des Selbstopfers erringen zu wollen“ (ebda., S. 109, Hervorhebung getilgt). Damit verkennt Kodalle aber Bonhoeffers Insistieren auf der Gnade: Gleichgestaltung bedeutet ein Hineingezogenwerden in die Gestalt Christi durch Christus selbst. Darüber hinaus versteht Kodalle Bonhoeffers Stellvertretungsgedanken allein vom Kreuz her. Doch die Christuswirklichkeit wird wirklich in der Kraft der Auferstehung Christi. Kann die Stellvertretung in der Gestalt des Auferstandenen todessüchtig sein?

72 Ján Liguš diskutiert das Verhältnis von Letztem und Vorletztem in der Verkündigung (*J. Liguš*, Dietrich Bonhoeffer: Ultimate, Penultimate and Their Impact. The Origin and Essence of Ethics, in: *G. Carter/R. van Eyden/H.-D. van Hoogstraten/J. Wiersma* (Hg.), Bonhoeffer's Ethics. Old Europe and New Frontiers, Kampen 1991, S. 59-72, hier: S. 63).

Erneuerung des Konfirmandenunterrichts in Dänemark

EBERHARD HARBSMEIER

1. Allgemeines: Religionsunterricht und Kirche in Dänemark[1]

Konfirmation, kirchlicher Unterricht

Seit der Reformation hatte in Dänemark der Kleine Katechismus Luthers eine überragende Bedeutung für die christliche Erziehung in Dänemark.[2] Man folgte hier zunächst wie in Kursachsen der Devise: Keine Konfirmation, aber Katechismus! Erst 1736 wurde eine eigentliche Konfirmation eingeführt. Etwa 80 % eines Jahrgangs werden heute konfirmiert, es besteht eine einjährige Vorbereitungszeit, und der Konfirmandenunterricht findet in der Regel zweimal wöchentlich in der Schulzeit statt. Es gibt aber auch Versuche mit Konfirmandenfreizeiten und handlungsorientierter Konfirmandenarbeit.

Die Trennung von Kirche und Schule führte seit den 70er Jahren zu einem stärkeren eigenen *kirchlichen* pädagogischen Engagement, u.a. in der Erwachsenenbildung und der Kinderarbeit. 1987 wurde (freiwilliger) *Vorkonfirmandenunterricht* eingeführt (in der 3. oder 4. Klasse), etwa 50 % eines Jahrganges beteiligen sich daran. Neben der volkskirchlichen Arbeit spielen in Dänemark in der Jugend- und Kinderarbeit traditionell vor allem die freien kirchlichen Verbände eine wichtige Rolle.

Schule, Religionsunterricht

Bis in unser Jahrhundert hinein stand der Religionsunterricht – wie die Schule überhaupt – unter kirchlicher Aufsicht. Die Schule war konfessionell bestimmt. Daran änderte sich auch nichts mit der Einführung von Demokratie und Religionsfreiheit im *Grundgesetz von 1849*, in dem die dänische Staatskirche den Status einer – vom Staat unterstützten – Volkskirche erhielt. Erst um die Jahrhundertwende erhält der Religionsunterricht in der Schule einen eigenen Lehrplan, war jedoch noch immer konfessionell bestimmt und stand unter kirchlicher Aufsicht. Seit 1970 ist jede kirchliche Aufsicht über Schule und Religionsunterricht abgeschafft. Das Schulgesetz von 1975 bestimmt die Schule in ihrem Ziel konfessionslos, der Religionsunterricht wird ebenfalls

---

[1] Gastvorlesung am 13.12.2007 im Rahmen des Symposiums „Neue Formen des Konfirmandenunterrichts“.

nicht konfessionell, sondern als sachliche Information über Religion mit dem evangelisch-lutherischen Christentum als zentralem Unterrichtsgegenstand verstanden. Wie andere Fächer ist der Religionsunterricht seitdem ein Fach, das primär Wissen vermittelt – nicht aber Schüler religiös beeinflussen will. Das Schulgesetz von 1993 versteht den Religionsunterricht breiter als Bildungs- und Kulturfach, in dem vor allem auch das Verhältnis zu anderen Religionen eine Rolle spielt, aber auch Einsicht in Lebensfragen und grundlegende Werte der „dänischen Kultur". An den dänischen Schulen wird der Religionsunterricht in der Regel einstündig erteilt.

Seit 1849 gibt es Möglichkeiten, vom Religionsunterricht *befreit* zu werden, heute gibt es Bestrebungen, ihn in allen öffentlichen Schulen als – konfessionsloses – Pflichtfach einzuführen (an den Gymnasien ist dies heute schon der Fall).

Religionspädagogik

Die dänische Religionspädagogik ist in der Reformationszeit durch den starken Einfluss *Melanchthons* bestimmt, Peter Palladius und Niels Hemmingsen waren seine Schüler und in ihrer Theologie sehr praktisch-pädagogisch ausgerichtet. Im 19. Jahrhundert spielt *Søren Kierkegaard* mit seiner Kommunikationstheorie von der *indirekten Mitteilung* und seinen *Erbaulichen Reden* eine wichtige Rolle. Am wichtigsten aber für die Pädagogik ist *N.F.S. Grundtvig*. Er trennt scharf zwischen Kirche und Schule und macht den Gedanken der Freiheit und der *lebendigen Wechselwirkung* zwischen Lehrer und Schüler zu einem wesentlichen pädagogischen Prinzip. Der Unterricht hat „lebendig" und „natürlich" zu sein („Schule für das Leben"). Vor allem der Grundtvigschüler *Kr. Kold* setzte dessen Gedanken praktisch um, es kam zur Gründung zahlreicher

Heimvolkshochschulen

Die Religionspädagogik heute ist stark durch eine Trennung zwischen kirchlicher und schulischer Religionspädagogik geprägt. Im kirchlichen Bereich wird besonders die gottesdienstliche Dimension hervorgehoben, man betont die Erfahrung, das Einleben in kirchliche Tradition und religiöse Erfahrung als Proprium kirchlicher Unterweisung. An den öffentlichen Schulen hebt man stärker das Element der sachlichen Information und Wissensvermittlung hervor. Die Basis des Unterrichts ist hier nicht der kirchliche Kontext, sondern

---

[2] Zum Folgenden s. meinen Artikel Dänemark, in: *N. Mette/F. Rickers* (Hg.), Lexikon der

ein breiter Religionsbegriff, der Religion als Teil von Bildung und Kultur versteht. Vor allem an den Gymnasien und den Lehrerseminaren ist diese religionswissenschaftliche Pädagogik stark vertreten. Daneben gibt es aber auch Tendenzen, die heute wieder einen stärkeren Zusammenhang zwischen kirchlicher und schulischer Religionspädagogik befürworten – sowohl im Bereich der Theoriebildung als auch der praktischen Kooperation.

Aktuelle Fragen

Die Religionspädagogik in Dänemark war – und ist teilweise auch heute noch – natürlich durch die deutsche Diskussion geprägt, den Begriff der kategorialen Bildung bei Klafki, des Elementaren und Exemplarischen, und vor allem der hermeneutischen Religionspädagogik – die allerdings in einem mehr untheologischen und unkirchlichen Sinne rezipiert wurde als eine Emanzipation der Schule aus der Verkündigung und eine starke Trennung zwischen Kirche und Schule. In einem konfessionell einheitlichem Lande bedeutet Entkonfessionalisierung etwas anderes, nämlich, so möchte ich es formulieren, mehr die Objektivierung (an den Gymnasien: Verwissenschaftlichung) des Religionsunterrichts als objektiver Wissensvermittlung und Religionskunde. Auch wenn man den Ausdruck Religionsunterricht meidet[3], ist das Konzept gar nicht so weit entfernt von dem, was als LER in Brandenburg in Deutschland so umstritten ist. An den Lehrerseminaren war das Fach Religion (es heißt hier „Christentumskunde“) obligatorisches Fach im Grundstudium, aber sehr breit gefasst als „Kris-Liv“, Christentum-Lebenskunde, andere Religionen nehmen einen breiten Raum ein, und das Fach Religion ist bislang an den Lehrerseminaren sehr attraktiv – auch wenn das Fach Religion an den Schulen nur einstündig erteilt wird. Neuerdings allerdings hat dieses Fach eine vielkritisierte Reform erfahren müssen, indem es nun mit dem politischen Aspekt der Mitbürgerschaft nach englischem Vorbild (citizenship) zu einem Fach verbunden wird. Der existenzielle Aspekt von Religion wird, so die Kritik, zurückgedrängt zugunsten politischer und gesellschaftlicher Aspekte, wo Religion eine besonderes Problem bei der Integrierung von Ausländern aus fremden Kulturen spielt. Religion ist in erster Linie nicht mehr Lebenshilfe, sondern ein gesellschaftliches Problem[4]. An den Gymnasien ist Religionsunterricht (Christentumskunde) noch mehr religionswissenschaftlich orientiert als eine Art

Religionspädagogik, Bd. 1, Neukirchen-Vluyn 2001, Sp. 301-305.

3 Sie kennen wahrscheinlich die Parole der Evangelischen Unterweisung, des Konzepts der dialektischen Theologie: Nie wieder Religionsunterricht!

4 Siehe das neue Standardwerk zu diesem Konzept: *O. Korsgaard u.a.* (Hg.), Medborgerskab - et nyt dannelsesideal, Frederiksberg 2007.

Kulturwissenschaft von Religion. Diese Tendenz zur Objektivierung spielt auch eine Rolle an der Universität, wo die Ausbildung der Gymnasiallehrer für das Fach Religion (Christentumskunde) völlig von der Theologenausbildung abgetrennt ist (in Kopenhagen gar an der humanistischen Fakultät angesiedelt) und teilweise von bekennenden Atheisten wahrgenommen wird, die vornehmlich an Sekten und okkulten Phänomenen interessiert sind und – auch in der aktuellen Situation – für die Eindämmung des Einflusses von Religion plädieren[5]. Folgerichtig ist der Religionsunterricht an Gymnasien obligatorisch für alle – und dies hat bemerkenswerter Weise zu keinen nennenswerten Problemen geführt[6]. Religion wird auch hier vor allem als gesellschaftliches Phänomen interpretiert und vermittelt.

An den Volksschulen (und Lehrerseminaren[7]) spielt die existenzielle Komponente noch eine größere Rolle, hier arbeitet die Religionspädagogik noch weitgehend mit einem Religionsbegriff, der sich an Tillich anlehnt und Religion als „Dimension" menschlicher Existenz begreift. An den Volksschulen ist es deshalb noch möglich, sich vom RU befreien zu lassen, freilich ohne Ersatzunterricht. Starke Kräfte (auch im Unterrichtsministerium) arbeiteten zeitweilig daran, diese Bestimmung aufzuheben und auch den Religionsunterricht an den Volksschulen als „religiös neutral" zu gestalten, so daß er sowohl für Atheisten als auch für Muslime und Buddhisten akzeptabel ist. Es ist aber nach einem Urteil aus Straßburg fragwürdig, ob ein obligatorischer – wenn auch neutraler – Religionsunterricht für alle nicht gegen fundamentale Menschenrechte verstößt.

---

5 Dies ist freilich eine extreme Position, die von den meisten Gymnasiallehrern nicht geteilt wird.

6 Im Gegensatz zum obligatorischen Sexualunterricht in den 60er und 70er Jahren.

7 Dänemark hat – wohl als einziges Land Europas – noch die alten Lehrerseminare, 25 in einem so kleinen Land, man will die Lehrerausbildung nicht verwissenschaftlichen und setzt mehr auf Allgemeinbildung. Lehrerseminare sind oft eine Art Weiterführung der Gymnasien, teilweise kombiniert man beides im selben Institut, wobei zu beachten ist, daß man in Dänemark eine Art Gesamtschule hat: Alle Schüler gehen die ersten 9-10 Jahre gemeinsam in die Volksschule, der gymnasiale Überbau (weit über 50 % eines Jahrganges machen Abitur) umfasst drei Jahre. Die neusten Reformvorschläge gehen aber auch in die Richtung, die Lehrerausbildung mehr zu einer Universitätsausbildung anzugleichen (weniger Fächer) und überhaupt das Bildungssystem flexibler zu gestalten zwischen den akademischen und den anderen Ausbildungen. Dabei ist das dänische Bildungssystem im Ganzen wohl mehr antielitär als etwa das deutsche oder gar das französische. Nicht Leistungs- sondern Lustprinzip ist das Motto, wie ich einmal in einer heftigen Diskussion zwischen dänischen und deutschen Bildungspolitikern gehört habe. Trotz interner Differenzen stehen die meisten Dänen in deutlicher Distanz zum konservativen deutschen Leistungsfetischismus, den sie nicht nur als ineffektiv (deutsche Schüler können nicht mehr), sondern auch als freudlos und unmoralisch empfinden.

2. K4- Unterricht in Dänemark (Einleitender Konfirmandenunterricht)

Der sogenannte „einleitende Konfirmandenunterricht wurde in Dänemark im Jahre 1994 offizielle eingeführt als eine freiwillige Ergänzung zum eigentlichen Konfirmandenunterricht. Dem eigentlichen Erlass des Kirchenministeriums war eine lange Debatte und eine mehrjährige Versuchsperiode vorausgegangen.

Anlass für die Diskussion um eine Stärkung des kirchlichen Taufunterrichts war das neue Schulgesetz in Dänemark aus dem Jahre 1975, in dem eindeutig festgelegt wurde, daß der schulische Religionsunterricht im Rahmen der Schule als religionskundlicher Unterricht begründet wird und die Kirche einen solchen entkonfessionalisierten Unterricht nicht mehr als Taufunterricht verstehen konnte. Eine Stärkung des kirchlichen Unterrichts erschien deshalb notwendig als Ergänzung zum schulischen Religionsunterricht, der keinem kirchlichen Einfluss mehr unterlag. Anfängliche Befürchtungen, daß eine Stärkung des kirchlichen Unterrichts den schulischen Religionsunterricht gefährden könnte, haben sich nicht bewahrheitet.

Der einleitende Konfirmandenunterricht ist freiwillig, es steht den einzelnen Gemeinden frei, ob man ihn anbieten will, auch der Pfarrer muß der Einführung zustimmen – und auch für die Kinder ist die Beteiligung freiwillig und keine obligatorische Voraussetzung für den eigentlichen Konfirmandenunterricht, der in Dänemark meistens in der 7., teils aber auch in der 8. Schulklasse stattfindet und ein Jahr dauert. Der einleitende Konfirmandenunterricht findet in Dänemark in der Regel in der 3. Klasse statt, kann aber auch in der 4. Klasse angeboten werden. Er findet in kirchlicher Verantwortung statt, in der Praxis aber in guter Zusammenarbeit mit den Schulen, die in Fragen der Zeitplanung kooperativ sind – meistens findet der Unterricht im Anschluss an den Schulunterricht in kirchlichen Räumen statt.

Die Einführung hat sich als großer Erfolg erwiesen, etwa die Hälfte aller Gemeinden bietet ihn an, und etwa 20.000 Kinder nehmen an ihm teil, d.h. etwa 40 % eines Jahrganges. Die Akzeptanz ist größer im ländlichen Raum und im mehr pietistisch geprägten Jütland, weniger in Kopenhagen und anderen größeren Städten (in Dänemark sind ca. 80 % der Bevölkerung Mitglieder der lutherischen Volkskirche, ca. 80 % eines Jahrganges werden getauft und fast genauso viel werden konfirmiert).

Der einleitende Unterricht findet in der Regel im Herbst statt mit 1-12 Doppelstunden (es können auch bis zu 20 Doppelstunden sein), findet in der Verantwortung des Pfarrers statt – man hat jedoch gerade wegen dieser Neuerung in den letzten 10 Jahren fast 300 Gemeindehelfer bzw. Katecheten eingestellt, deren wesentliche Aufgabe der einleitende Konfirmandenunterricht ist. Es ist bemerkenswert, daß dieses Angebot auch in stark säkularisierten Teilen der Bevölkerung auf so große Resonanz stößt. Eltern, die selbst wenig religiöse Praxis kennen, nehmen das Angebot der Kirche dankbar an, ihren Kindern eine solche Praxis zu vermitteln.

Das Konzept des einleitenden Konfirmandenunterrichts ist stark geprägt von der Idee einer Alternative zum wissensorientierten schulischen Religionsunterricht. Nicht Wissen über Religion, sondern Vertrautheit mit Religion und Einübung in Religiöse Praxis soll vermittelt werden. Deshalb hat diese Konfirmandenarbeit stark gottesdienstliche Struktur mit Vorbereitung von gottesdienstlichen Feiern, dazu auch starke Einbindung der Elternarbeit. Wo der schulische Religionsunterricht Wissen vermittelt, der eigentliche Konfirmandenarbeit auf eigene Stellungnahme und religiöse Selbständigkeit abzielt, ist das Ziel des einleitenden Konfirmandenunterrichts Vertrautheit mit und Einübung in religiöse Praxis und gottesdienstliches Leben.

Der einleitende Konfirmandenunterricht bzw. diese Konfirmandenarbeit soll eine Brücke darstellen zwischen der Taufe und der mit ihr verbundenen Unterweisung der Eltern und der eigentlichen Konfirmandenarbeit. Er soll primär religiöse Praxis vermitteln. Ungelöst ist noch immer das Problem, daß dieser Unterricht isoliert dasteht (warum hört er eigentlich in der 5. und 6. Klasse auf), zudem ist die eigentliche Profilierung in Bezug auf Schule einerseits und eigentlichem Konfirmandenunterricht andererseits noch nicht geklärt. Wie vermeidet man Wiederholungen, wie stellt man ein eigenes Profil dieser Arbeit mit 9-10-jährigen Konfirmanden sicher?

3. Erneuerung des Konfirmandenunterrichts

Die größte Erneuerung der Konfirmandenarbeit in jüngster Zeit in Dänemark ist der einleitende Konfirmandenunterricht mit einem anderen, mehr an der praktisch ausgeübten Religion orientierten Praxis. Mehr religiöse Praxis, weniger objektives Wissen ist die Devise, auch wenn wissen und Praxis natürlich nicht gegeneinander ausgespielt werden dürfen, das eine gibt es nicht ohne das andere. Das hat nun auch den eigentlichen Konfirmandenunterricht beeinflusst und in jüngster Zeit neue Konzeptionen hervorgebracht.

Ansätze zur Erneuerung sind zunächst auch praktische Reformen:

1. Da ist einmal das *Alter der Konfirmanden*, das in vielen (vor allem städtischen) Gemeinden um ein Jahr heraufgesetzt wurde, so daß der Konfirmandenunterricht im 8. statt im 7. Schuljahr stattfindet (in Dänemark beginnt die Schule erst mit 7 Jahren). Viele Pfarrer sehen darin einen Fortschritt, der bessere Möglichkeiten für eine mehr dialogische und zukunftsorientierte Konfirmandenarbeit ermöglicht. Andere, die mehr die Konfirmandenarbeit als Einübung in kirchliche Tradition verstehen, ziehen den traditionellen Zeitpunkt im 7. Schuljahr vor.

2. Die *volkskirchliche Tradition* in Dänemark ist in vieler Hinsicht noch immer stark, deshalb wird besonders in Dänemark auch der *allgemeinmenschliche* Charakter der Konfirmation als Familienfest und Pubertätsritus mehr und mehr positiv bewertet. Die rituelle Seite der Konfirmation wird nicht mehr wie in den 60er Jahren als bloßer Abschlussgottesdienst des Unterrichts abgewertet (die katechetische Auffassung), sondern positiv als rituelle Begleitung einer Lebensphase gedeutet (die rituelle Auffassung).

3. Da noch immer um die 80 % eines Jahrganges konfirmiert werden und der Konfirmandenunterricht bzw. die Konfirmandenarbeit in der Schulzeit stattfindet, ist man hier von der Schule und schulischen Organisationsformen abhängig. Das ergibt Schwierigkeiten, z.B. durch die letzte Kommunalreform mit der Zusammenlegung von Schulen mit Kindern aus mehreren Gemeinden in einer Klasse. Aber auch Möglichkeiten, den Konfirmandenunterricht mehr in der Zusammenarbeit mit der Schule zu gestalten, z.B. in der Form von Projekttagen in Absprache mit der Schule. Die Zusammenarbeit zwischen Kirche und Schule ist in de Regel gut, es gibt aber auch Konflikte, die die Konfirmandenarbeit erschweren.

4. Generell haben sich die *Pädagogik des Konfirmandenunterrichts und die des schulischen Religionsunterrichts* auseinandergelebt. Manche deuten das positiv als Befreiung für beide Seiten, so daß Schule und Kirche eigenes Profil gewinnen und ihre eigenen Aufgaben wahrnehmen können, andere sehen das auch kritisch, daß eine zu kirchliche Konfirmandenarbeit an pädagogischen

Defiziten leidet und der Religionsunterricht umgekehrt sich völlig von religiöser Praxis und der existenziellen Dimension abkoppelt und zur Religionskunde wird.

Die Tendenz ist aber deutlich, daß sich die Konfirmandenarbeit vom Schulunterricht mehr und mehr unterscheidet. Das wird schon dadurch deutlich, daß Konfirmandenarbeit grundsätzlich auch physisch außerhalb der Schule stattfindet, in den letzten Jahrzehnten hat es einen wahren Bauboom von Gemeindezentren und Unterrichtsräumen für Konfirmandenarbeit gegeben, der dies möglich macht. Es mag widersprüchlich erscheinen, aber die meisten dänischen Pfarrer halten an zwei Prinzipien eisern fest: Konfirmandenarbeit bzw. -unterricht *in der Schulzeit (die besten d.h. ersten beiden Stunden)* aber in Räumen *außerhalb der Schule!* Man kann fragen, wie lange man das noch politisch durchhalten kann, auch wegen der praktischen Transportprobleme, die sich daraus künftig bei größeren Zentralschulen ergeben.

5. *Methodisch* ist die Erneuerung der Konfirmandenarbeit in Dänemark geprägt von einer Fülle von praktischen alternativen Modellen, die neben den traditionellen Unterricht getreten sind. Da sind einmal *Konfirmandenfreizeiten,* die zunehmend beliebt sind und teilweise den wöchentlichen Unterricht ersetzen, zum anderen der Unterricht in *Teams*, bei dem Gruppen von Konfirmanden zusammengefasst und von Pfarrern und anderen kirchlichen Mitarbeitern gemeinsam unterrichtet werden. Dabei hat Dänemark in den letzten Jahren über 300 Gemeindehelfer(innen) angestellt, die vor allem katechetische Aufgaben in diesem Bereich wahrnehmen und andere als theologische Kompetenzen mitbringen. Mit der Ausbildung dieser Gemeindehelfer ist es allerdings nicht zum Besten bestellt, viele sind ohne relevante Ausbildung und es wird daran gearbeitet, einen diesbezüglichen Standard für die Ausbildung von Katecheten und anderen Gemeindehelfern zu entwickeln. Schließlich möchte ich hervorheben, daß die Konfirmandenarbeit in den letzten Jahren mehr und mehr auch *gottesdienstlichen Charakter* angenommen hat und von vielen Pfarrern bewusst auch unter Einbeziehung des Kirchenraumes gottesdienstlich inszeniert wird. Wo früher vielleicht Gruppenarbeit dominierte, wird nun mehr gesungen und gebetet. In einem so liberalen Lande wie Dänemark ist der sonntägliche Gottesdienstbesuch nicht überall leicht zu erzwingen bzw. durchzusetzen (und man kann ja auch am pädagogischen Wert erzwungenen Gottesdienstbesuches seine Zweifel haben). Da kann man diesen Mangel dadurch ausgleichen, daß Konfirmandenarbeit selbst gottesdienstlich inszeniert wird und weniger Wissen als gelebte religiöse Praxis im Mittelpunkt steht.

Eine besonders wichtige Rolle der Konfirmandenarbeit ist die *Elternarbeit* und überhaupt der Kontakt zu den Familien. So wie in der Seelsorge spielt das ganze soziale Umfeld der Konfirmanden heute eine größere Rolle sowohl für die Konfirmanden als auch die Konfirmandenarbeit. Die Konfirmation ist nicht nur ein Fest für und mit dem Konfirmanden als isoliertes Individuum, sondern eine Sache der ganzen Familie.

6. Was die *didaktische Konzeption* und die inhaltliche Bestimmung der Konfirmandenarbeit anbelangt, lassen sich, wenn man den neuesten Leitfaden zum Maßstab nimmt, drei Tendenzen ausmachen:

a. Der Aspekt der *Traditionsvermittlung* und die Einübung in kirchliche Tradition, nicht zuletzt die Arbeit mit dem dänischen Gesangbuch, das für die dänische Kirche und die dänische religiöse Tradition eine kaum zu überschätzende Bedeutung hat. Es ist für Lutheraner zwar theologisch nicht ganz korrekt, aber für die Dänen ist nicht Bibel (oder gar das Bekenntnis) das Grundbuch, sondern das Gesangbuch mit den großen Liederdichtern, die dort vertreten sind. Wenn irgendwo, dann ist hier noch im säkularisierten Dänemark echte gelebte Religion[8]. Deshalb spielen große Projekte zu Liedern z. Zt. eine große Rolle und erfreuen sich großer Beliebtheit. Man sammelt alle Konfirmanden eines Bistums zu tausenden im Dom, um Lieder zu singen und so die Tradition zu pflegen.

b. Der Aspekt *religiöser Praxis*. Ich erinnere mich an einen meiner ersten Konfirmanden, Henrik war sein Name, ein schwieriger Konfirmand, aber ich kam gut mit ihm aus. Ich versuchte, den Konfirmanden den Gottesdienst zu erklären, das Kollektengebet, was Epistel bedeutet, Glaubensbekenntnis. Plötzlich meldet sich Henrik: Harbsmeier, kannst Du mal kurz erklären, wieso wir das alles wissen müssen? Meine Antwort: „Ja, Henrik, wenn Du mal in die Kirche gehst, das verstehst Du alles besser und weißt, was geschieht." Darauf Henrik: „Aber Harbsmeier. In den Gottesdienst, da kommen wir ja nie!" Ich weiß nicht mehr, was ich darauf geantwortet habe, nur daß ich noch heute stolz bin auf einen so ehrlichen Konfirmanden wie Henrik. Was hätte ich sagen sollen? Etwa dies: „Warte mal ab, wenn Deine Oma stirbt, dann musst Du ja!" Wohl kaum! Henrik hat in seiner wohltuend unverschämten Art, die mir

---

8 Vgl. die Analyse der englischen Religionssoziologin Grace Davie (Religion in modern Europe), die das für ganz Skandinavien festgestellt hat: Das Lied als Sitz im Leben des skandinavischen Christentums und Ort der Religion.

noch heute in guter Erinnerung ist, das Problem deutlich ausgesprochen: Man kann ja nicht über eine Praxis reflektieren oder eine Praxis erklären, die es gar nicht gibt! Da wäre so, als wollte man einer Gruppe von Arabern in der Sahara das Schlittschuhfahren beibringen. Also, so die Schlussfolgerung, muss man die Praxis selbst ausüben, also beten und singen statt oder neben Gruppenarbeit. Ich habe vor 10 Jahren eine empirische Untersuchung und Befragung von ca. 800 Konfirmanden durchgeführt, wo gerade die gottesdienstlichen Elemente wie Taufe und Abendmahl, aber auch Lieder, überraschend positiv bewertet wurden, kritisch dagegen wurde alles bewertet, was nach Predigt und Belehrung aussieht.

c. Der letzte Aspekt, den ich hervorheben möchte, ist der *existenzielle.* Auch wenn die antiautoritäre Pädagogik der 70er Jahre nicht mehr aktuell zu sein scheint, so bleibt doch wahr, daß moderne Konfirmandenarbeit nur dialogisch sein kann und auf Fragen der Konfirmanden einzugehen hat. Eine Zielvorstellung, die – wie etwa in den 50er Jahren vom Katechismus her die Konfirmanden zu kirchlichem Wohlverhalten erziehen und verkirchlichen will, wäre ineffektiv und verfehlt. Die Kirche ist für die Konfirmanden da und nicht umgekehrt. Auch wenn man heute auch darauf Wert legt, daß Konfirmanden etwas anderes als ihre eigene Welt kennenlernen müssen, das, was man die „Andersheit" genannt hat, bleibt doch richtig, daß konfirmierendes Handeln auch Lebensbegleitung bzw. Lebenshilfe und damit Seelsorge sein muss. Neben Erfahrung (religiöse Praxis, Gebet) tritt deshalb auch *Erkenntnis.* Man sollte die *intellektuelle* Dimension von Religion nicht dem Erlebnischarakter von Religion opfern. Hierbei spielt nicht nur Erkenntnis im engeren Sinne eine Rolle, sondern auch Phantasie, das Arbeiten mit Bildern und Symbolen.

Als neue Erfahrungen nenne ich hier die *ästhetische Dimension*, mit der wir gute Erfahrungen gemacht haben, wie auch die *philosophische* Dimension und die Arbeit mit e-learning und Computern. Hier konkrete Beispiele von Projekten, mit denen wir arbeiten und wo wir Material entwickelt haben:

- Arbeit mit Bildern und Bildbetrachtung[9]
- Dramapädagogik[10]
- Arbeit mit Erzählungen, nicht nur rezeptiv, sondern aktiv[11]

---

9 Siehe unsere CD, *E. Harbsmeier/B. Sohn* (Hg.), Sehen und Glauben zu zwei Cranach-Bildern aus Wittenberg

10 Dramapædagogik, von Signe Rørdam Thomsen und Eberhard Harbsmeier.

11 Tid til fortællimg, Karin Flensborg und Kirsten Thonsgaard.

- Das Theologisieren und Philosophieren mit Kindern[12]
- Das Arbeiten mit Computern, hierunter digitale Bildanalyse[13]

6. *Der neue Leitfaden.* Das Theologisch Pädagogische Institut in Lügumkloster hat 2006 einen neuen Leitfaden für Konfirmandenarbeit entwickelt[14], aus dem ich nur die neue Zielformulierung zitieren will, die die drei Tendenzen formuliert, die ich oben angesprochen habe: Tradition, religiöse Praxis und existenzielle Fragen:

> *Das Ziel des Konfirmandenarbeit ist es, die Konfirmanden mit dem elementaren Inhalt des christlichen Glaubens vertraut zu machen sowie ihnen zu helfen, ihr eigenes Leben im Licht des Evangeliums zu sehen.*
>
> *Die Konfirmandenarbeit baut auf der Taufe auf.*
>
> *Das Ziel der Konfirmandenarbeit soll durch Dialog zwischen den Lebensfragen der Konfirmanden und der kirchlichen Tradition und durch die Einbeziehung der Konfirmanden in das christliche Leben erreicht werden.*

Bemerkungen:

Die Zielformulierung stellt die Verankerung des Konfirmandenunterrichts in der Taufe und damit im gottesdienstlichen Bekenntnis fest. An diesem wesentlichen Punkt unterscheidet sich der Konfirmandenunterricht vom christlichen Religionsunterricht an Schulen.

Die Zielformulierung stellt den vorwärts gerichteten Charakter der Konfirmandenarbeit in einer evangelisch-lutherischen Kirche fest. Es geht um Taufschulung für das christliche Leben jetzt und in der Zukunft.

---

12 *G.Y. Iversen/G. Mitchel/G. Pollard* (Hg.), Theologizising with Children, erscheint 2008 – ein Projekt aus Løgumkloster. *Gertrud Yde Iversen*: „Hej far, ta' og helbred manden. Børn som bibelfortolkere, Kopenhagen 2007.

13 Siehe Anm. oben und die Homepage des Medieninstituts der dänischen Volkskirche (www.dkm.dk) mit einem Programm für Konfirmanden, das z.Zt. von über 3.000 Konfirmanden benutzt wird (www.konfirmazion.dk). Auf diesem Gebiet ist Dänemark m.E. führend und man könnte dänische Modelle auch in anderen Ländern erproben. Ich könnte mir vorstellen, daß so etwas für Diasporagemeinden interessant sein könnte.

14 *F. Rosenberg/N. Tange/L.N. Heilesen/E. Harbsmeier*, Konfirmationsforberedelse – formål – fagbeskrivelse – vejledning, Frederiksberg 2006, deutsch: Konfirmandenarbeit. Ziel – Fach – Leitfaden. Herausgegeben vom Theologischen Pädagogischern Zentrum Lügumkloster, übersetzt von Dietrich Harbsmeier. Eine Zusammenfassung findet sich in: *G. Adam/E. Harbsmeier*, Konfirmandenarbeit in der dänischen Volkskirche, in: AuG 58/7/8, 2007, S. 150-158.

Die Zielformulierung stellt die beratende und lebensbegleitende Rolle der Konfirmandenarbeit fest.

Die Zielformulierung stellt fest, dass der Konfirmandenunterricht sowohl einen Wissensinhalt als auch einen Praxisinhalt hat.

Die Zielformulierung legt den Konfirmandenunterricht als christlichen Elementarunterricht mit folgenden zentralen Stoffbereichen fest:

a) die kirchliche Tradition; das Evangelium, die Heilsgeschichte, wie sie im Alten und im Neuen Testament erzählt wird, sind als unumgänglicher Teil der kirchlichen Tradition hervorgehoben, aber der Ausdruck umfasst ebenso unumgänglich den Gottesdienst mit Taufe, Abendmahl, Liedern, Gebet und Glaubensbekenntnis, ebenso wie Ethik und im Übrigen kirchliche Kunst und Kirchenmusik, Kirchengeschichte und ihre wesentlichen Personen, das Verhältnis zu anderen Glaubensgemeinschaften und Religionen usw.

b) Einbeziehung in das christliche Leben, d.h. Vaterunser, Glaubensbekenntnis, Gebet, Lieder, Gottesdienst, Ethik

c) grundlegende Lebensfragen; die Konfirmandenarbeit hat sich in allem der Brücke zu der aktuellen und persönlichen Wirklichkeit der Konfirmanden bewusst zu sein.

Die Zielformulierung stellt das Gespräch als die Grundform der Konfirmandenarbeit fest.

Europa braucht gebildete Protestanten
Zur Bildungsverantwortung der protestantischen Kirchen in Europa

ECKHART MARGGRAF

Als der militärische Anführer der „Katholischen Liga", der General Tilly, im Jahr 1621 die Hauptstadt der gegnerischen protestantischen „Union", die alte Universitätsstadt Heidelberg erobert hatte, ließ er aus den Bänken der Heidelberger Schlosskirche Bücherkisten zimmern. In diesen Kisten wurde auf sein Geheiß die berühmte „Palatina", die wertvolle Bibliothek der pfälzischen Kurfürsten, die sich 1556 der Reformation angeschlossen hatten, nach Rom befördert, wo sie sich noch heute befindet. Diesem Militärstrategen und Feldherrn des 30jährigen Krieges war klar, dass die „Macht" des Protestantismus in diesem Schatz des Wissens verborgen war. Der Raub der Bibliothek war in seinen Augen nicht nur eine symbolische Entmachtung sondern sollte tatsächlich die Reformation mundtot machen durch den Entzug aller Argumentationshilfen. Welche Hochachtung vor der Bildung des Protestantismus steckt in dieser Handlungsweise eines Militärs! Daneben nimmt sich ein Bericht von einer „Forum für interkulturelles Lernen", zu dem die Europäische Union 2007 eingeladen hatte wie ein Gegenstück aus: Die Ahnungslosigkeit, mit der dort über das Thema Religion gesprochen wurde, war trotz des intellektuellen Ausweises der Teilnehmenden nicht zu unterbieten. Ein Schleiermacher, der den Gebildeten unter den Verächtern der Religion Lichter aufsetzen könnte, ist gesucht.

Im Protestantismus die Bildung neu entdecken

Und, vor allem, eine Hochschätzung der Bildung muss gefördert werden, die Bildung nicht allein auf ein Wirtschaftsgut reduziert. Die Protestanten sind in der Pflicht. Sie haben zu lange in den Kirchen die Bildung verachtet und ihren Stellenwert in der Gesellschaft verkannt. Sowohl die Konferenz Europäischer Kirchen (KEK) als auch die in der Gemeinschaft evangelischer Kirchen in Europa (GEKE) zusammengeschlossenen Kirchen der Leuenberger Kirchengemeinschaft haben noch kaum den Rang der Bildung für ihre eigene Entwicklung aber eben auch für ihren Stand in der Gesellschaft erkannt. Zum ersten Mal hat die KEK auf ihrer Generalversammlung in Trondheim 2004 das Thema Bildung zu einer Aufgabe der Kommission für Kirche und Gesellschaft erklärt. Gleichzeitig haben die Mitgliedskirchen es aber versäumt, die Kommission mit den dafür nötigen Finanzmitteln auszustatten, ganz zu schweigen vom Mangel an Personen, die die Bildungsaktivitäten von Europäischer Union und Europarat beobachten und begleiten könnten. Auch die Vollversammlung der GEKE hat 2007 in Budapest das Thema aufgegriffen und einen Auftrag zur Bearbeitung erteilt. Aber auch hier droht nur eine halbherzige Befassung. Es genügt nicht, sich auf die innerkirchliche Bildungsarbeit zu konzentrieren, wie es dort derzeit geplant ist. Die Bildungsverantwortung, die von einer Hochschätzung und einem tatsächlichen Bildungsschub im Innern getragen sein muss, verlangt unabdingbar, dass sich der Protestantismus in der europäischen Bildungsdiskussion mit qualifizierten Beiträgen erkennbar einbringt und damit zu einer europäischen Bürgerschaft beiträgt, die von Mündigkeit, Teilhabe, Gerechtigkeit, einer Kultur der Barmherzigkeit und einer ehrfürchtigen Haltung der Selbstbegrenzung bestimmt ist.

Die Europäische Einigung als kultureller Prozess – Eine Aufgabe für den Protestantismus

Zu Recht stellt der Historiker Jürgen Kocka fest: „Man ist gewohnt, die europäische Integration als Kopfgeburt und Projekt der politischen Eliten zu verstehen. Das ist sie ja auch. [Eine] Synthese des sozialgeschichtlichen Forschungsstandes macht aber klar, dass der politischen Integration viel gesellschaftliche Konvergenz und Verflechtung entsprechen, teils als Resultat der vorangehenden Katastrophen, teils als Ergebnis grenzüberschreitender Modernisierung, teils mitbedingt durch politische Interventionen der EU. Die europäische Integration ist, das wird klar, nicht nur ein politischer, sondern auch ein gesellschaftlicher und kultureller Prozess“[1]. Den protestantischen Kirchen sind dieser Zusammenhang und die Verankerung dieses Prozesses im Bildungshandeln weithin aus dem Blickfeld entschwunden.

Dies triff mit einer Entwicklung zusammen, die Martin Greschat als „zunehmende Marginalisierung des Protestantismus als Minderheit in den meisten Ländern der EU“[2] beschreibt. Friedrich Wilhelm Graf beschreibt denselben Zusammenhang so: „Zwar sind die europäischen Erfahrungen schnell auf den

---

1 *Jürgen Kocka*, Bewegung in der Geschichtswissenschaft, in: Merkur, Nr. 705, Februar 2008.

2 *Martin Greschat*, Christliche Zeitgeschichte, in: Glaube und Lernen 22 (2007), Heft 1, S. 18f.

depressiven Grundton gestimmt, dass die etablierten evangelischen Kirchen erodieren, ihre einstmals intellektuell so anspruchsvolle Predigtkultur durch larmoyante Gutmenschenappelle, seichtes Moralgeschwätz und grausamen Sprachverfall abgelöst wurde, das Bildungsniveau einer zunehmend kleinbürgerlich geprägten Pfarrerschaft sogar mit Blick auf ihre Kompetenzen, die theologische Kunde vom Christentum, deutlich gesunken ist und selbst das kirchenleitende Personal mit wenigen Ausnahmen weder über Führungskompetenzen noch ein klares protestantisches Profil verfügt“?[3]

Der Protestantismus in Europa steht also vor der Frage, ob er sich in den Winkel der Beschäftigung mit sich selbst zurückziehen oder ob er sein Erbe in die kulturellen Entwicklungsprozesse der europäischen Integration einbringen will. Wenn er das letztere beabsichtigt, ist es unumgänglich, dass er sich den Fragen der Bildung wieder stärker und eindeutiger stellt, als er das in der zurückliegenden Zeit getan hat. Die Rahmenbedingungen dafür sind so günstig wie lange nicht mehr. Nach einer Phase, die von einer einseitigen und engen Interpretation des Verhältnisses von Religion und Gesellschaft durch den Begriff der zunehmenden Säkularisierung bestimmt war und dem auf der anderen Seite der Begriff Entkirchlichung mit fast lähmender Wirkung korrespondierte, erleben wir derzeit eine breite Diskussion um die Rolle und das Verständnis von Religion in der pluralen Gesellschaft und einen Hunger nach klärender Orientierung im Dschungel der Fragen um Religion und Gewalt, Glaube und Vernunft, den Fragen nach ethischer Motivation, nach Zukunft und Hoffnung, um nur einige Felder zu nennen. Nicht ethische Urteile werden hier in erster Linie erwartet. Sie werden eher als bevormundende „letzte Worte“ abgewiesen. Klärung des Prozesses der Urteilsfindung ist gefragt, um handlungsfähig und urteilsfähig zu sein in einer Welt der Meinungsmanipulation. Solche Urteilsfähigkeit und darin vor allem auch Freiheit zum Entscheiden und Handeln setzt Bildung voraus.

Der Beitrag des Protestantismus zur Entwicklung des Freiheitsverständnisses

Dass ein solches Bildungsverständnis aber auch anstrengend ist und im Widerspruch zu einer Konsumentenhaltung im Schlaraffenland steht, wird so

[3] *Friedrich Wilhelm Graf*, Der Protestantismus, in: *H. Joas und K. Wiegandt* (Hg.), Säkularisierung und die Weltreligionen, Frankfurt a. M. 2007, S. 84. Diese kritischen Bemerkungen hat er am 21. Februar 2008 in einem Artikel („Theologie in der Krise“) der Frankfurter Allgemeinen Zeitung auch auf die akademische Theologie in Deutschland ausgeweitet.

manchem zunehmend deutlich. „Selbstbestimmung macht Arbeit, der fortgesetzten Anstrengung wird auch das an sich freiheitsliebende Tier namens Mensch gelegentlich überdrüssig. Zumal in Zeiten eines entfesselten Kapitalismus, in denen die Freiheit zur Karikatur, Selbstverantwortung zur Selbstvermarktung werden kann. - Welches Mittel hilft gegen Freiheitsmüdigkeit?“ fragt Uwe Justus Wenzel.[4] Und Christian Meier, der Münchner Nestor der Alten Geschichte, erinnert uns Europäer an unser okzidentales Erbe: „Die Griechen zeichneten sich dadurch aus, dass sie im Unterschied zu allem, was ihnen im Orient begegnete, ihre Kultur nicht vom Gedanken der Herrschaft her - sei es Monarchie, sei es kräftig disziplinierte Aristokratie -, sondern aus Freiheit oder um der Freiheit willen ausbildeten. Was das bedeutet und was es (bis heute) für Folgen hat, ist nicht leicht zu verstehen: keine irgend beachtliche Herrschaft, keine Herrschaftssicherung durch mächtige Priesterschaften. Keine Einfügung in Hierarchien.“[5]

Wie entfalten wir auf diesem Hintergrund das paulinische Freiheitsverständnis in seiner lutherischen Auslegungsgeschichte als Beitrag zum Verständnis europäischer Identität? Ohne Zweifel stehen sich hier west- und osteuropäische Traditionen noch weithin unvermittelt gegenüber. Ein liberaler und plural mit der Vernunft versöhnter Protestantismus wird in Osteuropa vielerorts mit Fremdheit wahrgenommen. So hat die russisch-orthodoxe Kirche ihr Verhältnis zu den Menschenrechten und hier vor allem dem Recht auf Religionsfreiheit noch keineswegs geklärt. Insuläres Verhalten, das durch das Abgeschnittensein in der Phase des Kommunismus noch verschärft wurde, muss sich erst an die Diskussionslage in einer offenen Gesellschaft gewöhnen. Dort spielt vor allem die Gefahr einer Umarmung durch einen autokratischen Staat im Sinne eines theokratischen Modells von Kirche, Gesellschaft und Staat eine beherrschende Rolle.[6] Aber auch protestantische Kirchen in diesem

---

4 Angesichts zunehmender Versuche durch Hirnforscher und Juristen, den Menschen nicht als selbstbestimmtes, sondern elektrochemisches Wesen zu betrachten, in: Neue Zürcher Zeitung vom 02.02.2008.

5 „Wir sind Kinder des Okzidents“, in: Neue Zürcher Zeitung vom 02.02.2008. „Nach alldem, was Europa in der Welt angerichtet hat, haben wir keinen Grund, uns erhaben zu fühlen über die entfernten Vettern und Cousinen aus andern Kulturen. Und trotzdem sollten wir uns der Unterschiede bewusst sein. Es sind Unterschiede nicht des Besitzes gewisser Kulturgüter; der hat lange genug zu selbstzufriedenem Philistertum geführt, ist außerdem heute aus den Köpfen in die diversen Wissens- und Kunstspeicher abgewandert. Nein: Es sind Unterschiede der Weisen, sich immer neu in offener, zunehmend breiter Diskussion allen Herausforderungen zu stellen. Darin hat sich jedenfalls Europa einmal ausgezeichnet. Und es würde ihm heute weit besser zu Gesichte stehen als der obwaltende Stumpfsinn“.

6 Am 21.02.2008 hat der Europäische Menschenrechtsgerichtshof ein Urteil gegen den Griechischen Staat gefällt, der einen Rechtsanwalt zwingen wollte, seinen Amtseid mit

Raum haben Schwierigkeiten mit einer offenen, pluralen Gesellschaft. Dabei besteht die Gefahr der Regression und der Suche nach problematischen Koalitionären, die bei fundamentalistischen Protestanten gesucht werden, obwohl diese in der Regel ein ungebrochenes Verhältnis zum Kapitalismus in seiner neoliberalen Form haben.

Die Gunst der Stunde in Europarat und Europäischer Union

Die Gunst der Stunde ist durch zweierlei Beobachtungen zu beschreiben:

Entwicklung eines neuen Religionsrechts durch den Vertrag von Lissabon

1. Der Vertrag von Lissabon, der sich gegenwärtig in seiner Ratifizierungsphase befindet, hat im Blick auf die Kirchen zwei wesentliche Elemente des Verfassungsvertrags beibehalten und aufgenommen: In der Präambel wird deutlich der Schritt der EU von der Wirtschaftsgemeinschaft zur Wertegemeinschaft proklamiert, wenn auf das „kulturelle, religiöse und humanistische Erbe" Europas abgehoben wird. Ebenfalls hat der Vertrag die Religionsartikel des Verfassungsentwurfs völlig unverändert übernommen. Diese Tatsache ist in der kirchlichen Diskussion in seiner Bedeutung auf dem Hintergrund der Forderung nach der Aufnahme eines Gottesbezugs weithin nicht gewürdigt oder auch gar nicht wahrgenommen worden. Dabei ist hier seit dem Amsterdamer Vertrag ein entscheidender Schritt für die Entwicklung eines europäischen Religionsrechts gelungen. Der Amsterdamer Vertrag hatte die Frage nach der Rolle von Religionsgemeinschaften und des Verhältnisses der EU zu ihnen offen gelassen. Nur in einem Zusatzprotokoll war festgehalten worden, dass die EU die bestehenden staatskirchenrechtlichen Regelungen in den Mitgliedsstaaten respektiere. Im Entwurf für einen Verfassungsvertrag war dann auf Grund einer Initiative von KEK und COMECE in Analogie zu den Institutionen der Zivilgesellschaft ein Paragraph aufgenommen worden, der jetzt auch unverändert im Vertrag von Lissabon enthalten ist. Damit ist zum ersten Mal in der Geschichte der EU ein geordnetes Verhältnis zwischen den Religionsgemeinschaften und der EU begründet. Bisher waren die Religionsgemeinschaften auf das Wohlwollen der EU angewiesen, ob sie bei Gesetzgebungsverfahren, Rechtsregelungen usw. gehört, informiert oder gar beteiligt wurden.

---

der Hand auf der Bibel zu leisten. Vgl. zum Verhältnis von griechisch-orthodoxer Kirche und Politik: *Dimitrios Kisoudis*, Politische Theologie in der griechisch-orthodoxen Kirche, Marburg 2007.

Jetzt hat sich die EU durch diesen Artikel selbst zur Kooperation in breitem Ausmaß verpflichtet. Nun kommt es aber auch darauf an, dass die Religionsgemeinschaften diese Chance nutzen und sachdienliche Beiträge in die Prozesse der Gestaltung der EU einbringen. Dies ist auch für den ganzen Bereich der Bildung relevant. Bislang aber haben die protestantischen Kirchen noch kein einziges Instrument entwickelt, das sie in die Lage versetzte, diesen Handlungsspielraum auch nur annähernd wahrzunehmen, um in ihm agieren zu können.

Europäischer Qualifikationsrahmen für die Berufliche Bildung

Dies sei an einem aktuellen Bespiel erläutert. 2007 haben sich die Erziehungsminister der EU auf einen umfassenden Qualifikationsrahmen für das gesamte berufliche Schulwesen geeinigt. Die ist gewissermaßen eine Selbstverpflichtung für das berufliche Schulwesen, auf der nationalen Ebene einen entsprechenden Rahmen zu erstellen, der dem Qualifikationsrahmenwerk der EU entspricht. Durch diese Vereinbarung ist eine Vergleichbarkeit der Ergebnisse der beruflichen Bildung in einem gemeinsamen europäischen Bildungsraum angestrebt, die die Durchlässigkeit beruflicher Tätigkeiten im gesamten Gebiet der EU ermöglichen soll. Es ist unmittelbar einsichtig, dass durch solche Rahmenvereinbarungen Prioritätensetzungen erfolgen, die bis in die Stundentafeln und das Fächerangebot der Beruflichen Schulen hinein Auswirkungen haben. Nun gibt es in einzelnen Mitgliedsstaaten, z.B. in Deutschland, seit Anfang des 20. Jahrhunderts eine bewährte Praxis des Religionsunterrichts in Beruflichen Schulen. Da aber die Verantwortung für den Religionsunterricht in Deutschland auf Grund der staatskirchenrechtlichen Lage eine gemeinsame Aufgabe von Kirche und Staat ist, hätten die Kirchen dafür Sorge tragen müssen, dass der Staat als Verhandlungspartner auf der EU-Ebene die deutschen Interessen an einem Religionsunterricht an Beruflichen Schulen in die Verhandlungen an einem Qualifikationsrahmen mit vertritt. Dies ist nicht geschehen und entsprechend fehlen auch diese Aspekte. Sie werden in der Priorität zumindest weit nach hinten gedrängt, wenn sie denn überhaupt Berücksichtigung finden. Und das geschieht, obwohl gleichzeitig von der EU das Jahr 2008 als Jahr des interkulturellen Dialogs begangen wird in dem Bewusstsein, das die gelingende gesellschaftliche Integration, um die alle Mitgliedsstaaten der EU ringen, entscheidend von dem Umgang mit Religion und Weltanschauung abhängig ist. Der Protestantismus hat hier also eine wichtige gesellschaftliche Funktion durch sein Engagement im Bildungswesen wahrzunehmen. Es gilt u. a. die protestantischen Erfahrungen im Umgang mit Pluralität in die gesellschaftlichen Bemühungen um Integration einzubringen.

„Staat-Religion-Säkularität und Menschenrechte" – ein Empfehlung des Europarats

2. Eine zweite Chance eines „offenen Fensters" hat sich derzeit auf der Ebene des Europarats aufgetan. Seit seinen Anfängen ist der Europarat als Wächter der Menschenrechte aufgetreten. In ihm sind derzeit 49 europäischen Staaten vertreten, die die Charta der Menschenrechte unterzeichnet haben.[7] Zu Fragen der Religion hatte der Europarat seither ein sehr distanziertes Verhältnis. Zum einen hat die laizistische Sicht des Verhältnisses von Religion und Staat eine dominierende Rolle in der Gründungsphase des Europarats gespielt. Zum andern war lange Zeit die mangelhafte Berücksichtigung der Religionsfreiheit in Staaten mit dominanten Religionsgemeinschaften ein zentrales Thema für den Europarat. So erschienen die Religionsgemeinschaften in erster Linie als Gegner der Religionsfreiheit, denen gegenüber die Haltung der Toleranz eingeklagt werden musste. Das führte, vor allem in der Administration des Europarats, zu großen Reserven gegenüber den Religionsgemeinschaften. Deren Vertreter wurden von der Mitarbeit, ja selbst der Beratung über lange Zeit ausgeschlossen. Hier hat der 11. September 2001 zu einem tiefgreifenden Umdenken geführt.

Am 29. Juni 2007 hat die Parlamentarische Versammlung des Europarats unter dem Titel "State, religion, secularity and human rights"[8] eine Empfehlung angenommen, in der auf der einen Seite die strikte Trennung von Staat und Religion als wesentliches europäisches Erbe bestätigt wird, aber gleichzeitig wird anerkannt, dass der interkulturelle Dialog eine wesentlich religiöse Dimension enthalte, für die auch ein Austausch mit den Religionsgemeinschaften notwendig sei. Der erste Termin für einen jährlichen Austausch zwischen Europarat und den Religions- und Weltanschauungsgemeinschaften über die „Religiöse Dimension des interkulturellen Dialogs" steht in der ersten Jahreshälfte 2008 an. Der Europarat tut sich nach wie vor schwer, die Realität

---

7 Übrigens ist erstaunlicher Weise der Vatikan Mitglied des Europarats, obwohl seine Einhaltung der allgemeinen Menschenrechte sehr umstritten ist.

8 Recommendation 1804 (2007) on State, religion, secularity and human rights: http://www.assembly.coe.int/Main.asp?link=/Documents/AdoptedText/ta07/EREC1804.htm

von Religion mit der Religionsfreiheit und ihrer Gewährleistung bei Würdigung der positiven Rolle konkreter Religionsgemeinschaften zu akzeptieren. Dem Protestantismus scheint es auch bisher nicht gelungen zu sein, sein Freiheitsverständnis mit dem Verständnis der Religionsfreiheit im Diskurs um die allgemeinen Menschenrechte deutlich herauszustellen. Hier ist der Protestantismus sowohl von der Bildungsseite wie auch von einem überzeugenden öffentlichen Auftreten im internationalen politischen und gesellschaftlichen Dialog herausgefordert.

Interkulturelles Lernen nicht ohne interreligiöses Lernen

Dieses Umdenken in Sachen Religion manifestiert sich auch deutlich im Bildungsbereich, dem der Europarat eine eigene Generaldirektion widmet, die sich seit vielen Jahren auch um die Fragen des interkulturellen Lernens bemüht. Aber gerade an diesem Handlungsfeld kann gezeigt werden, dass dort ein Kulturbegriff den Zugang zum interkulturellen Lernen bestimmt hatte, der eher harmlos auf Begegnung kultureller Eigenheiten der nationalen und regionalen Landschaften mit folkloristischen bis hin zu kulinarischen Akzenten ausgerichtet war. Die religiöse Dimension war strikt ausgeblendet und geradezu ängstlich gemieden. Im Sinne eines ideologischen Laizismus, wie er beispielsweise in der republikanischen französischen Lehrerschaft zum Schibboleth gehörte, wurde Religion mit Intoleranz und Repression gleichgesetzt, gegen die man mit der Durchsetzung der Religionsfreiheit ankämpfen müsse. So wurde das Engagement des Europarats für Religionsfreiheit de facto zu einem Eintreten für Religionslosigkeit.

Erst die Beobachtung eines präsenten Islam in den westeuropäischen Gesellschaften und das Erstarken islamistischer Gewaltakte machte die Ratlosigkeit im Umgang mit Religion in der Gesellschaft und im Erziehungswesen unübersehbar. Vorsichtig nähert sich der Europarat seitdem der „religiösen Dimension des interkulturellen Lernens“. Behutsam nahm der Europarat Verbindung zu der Coordinating Group for Religion in Education in Europe (CoGREE) auf. Diesem Netzwerk gehören derzeit sechs europäische Vereinigungen an, die in unterschiedlicher Weise an der Einbeziehung von Fragen der Religion in das Bildungs- und Erziehungswesen Europas beteiligt sind.

„Erziehung/Bildung und Religion im europäischen Kontext“

In einem Grundsatzdokument „Erziehung/Bildung und Religion im europäischen Kontext“ haben diese Verbände ihr Verständnis für die Rolle der Religion in der Erziehung 2007 so zum Ausdruck gebracht:

„A. Ausgangspunkt

Das Zusammenleben von Menschen unterschiedlicher Kulturen ist stark von ihren religiösen und nicht-religiöse Herkünften und Bindungen bestimmt. Der Umgang mit Verschiedenheit muss erlernt und vom öffentlichen Bildungswesen unterstützt werden.

Das Bewusstsein für die Bedeutung von Religion für die persönliche Entwicklung des Menschen und für das Zusammenleben in der Gesellschaft ist in den letzten Jahren ständig gewachsen.

B. Erziehung/Bildung und Religion

Ein Verständnis von Bildung, das religiöse Deutungen von menschlichen und spirituellen Erfahrungen nicht einbezieht, ist unvollständig.

Konzepte und Überlegungen zur Entwicklung des Erziehungs- und Bildungswesens in Europa müssen die religiöse Erziehung berücksichtigen. Dies setzt den Dialog mit den Religionsgemeinschaften in dieser Frage voraus.

C. Was kann Religion der Bildung/Erziehung bieten?

Religiöse Erziehung und Bildung sind wesentliche Aufgaben des Bildungswesens, die in unterschiedlicher Weise wahrgenommen wird, abhängig vom jeweiligen nationalen oder regionalen Kontext und seiner Geschichte.

Religiöse Erziehung und Bildung sind wesentliche Bestandteile einer Entwicklung zu einer selbstverantwortlich handelnden Person. Sie sollte daher Bestandteil der allgemeinen wie der beruflichen Bildung sein.

Religionsunterricht als ordentliches Schulfach – es besteht in den meisten Staaten Europas - ist auch ein Bestandteil der Erziehung zum Staatsbürger. Erziehung zu Toleranz und Frieden ist auf religiöse Erziehung angewiesen.

Religiöse Erziehung in allen Schulen wahrt das Grundrecht auf positive und negative Religionsfreiheit."

Seit 2002 hat der Europarat seine Programmdiskussion erweitert und auch Vertreter von CoGREE zur Mitarbeit als Experten eingeladen.[9] Im Jahr 2003 verabschiedeten die Europäischen Erziehungsminister dann eine Erklärung zur „Interkulturellen Erziehung in einem neuen europäischen Kontext".[10] In der Erkenntnis, dass der „interkulturelle und interreligiöse Dialog eine Hauptaufgabe der Entwicklung des Europarats" sei kamen sie überein, dem interkulturellen Lernen einen höheren Stellenwert einzuräumen. In diesem Zusammenhang wurde auch das Projekt *Intercultural education and the challenge of religious diversity and dialogue in Europe* begründet. Als erstes Arbeitsergebnis veröffentliche der Europarat ein Handbuch mit Praxisbeispielen aus unterschiedlichen Ländern.[11]

„Weißbuch zum interkulturellen Dialog"

Im Zuge dieser Entwicklungen hat der Europarat beschlossen, ein „Weißbuch zum interkulturellen Dialog" ("White Paper on intercultural dialogue") zu erarbeiten. Dazu wurde ein Konsultationsprozess eröffnet, dem ein Fragebogen zugrunde lag. In diesem Zusammenhang haben nicht nur die Konferenz Europäischer Kirchen sondern auch zwei der Mitgliedsverbände von CoGREE[12], letztere vor allem unter dem Gesichtspunkt der Interkulturellen Erziehung, Stellung genommen. Dabei kam es in der Stellungnahme vor allem darauf an,

---

9 FORUM: "THE NEW INTERCULTURAL CHALLENGE TO EDUCATION: RELIGIOUS DIVERSITY AND DIALOGUE IN EUROPE" Strasbourg, Monday 30 September 2002.
CONFERENCE « THE RELIGIOUS DIMENSION OF INTERCULTURAL EDUCATION », 7-8 juin 2004, Oslo, Norway.

10 From 10-12 November 2003 in Athens, Greece, the 21st session of the Standing Conference of European Ministers of Education.

11 *J. Keast* (Hg.), (2007): Religious diversity and intercultural education: a reference book for schools, Council of Europe.

12 Die Stellungnahme der International Association for Christian Education und der Intereuropean Commission on Church and School findet sich unter www.Int-V.com
Vgl. auch die KEK website zum interkulturellen Dialog:
http://www.cec-kek.org/content/intercultural.shtml
Die Konferenz für Kirche und Gesellschaft der KEK plant für den November 2008 eine Konsultation zur Rolle der Religion in der Öffentlichkeit.
Die offizielle Website der EU zum Jahr des interkulturellen Dialogs:
http://www.interculturaldialogue2008.eu/

die Rolle der Religionen in ihrer Verschiedenheit und Vielfalt als wesentlichen Faktor für das Gelingen eines interkulturellen Dialogprozesses einzubringen. Vor der Veröffentlichung des Weißbuchs hat das Ministerkomitee des Europarats zu einer ersten Dialogveranstaltung mit Religions- und Weltanschauungsgemeinschaften unter dem Thema „Teaching religious and convictional facts. A tool for aquiring knowledge about religions and beliefs in education; a contribution to education for democratic citizenship, human rights and intercultural dialogue“[13]eingeladen. Die gespreizte Themenformulierung zeigt etwas von der Gratwanderung, die der Europarat in diesen Fragen geht, wenn er auf der einen Seite dem Laizismus gerecht werden und auf der anderen Seite das interreligiöse Lernen nicht ausklammern will.

Diese Diskussion um das interkulturelle Lernen im Rahmen des Europarats und das gleichzeitige Bemühen der EU um „democratic citizenship education“ bilden eine Chance für den Protestantismus in Europa, seinen Beitrag zu einer europäischen Zivilgesellschaft einzubringen und dabei herauszustellen, wie sich ein protestantisches Freiheitsverständnis als religiöse Grundlage für ein verantwortliches Handeln in einer Gesellschaft auswirken kann. Derzeit breitet sich eine allgemeine Ratlosigkeit im Blick auf den Zusammenhalt von Gesellschaften aus. Die Folgen einer durch Konsumdruck und unkontrollierte liberale Wirtschaftsmacht korrumpierten Individualisierung werden in der Abkehr weiter Bevölkerungskreise von der Parteiendemokratie zum Problem der Demokratie überhaupt. Auf diesem Hintergrund kommt auf die Kirchen als Promotoren von Sinnsystemen und Trägern von Erziehungseinrichtungen im Sinne von intermediären Institutionen eine verstärkte Verantwortung für die Kohäsion nicht nur auf nationaler sondern eben gerade auch auf europäischer Ebene zu. Dem Protestantismus fällt dabei eine besondere Aufgabe zu, – nachdem er vor allem in Deutschland und Österreich schmerzhaft lernen musste, von antidemokratischen Tendenzen Abschied zu nehmen – einem demokratischen und an den allgemeinen Menschenrechten orientierten Verhältnis von Religion und Gesellschaft Wege zu ebnen. Dass laizistische Lösungen nicht mehr ausreichen, sondern dass Formen der Kooperation von Religion und Gesellschaft bei strikter Wahrung der Religionsfreiheit das Ziel sind, ist noch keineswegs in allen Kirchen des protestantischen Europas begriffen und auch in der Kooperation mit den orthodoxen Kirchen Osteuropas steht hier noch ein erheblicher Lernprozess aus.

---

[13] Am 6.April 2008.

Die Kirchen der Leuenberger Kirchengemeinschaft sollten also den Bildungsauftrag[14] nicht zu eng auf die binnenkirchliche Verantwortung eingrenzen sondern mit voller Kraft sich in den Diskussionsprozess um eine Demokratische Zivilgesellschaft einbringen. Dieser Prozess spielt sich zu einem erheblichen Teil auf der Ebene der Bildungssysteme ab und hat unter der Hand bei Fortgelten des Subsidiaritätsprinzips für das Bildungs- und Erziehungswesen inzwischen durch die Anwendung der Strategie der „Offenen Koordination" längst eine europäische Eigendynamik angenommen. Aus nationaler Perspektive und damit auch in den Augen der kirchlichen Bildungsverantwortlichen ist das weithin noch nicht ernst genommen. Allerdings zeigt der Bologna-Prozess eine langsame Erkenntnis der Tragweite dieser Rahmenvorgaben auf europäischer Ebene, von denen man sich bislang noch unberührt wähnte. Der nächste Bereich, der schon lange durch europäische Übereinkünfte geregelt wird, das Berufliche Bildungswesen, hat mit dem Abkommen über einen Europäischen Qualitätsrahmen (EQR)[15] einen eine neue Stufe erreicht, die einen Anpassungsdruck auf die nationalen Konzepte der beruflichen Bildung ausübt. So ist derzeit nicht abzusehen, welche Folgen diese Rahmenvorgaben für einen Religionsunterricht oder auch nur für eine Berufsethische oder die Persönlichkeitsbildung haben werden. Die protestantischen Kirchen in Europa haben jedenfalls bis heute noch keinen Beitrag in diese Debatte eingebracht.

Lehrerbildung in Europa

Eine in allen europäischen Ländern akute Debatte ist die Frage nach einer angemessenen Ausbildung von Lehrerinnen und Lehrern. Dabei spielen nicht nur die strukturellen Fragen der Lehrerstudiengänge im Zuge der Angleichung von Bachelor- und Masterstudien eine Rolle. Es geht vor allem auch um das Selbst- und Berufsverständnis von Lehrerinnen und Lehrern. Christlichen und dabei besonders protestantischen Einrichtungen der Lehrerbildung könnte dabei eine wichtige Aufgabe zufallen. Aus diesem Grund hat die International Association for Christian Education im November 2007 Vertreterinnen und Vertreter christlicher Lehrerbildungseinrichtungen zu einer Konsultation eingeladen. Ein erstes Ergebnis hat sich in einem Memorandum niedergeschla-

---

14 Vgl. die Beschlüsse der GEKE (Gemeinschaft Evangelischer Kirchen in Europa) von Budapest 2006 zur Bildung und Erziehung.

15 Legislative Entschließung des Europäischen Parlaments vom 24. Oktober 2007 zu dem Vorschlag für eine Empfehlung des Europäischen Parlaments und des Rates zur Einrichtung eines Europäischen Qualifikationsrahmens für lebenslanges Lernen (KOM(2006)0479 – C6-0294/2006 – 2006/0163(COD).

gen, das hier exemplarisch als Schritt der Wahrnehmung von europäischer Bildungsverantwortung zitiert werden soll:

„Netzwerk „Evangelische Lehrerinnen- und Lehrerbildung in Europa“

Klingenthal-Memorandum (der Konsultation vom 5.-9. November 2007 in Château de Klingenthal/Strasbourg)

I.

Die Lehrerbildung in Europa ist in Bewegung. Bei sehr unterschiedlichen Ausgangsvoraussetzungen werden in fast allen Ländern Europas die Ausbildungen für Lehrerinnen und Lehrer neu geordnet.

Neben der Anpassung an veränderte gesellschaftliche Verhältnisse und sich wandelnde pädagogische und didaktische Einsichten hat der Bolognaprozess eine Dynamik zur Entwicklung eines europäischen Bildungsraumes in Gang gesetzt, die über den Rahmen der Europäischen Union hinausreicht.

Zur einheitlichen Strukturierung im Rahmen von Bachelor- und Masterstudiengängen mit ihren jeweiligen Modulen treten Konzepte der Qualitätsentwicklung und deren Anforderungsprofile hinzu.

Lehrerinnenbildung in evangelischer Verantwortung kann sich diesem Prozess nicht entziehen, vielmehr ist sie herausgefordert, aus ihrer bisherigen Erfahrung Konsequenzen für eine Lehrerbildung im 21. Jahrhundert zu ziehen und diese Einsichten in den Prozess der Lehrerbildung in Europa einzubringen.

II.

Folgende Einsichten sind hier wichtig:

Eine *Anthropologie*, die aus der biblischen Sicht des Menschen gewonnen ist:

Die Bestimmung des Menschen als Geschöpf und als Ebenbild Gottes erinnert an die Freiheit und Würde des Menschen und wehrt jede Verdinglichung und Verzweckung ab. Daraus leitet sich auch die Unterscheidung von Person und Werk ab (der Mensch ist mehr als die Summe seiner Handlungen). Diese Unterscheidung von Personsein und Subjektwerdung ist auch für Bildungsprozesse von hoher Bedeutung. Für das Beziehungsgefüge zwischen Gott und

Mensch, Mensch und Mitmensch, sowie Mensch, Natur und Kultur gilt ein voraussetzungsloses Angenommensein, das jedes gegenseitige Verrechnen abwehrt und über allen Leistungsanforderungen steht. Es ist die Aufgabe der Schule, Menschen in ihrer individuellen Art anzunehmen und die Qualitäten, die in jedem Menschen liegen, wahrzunehmen und zu fördern.

Das *Bildungsverständnis* orientiert sich an der Personwerdung des Menschen

Bildung hat den ganzen Menschen und alle Menschen im Blick. Die Orientierung in Sinn- und Wertfragen und in Religion gehören unverzichtbar zur Bildung.

Die selbstreflexive Struktur des Bildungsbegriffs gehört zum protestantischen Bildungsverständnis. Was sich der Mensch bildend aneignet, verändert ihn. Zum christlichen Verständnis von Selbstständigkeit als Grundmerkmal von Bildung gehört Mündigkeit als Verantwortung vor Gott und den Mitmenschen.

Das spannungsreiche Verhältnis von *Glaube und Verstehen* kennzeichnet den Protestantismus. Fragen des Glaubens, der Frömmigkeit, der Spiritualität müssen sich einer von Rationalität geprägten Kultur aussetzen, dürfen aber darin nicht aufgehen. Glaube und Vernunft sind beide einem kommunikativen Wahrheitsverständnis verpflichtet.

Als Praxis „versöhnter Verschiedenheit" (Zusammenleben unter dem einen Evangelium bei Wahrung der eigenen Identität), wird heute der Umgang des Protestantismus mit dem Phänomen der *Pluralität* bezeichnet. Dies ist eine der Voraussetzungen, um den Zusammenhalt und das Gelingen von gesellschaftlicher Verantwortung zu stärken. Die Hermeneutik des „Anderen" ist die Grundhaltung, die die Identitätsbildung mit der Fähigkeit zu Empathie, aktiver Toleranz und sozialer Verantwortung verbindet, in traditioneller Sprache: eine Kultur der Barmherzigkeit.

III.

Für *Konzepte der Lehrerbildung* in protestantischer Verantwortung heisst dies u.a.:

Das Vorhandensein von Fachkompetenz, methodisch-didaktischer Kompetenz, von Personal- und Sozialkompetenz wird bei professioneller Ausübung des Berufs von jedem Lehrer/jeder Lehrerin vorausgesetzt.

Die Wahrnehmung des Schülers/der Schülerin in seiner/ihrer Individualität bestimmt die pädagogische Beziehung.
Lehrerinnen und Lehrer sind in besonderer Weise aufmerksam für die heterogene Zusammensetzung der Lernenden.
Die Umgangsweise mit Schülerinnen und Schülern ist entscheidend für den Bildungs- und Erziehungsprozess.
Aspekte der Persönlichkeit, die zu einem evangelischen Berufsethos führen und das Selbstverständnis der Lehrenden sowie ihr berufliches Handeln bestimmen, müssen in besonderer Weise entfaltet werden.
Im Unterricht muss auch das berücksichtigt werden, was über das Messbare hinausgeht (innere Beteiligung; Authentizität, Eigenverantwortung der Schüler).
Lehrer- und Erziehersein geht über die Fachkompetenz hinaus.
Von allen christlichen Lehrenden wird eine religiöse Kompetenz erwartet.
Lehrende sollten fähig sein, das Erbe der protestantischen Kultur in eine europäisch ausgerichtete Bildung zu übertragen (z.B. Glaube und Verstehen im Umgang mit einer von Zweckrationalität bestimmten Welt; Ehrfurcht vor dem Leben; sorgsamer Umgang mit der Schöpfung; Entfaltung eines Sinnes für Gerechtigkeit; Verantwortung für die Gemeinschaft).
Zusammengefasst könnten diese Fähigkeiten und Kompetenzen als Professionalität des Umgangs mit Normen, Weltanschauungen und Religiosität bezeichnet werden, die von den Studierenden erworben wird.

Evangelische/christliche Schulen in Europa haben einen gemeinsamen Nenner. Ihr Fundament ist das Christentum und die daraus erwachsene kulturelle und religiöse Lebenswelt. Christen gestalten Leben und Lernen immer wieder aus diesem Fundus heraus und tragen zum gesellschaftlichen Leben in der Gegenwart bei.

Evangelische Schulen benötigen Lehrkräfte, die sich dieser Verantwortung bewusst sind und die den fachlichen Voraussetzungen genügen.Dementsprechend verlangt eine Lehrerbildung von den Studierenden Kenntnisse des Christentums, von dessen Geschichte und entsprechende Bibelkenntnisse, die aber den Glauben nicht einfordern.

Um einen gegenseitigen Austausch und eine Verständigung unter Einrichtungen der Lehrerbildung in evangelischer Verantwortung in Europa zu ermöglichen, laden wir zur Bildung eines „Netzwerk evangelische Lehrerbildung in Europa“. Es hat zunächst drei Aufgaben:

- Förderung des Austauschs von Studierenden
- Entwicklung und Durchführung eines gemeinsamen Kurses „Evangelische Erziehung in Europa“
- Entwicklung und Durchführung gemeinsamer Weiterbildungsangebote

Klingenthal, den 8.November 2007

Die genannten Beispiele haben gezeigt, dass der Protestantismus vor Herausforderungen im Blick auf seine Bildungsverantwortung steht, für die es gegenwärtig einen Kairos des Handelns gibt. Es wäre höchst bedauerlich, wenn der Protestantismus in Europa die Chance des „offenen Fensters“ verpassen würde.

Protestantische Werte-Erziehung und ihr Beitrag für das Zusammenwachsen Europas

REINHOLD MOKROSCH

Szene aus einem Oberstufenkurs Ev. Religionslehre (12. Schuljahr)

Als Universitäts-Professor für Praktische Theologie/Religionspädagogik übernehme ich in unregelmäßigen Abständen Lehraufträge für ev. Religionslehre an Schulen, um Kontakt zur jeweiligen Jungend-Generation zu halten. Dabei versuche ich u.a., die Jugendlichen aus *protestantischem* Geist ethisch zu bilden. Ich erinnere mich lebendig an eine Doppelstunde zum Thema Gewaltverzicht und Feindesliebe in der Bergpredigt. Wir hatten uns auf folgende Verse der 5. und 6. Antithese Jesu konzentriert:

> *„Ihr habt gehört, dass gesagt ist: Auge für Auge, Zahn für Zahn (Ex 21,24). Ich aber sage euch: Widerstehet nicht dem Bösen! Sondern: Wenn dich jemand auf die rechte Wange schlägt, dann biete ihm auch die andere dar. Und wenn jemand mit dir rechten will und dir dein Obergewand nimmt, dann lass ihm auch dein Untergewand. Und wenn dich jemand nötigt, mit ihm eine Meile zu gehen, dann gehe mit ihm zwei...Ich sage euch: Liebt eure Feinde und bittet für die, die euch verfolgen." (Mt 5, 38-41.44)*

Ich hatte die Jugendlichen zunächst nach Palästina entführt und die drei Bilder „Rechte und linke Wange", „Ober- und Untergewand" und „Zwei-Meilen-Frondienst" erläutert. Außerdem hatte ich ihnen die Entwicklung rechtlicher Vergeltungsregelungen von vergeltender Rache (1200 v. Chr. Codex Hammurabi: Auge um Auge, Zahn um Zahn) über Wiedergutmachung (8. Jh. v. Chr. Ex. 21, 24: Auge für Auge, Zahn für Zahn) bis hin zu Jesu Forderung der Feindesliebe erklärt.

Natürlich kam von vielen sofort der Einwand: Feindesliebe ist Traumtänzerei! Nicht realisierbar! Sollen die Terror-Opfer vom 11. September ihre Mörder etwa noch lieben? Ausgeschlossen! Feindesliebe und völlige Gewaltlosigkeit sind weder im privaten noch im öffentlichen Leben möglich und auch nicht sinnvoll.

Ich berichtete daraufhin von Gandhis Salzmarsch 1923: Hunderte seiner Anhänger waren an den verbotenen Pazifik-Strand vorgedrungen, um Salz zu schöpfen und die ungerechte Salzsteuer der britischen Kolonialherren aufzuheben. Sie standen regungslos vor Dutzenden britischer Soldaten, – als plötzlich ein Signal ertönte und die Briten mit ihren Schlagstöcken auf die Schädel der Gandhi-Anhänger eindroschen. Niemand erhob zur Abwehr auch nur eine Hand, sondern alle ließen sich niederknüppeln und lagen blutend mit zertrümmertem Schädel und zerbrochener Schulter im Sand. Diese Botschaft ging um die Welt und beschämte die englische Kolonialmacht derart, dass sie Indien verlassen mussten. Die Gewaltlosen hatten gesiegt, die Gewalttätigen hatten verloren.

Meine Schüler und Schülerinnen waren tief beeindruckt, Karin meinte aber: „Mit Feindesliebe hatte das nichts zu tun! Die liebten doch die englischen Besatzer nicht. Sie verhielten sich nur gewaltlos und erlitten Gewalt. Aber Feindesliebe? Davon konnte doch keine Rede sein!" Ich hakte ein: „Gut, aber immerhin war diese Gewaltfreiheit doch sinnvoll und hat einen halben Kontinent befreit!" Daraufhin Gunnar: „Das war damals vielleicht noch möglich. Heute ist alles globalisiert und militarisiert. Da hat nur noch Gewalt eine Chance. Ne, beides geht heut' wirklich nicht mehr: weder Gewaltfreiheit noch Feindesliebe!"

Verena wurde nachdenklich: „Vielleicht geht's im privaten Alltag doch!? Ich stelle wenigstens fest, dass es gut ist, wenn ich nicht zurück schreie. Ob das mit der Feindesliebe funktioniert, weiß ich nicht. Ich hab' keine Feinde!" Claudia stieg ein: „Da gehört doch eine unheimliche Disziplin dazu, nicht zurück zu schreien, nicht zurück zu schlagen, sondern sich erschlagen zu lassen, wie die Gandhi-Leute. Da muss man doch eine innere Kraft haben. Und einen Glauben an die Gewaltlosigkeit und gegebenenfalls an Feindesliebe. Woher hat man das?"

Ich fühlte mich herausgefordert: „Christen glauben ja, dass Gott durch seine Menschwerdung sie innerlich erneuert und ihnen eine spirituelle Kraft zum Durchhalten von Gewaltlosigkeit gegeben hat." Einige Schüler und Schülerinnen schauten mich verständnislos an; andere fragten: „Wie soll man sich das vorstellen? Wie `ne Geistausgießung zu Pfingsten?" Ich setzte nach: „Gott wurde Mensch und ist uns Menschen seitdem ganz nahe gekommen. Wenn wir das als Vorbild nehmen, dann kommen auch wir anderen ganz nahe, wenn wir uns mit ihnen solidarisieren. Das glauben Christen." „Hm", einige schalteten ab, andere fragten nach, wie das konkret aussehen könnte. Ich vereinfachte: „Weil Gott mir und allen Menschen zum Nächsten geworden ist, sollte auch ich jedem Menschen, auch meinem Gegner, zum Nächsten werden." Und ich fügte hinzu: „Ich verstehe Feindesliebe als radikalisierte, d.h. auf jeden Mitmenschen bezogene Nächstenliebe!"

Gunnar mischte sich wieder ein: „Das mit Gottes Menschwerdung ist ja schön und gut, aber wer kann schon (und jetzt wurde er pathetisch) Gottes Menschwerdung nachmachen?" Verena vertrat ihre alte Meinung: „Doch, solche göttliche Kraft durch Jesus Christus kann man in sich spüren. Mir geht das wenigstens so. Andere haben vielleicht ihre Lebenskraft woanders her." Das weitere Gespräch verlor etwas an Brisanz. Bald schellte auch die Schulglocke.

Merkmale protestantischer Werte-Erziehung

Diese Unterrichtssequenz enthielt m.E. wesentliche Elemente protestantischen Werte-Verhaltens und protestantischer Werte-Erziehung: den Glauben an Gottes Rechtfertigung und Geistbegabung, welche den einzelnen z.B. zu Gewaltverzicht und Feindesliebe befähigen; die Überzeugung, dass man solchen Akt der Rechtfertigung durch Erziehung nicht herbeiführen, sondern nur auf ihn vorbereiten kann; die Vorstellung, dass Christen sich Gottes Menschwerdung zum Vorbild nehmen, um auf andere liebevoll zuzugehen und ihnen gegebenenfalls zu vergeben; der prinzipielle Verzicht auf Gegengewalt und Gewalt überhaupt – auch in einer globalisierten und militarisierten Welt; der Gaube an den Sinn von Feindesliebe als radikalisierter Nächstenliebe; u.v.a.

Ich versuche, diese und andere typische Merkmale protestantischer Werte-Erziehung (und protestantischen Werte-Verhaltens) im Rückgriff auf die Reformation genauer zu beschreiben. Es sind fünf Merkmale:

1. Merkmal: *Gottes Werte-Erziehung (im Akt seiner Menschwerdung) geht menschlicher Werte-Erziehung voraus. Deshalb sollten protestantische Werte-Erzieher, an Gottes Werte-Erziehung anknüpfen und sie nachvollziehen.*

M. Luther betonte in seiner Schulschrift von 1524 „An die Ratsherren aller Städte deutschen Landes, dass sie christliche Schulen aufrichten und halten sollen" und in anderen Schriften, dass sich ethische Erziehung an Gottes ethischer Erziehung ausrichten solle. Und diese „Pädagogie Gottes", wie er sich ausdrückte, erkannte er in Gottes Menschwerdung. Religionspädagogisch brisant formulierte er: „Gott, weil er Menschen ziehen wollte, musste Mensch werden. Wollen wir Kinder ziehen, müssen wir mit ihnen lallen."[1] Besser kann

---

1 Aus: Deutsche Messe und Ordnung des Gottesdienstes 1526, in: Weimarer Ausgabe (WA) 19, S. 78, und aus: Großer Katechismus 1529, in: WA 30/1, S. 143.

man m.E. die Analogie zwischen Gottes Erziehung an uns und unserer Erziehung an unseren Kindern und Jugendlichen nicht ausdrücken. Unsere ethische Erziehung soll, so forderte er, ein Nachvollzug bzw. eine Nachfolge der Deszendenz und Menschwerdung Gottes sein. Wie Gott uns nahe gekommen ist, so sollen auch wir allen Mitmenschen, auch unseren Gegnern und Feinden, nahe kommen. Ethische Erziehung ist demnach eine Imitatio Dei in Gestalt einer Imitatio Christi (Nachfolge Gottes durch Nachfolge Christi).

Ph. Melanchthon hielt ebenfalls Gottes Inkarnation unter dem Gedanken einer Annahme jedes Menschen für eine Voraussetzung für Bildung und Erziehung.[2] Und J. Calvin hielt sogar Christi gesamtes Heilswerk für Gottes Pädagogie, das Kirchen und Schulen im Glauben weiterführen sollten.[3]

Für die Praxis bedeutet das: Protestantisch ausgerichtete Ethik-Lehrer/innen sollen sich bei ihrer Werte-Erziehung als „Nachfolger Christi“ und „Nachahmer Gottes“ verstehen. Sie sollen sich ihren Kindern und Jugendlichen so liebevoll zuwenden, wie auch Christus sich den Menschen, insbesondere den Kranken, zugewandt hat. In seiner Ratsherrenschrift mahnte Luther deshalb die Lehrer und Ratsherren: „Gott klopft an und lädt uns ein, das junge Volk fein zu lehren und zu erziehen. So ist es nötig, dass wir die Gnade Gottes nicht in den Wind schlagen und ihn nicht umsonst anklopfen lassen. Er steht vor der Tür, wohl uns, wenn wir ihm auftun…Gott bietet sich uns reichlich an und streckt uns die Hand hin und gibt uns alles, was dazu nötig ist.“[4] So sollten alle Erzieher/innen im Vertrauen auf Gott dessen Pädagogie nachahmen und ihm nachfolgen.

2. Merkmal: *Protestantische Werte-Erzieher sollten ihren christlichen Adressaten bewusst machen, dass diese von Gott angenommen, gerechtfertigt und befreit sind. Sie sollten wie Hebammen die in ihnen verborgene Rechtfertigungsgnade ins Bewusstsein heben. Erst danach sollten sie sie zu christlich ethischem Urteilen, Entscheiden und Handeln auffordern.*

Der Glaube an die vorgängige Pädagogie Gottes enthält den Glauben, dass nicht der Ethik-Lehrer, sondern Gott selbst den Keim für gute Taten im Adressaten legt. Mit seiner Rechtfertigungsgnade hat Gott nämlich jedem Menschen Freiheit vom Selbstverwirklichungszwang ermöglicht und ihm die Augen für die Belange des Nächsten geöffnet. Pädagogen brauchen solchen Keim nicht mehr zu pflanzen, sondern sie sollen ihm nur zum Durchbruch und Wachsen

---

2 Vgl. *Ph. Melanchthon*, Werke III, 86, S. 174f.
3 Vgl. *J. Calvin*, Institutio Religionis Christianae, 1564, IV,1,5.
4 WA 15, S. 31f.

verhelfen. Sie sollen (nur) „Gehilfen der Freude“ sein, wie Paulus sich ausdrückte (2. Kor 1,24). Sie sollen (nur) „Hebammendienste“ leisten. Sie sollen (nur) die von Gott geschenkte Freiheit ins Bewusstsein ihrer Schüler/innen rücken. Sie sollten (nur) als Geburtshelfer wirken. Wie sollen sie das machen? Ist so etwas pädagogisch möglich?

3. Merkmal: *Zur Wahrnehmung der von Gott geschenkten Rechtfertigungsgnade und Freiheit ist es notwendig, zwischen Reich der Welt und Reich Gottes, äußerem und innerem Menschen, Gesetz und Evangelium und eigener und göttlicher Gerechtigkeit unterscheiden zu können. Denn Gottes Rechtfertigungsgnade ist nur im jeweils zweiten Glied dieser Dichotomien wahrnehmbar. Deshalb sollten protestantische Werte-Erzieher/innen ihre Schüler/innen zu solchen Unterscheidungen anleiten.*

Die Fähigkeit zur Unterscheidung zwischen *„Reich der Welt“ und „Reich Gottes“* ist für ethisches Wertverhalten und ethische Werte-Erziehung dringend notwendig. Denn man kann Gottes Rechtfertigungsgnade und Freiheit im Inneren nur auffinden, wenn man sich als Angehöriger des „Reiches Gottes“ fühlt. Zu solchen Bürgern des Reiches Gottes qualifizierte Jesus in seiner Bergpredigt seine Jünger und alle auf Gott Vertrauenden („Selig sind, die geistlich arm sind, ihnen gehört das Reich Gottes“, „Selig sind Friedensstifter, sie werden Gottes Kinder heißen“, Mt 5,3.9) und mutete ihnen von daher Gewaltlosigkeit und Feindesliebe im „Reich der Welt“ zu. Das ist ein typisch protestantischer Gedanke, dass man nach der Bergpredigt nur leben kann, wenn man mit einem Bein im „Reich Gottes“ steht, um mit dem anderen Bein im „Reich der Welt“ zu agieren. – Zwar schränkte Luther ein, dass man nach der Bergpredigt nur als „Privatperson“, d.h. in privaten Angelegenheiten leben und handeln könnte, nicht als „Amtsperson“, d.h. in der Verantwortung für andere. Aber diese Einschränkung müssen wir heute ja nicht mitmachen. Wichtig bleibt Luthers Gedanke, dass man sich als Bürger des „Reiches Gottes“ fühlen sollte, um in der Welt Gewaltlosigkeit, Feindesliebe, Versöhnung und Vergebung zu üben.

Ferner ist die Unterscheidung zwischen *äußerem und innerem Menschen* wichtig, um die von Gott geschenkte innere Freiheit entdecken zu können. Denn Gott handelt am inneren, weltliche Erziehung aber am äußeren Menschen. Gott erneuert den Menschen von innen, Erzieher bewegen ihre Schüler/innen zu verantwortlichem Verhalten von außen. Der von Gott erneuerte Mensch als Basis für verantwortliches Verhalten ist ein protestantisches Credo. Die altprotestantische Orthodoxie (W. Ratke) sprach von „innerer Erleuchtung“, der Pietismus (A.H. Fancke) von „Wiedergeburt“.

Auch die Fähigkeit zur Unterscheidung zwischen *Gesetz und Evangelium* ist zur Wahrnehmung der inneren Rechtfertigungsgnade notwendig. Jeder Christ, so Luther, müsse erkennen, dass er mit dem weltlichen (Bürgerliches Recht, Grundwerte, Menschenrechte) und göttlichen (Bergpredigt, Dekalog, Haustafeln) Gesetz urteilen, entscheiden und handeln soll, und dass er mit dem Evangelium sich seiner Geschöpflichkeit, Rechtfertigung und Erlösung bewusst werden kann. Auch Luthers Hinweis zum dreifachen Gebrauch des Gesetzes ist für protestantische Werte-Erziehung heute noch wichtig: Der theologische Gebrauch zeige uns, dass wir nicht in der Lage seien, das göttliche Gesetz, z.B. die Bergpredigt, zu erfüllen, sondern dass wir der Rechtfertigungsgnade bedürften. Der politische Gebrauch des Gesetzes leite uns an, dieses Gesetz mit Gottes Gnade zu erfüllen. Und der „heiligende“ Gebrauch des Gesetzes gebe Anleitung, um als „Wiedergeborener“ das Gesetz zu erfüllen.

Schließlich ist die Fähigkeit zur Unterscheidung zwischen *eigener und göttlicher Gerechtigkeit* zur Wahrnehmung von Gottes Rechtfertigung und Befreiung notwendig, weil der Christ eben auch entdecken soll, dass er göttliche Gerechtigkeitsmaßstäbe in sich trägt. Er urteilt, entscheidet und handelt ja einerseits nach weltlichen Gerechtigkeitsmaßstäben wie Bestrafung, Belohnung, Leistung usw., andererseits aber auch nach göttlichen Gerechtigkeitsmaßstäben wie Vergebung, Nächstenliebe, Feindesliebe, Gewaltfreiheit usw. Beides soll er unterscheiden, um die ihm von Gott geschenkte göttliche Gerechtigkeit in sich entdecken zu können.

Aufgabe protestantischer Werte-Erzieher/innen ist es, wie gesagt, ihre Adressaten zu diesen Unterscheidungen zu befähigen. Das ist freilich eine immens schwere, aber mögliche Aufgabe.

4. Merkmal: *Protestantische Wert-Erzieher/innen sollten selbst vom Rechtfertigungsglauben erfüllt sein, um erfolgreich ethisch erziehen zu können. Protestantische Werte-Erziehungslehre ist nämlich auch eine Werte-Erzieherlehre.*

Protestantische Werterzieher/innen haben eine Vorbildfunktion für ihre Adressaten. Nur wenn sie selbst Gottes Rechtfertigung am eigenen Leib erfahren haben, können sie überzeugend ihre Schüler/innen zur Wahrnehmung von Gottes Rechtfertigung anleiten. Und nur wenn sie selbst aus Rechtfertigungsglauben heraus ethisch verantwortlich urteilen, entscheiden und handeln, können sie auch ihre Schüler/innen zu solchem Verhalten anleiten. Nur als gläubige Christen sind sie für ihre Schüler/innen glaubwürdig. – Das bedeutet selbstverständlich nicht, dass sie auch evangelischer Konfession sein sollten. Mit „evangelisch“ ist nicht die evangelische Konfession gemeint, sondern der „Geist des Evangeliums“. Diesen können Katholiken selbstverständlich genauso vertreten wie Protestanten. Es kommt darauf an, dass die Lehrkraft aus Rechtfertigungsglauben, d.h. aus dem Evangelium heraus handelt und ethisch erzieht.

5. Merkmal: *Protestantische Werte-Erzieher/innen sollten ihre Adressaten nach der Aufdeckung von deren innerer Rechtfertigung und Befreiung anleiten, auf dieser Grundlage verantwortlich zu urteilen, zu entscheiden und zu handeln. D.h. sie sollten ihnen helfen, insbes. Gottes Gebote wie Bergpredigt, Dekalog, Haustafeln etc. so weit wie möglich im Alltag zu verwirklichen. Sie sollten sie zu einer kritischen Moral führen.*

Inhaltlich geht es protestantischer Werte-Erziehung um spezifisch im Christentum tradierte Werte wie Schöpfungsbewahrung (Gen 1,28; 2,15), Nächstenliebe (Lk 10,25-37), unbegrenzte Vergebung (Mt 18,22), Versöhnung (Mt 5,23f), Wahrung der Geschöpflichkeit (Gen 1,27), Fernstenliebe (Mk 7, 24-30) und eben Gewaltlosigkeit und Feindesliebe (s.o.). Denn Gott hat uns Rechtfertigungsgnade und Freiheit geschenkt, damit wir diese sog. christlichen Werte realisieren können. Protestantische Werte-Erziehung hat die Aufgabe, Kinder, Jugendliche und Erwachsene nicht nur zu alltäglicher, sondern zu außerordentlicher, von Christus initiierter Moral anzuleiten. Sie verlangt enorme Anstrengungen, z.B. Unrecht zu ertragen und zu erleiden – um des Friedens willen.

Luther hatte kurz vor seinem Tod im Februar 1546 den zerstrittenen Grafen von Mansfeld folgende Fabel erzählt: „Zwei Ziegen treffen sich auf einem schmalen Steg, der über einen reißenden Gebirgsbach führt. Was sollten sie machen? Zurückweichen konnten sie nicht; sie wären abgestürzt. Kämpfen und stoßen konnten sie nicht; sie wären abgestürzt. Aneinander vorbeigehen konnten sie nicht; sie wären abgestürzt. Was tun sie? Die eine Ziege beugt sich nieder und lässt die andere über sich treten.“ „So müssen wir bereit sein, zu leiden und auf uns treten zu lassen, damit Frieden entsteht“, rief er den Grafen ins Gewissen. Für ihn bedeutete christliches Wertverhalten, zum Unrecht leiden bereit zu sein, um Frieden zu stiften. Die Gandhi-Anhänger kamen dieser Forderung total nach, – auch wenn sie dabei keine Feindesliebe übten.

Diese Haltung der Bereitschaft zum Unrecht leiden ließe sich auch auf die anderen genannten christlichen Werte beziehen. Protestantische Moral ist von solcher Leidensbereitschaft (theologia crucis) um des Nächsten willen geprägt. Der sich frei und gerechtfertigt fühlende Christ ist bereit, Christus nachzufolgen und Gottes Weg „nachzuahmen". Er fühlt sich dazu ermächtigt und ermutigt.

Diese fünf Merkmale protestantischer Werte-Erziehung möchte ich aus didaktischen Gründen in propädeutische und postpädeutische unterteilen. Die ersten vier Merkmale tragen *propädeutischen* Charakter, weil es hier Aufgabe der Lehrkraft ist, die Schüler/innen angesichts anstehender ethischer Konflikte, Fragen und Probleme noch nicht zu Lösungen zu motivieren, sondern ihnen zunächst bewusst zu machen, dass man ohne transzendente Hilfe kaum zu Lösungen und stabilen Verhaltensweisen kommen kann und dass sie deshalb nach göttlichen Kräften, die Gott in ihnen gepflanzt hat, suchen sollten. Die Lehrkraft soll wie ein Geburtshelfer diese göttlichen Kräfte in den Schülern/innen zum Leben erwecken. Das fünfte Merkmal trägt dann *postpädeutischen* Charakter, weil es die Lehrkraft auffordert, die Schüler *nach* Entdeckung von deren innerer Lebens- und Versöhnungskraft diese im Alltag für versöhnendes Verhalten anzuwenden. Hier geht es dann um Konfliktanalysen, Werte- und Normen-Abwägungen, Verhaltensalternativen, Urteile, Entscheidungen und Handlungsoptionen. Beide Aufgaben sollten protestantische Werte-Erzieher/innen immer zugleich im Auge haben.

Zur Aktualität solcher reformatorisch ausgerichteten protestantischen Werte-Erziehung

Ist solche pro- und postpädeutische protestantische Werte-Erziehung noch heute aktuell? Ist eine Erziehung zum Auffinden von Gottes Rechtfertigungsgnade im eigenen Herzen angesichts der vielen sozial- und individualpsychologischen ethischen Erziehungskonzepte nicht obsolet geworden? Ja, das reformatorische Konzept ethischer Erziehung bedarf selbstverständlich einer Ergänzung aus der Sozialpsychologie, der Hirnforschung und den sog. Lebenswissenschaften. Aber es enthält tief greifende pädagogisch-ethische Einsichten, die m.E. unaufgebbar sind. Ich möchte sie im Hinblick auf – wie W. Klafki sich ausdrückt – „Schlüsselprobleme" unserer Zeit benennen:

Auf dem Gebiet der *Friedensethik* vertreten zwar manche protestantische Werte-Erzieher/innen noch heute den lutherischen Standpunkt, dass Gewaltverzicht und Feindesliebe nur im privaten, nicht aber im öffentlich-politischen Raum zumutbar seien. Aber andere möchten die o.g. paradox-symbolischen Verhaltensweisen aus der Bergpredigt (andere Wange hinhalten / Ober- und

Untergewand übergeben / zwei Meilen mitgehen) auch in der Politik anwenden.[5] Und bei der Frage nach militärischen Einsätzen aus sog. humanitären Gründen zeigen sich manche in Ausnahmefällen zur Gewalt zwar bereit, andere aber lehnen sie ab. Die protestantischen Positionen divergieren. Aber beide Seiten verbindet der Glaube, dass jeder Jesu Bergpredigtforderungen so weit wie möglich realisieren möchte und aufgrund seiner inneren Befreiung durch Gott auch realisieren zu können glaubt. Und beide Seiten vertrauen auf göttliche Hilfe, – auch bei einem Scheitern. – Diese Haltung sollten die Werte-Erzieher/innen ihren Schülern/innen pro- und postpädeutisch nahe bringen, ohne diese zu bevormunden. Sie sollten sich dabei nur als Geburtshelfer verstehen, damit ihre Adressaten aus innerer Freiheit heraus selbst verantwortlich urteilen, entscheiden und handeln können.

Auf dem Gebiet der *Ökoethik* vertreten protestantische Werte-Erzieher/innen i.d.R. ein Schöpfung bewahrendes Nachhaltigkeitskonzept sowohl für die Fernsten auf dem Globus als auch für die Fernsten in der Zukunft, d.h. für die Noch-Nicht-Geborenen. Solche „Fernstenliebe“ und „Fernstenverantwortung“ entspricht einem Verhalten aus Rechtfertigungsglauben. Denn der Glaube, dass Gott sich mit dem einzelnen und mit der Welt versöhnt hat, fordert zu einer ökologischen Bewahrung der Schöpfung und zu einer ökumenischen Verantwortung für den ganzen Weltkreis heraus. Das muss pädagogisch vertreten werden.

Auf dem Gebiet der *Bio- und der Gen-Ethik* sind sich zwar alle protestantischen Werte-Erzieher/innen in einer Ablehnung jeglicher bio- oder gentechnischer Manipulation, Genkarte oder Genomanalyse am Menschen und der Wahrung der Schöpfungswürde und der Gottebenbildlichkeit jedes Menschen einig. Aber uneinig ist man sich in der Frage, welche bio- und gentechnischen Eingriffe notwendig und welche überflüssig sind. Ist gentechnische Medikamentenherstellung notwendig, gentechnische Lebensmittelproduktion aber nicht? Sind Embryonenforschung, Klonen, Leihmutterschaft, Xenotransplantation u.ä. zu verbieten, Gentherapie, gentechnische Herstellung von Organen und homologe Invitrofertilisation aber zu fördern? Sind gentechnische Verbesserungen an Nutzpflanzen zu erlauben, an Nutztieren aber zu verbieten?, usw. Diese Fragen sind – typisch für protestantische Ethik – strittig. Aber einig sind sich protestantische Werte-Erzieher/innen, dass jeder Christ aus

---

[5] Vgl. dazu mein Buch „Die Bergpredigt im Alltag. Anregungen und Materialien für die Sek. I und II“, Gütersloher Verlagshaus 1991.

Rechtfertigungs- und Schöpfungsglauben heraus verantwortlich für die Schöpfung und für den Menschen entscheiden kann und dass seine gewissenhafte Entscheidung auch zu respektieren ist. Falls sie sich als falsch und destruktiv erweist, sollte ihm die Möglichkeit gegeben werden, neu zu entscheiden. In diesem Geist sollte protestantische Werte-Erziehung praktiziert werden.[6]

Auf den schwierigen Gebieten der *Reproduktionsmedizin, der Technik-Entwicklung, der Armutsbekämpfung, der gerechten Wirtschaftsordnung, der Gleichberechtigung und Gleichstellung von Männern und Frauen, der interkulturellen und interreligiösen Toleranz* u.v.a. sieht der Prozess der Wertfindung und der Werte-Erziehung unter Protestanten ähnlich aus: Die Positionen und Entscheidungen divergieren. Aber es besteht Einigkeit, dass der aus Rechtfertigungsglauben Urteilende zu tiefer Verantwortung fähig ist und deshalb mit seinem Urteil respektiert werden muss. Protestantische Werte-Erzieher/innen sollten deshalb ihren Schülern/innen verschiedene mögliche ethische Konsequenzen zu anstehenden ethischen Fragen aus jeweiligem Rechtfertigungsglauben vortragen. Aber die Entscheidung müssen ihre Schüler/innen dann selbst treffen. Freilich gilt das nur, wenn sie wirklich den Eindruck gewinnen, dass die Jugendlichen aus tiefer Verantwortung heraus urteilen und entscheiden.

Kann eine solche protestantische Werte-Erziehung einen Beitrag für das Zusammenwachsen Europas leisten?

Auf den ersten Blick lautet die Antwort eindeutig *„Nein!“*. Denn unter den 48 europäischen Ländern wird nur in Deutschland, Österreich und Nord-Irland ein protestantisch ausgerichteter konfessioneller Religionsunterricht erteilt. Zwar wird auch in Spanien, Belgien, Serbien, Montenegro, Bulgarien, Mazedonien, Litauen und Griechenland konfessionell getrennt unterrichtet. Aber in diesen Ländern gibt es nur katholischen oder orthodoxen und (fast) keinen protestantischen Religionsunterricht. Und in den anderen europäischen Ländern wird entweder multikonfessionell (Estland, Schweiz, Moldawien, Niederlande) oder gar multireligiös (Island, Norwegen, Schweden, Finnland, Eng-

---

6 Näheres habe ich erläutert in meinem Artikel „Bio- und Gentechnik“, in: Lexikon der Religionspädagogik 2001, Sp. 198-201.

land und Irland) unterrichtet.[7] Und wenn man voraussetzt, dass protestantische Werte-Erziehung am ehesten im protestantisch ausgerichteten Religionsunterricht durchgeführt werden kann, dann muss die Antwort eben „Nein!" lauten.

Aber auf den zweiten Blick möchte ich mit einem klaren *„Ja!"* antworten. Denn die protestantische Position ethischer Erziehung ist zwar positionell eindeutig ausgerichtet, ist aber offen für andere Positionen und vermag diese zu integrieren, ohne dass sie selbst dabei an Profil verliert. Das möchte ich zum Schluss skizzieren:

Protestantischer Werte-Erziehung ist es wichtig, wie ich darlegte, der von Gott gepflanzten Rechtfertigung und Freiheit im Individuum zur Geburt zu verhelfen. Ich betonte aber auch, dass Protestanten es anerkennen, wenn Schüler/innen eine konstruktive Lebenskraft in sich entdecken, deren Herkunft sie anders begründen als protestantische Christen. Der Protestantismus ist da von seinem Wesen her offen und anerkennt auch andere Quellen verantwortlicher Ethik. Er ist bereit, mit anderen Konfessionen, Religionen und Ideologien in einen Dialog zu treten, – aber freilich nur, wenn deren „Quellen" wirklich lebensförderlich und in keiner Weise destruktiv sind.

Ferner ist der Protestantismus auch in konkreten ethischen Entscheidungen bereit zum Dialog mit Andersdenkenden. Seine Grundpositionen sind freilich Gewaltfreiheit und Feindesliebe, internationale, interkulturelle und interreligiöse Verständigung und Versöhnung, Wahrung von Menschenwürde, Schöpfung und Gottebenbildlichkeit, eine Kultur der Gleichberechtigung, der Wahrhaftigkeit, der Solidarität und der Toleranz u.a.

Aber diese Grundpositionen stimmen formal ja schon mit Hans Küngs Welt-Ethos zusammen. Und das zeigt, dass sie integrierenden und nicht ausschließenden, separierenden Charakter haben. Protestanten sind bereit zum Dialog mit anderen Kulturen und Religionen. Und dabei wenden sie sich anderen Kulturen zu, wie sich Gott in seiner Menschwerdung der Menschheit zugewandt hat. Aber wie Christus klar das Humane gegen das Inhumane durchgesetzt hat, so möchten auch Protestanten das Lebensförderliche gegen das Lebensfeindliche durchsetzen. Trotzdem bleiben sie gesprächsoffen.

Eine solche ethische und pädagogisch-ethische Haltung dient m.E. dem Zusammenwachsen der verschiedenen Kulturen, Ethnien, Konfessionen und Religionen in Europa. Auch unabhängig vom konfessionellen Religionsunterricht

---

[7] Vgl. die European Map of Interreligious and Values Education in dem Heft von *J. Lähnemann/P. Schreiner* (Hg.), Interreligious and Values Education in Europe, Map and Handbook, hg. vom Comenius-Institut Münster 2008, S. 83.

können und sollen Protestanten den Dialog zu den brisanten ethischen Fragen im gegenwärtigen Europa (gerechte Wirtschaftsordnung in der EU? Kampf gegen Armut? Gleichberechtigung der Ethnien? Kampf gegen Korruption und Diskriminierung? Anspruch auf Eigenstaatlichkeit? Militärische Eingriffe der EU? Entwicklungshilfe der EU? Embryonenforschung in der EU? Bio- und gentechnische Forschung in der EU? Nachhaltigkeitspolitik, besonders Atompolitik der EU? u.v.a.) führen und gegebenenfalls als positionelle Vermittler auftreten. Sie sollten andere nach den „Quellen" ihrer Verantwortungsbereitschaft fragen und sie sollten ihren eigenen Rechtfertigungsglauben als solche „Quelle" bekennen.

In diesem Sinn könnte Protestantische Werte-Erziehung auch ohne die Chance einer direkten Erziehung im Religionsunterricht auf das Zusammenwachsen Europas hinwirken.

Ein Dokument macht Geschichte: Der Römerbrief des Apostels Paulus

WILHELM PRATSCHER

Der Römerbrief des Apostels Paulus hat wie kaum eine andere Schrift des Neuen Testaments, ja der antiken Literatur, eine außergewöhnliche geschichtliche Wirkung. Eine Reihe theologischer und kirchlicher Neuaufbrüche sind mit ihm verbunden, wurden direkt von ihm bewirkt oder mitbewirkt. Die Wirkung ist für den Protestantismus besonders wichtig, aber keineswegs auf ihn beschränkt.

1. Die beabsichtigte Wirkung bei der Abfassung des Römerbriefes

Paulus kannte die römische Gemeinde vor der Abfassung des Briefes nicht persönlich. Sie war vermutlich im Einflussbereich der römischen Judenschaft entstanden, möglicherweise nicht durch gezielte Missionsarbeit, sondern auf den Wegen von Handel, Reisen u. dgl.[1] Um 49 n.Chr. scheinen christliche Gruppen schon existiert zu haben, worauf das Edikt des Kaisers Claudius (Sueton, Vita Claudii 25) hinweisen könnte.[2] Danach seien (führende) Juden, von einem gewissen Chrestus aufgehetzt, wegen fortwährender Unruhestiftung verbannt worden. Darunter könnte sich auch das Ehepaar Aquila und Priska befunden haben, das zunächst in Korinth (1Kor 16,19), dann in Ephesus (Apg 18,18f), schließlich wieder in Rom (Röm 16,3) auftaucht. Unter den Röm 16 Gegrüßten sind vermutlich mehrere römische Christen, die Paulus im Osten kennen gelernt hatte. Sie bilden einen Kreis von ihm Wohlgesinnten, die seine Anliegen in Bezug auf die römische Gemeinde sicher unterstützten. Von diesen Leuten hatte er wohl auch seine Informationen über die Gemeinde, und über diese Leute hatte vermutlich auch die römische Gemeinde erste Informationen über den Apostel.

Die römische Gemeinde war z.Z. des Briefes jedenfalls schon bedeutend. Nicht nur allgemein als Gemeinde der Reichshauptstadt, sondern auch wegen ihrer finanziellen Leistungsfähigkeit und ihres weit reichenden Einflusses über

---

1 Vgl. in neuerer Zeit nur *U. Schnelle,* Einleitung in das Neue Testament, UTB 1830, Göttingen [3]1999, S. 127f.

2 Zur Entstehung und Situation der römischen Gemeinde z.Z. der Abfassung des Römerbriefes vgl. nur *U. Wilckens*, Der Brief an die Römer. I. Röm 1-5, EKK 6,1, Zürich u.a. [2]1987, S. 35-41.

das eigene Gebiet hinaus. Wegen der beiden letzteren Gesichtspunkte setzte Paulus große Erwartungen in sie.

Zum einen betrachtete er Rom als Zwischenstation auf dem Weg nach Spanien. 15,23f schreibt er: „Da ich jetzt in diesen Gebieten keinen Wirkungskreis mehr habe, seit einer Reihe von Jahren jedoch den Wunsch habe, zu euch zu kommen, wenn ich nach Spanien reise – denn ich hoffe, euch auf der Durchreise zu sehen und von euch begleitet zu werden, wenn ich mich vorher an euch einigermaßen gesättigt habe....“. Paulus will in Spanien Mission treiben, d.h. die ganze Welt (das Imperium Romanum) mit dem Evangelium bekanntmachen, nachdem er schon im Osten gewirkt hatte (freilich nur in dessen nördlicher Hälfte und auch hier nur in den Großstädten). Er versteht sich als Bote des kommenden Herrn, er fühlt geradezu einen Zwang auf sich liegen, die gesamte Heidenwelt zu erreichen (1Kor 9,16). Dabei will er nicht auf fremdem Gebiet arbeiten, also auch nicht in Rom, er will die Gemeinde allerdings als Basis für die weitere Arbeit im Westen gewinnen. Der Brief hat damit nicht nur eine geographische Absicht, sondern steht im Rahmen der ganz endzeitlich orientierten Verkündigung des Apostels, hat damit quasi selbst endzeitlichen Rang. Dass er dann nicht mehr Rom als Basis für die weitere Arbeit im Westen benützen konnte, hat mit seinen weiteren Lebensumständen zu tun, konkret: seiner Verhaftung in Jerusalem und seiner Gefangenschaft in Cäsarea und Rom.

Damit hängt unmittelbar der zweite Grund für die Abfassung des Römerbriefes zusammen: die Unterstützung durch die römische Gemeinde in Sachen Kollekte. Die Kollekte ist eine auf dem Apostelkonvent in Jerusalem beschlossene Sammlung in den heidenchristlichen Gemeinden des Paulus zugunsten der Armen in der Jerusalemer Gemeinde (Gal 2,10). Am Ende der Wirksamkeit im Osten möchte Paulus den Geldbetrag nach Jerusalem bringen. Als Zeichen der Gemeinschaft und der Anerkennung seiner Arbeit durch die Jerusalemer Gemeinde liegt ihm sehr an der persönlichen Überbringung, wohl wissend, dass er in Jerusalem viele Feinde hat – Juden und besonders Judenchristen, die ihm schon bisher wegen seiner Stellung zur Tora hart zugesetzt haben. Er fürchtet offenbar, die Reise könnte zu einem Desaster werden und so sein ganzes bisheriges Lebenswerk gefährden. Röm 15,25-32 schreibt er darüber: „Jetzt reise ich nach Jerusalem im Dienst für die Heiligen. Denn Mazedonien und Achaia haben beschlossen, eine Sammlung für die Armen unter den Heiligen in Jerusalem zu veranstalten… Ich ermahne euch aber, Brüder, bei unserem Herrn Jesus Christus und bei der Liebe des Geistes, mit mir in den Gebeten, die ihr für mich an Gott richtet, zu ringen, damit ich gerettet werde vor den Ungehorsamen in Judäa und mein Dienst, der mich nach Jerusalem führt, den Heiligen wohlgefällig sei, auf dass ich nach dem Willen Gottes mit Freude zu euch komme und mich mit euch erquicke."

Paulus fürchtet offenbar, die Jerusalemer Gemeindeleitung, mit dem Herrenbruder Jakobus an der Spitze, könnte sich auf die Seite seiner Gegner schlagen. Jakobus war zwar nie ein Paulusfeind, hatte aber doch eine deutlich andere theologische Position.[3] Paulus ist sich des positiven Ausgangs seiner Kollektenreise durchaus nicht sicher und bittet daher die römische Gemeinde um ihre Hilfe: im Gebet und wohl auch in ihren Verbindungen nach Jerusalem. Offenbar hat die römische Gemeinde bereits in dieser frühen Zeit einen großen Einfluss, den Paulus nutzen möchte. Nur: Wie soll die Gemeinde für jemanden eintreten, den sie selbst gar nicht so gut kennt und von dem sie weiß, dass seine Gegner ihn erbittert hassen und verfolgen? Paulus muss sich also zunächst einmal der Gemeinde präsentieren, er muss darstellen, was er wirklich glaubt und denkt, und er tut das in einer gegenüber früheren Briefen erstaunlich umfassenden, überlegten und differenzierten Weise.[4] Er gibt seine Grunderkenntnisse, die er im Wesentlichen seit seiner Bekehrung und Berufung zum Heidenapostel zumindest implizit hat, nicht auf, formuliert sie aber so, dass er nicht neue Gräben aufrichtet, sondern Grenzen überschreitet, alte Freundschaften festigt und neue zu gewinnen trachtet. Die Frucht dieses Bemühens ist der Römerbrief.

Paulus versucht hier, die Botschaft vom endzeitlichen Heilshandeln Gottes im Leben, Sterben und Auferwecktwerden Jesu theologisch zu durchdenken: Er reflektiert über das Versagen von Heiden und Juden, das Heilshandeln Gottes in Jesus von Nazareth, das neue Sein der Glaubenden, das rechte Verständnis der Tora und die bleibende Zugewandtheit zum erwählten Volk, um nur die wichtigsten Themen zu nennen. Er stellt all das unter das Stichwort der Gerechtigkeit, der Bundestreue Gottes, und formuliert gleichsam überschriftartig am Anfang des Briefes (1,16f): „Ich werde durch das Evangelium nicht

---

3 *W. Pratscher*, Der Herrenbruder Jakobus und die Jakobustradition, FRLANT 139, Göttingen 1987, S. 93-102.

4 Im Römerbrief trägt Paulus systematischer als sonst sein Grundanliegen vor. *E. Lohse*, Der Brief an die Römer, KEK 4, Göttingen [15]2003, S. 45 betont die gegenüber den anderen Paulusbriefen wesentlich stärkere Entfaltung der paulinischen Botschaft und Theologie. Er versteht den Römerbrief „gleichsam als eine Summe des Evangeliums" (ebda.). Melanchthon formuliert noch wesentlich weitgehender: „Tota doctrina Christiana versatur circa hunc locum, quomodo coram Deo iustificemur, seu quid sit iustitia Christiana. Haec definitio caput et summa est universae doctrinae Christianae ... Haec satis sit hoc loco de consilio Pauli, et de argumento Epistolae dixisse" (Dispositio orationis in epistola Pauli ad Romanos, CR 15,445).

im Stich gelassen.[5] Denn es ist eine Kraft Gottes zum Heil für jeden, der daran glaubt, für den Juden zuerst, aber auch für den Griechen. Denn die Gerechtigkeit Gottes wird darin aufgedeckt aus Glauben zum Glauben, wie geschrieben steht: Der aus Glauben Gerechte wird leben." Das Stichwort der Gerechtigkeit Gottes steht beherrschend am Anfang. Wenn vom Römerbrief die Rede ist, muss auch dieses Thema der Gerechtigkeit Gottes im Zentrum stehen. Die Wirkung des Römerbriefes im Laufe der Geschichte ist nicht zuletzt eine Geschichte des Nachdenkens über diese Gerechtigkeit, die deshalb auch im Folgenden besonders ins Auge gefasst werden soll.

2. Die Wirkungsgeschichte des Römerbriefes

Die Wirkung des Römerbriefes im Laufe der Geschichte liegt offen vor Augen und ist in seiner Bedeutung kaum abzuschätzen.

Dabei ist die allererste Wirkung in der Geschichte des Urchristentums zunächst noch gar nicht so groß bzw. nicht deutlich erkennbar: Wir wissen nicht, ob die römische Gemeinde sich in *Jerusalem* für Paulus einsetzte bzw. welchen Effekt ein solcher eventueller Einsatz hatte. Immerhin war Jakobus bereit, unter bestimmten Bedingungen die Liebesgabe aus Mazedonien und Achaia anzunehmen.[6] Ein eventuelles gutes Wort aus Rom könnte durchaus positiv gewirkt haben (obwohl, wie gesagt, Jakobus kein Paulusgegner war). Doch Paulus wurde in eine tumultuarische Szene verwickelt und verhaftet, eine Übergabe der Kollekte wird nicht mehr erwähnt (Act 21,33). Es könnte gut sein, dass eine größere Distanz zum Heidenapostel für die Jerusalemer Gemeinde zu einer Frage des Überlebens in einer immer prekäreren Situation wurde. Das eigentliche Ziel hätte der Römerbrief dann nicht erreicht.

Wir wissen auch nicht, wie der Brief in *Rom* selbst aufgenommen wurde – ungeteilt positiv oder zum Teil bzw. bei einzelnen Gemeindegliedern skeptisch, vielleicht sogar negativ. Insgesamt und auf längere Sicht wurde er freilich positiv rezipiert, denn er wurde aufbewahrt und bekam langsam einen hervorgehobenen (zuletzt: kanonischen) Rang. Paulus selbst wurde in Rom bald eine anerkannte Persönlichkeit. Zwar kam er nur als Gefangener in die

---

5 Ἐπαισχύνομαι ist nicht ein Urteil über die psychische Befindlichkeit des Paulus im Sinne von Schamhaftigkeit, sondern zielt bekenntnisartig auf die Sicherheit , die das Evangelium gewährt: Ich gerate nicht in Schande, wenn ich mich auf das Evangelium einlasse, (vgl. αἰσχύνομαι Phil 1,20; 2 Kor 10,8: „Beschämt werden, zuschanden werden", Bauer/Aland, Wb., S. 48).

6 Act 21,23f nennt durchaus glaubwürdig die Übernahme der Kosten für die Opferhandlungen von vier Nasiräern und die Teilnahme an ihnen.

Stadt und wurde nach einiger Zeit dort auch hingerichtet, er hat aber als solcher zusammen mit dem ebenfalls in Rom ums Leben gekommenen Petrus gleichsam die höchste Stufe apostolischer Wertschätzung erfahren. Schon 1 Clem 5,3-7 wird beiden als Märtyrern höchste Wertschätzung zuteil[7], der Römerbrief hat hier sicher das Seine dazu beigetragen. In der westlichen Kirche werden beide Apostel zu den wichtigsten[8]. Es ist kein Zufall, dass in den reformatorischen Kirchen Paulus eine so prägende Wirkung entfalten konnte.

Die große Bedeutung des Römerbriefes kommt zunehmend in seinem Standort in der *Sammlung von Briefen des Apostels* zum Ausdruck. So steht er um 200 bei Tert Mark 4,5 u.ö. am Schluss der Sammlung, ebenso im sog. Canon Muratori[9]. Im Papyruskodex P^{46} (3.Jh.) dagegen steht er am Anfang[10], was dann auch die übliche Platzierung wurde. D.h. schon in der Alten Kirche wurde der Römerbrief als eine Art „Summe" der paulinischen Theologie betrachtet. Die gesammelten Briefe des Paulus wurden (wie viele andere Schriften des frühen Christentums) im Gottesdienst verlesen, auch wenn sie nicht immer als leicht verständlich galten, wie 2 Petr 3,16 bezeugt: in den Briefen des geliebten Bruders Paulus befinde sich einiges Schwerverständliche, das die Ungefestigten und Unwissenden verdrehen würden. Der Römerbrief wird gewiss auch damit gemeint sein. Das Votum zeigt, dass trotz aller Wertschätzung gewichtige Inhalte oft nicht oder kaum rezipiert wurden. So insbesondere auch die Rechtfertigungslehre. In der Volksfrömmigkeit der Alten (bzw. nicht nur der Alten) Kirche war der Römerbrief erschreckend wenig wirksam.

Die große Bedeutung der Paulusbriefe (und hierin wiederum des Römerbriefes) wird beim „Erzketzer" *Markion* besonders greifbar[11]. Der aus Kleinasien stammende Bischofssohn stellte als erster einen neutestamentlichen Kanon zusammen, bestehend aus dem Lukasevangelium und zehn Paulusbriefen (ohne die Pastoralbriefe Iren Haer 1,27,2; 3,11,7.9; 3,12,12; Tert Carn 2; Epiph Pan 42,9)[12]. Freilich: Aufgrund seines theologischen Ansatzes verwarf

---

7 Im Detail: *H.E. Lona*, Der erste Clemensbrief, KAV 2, Göttingen 1998, S. 158-167.

8 Vgl. schon Ign Röm 5,3, wo Ignatius auf beide als Märtyrer verweist.

9 Vgl. *W. Schneemelcher*, Neutestamentliche Apokryphen in deutscher Übersetzung, I. Evangelien, Tübingen [6]1990, S. 29.

10 Ebda., S. 30.

11 Zur vormarkionitischen Paulusrezeption vgl. ausführlich *A. Lindemann*, Paulus im ältesten Christentum. Das Bild des Apostels und die Rezeption der paulinischen Theologie in der frühchristlichen Literatur bis Marcion, BHTh 58, Tübingen 1979. In neuerer Zeit *ders*., Paul's Influence on ‚Clement' and Ignatius, in: *A.F. Gregory/C.M. Tuckett* (Hg.), Trajectories through the New Testament and the Apostolic Fathers, Oxford u.a. 2005, S. 9-24.

12 Die Texte sind zusammengestellt bei *E. Preuschen* (Hg.), Analecta. Kürzere Texte zur Geschichte der Alten Kirche und des Kanons. II: Zur Kanonsgeschichte, SQS 1,8,2, Tübingen [2]1910, S. 6-9.

er das Alte Testament und strich alle Bezüge darauf bzw. alle Hervorhebungen des jüdischen Volkes aus seinem Text. Die Kanonsbildung der werdenden katholischen Kirche (oder: Großkirche) wurde dadurch zwar nicht erst angeregt, wohl aber enorm beschleunigt. Man musste die genannten Schriften in ihrer unrezensierten Form verbreiten, m.a.W. einen eigenen Kanon erarbeiten, der frei war von den dogmatisch motivierten Änderungen Markions. Die Bedeutung des Römerbriefes (bzw. der paulinischen Schriften) wurde in diesem Prozess sicher enorm gesteigert, auch wenn das z.T. mehr eine formale Sache war und die Ausbreitung paulinischen Gedankengutes nicht im gleichen Verhältnis betroffen war.

Gleichwohl: In der Zukunft spielten die Paulusbriefe, insbesondere der Römerbrief und hier wiederum seine Lehre von der Rechtfertigung der Gottlosen, an bestimmten geschichtlichen Punkten eine nicht abzuschätzende Rolle.[13] Es gibt eine großartige weitere Wirkungsgeschichte, die in einigen Punkten etwas vor Augen gestellt werden soll. [14]

Eine wichtige Rolle spielte Paulus (bzw. im Besonderen der Römerbrief) in der altkirchlichen Schultheologie, genauerhin in der Exegese des alexandrinischen Theologen *Origenes* (+ 253/254).[15] Die göttliche Gerechtigkeit werde von Christus gelehrt, durch Offenbarung mitgeteilt und nur im Glauben erkannt. Da Origenes jedoch (auf dem Hintergrund der antiken Tugendlehre) die Gerechtigkeit Gottes nicht im paulinischen Sinn als Bundestreue Gottes versteht, sind die Weichen gestellt für die später häufig vorliegende Unausgeglichenheit im Verständnis der Gerechtigkeit Gottes: sie wird auf das Heil wie auf das Gericht bezogen. Sie ist Heil und Unheil zuweisende Gerechtigkeit.

Ein entscheidender Schritt hin zu einem biblischen Verständnis von Gerechtigkeit Gottes liegt im sog. *Ambrosiaster* vor (2. Hälfte des 4. Jhs. n. Chr.), einem fälschlich dem Kirchenvater Ambrosius von Mailand zuge-

---

13 Für das 2. Jh. sei nur an Justin erinnert, dessen Rechtfertigungslehre stark von Paulus beeinflusst wurde (Dial 23,3; 92,3 u.ö.), vgl. *O. Michel*, Der Brief an die Römer, KEK 4, Göttingen [14]1979, S. 55.

14 Im Detail: *E. Aleith*, Paulusverständnis in der Alten Kirche, BZNW 18, Berlin 1937; *K.H. Schelkle*, Paulus Lehrer der Väter. Die altkirchliche Auslegung von Römer 1-11, Düsseldorf 1956; *K. Staab*, Pauluskommentare aus der griechischen Kirche. Aus Katenenhandschriften gesammelt und herausgegeben, NTA 15, Münster [2]1984.

15 Origenes' Kommentar zum Römerbrief ist verloren. Erhalten sind nur Fragmente in der Philocalia (*J.A. Robinson*, The Philocalia of Origen, Cambridge 1893), eine verkürzte lateinische Bearbeitung durch Rufin (*C. Hammond – Bammel*, Der Römerbriefkommentar des Origenes. Vet Lat 16, Freiburg 1990-1997) und griechische Scholien in zwei Katenenhandschriften (*A. Ramsbotham,* The Commentary of Origen on the Epistle to the Romans, JThSt 13, 1912, S. 209-224.357-368; 14, 1913, S. 13-22; *K. Staab*, Neue Fragmente aus dem Kommentar des Origenes zum Römerbrief, BZ 18 (1929), S. 72-82). *Schelkle*, a.a.O. (Anm. 14), S. 13A4.

schriebenen Pauluskommentar.[16] Gerechtigkeit Gottes wird hier in erster Linie als Bundestreue Gottes zu seiner Heilsverheißung verstanden. Den Sündern gegenüber komme Gottes Gerechtigkeit als verzeihende Barmherzigkeit zur Wirkung. Die Unausgeglichenheit im Verständnis der Gerechtigkeit Gottes ist damit überwunden, doch wird das nicht recht wirksam, wie das Auftreten des aus Britannien stammenden Theologen *Pelagius* zeigt.[17] Dieser betonte die von Natur gegebene völlige Freiheit des Willens Gott gegenüber. Der Mensch habe von Natur aus die Fähigkeit, die Gebote zu befolgen und so das Heil zu erlangen. Die Schuld Adams wird nur als dessen persönliche Schuld gesehen. Gnade könne der Mensch aufgrund eigener Verdienste erwerben.

Der Kirchenvater *Augustin* (+ 430 als Bischof des nordafrikanischen Hippo Regius) wurde zum großen Gegenspieler des Pelagius. Seine Gnadenlehre wurde nicht erst im antipelagianischen Kampf entwickelt, wohl aber geschichtswirksam. Entwickelt wurde sie von Augustin schon wesentlich früher und zwar durch ein intensives Studium der paulinischen Theologie, besonders des Römerbriefes. Schon seine Bekehrung im Jahre 386 wurde durch die Lektüre von Röm 13,13 bewirkt (Confess 8,12,29).

In der Schrift „De diversis quaestionibus ad Simplicianum" (CChr.SL 44) (396) formuliert er auf der Basis zweier exegetischer Schriften über den Römerbrief (394/95)[18] seine Lehre von Sünde und Gnade. Die Vorstellung der Sünde wird entscheidend vertieft, wenn auch nicht immer in nachvollziehbarer Weise: Röm 5,12 (ἐφ' ᾧ πάντες ἥμαρτον in Bezug auf Adam) lässt sich nicht lokal verstehen und auf eine noch dazu im Zeugungsakt weitergegebene Erbsünde deuten.[19] Gleichwohl hat Augustin das tiefe Sündenbewusstsein des Paulus kongenial erfasst und gegen jede bloß moralistische Auffassung von Sünde gestellt. Entsprechend kommt er auch zu einem vertieften Gnadenverständnis. Rettung gibt es nur durch die Gnade. Um diese von jedem Verdienstgedanken zu befreien, verankert Augustin sie in seiner Erwählungslehre: Gnade geht einerseits (in der Berufung) voraus, andererseits wirkt sie (in der Heiligung) mit. Das Geschenk des Beharrens wird konsequenterweise in Rich-

---

16 *H. I. Vogels* (Hg.), Ambrosiaster qui dicitur Commentarius in Epistulas Paulinas, I-III, CSEL 81, 1-3, Wien 1966-1969. Zwei Beispiele für die Interpretation der „Gerechtigkeit Gottes": „iustitiam dei dicit, quia gratis iustificat inpium per fidem sine operibus legis" … „iustitia est dei, quia quod promisit, dedit" (zu 1,17, CSEL 81,1,37).

17 Zu nennen ist hier vor allem die Erklärung der Paulusbriefe: *A. Souter,* Pelagius' Expositions of Thirteen Epistles of St. Paul, I-III, Cambridge 1922-1931.

18 Expositio quarundam propositionum ex Epistola ad Romanos, MPL 35, S. 2063-2088 ; Epistolae ad Romanos Inchoata expositio, MPL 35, S. 2087-2106.

19 Ausführlich: *E. Brandenburger*, Adam und Christus. Exegetische und religionsgeschichtliche Untersuchungen zu Röm. 5,12-21 (1. Kor. 15), WMANT 7, Neukirchen 1962, S. 168-175.

tung Prädestination ausgezogen, aber keine doppelte Prädestination (zum Heil bzw. Unheil) gelehrt. Die nähere Begründung bleibt wie bei Paulus (Röm 9,10ff: Erwählung Jakobs) offen. Die absolute Freiheit Gottes entzieht sich menschlicher Nachfrage. Heilsgewissheit in einem letzten Sinn kennt Augustin damit freilich nicht, wenn er so betont vom Beharren spricht, auch wenn er dieses als ein geschenktes versteht.

Von größter Bedeutung ist jedenfalls bei Augustin der Durchbruch zu einem einheitlichen Verständnis der Gerechtigkeit Gottes. Sie teilt nicht mehr (je nach Verhalten) Rettung oder Strafe zu, sondern wird verstanden als die Gerechtigkeit, „mit der er den Menschen bekleidet, wenn er den Sünder rechtfertigt" (De spiritu et littera 9,15) und etwas später an derselben Stelle „Die Gnade sollte den kranken Willen heilen und der geheilte das Gesetz erfüllen." Der bei Paulus (im Rahmen seines apokalyptischen Gesamtverständnisses) gegebene universale Aspekt der Gerechtigkeit Gottes kommt bei Augustin nicht in den Blick, aber das gilt im Wesentlichen bis zur Neuentdeckung des apokalyptischen Daseinsverständnisses in der modernen religionsgeschichtlichen Forschung.

Obwohl diese Erkenntnisse Augustins im theologischen Bewusstsein des Mittelalters durchaus bewusst blieben, etwa in der Auslegung des Römerbriefes durch Petrus Lombardus[20], hat doch die Volksfrömmigkeit und die kirchliche Praxis in der Regel ganz anders ausgesehen. Die aristotelisch verstandene, Rettung und Strafe zuteilende Gerechtigkeit prägte das Bewusstsein der Menschen im ausgehenden Mittelalter ganz besonders stark, insbesondere sensible Gemüter wie den jungen *Luther*. In der Lebensgeschichte und theologischen Entwicklung des Reformators hat wieder die Hinwendung zur Schrift, im Besonderen zu Paulus und hier wiederum zum Römerbrief eine überragende Bedeutung. „Das Werk ..... ist für das Schicksal der abendländischen Kirche bestimmend und bedeutsam geworden wie kaum ein anderes" betont E. Ellwein in der Einleitung zu seiner Übersetzung von Luthers Vorlesung über den Römerbrief 1515/16.[21] Luther selbst bezeichnete in der Vorrede zum Römerbrief,

---

[20] *Petrus Lombardus,* Collectanea in omnes D. Pauli apostoli epistolas. In epistolam ad Romanos, MPL 191, S. 1301-1534, zu 1,17 (ebda., S. 1323: „Justitia Dei est qua gratis justificat impium per fidem sine operibus legis"). Zur mittelalterlichen Rezeption des Römerbriefes bzw. der Vorstellung der Gerechtigkeit Gottes, wobei besonders auch Anselm von Laon, Abaelard und Thomas von Aquin zu nennen sind, vgl. *K. Holl*, Die iustitia Dei in der vorlutherischen Bibelauslegung des Abendlandes, jetzt in: *ders.*, Gesammelte Aufsätze zur Kirchengeschichte. III: Der Westen, Tübingen 1928, S. 171-188.

[21] *Martin Luther*. Vorlesung über den Römerbrief 1515/1516, übertragen von *E. Ellwein*, München ^{2}1928, V.

Septemberbibel 1522, WA.DB 7,2, den Brief als „das rechte hewbtstuckt des newen testaments, und das aller lauterst Euangelion".

Noch vor 1517 liegt also die theologische Grundlegung der zukünftigen großen kirchlichen Entwicklungen – und sie ist nicht kirchenpolitische Reorganisation, sondern ernste theologische Arbeit mit dem Römerbrief des Apostels Paulus. Basis ist das zutiefst geprägte Sündenbewusstsein. Die ersten Sätze der Vorlesung: „Das Hauptanliegen und die Absicht des Apostels in diesem Brief ist es, die eigene Gerechtigkeit und Weisheit zu vernichten und die Sünden ... uns wiederum in ganzer Größe und Mächtigkeit vor Augen zu führen ..., um so dann schließlich zu erkennen, dass wir Christus und seine Gerechtigkeit brauchen, damit sie ganz vernichtet würden".[22] Zu Röm 1,1 heißt es: „Denn Gott will uns nicht durch unsere eigene, sondern durch eine außer uns liegende Gerechtigkeit und Weisheit retten, die nicht von uns kommt und entsteht, sondern von anderswoher in uns hineinkommt, die nicht auf unserer Erde wächst, sondern vom Himmel kommt. Also muß man eine ganz außer uns liegende und fremde Gerechtigkeit lehren."[23]

Zu der wichtigen Stelle Röm 1,17 schreibt Luther: „Allein im Evangelium aber wird die Gerechtigkeit Gottes offenbart (d.h. wer und wie einer gerecht sei und werde vor Gott), nämlich allein durch den Glauben ... Denn die Gerechtigkeit Gottes ist der Grund des Heils. Und hier darf wieder unter ‚Gerechtigkeit Gottes' nicht die verstanden werden, durch die einer in sich selbst gerecht ist, sondern durch die wir von ihm selbst gerecht gemacht werden, was durch den Glauben an das Evangelium geschieht. Daher sagt der hl. Augustinus im 11. Kapitel von ‚Über Geist und Buchstaben': ‚Deshalb heißt sie Gerechtigkeit Gottes, weil er dadurch, daß er sie gewährt, Gerechte schafft ...'".[24]

Doch ansatzweise kam Luther schon vor der Römerbriefvorlesung zur grundlegenden reformatorischen Erkenntnis der Gerechtigkeit Gottes. In der Vorrede zum 1. Band der Gesamtausgabe seiner lateinischen Schriften (1545) schreibt er: „Ich begann, die Gerechtigkeit Gottes als die zu verstehen, in der der Gerechte durch das Geschenk der Gnade Gottes lebt, nämlich aus Glauben, und dass die Meinung diese sei: durch das Evangelium wird die Gerechtigkeit Gottes geoffenbart, nämlich die ‚passive' Gerechtigkeit, durch welche uns der barmherzige Gott durch den Glauben rechtfertigt, wie geschrieben steht: der Gerechte lebt aus Glauben. Hier fühlte ich, dass ich geradezu von

22 *K. Aland*, Luther Deutsch. Die Werke Martin Luthers in neuer Auswahl für die Gegenwart, I: Die Anfänge, Göttingen [2]1983, S. 107.
23 Ebda., S. 108.
24 Ebda., S. 113.

neuem geboren sei, dass sich mir die Tore geöffnet hätten und ich ins Paradies eingetreten sei. Da zeigte mir alsbald die ganze Schrift ein anderes Gesicht ...".[25] Luther bezieht sich hier auf die Arbeit an Röm 1,16f im Rahmen seiner Auslegung von Psalm 71, wahrscheinlich im Herbst 1514.

Luther wusste sich scharf getrennt von Volksfrömmigkeit und trivialer Theologie seiner Zeit. Er knüpfte – als Mitglied des Augustiner-Ordens war das kein Zufall – insbesondere an den Kirchenvater Augustin an und bei diesem wiederum an die Sünden- und Gnadenlehre. Dass das Verhältnis zu Gott keine Lohnordung, sondern eine Gnadenordnung ist, hat Luther noch stärker als Augustin betont. Entsprechend stellt sich auch die Frage der Heilsgewissheit für ihn in einem positiveren Licht dar als bei Augustin und auch in der antireformatorisch ausgerichteten Theologie des Konzils von Trient.

Mit der Exegese insbesondere des Römerbriefes öffnete sich für Luther geradezu eine neue Welt. Er hat wie kaum ein zweiter den Charakter der Gerechtigkeit Gottes als eines Geschenkes herausgestellt und so aller Leistungsfrömmigkeit fundamental widersprochen. Zu erkennen freilich, dass (im apokalyptischen Kontext) die Gerechtigkeit Gottes auch, ja vornehmlich, eine göttliche Macht ist, die sich nicht im Charakter eines Geschenkes dem Einzelnen gegenüber erschöpft, blieb im wesentlichen der modernen Exegese vorbehalten. Aber in der Frage von Werkgerechtigkeit oder Heilsgewissheit hat Luther deutlich genug gesprochen.

Die reformatorische Paulus- bzw. Römerbriefrezeption ist selbstverständlich nicht auf Luther beschränkt. Nicht zufällig ist, dass Melanchthons Loci communes aus dem Jahr 1521[26] aus Vorarbeiten zum Römerbrief entstanden sind[27], auch Calvins Institutio aus dem Jahr 1536[28] basiert grundlegend auf diesem Brief, der vom Schweizer Reformator 1539 auch in einem großen Kommentar gewürdigt wurde.[29] Für die weitere Wirkungsgeschichte des Römerbriefes sei nur auf den Begründer der methodistischen Kirche, John Wes-

---

25 Übers. in *B. Lohse*, Epochen der Dogmengeschichte, Münster/Hamburg ^{8}1994, S. 162, lat. Text: WA 54,186, S. 5-13.

26 *P. Melanchthon*, Loci communes rerum theologicarum seu Hyptotyposes theologicae, CR 21, 1854, S. 81-228.

27 Melanchthon verfasste mehrere Auslegungen des Römerbriefes: Dispositio orationis in epistolam ad Romanos, CR 15, 1848, S. 441-492; Commentarii in epistolam Pauli ad Romanos, CR 15, 1848, S. 493-796; Enarratio epistolae Pauli ad Romanos, CR 15, 1848, S. 797-1052.

28 J. Calvin, Institutio religionis Christianae, CR 29, 1863; CR 30, 1864; dt. Übers.: Unterricht in der christlichen Religion, ed. *O. Weber*, Neukirchen 1955.

29 *J. Calvin*, Commentarius in Epistulam Pauli ad Romanos, SHCT 22, *T.H.L. Parker* (Hg.), Leiden 1981; dt. Übers.: Johannes Calvins Auslegung des Römerbriefs und der beiden Korintherbriefe, übers. und bearb. von *G. Graffmann*, *H.J. Haarbeck* und *O. Weber*, Neukirchen 1960.

ley, verwiesen, dessen theologische und kirchliche Neuorientierung 1738 durch die Lektüre von Luthers Vorrede zum Römerbrief entscheidend motiviert wurde.[30]

Als letztes Beispiel für die Geschichtsmächtigkeit der paulinischen Theologie und speziell des Römerbriefes sei *Karl Barth* genannt, der die Theologie des 20. Jahrhunderts wie kaum ein anderer geprägt hat.

Das beherrschende Thema von Barths Römerbrief-Interpretation ist das strenge Gegenüber Gott-Mensch. Im Vorwort zur 2. Auflage 1922 schreibt er: „Wenn ich ein ‚System' habe, so besteht es darin, daß ich das, was Kierkegaard den ‚unendlichen qualitativen Unterschied' von Zeit und Ewigkeit genannt hat, in seiner negativen und positiven Bedeutung möglichst beharrlich im Auge behalte. ‚Gott ist im Himmel und du auf Erden'. Die Beziehung dieses Gottes zu diesem Menschen, die Beziehung dieses Menschen zu diesem Gott ist für mich das Thema der Bibel und die Summe der Philosophie in Einem. Die Philosophen nennen diese Krisis des menschlichen Erkennens den Ursprung. Die Bibel sieht an diesem Kreuzweg Jesus Christus."[31]

Barths Römerbrief, in erster Auflage 1919, in überarbeiteter Auflage 1922 erschienen, ist kein wissenschaftlicher Kommentar, sondern ein meditatives Gehen auf den Spuren des Paulus.[32] Der liberalen Theologie, deren Schüler er zunächst war, warf er vor, distanziert historisch zu arbeiten[33] und keine ausreichende Hilfe für die Arbeit in der Praxis des Pfarramts bereitzustellen, zudem stieß er sich vehement an dem von führenden liberalen Theologen (mit)verantworteten Manifest zur Unterstützung der Kriegspolitik des Deutschen Reiches. An der Position der religiösen Sozialisten störte ihn die Wertung des Sozialismus als einer unmittelbar dem Reich Gottes vorangehenden Größe. Stärker bestimmt blieb für ihn die realistische Reich-Gottes-Hoffnung insbesondere des jüngeren Blumhardt. Dessen österliche Gewissheit „Jesus ist Sieger" und dessen Betonung der Bibel förderten stark sein zunehmendes bibelwissenschaftliches Interesse und waren ein wichtiger Ausgangspunkt für die Arbeit am Römerbrief. Nicht nur eine neue Phase in seinem Leben sollte

---

30 Vgl. *Michel*, a.a.O. (Anm. 13), S. 58.

31 *K. Barth*, Der Römerbrief, München 1926 (= 4. Abdruck der 2. Aufl. 1922), XIII.

32 *M. Schoch*, Karl Barth. Theologie in Aktion, Frauenfeld/Stuttgart 1967, S. 51: Barth „wollte … nicht im gelassenen Abstand des Zuschauers über Paulus und seinen Römerbrief im Sinne des Historikers objektive Feststellungen machen, sondern er wollte sachlich beteiligt neben Paulus stehen und reden."

33 Barth lehnte die historisch-kritische Methode nicht ab. In seinem (berechtigten) Versuch, die Botschaft heutigen Menschen begreifbar zu machen, wird er ihr aber nicht wirklich gerecht (vgl. *H. Zahrnt*, Die Sache mit Gott. Die protestantische Theologie im 20. Jahrhundert, München 1966, S. 21).

damit eingeleitet werden, eine glänzende akademische Laufbahn, sondern eine Wende in der deutschen evangelischen Theologie überhaupt.

Thema der Theologie ist nicht mehr wie im sog. Kulturprotestantismus der religiöse Mensch und seine Bedürfnisse (eine entschiedene Abwendung von Schleiermacher liegt hier vor), sondern Gottes Offenbarung in seinem Wort. Die Gegenüberstellung von Gott und Religion, die Kennzeichnung Gottes als des ganz anderen bestimmt beide Auflagen, insbesondere die zweite. In der Betonung dieser unendlichen qualitativen Differenz zwischen Gott und Mensch sieht er den religiösen Menschen als grenzüberschreitenden Sünder. Nicht der unendliche Wert der Menschenseele oder ein ewiger Kern der Religion müsse im Zentrum der Theologie stehen, sondern der souveräne, andere Gott, der sich menschlichem Zugriff entzieht. Entsprechend wird – ganz in Aufnahme der ersten Kapitel des Römerbriefes – das Nein Gottes zur Sünde stark betont. Nur im Nein des göttlichen Zorns über die Sünde und den Sünder erreiche die göttliche Gerechtigkeit als Barmherzigkeit ihr Ziel. Eine wie immer geartete Anknüpfung menschlicherseits gebe es nicht, stellt er gegen die Auffassung der „analogia entis“ von der seinsartigen Verbindung Gott – Mensch fest. Das „steil von oben“ kommende Wort der Erlösung bleibe ganz Gottes Tat. „Jesus als der Christus ist die uns unbekannte Ebene, die die uns bekannte senkrecht von oben durchschneidet“.[34] Entsprechend konzentriert er die Theologie in der Nachfolge des Paulus ganz auf die Christologie.

Zentrale Bedeutung im Verständnis des Römerbriefes wie der Rede von der Gerechtigkeit Gottes ist dessen Treue. Als der Treue, der Bundestreue, ist Gott gerecht. Als der, der den Sünder rettet, stimmt er mit sich selbst überein. Gottes Gerechtigkeit wird als dessen Barmherzigkeit verstanden und (mit Luther) als Einheit gesehen (auch wenn gelegentlich das Verständnis als Lohn bzw. Strafe zuteilende Gerechtigkeit durchschimmert). „Wo die Treue Gottes dem Glauben des Menschen begegnet, da enthüllt sich seine Gerechtigkeit. Da wird der Gerechte leben. Das ist die Sache, um die es im Römerbrief geht.“[35].

Barth sieht freilich auch, dass die Rede von der Gerechtigkeit Gottes nicht individualistisch verengt werden darf (so sehr natürlich die Rechtfertigung immer auch den Einzelnen betrifft). Sie hat einen sozialen, politischen Aspekt. Die Gerechtigkeit Gottes hat Gemeinschaftsbezug, Weltbezug. Vermutlich hängt es auch mit dem politisch interessierten Menschen, dem homo politicus Barth, zusammen, dass er diesen Aspekt so deutlich erkannte und in seiner kirchenpolitischen Arbeit umsetzte. Ich erwähne nur sein wachsames Auge für

---

34 *Barth*, a.a.O. (Anm. 31), S. 6.
35 Ebda., S. 17.

die politischen Totalitarismen der Zwischenkriegszeit und seine federführende Arbeit im Rahmen der Barmer Theologischen Erklärung der Bekennenden Kirche in Deutschland. Die Gerechtigkeit Gottes hat für Paulus wie für Barth einen Welthorizont: Sie zielt auf die endzeitliche, universale Durchsetzung des Gottesrechtes, verwirklicht in Jesus von Nazareth als Manifestation von Gottes Liebe zur Welt, und gewinnt Gestalt im Leben aller, die sich von diesem Recht her motivieren. Weltverantwortung im besten Sinn ist eine leicht übersehbare und oft übersehene Konsequenz der Rechtfertigungslehre, der Lehre vom endzeitlichen, liebenden Zugriff Gottes auf seine Welt.

*

Durch die Geschichte hindurch zeigt so der Apostel Paulus und insbesondere sein am stärksten systematisierender Brief, der Römerbrief, eine ungeheure Sprengkraft. Sich auf ihn einzulassen, heißt immer wieder, sich von ausgetretenen Pfaden wegzubewegen, sich losreißen zu lassen von liebgewordenen theologischen Vorstellungen und kirchlichen Konventionen. Sich auf ihn einzulassen, heißt letzten Endes immer auch, sich auf den Gott einzulassen, der den Gottlosen nicht abschreibt, sondern mit ihm noch einen Weg gehen will, in seiner und für seine Welt.

Besonderheiten des österreichischen Protestantismus ?

GUSTAV REINGRABNER

1. Vorbemerkung

Identität und Besonderheiten einer Institution hängen zwar mit einander zusammen, weil Besonderheiten stets ein Stück der Charakteristik und damit der Identität darstellen, bedeuten aber noch lange nicht dasselbe. Besonderheiten sind Elemente des Selbstverständnisses und der Erscheinung die entweder für sich oder in größeren Zusammenhängen auf eine soziologische (oder personale) Größe beschränkt sind und sich bei anderen nicht oder nicht in dieser Weise finden. Sie können von verschiedenen Ursachen, bzw. Einflüssen her bestimmt sein, wobei dafür innere und äußere in Betracht kommen.[1]

Nun geht es darum, ob es solche Besonderheiten im österreichischen Protestantismus gibt und welche Bedeutung sie haben. Eine Antwort kann sich keineswegs auf das Theologische, Bekenntnismäßige oder das Kirchenrechtliche beschränken, auch wenn dabei diese Faktoren von Bedeutung sind. Manches wird bloß phänomenologisch beschrieben werden können, manches wird in seinen Wirkungs- und Wesenszusammenhängen erfassbar sein, auch wenn die Beschränktheit des Platzes nur die Skizzenhaftigkeit erlaubt.[2]

2. Institutionen und Strukturen

Die Evangelische Kirche in Österreich entstand als Institution erst infolge des Toleranzpatents von 1781, und zwar so, dass jede organisatorische Kontinuität mit Einrichtungen des Kirchenwesens der Reformationszeit fehlte. Damit aber waren die kirchenrechtlich fixierten, auch im deutschen Protestantismus über die Reformation hinaus in hohem Maße weiter geführten Strukturen des Niederkirchenwesens, wie Patronat, Vogtei oder die Sustentation der Geistlichen durch Stiftungen (Pfründen) weder vorhanden noch einzurichten. Entsprechende vage Ideen, die im Patent vom 13.10.1781 im Hintergrund standen, erwiesen sich als nicht vollziehbar. Die Evangelischen hatten ihre Strukturen selbst und vollständig neu zu bilden. Sie hatten ausschließlich durch ihre eigenen Beiträge das Kirchenwesen aufzubauen und zu erhalten. Darum galt – von den Behörden zwar etwas misstrauisch verfolgt, aber doch uneingeschränkt akzeptiert – der Grundsatz „qui dotat, vocat". Sie hatten also nicht nur die Leitung ihrer Gemeinden inne, über deren rechtliche Qualität erst nach und nach Klarheit gewonnen wurde, wobei über ihre theologische Disposition noch lange nichts gesagt wurde, sondern auch das Recht der Wahl von Predigern und Lehrern, wenngleich natürlich in dem josefinischen Obrigkeitsstaat stets entsprechende staatliche Genehmigungen einzuholen waren.[3]

Diese relative Selbständigkeit hat zusammen mit dem Wahlrecht und der bei den Gemeinden liegenden Verpflichtung zur weiteren Obsorge für Geld und Vermögen die Geschichte der Toleranzgemeinden, damit aber auch das Selbstverständnis des österreichischen Protestantismus weithin und auf lange Zeit geprägt, weil es doch von dem, was in den traditionell lutherischen Territorien gegeben war, weit abwich. Es ist daher nicht zufällig, dass auch jetzt noch in der Kirchenverfassung die Bestimmung enthalten ist, dass grundsätzlich alle Ämter in der Kirche durch Wahl besetzt werden.

Schließlich gehörte zu dieser Entstehung auch als Gegebenheit, dass nur diejenigen Institutionen entstanden, bzw. eingerichtet wurden, die sich durch den Zusammenschluss von Menschen bildeten. Das konnten bis 1861 ausschließlich die Gemeinden sein, dann entfaltete sich ein reiches Vereinsleben, während andere Stiftungen oder sonstige Institutionen kaum Bedeutung erlangten, bis erst im späten 19. Jahrhundert darin eine gewisse Änderung eintrat. Die damit beinahe gegebene Ausschließlichkeit des Parochialsystems als kirchlicher Struktur wurde sogar noch durch die Stellung zur Kirchenreformbewegung der Jahre nach 1960 eher bestätigt, denn gebrochen und erst in den letzten Jahren nach der einen und der anderen Richtung hin ergänzt.

---

[1] Die Platzbeschränkung erlaubt nur knappe Hinweise auf die reichlich vorhandene Literatur. Versuche, die Eigenart des österreichischen Protestantismus darzustellen, finden sich bereits mehrfach, dazu gehören neben den von den Bischöfen H. Eder, G. May und D. Knall herausgegebenen Bänden und den Sammlungen historischer Quellen, u.a. von K. Voelker und F. Selle zahlreiche Einzelschriften, etwa von G. Loesche, oder B.H. Zimmermann.

[2] Auf die historischen Darstellungen von G. Trautenberger über G. Loesche und G. Mecenseffy bis zu P. F. Barton und R. Leeb kann hingewiesen werden.

[3] Vgl. dazu die Übersicht bei *G. Reingrabner*, Um Glaube und Freiheit. Eine kleine Rechtsgeschichte der Evangelischen in Österreich und ihrer Kirche, Frankfurt/Main 2007.

3. Einflüsse

Die sich nach dem Toleranzpatent organisierenden Gemeinden waren von jenem Glauben getragen, der sich in den Jahrzehnten der Unterdrückung, also ohne der regelmäßigen Verkündigung durch ein kirchliches Amt, gebildet hatte, wobei traditionelle Bekenntnisinhalte und ein aus den Postillen gewonnenes Schriftverständnis weiter gegeben wurden. Das bedeutete, dass man in theologischer Hinsicht auf dem Stand der lutherischen Orthodoxie war, allerdings verbunden mit der Notwendigkeit ständiger persönlicher Entscheidung, wodurch die fides qua creditur Bedeutung hatte. Die nunmehr in die Gemeinden berufenen Prediger vertraten demgegenüber neuere theologische Positionen, und zwar solche des Pietismus, wie auch solche des neueren Rationalismus, bzw. der Aufklärung. Das brachte einen keineswegs theologisch einheitlich ausgerichteten Predigerstand, der in die Auseinandersetzung mit den Anschauungen vieler Gemeindeglieder trat. Beachtlich war allerdings, dass die leitenden Kirchenmänner (Superintendenten und Consistorialräte) so gut wie ausschließlich Aufklärer waren, wenngleich auch sie in der Regel von Extrempositionen der Aufklärung weit entfernt waren.

Diese von außen kommenden Einflüsse[4] setzten sich dann unter verschiedenen Vorzeichen weiter fort. Nach der Gründung der Theologischen Lehranstalt in Wien im Jahre 1821 wurde es zwar Österreichern für eine ganze Weile untersagt, an deutschen Universitäten zu studieren, was nicht als eine Parteinahme in theologischer Hinsicht, sondern als Abwehrmaßnahme gegen den „Ungeist" der Burschenschaften gedacht war. Das erwies sich aber auf die Dauer schon deshalb als wenig sinnvoll, weil a) immer wieder „aus dem Reich" Lehrer an die Lehranstalt berufen werden mussten, und b) auch immer wieder Geistliche von dort her ins Land kamen, konnte der österreichische Protestantismus doch seinen geistlichen Nachwuchs noch nie zur Gänze selbst decken.

Die Einflüsse von außen kamen aber nicht nur durch die Geistlichen, sondern auch durch zuwandernde Gemeindeglieder. Die österreichische Kirche wuchs im 19. Jahrhundert im städtischen Bereich, und zwar vor allem durch Zuwanderung. Da hatte ein zunehmend nationaler werdender Liberalismus seinen Platz, der dann durch die Los-von-Rom-Bewegung am Ende des Jahrhunderts noch verstärkt wurde und die damals neu gegründeten Pfarrgemeinden prägte. Nun fanden sich auch außerordentlich extreme liberale Positionen bei Geistlichen, die aus Deutschland gekommen waren, die zum Teil auch in den Gemeinden lebhaftes Echo fanden.

In Kärnten zog sich der Pietismus, ohne dass er eine Verbindung mit den kirchlichen Institutionen zur Gänze verlor, eher in eigene Gemeinschaften zurück, während er in Oberösterreich in etlichen Gemeinden unmittelbar wirksam blieb. Das brachte eine ganze Reihe von Spannungen mit sich, die allerdings durch eine gewisse Gemeinsamkeit im Verständnis des kirchlichen Amtes, aber auch durch die relative Selbständigkeit der Pfarrgemeinden gemildert wurden. Schließlich gab es auch ein immer stärker werdendes und über die jeweilige Gemeinde hinausreichendes protestantisches Solidaritätsgefühl, das in den Auseinandersetzungen rund um die Los-von-Rom-Bewegung auch dadurch nicht zerstört wurde, dass man in den traditionell evangelischen Pfarrgemeinden dieser Bewegung eher distanziert gegenüber stand.[5]

Die gewissermaßen von außen kommenden Einflüsse gab es aber auch im 20. Jahrhundert, freilich waren die Gründe und Ursachen, aber auch die Auswirkungen andere. Das Ende des Zweiten Weltkrieges bewirkte nämlich, dass eine größere Anzahl von Geistlichen und Personengruppen, die ihre Heimat in Südosteuropa verließen oder verlassen mussten, in Österreich (vor allem in den westlichen Bundesländern) Aufnahme und dann auch neue Heimat fanden. Das bedeutete aber ein neues Element in der Zusammensetzung der Kirche, wenngleich viele Impulse dieser Zuwanderungsbewegung in den Jahrzehnten seither wieder verloren gegangen sind. Ein starkes Gemeinschaftsgefühl, das eng mit der Nationalität und der Religion verbunden war, aber auch ein Festhalten an alten religiösen und gesellschaftlichen Formen, die in den österreichischen Gemeinden schon im ausgehenden 19. und im beginnenden 20. Jahrhundert verloren gegangen waren, zeichnete die erste Generation dieser Gruppen aus. Und eine Reihe von Geistlichen hat in den Jahren nach 1945 führende Positionen in der Kirche eingenommen, was den strukturellen Traditionalismus eindeutig verstärkte. In manchen Gemeinden kam es bis gegen 1970 zu erheblichen Spannungen zwischen den Altangesessenen und den Neuangekommenen, die sich nicht so sehr in theologischen Fragen als in der Haltung zu Problemen der Lebensführung und kirchlicher Handlungen zeigte.

---

4 *L. Temmel*, Wachstum und Bestand der Evangelischen Kirche Österreichs, in: Die Evangelische Diaspora 47 (1977), S. 69ff.

5 *G. Reingrabner* (Hg.), Evangelische in Österreich. Vom Anteil der Protestanten an der österreichischen Kultur und Geschichte. Ausstellungskatalog, Wien 1996.

4. Staat und Politik

Die Stellung zum Staat, zunächst verkörpert durch den Kaiser, und zur Politik, später dann markiert durch die zu den politischen Parteien, war stets ein wesentlicher Faktor des evangelischen Bewusstseins. Dabei ist zu sehen, dass die Habsburger zwar kein landesherrliches Kirchenregiment ausübten, beziehungsweise die Stellung eines summus episcopus über die Protestanten einnahmen, wohl aber eine ihm nahe kommende Kirchenhoheit beanspruchten, die das Patent vom 8.4.1861 als „landesfürstliches Oberaufsichts- und Verwahrungsrecht" umschrieb. Die pflichtgemäße Dankbarkeit, die in dem bis ins 19. Jahrhundert alljährlich zu feiernden „Toleranzfest" auszudrücken war, kontrastierte zunehmend mit einem Gefühl der Benachteiligung und Beengtheit, das nicht zuletzt durch die aus deutschen Territorien und aus Ungarn zuwandernden Geistlichen und Gemeindeglieder gestärkt wurde. Aus dem Ärger über die Beschränkung persönlicher Rechte, über die diskriminierende Bezeichnung „a-katholisch" und die Bemühungen der Behörden, neue Gemeinden möglichst nicht entstehen zu lassen, erwuchs zwar keine direkte Ablehnung des Kaisers, wohl aber eine innere Unzufriedenheit, die eine Identifizierung mit den Zielen des Staates erschwerte. Die Jahre zwischen 1848 bis 1861 brachten zwar die rechtliche Gleichstellung der Einzelnen ohne Rücksicht auf die Religionszugehörigkeit, keineswegs aber die Freiheit für die Kirche, wenn sie auch von einem Bund einzelner Gemeinden unter landesfürstlicher Aufsicht zu einer Kirche wurde.

Daher erhielt sich eine gewisse Loyalität gegenüber dem Kaiser, vom dem man sich nicht zuletzt durch die Existenz der Kirchenbehörde als kaiserlicher Institution abhängig wusste; gleichzeitig distanzierte man sich von verschiedenen politischen und sozialen Gruppen und staatlichen Einrichtungen. Erst gegen 1890 und danach trat eine immer deutlicher werdende Verdrossenheit gegenüber der eigenen Monarchie in den Vordergrund, wobei vor allem – und das schon früher – die tschechischen Reformierten die Vorreiter waren, an denen sich dann deutschnationale Gruppen orientierten. Insgesamt blieb es aber bei einer eher moderaten Haltung gegenüber dem Staat.[6]

Erst die Vorgänge nach dem Ende der Monarchie änderten daran etwas. Die Majestätsrechte über die Kirche gingen auf die Bundesregierung über, was bedeutete, dass der österreichische Protestantismus deutlich in den Strudel des politischen Alltags einbezogen wurde. Nun wurde auch die Frage der Stellung zu den Parteien entscheidend. Und da zeigte es sich, dass keine der vorhandenen bereit oder imstande war, die spezifischen Anliegen der Evangelischen aufzugreifen und zu vertreten. So gewann die allgemein gestellte Frage nach der Lebensfähigkeit Österreichs noch eine gewisse evangelische Schattierung. Unzufriedenheit und Orientierungslosigkeit fanden bei vielen eine gewisse Antwort in dem Traum vom „heim ins Mutterland der Reformation". Dass die Kleinheit und Enge der Kirche daran ihren Anteil hatte, ist einsichtig.[7]

Schwierig wurde es aber wirklich mit dem Übergang Österreichs zu dem angeblich auf Grundlage der katholischen Sozialethik organisierten Ständestaat, in dem „christlich" tatsächlich auf weite Strecken mit „katholisch" gleichgesetzt wurde. So wurde die evangelische Kirche nunmehr wenigstens teilweise zu einem Sammelbecken jener, die sich vom Staat über den Rand seiner gesellschaftlichen Ordnung gedrängt sahen, und zwar mit einschneidenden Folgen für das evangelische Selbstverständnis.

Die dabei gepflegten Illusionen zerstoben dann mit dem Anschluss, wobei das freilich nicht bei allen der Fall war. Immerhin wurde die seit etwa 1900 aufgebaute Verbindung von Nation und Protestantismus in ihren Grundelementen zerstört oder zum Schweigen gebracht.

Die Jahre nach 1945 brachten einerseits ein politisches Programm, das auf eine Versöhnung zwischen Protestantismus und Österreich aus war („Glaube und Heimat"), andererseits aber eine Abstinenz gegenüber allen politischen Fragen, hinter der Uneinigkeit und Unklarheit standen. Jedenfalls aber untersagte man kirchlichen Amtsträgern jede politische Tätigkeit. Erst das Aufkommen der Bemühungen um eine civil society fand auch in der Kirche einen gewissen Widerhall, sodass man derzeit vielleicht von einer gespaltenen Haltung gegenüber den Fragen der Politik sprechen kann. Jedenfalls gibt es aber nach wie vor keine Partei, in der sich der österreichische Protestantismus eine Heimat suchen oder finden kann.

---

6 Dazu vgl. den Beitrag bei *D. Knall* (Hg.), Auf den Spuren einer Kirche. Evangelisches Leben in Österreich, Wien 1987, S. 81ff.

7 Dazu v.a., weil durch die Person des Autors authentisch, *G. May*, Der österreichische Protestant und sein Vaterland, (mit dem Anhang: Wachstumsprobleme der Evangelischen Kirche in Österreich in den letzten 50 Jahren), in: AuG 19 (1968), S. 83ff (bzw. S. 85ff).

5. Union oder nicht ?

Die josefinische Kirchenpolitik suchte die beiden evangelischen Konfessionen getrennt zu erhalten, nötigte ihr aber nicht nur weitestgehend gleiche Rechtsvorschriften auf, sondern stellte sie auch unter eine gemeinsame Aufsichtsbehörde, die in konfessionellen Fragen nach „A.B." und „H.B." getrennt zu entscheiden hatte. Auch die Neuregelung der Rechtsverhältnisse durch das Patent von 1861 und der darauf folgenden Kirchenverfassung behielt diese Grundsätze bei. Dazu kam aber etwas anderes. Dort, wo neue Gemeinden entstanden, beteiligten sich nicht selten Lutheraner und Reformierte an deren Gründung. Ihnen bot man die Möglichkeit, gleichberechtigt miteinander die Gemeinde zu bilden, wobei es einerseits Träume einer Union waren, die sich da auswirkten, andererseits aber ganz praktische Gegebenheiten, wie Vermögen (noch immer hatten die Gemeinden ihre finanziellen Angelegenheiten ausschließlich selbst zu regeln) oder Zahl der Evangelischen. In diesen „A.u.H.B.-Gemeinden", die einer der beiden Kirchen angehören mussten, gab es eine gewisse Berücksichtigung konfessioneller Eigenarten (Katechismus im Konfirmandenunterricht), aber auch die Gemeinschaft im Gottesdienst. Der Sakramentsempfang über die Konfessionsgrenzen hinweg wurde theologisch nicht diskutiert, aber tatsächlich gehalten, das Bekenntnis des Pfarrers konnte A.B. oder H.B sein.

Diese Sprengung der Konfessionsgrenzen wurde durchaus Teil des Selbstverständnisses der Kirche. Dabei wurde einerseits an der konfessionellen Ausrichtung der jeweiligen „Gesamtgemeinde" ebenso festgehalten, wie an der Bestimmung der persönlichen Konfessionszugehörigkeit. Ein Wechsel von der einen zur anderen Konfession bedingte einen Religionsaustritt, der seit 1868 bei der Bezirkshauptmannschaft angemeldet werden musste, worauf dann – mehr oder weniger förmlich – die Aufnahme in die andere Kirche erfolgen konnte. Und an der Wiener Fakultät hielt man an der Trennung der Systematischen (ursprünglich der Exegetischen) Theologie nach A.B. und H.B. fest.

Der Zerfall der Monarchie hatte verschiedene unmittelbare Folgen, während man sich in der Kirche um innere Änderungen bemühte. Eine der unmittelbaren Folgen war die Tatsache, dass die reformierte Kirche auf wenige Gemeinden in Österreich zusammenschmolz, was nicht wenige an der Sinnhaftigkeit ihres selbständigen Weiterbestandes zweifeln ließ. In den langwierigen Verhandlungen, die einerseits die staatskirchenrechtliche Grundlage, andererseits die kirchliche Rechtsordnung betrafen, gelangte man zu einer Lösung, die Strukturelles mit Bekenntnismäßigem verband. In dem Kirchenverfassungsentwurf von 1931 (den dann der Staat nicht sanktionierte) waren die reformierten Gemeinden und die A.u.H.B.-Gemeinden in Vorarlberg als achter Kirchenkreis den sieben lutherischen gleichgestellt, während der „Bischof der Kirche A.u.H.B.“ alle Entscheidungen und Handlungen, die konfessionelle Inhalte hatten, in diesem Kreis dem dortigen Senior (Superintendenten) überlassen sollte. Finanzen und Verwaltung, Religionsunterricht und Vertretung gegenüber der Öffentlichkeit sollten gemeinsam bleiben.

Die theologische Bedeutung der Interkommunion (unter Beibehaltung der Ordination der Geistlichen auf die Bekenntnisschriften ihrer Kirche) wurde wieder nicht diskutiert, ein minimales Corpus doctrinae als gemeinsam festgelegt.

Es wäre also beinahe eine Union gewesen, zumal man die Bekenntnisfragen nicht besonders in den Vordergrund stellte. Das änderte sich in den Jahren nach dem Krieg. Die Erfahrungen des deutschen Kirchenkampfes und die dabei gewonnenen – wirklichen oder vermeintlichen – Erkenntnisse rückten die Bekenntnisproblematik in den Vordergrund. Dazu kamen in den Jahren der zwischenkirchlichen Hilfe der Nachkriegszeit praktische Fragen, die eine Abkehr von dem Unionismus der Vorkriegszeit bedingten oder bewirkten. Dem trug die Kirchenverfassung von 1949 Rechnung.[8] Die seit 1940 zentralisierte Finanzverwaltung wurde nach den Konfessionen geteilt, aus dem Bischof wurde einer der Kirche A.B., der freilich auch zum Vorsitzenden der gemeinsamen Kirchenleitung gewählt werden kann, Kanzel und Abendmahlgemeinschaft, sowie Gemeinden A.u.H.B. blieben bestehen; in der Diaspora lebende Angehörige einer Konfession können auch Mitglieder einer Pfarrgemeinde der anderen Konfession werden, etliche zentrale Einrichtungen werden allerdings bloß von der Kirche A.B. getragen. In einer recht eindrucksvoll formulierten Präambel wird das Miteinander und die Gemeinschaft der beiden Kirchen in der Kirche A.u.H.B. einerseits, ihre Selbständigkeit als Kirche A.B. und Kirche H.B. festgestellt. Die Wahl des ganzen Konkordienbuches als Bekenntnisgrundlage der Kirche A.B. rief Irritationen hervor, die die Synode mit einer recht klugen und spätere ökumenische Vereinbarungen vorwegnehmenden Erklärung lösen konnte.[9]

Es handelt sich also um keine Union, auch wenn ein Teil der Verwaltung gemeinsam ist, wohl aber um ein ganz stark von einem Bewusstsein des Ge-

---

8 *G. Reingrabner*, Zur Entstehung der Verfassung der Evangelischen Kirche A. und H.B., in Österreich vom 26. Jänner 1949, in: JbGPrÖ 99 (1983), S. 109ff.

9 *Ders.*, Die Präambel der Verfassung der Evang. Kirche A.u.H.B. in Österreich, in: *H. de Wall u.a.* (Hg.), Bürgerliche Freiheit und christliche Verantwortung, Tübingen 2003, S. 121ff.

meinsamen getragenes Miteinander, das nunmehr festgelegt ist. Das schließt gewisse Reibungen nicht aus, anerkennt die Eigenständigkeit der – erheblich kleineren – reformierten Kirche, erweist sich aber jedenfalls als tragfähig, wobei die Leuenberger Konkordie nachträglich so etwas wie eine theologische Begründung geliefert hat.

6. Entwicklungen

Natürlich bedingt dieses Miteinander einige charakteristische Eigenheiten, mit denen man nicht immer ganz zu Rande kommt. Das unterschiedliche Verständnis von der Kirche und ihrer Ordnung hat längere Zeit dazu geführt, dass man die bekenntnismäßigen Grundlagen derselben wenig beachtet hat und sich auf äußerliche Regelungen beschränkt hat. Dabei ist die Besinnung auf die Bedeutsamkeit und den Inhalt des Bekenntnisses eher in den Hintergrund getreten. Insbesondere sind gegenwärtig wieder die Vorstellungen vom „Amt" in der Kirche, die gegen 1985 in einer Disziplinarordnung, die alle Verantwortlichen und Mitarbeiter in der Kirche und ihren Gemeinden einschließt, berücksichtigt wurden, zugunsten eines funktionalen Verständnisses gewichen, was gelegentlich zu Problemen geführt hat.

Die tatsächliche Bedeutung der Bekenntnisschriften und damit des Bekenntnisses für die Kirche und ihr Leben hat deutlich abgenommen, was einerseits den nachdrängenden Einflüssen neupietistischer Überzeugungen, andererseits einer liberal ausgerichteten Theologie zu verdanken ist. Ein Symptom mag sein, dass man die Gleichwertigkeit der beiden Lehrstühle für Dogmatik an der theologischen Fakultät mit Zustimmung der Kirchenleitung aufgegeben hat, dass nunmehr aber auch reformierte Geistliche zu Pfarrern der A.B.-Gemeinden gewählt werden können. Was bedeutet daher noch das Bekenntnis für die Kirche und ihre Gemeinden?

Dass die Frage der Frauen im geistlichen Amt, die erst 1982 endgültig und ohne jede Überlegung zu – möglichen – Bekenntnisfragen von der Generalsynode geregelt wurde, so lange verhandelt, bzw. behindert wurde, hat möglicherweise auch zu dieser Entwicklung beigetragen.

Historisch mag das seinen Grund darin haben, dass in den seit etwa 1900 entstandenen, so genannten „Los-von-Rom-Gemeinden"[10], die das Ergebnis einer Abwendung von der römisch-katholischen Kirche waren, die Affekte

---

[10] *K.R. Trauner*, Die Los-von-Rom-Bewegung. Gesellschaftspolitische und kirchliche Strömungen in der ausgehenden Habsburgermonarchie, Szentendre ²2007.

erheblich wichtiger waren als die bekenntnismäßigen Bindungen, aber auch das Gemeinschaftsgefühl in der Gemeinde einem protestantischen Bewusstsein – bei gleichzeitiger Individualität der Überzeugung und des Verhaltens – Platz gemacht hat. Und schließlich entdeckte man dort, auf die Hilfe anderer angewiesen zu sein – man stellte eben nicht die Mehrheit der Bewohner (oder wenigstens eine feste Gruppe), sondern war verteilt unter einer anderen Mehrheit. Man brauchte also Hilfe von außen, die dann auch kam. Dieses Diasporabewusstsein, das zu einer eigenartigen Haltung zur Kirche führte, verbreitete sich nach und nach auch – nicht zuletzt durch die schon seit dem späteren 19. Jahrhundert erfolgende Binnenwanderung in andere, bereits früher gegründete evangelische Gemeinden und wurde bis weit ins 20. Jahrhundert hinein in allen seinen Aspekten bezeichnend für die evangelische Kirche in Österreich, nicht zuletzt auch für deren Selbstbewusstsein.

Freilich war damit auch eine Veränderung der kirchlichen Arbeit verbunden. Waren in den Toleranzgemeinden der Gottesdienst mit den Amtshandlungen und der Unterricht (wenigstens als Religions- und Konfirmandenunterricht) das Zentrum (und oftmals auch die einzige Form) des Gemeindelebens, zu denen noch ein wenig individuelle Diakonie seitens einzelner Frauen hinzutrat,[11] so wurde in den neuen Gemeinden die Bemühungen um die Schaffung und Erhaltung des Gemeindegefühles durch Veranstaltungen (Teeabende, Vorträge, und anderes) wichtig. Bevor man anderswo überlegte, wie man neue Formen des Gemeindelebens einrichten (und in kirchlichen Gebäuden unterbringen sollte), ist das in den österreichischen jungen Gemeinden schon geschehen. Es fand im Blick auf dem Kirchenbau sogar in einer programmatischen kleinen Schrift, die in Verbindung mit dem Kirchen- (und Gemeindezentrums-)bau von Otto Bartning in Peggau stand, „Wie baut man eine evangelische Kirche auf dem Lande?“ seinen literarischen Niederschlag. Vieles an diesen neuen Formen war aber geborgt, beziehungsweise geschenkt. Dieses frühe „fund raising“, das in der Regel (aber nicht ausschließlich) durch die Pfarrer und Vikare erfolgte, nahm zwar eine nach dem Toleranzpatent üblich gewesene Tätigkeit wieder auf, konnte sie nun aber deutlich ausbauen, zumal sie in Deutschland immer wieder auf emotionale Elemente traf, die eine solche Unterstützung seitens der „Volkskirchen“ nahe legten.

---

[11] Dazu schon *G. Loesche*, Inneres Leben der Toleranzkirche, In: JbGPrÖ 36 (1915), S. 113ff.

7. Tradition

Natürlich hatte es auch früher verschiedene Bemühungen gegeben, die Geschichte des Luthertums in den habsburgischen Erbländern im 16. und 17. Jahrhundert zu erforschen und darzustellen, wobei auch dabei schon der Bekennermut und die Glaubenstreue hervorgehoben wurden, wie das in dem zwischen 1732 und 1744 erschienenen mehrbändigen „Evangelischen Österreich" des Hamburger Pastors Bernhard Raupach (später auch anderer Autoren) zum Ausdruck gekommen war, seit der 2 Hälfte des 19. Jahrhunderts wurde aber – nicht zuletzt auch als Antwort auf katholische Verunglimpfungen, die dort der Schaffung einer stärkeren Identität dienten – die Erforschung der Geschichte Teil der Bemühungen um ein protestantisches Profil in Österreich.[12] Dabei ging es um Zweierlei:

a) Ein gemeinsames Bewusstsein sollte geschaffen werden, das die Grenzen der Gemeinden überwand, zugleich aber auch etwas von der Besonderheit der evangelischen Existenz als Elite vermittelte.
b) Die protestantischen Überzeugungen sollten angesichts der Bedrohungen dieser Existenz in einem katholischen Umfeld gestärkt werden, nicht mehr die Zugehörigkeit zu einer Gruppe sollte das Tragende für die evangelische Überzeugung sein, sondern die persönliche Haltung. Später hat man das dann Diasporafähigkeit genannt.

Schließlich sollte erwiesen werden, dass diese evangelische Existenz in einer Tradition stand, die nicht bedeutungslos war. So aktualisierte man Vorgänge aus dem 16. und 17. Jahrhundert und setzte sie in Beziehung zu aktuellen Geschehnissen, leitete daraus Mahnungen, sowie Rechts- und Verhaltensforderungen ab und stellte damit eine Traditionskette her, die es an sich nicht oder zumindest nicht in dieser Form gegeben hat. Sie hielt eigentlich nur dort und so lange, als sie sich mit einem antikatholischen oder antistaatlichen Affekt verband[13] und ist daher in der Gegenwart eher obsolet geworden, obschon die historische Forschung natürlich einen Umfang und eine Tiefe wie nie zu-

---

12 *G. Reingrabner*, Die Gesellschaft für die Geschichte des Protestantismus in Österreich – einhundertfünfundzwanzig Jahre, in: Standpunkt, Zschr.d.Evang. Bundes in Österreich, Heft 174 (2004), S. 3ff.

13 *Ders.*, Rom oder Wittenberg – vom antikatholischen Affekt im österreichischen Protestantismus, in: *H. Paarhammer* (Hg.), Österreich und der Heilige Stuhl im 19. und 20. Jahrhundert, Frankfurt/Main 2001, S. 573ff.

vor erreicht hat, aber selbst auch in der Regel derartige Instrumentarisierungen ablehnt.

8. Differenzierungen

Der österreichische Protestantismus war anfänglich keine „Volkskirche", und zwar auch nicht in dem Sinne, dass er alle Schichten der Bevölkerung umfasste. Er war ausschließlich bäuerlich gebunden, wobei in einzelnen Orten natürlich alle Gruppen der lokalen Bewohner eingeschlossen waren. Im 19. Jahrhundert wuchs dann im städtischen Bereich die Zahl der Evangelischen an, wobei es sich einerseits um Zugewanderte handelte, die aus dem Ausland kamen, andererseits um Ergebnisse der Binnenwanderung („Landflucht"), damit vor allem Unterschichten betraf, denen aber auch eine Anzahl von Familien gegenüberstand, die zur bürgerlichen (oder auch geadelten) Oberschicht gehörten. Fachleute aus dem protestantischen Ausland wurden gesucht. Damit ergaben sich nicht nur neue Schichten einer Kirche, sondern auch Differenzierungen in den politischen Ansichten und sozialen Verhaltensweisen. Eine völlig neue Schicht von Gemeindegliedern brachte dann die Los-von-Rom-Bewegung. Nun waren es Arbeiter, die evangelisch wurden. Die Eintrittsbewegung der Jahre 1934/1938 verstärkte dann diese Gruppe noch erheblich. Und schließlich brachte die Ansiedlung von „Volksdeutschen" (wie man das damals – nicht ganz korrekt – nannte) eine letzte Gruppe von Personen zu dieser Kirche. In soziologischer Hinsicht handelt es sich nun wirklich um eine Volkskirche.

Dasselbe kann man nun auch schon seit längerem im Blick auf das Selbstverständnis sagen. Man wollte – wenigstens seit 1900 – Kirche des Volkes und Kirche im Volk sein, wobei man sich einen damals sehr beliebten Begriff aneignete. Heute braucht man in dieser Hinsicht keine Anstrengungen mehr zu machen, zumal auch die Akzeptanz (wenn auch nicht unbedingt die Anerkennung) durch die katholische Kirche gegeben erscheint.

Der sozialen Differenzierung entsprach die geographische. Einerseits kam darinnen die „wesenhafte Regionalität" der österreichischen Geschichte, und zwar auch mit den unterschiedlichen Formen der Gegenreformation zum Tragen, andererseits stand diese Unterschiedenheit im Zusammenhang mit den soziologischen Differenzierungen. Zum Unterschied von diesen ist sie jedoch immer noch relativ deutlich bemerkbar, auch wenn sich einige frühere Zentralpunkte evangelischer Ansiedlung in der Zwischenzeit aufgelöst haben. Aber immer noch sind im Kärntner Gerichtsbezirk Hermagor rund 40% der Bewohner, im politischen Bezirk Oberwart rund 30% evangelisch, während es im Tiroler Oberland nicht einmal ein Prozent sind.

9. Tätigkeiten

Charakteristisch für alle möglichen Formen kirchlicher Arbeit ist die Dezentralität. Das galt von dem seinerzeit so reichen Schulwesen, das durch die Auswirkungen des Reichsvolksschulgesetzes von 1869 und (im Burgenland) durch die Beschlagnahmen im Jahr 1938 trotz aller seitherigen Bemühungen auf einen kleinen Rest schmolz, ebenso wie von Formen der diakonischen Arbeit. Während der Bestand der Schulen zunächst auch mit dem Interesse der Prediger zusammenhing, für kirchenmusikalische (und sonstige) Dienste einen Schulmeister zu haben, waren es im Bereich der Diakonie eher Einzelinitiativen, die sich dann meistens auf einen Verein von Interessierten stützen konnten. Diese Vereine bildeten sich nach 1860 und stellten einen wichtigen Teil der Arbeit der Kirche dar. Vom Gustav Adolf Verein und dem Waisenversorgungsverein über verschiedene Formen der „Kinderrettung" und Obsorge für Behinderte („Blöde") und Alte ging das bis zu Sterbevorsorgevereine und Nachbarschaftshilfen. Vor allem die Nöte der heranwachsenden Generation waren in Gemeinden und Vereinen motivierend. So entstand ein dichtes Netz von Institutionen, die dann von einigen Diakonissenmutterhäusern unterstützt wurden. Deren Schwestern waren aber auch in der Gemeindediakonie tätig. Da man meinte, mehr davon zu benötigen, errichtete man nach 1918 – wieder als private Initiative – in Wien eine Schule für kirchlichen und sozialen Dienst, deren Absolventinnen in diese Arbeit einrücken sollten.

Der totalitäre Staat untersagte 1938 so gut wie alle diese gesonderten kirchennahen Initiativen, von wenigen Einrichtungen der „Inneren Mission" abgesehen, sodass sich die Kirche entschloss, manches selbst zu übernehmen. Das betraf vor allem die Jugend- und die Frauenarbeit, aber auch die erwähnte „kirchliche Frauenschule", die gegenwärtig allerdings zugunsten einer (ökumenisch geführten) Religionspädagogischen Hochschule aufgegeben wurde, was – zusammen mit dem Aufhören der Diakonissen – auch etwas über den Stand der Gemeindediakonie sagt. Freilich sind gerade dort zum Teil neue Wege gegangen worden die Gemeindearbeit und diakonisches Handeln unmittelbar mit einander verbinden.

Die Flut der Vereine hat sich nach 1945 nicht wieder gebildet und viele von den bestehenden leiden unter Interessemangel. Die Institutionen der Diakonie, wie das seit etwa 1980 heißt, haben ihre Rechtsform zwar zum Teil immer noch nicht verändert (trotz der Anerkennungsmöglichkeit als „Werke der Kirche"), wohl aber wenigstens teilweise eine Konzentrationsbewegung mitgemacht, sodass wenige heute den größten Teil der diakonischen Arbeit, aber auch einen erheblichen Teil des evangelischen Schulwesens tragen. Ihr Verhältnis zur Kirche unterliegt Schwankungen und ist rechtlich kaum als zureichend geklärt anzusehen. Aber, wie vieles andere auch, funktioniert es durch persönliche Verbindungen und Rücksichtnahmen.

10. Theologie

Eine wirklich eigenständige „Wiener" oder österreichische Theologie hat sich seit 1781 nicht herausgebildet, obschon von Wien aus doch dann und wann besondere Impulse ausgegangen sind, die freilich eher als kurzzeitige und partielle Anstöße angesehen werden müssen, denn als wirkliche Eigenprägungen.[14] Vielleicht hat dazu beigetragen, dass die auch personell engen Verhältnisse (die Fakultät hatte noch im Jahre 1960 gerade sechs Professoren, zwei Dozenten, die nicht angestellt waren, und einen Assistenten), aber auch die hohe Beanspruchung der Pfarrer in den Gemeinden, eine wirklich kontinuierliche Beschäftigung mit theologischen Fragen erschwerte. Ein sehr großer Teil der Professoren kam aus deutschen Universitäten, und wenn auch mancher, wie etwa Gustav Frank oder Georg Loesche hier heimisch geworden ist, so blieben die meisten doch nur für kürzere Zeit. Wichtig war der slawische Anteil an Professoren, von denen der reformierte Josef Bohatec und der Lutheraner Gustav Adolf Skalsky genannt sein sollen. Die religionspsychologischen Impulse, die Karl Beth setzte, wurden lange nicht in ihrer Bedeutung erkannt, und 1938 vertrieb man ihn aus der Fakultät. Nach dem Krieg setzten Wilhelm Dantine und Falk Wagner bis zu ihrem frühen Tod solche Impulse, die sich freilich keiner einheitlichen Richtung zuordnen lassen. Bischof Gerhard May gehört neben Dantine zu jenen, die sich mit der Frage der Diasporaexistenz der Kirche beschäftigten, wobei seine Überlegungen durch die Entwicklungen allerdings bald überholt wurden.

[14] *K. Schwarz u.a.* (Hg.), Zeitenwechsel und Beständigkeit. Beiträge zur Geschichte der Evang.-Theol. Fakultät in Wien 1821 - 1996, Wien 1997.

Es ist eher ein untheologisches Profil, das sich da abzeichnet, in dem Affekte und Pathos, sowie eine gewisse Neigung zu allerlei ideologischen Bezügen eine Rolle spielen. Sie sind in der Verkündigung erkennbar, in der nicht selten der große Druck, den die eigene Enge und der Druck der katholischen Kirche und des klerikalen Milieus bewirken, spürbar wird.

11. Äußerliches

Dazu gehören vor allem die Finanzen von Gemeinde und Kirche.[15] Abgesehen von einem eher bescheidenen staatlichen Beitrag, der seit dem 19. Jahrhundert der Kirche zur Verfügung stand, hatte sie – alle ihre Gemeinden eingeschlossen – ihre Mittel selbst aufzubringen, wobei ihr erst seit dem späten 19. Jahrhundert einige Stiftungen und Fonds halfen, die freilich in der Inflation nach dem Ersten Weltkrieg wieder alle zugrunde gingen. So blieb es bei der von den Gemeinden einzuhebenden „Kirchensteuer", die 1939 über staatliche Weisung zu einem von der Landeskirche zu „erhebenden" Kirchenbeitrag" wurde, zu dessen Einhebung – im Rahmen des Privatrechtes – die Hilfe der Gerichte in Anspruch genommen werden konnte. Die Wiedererrichtung der Republik 1945 änderte an diesem System nichts, wobei die Beschaffung der Informationen über die Beitragspflichtigen immer deutlicher ohne Hilfe öffentlicher Einrichtungen erfolgen muss. Das bedingte ein theoretisch verpflichtendes, tatsächlich aber auf weite Strecken auf dem guten Willen beruhendes Beitragssystem, das sowohl sachlich, wie auch arbeitsmäßig die Gemeinden, die es für die Kirche vollziehen, stark belastet und – nach Schätzungen – weniger als zwei Drittel des rechtlich möglichen Aufkommens bringt.

Entschädigungen für den von Geistlichen erteilten Religionsunterricht, sowie die erwähnte staatliche Entschädigung ergänzen diese Mittel, hingegen unterliegt die Kirche voll der Einkommen- und Umsatzsteuervorschreibung, was vor allem im Blick auf die notwendigen Bauvorhaben und die hohen Personalkostenanteile von Bedeutung ist. Das bedeutet ein ständige Schwächung der zentralen Finanzen, eine hohe Verpflichtung der Pfarrgemeinden, eigene Initiativen zu setzen und eine ständige Bemühung um die Valorisierung der Einkünfte. Die Übernahme der Sozialversicherungspflichten durch die Öffent-

---

[15] *G. Reingrabner*, Finanzielle Beiträge zur Erhaltung des kirchlichen Lebens und Kirchenbeitragswesen in der Evang. Kirche in Österreich, in: *H. Paarhammer* (Hg.), Kirchliches Finanzwesen in Österreich, Thaur 1993, S. 413ff.

lichkeit im Jahre 1995 hat eine gewisse Beruhigung im Blick auf die Kostensituation erbracht.

12. Abschluss

Gibt es also Besonderheiten? Nun, die eine oder andere ist zweifellos festzustellen; als Gründe dafür kommen die historischen Gegebenheiten, die besondere staatskirchenrechtliche Situation (auch die nunmehrige Regelung der Grundlagen durch ein – paktiertes – Gesetz und nicht durch einen Staatskirchenvertrag), das besondere Verhältnis zwischen Lutheranern und Reformierten in Betracht. Diese Besonderheiten sind aber nicht so groß, dass sie eine wirkliche Sonderstellung des österreichischen Protestantismus im Kreis der evangelischen Kirchen Mitteleuropas bedingten, wenngleich sich in ihm Züge der Volkskirche mit solchen der Minderheitskirche verbinden. Und das ist doch nicht ohne Bedeutung, und zwar über die österreichische Kirche hinaus.

Ein Sieg des „Neuluthertums“: Die Berufung des Theologieprofessors Johann Michael Seberiny[*]

Karl W. Schwarz

1. Einleitung

Der nachfolgende Beitrag widmet sich einem Kapitel der Wiener Fakultätsgeschichte, genauerhin: dem Lehrstuhl für Praktische Theologie, den der Jubilar Hans-Christoph Schmidt-Lauber zwischen 1977 und 1996 bekleidete. Er knüpft an eine Studie an, die ich vor bald dreißig Jahren in der vom Jubilar herausgegebenen Festschrift für seinen Amtsvorgänger Fritz Zerbst publiziert habe[1], und thematisiert die äußerst schwierige und konfliktreiche Supplierung und Nachfolgeregelung auf diesem Lehrstuhl, bei dem stets wissenschaftliche Kompetenz und praktische Amtserfahrung in gleicher Weise gefordert waren, zugleich aber auch als selbstständiger Teilbereich der Praktischen Theologie die Verantwortung für die Kirchenrechtsausbildung der Theologiestudenten angesiedelt war.[2]

Karl Kuzmány (1806-1866), der Lehrstuhlinhaber zwischen 1849 und 1863, war 1860 zum Oberhirten eines auf der Grundlage des ungarischen Protestantenpatents (1859)[3] neu geschaffenen fünften (Pressburger) Kirchendistrikts gewählt worden und hatte in Neusohl/Banská Bystrica/Besterczebánya seinen Amtssitz genommen. Doch gelang es ihm nicht, diese Gemeinde seinem Kirchenregiment zu unterstellen und die „Autonomisten“ von der Rechtmäßigkeit seines auf dem Patent beruhenden Superintendentenamtes zu überzeugen. Er wurde vielmehr durch wiederholte Demonstrationen („Katzenmusik“) aus dieser Gemeinde wieder vertrieben. Zwar hatte er dort bis 1849 als Pfarrer der dreisprachigen (deutsch, magyarisch, slowakisch) Gemeinde ge-

---

[*] Herrn em. o.Univ.-Prof. Dr. D. Hans-Christoph Schmidt-Lauber zum 80. Geburtstag am 4. Februar 2008 in dankbarer Verbundenheit gewidmet.

[1] *K.W. Schwarz*, Karl Kuzmány und die Neuordnung des protestantischen Kirchenwesens in Ungarn. Ein Beitrag zur Geschichte der Wiener Lehrkanzel für Praktische Theologie, in: *H.-Chr. Schmidt-Lauber* (Hg.), Theologia scientia eminens practica. Fritz Zerbst zum 70. Geburtstag, Wien u.a. 1979, S. 241-252; zuletzt: *ders.*, „Meine Popularität [...] dürfte auch der Anstalt zu Gute kommen“. Zum 200. Geburtstag des lutherischen Kirchenrechtslehrers Karl Kuzmány, in: WJTh 6 (2006), S. 337-352.

[2] *K.W. Schwarz*, Theologische Kirchenrechtslehre in Wien, in: *A. Boluminski* (Hg.), Kirche, Recht und Wissenschaft. Festschrift für Albert Stein zum 70. Geburtstag, Neuwied 1995, S. 231-259.

[3] *F. Gottas*, Die Frage der Protestanten in Ungarn in der Ära des Neoabsolutismus. Das ungarische Protestantenpatent vom 1. September 1859, München 1965.

wirkt, aber in dem Konflikt zwischen „Patentisten“ und „Autonomisten“[4] stellte sich die Gemeinde unmissverständlich auf die Seite der Autonomisten und desavouierte ihren früheren Pfarrer vollkommen. Es blieb ihm nichts anderes übrig, als nach Wien zurückzukehren. Seine Absicht, die Leitung dieser Superintendenz von Wien aus wahrzunehmen, konnte freilich nicht realisiert werden. Dagegen legte sich nicht die Unterrichtsverwaltung, wohl aber die Ungarische Hofkanzlei quer.[5]

2. Seberiny – ein „Märtyrer“ des Protestantenpatents

Dem in der Überschrift genannten Johann Michael Seberiny (1825-1915) war Ähnliches widerfahren. Er wirkte seit 1857 als Stadtpfarrer in Schemnitz/Banská Štiavnica/Selmecbánya, er war im Frühjahr 1859 vom Konvent des Pressburger Patentaldistrikts zum Konsistorialrat gewählt worden und setzte sich dafür ein, seine Gemeinde im Sinne des Patents zu koordinieren und jenem Distrikt des Superintendenten Kuzmany einzugliedern. Seine Dankbarkeit für das umstrittene Patent hatte er sogar in einem Schreiben an den Kaiser und König Franz Joseph (8.2.1860)[6] zum Ausdruck gebracht: Er dankte ihm für das Patent, weil es die Kirche befreit habe „von einer [...] Bevormundung“ durch die weltlichen Amtsträger. Das Patent sei, so ließ er seinen Landesherrn wissen, „ein so großer Segen, dass die evangelische Geistlichkeit A.B. nur laut aufjauchzen konnte“. Mit dieser Begeisterung stand er in seiner Gemeinde aber allein, denn diese weigerte sich, die entsprechenden Schritte zu ihrer Koordinierung zu setzen. So sah sich Seberiny gezwungen, zu resignieren, sein Amt niederzulegen und „als Märtyrer des Patents“[7] in die österreichische Reichshälfte zu übersiedeln. In Wien war aufgrund eines kaiserlichen Befehls vom 26. April 1860 die Stelle eines Garnisonspredigers ge-

---

4 *F. Gottas/K. Schwarz*, „Patentisten“ contra „Autonomisten“. Das Protestantenpatent von 1859 im Widerstreit der Meinungen, in: *K. Schwarz/P. Švorc* (Hg.), Die Reformation und ihre Wirkungsgeschichte in der Slowakei, Wien 1996, S. 159-182.

5 Ministerrat 3./6.10.1862, Protokoll Nr. 266, abgedruckt in: Die Protokolle des Österreichischen Ministerrates 1848-1867, V/4, bearb. von *H. Brettner-Messler/K. Koch*, Wien 1986, S. 237ff.

6 Österreichisches Staatsarchiv [ÖStA], Verwaltungsarchiv [ÖVA] Wien, Nachlass Thun, D 560.

7 *M. Kubica*, Rod Seberinovcou [Das Geschlecht der Seberiny], Piešťany 1993, S. 19-22, hier: S. 22.

schaffen worden[8], um die sich Seberiny bewarb. Noch im Oktober 1860 konnte er in den Staatsdienst überwechseln.[9]

3. Seberiny – Supplent der Praktischen Theologie

Als nun Kuzmány, der 1860 zum Superintendenten gewählt worden war, zugleich aber in Wien seine Professur bekleidete und im Studienjahr 1861/62 sogar das Amt des Dekans wahrzunehmen hatte, 1863 seinen Lehrstuhl für Praktische Theologie endgültig verlassen musste, kam ihm die Übersiedlung des Konsistorialrates Seberiny nach Wien sehr zupass. Denn diesem versierten Amtsträger, der in mehreren Sprachen der Donaumonarchie zu predigen vermochte, traute er am ehesten zu, die Lehrveranstaltungen in seinem Sinne durchzuführen und zumal die slawische Tradition am Lehrstuhl zu gewährleisten. Kuzmány, der über beste Verbindungen zum Kultusministerium verfügte[10] und neben Ján Kollár (1793-1852) als der wichtigste Vertrauensmann der Slowaken in Wien galt, gelang es sogar gegen den Widerstand seiner Kollegen, den Militärgeistlichen Seberiny als Supplenten für die Praktische Theologie und das Kirchenrecht höheren Ortes durchzusetzen.

Der Lehrkörper der Fakultät bestand im Studienjahr 1861/62 aus sechs Professoren, dem Alttestamentler Georg Gustav Roskoff (1814-1889)[11], dem eben erst aus Jena berufenen Neutestamentler Carl Albrecht von Vogel (1822-1890), den beiden Kirchenhistorikern Friedrich Daniel Schimko (1796-1864)[12], der kurz vor seiner Emeritierung stand, und dem Patristiker Johann Carl Theodor Otto (1816-1897), dem Systematiker Richard Adelbert Lipsius (1830-1892)[13], der in der kurzen Zeit seines Wirkens in Wien, 1861-1865, zum Schulhaupt der Liberalen avancierte[14], sowie als Fachprofessor für Praktische Theologie und Kirchenrecht: Karl Kuzmány. Der Lehrstuhl für Refor-

8 Circular-Verordnung des Armeeoberkommandos vom 29. April 1860, RGBl. Nr. 112/1860.

9 *J. Hanak*, Die evangelische Militärseelsorge im alten Österreich unter besonderer Berücksichtigung ihrer Eingliederung in den kirchlichen Verband, in: JGPrÖ 87 (1971), S. 3-140; 88 (1972), S. 3-74, hier: S. 4ff.

10 *V. Mayer*, Přispěvek ke korespondenci Karla Kuzmányho Lvu Thunovi [Ein Beitrag zur Korrespondenz Karl Kuzmánys mit Leo Thun], in: Sborník Pedagogické fakulty v Ústi n.L., Praha 1967, S. 37-61, 47ff.

11 *G. Sauer*, Georg Gustav Rosskoff, in: AuG 40 (1989), S. 138; ÖBL IX, S. 258.

12 ÖBL XI, S. 139f.

13 *F. Mildenberger*, Geschichte der deutschen evangelischen Theologie im 19. und 20. Jahrhundert, Stuttgart 1981, S. 270.

14 *O. Wagner*, Mutterkirche vieler Länder. Geschichte der Ev. Kirche im Herzogtum Teschen 1545-1918/20, Wien/Köln/Graz 1978, S. 279ff.

mierte Theologie war seit 1856 vakant, auf ihn wurde 1864 der Basler Privatdozent Eduard Böhl (1836-1903)[15] berufen.

4. Ein Besetzungsvorschlag ohne und ein Separatvotum für Seberiny

Zum Besetzungsvorschlag des Professorenkollegiums, in dem Seberiny nicht aufschien, wohl aber die beiden deutschen Professoren Eduard Meusz (1817-1893) aus Breslau und Gerhard von Zezschwitz (1825-1886)[16] aus Leipzig, legte Kuzmány ein Separatvotum vor.[17] Darin nahm er nicht gegen das Auswahlkriterium des Professorenkollegiums („vornehmlich von dem Princip der wissenschaftlichen Tüchtigkeit und der geistlichen Praxis") Stellung, aber er ergänzte es dadurch, dass er von dem zu berufenden Professor die Kenntnis wenigstens einer, womöglich mehrerer nicht-deutscher Sprachen der Habsburgermonarchie verlangte, in denen sich das kirchliche Leben bewegte. Und da hatte der Supplent Seberiny klare Startvorteile, denn er vermochte, sowohl in magyarischer als auch in slowakischer, tschechischer und deutscher Sprache zu predigen und konnte auf eine entsprechende Predigtpraxis verweisen, und er verfügte nicht zuletzt über einen juristischen Studienabschluss in Prešov/Eperies, der ihn für das kirchenrechtliche Lehramt besonders qualifizierte.[18] Weiters ist zu seinen Gunsten vorgetragen worden, dass er 1858 einen Ruf an die Protestantisch-theologische Lehranstalt in Pest erhalten, diese Vokation aber nicht angenommen habe[19].

In der Tat wurde Seberiny mit allerhöchster Entschließung vom 23. November 1863 auf den Lehrstuhl für Praktische Theologie und Kirchenrecht berufen. Mit dem dritten Adventsonntag 1863 ist das Vorwort seiner in Druck gelangten Antrittsvorlesung[20] datiert. Sie hatte demnach noch vor dem Weihnachtsfest 1863 stattgefunden und war geradezu in einen akademischen Skandal ausgeartet.

---

15 *Mildenberger*, a.a.O. (Anm. 13), S. 255.

16 *Mildenberger*, a.a.O. (Anm. 13), S. 285.

17 ÖStA Wien AVA, k.k. Staatsministerium Abt. Cultus und Unterricht, Fasz. B 20/II Theol. Facultät Wien, Besetzung der Lehrkanzel der Prakt. Theologie 1863.

18 *K. Schwarz*, Johann Michael Seberinyi – ein Absolvent des Kollegiums als Theologieprofessor in Wien, in: *P. Kónya/R. Matlovič* (Hg.), Prešovské Evanjelické Kolégium, jeho miesto a význam v kultúrnych dejinách Strednej Európy [Das ev. Kollegium in Prešov, seine Stellung in und sein Einfluss auf die Kulturgeschichte Mitteleuropas], Acta Collegii Evangelici Presoviensis 1, Prešov 1997, S. 197-214.

19 Bericht des Dekans an das k.k. Staats-Ministerium, 30.6.1863 – ÖStA (wie Anm. 17). Dieses Detail scheint in den Darstellungen seines Lebens nirgendwo auf – insofern zu ergänzen: ÖBL XII, S. 74; BBKL IX, Sp.1272-74.

20 Johann Michael Szeberinyi, Antrittsrede, Wien 1863.

5. Hurbans Augenzeugenbericht

Darüber gibt es einen Augenzeugenbericht des slowakischen Theologen Jozef Miloslav Hurban (1817-1888). In einem mit 16. Dezember 1863 datierten Schreiben an den Rostocker Theologieprofessor August Wilhelm Dieckhoff (1823-1894)[21] berichtete er über die Schwierigkeiten, die seinem Freund und Amtsbruder Seberiny an der Wiener Fakultät bereitet würden.[22] Auf bewegende Art schilderte er den Verlauf der Antrittsvorlesung, in der Seberiny ein mutiges Signal gegen den Zeitgeist setzte:

Zunächst gab er die Einleitung des Dekans wider, der seine Rede mit der statutenkonformen Aufgabenstellung der Fakultät eröffnete: Sie sei zur Pflege der theologischen Wissenschaft eingerichtet. Dies benützte er, um gegen die „Unwissenschaftlichkeit" der „Vielen" zu polemisieren. Damit war wohl in erster Linie die Theologie der Antimodernen gemeint, also jene, „welche die Thatsache Gottes, dass die Welt binnen 6 Mal 24 Stunden erschaffen wurde" „nicht anders als durch den Glauben erklären können, während die theologische Wissenschaft, wenn sie ähnlich wie die Chemie, Astronomie, Naturwissenschaft etc. vorgeht, diese Thatsache dem Fortschritt der Wissenschaft" überlasse. „Fortschritt, Zeitgeist, Wissenschaft, Chemie und das ganze Gebieth der Naturwissenschaften war usque ad nauseam celebrirt, während der Name des Heilandes, diese Urquelle aller theologischen Wissenschaft nicht einmal genannt wurde." „Der Prediger müsse sich mit der Wissenschaft bewaffnen", das war die Botschaft des Dekans an die Adresse der Praktischen Theologie. Denn von dieser wurde erwartet, dass sie „mit der Zeitströmung und mit dem Fortschritt" Schritt halten könne, ja sogar demselben „voran gehen" können müsse. „Selbst unser Dr. Luther musste für diese Seichtigkeiten ein Zeugnis ablegen", notierte Hurban, ohne die zitierte Lutherstelle zu identifizieren. Für ihn war es eine „abgerissene Phrase" aus Luthers Schriften: D*ie* „Theologie wäre nichts nütze, wenn ihr die anderen Wissenschaften zu Hülfe kämen." Hurban warf dem Dekan vor, dieses Fündlein an die Stelle der großen theologischen Erkenntnisse des Reformators zu setzen und fasste die Rede Rosskoffs in dem Satz zusammen: „Die Wissenschaft ohne Christum [...]; denn Christus wurde nicht genannt, aber die Wissenschaft in abstracto anempfohlen."

---

21 *Mildenberger,* a.a.O. (Anm. 13), S. 257.
22 Universitätsarchiv Rostock, Theologische Fakultät, Promotionsakt Seberiny.

Nun hatte der Dekan diese Wissenschaftsorientierung der Protestantischen Theologie nicht ohne Gründe vorgetragen. Im Hintergrund seiner Ausführungen steht der Kampf der Fakultät um ihre Inkorporierung in die Universität Wien, von der sie ja trotz starker Bemühungen im Jahre 1848 noch immer separiert war.[23]

Seberiny konterkarierte dieses Bemühen, denn er widersprach dem Dekan. Man dürfe diese Wiener Fakultät nicht mit den deutschen Universitäten verwechseln. Er sah vielmehr ihre Aufgabe in der Propädeutik: Sie wäre „eine Anstalt zur Vermittlung des höheren Studiums an den deutschen Universitäten für welche unsere Gymnasien die Jugend nicht gehörig vorbereiteten". Das gerade wollten die anwesenden Professoren der Fakultät nicht hören, denn ihr Bemühen lag klar zutage: Sie wollten die Inkorporierung der Fakultät um jeden Preis erreichen[24] und nicht durch programmatische Erklärungen des Professors für Praktische Theologie gefährden.

Aber auch inhaltlich setzte Seberiny zur großen Freude Hurbans deutliche Akzente: Die Anschauungen über die Person Jesu war der Streitpunkt der zeitgenössischen Theologie. Hier bekannte er sich zur „vertrauende[n] pistis in seine Gottmenschliche Person [als dem] Prinzip aller religiösen Gewissheit." Wem das nicht gelte, der bleibe „an der Oberfläche stehen wie die Samaritanerin", und mit ihr nannte er in einem Zuge David Friedrich Strauß (1808-1874) und Ernest Renan (1823-1892). „Hier schlug der Redner drein in die gottlose, Christuslose, glaubenslose Wissenschaftlichkeit", schrieb Hurban, wobei er die Wissenschaft „oft nur [als] Deckmantel [...] der glaubenslosen Leere" ausgab. Hierin waren sich Hurban und Seberiny einig. Mit der Antrittsvorlesung des slowakischen Praktischen Theologen Johann Michal Seberiny zog an der Wiener Fakultät das Neuluthertum ein.[25]

Hurban charakterisierte die Fakultät als „seit jeher stark unionistisch und furchtbar rationalistisch". Die einzige Ausnahme sei Kuzmány gewesen, der die Fahne des lutherischen Bekenntnisses hochgehalten habe, der aber deshalb „ein Dorn in den Augen der Collegen" gewesen sei. Seberiny habe dieses kon-

---

23 *K.W. Schwarz*, „Ein verlassenes Stiefkind" vor dem „Tempel der Freiheit". Die Wiener Protestantisch-theologische Lehranstalt im Frühjahr 1848, in: Mitteilungen der Österreichischen Gesellschaft für Wissenschaftsgeschichte 25 (2007), S. 145-160.

24 *G. Reingrabner*, Geschichtsmächtigkeit und Geduld: Probleme um die Eingliederung der Evangelisch-theologischen Fakultät der Universität Wien, in: *K. Schwarz/F. Wagner* (Hg.), Zeitenwechsel und Beständigkeit. Beiträge zur Geschichte der Evangelisch-Theologischen Fakultät in Wien 1821-1996, Wien 1997, S. 99ff.

25 *K.-R. Trauner*, Von Jena nach Erlangen. Ein Beitrag zum Wechsel theologischer Schulen an der Evangelisch-Theologischen Fakultät zu Wien, in: JGPrÖ 117/118 (2002), S. 48-83.

fessionell lutherische Profil noch entschiedener ausgebildet – sehr zur Freude seiner Studenten, die seine Lehrveranstaltungen sehr gerne besuchten. Gegen den ausdrücklichen Widerstand des Wiener Professorenkollegiums sei er definitiv ernannt worden, auch wenn die „magyarischen Autonomisten und Unionisten" dies zu verhindern trachteten. „Vor den Wiener Liberalen denuncirte man ihn [scil. Seberiny] als einen bald zum Pietismus, bald zum Katholizismus hinneigenden, bald als unwissenschaftlichen Mann; ja die Herren Lipsius und Rosskopf [sic] gingen sogar zum Staatsminister v. Schmerling und protestirten im Namen der Facultät gegen eine etwaige Ernennung Seberinys [...] aus dem Grunde, die Facultät sei eine deutsche Anstalt, daher es höchst angezeigt wäre, nur Deutsche als Professoren an derselben anzustellen."

Der Minister habe aber demgegenüber erklärt, dass die Fakultät eine Reichsanstalt sei und die magyarischen, slowakischen, böhmischen und schlesischen Studenten hätten genauso das Recht, dass ihre praktischen Bedürfnisse berücksichtigt würden. Es hätten alle möglichen Interventionen gegen Seberiny nichts genützt, auch das Argument, dass er bisher noch nicht promoviert wurde, zog nicht, denn die Fakultätsstatuten sahen für diesen Fall die nachträgliche Promotion innerhalb eines Jahres vor.

Hurban, der über ausgezeichnete Kontakte zu konfessionalistischen Kreisen in Deutschland verfügte[26], bot sich Seberiny an, für diesen die Möglichkeit einer Promotion in Rostock auszuloten. Das war der Anlass des Briefes, dem noch drei weitere folgten. Die Mecklenburgische Landeskirche unter ihrem leitenden Theologen Theodor Kliefoth (1810-1895)[27] und deren Landesuniversität in Rostock galt als Hort einer neolutherischen Orthodoxie.

In diesem Zusammenhang fielen zwei interessante theologiegeschichtliche Bemerkungen. Einmal bezeichnete sich der Briefschreiber als Seberinys „Erwecker aus dem Jenenser Todesschlafe", und zum anderen gab er eine Bemerkung des Systematikers Lipsius wider, der Seberiny gegenüber ankündigte: „Wenn Sie auch bei uns das Doktorat nicht machen und vielleicht in Dorpat, Rostock oder Erlangen promoviren werden, so wird uns dann die Pflicht obliegen, strenge an der Nostrificirung zu beharren." Schärfer war der Gegensatz zwischen der apostrophierten Jenaer Theologie und dem „Neuluthertum" gar nicht mehr zum Ausdruck zu bringen als durch eine solche Drohgebärde, die

---

26 *H. Beyer,* Franken und der Bekenntniskampf der slowakischen Lutheraner, in: Zeitschrift für bayerische Kirchengeschichte 24 (1955), S. 89ff.; *A. Hudak*, Jozef Miloslav Hurban und seine Beziehungen zu Deutschland, in: Slowakei. Zeitschrift des Matus Cernák Instituts Köln 11/12 (1973/74), S. 25-37.

27 *Mildenberger,* a.a.O. (Anm. 13), S. 267.

freilich ins Leere ging, mochte sie das Opfer der Bedrohung auch verunsichert haben.

Hurban, dessen theologischer Einsatz im Kampf gegen die Union von der Theologischen Fakultät in Leipzig 1860 mit dem Ehrendoktorat honoriert worden war[28], hat nicht ohne Grund die Gegner Seberinys als Unionisten und Rationalisten ausgegeben. Er legte dadurch der Rostocker Fakultät ganz besonders die Verpflichtung ans Herz, denn die Professur hänge von der Rostocker Entscheidung ab: „Sie würden ihn durch die Ertheilung der Doctorswürde eigentlich erst zum Professor creieren", schrieb er in seinem zweiten Brief am 14. Jänner 1864, um dann noch hinzuzufügen, dass „unsere Kirche und zwar die ecclesia pressa viel Dank zollen würde".

Die Argumente, die Hurban in seinen Briefen vorbrachte, kreisen um die Bedeutung, die dem apostrophierten Lehrstuhl und seinem jungen Inhaber zukomme – und zwar für die Evangelische Kirche in Österreich und in Ungarn gleichermaßen. „An dem neuen Rostocker Doktor würde sich die kleine Schar, welche auch in Wiens Mauern der Herr sich gesammelt hat, anschließen und mit dem irdischen Haupte unter dem himmlischen Haupte Jesus militiren." Es müsse „für die Erhebung und Consolidierung dieser Partei unser Heiland etwas thun, wenn wir in Wien nicht das Feld räumen sollen." Geld-, Luxus- und Aufklärungs-Cultus herrsche in Wien und die einzige evangelische Fakultät in Österreich „spricht von einem reinen Protestantismus, wo dieselbe von Heidenthum und Atheismus sprechen sollte." In diesem Umfeld siedelte er so manchen Professor an, namentlich Friedrich Daniel Schimko, den er als völlig ungläubig charakterisierte, weil er das Athanasianum ablehnte.

Ein anderes Argument ist Seberinys konservatives Österreichbewusstsein, das ihm bei Kaiser und Regierung Gewicht verleihe; er berichtet weiters, dass es Seberiny gelungen sei, den Kaiser zu überzeugen, die ehemalige, unter Joseph II. säkularisierte Schwarzspanierkirche, die der Erzbischof für die römisch-katholische Kirche haben wollte, dem Dienst der Evangelischen Kirche als Garnisonskirche zu widmen.[29] „Ein Doktorat von einer orthodoxen, politisch ausdrücklich conservativen Facultät würde Seberiny bei dem Kaiser umso mehr stützen."

---

28 *D. Ondrejovič*, Über die Union in der Slowakei, in: *Schwarz/Švorc* (Hg.), Die Reformation und ihre Wirkungsgeschichte in der Slowakei, S. 153ff.; *B. Kertész*, Protestáns uniókisérlet Magyarországon az 1840-es években [Protestantischer Unionsversuch in Ungarn in den 1840er-Jahren], in: Protestáns szemle 1997/4, S. 256-281.

29 *K.-R. Trauner*, Die Garnisonskirche in Wien. Ein vergessenes evangelisches Gotteshaus, in: JGPrÖ 121 (2005), S. 373-396.

6. Überlegungen in Rostock – und eine Intervention der österreichischen Regierung

Unter dem Vorsitz ihres Dekans sind die Rostocker Professoren mehrmals zu Fakultätssitzungen zusammengekommen, nachdem sie im Umlaufverfahren von den Briefen des slowakischen Pfarrers Hurban Kenntnis erhalten hatten und mit dem spezifischen Anliegen einer Promotion in Rostock innerhalb einer kurzen Frist vertraut gemacht worden waren. Es erhoben sich Bedenken: weniger gegen das bisher vorliegende schmale wissenschaftliche Œuvre des Promovenden als vielmehr gegen dessen „äußere amtliche Stellung" an einer unionistischen Fakultät und als Garnisonsprediger für Lutheraner und Reformierte[30]; es wurden aber auch Bedenken geäußert gegen eine Ehrenpromotion aus Gründen erwiesener Gelehrsamkeit.

In dieser Phase der fakultätsinternen Beratung wurde den Professoren ein Schreiben des österreichischen Gesandten in Berlin Grafen Aloys Károlyi von Nagy-Karoly (1823-1889) an das Großherzoglich-Mecklenburgische Ministerium für Unterrichts-Angelegenheiten zur Kenntnis gebracht[31], das aus zwei Gründen interessant ist und mitgeteilt werden soll:

> „Im Hinblick auf die unionistischen Bestrebungen in der österreichischen protestantischen Kirche als auch auf die immer mehr sich kundgebende Tendenz unter dem Vorwande der Autonomie, die Trennung der Kirche vom Staat zu bewerkstelligen, liegt es im Interesse der kaiserlichen Regierung auf der einzigen evangelisch-theologischen Fakultät Österreichs das Element der Bekenntnisrichtung und dem Staate ergebener Gesinnung zu befestigen. Von diesem Bestreben geleitet, wurden in jüngster Zeit der Wiener Garnisonsprediger und Konsistorialrath J.M. Szeberinyi und der Privatdozent in Basel Eduard Böhl zu Professoren der Theologie ernannt. Da nun aber nach den an der k.k. Wiener Universität geltenden Statuten jeder noch nicht zum Doktor promovierte Professor binnen Jahresfrist den Doktorgrad zu erwerben hat, und der Erstgenannte [...] deshalb die theologische Fakultät zu Rostock, als in welcher die Evangelischen Augsburgischer Confession eine besondere Autorität der reinen Lehre erblicken – angegangen hat, so hegt die kaiserliche Regierung den Wunsch, dass diesem, ihr Vertrauen genießendem Professor, der Doktorgrad, sei es honoris causa, sei es im Wege der vorgeschriebenen Gradation oder Promotion, verliehen werde."

---

30 Es verdient jedenfalls angemerkt zu werden, dass Seberiny trotz seines schroff lutherisch-konfessionalistischen Profils für die konfessionelle Kooperation und Konföderation im Rahmen der Militärseelsorge votierte: *J.M. Szeberinyi*, A két protestáns hitfelekezet föderátiója a cs. és kir. hadseregben [Die Föderation der beiden protestantischen Konfessionskirchen in der k.k. Armee], Bécs 1869.

31 Gesandte *Károlyi* an Freiherrn *von Oertzen*, Berlin 22.2.1864 – Abschrift als Beilage zum Promotionsakt Seberiny.

Das Schreiben zeigt enorme fachtheologische Kenntnisse und rückt die Berufungspolitik der 60er-Jahre des 19. Jahrhunderts in einen interessanten theologiegeschichtlichen und staatskirchenpolitischen Zusammenhang. Es stellt die Berufung der beiden erwähnten Professoren, die beide dem konfessionalistischen Lager auf lutherischer und reformierter Seite zugehörten, gleichsam als Gegengewicht gegen die liberale Theologie der übrigen Professoren dar und ergreift in einem beachtlichen Maße Partei zugunsten des Petenten.

7. Ehrenpromotion in Rostock

Die Bedenken der Rostocker Fakultät sind zwar dadurch auch nicht restlos ausgeräumt worden; immerhin aber hat man „in Betracht der von der k.k. österreichischen Regierung ausgesprochenen Absicht, die Bekenntniskirche und die Verbindung zwischen Staat und Kirche zu befestigen und in dem Wunsche dieser Absicht auch durch Unterstützung des von der österreichischen Regierung dazu ersehenen Mannes soweit als nur irgend möglich förderlich zu sein", die Bereitwilligkeit ausgesprochen, Seberiny honoris causa zu promovieren. Allerdings sollte dieser eine „nicht umfängliche" praktisch-theologische Abhandlung einreichen, um die noch bestehenden „Anstände" zu beheben.

Diese angemahnte praktisch-theologische Schrift lieferte der Promovend noch im Verlaufe des Sommers 1864. Es handelte sich dabei um die „dem hochwürdigsten Herrn Dr. Karl Kuzmány [...], dem treuen Wächter Zions der Slovakei, und Vater seines vielgeprüften slovakischen Volkes in Liebe und Verehrung" gewidmete Schrift: „Der Pseudo-Protestantismus auf kirchenrechtlichem Gebiete mit besonderer Berücksichtigung der protestantischen Kirchenverhältnisse Österreich". Die bei Braumüller in Wien 1865 herausgekommene Studie war das kirchenrechtliche Hauptwerk des Verfassers[32], das wegen seiner Grundthese von seinen liberalen Kontrahenten heftig abgelehnt wurde.[33] Ja, von Lipsius wurde es sogar anonym als „slowakisches Attentat auf den Protestantismus" denunziert.

---

32 *Schwarz,* a.a.O. (Anm. 2), S. 245ff.; *ders.,* Eine Wiener Kontroverse über das landesherrliche Kirchenregiment, in: *S. Kreuzer/K. Lüthi* (Hg.), Zur Aktualität des Alten Testaments. Festschrift für Georg Sauer zum 65. Geburtstag, Frankfurt a.M. u.a. 1991, S. 331-341.

33 „*Slovakisches Attentat auf den Protestantismus*", so der Titel einer anonymen Besprechung des Buches in der Protestantischen Kirchenzeitung 1864, Sp. 1158-1161. Als Verfasser steht der Fakultätskollege *Richard Adelbert Lipsius* fest: *ders.*, Lehrbuch der evangelisch-protestantischen Dogmatik, Braunschweig ^{3}1893, S. 873. – Ebenso kritisch

Aber auch die Rostocker Professoren waren nicht besonders glücklich über das Werk. Der Systematiker und Praktologe Otto Karsten Krabbe (1805-1873) konstatierte „wissenschaftliche Schwäche und Unzulänglichkeit", die aufs Neue Bedenken hervorrufen. Gleichwohl meinte er, des Promovenden „treffliche Gesinnung, die nicht geringe Begabung und practische Tüchtigkeit" anerkennen zu müssen, so dass er dem Promotionsantrag zustimmte, allerdings mit der Auflage, dass bei der Drucklegung des Werkes „keine Beziehung zu unserer Facultät" hergestellt werde. Darauf hat denn auch Seberiny verzichtet, nachdem er mit 28. Juli 1864 die Würde und Privilegien eines Doktors der Theologie ehrenhalber verliehen bekam: „In Virum Summe Reverendum Joannem Michaelem Szeberiny, Verbi Divini Ministrum Castrensem, Theologiae Practicae Professorem Publicum Ordinarium Vindobonensem, Evangelii Praeconem Fidelem et Disertum, Doctrinae Lutheranae Testem Acrem et Ardentem, Iuris Morum atque Institutorum Patriae Ecclesiae in Slavonia Hungarorum Constitutae Defensorem Fortem et Intrepidum, Studiosae Iuventutis Praeceptorem Dilectum ac Fructuosum […]."

8. Ein Konflikt

Die von den Liberalen abgelehnte Grundthese des Kirchenrechtslehrers Seberiny, die schon in seiner Antrittsvorlesung angeklungen war, bezog sich auf die landesfürstlichen Kirchenaufsichtsrechte des österreichischen Kaisers und des Königs von Ungarn, die er extensiv bestimmte.[34] Seine Gegner hatten diese Rechte zu reinen Abwehrrechten des Staates formalisiert.[35] „Je mehr Anschluss an den Staat, oder je mehr Einfluss des Staates in unserer Kirche, desto besser!", formulierte Seberiny in scharfer Frontstellung gegen die Autonomisten im ungarisch-slowakischen Kirchenkonflikt und gegen die Liberalen, die auf eine Trennung von Staat und Kirche hinarbeiteten. Darin erblickte der streitbare Professor den Sündenfall seiner Zeit.

Th. Haase, Das Neuluthertum in Österreich, in: Neue Protestantische Blätter 1865, S. 57ff.; überwiegend kritisch ein ungenannter Rezensent in: Lit. Centralblatt 1865, 894ff.; *M. Kovács*, in: Protestans Egyházi és iskolai lap 1865, S. 80ff. (kritisch zu den Ungarn-Bezügen des Werkes).

34 *K.W. Schwarz*, Ius circa sacra und ius in sacra im Spiegel der Protestantenpolitik der Habsburger im 19. Jahrhundert, in: ZRG 122 Kan. Abt. 91 (2005), S. 578-624, 610ff.

35 *R.A. Lipsius,* Zur revidirten Kirchenverfassung der ev. Kirche in […] Österreich, in: ZKR 7 (1867), S. 131-148.

Seberiny stand nicht allein, in der Kultusabteilung des Staatsministeriums wirkte ein slowakischer Landsmann, Johann Ritter von Mikulás[36] (1820-1884), der gewissermaßen die kultuspolitischen Fäden zog und die kultusrechtlichen Prämissen Seberinys in die Praxis umsetzte. Auf ihn ist zurückzuführen, dass das protestantische Axiom eines landesherrlichen Kirchenregiments, wissenschaftlich legitimiert durch Seberiny, repristiniert wurde. So gesehen war in der Tat der Dienstantritt Seberinys ein Sieg des Neuluthertums über dessen liberale Gegner. Deren Schulhaupt Lipsius, der sich ziemlich weit aus dem Fenster gelehnt hatte und gemeinsam mit dem Dekan Roskoff nichts unversucht ließ, um Seberiny zu verhindern, zog die Konsequenzen. Schon im Sommer 1865 – nach acht Semestern – folgte er einem Ruf an die Universität Kiel. Als Begründung mochte die eingeschränkte Lehr- und Lernfreiheit an der Wiener Fakultät und deren isolierte Lage außerhalb der Alma Mater Rudolfina plausibel gewesen sein. Ehrlicher war freilich der Hinweis, dass er in Kiel „die Aussicht auf angenehmere collegialische Verhältnisse" gehabt habe.[37] Er musste den Amtsantritt Seberinys wohl auch als persönliche Niederlage empfunden haben – oder um seine Invektive noch einmal zu zitieren: als „slovakisches Attentat auf den Protestantismus".

---

36 *K. Schwarz,* „Für die evangelischen […] Kultusangelegenheiten eine eigene […] Abteilung", in: *H. Paarhammer/A. Rinnerthaler* (Hg.), Österreich und der Heilige Stuhl im 19. und 20. Jahrhundert, Frankfurt a.M. u.a. 2001, S. 545-572, hier: S. 551ff.

37 *G. Richter,* Lipsius' Lebensbild, in: Richard Adelbert Lipsius. Zwei Gedächtnisreden, Jena 1893, S. 26.

Religionspädagogik auf dem Weg nach Europa? Erfahrungen und Perspektiven für Religionsunterricht, Wissenschaft und Politik

FRIEDRICH SCHWEITZER

„Europa“ gehört nicht zum klassischen Themenbestand von Religionsunterricht und Religionspädagogik. Von den herkömmlichen Themen des Religionsunterrichts her könnte man höchstens an die Migration des Christentums nach Europa in den Anfangszeiten der Kirche (Apg 16) denken – ein Zusammenhang, der durchaus des Nachdenkens im Blick auf europäische Zusammenhänge wert wäre. Für die Religionspädagogik waren und sind es aber ohne Zweifel erst die Entwicklungen der letzten Jahre und Jahrzehnte, die Europa zum Thema gemacht haben.

So widmete beispielsweise 1992 die Zeitschrift „Der Evangelische Erzieher“ ein (vom Vf. zusammengestelltes) Themenheft diesem Thema. Im Editorial wird deutlich noch um Aufmerksamkeit für ein bislang vernachlässigtes Gebiet geworben, wenn es heißt: „Auch der Religionsunterricht ist von den Folgen europäischer Vereinigung nicht ausgenommen. Zumindest in der bildungspolitischen Diskussion ist dies schon spürbar, wenn etwa auf die – angebliche – internationale Plausibilität einer allgemeinen Religionskunde hingewiesen wird. Die Religionspädagogik wird sich stärker international orientieren müssen. Genaue Kenntnis der Situation in europäischen Nachbarländern wird unerlässlich. Perspektiven, die einen Vergleich überhaupt erst ermöglichen, werden zu finden sein, vielleicht sogar ein neues Kategoriensystem für die Begründung und Gestaltung des Religionsunterrichts.“[1]

Inzwischen ist die Entwicklung der Europäisierung von Religionspädagogik in verschiedenen Hinsichten deutlich weiter vorangeschritten. Deshalb scheint es sinnvoll, im Folgenden den Stand der Arbeit zu umreißen, wobei bezeichnenderweise auf allen dabei angesprochenen Ebenen – Religionsunterricht, internationale Kooperation, Bildungs- und Wissenschaftspolitik, international-vergleichende Forschung – zugleich weitere Desiderate anzumelden und Perspektiven für die Weiterarbeit zu markieren sind.

---

[1] *F. Schweitzer,* Zu diesem Heft, in: EvErz 44/1992, S. 1f., hier: S. 1. Das Heft enthält Beiträge von C. Röger und E. Marggraf zu Europa im Religionsunterricht und in kirchlich-bildungspolitischer Sicht sowie internationale Berichte aus den Niederlanden (A.K. Ploeger), Großbritannien (C. Fry) und Schweden (R. Larsson).

1. Europa im Religionsunterricht

Ein guter Anlass dafür, die Europäische Union im Religionsunterricht zu thematisieren, war gewiss die Auseinandersetzung um den – möglichen – Gottesbezug in der dann am Ende nicht verabschiedeten Europäischen Verfassung.[2] An dieser Auseinandersetzung wird exemplarisch deutlich, dass Fragen nach dem Zusammenhang von Religion und Politik, aber auch von Staat und Kirche kaum mehr allein im Horizont nur eines europäischen Einzelstaates behandelt werden können. Längst überschreiten solche Themen die nationalen Grenzen und die öffentliche Meinung wird – wohl auch bis hinein in die Rechtsprechung – von internationalen Impulsen und Vorbildern beeinflusst. Der Streit um das Kopftuch oder um religiöse Symbole in der Schule ist dafür nur ein besonders stark beachtetes Beispiel, dem sich weitere beifügen ließen.

Als These lässt sich diese Entwicklung in einer doppelten Forderung zusammenfassen: Zur religiösen Bildung gehören heute nicht nur Inhalte aus der eigenen nationalen Tradition und Diskussion, und die Reflexionshorizonte, in welche die Inhalte gerückt werden, müssen zunehmend international angelegt sein. Dies erfordert eine mehrfache, thematische Ausweitung des religionsunterrichtlichen Themenbestands – in geographischer Hinsicht, im Blick auf die Ökumene sowie hinsichtlich interkultureller und interreligiöser Themen. Eine zeitgemäße europäische Bildung wird beispielsweise nicht länger die Orthodoxen Kirchen übergehen können, und die früher so genannten Weltreligionen sind kein abstrakt-theoretisches Thema mehr, dem man sich erst in der gymnasialen Oberstufe zuwenden könnte. Die kulturelle und religiöse Vielfalt gehört von Anfang an zu den Voraussetzungen, unter denen Kinder und Jugendliche in Europa aufwachsen und auf die sich deshalb auch der Unterricht beziehen muss.

Im Blick auf die Erfahrung kultureller und religiöser Pluralität ergeben sich nun auch neue Erwartungen an religiöse Bildung und Religionsunterricht und damit auch eine neue Begründung für ein solches Fach oder zumindest für entsprechende Angebote in der Schule. Religiöse Bildung soll und kann beitragen zu Frieden und Toleranz, zu Dialogfähigkeit und Verständigung, in jedem einzelnen Land, aber eben auch in einem gemeinsamen Europa sowie im globalen Horizont.[3] Ein auf das Bildungsziel der Pluralitätsfähigkeit einge-

---

[2] Vgl. etwa *U. Baumann/F. Schweitzer* (Hg.), Religionsbuch Oberstufe, Berlin 2006, S. 139f., mit einem Auszug aus einem Interview mit Giscard d'Estaing.

[3] Als frühen Text aus meiner Perspektive vgl. *F. Schweitzer,* Christlich – ethisch – interreligiös. Religion in der Grundschule zwischen Abgrenzung und Verständigung, in: *L. Duncker* (Hg.), Bildung in europäischer Sicht. Perspektiven für die Pädagogik der

stellter Religionsunterricht kann als wichtiger Beitrag zur Ermöglichung eines friedlichen und toleranten Zusammenlebens in Europa sowie zur Entwicklung von Werten wie Solidarität angesehen werden.

Mit einer verstärkt europäischen Ausrichtung folgt der Religionsunterricht zugleich neuen Tendenzen in Theologie und Kirche. So haben die in Europa tätigen Gesellschaften für wissenschaftliche Theologie neue Initiativen gestartet, durch die der Beitrag der Theologie für Europa verdeutlicht und der Zusammenhang zwischen dem „Weg Europas" und der „öffentlichen Aufgabe der Theologien" sichtbar gemacht werden soll.[4] Mit der „Gemeinschaft Evangelischer Kirchen in Europa" (GEKE) verbindet sich leicht erkennbar der Anspruch bzw. Auftrag, eine wichtige Rolle im Prozess der europäischen Vereinigung zu übernehmen. Dies wiederum schließt die Entwicklung einer „Theologie für Europa" ein.[5] Europa ist nicht nur ein Thema für die Bildung, sondern auch für Kirche und Theologie.

All dies sind sehr erfreuliche Entwicklungen, die allerdings noch deutlich Anfänge markieren und noch keine endgültigen Resultate sind. Dies gilt ebenso für eine „Theologie für Europa", von der erst Umrisse erkennbar geworden sind, wie für den Religionsunterricht. Beispielsweise fehlt es an Untersuchungen zu Bildungsplänen oder Schulbüchern, auf deren Grundlage sich beurteilen ließe, wie weit europäische Bezüge und Reflexionshorizonte tatsächlich in die Praxis von Religionsunterricht einfließen.

2. Religionspädagogik als international-kooperative Disziplin

In den letzten dreißig Jahren hat die Religionspädagogik deutliche Fortschritte im Blick auf ihre Internationalisierung gemacht. Zumindest in gewisser Hinsicht kann sie heute als eine international-kooperative Disziplin bezeichnet

---

Grundschule, Langenau-Ulm 1996, S. 65-80; zur aktuellen Diskussion siehe *P. Schreiner/V. Elsenbast/F. Schweitzer* (Hg.), Europa – Bildung – Religion. Demokratische Bildungsverantwortung und die Religionen, Münster u.a. 2006 (vgl. dort die Dokumentation zur bildungspolitischen Diskussion, S. 279ff.), *F. Schweitzer/C. Schwöbel* (Hg.), Religion – Toleranz – Bildung, Theologie interdisziplinär 3, Neukirchen-Vluyn 2007, vgl. auch *F. Schweitzer* (Hg.), Religion, Politik und Gewalt, Veröffentlichungen der WGTh 29, Gütersloh 2006. Als Versuch, europäische Perspektiven in ein religionsdidaktisches Lehrbuch zu integrieren, siehe. *H.-G. Heimbrock,* Religionsunterricht im Kontext Europa. Einführung in die kontextuelle Religionsdidaktik in Deutschland, Stuttgart 2004.

4 Vgl. *F. Schweitzer/C. Schwöbel* (Hg.), Theology's Contribution to Europe (Veröffentlichungen der WGTh), Gütersloh (im Druck), *P. Hünermann/J. Schmiedl* (Hg.), Der Weg Europas und die öffentliche Aufgabe der Theologien, Theologie Ost – West. Europäische Perspektiven 8, Münster 2007.

5 Siehe dazu *M. Friedrich* u.a. (Hg.), Theologie für Europa. Perspektiven evangelischer Kirchen, Frankfurt a.M. 2006.

werden, auch wenn, wie einschränkend hinzuzufügen ist, noch nicht wirklich von einer internationalen religionspädagogischen Scientific Community gesprochen werden kann.

Die Internationalisierung der Religionspädagogik hat sich in unterschiedlichen Zusammenhängen vollzogen. Hinzuweisen ist zunächst auf religionspädagogische europäische Organisationen, die aus verschiedenen Zusammenhängen erwachsen sind.[6] Solche Vereinigungen verstehen sich in der Regel als Interessensvertretungen für religiöse Erziehung, Bildung und Religionsunterricht auf europäischer Ebene. Darüber hinaus unterstützen sie den europäischen Austausch durch die Veranstaltung von Tagungen sowie durch die Bereitstellung entsprechender Informationen vor allem zum schulischen Religionsunterricht.[7] Besonders bedeutsam ist der – noch laufende – Versuch, die verschiedenen Vereinigungen zusammenzuführen, um auf diese Weise eine breitere Basis für den europäisch-internationalen Austausch und entsprechende Kooperationen zu gewinnen.[8] Trotz der wissenschaftlichen Anteile und Interessen solcher Vereinigungen handelt es sich vor allem um praxisbezogene und aus der Praxis erwachsende Initiativen.

Im Bereich der wissenschaftlichen Religionspädagogik gibt es bislang keine ausgesprochen europäische Vereinigung.[9] Faktisch hat vor allem ISREV („International Seminar on Religious Education and Values“) – eine Vereinigung, die allerdings von Anfang an transatlantisch angelegt war und heute in ihrer Mitgliedschaft weit über Europa hinausreicht – die wichtigste Rolle in der Ermöglichung europäisch-religionspädagogischer Diskussionszusammenhänge und Kooperationen gespielt. Auch andere Netzwerke und Organisationen im Bereich der (Praktischen) Theologie, die sich nicht als religionspädagogische Vereinigungen verstehen, die aber auch Religionspädagogen einschließen, waren in dieser Hinsicht eine wichtige Plattform.[10] Abgesehen von einzelnen Projekten (s. Kap. 4.) vollzieht sich der entsprechende wissenschaft-

---

6 Überblick bei *P. Schreiner/M. Holt* (Hg.), Who's Who in RE in Europe. Informationen zu Religionslehrervereinigungen und religionspädagogischen Institutionen in Europa, Münster 1995.

7 Dies gilt besonders für Veröffentlichungen wie *P. Schreiner* (Hg.), Religious Education in Europe. A collection of basic information about RE in European countries, Münster 2000, *E. Kuyk* u.a. (Hg.), Religious Education in Europe. Situation and current trends in schools, Oslo 2007.

8 Diese Verbindung oder Integration ist die Aufgabe von CoGREE („The Co-ordinating Group for Religion in Education in Europe“, http://www.cogree.com).

9 Entsprechende Gründungsversuche sind derzeit allerdings im Gange.

10 Dies gilt etwa für IAPT („International Academy for Practical Theology“) oder ISERT („International Society for Empirical Research in Theology“), aber auch für die bereits erwähnten theologischen Gesellschaften („Wissenschaftliche Gesellschaft für Theologie“, „Europäische Gesellschaft für katholische Theologie“).

liche Austausch bislang vor allem in Gestalt internationaler Tagungen sowie eines daran anschließenden Austausches zwischen einzelnen Kolleginnen und Kollegen, der inzwischen durch das Internet sehr erleichtert wird.

Kooperation und internationaler Austausch werden in der Religionspädagogik ganz allgemein als Bereicherung wahrgenommen und gerne akzeptiert. Insofern kann von ersten Schritten in Richtung einer internationalen religionspädagogischen Scientific Community gesprochen werden. Allerdings stellen die religionspädagogischen Diskussionen im jeweiligen Land doch deutlich eigene Systeme dar, in die Impulse aus anderen Ländern nur selektiv aufgenommen werden. Kaum einmal könnte man sagen, dass eine religionspädagogische Entdeckung in einem Land die Theorie und Praxis in einem anderen Land ähnlich unmittelbar verändert hätte, wie dies beispielsweise für Erkenntnisse in den Naturwissenschaften oder in der Medizin der Fall ist. Eine evidenzbasierte Religionspädagogik mag sich ohnehin nicht realisieren lassen – und wahrscheinlich wäre dies auch nicht wünschenswert. Dennoch zeigt der Vergleich mit Naturwissenschaften und Medizin, dass die internationale Plausibilität religionspädagogischer Forschungsergebnisse (noch) beschränkt ist. Diese Begrenzung wirkt auch einer Europäisierung entgegen.

Der auf die einzelnen Länder beschränkte Charakter der religionspädagogischen Scientific Communities geht natürlich auch auf die unterschiedlichen geschichtlichen Voraussetzungen in den verschiedenen europäischen Staaten zurück, besonders im Blick auf das Staats-Kirchen- bzw. Religionsrecht, das vor allem für den schulischen Religionsunterricht eine bestimmende Rolle spielt. Darüber hinaus stellen auch die unterschiedlich organisierten Bildungssysteme selbst jeweils einen Rahmen dar, auf den sich die Religionspädagogik als praktische Disziplin konsequent beziehen muss. Insofern bleiben nationale Zusammenhänge auch in Zukunft für die religionspädagogische Wissenschaft bedeutsam. Dennoch sind weitere Fortschritte im Sinne der Etablierung einer europäischen religionspädagogischen Scientific Community wünschenswert, eben in dem Maße, in dem die Religionsgemeinschaften eine Bildungsverantwortung auf europäischer Ebene wahrnehmen und die Religionspädagogik Gesprächspartner für europäische Vereinigungen und Institutionen sein will.[11] Die von den oben genannten religionspädagogisch-praktisch ausgerichteten Vereinigungen verfolgte Zielsetzung, zumindest um bei allen wichtigen Anliegen zunehmend mit „einer Stimme" sprechen zu können, kann auch Vorbild für die wissenschaftliche Religionspädagogik sein, zumal sich bestimmte reli-

---

[11] Vgl. dazu *Schreiner/Elsenbast/Schweitzer*, a.a.O. (Anm. 3).

gionspädagogische Fragestellungen nicht angemessen im Horizont nur eines Landes bearbeiten lassen.[12]

3. Religionspädagogik in bildungs- und wissenschaftspolitischen Zusammenhängen

Besonders seit dem 11. September 2001 wird verstärkt nach einem Beitrag von Religionsunterricht und religiöser Bildung zum Zusammenleben in Europa gefragt, vor allem im Blick auf eine Bildung für Frieden und Toleranz.[13] Seither sind erstmals auch eigene Publikationen des Council of Europe zu religionspädagogischen Fragen verfügbar geworden. Dabei steht derzeit die religiöse Dimension der interkulturellen Pädagogik im Vordergrund.[14] Religiöse und religionspädagogische Fragen werden noch nicht in ihrer Eigenbedeutung anerkannt, zumindest aber als nicht länger zu übergehende Dimension anderer Themen, die als konstitutiv für Bildung in Europa angesehen werden. Als neueste Entwicklung zu nennen ist der Versuch, auf internationaler Ebene „Leitlinien" für den Unterricht über Religion und Glaubensüberzeugungen in der staatlichen Schule zu formulieren.[15] Es ist dabei kein Zufall, dass solche „Leitlinien" bislang eher informellen Charakter aufweisen und von einer Expertengruppe – also mit geringer oder jedenfalls keiner offiziellen Verbindlichkeit – vorgelegt werden und (noch) nicht aus der europäischen Politik selbst kommen. Die Europäische Gemeinschaft selbst beispielsweise hat in religionspädagogischen Angelegenheiten kein Mandat, und auch der Council of Europe kann sich in solchen Fragen kaum ohne Rückversicherung bei den Religionsgemeinschaften der verschiedenen Staaten äußern.

Auch diese Entwicklungen sind aus religionspädagogischer Sicht als erfreulich zu bezeichnen. Allerdings ist auch kritisch zu fragen, welche Vorstellungen von Religionsunterricht sich dabei durchsetzen. Die im deutschen Sprachraum häufig diskutierte Alternative: „Religionsunterricht und/oder Religionskunde" spielt dabei auch im internationalen Bereich eine Rolle, etwa angesichts des stark ausgeprägten Einflusses des in England und Wales ge-

---

12 Siehe dazu Kap. 4.

13 Noch einmal verwiesen sei auf die Dokumentation bei *Schreiner/Elsenbast/Schweitzer*, a.a.O. (Anm. 3), S. 279ff.

14 The Religious Dimension of Intercultural Education. Conference proceedings. Oslo, Norway, 6 to 8 June 2004, Straßburg 2004, *J. Keast* (Hg.), Religious diversity and intercultural education: a reference book for schools, Straßburg 2007.

15 Toledo Guiding Principles on Teaching About Religions and Beliefs in Public Schools. Prepared by the ODIHR Advisory Council of Experts on Freedom of Religion or Belief, Warschau 2007.

pflegten Multifaith-Ansatzes, der allerdings nicht einfach als Religionskunde im deutschen Sinne beschrieben werden kann – immerhin schließt er eine konstitutive Beteiligung der Religionsgemeinschaften samt Vetorecht der anglikanischen Staatskirche bei der Erstellung von Lehrplänen ein (in Gestalt lokaler Gremien, sog. SACREs). Auf jeden Fall sollte darauf geachtet werden, dass ein europäisches (Rahmen-)Modell für den Religionsunterricht in der staatlichen Schule nicht nur die Verhältnisse in einigen wenigen (nord- oder west-) europäischen Ländern als vorbildlich auszeichnet. Wie noch deutlich werden soll (s. Kap. 4), fehlt für solche Bewertungen bislang auch jede wissenschaftliche Grundlage.

Eine weitere Problemstellung politischer Art ergibt sich aus der zunehmenden Bedeutung einer europäischen Wissenschaftspolitik und speziell der europäischen Forschungsförderung. Die sog. Rahmenprogramme (frameworks) der Europäischen Gemeinschaft, welche darüber bestimmen, was zu einer bestimmten Zeit überhaupt gefördert werden kann, sehen bislang keine Fördermöglichkeiten für Religionspädagogik oder Theologie vor. Wie die im nächsten Abschnitt genannten Projekte, die gleichwohl eine Förderung in diesem Rahmen erreicht haben, zeigen, kommt eine Förderung religionspädagogischer Forschung nur dann in Frage, wenn diese sekundär – gleichsam verpackt in andere Fragestellungen etwa im Umkreis von Citizenship Education oder interkultureller Bildung – transportiert wird.

Im Vergleich zu der bislang üblichen Forschungsförderung etwa in Deutschland, aber auch in anderen Ländern stellt dies eine deutliche Verschlechterung dar. Die Europäisierung der Forschungsförderung fällt hinter die im nationalen Rahmen üblichen Möglichkeiten zurück.[16] Dieser Negativ-Effekt dürfte sich in dem Maße erwartbar verstärken, in dem finanzielle Mittel von der jeweiligen nationalen auf die europäische Forschungsförderung verlagert werden. Entsprechende Bemühungen durch die einschlägigen kirchlichen und wissenschaftlichen Vertretungen stellen deshalb eine wichtige Aufgabe für die Zukunft dar. Auch unter diesem Aspekt sollten sich Religionspädagogik und Theologie als European Players begreifen und sich in der Öffentlichkeit als solche präsentieren.

---

[16] Vgl. dazu *F. Schweitzer,* Theologie und europäische Wissenschaftspolitik, in: *Schreiner/Elsenbast/Schweitzer,* a.a.O. (Anm. 3), S. 93-102.

4. International-vergleichende Forschung in der Religionspädagogik

Vergleichende Forschung ist im religionspädagogischen Bereich ein verhältnismäßig neues Unternehmen, besonders im Blick auf internationale Vergleiche. Dies hat nicht zuletzt der bislang einzige Versuch, religionspädagogische Forschung in Europa zusammenfassend in den Blick zu nehmen, erneut deutlich gemacht. Der aus diesem Unternehmen hervorgegangene Band[17] lässt darüber hinaus noch wenig koordinierte Kooperation im Sinne einer integrierten europäischen religionspädagogischen Forschung erkennen. Auf jeden Fall stehen international vergleichende religionspädagogische Forschungsprojekte vor spezifischen Herausforderungen, die noch kaum bearbeitet sind.[18]

Eine ganze Reihe projektbezogener Konsultationen, häufig mitgetragen vom Comenius-Institut in Münster, hat zu anregenden, in der Regel auf bestimmte Themen bezogenen Ergebnissen geführt – etwa im Blick auf den Umgang mit kultureller Vielfalt in religionspädagogischer Hinsicht[19], zu „Good Practise" im Religionsunterricht in verschiedenen europäischen Ländern[20] oder zum Beitrag christlicher Theologien zu religiöser Erziehung und Bildung.[21] Solche vor allem durch Konsultationen vorangetriebene Projekte fußen zum Teil auf empirischen Befunden, manchmal sogar auf koordinierten Parallelerhebungen in verschiedenen Ländern. Integrierte Forschungsprojekte gehen demgegenüber noch einen Schritt weiter und setzen einen gemeinsamen Forschungsprozess über die Grenzen einzelner Staaten hinweg voraus.

Im Rahmen von TRES („Teaching Religion in a Multicultural European Society") – einem von der Europäischen Gemeinschaft geförderten Netzwerk – wird derzeit eine vergleichende Untersuchung zu Erwartungen, Zielen und Erfahrungen von Religionslehrerinnen und -lehrern in verschiedenen europäischen Ländern durchgeführt.[22] Als bisher einziger religionspädagogischer Forschungsverbund, der von der Europäischen Gemeinschaft gefördert wird, un-

---

17 *R. Larsson/C. Gustavsson* (Hg.), Towards a European Perspective on Religious Education. The RE Research Conference March 11-14, 2004, University of Lund, Skelleftea 2004.

18 Vgl. *F. Schweitzer*, Comparative Research in Religious Education: International – Interdenominational – Interreligious, in: *Larsson/Gustavsson,* a.a.O. (Anm. 17), S. 191-200.

19 *C. Bakker/O. Beuchling/K. Griffioen* (Hg.), Kulturelle Vielfalt und Religionsunterricht. Entwicklungen und Praxis in vier europäischen Ländern, Münster u.a. 2002.

20 *P. Schreiner/F. Kraft/A. Wright* (Hg.), Good Practise in Religious Education in Europe. Examples and Perspectives of Primary Schools, Berlin 2007.

21 *P. Schreiner/G. Pollard/S. Sagberg* (Hg.), Religious Education and Christian Theologies. Some European Perspectives, Münster u.a. 2006.

22 Eine Publikation mit *H.-G. Ziebertz* und *U. Riegel* als Herausgebern ist geplant (LIT-Verlag, Münster).

tersucht REDCo („Religion in Education. A contribution to Dialogue or a factor of Conflict in transforming societies of European Countries") die Bedeutung von Religion und Religionsunterricht in der staatlichen Schule im Blick auf Potenziale für eine dialogische Pädagogik.[23] Die Studie schließt kontextuelle Darstellungen aus den beteiligten Ländern sowie eine qualitative und eine quantitative Befragung von Jugendlichen ein. Im kirchlichen Bereich wird derzeit erstmals eine internationale Untersuchung zur Konfirmandenarbeit durchgeführt, bei der u.a. auch die Konfirmandinnen und Konfirmanden sowie – neben den Pfarrerinnen und Pfarrern – die ehrenamtlichen Mitarbeiterinnen und Mitarbeiter befragt werden.[24]

Solche international-vergleichend angelegten empirischen Untersuchungen sind naturgemäß mit zahlreichen Fragen und Problemen konfrontiert. Wie können repräsentative Samples gewonnen werden? Wie sind die Befunde angesichts der unterschiedlichen Voraussetzungen in den jeweils beteiligten Ländern zu interpretieren? Welcher Erkenntnisgewinn ist aus Vergleichen zu ziehen? Diese und ähnliche Fragen lassen sich jedoch nicht abstrakt beantworten. Wie auch in anderen Bereichen innerhalb der einzelnen Länder selbst ist vielmehr von einem allmählichen Aufbau einer Forschungstradition auszugehen, die sich nur durch immer wieder neue Studien verbessern lässt. Insofern kommt den genannten Untersuchungen ein Pioniercharakter zu, und es sollten zugunsten eines längerfristigen europäischen Lernprozesses in der europäischen Religionspädagogik weitere Schritte in diese Richtung unternommen werden.

5. Religionspädagogik auf dem Weg nach Europa!

Der Titel des vorliegenden Beitrags endet mit einem Fragezeichen. Am Schluss des Beitrags ersetze ich das Fragezeichen durch ein Ausrufezeichen. Denn wie deutlich geworden ist, sind auf allen Ebenen, die im vorliegenden Beitrag angesprochen werden – Religionsunterricht, internationale Kooperation, Bildungs- und Wissenschaftspolitik, international-vergleichende For-

---

23 *R. Jackson/S. Miedema/W. Weiße/J.-P. Willaime* (Hg.), Religion and Education in Europe: Developments, Contexts and Debates, Münster u.a. 2007, *T. Knauth/D.-P. Jozsa/G. Bertram-Troost/J. Ipgrave* (Hg.), Encountering Religious Pluralism in School and Society. A Qualitative Study of Teenage Perspectives in Europe, Münster u.a. 2008.

24 *C. Cramer/V. Elsenbast/W. Ilg/F. Schweitzer*, Konfirmandenarbeit erforschen: regional – national – international. Innovative Perspektiven einer empirischen Untersuchung zur kirchlichen Arbeit mit Kindern und Jugendlichen, in: Zeitschrift für Pädagogik und Theologie 2008, H. 2 (im Druck). Ab dem Jahr 2009 sollen verschiedene Monographien zu dieser Untersuchung von Konfirmandenarbeit publiziert werden (Gütersloher Verlagshaus, Gütersloh).

schung – Desiderate anzumelden, aber dies kann nicht darüber hinwegtäuschen, dass sich die Religionspädagogik bereits entschlossen auf den Weg der Internationalisierung gemacht hat. Vor allem in den letzten beiden Jahrzehnten sind auf diesem Weg bereits beachtliche Fortschritte erzielt worden. Inzwischen kann als belegt gelten, dass eine solche Internationalisierung auch für die Religionspädagogik in Praxis und Theorie sinnvoll und notwendig ist. Zahlreiche Erkenntnisse und Einsichten wären kaum gewonnen worden, wenn nicht immer wieder Anstöße aus dem internationalen Raum verfügbar gewesen wären, und Bildung in Europa braucht auch eine international ausgerichtete religiöse Dimension.

Als unangemessen herausgestellt hat sich zugleich die Erfahrung, dass eine Internationalisierung ohne entsprechende Unterstützung durch die (europäische) Wissenschafts- und Forschungspolitik und ohne parallele Bemühungen der Kirchen und Religionsgemeinschaften erreicht werden könnte. Wenn sich die Forschungsförderung tatsächlich immer mehr von der nationalen zur europäischen Ebene verlagert, dann muss gewährleistet sein, dass die Religionspädagogik dabei keine Nachteile erfährt. Es gehört deshalb zu den Aufgaben auch der politischen Vertretungen in Europa, sich dieser Aufgabe zu stellen. Und es steht zu hoffen, dass die Kirchen und Religionsgemeinschaften ihre Bildungsverantwortung in Europa in Zukunft mit noch größerem Engagement wahrnehmen.

Aktiver und passiver Glaube bei Luther[1]

MAX JOSEF SUDA

1. Das Problem

Der Glaube ist wohl in allen Religionen und Konfessionen von Bedeutung, daher jeweils schwierig zu erfassen und oft auch – besonders für Außenstehende – mit Verständnisproblemen beladen, im Protestantismus zeigen sich aber diese Probleme in einer eigentümlichen Verschärfung, seit nämlich Luther gelehrt hat, dass wir *sola fide* (Ablativ: allein durch den Glauben) gerecht werden. Bekanntlich zählen die drei „Sola": *sola gratia, sola scriptura, sola fides* (nun Nominativ: die Gnade allein, die Schrift allein, der Glaube allein) zum Grundbestand lutherischen Selbstverständnisses, manchmal auch sinnvoll zusammengefasst im *solus Christus*. Von diesen vier „Allein" erlaubt nur die *sola fides* eine Aktivität des Menschen zu denken: *Ich, wir* können glauben und unseren Glauben bekennen – aber halt! Hätten wir damit nicht schon Luthers Lehre verfehlt, insbesondere die Rechtfertigungslehre als Zentrum seines Denkens, die das Gerechtfertigt*werden* verkündigt, durch das wir ohne unser Zutun (Luther: „ohne Werke"), also ohne irgendeine Aktivität, den Status von Gerechten erhalten? Ist der Glaube nach Luther also völlig passiv?

Ich werde zu zeigen versuchen, dass Luther den Glauben sowohl aktiv als auch passiv denkt, dass aber weder das Dass noch das Wie der Zusammengehörigkeit dieser beiden Seiten des Glaubens in seiner Theologie einfach zu erfassen ist.

Vorher aber noch möchte ich darauf aufmerksam machen, dass es keineswegs bloß innerchristlich oder gar innertheologisch interessiert, was wir Menschen glauben, denn, ob in einem religiösen Sinn oder nicht, immer haben wir

---

1 *P. Althaus*, Die Theologie Martin Luthers, Gütersloh 1962, [7]1994; *O. Bayer,* Aus Glauben leben. Über Rechtfertigung und Heiligung, Stuttgart 1984; *R. Bring*, Das Verhältnis von Glauben und Werken in der lutherischen Theologie, München 1955; *G. Ebeling*, Luther. Einführung in sein Denken (1964), Tübingen [4]1981; *W. v. Loewenich*, Glaube und Erfahrung bei Luther, Erlangen 1928; *B. Lohse*, Luthers Theologie in ihrer historischen Entwicklung und in ihrem systematischen Zusammenhang, Göttingen 1995; *ders*., Ratio und fides, Göttingen 1958; *D. Olivier*, Luthers Glaube, Stuttgart 1982; *O. H. Pesch*, Gerechtfertigt aus Glauben. Luthers Frage an die Kirche, Quaestiones disputatae 97, Freiburg/Basel/Wien 1982; *M. Seils*, Der Gedanke vom Zusammenwirken Gottes und des Menschen in Luthers Theologie, Beiträge zur Förderung christlicher Theologie, Bd. 50, Gütersloh 1962; *M. J. Suda*, Die Ethik Martin Luthers, Göttingen 2006; *G. Wertelius*, Oratio continua. Das Verhältnis zwischen Glaube und Gebet in der Theologie Martin Luthers, Lund 1970.

etwas oder jemanden, an das oder den/die wir glauben, einen höchsten Wert oder letzten Rettungsanker, an den wir „unser Herz hängen" (Luther). Ist es nicht Gott, dann z.B. der „Mammon", ein schon von Luther selbst denunzierter Abgott: „Es ist mancher, der meinet, er habe Gott und alles gnug, wenn er Geld und Gut hat, verläßt und brüstet sich drauf so steif und sicher, daß er auf niemand nichts gibt. Siehe, dieser hat auch einen Gott, der heißet Mammon, das ist Geld und Gut, darauf er alle sein Herz setzet, welchs auch der allergemeinest Abgott ist auf Erden."[2]

Noch scheußlicher als der Mammon waren die „Abgötter", ich meine die Diktatoren des 20. Jahrhunderts, die einen menschenverachtenden und todbringenden Glauben verbreiteten, wie z.B. Adolf Hitler.[3] Millionen seiner Anhänger schrieen „Heil!", wo nichts als Unheil vorhanden war. Im Sinne der Naziideologie konnte Leni Riefenstahl ihre Verfilmung des Reichsparteitages der NSDAP 1933 in Nürnberg „Sieg des Glaubens" benennen. Hitler selber verwendete in seiner aus 14 Sätzen bestehenden Kurzansprache zu Silvester des Jahres 1944 dreimal das Wort „glauben": „Glaube an die Zukunft unseres Volkes"[4], „Zukunft […] an die wir alle glauben"[5] und „felsenfester Glaube [an den Sieg]"[6]. Da Hitler auch die „Vorsehung"[7], den „Herrgott"[8] und den „Allmächtigen"[9] bemüht, kann es sich nicht um eine blasse religiöse Metaphorik handeln, sondern um einen veritablen „Glauben", vor dem einem jetzt noch angst und bang wird.

Nach dem Sturz der Diktatoren des 20. Jahrhunderts und Verschwinden ihrer Ideologien nimmt gegenwärtig mehr und mehr wieder der schon von Luther gesichtete Abgott Mammon die Herzen unzähliger Menschen in Besitz.

Für Luther ist der wahre Gott in jenem anderen „Sola", der *sola scriptura*, definiert bzw. in den Offenbarungen an Israel und an die ersten Christen. Aber wie können, sollen, müssen wir uns im Glauben zu Gott verhalten?

---

2 Die *Bekenntnisschriften* der evangelisch-lutherischen Kirche, Göttingen 1930, [10]1986, S. 561.

3 Ein Exponent des nationalsozialistischen Glaubens, aber auch dessen Einpeitscher war der deutsche Propagandaminister Joseph Goebbels. Elke Fröhlich, Erforscherin der Tagebücher Goebbels' berichtet: „Goebbels hat zu Hitler eine ganz besondere Beziehung. Von der ersten Begegnung an fragt sich Goebbels: »Wer ist dieser Mann? Halb Plebejer, halb Gott! Tatsächlich der Christus, oder nur der Johannes?!«" (http://kriegsende.ard.de/pages_std_lib/0,3275,OID1147392,00.html, 07.07.2008).

4 http://www.dhm.de/lemo/html/dokumente/hitler_silvester/index.html, 07.07.2008.

5 Ebda.

6 Ebda.

7 Ebda.

8 Ebda.

9 Ebda.

2. Der passive Glaube

Als Erstes soll nun vom passiven Glauben die Rede sein, scheint es doch in vielen Texten Luthers, als ob auf Seite des Menschen allein eine empfangende Haltung angebracht wäre, in der der Mensch das Geschenk des Glaubens erhält.

Zweifellos hängt Luthers passive Auffassung des Glaubens von seiner Rechtfertigungsdoktrin ab, die ja ein Gerecht*werden* durch den Glauben lehrt. So sagt Luther in seiner ersten Galaterbrief-Vorlesung aus 1516/17 (Druckfassung 1519): „Sic fit, ut credentibus in nomine domini donentur omnia peccata et iusticia eis imputetur ‚propter nomen tuum, domine,' quoniam bonum est, non propter meritum ipsorum, quoniam nec ut audirent meruerunt. Iustificato autem sic corde per fidem, quae est in nomine eius, dat eis deus potestatem filios dei fieri, diffuso mox spiritu sancto in cordibus eorum, qui charitate dilatet eos ac pacatores hilaresque faciat, omnium bonorum operatores, omnium malorum victores, etiam mortis contemptores et inferni. Hic mox cessant omnes leges, omnium legum opera: omnia sunt iam libera, licita, et lex per fidem et charitatem est impleta."[10] – Die Sünden werden den Glaubenden vergeben, die Gerechtigkeit wird ihnen zugerechnet und die Glaubenden tun nichts dazu; erst durch die Ausgießung des heiligen Geistes werden sie *omnium bonorum operatores*. Jedoch: Wenn „das Gesetz [...] erfüllt [ist] durch Glaube und Liebe", *tut* dann nicht der Glaube etwas, indem er nämlich das Gesetz erfüllt? – Schon hier ahnen wir etwas vom passivisch-aktivischen Doppelcharakter des Glaubens, an dem hier Luther freilich die Passivität in den Vordergrund stellt.

Die Passivität des Glaubens ist in ähnlicher Weise augenfällig, wenn der Reformator in der Vorrede zu seiner Übersetzung des Römerbriefs schreibt: „Aber glawb ist eyn gotlich werck ynn vns, das vns wandelt vnd new gepirt aus Gott, Johan. 1. [Joh 1,13] vnd todtet den allten Adam, macht vns gantz ander menschen von hertz, mut, synn, vnd allen krefften, vnd bringet den hey-

---

[10] *M. Luther*, Werke. Kritische Gesamtausgabe, Weimar 1883ff., WA 2,490 („Also geschieht es, dass denen, die an den Namen des Herrn glauben, alle Sünden vergeben werden und Gerechtigkeit ihnen zugerechnet wird 'um deines Namens willen, Herr', denn er ist gut, und nicht um ihrer Verdienste willen, denn sie haben's nicht einmal verdient, dass sie ihn hören dürfen. Wenn aber das Herz also gerecht geworden ist durch den Glauben an seinen Namen, dann gibt Gott ihnen die Macht, Gottes Kinder zu werden, indem er alsbald seinen heiligen Geist in ihre Herzen gießt, der sie durch die Liebe weit, freudevoll und fröhlich macht und zu Tätern alles Guten, Überwindern des Übels, ja auch zu Verächtern des Todes und der Hölle. Hier hören alsbald alle Gesetze und aller Gesetze Werke auf: Alles ist nun frei und erlaubt, und das Gesetz ist erfüllt durch Glaube und Liebe.")

ligen geyst mit sich."[11] „Göttlich Werk in uns", nicht unser Werk! – Der Glaube tut freilich Werke, wie Luther gleich anschließend sagt: „O es ist eyn lebendig, schefftig, thettig, mechtig ding vmb den glawben, das vnmuglich ist, das er nicht on vnterlas solt gutts wircken, Er fraget auch nicht, ob gutte werck zu thun sind, sondern ehe man fragt, hat er sie than, vnd ist ymer ym thun."[12] – An dieser Stelle könnte man so differenzieren: Der Glaube tut zwar Werke, nämlich zum Nutzen unserer Mitmenschen, und er wirkt in die Welt hinein, aber auf Gott wirkt er nicht ein, sondern umgekehrt: Der Glaube ist „göttliches Werk", er hat in Gott seinen Ursprung, und Luther sagt ein wenig später ausdrücklich, dass „niemant yhm selber kan den glauben geben, So kan er auch den unglauben nicht wegnemen."[13]

3. Der aktive Glaube

Dem stehen nun freilich gar nicht wenige Aussagen Luthers gegenüber, die wie selbstverständlich von einer Aktivität des Glaubens – auch bezogen auf Gott – ausgehen.

Vor allem ist hier die Schrift „Von den guten Werken" aus 1520, dem Jahr der reformatorischen Hauptschriften Luthers, zu zitieren. Gute Werke sind dort für Luther jene, die in Befolgung der Zehn Gebote getan werden. Als „Werk" des Ersten Gebotes nennt nun Luther ausdrücklich den Glauben, und zwar den Glauben an Christus: „Das erste und hochste, aller edlist gut werck ist der glaube in Christum, wie er saget Johan. VI. da die Juden yn fragten »was sollen wir thun, das wir gut gotlich werck thun?« antwortet er »das ist das gotlich gut werck, das yr in den glaubt, den er gesandt hat.« [Joh 6,28f.]"[14] Würden wir versuchen, den Glauben an Christus gegen den Glauben an Gott den Vater oder den heiligen Geist auszuspielen, wären wir falsch beraten. Luther war Anhänger der Trinitätslehre, außerdem spricht er hier als Ausleger eines alttestamentlichen Satzes, des Ersten Gebotes!

Glaube als Werk – dies widerspricht vielleicht der Hauptlinie einiger lutherischer Theologen, jedoch nicht der Theologie Luthers! Paul Althaus zitiert in seiner „Theologie Martin Luthers" Luther mit den Worten: „So ist der Glaube

---

11 *M. Luther*, a.a.O. (Anm. 10), WA.DB 7,10,6-9 (= *M. Luther*, in: Biblia [Luthers Übersetzung], Wittenberg 1545, Nachdruck, Stuttgart 1983, CCCXXXIIr) – Die Vorrede zum Römerbrief schrieb Luther bereits bei der Übersetzung des Neuen Testaments von 1522. (Siehe: *H. Bornkamm*, Martin Luthers Vorreden zur Bibel, Stuttgart 1967, S. 143).

12 *M. Luther*, a.a.O. (Anm. 10), WA 7,10, 9-12.

13 *M. Luther*, a.a.O. (Anm. 10), WA 7,10,35-12,1.

14 *M. Luther*, a.a.O. (Anm. 10), WA 6,204,25-28.

»das Werk des Ersten Gebotes«", setzt jedoch hinzu: „In dem »Sermon von den guten Werken«, wo Luther die rechte Erfüllung aller Zehn Gebote darlegt, gebraucht er diese Formel. Aber er hat sie doch später in der Theologie nicht gern gehört."[15] – Dem kann ich nicht zustimmen. Noch neun Jahre später erklärt Luther z.B. den Schöpfungsglauben im Kleinen Katechismus von 1529 wie folgt: „Ich gläube, daß mich Gott geschaffen hat sampt allen Kreaturen, mir Leib und Seel, Augen Ohren und alle Gelieder, Vernunft und alle Sinne gegeben hat und noch erhält."[16] – Zwar heißt der Glaube hier nicht „Werk", aber er ist jene menschliche Aktivität, in der wir die Aktivität des Schöpfers annehmen. Somit können wir einen ersten Schritt zur Annäherung an Luthers aktiv-passives Glaubensverständnis tun: Die Passivität der Annahme des Wirkens Gottes schließt nicht aus, dass wir dabei aktiv sind, etwa in der Weise, wie die Grammatik uns nicht daran hindert, mit der aktiven Verbform „ich nehme an" die Passivität des Empfangens zu beschreiben.

Auch in der Schrift „Von der Freiheit eines Christenmenschen" aus dem Jahr 1520 nennt Luther den Glauben ausdrücklich ein Werk: „Darumb solt das billich aller Christen eynigs werk und uebung seyn, das sie das wort und Christum wol ynn sich bildeten, solchen glauben stetig ubeten und sterckten. Denn keyn ander werck mag eynen Christen machen."[17]

Nun wieder zur Schrift „Von den guten Werken"! Zuerst spricht Luther nur von einem ersten, einfachen „Grad des Glaubens", anschließend aber von einem zweiten, viel schwierigeren: „Lasz uns weitter fragenn, wan es yhn ubel gaht an leyp, gut, ehr, freund odder was sie habenn, ob sie dan auch glaubenn, das sie got noch wohlgefallen und ehr yhr leiden und widderwertickeit, sie sei klein odder grosz/gnediglich uber sie ordene."[18] – Und nicht genug mit einer solchen Form des Leidens, kennt Luther noch einen dritten Grad des Glaubens (und zweiten Grad des Leidens): „Uber das alles ist des glaubens der hochste grad, wan got nit mit tzeitlichem leiden, sondern mit dem todt, hell und sund das gewissenn strafft unnd gleich gnad unnd barmhertzickeit absaget, als wolt er ewiglich vordamnen unnd tzurnenn [...] Hie zuglaubenn, das got gnedigen wolgefallen ubir unsz habe, ist das hochste werck, das geschehn mag von und in der Creatur."[19]

Die Aktivität des Glaubens, sein „Werk" des ersten Gebotes (Luther verwendet auf beiden Stufen des Leidens die aktive Form des Verbs „glauben"),

15 *P. Althaus*, Die Theologie Martin Luthers, Gütersloh ^{2}1963, S. 203.
16 Bekenntnisschriften, a.a.O. (Anm. 2), S. 510.
17 *M. Luther*, a.a.O. (Anm. 10), WA 7,23,7-9.
18 *M. Luther*, a.a.O. (Anm. 10), WA 6,207,7-10.
19 *M. Luther*, a.a.O. (Anm. 10), WA 6,208,34-209,2.

schlägt um in Leiden am strafenden Handeln Gottes und an der Versagung seiner Barmherzigkeit. Wir machen die Beobachtung, dass hier die Passivität an der Aktivität des Glaubens hervortritt, während oben die Aktivität an der Passivität des Glaubensgeschenks zu beobachten war.

Zusammenfassend definiert Luther das „Glaubenswerk" folgendermaßen: „Sich [siehe], das ist das werck des ersten gebots, da geboten ist »Du solt nit andere gotter haben«, das ist szo vil gesagt »dieweil ich allein got bin, soltu zu mir allein dein gantze zuvorsicht [zuversicht], traw [vertrauen] unnd glauben setzen, und auff niemandt anders.«"[20] Das „Werk" des Ersten Gebots ist also: a) ein Nicht-Haben (anderer Götter), b) Zuversicht, Trauen und Glauben an den einen Gott auch in den fürchterlichsten Situationen des Lebens. Das Nicht-Haben anderer Götter ist zugleich ein Nicht-Tun, ein Nicht-Werk: Wenn wir keine anderen Götter haben, brauchen wir sie nicht verehren, keinen Kult für sie veranstalten, wenn wir aber auch im tiefsten Leiden auf den einen Gott unsere ganze Zuversicht setzen, glauben wir aktiv.

Nun gibt es aber noch die äußerst kühne Formulierung Luthers, der Glaube sei *creatrix divinitatis* („Schöpfer der Gottheit") [genaue Zitate folgen], die eine derartige Aktivität des Glaubens aussagt, dass sie Anlass dazu gab, Luther als Vorläufer des Atheismus (Ludwig Feuerbach)[21] oder zumindest einer „anthropozentrischen Religion" (Paul Hacker)[22] zu charakterisieren.

In der Tat heißt es in Luthers „großem Galaterkommentar" (nach der Mitschrift Rörer, 1531) „Fides est creatrix divinitatis, non in persona, sed in nobis."[23] Dass der Glaube die Gottheit, wenn auch „nicht in Person" erschafft, lässt den Glauben zwar nicht als „atheistisch" erscheinen, aber immerhin soll er die Gottheit Gottes *in uns* erschaffen. Was bedeutet das?

Wir sehen genauer, aber die Dinge werden um nichts einfacher, wenn wir einen größeren Textzusammenhang in den Blick nehmen (jetzt nach der Druckfassung von 1535). Zu Gal 3,6 („Quemadmodum Abraham credidit Deo, et reputatum est illi ad iustitiam")[24] schreibt Luther: „Et Paulus hic ex fide in Deum summum cultum, summum obsequium, summam obedientiam et sacrificium facit ex fide in Deum. Qui Rhetor est, exaggeret hunc locum, et

---

[20] *M. Luther*, a.a.O. (Anm. 10), WA 6,209,24-27.

[21] *L. Feuerbach*, Das Wesen des Glaubens im Sinne Luthers (Leipzig 1844), Darmstadt 1970.

[22] *P. Hacker*, Das Ich im Glauben bei Martin Luther. Der Ursprung der anthropozentrischen Religion, Bonn 2002.

[23] *M. Luther*, a.a.O. (Anm. 10), WA 40/I,360a,5f. („Der Glaube ist der Schöpfer der Gottheit, nicht in Person, sondern in uns.")

[24] „So war es mit Abraham: »Er hat Gott geglaubt, und es ist ihm zur Gerechtigkeit gerechnet worden.«"

videbit, quod fides sit res omnipotens quodque virtus eius sit inaestimabilis et infinita. Tribuit enim Deo gloriam, qua nihil maius ei tribui potest. Tribuere autem Deo gloriam est credere ei, est reputare eum esse veracem, sapientem, iustum, misericordem, omnipotentem, in summa: agnoscere eum authorem et largitorem omnis boni. Hoc ratio non facit, sed fides. ea consummat divinitatem et, ut ita dicam, creatrix est divinitatis, non in substantia Dei, sed in nobis. Nam sine fide amittit Deus in nobis suam gloriam, sapientiam, iustitiam, veritatem, misericordiam etc. In summa: nihil maiestatis et divinitatis habet Deus, ubi fides non est. Neque postulat Deus ab homine aliquid amplius, quam ut tribuat ei suam gloriam et divinitatem, Hoc est, ut eum habeat non pro idolo, sed pro Deo qui respiciat, exaudiat, misereatur, iuvet etc."[25]

Was also der Glaube gemäß Luther ausrichtet, ist ein *summus cultus*, er „erfindet" zwar nicht die Gottheit, errichtet aber immerhin den Gottesdienst *in uns* und *unter uns* durch den Glauben! Kommt es damit nicht wieder zum menschlichen Rühmen, nämlich Gott einen solchen Gottesdienst leisten zu können? Zweifellos nicht, denn der Mensch gibt ja im Glauben nicht sich, sondern Gott die Ehre; aber es entsteht fast noch Schlimmeres, nämlich das Bewusstsein, „dass der Glaube ein allmächtiges Ding ist und seine Kraft unabschätzbar und unendlich"!

Wir dürfen auch nicht in den Gedanken ausweichen, bei dem zitierten Abschnitt handle es sich um einen – wenngleich exegetisch begründeten – „Ausrutscher" Luthers. Nein, der Reformator formuliert in dem von ihm selber als eine seiner wichtigsten Schriften bejahten Großen Katechismus von 1529[26] jenen oft zitierten Satz: „Worauf Du nu [sage ich] Dein Herz hängest und verlässest, das ist eigentlich Dein Gott."[27] Und Luther war keineswegs der Ansicht, wir würden selbstverständlich unser Herz nur an den Gott Jesu Christi

---

25 *M. Luther*, a.a.O. (Anm. 10), WA,40/I,360b,17-30 („Und Paulus macht hier aus dem Glauben an Gott den höchsten Gottesdienst, die höchste Verehrung. Aus dem Glauben an Gott macht er ein Opfer. Da er Rhetor ist, baut er diesen Punkt aus und sieht, dass der Glaube ein allmächtiges Ding ist und seine Kraft unabschätzbar und unendlich. Er gibt nämlich Gott die Ehre, und man kann ihm nichts Größeres geben als das. Gott aber die Ehre zu geben, heißt ihm zu glauben und ihn für wahrhaftig, weise, gerecht, barmherzig, allmächtig zu halten, kurz: ihn als Schöpfer und Schenker alles Guten anzuerkennen. Dies bewirkt nicht der Verstand, sondern der Glaube. Dieser bringt die Gottheit zur Vollendung und, dass ich so sage, ist Schöpfer der Gottheit, nicht Gottes an sich, sondern in uns. Denn ohne Glauben verliert Gott in uns seine Ehre, Weisheit, Gerechtigkeit, Wahrhaftigkeit, Barmherzigkeit etc. Zusammengefasst: Gott hat keine Majestät und Gottheit, wo der Glaube nicht ist. Und Gott fordert vom Menschen nichts weiter, als dass er ihm seine Ehre und Gottheit gibt, d.h., dass er ihn nicht für einen Götzen, sondern für den Gott hält, der Acht gibt, erhört, sich erbarmt, hilft etc.)

26 *M. Luther*, a.a.O. (Anm. 10), WA.B 8,99,8f.: „Nullum enim agnosco […] iustum librum, nisi forte de Servo arbitrio et Catechismum."

27 Bekenntnisschriften, a.a.O. (Anm. 2), S. 560.

hängen. Vielmehr weiß Luther an der Stelle um die Abgötter unseres Herzen, allen voran den „Mammon" – ich habe das Zitat bereits in Abschnitt 1 gebracht.

4. Die Dialektik des Glaubens

Ist der Glaube aktiv? Ist er passiv? Kann dieser Widerspruch etwa *dialektisch* gelöst werden? Die Sekundärliteratur spricht zwar in der Tat manchmal von einer Dialektik bei Luther, insbesondere angesichts des Verhältnisses von Gesetz und Evangelium sowie in Bezug auf die Formel „simul iustus et peccator"[28], aber nicht von einer „Dialektik des Glaubens".

Und überhaupt: Um welche Art von Dialektik sollte es sich bei Luther handeln? Um die platonische? – Das wäre nicht ganz abwegig, da sich Luther in seinen „Heidelberger Thesen" von 1518 gegen Aristoteles auf Platon beruft.[29] Platon definierte das dialektische Denken als Unterscheiden und Verbinden (im Dialog „Sophistes", 253c-254b). Das führt aber nicht weiter.

Luther hat jedoch in den gerade erwähnten „Heidelberger Thesen" Formulierungen gebraucht, die als ein Denken im Widerspruch und mithilfe des Widerspruchs aufgefasst werden können, das später G.W.F. Hegel zur Perfektion entwickelt hat.[30] Luther legte freilich nie einen Wert darauf, „Dialektiker" ge-

---

[28] *K. Barth* (Kirchliche Dogmatik, Bd. I/2: Die Lehre vom Wort Gottes. Prolegomena zur Kirchlichen Dogmatik, Zollikon-Zürich [3]1945, S. 299) spricht von der „bekannten reformatorischen Dialektik von Gesetz und Evangelium"; *W. Elert* (Dialektik der Offenbarung, in: *E. Kinder/K. Haendler* (Hg.), Gesetz und Evangelium, Darmstadt 1968, S. 162): „Das Verhältnis von Gesetz und Evangelium ist demnach in doppeltem Sinne dialektisch."; *O. H. Pesch* (a.a.O., Anm. 1, S. 73): „Luthers berühmte Formel, daß der Mensch »gerecht und Sünder zugleich« ist, historisch schon vor der Formel von »Gesetz und Evangelium« ausgebildet, erweist sich so als eine anthropologische Ausdrucksvariante der lebenslangen Dialektik von Gesetz und Evangelium."; siehe auch: *T. Bohlin*: Luther, Kierkegaard und die dialektische Theologie, in: ZThK (1926), Heft 3 u. 4; *S. Hell*, Die Dialektik des Wortes bei Martin Luther. Die Beziehung zwischen Gott und dem Menschen, Innsbruck 1992; *R. Hermann*, Luthers These „Gerecht und Sünder zugleich", Darmstadt [2]1960; *H. Kirjavainen*, Die Paradoxie des Simul-Prinzips, in: NZSyTh 28 (1986), S. 29-50; *E. de Negri*, Offenbarung und Dialektik. Luthers Realtheologie, Darmstadt 1973.

[29] So lauten die 36. und 37. der Thesen Luthers in der „Heidelberger Disputation" von 1518: „36. Aristoteles male reprehendit ac ridet Platonicarum Idearum meliorem sua Philosophiam. 37. Imitatio numerorum in rebus ingeniose asseritur a Pythagora, Sed ingeniosius participatio Idearum a Platone." (*M. Luther*, a.a.O. (Anm. 10), WA 1,355,16-19 [„36. Aristoteles tadelt fälschlich und lacht über die platonischen Ideen, eine bessere Philosophie als die seine. 37. Von Pythagoras wird in genialer Weise die Nachahmung der Zahlen in den Dingen behauptet, von Platon aber noch genialer die Teilhabe an den Ideen."])

[30] *U. Asendorf*, Luther und Hegel, Wiesbaden 1982; *R. Heiss*, Wesen und Formen der Dialektik, Köln/Berlin 1959; *G. Sauter*, Die dialektische Theologie und das Problem der

nannt zu werden. Seine „Dialektik“ kommt mit keinem anderen Anspruch daher als jenem, der verhandelten Sache gerecht zu werden. In den „Heidelberger Thesen“ betrifft das die Kreuzestheologie.

Luthers 19. und 20. Heidelberger Thesen lauten: „19. Non ille digne Theologus dicitur, qui invisibilia Dei per ea, quae facta sunt, intellecta conspicit,/ 20. Sed qui visibilia et posteriora Dei per passionem et crucem conspecta intelligit.“[31] – Schein und Sein der Werke Gottes vertauschen hier ihre Plätze: Der eine Theologe nimmt die Schöpfungswerke als jene „facta“, die sie sind, und meint daraus den unsichtbaren Gott zu erkennen, aber er geht in die Irre. Der andere jedoch sieht die „Kehrseite“ Gottes, die „opera deformia“, und siehe da: Gott ist in ihnen nicht verborgen, sondern manifest. Wenn der „dignus Theologus“ auch nur Kreuz und Leiden erblickt, so trifft er doch auf Gott. – Wir sind mitten in Luthers Kreuzestheologie! Diese besagt, dass wir Gott am Kreuz begegnen, wo er gar nicht als Gott erkannt werden kann, sondern wo wir anstatt Gottes einen sterbenden, gemarterten, „deformierten“ Menschen finden. „Passiones“ und „crux“ – das sind Beispiele für Gottes „opera deformia“; Luther versteht darunter Kreuz und Leiden Christi, aber auch unser Kreuz und Leiden.

Wir erkennen Gott, indem wir *theologi crucis* werden. Im Kreuz Christi und ebenso in unserem eigenen Kreuz sehen wir Gott, dort offenbart er sich uns. Aber halt: Der am Kreuz offenbare Gott ist „*absconditus* in passionibus“! – Es ergibt sich also für den Luther der „Heidelberger Disputation“, dass ihm der sich verbergende Gott der offenbare und der sich offenbarende der verborgene Gott ist.

Walther von Loewenich: „Der Deus absconditus ist kein anderer als der Deus revelatus. Gott ist absconditus um der Offenbarung willen. Offenbarung ist nur möglich in der Verhüllung, der Deus revelatus muß als solcher absconditus sein.“[32] – Dies könnte man eine Dialektik des Widerspruchs von Offenbarung und Verhüllung nennen.

Dialektik in der Theologie, in: Studium Generale 21 (1968), S. 887-915; *W. Schultz*, Die Transformation der theologia crucis bei Hegel und Schleiermacher, in: NZSTh 6 (1964), S. 290-317; *A. v. Stockhausen*, Der Geist im Widerspruch. Von Luther zu Hegel, Weilheim-Bierbronnen [3]2003; *G. Tadeusz*, Zum Gottesbegriff G.W.F. Hegels im Rückblick auf das Gottesverständnis Martin Luthers, Frankfurt a.M. 1998; *E. Thaidigsmann*, Identitätsverlangen und Widerspruch. Kreuzestheologie bei Luther, Hegel und Barth, München 1983.

31 *M. Luther*, a.a.O. (Anm. 10), WA 1,354,17-20 („19. Nicht der heißt mit Recht ein Theologe, der Gottes unsichtbares Wesen durch seine Werke wahrnimmt und begreift, 20. sondern der heißt mit Recht ein Theologe, der Gottes sichtbares Wesen und seine Kehrseite wahrnimmt und durch Leiden und Kreuz begreift.“)

32 *W. v. Loewenich*, Luthers Theologia crucis, Bielefeld [6]1982, S. 29.

Diese Dialektik entwickelt Luther in „De servo arbitrio" von 1525 weiter. Davon kann ich hier nur soviel erwähnen, als für den aktiven und den passiven Glauben von Bedeutung ist. Zur Darlegung des Widersprüchlichen verwendet Luther in dieser Schrift u.a. die Worte „Paradoxon", „Paradoxa".[33] Ein *Paradoxon* ist neben dem *Oxymoron* jene Redefigur, die es erlaubt, Widersprüchliches rhetorisch kunstgerecht auszusagen, um die Wahrheit zu treffen. Welche Paradoxa meint Luther an der Stelle? „Sic Deus dum vivificat, facit illud occidendo; dum iustificat, facit illud reos faciendo; dum in coelum vehit, facit id ad infernum ducendo, ut dicit scriptura: Dominus mortificat et vivificat, deducit ad inferos et reducit, 1. Re. 2."[34] – Dies könnte „Dialektik" des Handelns Gottes genannt werden, sie ist für Luther – wie in seinen „Heidelberger Thesen" – Ausdruck dafür, dass Gott sich in seiner Verhüllung offenbart und in seiner Offenbarung verhüllt.

Die Offenbarung Gottes in seiner Verhüllung erfasst nun der Glaube – und nur der Glaube! In der Vorlesung über den Titus-Brief von 1527 spricht Luther über die Verborgenheit der Rechtfertigung unter ihrem Gegenteil und sagt mitten in der lateinischen Rede „es" (dass wir gerechtfertigt sind) „mus gleubet sein": „Opulentia illa, qua sumus iustificati, salvi, non apparet, es mus gleubet sein. Oportet credam, quod nullum prorsus peccatum habeam filius misericordiae, et sentio peccatum mortem et contrarios adfectus. Contra ista tibi verbum manet in corde et pugnat et in tenebris fidei sum tam levis. Abscondita haec opulentia sub contraria specie."[35] Analog zur Dialektik von Offenbarung und Verhüllung Gottes verhält sich hier der Glaube einerseits ganz passiv, denn das Wort der Rechtfertigung „bleibt" und „kämpft" im Herzen gegen Sünde und Tod, andererseits aber aktiv, denn es ist notwendig, das Wort der Rechtfertigung aktiv zu glauben.

Luthers vielleicht beste, aber auch schwierigste und „dialektischste" Aussage über den Glauben finden wir erstaunlicher Weise in der Auslegung des 3. Glaubensartikels im Kleinen Katechismus von 1529: „Ich gläube, daß ich nicht aus eigener Vernunft noch Kraft an Jesum Christ, meinen Herrn, gläuben

---

33 *M. Luther*, a.a.O. (Anm. 10), WA 18,634,1.4.7.10.14.

34 *M. Luther*, a.a.O. (Anm. 10), WA 18,633,9-12 („Wenn Gott lebendig macht, tut er das durch Töten, wenn er rechtfertigt, tut er das durch Schuldigmachen, wenn er in den Himmel erhebt, tut er das durch Höllenfahrt, wie die Schrift sagt: »Der Herr tötet und macht lebendig, er führt in die Hölle und wieder heraus«, 1. Sam 2,6.")

35 *M. Luther*, a.a.O. (Anm. 10), WA 25,66,29-33 („Jener Reichtum, durch den wir gerechtfertigt und gerettet sind, erscheint nicht, es mus gleubet sein. Es ist notwendig, dass ich glaube, dass ich als Sohn der Barmherzigkeit hinfort keine Sünde habe, auch wenn ich Sünde, Tod und gegenteilige Empfindungen verspüre. Gegen diese bleibt dir das Wort im Herzen und es kämpft, und im Dunkel des Glaubens bin ich ganz heiter. Dieser Reichtum ist unter dem Anschein des Gegenteils verborgen.")

oder zu ihm kommen kann, sondern der heilige Geist hat mich durchs Evangelion berufen, mit seinen Gaben erleuchtet, im rechten Glauben geheiliget und erhalten, gleichwie er die ganze Christenheit auf Erden berüft, sammlet, erleucht, heiliget und bei Jesu Christo erhält im rechten einigen Glauben, in welcher Christenheit er mir und allen Gläubigen täglich alle Sunde reichlich vergibt.“[36]

Beides ist gleich wichtig: Ich glaube, und: Ich kann nicht glauben. Daraus geht Luthers Einsicht hervor, dass der Glaube in der Tat keine Leistung, kein „Werk“ des Menschen ist, sondern sich dem Wirken des heiligen Geistes verdankt, aber genau diese Einsicht ist Werk des Glaubens. Die Gläubigen sind also in ihrer Nicht-Aktivität aktiv, sie verwerfen die Götter und ihre eigenen Werke, vollbringen aber auch nicht das Werk, an Stelle ihrer eigenen Werke den einen Gott einzusetzen, sondern lassen Gott in sich wirken und leiden seine schöpferische, heilende und heiligende Wirksamkeit. Die aktiven Verben „lassen“ und „leiden“ sind gut zur Beschreibung eines solchen Glaubens geeignet, da sie eine Tätigkeit bezeichnen, die zugleich Passivität ist.

Der Glaube ist Geschenk des heiligen Geistes, nichtsdestoweniger kann, muss, darf das menschliche Subjekt sagen: „Ich glaube“. Hier spricht der beschenkte, erleuchtete und inspirierte Mensch.

Der Glaube ist nach Luther beides in einer Einheit, ein göttliches Werk in uns und unser Werk. Diese Einsicht liegt dann nicht fern, wenn wir uns durch die Rechtfertigung mit Christus in Gott eins wissen. Aktives Glauben (= Glauben als „Werk“) und passives Glauben („Nicht-glauben-Können“) werden von Luther als dasselbe gesehen! Fazit: Der Glaube bei Luther ist passive Aktivität und aktive Passivität.

---

[36] Bekenntnisschriften, a.a.O. (Anm. 2), S. 511f.

Der Protestantismus in Europa. Eine Perspektive aus dem Lutherischen Weltbund

JOACHIM TRACK

Die lutherischen Kirchen des Südens wachsen, nicht überall im Süden, aber sehr deutlich in Afrika und in Asien. In Afrika ist zu beobachten, dass die christlichen Kirchen stärker wachsen als der Islam. Solches Wachstum verdankt sich nicht nur dem Geburtenüberschuss, sondern der Anziehungskraft der christlichen Botschaft, des christlichen Glaubens einerseits und der Anziehungskraft, die die westliche Welt, insbesondere Europa, andererseits aufgrund ihrer wirtschaftlichen und politischen Strukturen und Situation ausübt. Demgegenüber gehen die Mitgliederzahlen in den meisten protestantischen Kirchen zurück. Dabei spielen, zurzeit jedenfalls, - die zurückgehenden Kirchenaustrittszahlen eine geringere Rolle. Hauptgrund ist der demographische Wandel, der sich in vielen europäischen, vor allen in den west- und nordeuropäischen Ländern vollzieht.

So erweisen sich die lutherischen Kirchen in Europa einerseits als „Sorgenkinder", andererseits bleiben die lutherischen Kirchen, die protestantischen Kirchen mit ihrer kirchlichen Arbeit auch weiterhin eine Größe, an der sich die Kirchen des Südens, durchaus mit kritischen Rückfragen, orientieren.

Von Interesse ist, wie sich die christlichen Kirchen im Bereich des Politischen, insbesondere im Blick auf die Rolle Europas im Globalisierungsprozess und im Blick auf den Integrationsprozess Europas, in der Gestaltung des Verhältnisses von Staat und Kirchen, in der Debatte um ethische und soziale Fragen, um die „Kultur Europas", im Umgang mit des Säkularisierungsprozessen, in ihrem Verhältnis zu den Religionen verstehen und verhalten.

Geprägt von der Reformation, die in Europa ihren Ursprung und unterschiedliche Gestalt gewonnen hat, von der Mission, die von Europa ausging, wird in den Kirchen des Südens genau wahrgenommen, wie sich kirchliche Arbeit, die Verwirklichung von leiturgia, martyria und diakonia vollzieht, wie die Kirchen unter den gegenwärtigen Bedingungen und in den Transformationsprozessen ihre Gestalt und Gestaltung finden und verwirklichen. Solches Interesse gilt auch für die ökumenischen Fragen, die innerkonfessionelle und auch die interkonfessionelle Ökumene.

Die folgenden Überlegungen können nur einige Schwerpunkte aus diesem weiten Feld aufgreifen. Eine Perspektive aus dem lutherischen Weltbund stellen diese Überlegungen nur insofern dar, als meine Sicht mitgeprägt ist von der jahrelangen Mitarbeit in Rat und Exekutivkomitee des lutherischen Weltbundes. Zwei Schwerpunkte sollen gesetzt werden: Ausgewählte Überlegungen zu Gestalt und Gestaltung des Protestantismus in Europa und zur Rolle der Kirchen im europäischen Integrationsprozess.

1. Die Gemeinschaft von Kirchen in Europa und ihre Herausforderungen

a) Herausforderungen und Aufgaben in der veränderten geschichtlichen und gesellschaftlichen Situation

Die weit reichenden Transformationsprozesse haben insgesamt zur Folge, dass die europäischen Kirchen heute einem starken Veränderungsdruck ausgesetzt sind. Das gilt für die Kirchen in Westeuropa und besonders für die Kirchen in Ost- und Südosteuropa. Die autoritären Herrschaftssysteme in den ehemals sozialistischen Staaten sind von einer grundlegend veränderten, pluralistischen Gesellschaft abgelöst worden. Den Kirchen in Mittelosteuropa haben sich damit bislang nicht gekannte Chancen und Freiräume eröffnet. Sie sind dadurch vor neue Aufgaben und Herausforderungen gestellt worden, auf die sie nicht vorbereitet sein konnten. Dazu gehört die wachsende Konkurrenz anderer Religionen und Weltanschauungen wie auch neuer, ganz unterschiedlicher christlicher Gruppierungen. Auf diese Herausforderungen werden sie sich einstellen müssen. So erleben die Kirchen ihre Situation häufig als ambivalent.

Zum einen gibt es eine Reihe positiver Erfahrungen, die weiter tragen. Da sind Freude und Dankbarkeit, aber auch Stolz, in schwierigen Zeiten durchgehalten zu haben. Es wächst das Vertrauen, dass die alten Traditionen nicht ganz verschwunden sind, sondern in der neuen Situation durchaus auch hilfreich und stabilisierend gegenwärtig sind. Es wächst die Anerkennung der Kirchen in Staat und Zivilgesellschaft.

Auf der anderen Seite gibt es jedoch auch eine Reihe von Defiziterfahrungen: Mitgliederschwund, Individualisierung, Marginalisierungseffekt, Finanzschwierigkeiten, unbewältigte Vergangenheit, theologisch traditionelle, nicht genügend zukunftsoffene Ausrichtung, Neigung zur Ghettobildung, wenig erfahrbare und gestaltete Ökumene.

Ebenso wie die westlichen Schwesterkirchen wollen die ost- und südosteuropäischen Kirchen im zusammenwachsenden Europa als Kirchen reformatorischer Prägung erkennbar bleiben. Jeweils an ihrem Ort und unter ihren Bedingungen suchen sie deshalb ihr durch die Geschichte geprägtes Profil neu zu bestimmen. Besonders die jüngere Generation legt Wert darauf, die Entwicklungen im Westen nicht einfach zeitversetzt nachzuholen. Ihr geht es darum, auf Grund eigener Einsichten und Erfahrungen ihre Kirche zukunftsfähig gestalten zu können. Dazu sind Vergewisserung für die künftige Arbeit und tragfähige Perspektiven nötig. Nicht zuletzt gehört dazu auch eine auf die veränderten Anforderungen ausgerichtete plausible institutionelle Gestalt der Kirche. Situationsanalysen und Standortbestimmungen sowie die Suche nach Orientierung und Handlungsimpulsen haben daher wachsende Bedeutung bekommen.

Gemeinsam haben sich die Kirchen darauf einzustellen:

- *Christ, Christin zu sein,* der Gemeinschaft der Glaubenden anzugehören, Mitglied einer Kirche zu sein, all dies gehört längst nicht mehr zu den selbstverständlichen Elementen einer „europäischen" Existenz. Christsein ist, trotz aller immer noch vorhandener volkskirchlicher Traditionen, in Europa eine Existenzform, die vor allem durch einen Akt der eigenen Überzeugung begründet wird und nach theologischen Begründungen sowie lebenspraktischen Bewährungen verlangt. Dies ist eine Folge der Veränderungen, die mit der Aufklärung eingesetzt haben und das Individuum zum Kristallisationspunkt von Wirklichkeit haben werden lassen. Zugleich ist es eine Möglichkeit, die sich durch den Glauben selber ergibt: In evangelischer Tradition gehört die Unhintergehbarkeit der eigenen Glaubenserfahrung zur protestantischen Glaubensgeschichte. Dennoch bedarf es, damit Glaube lebendig gelebt werden kann, der Gemeinschaft des Glaubens, der Kirche als konkreter geschichtlicher Gestalt. Glaube ist einerseits unvertretbar der Glaube jedes einzelnen Menschen. Er stellt jeden und jede einzelne in die Gemeinschaft mit Gott und in die Verantwortung seines Lebens. Andererseits führt der Glaube in die Gemeinschaft der Glaubenden.

  Kirche hat dies anzunehmen und ernst zu nehmen. Wie die Kirche den Menschen begegnet, um ihnen ihre Botschaft nahe zu bringen, davon hängt Entscheidendes ab. Es geht um ein Christsein und Kirchesein, das den Menschen nahe sein und ihnen zuhören kann, die mit ihnen ihre

Hoffnungen und Ängste teilt und weiß, ihre Erfahrungen aus der Begegnung mit dem gekreuzigten und auferstandenen Christus zu deuten. Das aber bedeutet, dass die religiöse Bildung zum Thema wird. Christlicher Glaube eröffnet individuelles und kollektives Orientierungswissen. Es geht darum, jeden einzelnen in seiner (glaubenden) Verantwortung zu stärken. Deshalb gilt es, Religion ins Gespräch zu bringen und religiöse Bildungsprozesse zu initiieren.

- Im Blick auf das Selbstverständnis von konkreten Gestaltwerdungen von Kirche und kirchlichen Strukturen haben sich unterschiedliche Konzepte und geschichtliche Notwendigkeiten und Möglichkeiten des Kircheseins entwickelt, so etwa Volkskirchen und Freikirchen unterschiedlicher Gestalt, jeweils als Mehrheitskirchen oder Minderheitskirchen. Sie stehen oft auch in unterschiedlicher Nähe bzw. Distanz zum Staat. Im Blick auf die Strukturen in den Kirchen und ihr Selbstverständnis wird in vielen Kirchen die Frage nach der dem Auftrag der Kirche zu Zeugnis und Dienst entsprechenden Gestalt und Gestaltung von Kirche thematisiert: dabei stehen nicht nur Fragen nach der Gestalt und Struktur von Kirche, sondern auch Fragen nach der Gestalt und Struktur von Gemeinden an, die durch die gesellschaftlichen und kirchlichen Veränderungen unmittelbar betroffen werden und herausgefordert sind.

  Angesichts dieser Veränderungen bedarf es einer Klärung der damit verbundenen Selbstverständnisse von Kirche und der entsprechenden Gestalt und Gestaltungen. Dafür gilt: Die Verkündigung des Evangeliums und die Darreichung der Sakramente sind konstitutiv für die Kirche. Wort und Sakrament sind aber keine formalen Größen, sondern ein bestimmtes Wort, das an uns ergeht, eine bestimmte Gabe, die uns zugesagt wird. Von daher ergeben sich für Leben, Auftrag und Gestalt, von Kirche Richtlinien und Kriterien. Deshalb erscheint es mir notwendig, die Unterscheidung zwischen den Konstitutiva der Kirche und ihren notwendigen Lebensäußerungen einzuführen. Diese Lebensäußerungen sind keine abstrakten Richtlinien und Kriterien, sondern die in Wort und Sakrament eröffnete Lebensmöglichkeit der Kirche. Diese Lebensäußerungen und Zielvorstellungen allen kirchlichen Handelns sind der Kirche vorgegeben und aufgegeben. Gott will nicht jenseits des geschichtlichen Handelns am Menschen, sondern gerade durch dieses geschichtli-

che Handeln und seine Gefährdungen hindurch gegenwärtig und wirksam sein.
Als Richtlinie lässt sich in diesem Zusammenhang formulieren: Kirche kann und soll zum *Raum der Gemeinschaft* werden. Glaube, Liebe und Hoffnung führen uns in die Gemeinschaft der Kirche. Kirche ist die Gemeinschaft der Glaubenden, die durch Jesus Christus zu neuer Gemeinschaft mit Gott, zu neuer Gemeinschaft untereinander und zu neuem Leben befreit ist. Im Glauben werden wir fähig, andere anzunehmen und anderen zu vergeben, wie wir selbst angenommen sind und uns vergeben wird. Glaube eröffnet eine Gemeinschaft, in der sich Menschen gegenseitig neu wahrnehmen und anerkennen können, sich aneinander freuen können und füreinander da sind (*Dienstgemeinschaft, solidarische Gemeinschaft*). Er führt in die Gemeinschaft der gemeinsamen Feier des Gottesdienstes, die Gemeinschaft des Gebetes, des Lobes Gottes, des Hörens und Auslegens des Wortes Gottes, der Feier der Sakramente *(feiernde Gemeinschaft)*.

- Nach dem Ende der kommunistischen Diktatur ergaben sich für die Kirchen in Mittel-, Osteuropa neue Freiräume für die Entfaltung nationaler Identität. Nicht der Staat als solcher, sondern die Nation wird in den Transformationsprozessen wieder als Orientierungsrahmen gesucht. Ähnliche Tendenzen zu einer neuen Betonung der Nation finden sich auch in Westeuropa. Seit der Reformation sind in Europa die Nationen (noch vor den Staaten, bzw. den Nationalstaaten) eng und vielfältig mit der Gestalt von Kirche verbunden. Unter anderem wurde die Kirche auch Träger des nationalen Gedächtnisses. Welche Probleme dies mit sich bringt, zeigte sich etwa in den Konflikten im früheren Jugoslawien. Umgekehrt besteht jedoch auch die Chance, dass die Kirche als Hüterin und Vermittlerin nationalen Bewusstseins dieses Bewusstsein auch verändern kann, indem sie darauf hinwirkt, dass die Nation sich durch den Blick auf Gott von falschen Fixierungen des Nationalen zu lösen lernt.

- Das zusammenwachsende Europa bringt Menschen und Staaten, Nationen und Völker und Kirchen nahe, manchmal näher, als ihnen lieb ist, näher, als sie es ertragen können. Als zweite Richtlinie können wir deshalb formulieren: Kirche kann und soll zum *Raum der Versöhnung* werden. Kirche lebt davon, dass Jesus Christus Gott die Welt mit sich versöhnt hat. Von diesem Grund her kann und soll Kirche zum Ort werden, an dem Versöhnung geschieht und von dem Versöhnung ausgeht. Das befähigt Kirche zum Dienst untereinander und füreinander, in der Gesellschaft und für die Gesellschaft. Aufgabe der Kirche ist es hier, zu einem guten Umgang mit Ängsten beizutragen. Kirche muss sich dafür einsetzen, dass Ängste und Fremdheitsgefühle auch thematisiert werden und vor allem Begegnungen möglich sind Solche Begegnungen können dazu helfen, dass Vertrauen wächst, das Anderssein des Anderen wahrgenommen und auch geschätzt wird.

b) Zur ökumenischen Situation

- Die Vielfalt der Kirchen in Europa ist ein Reichtum, aber sie steht unter der ständigen Gefahr, dass aus einem versöhnten Miteinander, aus einer Einheit in Vielfalt ein Nebeneinander oder Gegeneinander wird. Das gilt auch für den Protestantismus. Ohne Ökumene aber ist Kirche heute nicht mehr zu denken. Sie gehört zu ihrem Wesen. Dennoch muss Ökumene ständig neu gelernt werden. Sie ist keine freiwillige Zusatzleistung der Kirchen in Zeiten, in denen es gut geht und gemeinsam besser gehen soll. Ökumene ist eine Verpflichtung, im Verhältnis zu den Partnerkirchen, die oft so gar nicht in das eigene Konzept passen, theologische Redlichkeit, Verlässlichkeit und Fairness im Umgang und, wenn es angezeigt ist, auch Treue in der Kritik zu wahren. Ökumene beginnt und gelingt mit der gemeinsam erarbeiteten und zusammen getragenen Erkenntnis der Differenz.

Dies setzt voraus, dass die beteiligten Kirchen sich jeweils selbst als vollgültige Kirche verstehen. Ökumene ist aber auch davon getragen, dass die Kirchen sich nicht für sich allein genug sind, sondern die Gemeinschaft untereinander suchen und Kirchengemeinschaft gestalten. Zum Wesen einer Kirchengemeinschaft gehört, dass sie die gewachsene Identität keiner der beteiligten Kirchen in Frage stellt. Diese Identitäten sind zum Teil historisch gewachsen; sie beziehen sich auch auf eine (nicht selten leidvolle) Geschichte der Treue zum Bekenntnis, zur eigenen Glaubenspraxis, zum eigenen Volk. Die Kirchengemeinschaft will – *per definitionem* – diese Identitäten und so die Pluralität in ihrer Mitte wahren. Ebenso klar aber ist auch, dass „Identität" kein statischer Begriff ist. Sie entwickelt sich in der Zeit, unter neuen Herausforderungen und Gelegenheiten. Sie ist weder in den Bekenntnisschriften noch in den Kirchenordnungen ein für alle Mal festgeschrieben. Die Kirchengemeinschaft in Wort und Sakrament ermöglicht nicht nur geschichtliche Gemeinsamkeiten, sondern auch neue *kairoi*, neue Entdeckungen, die uns der Heilige Geist vermittelt, die auf unsere kirchlichen Identitäten einwirken, sie offen halten und erweitern.

- Gerade weil die protestantischen Kirchen in Europa sehr stark in ihrer Gestalt als Ortskirchen (Landeskirchen) an den geschichtlich gewachsenen politischen Gegebenheiten orientiert sind, stehen neu weitergehende Überlegungen *zum Verhältnis von Gemeinde, Partikularkirche zur Gemeinschaft von Kirchen* an. Da genügt es nicht, zu sagen, das Leben in der Gemeinschaft des Glaubens gewinnt konkrete Gestalt als Gemeinschaft an verschiedenen Orten und in spezifischen Kontexten und doch ist jede Kirche ein Christus mit allen anderen Kirchen an allen Orten und zu allen Zeiten, jede Ortskirche ist zugleich eine Verwirklichung der Universalkirche. So richtig das ist, damit hören die Fragen nicht auf, sondern fangen erst an. Wie kann diese Einsicht ins Leben kommen, Gestalt finden und werden? Dazu bedarf es einer genaueren Verhältnisbestimmung von Gemeinden, auch in ihren unterschiedlichen Sozialgestalten, sowohl zur Partikularkirche (seien es Landeskirchen, Nationalkirchen oder freikirchliche Gestalten von Kirchesein bezogen auf kulturelle und politische Kontexte), als auch zur Gemeinschaft von Kirchen.
  Geschichtlich verständlich, aber theologisch ungeklärt ist, wieso denn die *Partikularkirche* die Größe ist, die relativ „autonom" ist und in Fragen der Organisationsgestalt, der Fragen der Finanzen, in Frage der Lehre (samt Rezeption von Lehrentscheidungen) entscheidet. Der Ruf in die Gemeinschaft der Glaubenden ist immer der Ruf in eine konkrete geschichtliche Gemeinschaft, in eine konkrete Gemeinde, in eine partikulare Kirche (Ortskirche – den Ausdruck „Einzelkirche" finde ich in diesem Zusammenhang eher als unangemessen). Ebenso lebt die partikulare Kirche nicht für sich allein, sondern ist in die Gemeinschaft der Kirchen auf der ganzen Welt hineingestellt. Das gilt nach lutherischem Verständnis auch über alle konfessionellen Grenzen und Trennungen hinweg. Die Partikularkirchen können in diesem Zusammenhang als eine Lösung mittlerer Reichweite angesehen werden, die Überschaubarkeit, leibhaft erlebbare Gemeinschaft und Universalität verbindet. Die Gemeinden in den Partikularkirchen und die Partikularkirchen aber stehen in einer *weltweiten Gemeinschaft aller Glaubenden, aller Partiku-*

larkirchen. Dies gilt für die Gemeinschaft der jeweiligen Kirchen einer Konfession und in differenzierter Weise auch für die Gemeinschaft mit allen christlichen Kirchen. Dieser Gemeinschaft ist Gestalt auch in struktureller und institutioneller Hinsicht zu geben. Dazu muss das Verständnis von „Gemeinschaft von Kirchen" bzw. „Kirchengemeinschaft" genauer geklärt werden.

Nach dem reformatorischen Verständnis von Kirche ist weder die Gestalt einer Weltkirche als verpflichtende, allein dem Wesen der Kirche entsprechende Sozialgestalt, wie dies aufgrund des Verständnisses von Bischofsamt und Papstamt in der römisch-katholischen Kirche geschieht, noch die Ortsgemeinde in einer kongregationalistischen Auffassung als die eigentliche Sozialgestalt von Kirche anzusehen. Vielmehr ist von einem Zusammenwirken der unterschiedlichen Sozialgestalten in ihrer Differenziertheit und ihrer gegenseitigen Verwiesenheit auszugehen. Grundsätzlich theologisch ist darum keine der Sozialgestalten von vorneherein prinzipiell auszuschließen. Zu fordern aber ist von jeder Sozialgestalt, dass sie sich öffnet auf die anderen Sozialgestalten hin. So hat etwa eine Partikularkirche darauf zu achten, dass es immer der konkret erlebten personalen Gemeinschaft der Glaubenden in Ortsgemeinden oder Personalgemeinden bedarf. Sie hat deren Individualität und Recht auf eine eigene Sozialgestalt zu achten und muss sich dessen bewusst sein, dass die Gestaltung des Sozialgebildes Kirche in der gemeinsamen Verantwortung aller Glieder dieser Gemeinschaft der Glaubenden im Miteinander und Gegenüber von Priestertum aller Glaubenden und Ämtern und Diensten in der Kirche liegt.

Das Gleiche gilt auch für die Gemeinschaft von Kirchen. Wie die Gemeinschaft der Glaubenden in einer Gemeinde oder einer partikularen Kirche eine Vielfalt individueller Glaubensformen, Gaben und Aufgaben umschließt, so soll auch eine weltweite Gemeinschaft von Kirchen den Verschiedenheiten Raum geben. Sie zeigt eine Vielfalt der Formen und der Weisen christlichen Lebens, der Wahrnehmung von Zeugnis und Dienst. Solcher Bejahung der Vielfalt unter dem Gesichtspunkt der Fülle und des Reichtums aber steht die Einsicht in die Begrenzungen, die Fragwürdigkeiten und das geschichtliche Versagen konkreter Kirchen gegenüber. Hier bedürfen wir einander. Wir bedürfen des anderen Blicks in einer anderen Kirche, der Kritik, der Herausforderung und Hilfe durch andere Kirchen. In diesem Sinn ist Kirche als Gemeinschaft der

Glaubenden immer ökumenische Gemeinschaft der Glaubenden und der Ökumene verpflichtete Gemeinschaft der Glaubenden.

- Dass es gegenwärtig um die Ökumene, jedenfalls die Ökumene zwischen der römisch-katholischen Kirche und den Kirchen der Reformation, speziell auch die offiziellen bilateralen Beziehungen nicht so gut steht, ist bekannt. Wir veröffentlichen zwar weiterhin beachtliche Dokumente gegenseitiger Verständigung, aber unbeschadet dessen ist der ökumenische Ton rauer geworden, ist von ökumenischem Fortschritt – nicht nur auf der Ebene der Dialoge – wenig zu bemerken. So hat Kardinal Kasper der römisch-katholischen ökumenischen Zielvorstellung „der vollen sichtbaren Kirchengemeinschaft im Glauben, in den Sakramenten und in der Kirchenleitung" widerspreche „das reformatorische Einheitsmodell", das in der Leuenberger Konkordie von 1973 zum Ausdruck komme, welches einen Grundkonsens im Verständnis des Evangeliums voraussetze, um Kanzel- und Abendmahlsgemeinschaft zu ermöglichen sowie die Ämter wechselseitig anzuerkennen, die Kirchen aber bekenntnismäßig und institutionell getrennt lasse. Hier werde nach Kasper der konfessionelle Pluralismus nicht mehr als Skandal, sondern unter Berufung auf das Neue Testament als legitim empfunden. Daher sei es verständlich, dass die evangelischen Kirchen auf eucharistische Gastbereitschaft drängten, was von der römisch-katholischen Kirche als Zumutung empfunden werden müsse, dem sie nicht entsprechen könne, weil es die Preisgabe ihres ekklesiologischen Selbstverständnisses bedeuten würde, wie umgekehrt die evangelischen Kirchen die ökumenische Zielvorstellung der römisch-katholischen Kirche als Zumutung verstehen, „weil sie die Anerkennung des Bischofs- und des Petrusamtes impliziert"[1].

  Nach römisch-katholischer, besonders von Papst Benedikt hervorgehobener Auffassung, wird die Gestalt des Kircheseins der römisch-katholischen Kirche und der in den ersten drei Jahrhunderten grundgelegten und dann in der römisch-katholischen Kirche weiter geführten Lehrentwicklung als eine unhintergehbare, geschichtliche Führung des Heiligen Geistes verstanden. Aber auch auf protestantischer Seite scheint Abstand von der Ökumene angesagt. So wird auf protestantischer Seite das Ende der Konsensökumene verkündet und eingefordert.

[1] *W. Kasper*, Kein Grund zur Resignation. Die katholische Kirche und ihre ökumenischen Beziehungen, in: HK 57/12, 2003, S. 605-610, hier: 608.

An die Stelle des „Konsensmodells“ soll ein „Differenzmodell“ treten. Kritisch wird gefragt: Hilft die Orientierung am Konsensmodell, das in der Gefahr steht die Differenzen einzuebnen oder zu relativieren? Wäre es nicht besser, sich an einer wechselseitigen Anerkennung des Differenten zu orientieren? Statt durch falsche Nachgiebigkeit und eine Verschleierung des bleibend Differenten sollte man sich lieber am Vorbild der „Prinzipientreue“ der Römisch-katholischen Kirche orientieren und selbstbewusst die protestantische Grunddifferenz deutlich zur Geltung bringen. Ziel der Ökumene wäre dann die Anerkennung der bleibenden Differenz(en). In diesem Zusammenhang wird die evangelische Seite gefordert, deutlicher ihr Eigenprofil zu entfalten. Eine „Ökumene der Profile“ gilt es zu entwickeln.
Dem gegenüber gilt es festzuhalten: Konsensökumene ist nicht der Ort des Kompromisses, sondern der Wahrheitssuche und Wahrheitsereignung. Die Leuenberger Konkordie hat nicht nur einen Grundkonsens formuliert, sondern diesen Grundkonsens auch an strittigen Fragen, so der Amtsfrage, bewährt. Auch wir Protestanten, glauben, dass unser Verständnis des Evangeliums, der Kirche und ihrer Gestalt aus rechtem Hören auf die Schrift, das Wort Gottes erwachsen ist. Auch wir glauben, dass unsere Bekenntnisschriften die Schrift angemessen auslegen. Wir erheben dafür einen Wahrheitsanspruch. Aber nach evangelischem Verständnis gilt: Wir leben aus der Verheißung, dass das Wort Gottes sich in seiner Wahrheit in uns durchsetzt und wir wissen zugleich, dass wir das Verständnis des Evangeliums in unserer geschichtlichen Situation und in unserem geschichtlichen Verständnis nur bedingt erfassen und entfalten. Das nimmt uns in die Verantwortung für eine dem Evangelium entsprechende Bezeugung und Entfaltung des Glaubens. Es fordert uns aber auch immer wieder heraus, offen zu sein für eine Korrektur unseres Redens und unseres Verständnisses von Offenbarung. Ökumenische Verständigung kommt dort ans Ende, wo dies ausgeschlossen wird.

Das Thema „Einheit in versöhnter Verschiedenheit“ ist nicht erst ein Thema der interkonfessionellen Ökumene, sondern schon der innerkonfessionellen Ökumene, ja jeder Gemeinde vor Ort. In dieser „Einheit in versöhnter Verschiedenheit“ erlaubt es ein gemeinsames Verständnis des Evangeliums, die verbleibenden Unterschiede in den Glaubensauffassungen und den geschichtlichen Ausprägungen nicht mehr als trennende Widersprüche, sondern als sich gegenseitig bereichernde und herausfordernde Vielfalt gemeinsamen Glaubens und Bekennens zu verstehen. Wir haben voneinander gelernt und zunehmend den Reichtum und die Fülle der Traditionen in der Weltchristenheit entdeckt. Wir wissen heute, dass wir nicht wie die anderen werden müssen und trotzdem Einheit glauben und leben können. Wir spüren aber zugleich deutlicher als zuvor, dass wir nicht bleiben können, die wir sind, wenn wir in der Welt das Zeugnis der Versöhnung und des Friedens Gottes ausrichten wollen. Wir können nur hoffen, dass solche Einsicht das ökumenische Handeln aller christlichen Kirchen bestimmen möge und das kirchliche Leben vor Ort, zwischen den Kirchen und weltweit von diesem Geist getragen wird. Die Einheit in – versöhnter - Verschiedenheit ist die Bedingung und Chance der Ökumene. So entsprechen wir der Autorität des unser Einverständnis suchenden und erbittenden Christus, dem Versöhnungshandeln des dreieinen Gottes.

Darum ist nach meiner Auffassung das „Modell der Einheit in versöhnter Verschiedenheit" das Modell, das ökumenische Zukunft hat und das wir in der Ökumene stark machen sollen. Ausgehend von dem gemeinsamen Grund, dem Bekenntnis zum dreieinen Gott und seinem Heilshandeln in Jesus Christus, ist zu prüfen, ob in der Auslegung dieses Bekenntnisses in der Lehre und Praxis der anderen Kirche ein Verständnis des Evangeliums und eine Gestalt des Christseins und Kircheseins erkannt werden kann, die dem eigenen Verständnis in aller Unterschiedlichkeit nicht grundlegend widerspricht, sondern entspricht. Das schliesst sowohl die Einsicht in die eigene und fremde geschichtliche Bedingtheit des Verstehens als auch neues Verstehen der eigenen und anderen Auslegung in ihren als berechtigt erkannten Intentionen ein. An diesem Ziel ist gegen alle Widerstände festzuhalten. Das gemeinsame Handeln, zu dem sich die Kirchen in Europa in der „Charta Oecumenica" verpflichtet haben, muss dieser Tatsache Rechnung tragen. Die Existenz der Gemeinschaft evangelischer Kirchen in Europa (GEKE), heißt nicht, dass wir als Kirchen unsere Treue zum Bekenntnis und zur Kirchenordnung aufgeben. Es bedeutet aber, dass wir in unseren Horizont, in unsere Entscheidungen und unsere Praxis auch das integrieren, was andere Kirchen der GEKE bewegt, und wir so durch die Identität der anderen unsere eigene Identität erweitern und offen halten.

2. Der Protestantismus im politischen Prozess der Europäischen Einigung

Am 25. März 1957 erblickte die Europäische Union das Licht der Welt. Ihre Geburtsurkunde waren die Römischen Verträge unterzeichnet von Frankreich,

Deutschland, Italien und den Benelux-Ländern. Unter dem Namen EWG (Europäische Wirtschaftsgemeinschaft und Euratom (Europäische Atomgemeinschaft) sollte ein neuer gemeinsamer Wirtschaftsraum entstehen. Diese EWG hatte ein komplexe Vorgeschichte mit einer Reihe zum Teil auch gescheiterter Versuche sowohl von Seiten der USA als auch von den Europäern selbst – ich erinnere nur an die Gründung des Europarates, den Schumanplan, die Gründung der OEEC (Organisation for European Economic Cooperation) oder auch die Schaffung der NATO. So mag das gleiche Jahr zufällig erscheinen, zufällig aber ist es nicht, dass in etwa derselben Zeit gleiche oder ähnliche Motive hinter der Gründung der Europäischen Union stehen.

Drei Motive sind auszumachen: Die Europäischen Einigungsbestreben sind erstens bestimmt von der in der Erfahrung der beiden Weltkriege gewachsenen Einsicht „nie wieder Krieg". Sie sind zweitens bestimmt von dem Wunsch „nie wieder Hunger". Das ist der Grund für das gemeinsame wirtschaftliche Interesse. Drittens war auch von Anfang an die wirtschaftliche und politische Zusammenarbeit von Robert Schumann als „Versöhnungsarbeit" verstanden worden. Frieden und Wohlstand, die Überwindung eines kriegerischen Nationalismus, das sind auch die Motive und Triebfedern der politischen und wirtschaftlichen Vereinigung in Europa.

Was ist aus diesen Anfängen geworden? Dieser Frage soll in einem zweifachen Gedankengang nachgegangen werden. Zunächst werden einige Beobachtungen zur Entwicklung des europäischen Integrationsprozesses und zu den gegenwärtigen Herausforderungen entfaltet werden, dann wird unsere Aufmerksamkeit auf die Kirchen und ihre Rolle in diesem Prozess gerichtet und gefragt, vor welche Herausforderungen die Kirchen in und gegenüber diesem europäischen Integrationsprozess gestellt.

a) Europa in seinen Transformationsprozessen

Als die Europäische Wirtschaftsgemeinschaft gegründet wurde, ahnte wohl niemand, was das für eine Erfolgsgeschichte werden würde. Aus 6 Ländern sind in 50 Jahren 27 Länder geworden. Mit der EU verbindet sich die Hoffnung von über 480 Millionen Menschen auf Wohlstand, Frieden und Freiheit. (Das gilt unbeschadet der Schwierigkeiten bei der Ratifizierung des Verfassungsvertrages). Europa ist, wie ich oben aufgezeigt habe, von Anfang an mehr als eine Wirtschaftsgemeinschaft. Es ist mehr als eine politische oder militärische Union. Es ist von Anfang an - im Guten wie im Schlechten- eine kulturelle und auch religiöse Gemeinschaft. Darum ist Europa eben mehr als eine Freihandelszone, die die englischen Regierungen lange anstrebten. Es ist auch mehr als de Gaulles „Europa der Vaterländer“. Es bleibt auch mehr als die EU. Und es gehört zu diese Art von europäischer Kultur, so muss von Seiten der Kirchen auch selbstkritisch hinzugefügt werden, dass man die kulturellen und religiösen Implikationen gleichsam als selbstverständlich angenommen hat und erst spät auf die eigenen kulturellen und auch religiösen Voraussetzungen aufmerksam geworden ist. So wurde erst spät nach den kulturellen und religiösen Voraussetzungen, einer „Seele“ Europas oder einem „Herzen“ Europas gefragt. Das hat auch seinen guten Grund. Einerseits greift die kulturelle Integration geschichtlich tiefer als die wirtschaftliche, politische und gesellschaftliche Integration. Man kann davon sprechen, dass erst eine gewisse europäische Kultur eine bestimmte Art von Wirtschaftsverständnis und politischem Handeln aus sich heraussetzt. Andererseits ist die Diskussion um eine europäische Kultur, um Kultur als „Integration der Integration“ eine sekundäre Diskussion, die sich primär der ökonomischen Dynamik verdankt.

Dass sich Europa als eine Gemeinschaft unterschiedlicher Staaten versteht, die der Versöhnung bedarf hat, hat mit der Streitgeschichte Europas ebenso zu tun wie mit dem Toleranzgedanken und mit Grundeinsichten des christlichen Glaubens. Darin wird sichtbar – und auch das hat mit europäischer Kultur zu tun – europäische Integration ist keine Selbstläufer, kein Projekt allein der Wirtschaftfachleute oder der Politiker, auch kein Projekt derer, die sich selbst genug sind und ihren Besitz nach außen verteidigen müssen. Europa ist eine gemeinsame und ständige Aufgabe, eben Europas ureigene Aufgabe, ein verheißungsvoller und zugleich mühsamer Weg, wie wir täglich in den Zeitungen über die Verhandlungen in und mit Brüssel, in EU-Gipfeln, über mögliche Beitritte sehen können.

Zu Europa gehören seine vielfältigen geistigen Wurzeln. Der Geist Griechenlands und die römische Welt, die Errungenschaften der lateinischen, keltischen, germanischen und slawischen Völker, die hebräische Kultur und auch die islamischen Einflüsse. Europa ist der erste Kontinent, der sich in seinem ganzen vielgestaltigen Erbe vom christlichen Glauben erfassen ließ. Zu diesem Europa aber gehören auch die Bewegungen der Reformation, die daraus hervorgegangenen Kirchen, die vielfältiges, unterschiedliches Verständnis des Glaubens und der Kirche und unterschiedliche Gestalt und Gestaltungen des Christseins und Kirchesein mit sich bringen und natürlich auch den Streit darüber.

Zu Europa gehören Wissenschaft und Technik und der damit verbundene Wissens- und Machtgewinn. Zu Europa gehört die Aufklärung, die mehr noch als die nominalistischen Bewegungen im Spätmittelalter die Einheit von Vernunft und Glaube in Frage stellte, jedenfalls eine schlichte Zuordnung von Vernunft und Glaube in einem Überhöhungsmodell, wie sie jüngst Papst Benedikt in seiner Regenburger Rede vorgelegt hat, verbietet. Auch hier hat die protestantisch geprägte Reformation ihren Anteil. Die Reformation stellt die natürliche Gotteserkenntnis aus theologischen Gründen in Frage. Dass Gott in Jesus Christus so handelt, ist nicht aus der Schöpfung oder gar der Natur zu erkennen. Es ist sein freies Gnadenhandeln. Mit dem Prozess der Aufklärung entwickelt sich ein Reichtum der Philosophie, der Begründungen von Ethik und die Auseinandersetzung und der Streit darüber. Zur neuzeitlichen Entwicklung und Aufklärung gehören Toleranz und erbitterter Streit, Begründung und auch Infragestellung von Menschenrechten.

Auch das Thema der Säkularisierung ist tief verankert in der Geistesgeschichte Europas. Säkularisierung schließt die theologisch-christlich begründete und geschichtlich erkämpfte Unterscheidung zwischen „weltlich" und „geistlich" ein, institutionalisiert in der Unterscheidung zwischen „Staat" und „Kirche". Diese Unterscheidung erfuhr in der Geschichte verschiedene Ausformungen und Veränderungen. Diese Entwicklung ist mit der Geschichte der Reformation und der westlichen Aufklärung verbunden: Religion und Kirche werden auf den geistlichen Bereich beschränkt, weltliche Kompetenzen ihnen entzogen. Umgekehrt werden Religion und Kirche zu eigenen und eigenständigen Bereichen in einer „weltlichen Welt". Säkularisierung wird vorwiegend als Verlust des Einflusses von Religion und Kirche wahrgenommen. Nur gelegentlich wird diese Bewegung nicht nur als Verlust, sondern auch als Gewinn wahrgenommen: die weltliche Welt als ein Raum, in dem die christlichen Vorstellungen von Freiheit, Menschenwürde und geregeltem Miteinander sich verwirklicht haben. In den letzten Jahrzehnten wird jedoch im Blick auf die europäische Geschichte deutlich, dass weder die Deutung als Verlust noch als Gewinn genügen, um den drängenden Fragen der Gegenwart und einer Wiederkehr des Religiösen gerecht zu werden.

So lässt sich erkennen: Erstens hatte Integrationsprozess Europas von Anfang an religiöse und kulturelle Implikationen, auch wenn er zunächst unter der Dominanz des Ökonomischen vorangebracht wurde. Zweitens gehört zur kulturellen und religiösen Situation in Europa ihre streitbare und aber auch sich in Aufbrüchen wiederum versöhnende Vielfalt. Gerade das macht Europa zu einem „unvollendeten Projekt“ (Habermas). Das macht es nicht leicht, aber es eröffnet die Chance auf einen zu gestaltenden Prozess.

- Eine wesentliche Herausforderung in diesem Prozess ist erstens der Prozess der *Globalisierung* . Die europäische Integration kann als Teil der Globalisierung mit Schwerpunkt auf den Prozess der grenzüberschreitenden Ökonomisierung und der Deregulierung der Märkte verstanden werden. Zum Einen ist dabei die Integration Europas das Ergebnis dieser Globalisierung, zum Anderen ist sie der Versuch, im Zuge weltweiter Ökonomisierung den „Marktplatz“ Europa zu sichern. Europa hat seinen wesentlichen Anteil an diesem Prozess der Globalisierung in einem freilich in vielerlei Hinsichten fragwürdigen Globalisierungsschub, der durch die Kolonialisierung der Welt durch Europa vollzogen wurde. Europa hat – sicher nicht im Alleingang – eine europäische Antwort darauf zu geben, die sich an Impulsen des Gründungsprozesses orientiert, an einer in menschfreundlichen und lebensdienlichen Gestaltung dieses Prozesses. Das heißt in aktueller Aufnahme der Gründungsimpulse:

- „Nie wieder Hunger“: in einer sozialverträglichem, jedem sein Recht auf Überleben und angemessenes Lebens eröffnenden Globalisierung.
- „Nie wieder Krieg“: in einer dem Frieden dienenden und Frieden schaffenden Globalisierung, in einem Versöhnung eröffnenden Prozess, der Gemeinschaft in versöhnter Verschiedenheit schafft.
- Hinzukommt – über die Gründungsimpulse hinaus ist- seit dem Fall des eisernen Vorhang: „nie wieder Unfreiheit“ im Eintreten für eine Welt in Freiheit, in der die Menschenwürde und die Menschenrechte geachtet werden,
- Neu gewachsen ist die Einsicht in unsere Verantwortlichkeit für die Erhaltung unserer Welt in einem Eintreten für ein ökologisches Handeln, in dem die Lebensgrundlagen dieser Welt, ihre schöpferische Vielfalt geachtet und bewahrt werden.

- Während Europa die Verantwortung für die Gestaltung der Globalisierung mit allen Ländern dieser Welt teilt, steht Europa spezifisch vor der Herausforderung, *das Zusammenwachsen der beiden "Lungenflügel" Europas,* des westlichen und östlichen Europas, wie Papst Johannes

Paul II es bezeichnet hat, zu gestalten. Die von der Globalisierung vorgegebenen Rahmenbedingungen sind für Westeuropa nicht anders als für Süd-, Ost- und Mittel-Europa. Aber für Mittel-Ost-Europa vollzieht sich diese Entwicklung spätestens seit 1989 mit ungleich stärkerer Dynamik. Gründe dafür liegen in der Vorgeschichte der Region, die sich von derjenigen des Westens unterscheidet. 40 Jahre oder auch 70 Jahre Geschichte im Einflussbereich der Sowjetunion und des geistigen Horizonts des Kommunismus haben die Nationen, Gesellschaften und Kirchen langfristig und nachhaltig geprägt.
Reformation und Aufklärung als geistesgeschichtliche Entwicklungen haben den Westen Europas anders geprägt als Mittel- oder Ost-Europa. Insbesondere haben sich in den verschiedenen Regionen unterschiedliche Gestalten von Aufklärung oder Mentalitäten im Umgang mit der Aufklärung entwickelt. Dabei ist besonders darauf zu achten, wie sich der unterschiedliche Umgang mit der Aufklärung mit den kirchlich-theologischen Traditionen verbindet. Als These lässt sich deshalb formulieren: Wir finden in Mittel-Ost-Europa auf der einen Seite einen eigenständigen, geschichtlich gewachsenen Erfahrungskontext vor. Zum anderen vollzieht sich der gegenwärtige europäische Integrationsprozess unter westlichen und westeuropäischen Optionen. So ist die Geschichte der Europäischen Union ein westeuropäisches Projekt, ebenso wie die Wirtschaftsordnung ein westliches Ökonomiemodell ist. In diese Dynamik wird Mittel-Ost-Europa integriert. Aber - das ist die gegenwärtige Herausforderung für den europäischen Integrationsprozess, soll er denn gelingen – es gilt den eigenständigen Erfahrungskontext Mittel-Ost-und Südeuropas aufzunehmen und in ganz Europa sich selbst auf diese Weise zu verändern, europäischer zu werden.

- Spät wurde im europäischen Integrationsprozess Einigungsprozess die Frage nach der „europäischen Kultur" und auch nach der religiösen Herkunft, Prägung und gegenwärtigen Gestalt der Anwesenheit von Religion und Religionen in Europa gestellt. Dass diese Frage so spät gestellt wird, hat, wie gezeigt, seine Gründe in der Eigenart der europäischen Kultur. Das diese Frage aber jetzt gestellt wird, ist gleichermaßen richtig wie wichtig. Europa hat keine Identität, die es zu verwirklichen gilt, sondern es hat seine kulturelle und religiöse Prägung und es hat eine Aufgabe, die es zu bewältigen hat. Europa hat keine vorgegebene Identität, es muss seine Identität immer wieder neu finden und erfinden.

Europa hat eine Aufgabe, die es zu bewältigen hat. Darin wird es seine Identität finden. Es hat einen Lebensraum zu schaffen, in dem unterschiedliche Nationen und Kulturen sich begegnen können. Wo politische, wirtschaftliche, kulturelle und religiöse Differenzen zerstörerisch werden, hat Europa dafür zu sorgen, dass sie nach Möglichkeit überwunden und für die Menschen erträglich gestaltet werden. Diese Aussagen leiten über zu meinem zweiten Gedankengang.

b) Die Aufgabe der (protestantischen) Kirchen im europäischen Integrationsprozess

Was ist der Ort und die Aufgabe der Kirchen im europäischen Integrationsprozess? Wie können und sollen die protestantischen Kirchen in Europa diesen *europäischen Integrationsprozess mitgestalten?*

Zu Beginn des „Im Anfang" standen die protestantischen Kirchen im europäischen Integrationsprozess eher abseits. Die römisch-katholische Kirche konnte an das neue Europa leichter anknüpfen, freilich mit einem alten Konzept, dem des christlichen Abendlandes. Auch wenn dieses christliche Abendland so untergangen war, so geht man davon aus, dass es immer noch christliche Wurzeln und abendländische Werte gibt, an die zu erinnern ist. Darauf baute das römisch-katholische Konzept der Reevangelisierung Europas auf, verbunden mit dem Ausbau katholischer Kirchenstrukturen. (Europäische Bischofskonferenzen und vatikanische Nuntiaturen) Kein Wunder, dass deshalb auch eine Reihe der führenden Europapolitiker aus der katholischen Tradition kam: de Gasperi, Schumann, Adenauer, um nur einige zu nennen. Manchen Protestanten erschien darum der europäische Integrationsprozess als ein eher katholisches Projekt.

Dass man im Protestantismus, natürlich mit individuellen Unterschieden in den einzelnen Kirchen und Konfessionen gegenüber dem europäischen Einigungsprozess skeptisch war, hängt zum einen daran, dass der Protestantismus weitgehend konfessionell und national verfasst ist. Der transnationale und auch ein konfessionsübergreifender europäischer Horizont waren nur bedingt im Blick. Nicht zuletzt war man besonders im Luthertum nach der engen Verknüpfung von Thron und Altar vorsichtig geworden, neue engere Verbindung an den Staat einzugehen - bei aller in Deutschland sich freilich erst nach dem Zusammenbruch des Nazi-Regimes verspätet vollziehenden Bejahung der

Demokratie. Hinzu kam, dass die Europaidee in den 50er Jahren mit der Westbindung und damit mit der Blockbildung im Kalten Krieg und einem Ja zur Wiederbewaffnung der Bundesrepublik und der Gefährdung der deutschen Einheit verbunden war. Das schaffte bei vielen Evangelischen in der Bundesrepublik eine deutliche Distanz zum europäischen Integrationsprozess. Auch in den englischen Kirchen hat es eine Distanz gegeben zum europäischen Integrationsprozess aufgrund der besonderen Bindungen zu den USA, den weltweiten Verpflichtungen und Interessen Großbritaniens.

Während man im Bereich des Protestantismus weitgehend Zurückhaltung gegenüber dem politischen europäischen Vereinigungsprozess übte, waren die Kirchen auf einem anderen Feld intensiv dabei, die Integration Europas mitzugestalten durch ihr bewusstes Engagement in der Versöhnungsarbeit. Es waren die Bruderräte, deutsch-französische, deutsch-englische, deutsch-skandinavische Gemeindekontakte, Gemeindekontakte auch über den Eisernen Vorhang hinweg. Das war und ist auch heute (ich erinnere an das Projekt der Leuenberger Kirchengemeinschaft in Rumänien „Healing of memories") ein wichtiger Beitrag zur Gestaltung der Integration Europas. Erst in jüngerer Zeit sind die protestantischen Kirchen stärker an den Fragen der politischen Gestaltung des europäischen Integrationsprozesses interessiert. Dies hat sich nicht zuletzt an der Debatte um „Gott" im Verfassungsvertrag der EU gezeigt. Die Kirchen waren hier auch auf dem Weg zu diesem Vertrag gut eingebunden. Dabei, so zeigte die Debatte auf Seite der Kirchen, ist die Nennung der Gottes in der Präambel eher eine katholische Forderung. Die protestantische Seite setzte mehr auf die Rede von den religiösen Wurzeln und nahm die gesellschaftspolitischen Fragen auf.

- Deutlich hier liegt eine *Argumentations- und Vermittlungsaufgabe der Kirchen* vor: Die EKD argumentierte für eine Wahrnehmung der religiösen Dimension und berief sich dabei auf das Argument des Staatrechtlers Böckenförde, dass der säkulare Staat von Voraussetzungen lebt, die er nicht schaffen kann. Eine solche politische Selbstrelativierung müsste dann von Staat und Gesellschaft gewollt und verantwortet werden und ist keineswegs automatisch mit einem Gottesbezug in der Verfassung verbunden. Deswegen tun Kirchen gut daran, die Politik an die Selbstrelativierung zu erinnern, zugleich aber die Verwirklichung bis hinein in die Formulierung in die freie Verantwortung der Politiker und Politkerinnen zu stellen. Die zivilreligiöse Dimension zu verrechtlichen, ist primär Aufgabe von Staat und Gesellschaft und nicht der Kirchen. Dabei muss gewährleistet bleiben, dass auch die politische Macht von Gott geliehen ist, aber in demokratischer Tradition vom Volk ausgeht. Allein die Nennung Gottes in der Verfassung ist keine Garantie gegen gottfernes Handeln - mit Gott in Verfassung und Mund lassen sich auch, wie täglich sehen, Faschismus und Terrorismus legitimieren. Die Aufgabe der Kirchen ist es, darauf zu achten, dass durch die zivilreligiöse Dimension der Staat oder eine Staatengemeinschaft wie die EU wirklich relativiert wird und nicht quasi-religiöse Weihen erhält.

- Selbst wenn aus politischen Gründen Gott in der Verfassung seinen Platz hätte, wäre damit noch nicht geklärt, um *welchen Gott* es sich hier handelt. Zivilreligiös ist es ein abstrakter, transzendentaler Gott, nicht mehr als eine Leerformel als Bedingung der Möglichkeit gelingenden Miteinanders. Solche Offenheit ist in dem Maße sinnvoll, wenn sie in aller Freiheit mit den unterschiedlichen Vorstellungen einzelner und verschiedener Religionen gefüllt wird. Doch dies nötigt zum Diskurs darüber, wie dieser zivilreligiöse Gott mit dem Gott Jesu Christi zu vereinbaren ist, wie er mit den Gottesverständnissen anderer Religionen, etwa des Islam zu verbinden ist. Gott als Bedingung gelingenden gesellschaftlichen Miteinanders zu benennen, dann aber diesen gemeinschaftsstiftenden Gottesbezug im Streit der Interpretationen und Religionen wieder zu verlieren, würde der Sache letztlich schaden. Ohne ein gesamteuropäisches, interreligiöses Gespräch über die entscheidende, die Gottesfrage, bleibt der Gottesbezug in der Präambel eher ein Stein des Anstoßes denn ein Eckstein des Miteinanders. Für einen solchen Dialog im europäischen Integrationsprozess zu sorgen, ist Aufgabe und Herausforderung der Kirchen. Überzeugend finde ich auch die Argumentation, dass der Gottesbezug nötig ist, um die Grundwerte einer Gesellschaft auf einen Punkt jenseits politischer Verfügbarkeit zu beziehen und so zu sichern. Das muss aber *bewährt werden in den Konkretionen dieser Grundwerte bis hinein in rechtliche Regelungen*. Die Ehre Gottes kann in der Präambel gefordert werden, sie muss aber so zur Geltung gebracht werden, dass aus der Europäischen Union tatsächlich eine Solidargemeinschaft wird. Denn die Grundwerte sind naturgemäß auf einer hohen Abstraktionsstufe formuliert. Ihre Bedeutung zeigt sich im Gebrauch.

Dabei zeigt die Erfahrung zwar, dass in der Konkretion nicht nur (wissenschaftliche) Sachkenntnis und Erfahrungswissen eine wichtige Rolle für das ethische Urteil spielen, sondern gerade auch die in der Regel auftretenden Konflikte zwischen ethischen Werten und Normen. In der Praxis gibt es eher einen andauernden Wertekonflikt als einen schlichten Wertekonsens. Das ist schon in der Kirche so. Einig ist man sich in den Kirchen Europa in der Bejahung des Grundwertes der Menschenwürde. Wie dieser Grundwert aber konkretisiert wird etwa in der Genpolitik oder in Fragen der Abtreibung ist zwischen und in den Kirchen strittig So wichtig es ist, gemeinsame grundlegende Überzeugungen und Werte zu haben, so notwendig ist es, den Grundwert der Menschenwürde in der Verfassung zu benennen, von ihm auszugehen, so notwendig ist es auch, sich in den Diskurs um die „Anwendung“ dieses Grundwertes kompetent einzubringen. Der Entwurf des Verfassungsvertrages sieht ein Mitspracherecht der Kirchen vor.[2] Dieser Artikel sichert zum einen den Kirchen die Respektierung ihres rechtlichen Status entsprechend der nationalen Regelungen. Zum anderen verpflichtet sich die EU gegenüber den Kirchen zu einem offenen, transparenten und regelmäßigen Dialog. Das ist ein entscheidender Fortschritt gegenüber der bisherigen Situation. Es ist zugleich eine Herausforderung, sich in diesen Dialog einzubringen und eigene Positionen und Perspektiven zu entwickeln. Doch es geht nicht darum, dass sich die Kirchen als Kirchen einbringen, sondern ihrer Glieder befähigt werden zu einer kritischen Partizipation, zu einem fundierten Urteil in den anstehenden Fragen.

Europa braucht nicht „getauft“ zu werden. Aber es braucht den Einsatz der Getauften. Sie entwirft das Bild einer Gemeinschaft von freien Bürgern, die in versöhnter Verschiedenheit unter dem Primat der Menschenrechte in Frieden und Freiheit zusammen leben. Den Weg dazu weist uns das Evangelium von Jesus Christus. Miteinander bekennen wir uns zur Verantwortung dafür, die Würde jedes einzelnen Menschen zu achten, für den Schutz der Bedrängten einzutreten und einen achtsamen Umgang mit der Natur zu pflegen. Die Be-

[2] „(1) Die Union achtet den Status, den Kirchen und religiöse Vereinigungen oder Gemeinschaften in den Mitgliedstaaten nach deren Rechtsvorschriften genießen, und beeinträchtigt ihn nicht. (2) Die Union achtet in gleicher Weise den Status, den weltanschauliche Gemeinschaften nach den einzelstaatlichen Rechtsvorschriften genießen. (3) Die Union pflegt mit diesen Kirchen und Gemeinschaften in Anerkennung ihrer Identität und ihres besonderen Beitrags einen offenen, transparenten und regelmäßigen Dialog.“ (Art. -52; vorläufige Zählung).

kämpfung der Armut, das Eindämmen von Rüstungsexporten, energische Maßnahmen angesichts des Klimawandels und ein verantwortlicher Umgang mit den Ressourcen der Erde sind Themen, zu denen ein klares Zeugnis der Kirchen im zusammenwachsenden Europa dringend erwartet wird. Die Botschaft von der Rechtfertigung „macht die Christen frei zu verantwortlichem Dienst in der Welt ... Sie erkennen, dass Gottes fordernder und gebender Wille die ganze Welt umfasst. Sie treten ein für irdische Gerechtigkeit und Frieden zwischen den einzelnen Menschen und unter den Völkern" (Leuenberger Konkordie, Ziff. 11).

Es ist meine Hoffnung, dass auch in dem politischen Projekt eines säkularisierten Europa, in den Geschichten des Aufbruchs und Gelingens wie in den unverschuldeten und selbstverschuldeten Katastrophen Gott gegen allen Augenschein anwesend ist, die Erwartungen der Menschen trägt und sie nach seinem Willen leitet. Aus dieser Hoffnung erwächst Europa kein besonderer Sendungsauftrag, sondern die Aufgabe, einen Beitrag für weltweite Gerechtigkeit, Frieden und Bewahrung der Schöpfung zu leisten. Das Vertrauen auf die Anwesenheit Gottes führt zum Protest gegen die falschen Götter, gegen jede Mystifizierung, Mythisierung und auch gegen jede ideologische Überhöhung Europas. Denn solche Überhöhungen lassen die Gefahr entstehen, dass Kritik an Europa unterbunden wird und dieses nach außen gegen andere Kontinente abgeschottet und zu einer Festung gemacht wird.

II.

Aus der Wiener Forschungswerkstatt

Biblische Geschichten für Kinder. Exemplarische Beispiele von der Reformation bis zur Aufklärungszeit

KATJA EICHLER

1. Zu Verständnis und Definitionsfragen religiöser Jugendliteratur und von Kinderbibeln[1]

Der Begriff „Kinderbibel" hat keine strikt festgelegte Definition, obwohl er in der Gesellschaft fest verankert ist. Kinderbibeln enthalten biblische Geschichten in vereinfachter Form, Geschichten für Kinder, von Erwachsenen erzählt. Der Autor und die Autorin einer Kinderbibel sollen zwei Ansprüchen genügen, den Ansprüchen der Bibel und den Ansprüchen des Kindes.

Die Typen der Kinderbibeln sind dabei vielfältig.[2] Einige halten sich eng an den Originaltext einer anerkannten deutschen Übersetzung, wie der „Einheitsübersetzung" oder an den revidierten Luthertext, andere sind erzählerisch frei ausgestaltete und manchmal auch durch Rahmen- und Nebenhandlungen erweitert. Des Weiteren gibt es auch katechetische Kinderbibeln mit vom Bibeltext ausgehenden religionspädagogischen, ethischen oder liturgischen Umsetzungsvorschlägen. Auf dem religiösen Buchmarkt finden sich text- oder bildbetonte Kinderbibeln, Kinderbibeln zum Selberlesen oder solche, für die das Kind einen erwachsenen Mitleser benötigt.

Kinderbibeln sind altersstufenabhängig konzipiert. Sie können beide Testamente in unterschiedlicher Wertschätzung berücksichtigen oder auch nur ein Testament, dann in der Regel das Neue Testament.

Im Lexikon der Kinder- und Jugendliteratur wurde versucht die Begriffe „Kinderbibel" und „Biblische Geschichte" zu unterscheiden. Es wird folgendermaßen definiert: Die „Kinderbibel" wird verstanden als „eine verkürzte, inhaltlich und sprachlich dem Bibeltext weitgehend genaue Wiedergabe der Bibel, bei der kurze Zusammenfassungen mit einigen Worten möglich sind. Erklärungen werden nicht in den Text eingefügt, sondern deutlich von ihm

---

1 Dieser Aufsatz widmet sich der religiösen Kinder- und Jugendliteratur insbesondere im Protestantismus. Dargestellt wird auch der Wandel der Sichtweisen bei vier wichtigen Kriterien in Kinderbibeln.

2 *A. Frey/R. Pitsch/H. Stangl*, Mit der Bibel groß werden. Kinderbibeln im Vergleich, Bonn 2002, S. 6f.

unterschieden."[3] Biblische Geschichten werden dagegen charakterisiert als „eine in Sprache und Form von der Bibel abweichende Wiedergabe des biblischen Inhaltes. […] Die Spannweite dieses Typs des ‚christlichen Jugendbuches' reicht von bibelnaher Erzählung über eine freie Testgestaltung [...] bis zu den ‚literarischen' Bearbeitungen des biblischen Stoffes. […] Ferner reicht sie von dem mit katechetischen Hilfen versehenen Erzählbuch […] bis hin zur Darstellung einzelner biblischer Geschichten in Text und Bild."[4]

Das enge Begriffsverständnis der Kinderbibel separiert einen großen Teil von Werken, z.B. Publikationen, die Erklärungen nicht in den Text einfügen, die heute allgemein der Gruppe der Kinderbibeln zugeordnet werden. Bereits seit dem 18. Jahrhundert, aber auch in der gegenwärtigen Praxis wird der Begriff „Kinderbibel" als Sammelbegriff für unterschiedliche Bibelbearbeitungen und Sammlungen von „Biblischen Geschichten" gebraucht.[5] Der Versuch, die Begriffe „Kinderbibel" und „Biblische Geschichten" voneinander abzugrenzen ist problematisch, da diese bis heute weitgehend synonym verwendet werden.

Reinmar Tschirch nennt beide Begriffe nebeneinander ohne Abstufung in seiner Definition: „Bibelausgaben für Kinder (kurz: Kinderbibeln), auch unter dem Begriff ‚Biblische Geschichte(n), bieten in Auswahl mehr oder weniger frei nacherzählte biblische Texte, die in eine kindgemäße Sprache gefasst und mit Bildern versehen sind."[6].

Der Begriff „Kinder Bibel" wurde zuerst bei dem Lutherschüler Johannes Mathesius 1562 nachgewiesen, der eine kurze katechetische Beicht- und Abendmahlslehre für Kinder so bezeichnet.

Christine Reents teilt die biblische Literatur für Kinder vom 16. bis zum 18. Jahrhundert in sechs Hauptgattungen, die abgewandelt bis heute benutzt werden[7]:

---

[3] *F. Kriechbaum*, Art. Kinderbibel, in: *K. Doderer* (Hg.), Lexikon der Kinder- und Jugendliteratur, Bd. 2, Weinheim/Basel 1984, S. 170.

[4] *Dies.*, Art. Biblische Geschichten, in: *K. Doderer* (Hg.), Lexikon der Kinder- und Jugendliteratur, Bd. 1, Weinheim/Basel 1984, S. 149.

[5] *J. Braun*, Literaturtheoretische Betrachtung von Bibelbearbeitungen für Kinder und Jugendliche. Ansatzmöglichkeiten zur Typologisierung und begrifflichen Differenzierung, in: *G. Adam/R. Lachmann* (Hg.), Kinder- und Schulbibeln. Probleme ihrer Erforschung, Göttingen 1999, S. 241.

[6] *R. Tschirch*, Art. Kinderbibel, in: *A. C. Baumgärtner/H. Pleticha* (Hg.), Kinder- und Jugendliteratur. Ein Lexikon, Meitingen 1995, 9. Erg.-Lieferung, Februar 2000, S. 1ff.

[7] *C. Reents*, Art. Schul- und Kinderbibeln 1. Evangelisch, in: *F. Rickers/N. Mette* (Hg.), Lexikon der Religionspädagogik 1, Neukirchen-Vluyn 2001, Sp. 1010.

- Biblische Spruchbücher als Belege für den Katechismus, als Bilderrätsel zu Lebensweisheiten und als Sprüche zu Gegenwartsthemen
- Bilderbibeln, die nur wenig Text enthalten
- Festbücher zu den Sonntagsperikopen oder auch nur zu den Festen
- Katechetische Kinderbibeln mit bibelnaher Textgestaltung und didaktischen Anhängen, zum Teil versehen mit Illustrationen
- Seit der Aufklärung die frei gestaltete Erzählung auf biblischer Basis
- Jesusbücher für Kinder entstanden in der Aufklärung, in der liberalen Theologie und in der emanzipatorischen Erziehung seit den 70er Jahren.

Als Vorform der Kinderbibeln wird gelegentlich die „Historica Scholastica" von Petrus Comestor, ca. aus dem Jahr 1170, bezeichnet. Dieses ursprünglich in Latein erschienene Werk umfasste die geschichtlichen Teile der Vollbibel mit einem eingemischten kirchenväterlichen Kommentar. Das umfangreiche Buch konnte als teure Ausgabe auch gemalte oder gedruckte Bilder enthalten.[8] Petrus Comestor (ca. 1100-1179) war führender Scholastiker in Paris, seine Bibel wurde vielfach abgeschrieben, ins Deutsche übersetzt und in ganz Europa verkauft. Seine Schulbibel enthält eine Weltgeschichte des Alten und Neuen Testaments. Profane Ereignisse stellt Comestor in chronologischer Folge parallel zu den biblischen Ereignissen dar. Ihm geht es dabei um die biblische und theologische Fortbildung von Erwachsenen.[9] Seine Bibel wurde in Lateinschulen in ganz Europa vier Jahrhunderte lang genutzt. Im 15. Jahrhundert wurde die Historia Scholastica ins Deutsche übersetzt.[10] Ein Adressatenhinweis, die Kennzeichnung seines Werks als Buch für Kinder, fehlt bei Comestor. Er wendet sich an Gebildete. Daher ist die Bibel Comestors keine Kinderbibel im eigentlichen Sinn.[11]

John Locke hatte zu Beginn des 18. Jahrhunderts den kindlichen Geist als „Tabula rasa" definiert. Er schlug vor, dass Eltern ihre Kinder vom Lesen des ungekürzten Bibeltextes abhalten sollten. Die kindliche Unschuld sollte beibe-

---

8 *R.B. Bottigheimer*, Kinderbibeln als Gattung. Historische und forschungspraktische Bemerkungen zu Gestalt und Wandel einer literarischen Gattung, in: *G. Adam/R. Lachmann* (Hg.), Kinder- und Schulbibeln. Probleme ihrer Erforschung, Göttingen 1999, S. 230.

9 *G. Adam*, Kinderbibeln – Von Luther bis heute, in: *A.A. Bucher/G. Büttner/P. Freudenberger-Lötz/M. Schreiner* (Hg.), „Im Himmelreich ist keiner sauer". Kinder als Exegeten, Stuttgart 2003, S. 162.

10 *R.B. Bottigheimer*, Kinderbibeln in Deutschland und Europa. Geschichtlicher Überblick, in: *R. Cordes*, Die Bibel als Kinderbuch, Schwerte 1991, S. 85f.

11 *Reents*, a.a.O., (Anm. 7), Sp. 1010.

halten und Kinder von der Sünde ferngehalten werden. Um das zu erreichen, mussten biblische Geschichten bereinigt werden. Sündhafte Vergehen, wie Totschlag, Lustmord, Inzest wurden aus Erzählungen biblischer Geschichten gestrichen.

Damit wurde auch der theologischen Entwicklung im 17. Jahrhundert Rechnung getragen, Gott erschien nun als „der liebe Gott“. Anfang des 18. Jahrhunderts erschien Gott als Quelle höchster Güte, er war lieb, weise, gütig und väterlich. Auch im 19. Jahrhundert wurden kindliche Leser als unschuldige Wesen verstanden, die im unwissenden Zustand verbleiben sollten. Doch nun kam es zu konfessionellen Unterschieden. Auf protestantischer Seite wurden Patriarchen als schuldlose Familienväter dargestellt.

Katholische Autoren wollten jedoch zeigen, dass das Böse auch bei Herrschern anzutreffen ist und diese daher die Hilfe der Kirche benötigten. In protestantischen Kinderbibeln fiel der strafende Gott weg, damit auch das sündige Vergehen der Patriarchen. Auf katholischer Seite wurde sündiges Verhalten zwar erzählt, jedoch rief dieses kaum göttlichen Zorn hervor, das strafende Wesen war das Fegefeuer. Weisheit und Güte wurden in den Charakter Gottes in protestantischen Kinderbibeln eingebaut, damit wurde Gott zum Freund und Verteidiger der Frommen. Kinderbibelautoren schrieben im 19. Jahrhundert, Gott sei schon immer der Menschheit gegenüber barmherzig und mild gewesen, jedoch konnte die Liebe Gottes zu den Menschen auch zurückgenommen werden. Gott wurde als einsam und leidend charakterisiert, wenn die Menschen seine Freundlichkeit nicht erwiderten. Damit wurde Gott abhängig von den Neigungen der Menschen und das stand im Widerspruch zu seiner Allmacht.[12]

An dieser Stelle soll ein kurzer Überblick über die verschiedene Sichtweise von vier wichtigen Kriterien in Kinderbibeln gegeben werden. Dargestellt wird dieser Wandel anhand der Textauswahl, des Gottesbildes, der Adressatenbestimmung sowie der Frage nach der Konfession.

Mit der Reformation wurde die Bibel zur grundlegenden Lektüre im protestantischen Haushalt und in der Schule. Über eine lange Zeit waren es überwiegend evangelische Autoren, die Bibelausgaben für Kinder schrieben.[13] Die Verfasser von Kinderbibeln oder „Biblischen Geschichten“, die Kindern den Inhalt der Bibel vermitteln wollten, haben im Laufe der Jahrhunderte ver-

---

[12] *R.B. Bottigheimer*, Gott in Kinderbibeln. Der veränderliche Charakter Gottes, in: *G. Adam/R. Lachmann*, (Hg.), Kinder- und Schulbibeln. Probleme ihrer Erforschung, Göttingen 1999, S. 93ff.

[13] *Tschirch*, a.a.O., (Anm. 6), S. 1ff.

schieden biblische Texte und Aussagen als wichtig und für die Vermittlung als sinnvoll erachtet. Im 16. und 17. Jahrhundert wurden beispielsweise die Teile der Bibel geschätzt, die die erschreckenden Taten Gottes und der Erzväter schilderten. Die Erzählungen über Vergewaltigungen und Meuchelmorde dienten einerseits als abschreckende Beispiele und wiesen die Kinder andererseits darauf hin, welches Verhalten als negativ und somit schuldbehaftet zu werten sei. Wichtig war, dass das Strafbare erkennbar wurde, so dass sich der Leser von dem Bösen fernhalten und der göttlichen Strafe entgehen konnte.

Die Macht des negativen Beispiels war bestimmend für das 16. und 17. Jahrhundert. Im 18. Jahrhundert nahmen die Autoren dann Abstand von den erschreckenden Geschichten bis diese im 19. und 20. Jahrhundert fast völlig unterdrückt wurden.[14] Bis ins 19. Jahrhundert nahmen die Autoren von „Biblischen Geschichten" für Kinder an, Gott schrieb selbst das Alte Testament oder diktierte es Moses. Da Gott zeitlos und nicht an eine Chronologie gebunden ist und in Gott schon alles existiert, kann Jesus schon im ersten Buch Moses Teil der Heilsgeschichte sein. Für die Autoren ist es daher textuell kein Widerspruch, wenn sie Jesus in einem Atemzug mit Noah, Isaak oder Joseph nennen.[15]

Auch das Gottesbild änderte sich im Laufe der Zeit. Im 16. Jahrhundert wurde Gott nicht als mild erziehender Pädagoge, sondern als wütendes zorniges Wesen beschrieben. Erst 1670, also am Ende des 17. Jahrhunderts, wird in der französischen Kinderbibel von Nicolas Fontaine „L'Histoire du Vieux et du Nouveau Testament" von göttlicher Milde statt von göttlichem Zorn gesprochen. Im Laufe des 18. Jahrhunderts verschwand der Zorn Gottes auch aus englischen Kinderbibeln.[16] In der Mitte des 19. Jahrhunderts wurde wieder von göttlichem Zorn erzählt, allerdings in neu verfassten französischen katholischen Kinderbibeln.

Die Adressatenbestimmung unterlag innerhalb der Jahrhunderte ebenso einem Wandel. Im 16. Jahrhundert wurden die noch nicht gebildeten Kinder und die ungebildeten Erwachsenen als ein einziger Adressat betrachtet. Nicht das Alter, sondern das Wissensniveau war ausschlaggebend für die inhaltliche und stilistische Einfachheit oder Komplexität der Erzählungen von „Biblischen Geschichten".

Erst Ende des 17. Jahrhunderts wurden Kinder nicht nur als unwissend, sondern auch als unschuldig eingestuft und damit als eigenständiger Adressat

---

[14] *Bottigheimer*, a.a.O., (Anm. 8), S. 230.
[15] *Bottigheimer*, a.a.O., (Anm. 10), S. 89.
[16] *Bottigheimer*, a.a.O., (Anm. 8), S. 91ff.

angesehen. Nun wurde eine andere Unterscheidung gemacht und zwar zwischen der wohlhabenden und der armen Bevölkerung. Bestimmte gesellschaftliche Funktionen wurden nun der jeweiligen Gesellschaftsschicht angepasst, körperliche Arbeit wurde beispielsweise innerhalb der Oberschicht bei „Biblischen Geschichten" ignoriert, innerhalb der Schicht der Arbeiterkinder verherrlichend dargestellt. In der Mitte des 19. Jahrhunderts verschwand die Einteilung der Leserschaft aufgrund des gesellschaftlichen Status, nun war nur noch das Alter ausschlaggebend.[17]

Aufgrund der unterschiedlichen Anzahl der Bibelausgaben für Kinder wird deutlich, dass die Bedeutung der Bibel im protestantischen Raum im Gegensatz zum katholischen Raum unterschiedlich eingeschätzt wurde. Innerhalb der protestantischen Kirche galt die Bibel als wesentliche Basis der religiösen Erziehung. Anders verhielt es sich in der katholischen Kirche, in welcher starke Vorbehalte gegen einen ungehinderten Gebrauch der Bibel durch Laien aufkamen. Daher blieb die Zahl katholischer Kinderbibeln relativ gering.[18] Die konfessionsspezifische Frage spielte erst nach der Adressatenfrage eine Rolle. Das Ausmaß der alttestamentlichen Stoffe hängt bei katholischen und protestantischen „Biblischen Geschichten" sowohl vom jeweiligen Lesealter als auch vom Zeitalter des Entstehens ab. In der Mitte des 19. Jahrhunderts wurden den protestantischen Kindern immer weniger alttestamentliche Geschichten erzählt. Mit der Zeit wurde diese Vorgehensweise von katholischer Seite nachgeahmt.[19]

2. Drei protestantische Kinderbibeln im Spiegel ihrer Zeit

An dieser Stelle erfolgt die Darstellung und Analyse von drei protestantischen Kinderbibeln, die vom 16. bis zum 18. Jahrhundert entstanden und für ihre Zeit als exemplarisch anzusehen sind.

2.1 Martin Luthers Passional (1529)

Im 16. und frühen 17. Jahrhundert verstand man unter einer Kinderbibel oft einen Katechismus. Biblische Geschichten wurden genutzt, um die Zehn Gebote zu erläutern. Es gab aber auch Autoren, die Bücher verfassten, die kaum

---

17 *Bottigheimer*, a.a.O., (Anm. 8), S. 231.
18 *Tschirch*, a.a.O., (Anm. 6), S. 1ff.
19 *Bottigheimer*, a.a.O., (Anm. 8), S. 231.

für Lesekundige bestimmt waren. Kinder und kaum gebildete Erwachsene wurden dabei als gleiche Adressaten betrachtet.[20]

Zu dieser Gruppe gehört auch Martin Luthers Passional, der damit den Ursprung der protestantischen Kinderbibeln schuf. Das Passional war ein schmaler Bestandteil des kleinen Betbüchleins Luthers: „Ein betbüchlin mit einem Calender und Passional, hübsch zu gericht."[21] 1529 erschien das Passional mit fünfzig bebilderten Blättern und wenig Text, entsprechend der Form einer illustrierten Bibel. Ein oder zwei Bibeltexte und ein Holzschnitt zum jeweiligen Thema finden sich auf zwei gegenüberliegenden Seiten.[22] Insgesamt enthält das Passional 50 Holzschnitte (7 x 5 cm) zu den biblischen Perikopen, die für den Drucker Hans Lufft von einem unbekannten Künstler angefertigt wurden.

In sechs bis zu höchstens zehn Zeilen wird der Inhalt des biblischen Textes auf der rechten, der Holzschnitt auf der linken Seite abgebildet. Die Bilder werden als für sich selbst redende Erzähler betrachtet. Die Geschichten sind heilsgeschichtlich angeordnet, beginnend mit der Schöpfungsgeschichte und endend mit der Auferstehung Jesu. In seiner Vorrede nennt Luther die Adressaten des Betbüchleins „allermeist umb der kinder und einfeltigen willen, welche durch bildnis und gleichnis besser bewegt werden, die Göttlichen geschicht zu behalten, denn durch blosse wort odder lere".[23]

Damit bleibt auch Luther bei der Adressatenangabe bei der üblichen Zusammenfügung zwischen Kindern und ungebildeten Erwachsenen in seiner Zeit. Zum Memorieren scheint das Buch weniger gedacht zu sein. Es eignet sich gut zum Anschauen, Erzählen, Erklären und zum Abfragen anhand der Holzschnitte mit den dazu passenden Bibelsprüchen.[24]

Die Texte sind in deutscher und nicht in lateinischer Sprache verfasst. Erst zu einem späteren Zeitpunkt erschien eine lateinische Ausgabe. Im Buchtyp „Passional" spielt das Leben von Christus die zentrale Rolle. Allerdings hat Luther nicht, wie die Tradition dieses Buchtyps verlangte, nur die Schöpfungserzählung aufgenommen, sondern auch weitere alttestamentliche Geschichten, wie Noah, Lot, Moses und den Auszug aus Ägypten. Das Passional endet mit der Auferstehung Christi, seinem Wiederkommen am Ende der Zeit

---

20 *Bottigheimer*, a.a.O., (Anm. 10), S. 86f.
21 Veröffentlicht von H. Lufft, Wittenberg 1529.
22 *Bottigheimer*, a.a.O., (Anm. 8), S. 230.
23 *Adam*, a.a.O. (Anm. 9), S. 162.
24 *C. Reents*, Bibelgebrauch für Kinder und Laien. Ein Vergleich zwischen Martin Luthers Passional (1529) und Georg Witzels Catechismus Ecclesiae (1535), in: *V. Elsenbast/R. Lachmann/R. Schelander* (Hg.), Die Bibel als Buch der Bildung. FS für G. Adam zum 65. Geburtstag, Forum Theologie und Pädagogik, Bd. 12, Wien 2004, S. 316.

und seinem missionarischen Auftrag, das Evangelium in aller Welt zu verbreiten.[25] Die Texte sind unabhängig vom Kirchenjahr ausgesucht und angeordnet.

Dem Alten Testament mit Urgeschichte, Vätergeschichte und Exodus sind 11 Holzschnitte gewidmet. Es entfallen Königsgeschichten, Prophetenworte und Psalmen. Für das Neue Testament wurden 39 Holzschnitte gestaltet, acht schildern die Kindheitsgeschichten Jesu, sechs das Leben Jesu und vier stellen die Themen Pfingsten, Gemeinde und Wiederkunft dar. Die restlichen 21 Holzschnitte zeigen die Passion und Auferstehung Jesu als wichtigstes Thema, so dass es der Gattung und dem Titel „Passional" entspricht.[26]

Luthers Passional zielt nicht primär auf die sittliche Erziehung der Leserschaft, sondern es geht um die Vermittlung der Geschichte des Heils. In diesem Zusammenhang schätzt Luther auch die Illustrationen als weitere und einprägsamere Vermittlungsmöglichkeit. Damit stand Luther auch in der mittelalterlichen Tradition „Geschriebenes für die Lesekundigen, Bildliches für die Analphabeten".[27] Mit dem Betbüchlein wollte Luther ein Buch für den alltäglichen Gebrauch schaffen. Neben dem Kalender und Passional sind auch die Zehn Gebote und das Glaubensbekenntnis, jeweils mit Auslegung, ausgewählte Psalmen, ein Sermon von der Betrachtung des Heiligen Leidens Christi, Texte zur Taufe, Beichte und Abendmahl, sowie ein Sermon vom Sterben enthalten.[28]

Mit Hilfe des Betbüchleins konnten Eltern ihre Kinder in der Familie erziehen. Luther betrachtete es als vornehmste Aufgabe der Ehe, Kinder anzuhalten, Gott zu loben und zu ehren. Damit beteiligten sich die Eltern am Erlösungswerk Christi. Nicht die Kirche, sondern die Familie wird der Ort der elementaren religiösen Erziehung. In Luthers pädagogischen Überlegungen steht nicht die gelehrte Bildung für eine kleine exklusive Schicht im Mittelpunkt, sondern der Elementarunterricht für die Allgemeinheit. Wesentliches Ziel der Bildung ist das selbständige Lesen der Bibel, in welches auch die Mädchen einbezogen sind.

Bis dahin soll die Vermittlung religiöser Literatur durch Dritte, meist des Vaters als Familienoberhaupt seiner „Hausgemeinde", vollzogen werden.[29] Im Unterricht setzte sich das Passional nicht so wie Luthers Kleiner Katechismus

---

25 *G. Adam*, Kinderbibeln im Protestantismus, in: AuG, Heft 11/12, 54. Jg. (2003), S. 221.
26 *Reents*, a.a.O., (Anm. 24), S 316.
27 *Adam*, a.a.O., (Anm. 9), S. 163.
28 *Adam*, a.a.O., (Anm. 25), S. 221f.
29 *T. Brüggemann*, in Zus. mit *H.-H. Ewers*: Handbuch zur Kinder- und Jugendliteratur 1750-1800 kommentierter Katalog der Sammlung T. Brüggemann, Bd. 3, Stuttgart 1982, Sp. 33f.

durch. In einschlägigen Schulordnungen fehlt das Passional ganz oder wird nur kurz erwähnt. Die Ausgaben des Betbüchleins wurden zum Teil mit veränderten Illustrationen gedruckt. Seit 1552 wurde das Passional durch Gebete ergänzt.[30] Luthers Betbüchlein erschien von 1529 bis 1604 in mindestens 27 Auflagen und hat damit als Bilderbibel neben dem Katechismus, Biblischen Geschichten und Kinderbibeln der späteren Jahrhunderte eine wegweisende Richtung gegeben.[31]

2.2 Johann Hübners Zweymal zwey und funffzig Auserlesene Biblische Historien (1714)

Johann Hübner ist der berühmteste Autor einer historischen Kinderbibel. Sein 1714 in Leipzig und von Friedrich Gleditsch und Sohn gedrucktes Werk „Zweymal zwey und funffzig Auserlesene Biblische Historien aus dem Alten und Neuem Testamente, Der Jugend zum Besten abgefasset" prägte viele Kinderbibelautoren nach ihm. Er wählte biblische Geschichten für Kinder aus, die er für geeignet hielt und wollte Gedächtnis, Verstand und Willen der Kinder fördern. Anschließend an die Geschichten folgen Fragen zur Gedächtnisübung und nützliche Lehren.[32] Gottselige Gedanken beenden den Text. Diese Verse sind zum Auswendiglernen gedacht, die das Kind frommer werden lassen sollen. Durch die Erweiterungen soll der biblische Text verständlicher werden. Biblische Personen werden als moralische Vorbilder dargestellt. Positive und negative Beispiele zeigen dem Kind, was gutes oder eben schlechtes Verhalten ist. Durch diese Beispiele geschieht hier Kindererziehung.[33] Die eigentliche biblische Erzählung ist sehr kurz gehalten und folgt relativ eng dem Text der Lutherbibel. Die nützlichen Lehren sind nicht nur zur reinen Gedächtnisübung bestimmt, sie sollen auch im Alltag ihre ‚moralische' Anwendung finden. Für jede biblische Geschichte hat Hübner drei nützliche Lehren formuliert. Die gottseligen Gedanken sind in Reimform abgefasst. Das Kind soll diese Gedanken und Worte in sein eigenes Leben als festen Bestandteil integrieren. Mit seinen Biblischen Historien hat Hübner ein ganz besonderes literarisches Genre geschaffen: die katechetische Kinderbibel.[34]

---

30 *Rents*, a.a.O., (Anm. 24), S. 321.

31 *R. Schindler/F. Jehle/R. Tschirky* (Hg.), Ausstellungskatalog zur Ausstellung „Die Bibel für Kinder – Einst und jetzt", Zürich o.J., S. 2.

32 *G. Adam*, Die Kinderbibel – ein Klassiker der Kinder- und Jugendliteratur, in: Saat. Evangelische Kirchenzeitung für Österreich 50, 2003, Nr. 10 (vom 6. Juli 2003), S. 8.

33 *Adam*, a.a.O., (Anm. 9), S. 163f.

34 *Adam*, a.a.O., (Anm. 25), S. 222.

Beeinflusst wurde Hübner von den „Biblische Historien /Altes und Neues Testaments / Der Jugend und den Einfälti- / gen zu gute in eine richtige Ordnung der / Zeit und Jahre zusammen gebracht /und in zwey / Theile / jedes Theil aber in vier und funffzig Lectiones / zu dem Ende abgetheilet[35]" von Justus Gesenius (1601-1673) aus dem Jahr 1656.[36]

Gesenius wirkte als Hofprediger und Obersuperintendent der Hannoverschen Landeskirche von 1642 bis zu seinem Tod 1673. Zusätzlich zur Leitung dieser Kirche und dem Schreiben der Biblischen Historien verfasste er auch ein Gesangbuch und einen Katechismus. In seinen Werken ging es ihm um den Aufbau der Gemeinde und die Verbesserung der kirchlichen Verhältnisse.[37] Seine Historien wurden in der Aufbauphase nach den Kriegsschäden des 30jährigen Krieges geschrieben. Gesenius beklagt in seinem Widmungsschreiben an die Behörden die Unwissenheit über den christlichen Glauben in weiten Teilen der Bevölkerung. Aus dem Alten und Neuem Testament wählte Gesenius zweimal vierundfünfzig Geschichten aus, von denen jeweils zwei durch den Hausvater oder auch die Hausmutter an jedem Sonn- und Feiertag den Kindern und dem Gesinde vorgelesen werden sollen.[38] Im Vorwort zu den „Biblischen Geschichten" gibt Gesenius methodische Anleitungen für den religiösen Unterricht.

Mit seinen Biblischen Historien will Gesenius nicht allein die Jugend und einfältigen Leute ansprechen, sondern auch erwachsene und schon gebildete Christen anhalten, die Bibel zu lesen. In seinem Vorwort schildert Gesenius auch den Zweck seiner Historien. Dabei führt er an, dass es nötig und nützlich

---

35 Der vollständige Titel lautet: „Biblische Historien /Altes und Neues Testaments / Der Jugend und den Einfälti- / gen zu gute in eine richtige Ordnung der / Zeit und Jahre zusammen gebracht /und in zwey / Theile / jedes Theil aber in vier und funffzig Lectiones / zu dem Ende abgetheilet / damit Christliche Hausväter / oder Hausmütter bey ihrer Christlichen Feyre und Sab- / baths=Heiligung beyde Theile alle Jahre ganz durch und / zu Ende bringen / und ohne Mühe ihren Kindern und Gesinde /vermittelst deutlicher und verständlicher / Vorlesung bekant machen können: / Sampt einem Bericht oder / Vorrede an den Leser / wie diß Buch / nützlich zu gebrauchen. / Herfür gegeben /von /Justo Gesenio, SS.Theol.D. /Mit sonderbaren Gn. Fürstl. Braunschw. / Lünäburg. Privilegiis. / Braunschweig / Gedruckt und verlegt durch Christoff Friedrich / Zilligern / Anno 1656".

36 Quellenverzeichnis, in: *C. Reents*, Die Bibel als Schul- und Hausbuch für Kinder. Werkanalyse und Wirkungsgeschichte einer frühen Schul- und Kinderbibel im evangelischen Raum: Johann Hübner, Zweymal zwey und funffzig Auserlesene biblische Historien, der Jugend zum Besten abgefasset ..., Leipzig 1714 bis Leipzig 1874 und Schwelm 1902, Göttingen 1984, S. 377.

37 *G. Adam*, Justus Gesenius und die „Erbauung unser Kirchen" – mit Hilfe von Gesangbuch, Katechismus und Biblischen Historien, in: *H.F. Rupp/R. Wunderlich/M.L. Pirner* (Hg.), Denk-Würdige Stationen der Religionspädagogik, Festschrift für Rainer Lachmann, Jena 2005, S. 93ff.

38 Ausstellungskatalog, a.a.O., (Anm. 31), S. 2.

sei, die biblischen Geschichten des Alten und Neuen Testaments zu kennen, auch sind sie unentbehrlich für das Verständnis der Katechismuslehre und der Predigten. Die Geschichten des Neuen Testaments wurden in Form einer Evangelienharmonie gestaltet, Texte aus der Apostelgeschichte wurden beigefügt, sogar Reden, Gespräche und Verheißungen wurden aufgeführt. Zwischen den zwei Geschichten, jeweils eine aus dem Alten und dem Neuen Testament, schlug Gesenius vor, ein Lied zu singen. Ein Register aus dem Hannoverschen Gesangbuch wurde beigegeben. Seine Biblischen Historien will er nicht nur in der Familie, sondern auch in der Schule sehen. Die Summarien und die Fragen dienen den Lesern zur Gedächtnisübung. Besonders in dieser Gestaltung knüpft Hübner an Gesenius an. Allerdings will Gesenius mit seinen Historien nicht die Bibel ersetzen, sondern das Verständnis der Heiligen Schrift erleichtern und zum Bibellesen anregen.[39] In der Textgestaltung selbst folgt Gesenius dem Wortlaut der Heiligen Schrift.

Johann Hübner folgt theologisch und methodisch den Historien von Gesenius. Allerdings verändert er das Konzept trotz einer ähnlichen theologischen Grundhaltung im Hinblick auf die veränderten Lebens- und Zeitverhältnisse.[40]

Hübners Schulbibel reflektiert nicht nur die sozialen Veränderungen und die ökonomischen Situation der Gesellschaft. In den 104 gottseligen Gedanken bietet Hübner lehrhaft-moralisierende Reflexionen zu Gotteslehre, Tod, Jenseits und Unsterblichkeit, auch zur christlich-bürgerlichen Ethik, zur Frömmigkeit, Lebensklugheit und Welterfahrung an. Das Ziel der Erläuterungen und Fragen ist die fast wörtliche Kenntnis der ausgewählten biblischen Geschichten.

Raum für eine eigene Reflexion wird durch das ständige Memorieren nicht gegeben. Das Kind bzw. der spätere Bürger soll zur Frömmigkeit und Gemeinnützigkeit erzogen werden. Die folgende zehn meistgenannten Tugenden sollen das Kind auszeichnen: Frömmigkeit, Barmherzigkeit, Mäßigkeit, Wahrheitsliebe, Friedfertigkeit, Gehorsam, Geduld, Demut, Arbeitsamkeit und ein bürgerlich geregeltes Eheverhalten.[41] Als Sünde wird nicht die Abkehr von Gott verstanden, sondern der Verstoß gegen die Zehn Gebote bzw. Taten, die den Tugendvorstellungen der Zeit entgegenstehen. Vernunft und Erfahrung, die auf praktischer Frömmigkeit und Nützlichkeit basieren, bestimmen Hüb-

---

39 *Adam*, a.a.O., (Anm. 37), S. 100ff.
40 *Reents*, a.a.O., (Anm. 36), S. 35f.
41 *Adam*, a.a.O., (Anm. 9), S. 164.

ners Historien. Damit präsentiert sich in seinem Werk der Übergang zwischen lutherischer Orthodoxie und Frühaufklärung.[42]

Eine umfassende Arbeit zu Hübners Historien hat Christine Reents 1984 vorgelegt.[43] Johann Hübner, geboren 1668 in Türchau, gestorben 1731, stammte aus Kursachsen und war ein Zeitgenosse des Kurfürsten August des Starken (Regierungszeit: 1694-1733).[44] Von 1689 bis 1691 studierte Hübner in Leipzig.[45] Er arbeitete bis 1710 als Rektor am lutherischen Domgymnasium in Merseburg.[46] Von 1711 bis 1731 war Hübner Rektor im damals berühmten Johanneum in Hamburg.[47] Hübner steht, was den Erziehungsgedanke im Elternhaus betrifft, in der Traditionslinie Luthers. In seinen nützlichen Lehren fordert Hübner wiederholt die Eltern auf, ihrer christlichen Erziehungspflicht nachzukommen. Zusätzlich kann sich das Kind durch Hübner Historien selbstständig christlich erziehen, indem es seine Antworten, auf die von Hübner gestellte Fragen, am Text selbst nachprüfen kann, sobald es lesefähig ist.

Die Auswahl und Anordnung des Textstoffes erfolgt willkürlich jedoch unter geschichtlichem Aspekt. Aus dem Alten Testament werden Geschichten von der Schöpfung bis zur nachexilischen Zeit erzählt. Eingeschoben wurden weitere Erzählungen zum Beispiel von Hiob oder Jona. Aus dem Neuen Testament wird das Leben Jesu anhand eines synoptischen Erzählfadens erzählt. Es endet mit der Bekehrung des Paulus. Hübner nahm auch einige wenige Texte aus dem Johannesevangelium auf. Es fehlen Texte mit emanzipatorischen Tendenzen, wie die Tempelreinigung (Mk 11,15ff). Hübner legt auf heilsgeschichtliche Zusammenhänge keinen Wert, es fehlen messianische Weissagungen und ihre Erfüllungen. Wie Gesenius nimmt auch Hübner unproblematisch Geschichten auf, die die Sexualmoral berühren, wie „Von der Bathseba" (32. Historie). Im Laufe des 18. Jahrhunderts wurden diese Erzäh-

---

42 *Adam*, a.a.O., (Anm. 25), S. 223.

43 *Reents*, a.a.O., (Anm. 36), S. 24-191.

44 Sachsen besaß damals eine weit reichende Wirtschaftspolitik. Transportwesen und militärische Einrichtungen wurden gefördert. Ebenso entstanden zahlreiche Manufakturen. Als Schüler besuchte Hübner das Gymnasium in Zittau. Dort traf er Christian Weise und kam so mit den progressiven Bestrebungen des pädagogischen Realismus im Schulwesen in Berührung.

45 Hübner hielt bis 1694 eigene Vorlesungen in Philosophie, Geschichte und Theologie.

46 Bewandert in den Reformtendenzen der lutherischen Orthodoxie und bekannt mit pietistischen Bestrebungen blieb er 16 Jahre in Merseburg und führte auch seine literarische Tätigkeit dort fort. So entstanden viel benutzte Schulbücher. Besonders die Vermittlung der Realien für den Schulgebrauch in den Lateinschulen wurde Hübner wichtig. Laut seiner Vorrede entstanden die Historien in Merseburg, da Hübner hier von Obersachsen spricht.

47 In Hamburg herrschten zu dieser Zeit starke Kontroversen zwischen der neuen pietistischen Bewegung und der herrschenden Orthodoxie. Erst nach zwei Jahren bekam Hübner vom Hamburger Geistlichen Ministerium die Druckerlaubnis für seine Historien.

lungen kritisch betrachtet und von Bearbeitern eliminiert. Die Historien sind lose aneinandergereiht, ein Zusammenhang mit dem Kirchenjahr ist nicht erkennbar.

Hübner fühlte sich dem altprotestantischen Schriftprinzip verpflichtet, was die Treue gegenüber dem Originaltext höhere Priorität einräumt als dem kindlichen Verstehen. Sinngemäß hält sich Hübner an den Luthertext, er glättet ihn nötigenfalls. Erklärende Zusätze bei fremdgewordenen Sitten lässt Hübner einfließen. Die Fragen, die Hübner nach jeder Historie stellt, sind meistens auf reale sachkundliche Details wie Namen, Orte, Fakten oder Ablauf der Historie bezogen und sie sind fast immer eindeutig zu beantworten. Hinter der fast wörtlichen Kenntnis der biblischen Geschichten scheint nach Reents eine realitätsbezogene, am Ablauf einer Historie interessierte Rationalität zu stehen, theologische Schwerpunkte sind dagegen nicht erkennbar.

In katechetischen Bibelbearbeitungen und Spruchbüchern des 17./18. Jahrhunderts wurden Gedächtnisreime genutzt. Hübner stellt diese Reime unter der Überschrift „Gottselige Gedanken" oder „Heilige Gedanken" an das Ende einer jeden Historie.[48] Der Inhalt der Historie wird kurz in Reimen wiedergegeben, daran schließt sich eine Lehre bzw. ein Vorsatz im Ich-Stil an. Auch ein Sprichwort oder ein Bibelwort kann den Abschluss bilden.

Hübners Historien waren 150 Jahre lang in Benutzung. Nach Lindners Schätzung waren 1827 bereits 200.000 Exemplare, vor allem von Leipzig aus, verbreitet. Auch in der Züricher Bildungslandschaft des 18. Jahrhunderts wurden zahlreiche Hübnerausgaben gedruckt, mehrere französische Varianten, 1770 auch eine rätoromanische. Sicher sind auch heute noch nicht alle Hübner-Nachdrucke gefunden.

Die erste Benutzung der Historien als Schulbuch erfolgte in Hübners eigener Schule, dem Hamburger Johanneum. Die Einführung als Schulbuch wurde 1714 genehmigt. Durch den Ankauf einiger Exemplare unterstützte Hübner diese Einführung. Die Historien waren mindestens bis in die zweite Hälfte des 18. Jahrhunderts in Gebrauch.[49]

---

48 Diese gereimten sechshebigen Jamben waren erst nur in deutscher Sprache abgefasst. Durch ihren Abdruck in lateinischer Sprache wurden die Historien auch für die Lateinschulen nutzbar gemacht.

49 Ursprünglich waren die Historien für jüngere Schüler eines Gymnasiums gedacht. Nach dem siebenjährigen Krieg (1763) bemühte sich die Obrigkeit, das Elementarschulwesen zu heben. Mit der Verbesserung der allgemeinen Schulbildung war auch die Verbesserung des niedrigen Schulwesens verbunden. Hübners Historien hielten als billige, unbebilderte Nachdrucke Einzug in die Elementarschulen. Die häusliche religiöse Erziehung übertrug sich mehr und mehr in die Schule.

Christine Reents stellt mehrere Hübner-Rezeptionen und Bearbeitungen vor. Vermutlich entstanden Hübnerbearbeitungen dort, wo der ursprüngliche Hübner in der Erziehungspraxis genutzt wurde. Die Bearbeitungen zeichnen sich durch eine jeweils andere theologische Ausrichtung aus, z.B. der Aufklärung, des Pietismus oder des Rationalismus. Die Wirkung der Hübnerbearbeitungen der Aufklärung von Georg Adam Horrer (1788-90), Friedrich Christian Adler (1803) und Jacob Christian Weland (1811) war im Vergleich zum ursprünglichen Hübner nur gering. Sie entstanden am Rande der zeitgenössischen Katechetik. Das Hübner-Vorbild wurde eigenständig und intensiv bearbeitet, teilweise bis zur Unkenntlichkeit. Die Treue gegenüber dem Original spielte keine Rolle, die Anwendung der Erzählungen wurde zur vorrangigen Intention, das biblische Material diente zur Erziehung.

Johann Hübners Biblische Historien wurden in der Regel dem Pietismus zugeordnet.[50] Hübner selbst wurde von H.G. Bloth 1965 dem pädagogischen Realismus und theologiegeschichtlich reformerischen Tendenzen innerhalb der Orthodoxie zugeordnet. Hübners Historien auf biblischer Grundlage beziehen, abgesehen von der orthodoxen Frömmigkeit, auch den gesunden Menschenverstand, die bürgerliche Lebensklugheit, das Geschichtsverständnis der Zeit und die Selbstständigwerdung der Kinder und Jugendlichen mit ein. Seine Historien sollten zur Vorbereitung des Katechismusunterrichts dienen.

2.3 Johann Peter Miller, Erbauliche Erzählungen der vornehmsten biblischen Geschichten (1753)

Als letztes Beispiel einer Historienbibel für Kinder möchte ich auf Johann Peter Millers „Erbaulichen Erzählungen der vornehmsten biblischen Geschichten zur Erweckung eines lebendigen Glaubens und der wahren Gottseligkeit“[51] näher eingehen.

---

[50] Der Begriff „gottselig“, die Nähe der Historien zum Halleschen Pietismus, der den Bibelgebrauch in der Erziehung förderte und der positive Zuspruch von Vertretern der neupietistischen lutherischen Erweckungsbewegung in der ersten Hälfte des 19. Jahrhunderts führten zu diesem Urteil. Eindeutige pietistische Tendenzen, wie z.B. die Unterscheidung zwischen lutherischer Amtskirche und den Gruppen der entschieden Gläubigen usw., fehlen aber.

[51] Helmstädt 1753.

Johann Peter Miller war ein evangelischer Theologe und Pädagoge.[52] In seinem Vorbericht führt Miller aus, er möchte „die Lehren des Glaubens und der Gottseligkeit in Geschichten" vortragen. Bei der Methode des „historischen" Erzählens beruft er sich auf die Erzväter, die göttliche Begebenheiten zur Wahrung, Festigung und Verbreitung des Glaubens ebenfalls erzählt haben.[53] Miller schreibt sein Werk für mehrere Adressaten. In seiner Titelkette nennt er einerseits die Schüler des lutherischen Gymnasiums, andererseits auch die Kinder ärmerer Schichten des Waisenhauses. Aus dem Vorwort der zweiten Auflage geht hervor, dass seine Erzählungen im direkten praktischen Umgang mit Kindern entstanden sind. Auch die Mutter oder den Hauslehrer als Garant für häusliche Erziehung schließt Miller in seinen Adressatenkreis ein.[54]

Mit seiner Sammlung biblischer Geschichten wollte er Hübner ein neues Werk an die Seite stellen und dieses in verbesserter Form. Millers Werk ist im Vergleich zu Hübner prägnanter, kürzer und flüssiger geschrieben. Allerdings finden sich bei Miller mehrere Abweichungen vom biblischen Original. Diese sind auf den aufklärerischen Einfluss und auf Millers Bearbeitungsmethode zurückzuführen. Der aufklärerische Standpunkt wird deutlich in der Gegenüberstellung von Tugend und Laster und im Hinweis auf das Erkennen der Größe Gottes aus der Wohlgeordnetheit der Natur.

Millers Auswahlprinzip ist dabei geleitet von der Zweckmäßigkeit einzelner Historien für Glaubens- und Sittenlehren. In seinem Vorwort heißt es, er bemühte sich „die Geschichten deutlich und mit untermischten Erklärungen nach dem Grundtexte, zu erzählen". Er hat „Geschichten erwählet, die unmit

---

[52] Miller wurde am 26. April 1725 in Leipheim bei Ulm als Sohn des Predigers Johann Michael Miller geboren. Er starb am 29. Mai 1789 in Göttingen. Die Familie stammte aus dem Bildungsbürgertum. Er besuchte das Ulmer Gymnasium. Ab 1745 studierte Miller an der Universität Helmstedt. Dort wird er Schüler und Anhänger von Johann Lorenz von Mosheim, dem er 1747 an die Universität Göttingen folgt. Johann Peter Miller erwirbt 1748 den Magistergrad und war von 1751-1756 Rektor des Helmstedter Gymnasiums. In Helmstedt wurde im 18. Jahrhundert eine humanistisch geprägte lutherische Orthodoxie im Übergang zur Aufklärung vertreten. Miller leitete von 1756 bis 1766 das Gymnasium in Halle. Bis zu seinem Tod war er dann als Professor der Theologie an der Universität Göttingen beschäftigt. Er hielt theologische und pädagogische Vorlesungen, war Verfasser von theologischen und pädagogischen Schriften, sowie von Büchern für Kinder und Jugendliche. Bekannt wurden vor allem seine „Grundsätze einer weisen Erziehungskunst" (1769) und die „Historischmoralischen Schilderungen zur Bildung eines edlen Herzens der Jugend" (1753-1764). Siehe *Reents*, a.a.O., (Anm. 36), S. 95.

[53] *O. Brunken*, Art. Johann Peter Miller (1725-1789): Erbauliche Erzählungen der vornehmsten biblischen Geschichten zur Erweckung eines lebendigen Glaubens und der wahren Gottseligkeit. Helmstädt 1753, in: *Brüggemann*, a.a.O., (Anm. 29), Sp. 681-687.

[54] *Reents*, a.a.O., (Anm. 36), S. 95f.

telbar Exempel eines wahren Glaubens und einer reinen Tugend, oder auf der andern Seite der Schädlichkeit und Schändlichkeit der Sünden vorstellen". Dadurch begründet er seine leicht veränderte Stoffauswahl.[55] Er eliminiert soweit wie nur möglich alle Bibelstellen, die die Sexualmoral berühren. Zusätzlich nutzt er biblische Personen als Negativbeispiele, um die Kinder auf ihre Sündhaftigkeit hinzuweisen. Miller wendet sich gegen das Idealbild der natürlichen Vollkommenheit des Kindes, er sieht in den Kindern „verderbte Geschöpfe […], die den Keim des Lasters in ihrem Herzen haben."[56] Daher braucht der Mensch als Sünder von klein auf Erziehung und kulturelle Förderung. Die orthodoxe Sündenlehre wird zur moralisch-bürgerlichen Kindererziehung.[57]

Miller erzählt 41 Geschichten aus dem Alten und 46 aus dem Neuen Testament. Außerdem nutzt er Stoff aus den Apokryphen, den Lehrbüchern und den prophetischen Büchern. Miller hat jene Geschichten ausgelassen, die zur christlichen Moral in Widerspruch stehen oder über Anstößiges berichten, wie beispielsweise die Historie „von Jakobs gedoppelter Heyrath". Stattdessen fügte Miller die Geschichte von den jüdischen Märtyrern ein. Anstößiges wird eliminiert oder umschrieben. Hübner berichtet beispielsweise, die Frau Potiphars sagte zu Joseph: „Schlaf bey mir". Bei Miller jedoch heißt es: Potiphars Frau „muhtete ihm [Joseph] etwas Böses zu". Die ersten 39 Geschichten des Neuen Testaments folgen den vier Evangelien, die restlichen Geschichten der Apostelgeschichte. Den einzelnen Historien folgen praktische „Nutzanwendungen". Die Ziffern, die den Nutzanwendungen vorangestellt sind, sind an entsprechender Stelle in den Erzähltext eingerückt, so dass erkennbar wird, auf welche Stelle sich eine einzelne Lehre bezieht. Diese nachgestellten Ermahnungen und Belehrungen sind kürzer als bei Hübner. Sie sind durch kurze Bibelstellen oder in kleinen Gebeten dargestellt. Miller kam es weniger auf den belehrenden als auf den erbaulichen Charakter seiner „Nutzanwendungen" an. Millers Historienbibel wurde auch in mehreren Auflagen bis in das 19. Jahrhundert gedruckt. Jedoch konnte sie sich nicht gegen Hübners „Zweymal zwey und funffzig auserlesene biblische Historien" durchsetzen, die als Schulbuch wesentlich erfolgreicher waren.[58]

Miller geht es um die intensive Beeinflussung des kindlichen Gemüts durch das Erzählen. Daher fehlen genaue Angaben der Bibelstellen und Hilfen zur

---

55 *Brunken*, a.a.O., (Anm. 53), Sp. 681-687.

56 *J.P. Miller/J.L. von Mosheim*, Sitten-Lehre der Heiligen Schrift, achter Teil, Göttingen/Leipzig 1767, S. 331.

57 *Reents*, a.a.O., (Anm. 36), S. 100f.

58 *Brunken,* a.a.O., (Anm. 53), Sp. 681-687.

Selbsttätigkeit, Planung und Selbstkontrolle. Miller will emotionale Impression und Identifikation fördern. Schon dem kleinen Kind soll die Sündenerkenntnis ermöglicht werden. Daraus ergibt sich das Einteilen biblischer Personen in tugendhafte und untugendhafte Vorbilder. Erzählende Identifikation kann nur durch einen erwachsenen Vorleser geschehen, später erfolgen die Wiederholung und das Selbstlesen durch das Kind. Nach mehrfachem Wiederholen soll der Vorleser Fragen stellen, um zu überprüfen, ob sich auch die „historischen Umstände" beim Kind richtig eingeprägt haben. Die folgende genauere Auslegung teilt Miller nach Altersstufen ein.

Das Kind soll selbst nach Nutzanwendungen suchen in Hinblick auf Glauben, Leben, Ermahnung, Strafe und Trost. Anschließend empfiehlt Miller die Umwandlung des Gelernten in ein Gebet oder die Verschriftlichung der Geschichte, um eigene Empfindungen zu schildern. Abschließend rät Miller zu einer Nacherzählung der Geschichte in lateinischer oder französischer Sprache.[59] In seinen Nutzanwendungen führt Miller aus, dass nicht die Leistung eines autonomen Verstandes zum vernünftigen Verhalten führt, sondern der Mensch bei seiner eigenen Besserung auf die Hilfe des dreieinigen Gottes angewiesen ist. Darin zeigt sich, dass Miller den Einflüssen der Aufklärung ausgesetzt ist, jedoch dominiert noch der Glaube an die Abhängigkeit des Menschen von Gott.[60]

Die theologische Einordnung in Millers Erbaulichen Erzählungen erweist sich als schwierig. Eine prinzipielle Ablehnung der Orthodoxie ist nicht belegbar, allerdings modifiziert er diese im Geist seiner Zeit. Die Betonung von Erweckung und innerer Herzensfrömmigkeit belegen eine Verwandtschaft zum Pietismus hallescher Prägung. Bedeutung bei Miller hat die Weltmission, dies zeigt sich in dem angehängten „Leitfaden der Kirchengeschichte".[61] Die beiden vorrangigsten Erziehungsziele, die Miller mit seinen Erbaulichen Erzählungen anstrebt, sind Religionsfestigkeit und tugendhafte Lebensführung. Dabei setzt Miller auch den richtenden Gott als Erziehungsinstanz ein, der tugendhaftes Verhalten belohnt und verabscheuungswürdiges Verhalten richtet. Rainer Wild ordnet Johann Peter Miller zu den Pädagogen der vorphilanthropischen Phase.[62] In dieser Zeit wird die Angst, die sich in der religiösen Erzie-

---

59 *Reents*, a.a.O., (Anm. 36), S. 96ff.

60 *S. Peter-Perret*, Biblische Geschichten für die Jugend erzählt. Studien zur religiösen Kinder- und Jugendliteratur des 18. Jahrhunderts, Pädagogik und Psychologie Bd. 2, Essen 1990, S. 118.

61 *Reents*, a.a.O., (Anm. 36), S. 102f.

62 Vgl. *R. Wild*, Aufklärung, in: *R. Wild/O. Brunken* (Hg.), Geschichte der deutschen Kinder- und Jugendliteratur, Stuttgart 1990, S. 52.

hung als Gottesfurcht äußert, dafür eingesetzt, den Willen des Kindes zu brechen und das Kind so vom bösen Menschen zum sittlichen Menschen zu erziehen. In Millers Werk zeigt sich der für die Übergangstheologie typische Harmonisierungsversuch zwischen Vernunft und Offenbarung. Der Zusammenhang des sich offenbarenden Gottes in der verbal inspirierten Heiligen Schrift wird vernünftig erklärt und rational nachvollziehbar geschildert. Allerdings überlagert die pädagogische Intention Millers seine theologische Absicht. 1771 wurden Millers Erbauliche Erzählungen in die schwedische und drei Jahre später in die finnische Sprache übersetzt.[63]

Ausgehend von den angesprochenen drei Beispielen lässt sich feststellen, dass sich in Kinderbibeln die theologischen Strömungen der jeweiligen Zeit niedergeschlagen haben. Diese Feststellung ist auch in die Gegenwart übertragbar, wenn z.B. Ergebnisse der feministischen Theologie oder des jüdisch-christlichen Dialoges in Kinderbibeln wahrnehmbar werden.

---

63 *Peter-Perret*, a.a.O., (Anm. 60), S. 117-125.

When Poverty undermines Thinking

JAMES ALFRED LOADER

1. Introduction

Thinking of God as the righteous God is fundamental in the texts of the Old Testament. This concept of God naturally fits what has been termed the nexus of deed and consequence, since – in Otto Kaiser's phrase – the equilibrium of justice and life ("die Gleichung von Gerechtigkeit und Leben")[1] is equally basic in the Old Testament and requires a positive result to flow from good and a negative result to flow from evil. The centre of my consideration will not be the question mooted over half a century ago by Klaus Koch[2] as to whether this connection is a matter of retribution or not, but rather the very validity of the alignment between deeds and their consequences as a heuristic tool or criterion for moral judgment. Since the theodicy psalms such as Psalms 37, 49 or 73, the Book of Job, Qohelet and their predecessors in Ancient Near Eastern literature, the many discrepancies discerned between deeds and their expected consequences have often been experienced as an aggravation of the incongruity itself, which usually manifested in the form of adversity or deprivation. This is based on a deep-seated human *universal*, notably the deed-consequence-nexus (DCN).

In order to stay within the limitations necessitated by an article of this nature, I will – apart from short excurses into the prophetic and legal literature – focus on the sapiential literature and within it on the motif of poverty, and then compare representative examples from legal and prophetic literature. Although it would also be possible to do the same with other motifs of misfortune, the issues at stake cluster around the poverty motif to such an extent as to make it a useful representative of the others. Accordingly, I propose to use it as a focal point to investigate the way in which negative experience undermines simplistic thinking about consequences of God's justice and leads to a form of dialectical thinking by means of internal balancing of opposing ideas.

I could put my thesis as follows:

---

1 O. Kaiser, Der Gott des Alten Testaments I, Göttingen 1993, 159.

2 "Gibt es ein Vergeltungsdogma im Alten Testament?" *ZThK* 52 (1955), 1-42.

> In Israel's sapiential tradition *poverty* is seen to impact negatively on social well-being, that is, it is considered to undermine social stability. Since the sages were also convinced of God's righteousness, this required the equilibrium (Kaiser's "Gleichung") of poverty and folly. But since human experience palpably questions (undermines) such a one-sided conclusion, it prompts a further development towards a dialectic encompassing other perspectives on reality as well.

2. The Deed-Consequence-Nexus and Poverty in the Book of Proverbs

In the Book of Proverbs this tension is seen in the presence of sayings on poverty that represent diametrically opposing points of view. These sayings themselves are not ambiguous at all, but clearly take opposite stances, so that the *book* as a collection containing them may be said to seem ambiguous.

Both in the poems of Proverbs 1-9 and in the adages from Chapter 10 onwards poverty is straightforwardly ascribed to unwise conduct such as laziness and pleasure-seeking, while wealth, conversely, is traced back to wisdom.

> How long will you lie down, you sluggard?
> When will you rise from your sleep?
> "A little sleep, a little slumber,
> a little folding of the hands to rest" –
> so your poverty will come like a vagabond
> and your need like an armed man. (Prov 6:9-11)[3]

And in the sentences:

> A slack hand causes poverty,
> but the hand of the diligent makes rich. (Prov 10:4)[4]

Such statements seem to substantiate the conclusion drawn by James Crenshaw[5] in his paraphrase of the logic behind this view:

---

3 Cf. Prov 3:16; 8:18.
4 Cf. Prov 21:17; 22:4; 24:30-34.
5 J.L. Crenshaw, "Poverty and Punishment in the Book of Proverbs", *Quarterly Review* 9 (1989), 30-43 [= *Urgent Advice and Probing Questions. Collected writings on Old Testament Wisdom*, Macon 1995, 376-405], 396.

> People who found themselves in a miserable situation must surely have possessed some character flaw, sometimes visible but often concealed from public scrutiny. Conversely, individuals who rose high in social standing and acquired the advantages of rank were naturally thought to have superior moral character.

These proverbs are clearly based on the premise of the DCN: correct/wise/good conduct results in wealth, wrong/unwise/bad conduct brings about poverty. In other words: the poor have only themselves to blame for their poverty. Whether this be ascribed to an immanent connection according to which human deeds carry the germs of their own consequences within themselves or to a retributive act of God, is not the problem. The problem is that – once again both in the poems of the first nine chapters and in the following adages – there are many proverbs on poverty that are predicated on a completely opposite premise.

This is most clearly formulated where the general principle is simply stood on its head. In contradistinction to the sayings that we have just been considering, it is quite possible that poverty may occur combined with sapiential virtue despite the generally supposed congruence of the latter with wealth. This is expressly formulated in the proverbial pair of *tob*-sayings in Proverbs 15:16-17:

> Better is a little with the fear of the Lord
> than great treasure and trouble with it.
> Better is a portion of vegetables with love
> than a fatted ox and hatred with it.

The very principle of wisdom[6] may thus result in possessing little instead of much, whereas great wealth and opulent meals may prove to be no blessing at all[7].

However, the Book of Proverbs often goes much further than generally overturning the principle of retribution. It contains many sayings with a clear sympathy for the poor[8]. These are based on the premise that poverty can *not*

---

6 Cf. Prov 1:7; 9:10; 14:27.

7 Cf. Prov 13:8; Qoh 5:10-12.

8 Although it does occur that a neutral statement on the social effects of wealth and poverty is made (e.g. Prov 22:7), the principle may also be formulated with a slant in favour of the poor, e.g. in the *tob*-saying of Prov 19:1: “Better the poor walking in integrity / than the perverse of speech who is a fool”.

be ascribed simply to poor people's own ineptitude, and therefore these adages contradict the DCN. It is obvious that a categorical saying such as Proverbs 14:31,

> Whoever oppresses a poor person insults his Maker,
> but whoever honors him shows kindness to the needy,

is diametrically opposed to those quoted earlier. Here, the DCN is dismantled with reference to creation theology. The Maker of the poor is the creator God, and while it is not necessarily so that the poor are seen here as being poor because God made them so, this is a possible reading. Being kind to them is being kind to God, which may be interpreted as an indication that they rather deserve kindness than poverty by virtue of being the handiwork of God. But it may also mean that the source of their poverty becomes irrelevant in the light of the fact that they are creatures of God. Even if they do deserve their poverty, they should still be helped, for they remain God's work. On both counts the DCN is undermined. The same idea recurs in Proverbs 17:5, here however containing the retributive motif of punishment as in the case of Jesus' Parable of the Judgment:

> Whoever mocks the poor insults his Maker;
> who is glad at calamity will not go unpunished.

In Proverbs 19:17 the motif of retribution is again associated with the poor, but this time the statement is positive and the motif appears as reward:

> Whoever is kind to the poor lends to the Lord,
> and he will repay him for his good deed.

The motif of self-interest can also be observed in indicative statements where the DCN is both upheld and undermined without reference to God. In Proverbs 28:8 and 27 we respectively encounter a synthetic and antithetic parallelism:

> Whoever increases wealth by exorbitant interest,
> gathers it for another who is kind to the poor.

> Whoever gives to the poor will lack nothing,
> but who turns a blind eye will get many curses.

On the one hand unfair business harshness calls forth the turning of its own tables: socially concerned rich people will take over the wealth of capitalists who have no heart. Moral: if you want to be rewarded with (more) wealth, don't treat the poor as if they are personally to blame for not looking after themselves on the money market. On the other hand it is not enough to practise fair business – it is wrong just to look the other way. Curse will be the result even if the haves cannot be said to actively take advantage of the poor but merely remain neutral. Active almsgiving is necessary to achieve good and avoid bad results.

These cases[9] are deeply paradoxical, since they represent the DCN by embedding it in statements that deny it: retribution in either its negative form of punishment for oppressors or its positive form of reward for kind wealthy people absolves the poor from responsibility for their poverty. The question is how to explain this. I see five logical possibilities:

- the sages had conflicting opinions on the matter[10];
- they reckoned with different options valid for different circumstances[11];
- a development in the perception of the problematic took place[12];
- the perceptions emanated from different social contexts[13];
- the tension is solved by a figurative interpretation[14].

But these theories do not explain how the different views on poverty and its counterpart could be brought together in one collection and edited as such if the tension did not *mean* something. There may of course have been different opinions among the sages and these may, at least partially, be ascribed to differing perspectives on the phenomenon due to different social situations, while a historical development in thinking about the DCN is even likely. But it is not plausible that the results of such a situation were simply thrown together in the

9 Cf. also Prov 22:9.16.22f. On v. 16, cf. the well-argued rendering by B.K. Waltke, *The Book of Proverbs Chapters 15-31,* Grand Rapids 2005, 196: "He who oppresses the poor to increase [riches] for himself / [and] he who gives gifts to the rich come only to lack". Further: Prov 23:10-11; 31:9.10-31; cf. the implication of Prov 3:27; 11:28 and the thrust of Prov 25:21, which also runs against the grain of the normal retributive mentality, as well as 15:16f.

10 Waltke, *The Book of Proverbs Chapters 1-15*, Grand Rapids 2004, 463-464.

11 R.C. van Leeuwen, "Wealth and Poverty. System and Contradiction in Proverbs", Hebrew Studies 33 (1992), 25-36; R.E. Murphy, *Proverbs*, Nashville 1998, 82.

12 Crenshaw, "Poverty and Punishment in the Book of Proverbs", 30-34 [= 376-405].

13 H.C. Washington, *Wealth and Poverty in the Instruction of Amenemope and the Hebrew Proverbs*, Atlanta 1994, 183ff.; J. David Pleins, "Poverty in the Social World of the Wise", JSOT 37 (1987), 61-78.

14 Timothy J. Sandoval, The Discourse of Wealth and Poverty in the Book of Proverbs, Leiden 2006), *passim.*

Book of Proverbs without any recourse to their tension, not to say mutual exclusivity. This is borne out by the fact that we have observed how single sayings themselves are flawed, e.g. maintaining the DCN while undermining it at the same time. A promise of reward to the rich who are kind to the poor undermines the logic of self-caused poverty.

I would like to introduce my own proposal by starting with the only instance of the prayer genre in the Book of Proverbs, notably Proverbs 30:7-9. Here the relativising of wisdom and its value is impressively expressed[15]:

> Two things I ask of you; do not deny them to me before I die:
> Remove far from me falsehood and lying;
> give me neither poverty nor riches; let me have the bread that I need,
> lest I be full, and deny you, saying, "Who is the Lord?" –
> or lest I be poor, and steal, and profane the name of my God.

These verses highlight the deep religiosity of the material contained in the Book of Proverbs. Honesty is the one aspect of the prayer and modest contentment the other. The former is typically sapiential and the latter may be interpreted as a wish for the correct measure and therefore also as a sapiential motif[16], but contains within it the germ of the complete relativizing of wisdom's basic mind-set. If wisdom does bring the success it claims, then wealth should logically increase in proportion to wisdom and act as a pointer to both its presence and degree. But the idea that moderation is sapiential because it harmonizes with order, precludes this inference. Nevertheless, the wisdom of moderation is accepted as a good thing, for it cultivates the right faith (v. 9). The sage strives to forge life by this principle *in order to* be able to account for it as acknowledgement and fear of God. But this necessarily pushes wisdom right up against its own limit and therefore carries the principle of its own deconstruction within itself. However in the prayer of Proverbs it is evident that the *piety* of a believing sage and the *rational* structure of his knowledge of the cosmic order are predicated on one another. But that inevitably means their relationship must also be affected by a highly-strung tension.

On one hand this tension or, as it is also called, "ambiguity" has recently been minimized in an attempt to explain the whole concept and its expression

---

[15] Cf. J.A. Loader, "Lebensgestaltung als weisheitliche Lebensverantwortung", in E. Herms (Ed.), *Leben: Verständnis. Wissenschaft. Technik*, Gütersloh 2004, 214-236.

[16] Cf. Prov 4:24; 10:32; 11:3; 13:5 on one hand (the motif of honesty), and Prov 25:16.27; Qoh 5:11; 6:2 on the other (the motif of moderation); for a problematic formulation in terms of the golden mean, cf. Qoh 7:16.

figuratively, that is, by means of a symbolic reading[17]. The underrating of the DCN by taking it as a figure not to be given an "overly literalistic" interpretation is questionable if only for the reason that it aggravates rather than ameliorates what it wishes to harmonize. If the DCN of Israelite wisdom is really "best regarded as the construction of a symbolic view of the world that is not, and is not meant to be, an empirically verifiable one"[18], it becomes inexplicable how an existential crisis over justice could have arisen to such an intense degree as the theodicy problem became in wisdom literature. This struggle of faith with empirical reality is only explicable where the discrepancy in the DCN can be experienced as an empirical reality and not just a symbolic construct. Such a construct may be able to smooth out the bumpy stretches of sapiential thinking into a neatly construed system in which all elements fit. But precisely that causes the crisis of faith. Where the bumps of actual experience are smoothed out, opposition is invited. The creator(s) of Proverbs realized that and counterpoised undermining sayings to the straightforward retributive ones, thereby creating an alternative to a simplistic interpretation of the DCN, notably that there *is* no formulaic capsule for the enigma.

When we consider the other accounts for the tension referred to above, it should firstly be clear that there was indeed more than "a single biblical outlook on poverty"[19]. Ascribing poverty to the laziness of the poor does differ from ascribing it to the injustice of the rich. But the salient question is another: are these the only two outlooks on poverty, or does the association of the opposites reveal a third dimension? Even if the original intention behind the opposites was to make provision for different situations, the question remains valid and necessary from the vantage point of the edited text, which does not provide the differing contexts that would harmonize the opposites. This also holds good for the third and fourth explanations I have cited, viz. that a development took place during which views of poverty changed over time, and that differing social circumstances caused differing judgments on poverty. Even if both are right, the editors who forged the Book of Proverbs were quite happy to maintain two mutually exclusive logical statements side by side. As we have seen, this occurs frequently in the book, even to the extent that in one and the same sentence retribution is both denied and presupposed. If this is coincidental and not thought-through, it would suggest that the redaction is an acci-

---

17 Sandoval, The Discourse of Wealth and Poverty in the Book of Proverbs, passim.
18 Sandoval, The Discourse of Wealth and Poverty in the Book of Proverbs, 205-206.
19 Crenshaw, "Poverty and Punishment in the Book of Proverbs", 376.

dent, that whoever put the book together did not see the discrepancy and therefore did not realize the contradiction.

This seems highly unlikely on several counts. First, the literary crystallization of the sayings in the Book of Proverbs shows the sages responsible to have been bent on maintaining a seemingly intolerable tension in their text. Likewise, they were obviously quite resolute to retain such seeming discrepancies as having proverbs of Hezekiah's men, Agur, Lemuel's mother and a motley band of "wise men" in the anthology they dubbed "*Solomon's* Proverbs". It requires special faith to believe that these tensions merely slipped by as historical accidents. Second – and most importantly – the prayer is a key text, since it associates the opposites by way of the Golden Mean. This is done in such a manner that the two interface and thereby limit each other. The association is not merely additive of one plus one, but *creates* a third option, neither hard nor soft, like the third chair tested by Goldilocks in the house of the Three Bears. The poem provides an insight on the micro level in what is also present on the macro level of the anthology: in the poems of Chapters 1-9 as well as in the adages of Chapters 10ff. the maintenance of both a tough retributive and a sympathetically mild perspective on poverty creates a third one, neither too hard nor too soft, but "just appropriate".

So the sages lay bare the flaw in the DCN. How should we envisage it? The DCN does explain a dimension of reality. There *are* sluggards who produce nothing and for that reason own nothing. So the sages needed the DCN to describe this simple economic folly and to warn against its consequences, and they had a whole tradition of adages at their disposal for the purpose. But at the same time they saw that human wisdom and industriousness often do *not* succeed as the DCN claims. They observed this in the socio-economic sphere as in other walks of life. Therefore it can be said categorically:

> It is the blessing of the Lord that makes rich,
> and human toil adds nothing. (Prov 10:22)

This is as true in matters of luck (Prov 16:33) and general decision making (Prov 19:21; cf. 16:1) as in understanding of the course of life (Prov 20:24), political influence (Prov 21:1 and 29:26 as opposed to 16:13f.; 19:12; 20:2; 25:6f.) and military prowess (Prov 21:30-31):

> There is no wisdom, no insight,
> no counsel, that can avail against the Lord.

The horse is made ready for the day of battle,
but the victory comes from the Lord.

By juxtaposing simple sentences on the common-sense DCN with sentences fundamentally sceptical to it the sages, then, unmasked its inability to cover all of reality. Sometimes the theory obviously works, but sometimes it clearly does not. Therefore it cannot explain everything. By including those sentences that show how poverty can also be the result of the injustice of oppressors or of divine providence they undermine the hegemony of the conventional system of thinking and expose its limits. So the literary integrity of the juxtaposition of mutually opposing views of poverty exists, not in the ironing out of unevenness into a flawless unit, but conversely in emphasising the unevenness in human experience of life. This was perhaps seen sharpest of all by Qohelet, but not only by him. That is why it is just as proper to refer to Proverbs "and its contradictions" as to Qohelet and his[20].

3. A perspective from the Book of Qohelet

Nevertheless, the two-sidedness of positive wisdom and its own undoing was expressed most forcefully of all by Qohelet. Therefore we turn to him as our first checkpoint outside Proverbs. On social injustice he says (Qoh 4:1-3):

Again I saw all the oppressions that are practiced under the sun,
and look, the tears of the oppressed, but no one to comfort them!
On the side of their oppressors there was power, but no one to comfort them.
And I called the dead who have already died
more fortunate than the living who are still alive;
but better than both is the one who has not yet been,
and has not seen the evil deeds that are done under the sun.

Qohelet's conclusion from the injustice that unavoidably takes place in the world, is that death is better than life. Speaking with detached reflectiveness, his only claim is that death offers no possibility of escaping to a better world. In the absence of a life hereafter, this leaves no room whatsoever for retribution. Not only are the poor not to blame for their poverty[21], they also have no

---

[20] M.V. Fox, Qohelet and His Contradictions, Sheffield 1989.
[21] In Qoh 4:13 being poor and wise at the same time is expressly mentioned as a normal possibility to be expected in the world.

chance of ever obtaining a fair deal in terms of the DCN. Death, as it were, retroactively confirms the non-existence of retributive justice in life. While he judges wealth positively and poverty negatively (e.g. Qoh 3:13; 5:7), these phenomena cannot be related to the DCN[22] and are only in the hand of a God whose ways are unpredictable and inexplicable (e.g. Qoh 6:2; 8:17).

Qohelet's recommendation of wisdom and his tenor of "positive advice"[23] are not far removed from what we find in the Book of Proverbs. These are the consequences of a development the germ of which is encoded in the presuppositions and contours of Ancient Near Eastern wisdom itself. The same phenomenon that we have found in Proverbs also occurs in the Book of Qohelet: despite repeatedly denying the DCN[24] Qohelet also formulates it in the most straightforward of terms, e.g. in Qohelet 10:17[25]:

> Through sloth the roof collapses,
> and through indolence the house leaks.

This could just as well have stood in the Book of Proverbs. But in the Book of Qohelet such sayings are time and again contextualized by the sweeping denial of any correspondence between what people do and what comes from it, for instance in Qohelet 9:2-3a:

> The same fate befalls all,
> the righteous and the wicked,
>   the good and the bad,
>   the clean and the unclean,
> those who sacrifice and those who do not sacrifice;
> as are the good, so are the sinners;
>   those who swear are like those who shun an oath.
> It is an evil in all that happens under the sun

---

22 Cf. Qoh 2:26; also Qoh 5:9.11, where the inherent dangers of wealth and relative advantage of poverty are paradoxically expressed.

23 Respectively Qoh 8:1 and 3:22; 8:15 etc. The positive element of Qohelet's reflections is often emphasized in recent research; cf. R.N. Whybray, "Qoheleth, preacher of joy", JSOT 23 (1982), 87-98; G.S. Ogden, "Qoheleth xi 7-xii 8: Qoheleth's summons to enjoyment and reflection", VT 34, 27-38; N. Lohfink, "Qoheleth 5,17-19 – Revelation by joy", CBQ 52 (1990), 625ff.; M.A. Klopfenstein, "Kohelet und die Freude am Dasein", *ThZ* 47 (1991), 98ff.; E.H. Scheffler, "Qohelet's positive advice", OTE 6 (1993), 248ff. The urge to eke something positive out of Qohelet is unnecessary because several of his pivotal ideas constitute nothing more and nothing less than the radicalizing of the presuppositions and premises lying at the very root of traditional wisdom, an aspect of which we have been investigating in this paper, viz. his high view of sapiential work and enjoyment, but also his equally unambiguous notion of "chasing the wind".

24 Cf. Qoh 2:14; 9:2.11.

25 E.g. Qoh 4:5; 8:5.12b-13; cf. 10:8.

that the same fate befalls everyone.

For these reasons we may conclude that the book of Qohelet contains the same logic on our subject as Proverbs in that he too uses the motif of poverty as an instrument (among others) for undermining the common view of retributive justice in the world. In his radicalizing way he only intensified what the Proverbs redactor(s) had already realized and expressed.

4. A perspective from legal literature

We may now broaden our scope to non-sapiential literature. It is well-known that the DCN is a central concept in the legal material, and according to some it can even be said to be the heart of what law generally *is*[26]. As a representative instance, I select pronouncements in the Book of the Covenant.

Probably the clearest formulation of the DCN in legal literature is the principle of *lex talionis* or "law of retaliation"[27]. In the Book of the Covenant it is given its classic form in Exodus 21:22-27[28]:

> If fighting men injure a pregnant woman so that there is a miscarriage, but no further harm follows, the one responsible shall be fined what the woman's husband demands, paying through judges. If any harm follows, then you shall give life for life, eye for eye, tooth for tooth, hand for hand, foot for foot, burn for burn, wound for wound, stripe for stripe. When a slave-owner strikes the eye of a male or female slave, destroying it, the owner shall let the slave go, a free person, to compensate for the eye. If the owner knocks out a tooth of a male or female slave, the slave shall be let go, a free person, to compensate for the tooth.

---

26 So e.g. Kant, who regards justice as a matter of proportional retribution, cf. *The Metaphysical Elements of Justice* (tr. J. Ladd), Indianapolis 1999, 137f. On the relationship of punishment to revenge, cf. L. Zaibert, "Punishment and Revenge", *Law and Philosophy* 25 (2006), 81-118.

27 Cf. J. Weingreen, "The Concepts of. Retaliation and Compensation in Biblical Law", *Proceedings of the Royal Irish Academy* 76/C/1 (1976), 1-11; H.-W. Jüngling, "Auge für Auge, Zahn für Zahn. Bemerkungen zu Sinn und Geltung der alttestamentlichen Talionsformeln", *ThPh* 59 (1984), 1-38; E. Otto, "Zur Geschichte der Talion im Alten Orient und in Israel", in: D.R. Daniels (ed.), *Ernten was man sät. FS für Klaus Koch* (Neukirchen-Vluyn 1991), 101-130.

28 Cf. Lev 24:18-20; Dt 19:21 and the Codices of Eshnunna and Hammurapi, for this kind of justice.

This kind of law endeavours to align punishment as closely as possible to the deed that preceded. But the whole Book of the Covenant works on the same principle, even where the consequence is not identical to the deed. The law works on the principle "to each his/her due". Receiving one's due as measured by one's deeds is pure retribution and the law of the Covenant Code sees justice as just that. The concept of צדקה or justice thus represents an orderly system in which the equilibrium of society is sought[29].

But the Book of the Covenant also calls for pity on the socially weak and kindness to be shown to them. While expressly prohibiting favouritism to the benefit of the powerless (Ex 23:3) it continues to show a special regard for the socially weak (Ex 23:9):

> You shall not oppress a resident alien; you know the heart of an alien, for you were aliens in the land of Egypt.

The interesting aspect is that the substantiation given in the motive clause is the specific theological element that distinguishes the biblical text from the non-biblical codices[30]. The גר is to be loved and shown kindness because the Israelites themselves know what it feels like to be aliens with no rights. The principle of kindness without regard for the mechanical law of retaliation is also extended to other poor and weak members of society. Here, clear humane considerations of pity for the poor irrespective of what they may or may not deserve creep into the law (Ex 22:20-26):

> If you take your neighbour's cloak in pawn, you shall restore it before the sun goes down; it is his only clothing to use as cover; in what else should he sleep? If he cries out to me, I will listen, for I am compassionate (vv. 25-26).

---

29 The equilibrium is oriented to the past, that is, to the deed that has already taken place, not to the future betterment of the doer. Nonetheless, balance is restored to what has been disturbed, which in turn means that a previously existing order is redressed, whether practised literally or replaced by compensation (so Otto). Cf. Hans Heinrich Schmid, *Gerechtigkeit als Weltordnung. Hintergrund und Geschichte des alttestamentlichen Gerechtigkeitsbegriffes*,Tübingen, 1968, esp. 175-179; W. Dietrich, "Rache. Erwägungen zu einem alttestamentlichen Thema", *EvTh* 36 (1976) 450-472.

30 B. Gemser, "The importance of the motive clause in Old Testament Law" (1953), in: A. van Selms & A.S. van der Woude (ed.), *Adhuc loquitur. Collected Essays by Dr B. Gemser*, Leiden 1968, 96-115.

This is the same principle as that found in the Book of Proverbs and is echoed both in the Deuteronomic and the Priestly legal traditions[31]. The emphatically articulated sympathy for the poor does not conceal the flaw in the DCN – on the contrary, it brings the difficulty to light. The prescription of kindness to the poor is at odds with the blindfolded justice commanded a few verses further in Exodus 23:3:

> You shall not be partial to the poor in his lawsuit[32].

When lending to the poor, creditors have the right to take clothes in pawn as fair and legal security. Even so, God himself will heed the poor who call to him, "for I am compassionate" – despite the legal right of the lender. As adage is undermined by adage in wisdom, so commandment is undermined by commandment in law. Put differently: the counterposition of opposing commandments demonstrate that the law, for all its logic and necessity, is flawed. Its major functional principle is indispensable but inadequate. Justice is not enough.

5. A perspective from prophetic literature

The fiery invective of the prophets against social injustice is perhaps the most obvious of all the instances of partiality for the poor in the Hebrew Bible. We only need to remind ourselves of Jeremiah's great diatribe against Jehoiakim whose father practiced justice to the poor, "and then it was well" (Jer 22:15f.), whereas he himself can expect a donkey's burial because of falling short in this respect (Jer 22:17f):

> But your eyes and heart are only on your dishonest gain,
> for shedding innocent blood, and for practicing oppression and violence.
> Therefore so says the Lord concerning Jehoiakim son of Josiah, King of Judah:
> They shall not lament for him, saying, "Alas, my brother!" or "Alas, sister!"
> They shall not lament for him, saying, "Alas, lord!" or "Alas, his majesty!"
> With a donkey's burial he shall be buried –

[31] Cf. Dt 24:10-15 and Lev 19:9-10.13.
[32] Cf. the corresponding stipulation in Lev 19:15, where the prohibition of partiality for the poor is balanced by the same prescription with reference to the powerful.

> dragged off and thrown out beyond the gates of Jerusalem.

Or Jeremiah 7:5-7, where the opposite is called for in an extended conditional clause: *If* Israel practices justice to the socially weak, says the Lord,

> *then* I will let you dwell in this place, in the land that I have given to your ancestors forever (v. 7).

Or Amos's criticism of the Northern Kingdom's powerful who burden the poor with unfair levies to acquire luxurious houses and vineyards. The consequences will match the deeds (Am 5:11, cf. v. 12):

> You will not live in them … and you will not drink their wine.

The other classic champion of the victims of financial exploitation, Micah, uses the same retributive principle and the same pattern of consequences matching the deeds which they punish. Because the amassing of estates observed by Amos in the North was also prevalent in the Kingdom of Judah (Mi 2:2; Is 5:8),

> therefore thus says the Lord:
> I shall devise an evil against this family
> from which you shall not remove your necks (Mi 2:3).

In Micah 6 the parallelism of deed and consequence is spelled out. Since the rich have obtained their wealth by unfair trade (Mi 6:10.12), therefore they will themselves feel what it is to suffer violent treatment (Mi 6:13) and:

> You shall eat, but not be satisfied …;
> you shall put away, but not save,
> and what you save, I will hand over to the sword;
> you shall sow, but not reap;
> you shall tread olives, but not anoint yourselves with oil;
> you shall tread grapes, but not drink wine (Mi 6:14f.).

This symmetry of failures is a clear instance of inverse proportionality. The mainstay of the argument is the DCN, but the very reason for its being invoked by the prophet(s) is the observation that socio-economic reality proves that its premise does not work in everyday life. That is called injustice. The poor are poor not because they deserve it, but because those who have wealth don't deserve it either. The prophetic threats of course show uncompromising sympathy for the poor and they concur with the Torah and some proverbs in insisting on justice, but they invoke the DCN precisely *because* it is not visible in the practice of everyday life. So: mercy is not enough.

The DCN is the yardstick for indicting Israel's economic elite, but at the same time it is assumed *despite* the DCN that the poor are not poor because they have less business acumen. The DCN cannot be turned around as the friends of Job did so as to infer from poverty that the poor must have done or neglected something that brought their plight about. Championing the cause of the poor necessitates claiming the non-operation of the DCN. But the only remedy known to the prophets is a renewed appeal to it. Therefore John Rogerson[33] is to be agreed with that arguments of this type

> take on an eschatological dimension. They express a hope for a better world, one that ultimately only God can bring about.

6. Conclusion

Let us now draw together the threads of the argument.

The legal and prophetic traditions work strongly with the DCN but at the same time, at least as far as the motif of poverty and its counterpart are concerned, imply that its mechanism cannot be assumed to operate automatically. In the texts we have considered from these traditions poverty is not primarily the result of sloth or other shortcomings of the poor themselves, but of the injustice of other people. The latter in turn are expected to be punished in terms of the DCN. It is therefore appealed to in terms of punishment for doing wrong. Injustice is thus redressed in terms of retribution, which implies a moral order. Poverty is seen primarily as an aspect of the disrupted order and, by the same token, so is the wealth of the oppressors. When the symmetrical retribution comes, this disorder is expected to be rectified.

It is supposed that what is out of joint will be put back into place by means of the DCN so that order is restored to the linkages of moral life. The law demands justice-plus-kindness, and the prophets demand kindness-plus-justice.

33 J.W. Rogerson, Micah, in: J.D.G. Dunn & J.W. Rogerson (ed.), *Eerdmans Commentary on the Bible*, Grand Rapids 2003, 706-707.

On the other hand, rather than making demands, the sapiential tradition[34] reflects on this state of affairs. The perception of order does not account for real life experience, so Qohelet denies our insight in "what is" (Qoh 7:24):

> That which is, is far off, and very deep; who can find it out?

It is there, but we cannot fathom it. The sages to whom we owe the Book of Proverbs also thought so. They realized the importance of a common-sense-connection between deed and consequence, not only for ordering a civilized society by means of the rule of law, or as a yardstick for measuring society as the prophets did, or as a criterion for judging history as Israel's historians did, but also as the norm for a sensible education. They knew as well as we do that the young are to be oriented by the DCN, but they also knew that that does not account for the whole of reality. Human experience had become aware of an incalculable dimension beyond the clear-cut system. So they included Agur's Qohelet-like denial of human insight somewhat like the Song of Unattainable Wisdom was included in the Book of Job[35]. And they deconstructed the clear-cut doctrine by leaving the loose ends untied in the anthology.

The form of the Book of Proverbs suggests the statement: There is an order and we cannot but think in terms of it – that is the one perspective. But accepting this does not imply the ability to solve the enigmas of the world – that is the other perspective. Knowing that we need logical, orderly thought *and* that such thought is insufficient, means that the latter undermines the former. Maintaining both of them in one book brings about a creative tension which says more than can be fitted into a comprehensive formula. The editing sages realised how one perspective undermined the other and consciously transmitted the tension. They did not thereby create yet another schema to tie up loose ends so that the enigmas of life can be explained in yet another theodicy. On the contrary, they vindicated the self-critical stance of Agur, they adumbrated Job's discovery that something is lacking in speaking of God in propositions. But they also knew that speaking of God and the world is unavoidable. In terms of Qohelet, we go on trying to arrange a viable life and to make sense of the world – without a chance of finding out beginning or end of what God does.

---

34 To which the so-called theodicy Psalm may be added, e.g. Pss 37; 49; 73. Cf. J.A. Loader, "Zum Preis der Rechtfertigung Gottes im Alten Testament", *Berliner Theologische Zeitschrift* 18/1 (2001), 3-23.

35 Cf. Prov 30:1-4; Job 28.

Wozu Kirchenrecht? Erwägungen aus Sicht der Systematischen Theologie[1]

ULRICH H.J. KÖRTNER

Meine Überlegungen zur Stellung des Faches Kirchenrecht und seinen Aufgaben im Rahmen des Theologiestudiums gliedern sich in zwei Abschnitte. Zunächst möchte ich auf der formalen Ebene meine Erwartungen an das Studium des Kirchenrechts im Rahmen der universitären Ausbildung formulieren. Anschließend nenne ich auf der inhaltlichen Ebene einige Themenfelder, auf denen es interdisziplinäre Verbindungen und Kooperationsmöglichkeiten zwischen Kirchenrecht und Systematischer Theologie gibt.

I.

Um das Fach Kirchenrecht innerhalb der Studienpläne für die Fachtheologie und das Lehramtsstudium im Fach Evangelische Religion zu profilieren, ist ein umfassendes Curriculum für die kirchenrechtliche Aus-, Fort- und Weiterbildung vonnöten, welches universitäre und außeruniversitäre (postgraduale und berufspraktische) Angebote kohärent verknüpft. Dazu empfiehlt sich eine Modularisierung kirchenrechtlicher Aus- und Fortbildungsangebote. Ich konzentriere mich im Folgenden auf das fachtheologische Studium.

Grundsätzlich ist zwischen dem Studium als wissenschaftlicher *Vor*bildung für den Beruf des Pfarrers oder der Pfarrerin (bzw. des Religionslehrers, der Religionslehrerin) und der postgradualen beruflichen *Aus*bildung im Vikariat sowie fortlaufenden Angeboten der *Fort-* und *Weiter*bildung zu unterscheiden. Die Entscheidung darüber, welche Inhalte und Lernziele das universitäre Kirchenrechtsstudium haben soll – bei deutlich begrenzter Semesterwochenstundenzahl im Pflichtbereich (insgesamt 4 Semesterwochenstunden), der freilich noch um einen Wahlfachbereich ergänzt wird –, kann nur sinnvoll getroffen werden, wenn zugleich geklärt wird, welche Inhalte und Lernziele dem Vikariat und welche der berufsbegleitenden Fortbildung im Pfarramt zugeordnet werden.

[1] Die vorliegenden Thesen wurden im Rahmen eines Kirchenrechtsseminars an der Evangelisch-Theologischen Fakultät der Universität Wien im Wintersemester 2005/06 vorgetragen.

Zur wissenschaftlichen Vorbildung im Fach Kirchenrecht gehört nach meiner Auffassung, ein grundlegendes Verständnis für das Wesen des Rechts, für juristische Fragen und juristisches Denken zu wecken. Es geht dabei nicht nur um das Kirchenrecht im engeren Sinne, sondern um das Erkennen der rechtlichen Dimensionen unserer Lebenswirklichkeit, der Gesellschaft als Ganzer wie ihrer Teilsysteme. Die Studierenden sollen diskursives Denken und Argumentieren in Fragen des Rechts lernen. Darüber hinaus sollen sie die Bezüge kennenlernen, die grundsätzlich zwischen Theologie und Recht bestehen. Diese unterscheiden sich im Fall der evangelischen Theologie signifikant von der katholischen Theologie, da es in der Evangelischen Kirche kein kanonisches Recht gibt, das nicht nur eine rechtliche, sondern auch eine dogmatische Qualität hat. Jedenfalls hat das Kirchenrecht unbedingt seinen Ort auch an den theologischen Fakultäten, nicht nur an den Rechtswissenschaftlichen Fakultäten.

II.

Neben den formalen Erwägungen zu den Ausbildungszielen des Kirchenrechts an theologischen Fakultäten treten inhaltliche Erwägungen zu Themenfeldern, auf denen es Überschneidungen zwischen kirchenrechtlichen und systematisch-theologischen Fragestellungen gibt. In der evangelischen Systematischen Theologie wird dem Kirchenrecht üblicherweise zu wenig Aufmerksamkeit geschenkt. Es wäre daher wünschenswert, interdisziplinäre Lehrveranstaltungen und Forschungsprojekte zu initiieren, die den Austausch zwischen Kirchenrecht und Systematischer Theologie fördern.

Ich nenne als Erstes das Gebiet der Ekklesiologie. Kirchenrecht setzt einen Begriff von Kirche voraus, der nicht nur juristisch (z.B. Kirche als Körperschaft öffentlichen Rechts oder andere äußere Rechtsformen von Kirchen [wichtig hierbei auch in ökumenischer Perspektive ein internationaler Rechtsvergleich!]), sondern auch systematisch-theologisch zu bestimmen ist. Eine Verbindung zwischen normativer, systematisch-theologischer Ekklesiologie, Kirchenrecht und Praktischer Theologie kann eine empirisch ausgerichtete Kirchentheorie herstellen. Zu untersuchen sind zunächst die biblischen Grundlagen von Gestalt und Gestaltung der Kirche als Institution und Organisation. Sodann sind Fragen der Organisationsentwicklung, der Ämter in der Kirche, der Ordination, der Episkopé und der Kirchenleitung zu bearbeiten.

Ein weiterer Themenkreis umfasst das Verhältnis von Recht und Theologie, wie es sich vor dem Hintergrund der reformatorischen Unterscheidung und Zuordnung von Gesetz und Evangelium darstellt. Welche Konsequenzen hat diese Fundamentalunterscheidung für das christliche Verständnis des Rechts im Allgemeinen und für die Ausgestaltung des evangelischen Kirchenrechts im Besonderen? Anders gewendet geht es um das Verhältnis von Rechtfertigung und Recht und um die Zuordnung des theologischen Gesetzesbegriffs und seines dreifachen Gebrauchs (usus politicus, usus elenchticus, usus in renatis) zu einem juristischen Begriff des Rechts. Von hier aus ist auch nach einem theologischen Begriff der Menschenrechte sowie nach Menschen- und Grundrechten in der Kirche zu fragen.

Ein gemeinsames Thema von Kirchenrecht und Systematischer Theologie ist ferner das Verhältnis von Recht und Ethik unter den modernen Bedingungen der Unterscheidung von Moralität und Legalität. Es ist ein wichtiges Lernziel des Ethikstudiums, dass die Studierenden erkennen, dass sich ethische Fragen nicht abgelöst von ihrer rechtlichen Dimension diskutieren lassen. Das lässt sich exemplarisch an Einzelthemen der materialen Ethik oder der Angewandten Ethik (Bereichsethiken) veranschaulichen. Bioethische Fragen z.B. sind immer auch biopolitische Fragen. Konkrete Lösungen setzen nicht nur Sachkenntnisse auf dem Gebiet der Medizin oder der Biotechnologie, sondern auch die Kenntnis des geltenden Rechtsrahmens voraus. Die Beschäftigung mit dem Recht und seiner eigenen Logik kann und soll die Ethik vor vorschneller und einseitiger Moralisierung bewahren.

Schließlich seien auch noch jene Fragen genannt, die das Recht der Schule und des Religionsunterrichts betreffen. Dies ist ja ein Themenbereich, der nicht nur für das Studium des Lehramts Religion, sondern auch für Studierende mit dem Berufsziel Pfarramt relevant ist, weil auch Pfarrerinnen und Pfarrer Religionsunterricht an öffentlichen Schulen zu erteilen haben. Detailfragen des materialen Schulrechts haben meines Erachtens ihren Ort nicht im Universitätsstudium, sondern in der postuniversitären Ausbildung und berufsbegleitenden Fortbildung. Im Studium der Theologie – und das gilt für beide angebotenen Studienrichtungen – ist aber ein grundlegendes Verständnis für den Zusammenhang von Recht und Bildung zu erwerben. Auch hier ist wieder das Augenmerk auf die Menschenrechte zu richten. Zu den sozialen und kulturellen Menschenrechten gehört bekanntlich das Recht auf Bildung. Neben schulrechtlichen Fragen im engeren Sinne und Rechtsfragen des Religionsunterrichts sollte das Gewicht des Studiums auf der Frage liegen, wie sich das Recht auf Bildung konkretisieren lässt und welche Relevanz es gerade aus evangelischer Sicht hat, gehören doch evangelischer Glaube und Bildung nicht nur historisch betrachtet, sondern auch von der Sache her aufs Engste zusammen.

Pax Dei custodia cordis (Phil 4,7)

KURT NIEDERWIMMER

Zu den wirkungsgeschichtlich einflussreichsten Texten der paulinischen Briefliteratur gehört die Sentenz Phil 4,7, die von dem Frieden Gottes redet, der die menschliche Vernunft übersteigt und auf gnadenhafte Weise das Herz der Getauften vor den destruktiven Mächten bewahrt. Diese Sentenz, die vielleicht von Anfang an in liturgischem Zusammenhang beheimatet war[1], hat lange Zeit ihren festen Platz in verschiedenen lutherischen Liturgien gefunden.[2] Von daher ist sie auch Vielen ebenso geläufig wie das Herrengebet oder das Glaubensbekenntnis. Wir untersuchen im Folgenden freilich nicht die Liturgiegeschichte dieser Sentenz, sondern wir bemühen uns, auf exegetische Weise um ein Verständnis ihres Sinngehalts. Wir fragen (näherin) nach ihrer Funktion im Zusammenhang, nach ihrem kulturgeschichtlichen Kontext und nach den anthropologischen Relationen, die sich in ihr finden lassen. Dass bei einem solchen Text die Analyse nur vorläufigen und tentativen Charakter tragen kann, sollte sich von selbst verstehen.[3]

1.

Wir empfinden den Text Phil 4,7 in der weithin vertrauten Übersetzung Luthers als eine *Benediktion* und den Konjunktiv des regierenden Verbums („der Friede Gottes *bewahre* eure Herzen...") als einen Konjunktiv mit optativischem Sinn. Als Benediktion erscheint der Satz ja auch im usus liturgicus: mit einem „Segenswort" schließt der Prediger den Predigtteil des Gottesdienstes; die Gemeinde hört das Segenswort stehend, und es wäre nicht befremdlich, wenn der Sprecher den Segenswunsch mit dem Segensgestus verbände. Für dieses Verständnis als Benediktion sprechen auch die nächsten Parallelen: 1 Thess 3,11ff.; 2 Thess 3,16f; 3,5.[4] Dass diese Texte zusammengehören und

---

1 Eine Vermutung von *E. Dinkler*, Art. Friede, RAC VIII, 488f.

2 Und hat ihn weithin immer noch; in der „Erneuerten Agende" (vgl. EKG p.43) nicht mehr.

3 Allgemeiner Überblick: *W. Schenk*, Der Philipperbrief in der neueren Forschung (1945-1985), in: ANRW II/25,4, 1987, S. 3280 ff; *H. Balz*, Art. Philipperbrief, in: TRE 26, 1996, 504ff – Die Frage der Integrität des Briefes berührt unser gegenwärtiges Thema nicht.

4 *P. Stuhlmacher* (u. Anm. 9), 31 hat auf 1QH XV,15f (jetzt VII,15ff bzw. VII,17ff in der ed. Martínez-Tigchelaar) hingewiesen. Aber der Zusammenhang ist doch ein ganz ande-

unserer mit ihnen, zeigt auch der gemeinsame Hinweis auf das „Herz" als „Sitz der menschlichen Personalität". Dazu kommt noch, dass der Text der Vulgata nicht *custodiet* sondern *custodiat* bietet, wie denn überhaupt die Textüberlieferung der frühen lateinischen Väter *vor* der Vulgata seltsam zwischen beiden Textvarianten (custodiat-custodiet) schwankt.[5]

Gleichwohl: der richtige Text hat das regierende Verbum im Futurum (*custodiet* für φρουρήσει), und schon damit allein ist festgelegt, dass unser Text (mag er auch inhaltlich aus der Benediktions-Überlieferung herkommen) in unserem Zusammenhang *keine Benediktion* im traditionellen Sinn darstellt. Der Zusammenhang weist auf die Frucht des Gebets, von der im Vorausgehenden die Rede ist (4,6). Zur Abwehr der Sorge, die sich Tag für Tag auch im Christenleben aufdrängt und die imstande sein könnte, die eschatologische Freude des Christenlebens zu stören (V.4ff.), rät der Apostel zu Gebet, Bitte und Danksagung. V.4,7 schildert dann – in diesem Zusammenhang – die *Konsequenz*, die sich daraus ergeben wird, wenn sich der Hörer/Leser an diese Weisung hält: es *wird* der Friede Gottes über ihn kommen, der Friede, den er in der Sorge verloren hat und im Gebet wiederfindet, ein eschatologisches Geschenk. Die Konjunktion am Anfang des Satzes ist ein sog. *καί - consecutivum*, der Satz trägt dadurch eine syntaktische Form, die dem klassischen Griechisch ebenso geläufig ist wie der Koine und dem Neuen Testament.[6] Diese Bedeutung hat die Konjunktion speziell nach vorangegangenen Imperativen (wie das hier auch der Fall ist: V.6 „sorget nicht", „macht bekannt"). Wir haben also die Sentenz futurisch zu übersetzen, das καί gibt man am Besten wieder mit der deutschen Wendung „dann wird in der Folge auch…", und der Charakter der ganzen Sentenz ist in der Tat eine *promissio*.[7] Dem Gebet wird verheißen, dass ihm der innere Friede *folgt*.[8] Der innere Friede aber vertreibt die Sorge.

---

rer. – Dagegen möchte ich für die genannten neutestamentlichen Stellen ein Benediktions-Schema annehmen, das auch Phil 4,7 vorliegt, dort aber zu einer promissio umgeformt ist.

5 Vgl. die Angaben: Vetus Latina 24/2, ed. *H.J. Frede*, 1966-1971, p.231. Mar. Vict. CSEL 83/2, S.220: *custodiet* (ms.S.XVI), *custodiat* (ms.D, s.XV). Ambrosiaster ad Phil 4,7 (CSEL 81/3, S. 159f) liest Zl.6 *custodiat (var.* custodiet m.Z, s.VIII), deutet aber im Zusammenhang richtig: *ac per hoc demum* ... (Zl.21). Chromat.tract.in Matth.XVII,7,3 (C.Chr.S.L.IX A, S. 275): *custodiat*, doch bietet auch hier eine Textfamilie (die sog. „zweite Familie", dazu pp.XXX et sequ.) *custodiet* (M,P,F, alle s. XIV). – Hilar.tract.in Ps.CXIX (CSEL 22, S. 559): *conservabit.*

6 *Kühner-Gerth,* Gramm. II/2, S. 248; *E. Mayser*, Gramm.d.griech.Pap. II/3, S. 145; *Blaß-Debrunner-Rehkopf*, § 442,2 (speziell 2c).

7 Joh.Calvin, In omnes Pauli Apost.Epist., ed. *Tholuck*, II, 1831, S. 117.

8 Das ist inzwischen opinio communis. Vgl. e.g.: *E. Haupt*, Die Gefangenschaftsbriefe, KEK VIII/IX, 1902, S. 164; *P. Ewald,* Der Brief des Paulus an die Philipper, KNT XI,

Damit ist auch schon angedeutet, in welche Richtung der Begriff „Friede Gottes“[9] an dieser Stelle auszulegen ist. Genauer gesagt, sind es drei Begriffsinhalte, durch die er bestimmt wird.

(1.) Es ist der *„innere“* Friede gemeint, die *pax interna*, die *pax mentis*[10]. Es ist kein Zufall, dass Ambrosius in diesem Zusammenhang das ihm aus der zeitgenössischen Bildung geläufige Motiv der *tranquillitas mentis* assoziiert (de interpell.Iob et de hom.inf.II,23: CSEL 32,3,247), und ebenso verständlich ist es, wenn Hieronymus von der *pax in semetipso* spricht (ad Gal.: PL 26,437 B). Welche Richtungsweisung uns daraus für die weitere Interpretation gegeben ist, werden wir noch sehen.

(2.) Wie der innere Friede *zustande* kommt, ist hier nicht gesagt und braucht einem Christen der ersten Zeit auch nicht gesagt zu werden: er ist eine Folge des gnadenbringenden Heilswerkes Christi, der Friede Gottes ist der Friede Christi (Kol 3,15: der, wie es dort heißt, in den Herzen regieren soll), Jesus ist der Kyrios des Friedens (2 Thess 3,16), der Friede, so heißt es hier, ist ein Friede „in Christus Jesus“ (4,7 fin.)[11]. Friede heißt, dass wir *nicht mehr unter Anklage stehen* und dass wir *nicht mehr existentiell bedroht* sind (*das* ist der Sinn des Satzes: „wir *haben* Frieden“, Röm 5,1). Der Friede, den Christus gebracht hat, befreit uns vor der moralischen Entfremdung und von ihrer Folge, der Vernichtung unserer Existenz durch das Sterben.

1917, S. 220; *M. Dibelius*, An die Thessalonischer I,II, An die Philipper, HNT 11, 1925², S. 79; *Ed. Lohmeyer*, Die Briefe an die Philipper, an die Kolosser, an Philemon, KEK IX, 1956¹¹, S. 170; *F. Bonnard*, L´ Épitre de Saint Paul aux Philippiens, CNT X, 1950, S. 76; *F.W. Bear*, A Commentary on the Epistle to the Philippeans, 1959, S. 147; *J. Gnilka*, Der Philipperbrief, HThK X/3, 1968, S. 171, Anm.102; *O. Merk*, Handeln aus Glauben. Die Motivierungen der paulinischen Ethik, MThSt 5, 1969, S. 195; *G. Barth*, Der Brief an die Philipper, ZBK, 1979, S. 74; *R.P. Martin,* Philippians, 1980, S. 156; *W. Schenk*, Die Philipperbriefe des Paulus. Kommentar, 1984, S. 249; *P.T.O´Brian*, The Epistle to the Philippians. A Commentary on the Greek Text, 1999, S. 485.495.498, Anm.10.

9 Dass dem Ganzen der gemeinsemitische Friedensgruß zugrunde liegt, ist selbstverständlich. RAC VIII, S. 449 (*E. Dinkler*). Zur Thematik: ThWNT II, S. 400ff (*v. Rad*), S. 405ff (*Foerster*); EWNT I, S. 957ff (*Hasler*); *Dinkler*, RAC VIII, S. 434 ff; *P. Stuhlmacher*, Der Begriff des Friedens im Neuen Testament und seine Konsequenzen, in: *W. Huber* (Hg.), Historische Beiträge zur Friedensforschung, 1970, S. 21ff; *J.B. Bauer,* Friede in der biblischen und frühchristlichen Überlieferung, in: *R. Weiler–V. Zsifkovits,* Unterwegs zum Frieden. Beiträge zur Idee und Wirklichkeit des Friedens, 1973, S. 187ff; *K. Wengst*, Pax Romana. Anspruch und Wirklichkeit, 1986.

10 *Pax intus*: Ambros. de interpell.IV,28 (CSEL 32/2, S. 289,20).

(3.) Fragt man aber, wie die Christen in diesen Habitus (!) *gelangt* sind, so ist zu antworten: durch die Verwandlung ihrer Existenz in ein neues Sein, geschehen durch den Gehorsamsakt des Glaubens und ratifiziert durch das Sakrament der Taufe. Es fällt auf, dass die Wendungen vom Frieden Gottes, vom Gott des Friedens, vom Kyrios des Friedens in der frühchristlichen Literatur eine bedeutende Rolle spielen.[12] Das Thema kehrt so oft wieder, die Bezeichnung Gottes als Gott des Friedens ist so charakteristisch, dass man daraus schließen muss, der Friede (und das heißt immer auch die *pax interna*) bildet ein hervorragendes Moment des Heilsgutes, dessen sich die ersten Christen rühmten, *eine Besonderheit ihrer Spiritualität.*[13] Nicht umsonst tradieren die Christen eine Seligpreisung ihres Herrn, die vom Frieden spricht (Mt 5,9), und nicht umsonst lehren sie, dass der scheidende Erlöser ihnen seinen Frieden hinterlassen hat, einen Frieden, den die Welt nicht geben kann, den eschatologischen Frieden, den Frieden der Endzeit (Joh 14,27; 20,19).[14]

2.

Der Gedankengang ist soweit einsichtig. Dagegen überrascht die Fortsetzung in dem kleinen Nebensatz: der Friede, von dem Paulus redet, ὑπερέχουσα, überragt, übertrifft die Vernunft, transzendiert die Anstrengungen der Vernunft. Wie ist das zu verstehen?[15] Das griechische Verbum ist sicher metaphorisch zu fassen. Das Über-maß, das in dem Wort ὑπερ-έχειν liegt, spielt auf eine eschatologische Gabe an, man hat also zu verstehen: der Friede Gottes geht (als eschatologischer Friede) über das, was die irdische Vernunft leistet und leisten kann, bei Weitem hinaus, übersteigt sie, lässt sie hinter sich. Der

[11] Das wird in 4,9 („der Gott des Friedens“) wieder aufgenommen. Unserem Text nahe stehen Wendungen wie: Röm 15,33; 16,20; 1 Thess 5,23; Hebr 13,20. Vgl. auch die liturgischen Wendungen wie „der Gott der Liebe und des Friedens“ (2 Kor 13,11).

[12] Aus der Umwelt zu vergleichen ist: 1QM III,5; IV,14; Test.Dan5,2: „ihr seid im Frieden, ihr habt den Gott des Friedens“. Rabbinisches bei *Billerbeck*, I, S. 215ff: *Lohmeyer*, a.a.O. (Anm.8), S. 171, Anm.2.

[13] Charakteristisch dafür: 1 Kor 7,15; 14,33; Röm 14,17.19;Kol 3,15.

[14] Es sei an dieser Stelle auf die drei gehaltvollsten Auslegungen unseres Textes bei den lateinischen Vätern erinnert: Marius Victorinus, (CSEL 83/2, S. 220f mit neoplatonischen Tendenzen seiner Theologie); Aug.ep 238,16,5 (CSEL 57, S. 545f) und: de civ. Dei XXII,29 (C.Chr.S.L. 48,S. 856f) – eine großartige, heilsgeschichtliche Explikation.

[15] Die Lateiner haben sich beim Übersetzen des Wortes schwer getan. Wir lesen: *praecellit, excellit, supereminet, transcendit, exsuperat*; vgl. die Angaben Vet.Lat.24/2, p. 239. Eine alte Lesart seltsamer Art liest man bereits bei Mar.Vict. (CSEL 83/2, S. 220): *Et pax Dei quae habet omnem intellectum* (!). Dahinter steht doch wohl das Urteil: der endliche Intellekt ist in dem unendlichen, göttlichen aufgehoben.

Friede Gottes transzendiert das intellektuelle Vermögen des natürlichen Menschen.[16]

Aber was motiviert den Apostel zu diesem Nebensatz? (In der Benediktionsüberlieferung hat er kein Vorbild). Warum assoziiert der Apostel in diesem Augenblick den Nous-Begriff? Die erste Antwort wird sein: das erklärt sich aus dem Kontext, aus den Überlegungen, die vorausgehen. Der Begriff Nous, Vernunft, wird sich auf das zurückbeziehen, was der Apostel eben in V.6 erörtert hat, auf die Gefahr der Sorge. Die Vernunft, von der Paulus hier redet, ist die Vernunft, „die sich Sorgen macht", die „praktische" Vernunft, die ängstlich in die Zukunft blickt und fragt: was wird am Ende noch alles kommen? (Der Mensch als das „Vernunft-Tier" ist das „besorgte Tier", das von irrationalen Sorgen bestimmte Lebewesen).

Gleichwohl wäre es verkehrt, den Nous-Begriff an dieser Stelle ausschließlich auf die „praktische Vernunft" des Sich-Sorgens einzuschränken. Der Begriff greift an unserer Stelle weiter, sofern nicht nur von der Vernunft in einer besonderen Hinsicht, sondern betont von *„aller"* Vernunft[17] die Rede ist (das schließt die „theoretische Vernunft" mit ein). Das sorgende Kalkül erscheint als ein Spezialfall einer allgemeinen Bestimmung. Genau genommen liegt ein Schlussverfahren vor: „Weil der göttliche Friede *alles* Vermögen der Vernunft übersteigt, so übersteigt er auch das *Sorgen*, das in der Vernunft entsteht." Der Schluss ist nur als Enthymem dargelegt, nur die propositio major ist ausgesagt. Die Folgerungen zieht der Hörer/Leser sofort von selbst. Und diese propositio major erscheint in der Form einer umfassenden theologischen Sentenz.

---

16 Die transitive Bedeutung von ὑπερέχειν ist: etwas in die Höhe halten (vgl. Ilias II, 426), metaphorisch: über jemanden die schützende Hand halten (Ilias IV, 249 u.ö.). Die häufige intransitive Bedeutung ist: über etwas hinausstehen, hervorstehen; gegenständlich (z.B. Ilias III, 210; im platonischen Höhlengleichnis: Pol.VII,514b). Noch häufiger aber ist die übertragene Bedeutung. Die ὑπερέχοντες sind die politisch oder gesellschaftlich Hervorragenden; das Wort bringt den sozialen Status zum Ausdruck (Polyb.XXVIII,4,10). In diesem Sinn erscheint die Wortfamilie auch Röm 13,1; 1 Tim 2,2; 1 Petr 2,13; Phil 2,3. Schließlich kann das Wort sich auch auf den geistigen Vorzug beziehen, vgl. Plat,Tim.24a; Dan 5,11 LXX (von dem Zeichendeuter Daniel, der die heidnischen Weisen an Weisheit übertrifft). Von hier aus führt die Bedeutung des Wortes zu Verwendungen wie in Herm.Vis.III,4,2; sim.IX,28,3. Nicht zuletzt ist an Phil 3,8 zu erinnern, wo die alles übertreffende, eschatologische Bedeutung Christi zum Ausdruck gebracht werden soll. In diesem *intransitiven* und *übertragenen* Sinn ist das Wort auch an unserer Stelle gebraucht, und zwar mit acc. (wie klassisch: *Blaß-Debrunner-Rehkopf,* § 177, 2 u. Anm.3). Von der Pax Dei ist also gesagt, dass sie alles Menschenmaß des Intellekts überschreitet. Die Vernunft steht vor dem eschatologischen Wunder.

17 Zum Sinn von πᾶς vgl. *M. Zerwick,* S.J.Biblical Greek illustrated in Examples, SPIB 194, 2001[7], nr. 188, S. 61.

Um aber nun die sentenzhafte Spitzenaussage des Apostels (die propositio des Enthymems) richtig zu verstehen, bedarf es einer kurzen Reflexion auf das zeitgenössische, kulturbedingte *Vorverständnis*. Man kann als Arbeitshypothese davon ausgehen, dass wir zum näheren Verständnis des paulinischen Satzes bestimmte Standard-Aussagen der zeitgenössischen Moralphilosophie heranzuziehen haben, Aussagen, die sich auf die Frage der *vernünftigen* Bewältigung der existentiellen Bedrängnis beziehen. Wie kann die Unruhe des menschlichen Herzens zur Ruhe gebracht werden, wie kann sich der Mensch sicher stellen vor den unabsehbaren Wechselfällen des Lebens und nicht zuletzt vor der endgültigen Bedrohung durch das Sterben? Die hellenistische Moralphilosophie versucht darauf verschiedene Antworten zu geben. Wir beschränken uns (da wir nur eine *exkursartige Übersicht* über einigermaßen bekannte Motive zu erinnern haben, und da der begrenzte Raum eines Aufsatzes nur Exempla erlaubt) in exemplarischer Auswahl auf Motive der epikureischen und stoischen Moralphilosophie. In ihnen wird in der Form einer Art „Lebensphilosophie" die Relation von Euthymia und Nous in differenten Ansätzen thematisch erörtert.[18]

(a) Die von *Epikur* propagierte Lebensform[19] zielt (wie er selbst im Brief an Pythokles programmatisch formuliert hat) auf das Erreichen einer ungestörten Seelenruhe (ἀταραξία) und einer „unwandelbaren Zuversicht" (πίστις βεβαία: Diog.Laert.X,85)[20]. Sie wird erreicht durch eine rationale Lebenshaltung, die unter allen Umständen die Identität der Person (wie wir sagen würden) und die Bewahrung eines bewusst lustbetonten Existenzvollzugs anstrebt. Der Ataraxie folgt die ἡδονή.[21] Um die Ataraxie zu erhalten, gilt es in erster

---

18 Interessant wäre auch eine Bezugnahme auf die verschiedenen Richtungen der hellenistischen und kaiserzeitlichen *Skepsis* (von der pyrrhonischen Schule bis zu Sextus Empiricus), und zwar gerade deshalb, weil hier eine Paradoxie erscheint. Einerseits erlaubt die erkenntnistheoretische Skepsis keine verbindlichen moralphilosophischen Urteile, sondern sie mündet auch auf diesem Gebiet in der Urteilsenthaltung, der epoché. Andererseits führt aber gerade die theoretische Skepsis zur Lehre von der Indifferenz der Werte und auf *diese* Weise zu einer Form der Ataraxie, die sich freilich von der Ataraxie anderer Schulen motivlich unterscheidet: Diog.Laert.IX,107.

19 *H. Usener*, Epicurea, 1887, 1967 (Neudruck); *G. Arrighetti,* Epicuro, 1960; *H. Steckel,* Art. Epikuros, RE Suppl.XI,1968, 579ff; W. Schmid, Art. Epikur, RAC V, 681ff: *D. Lemke*, Die Theologie Epikurs. Versuch einer Rekonstruktion, Zetemata 57,1973; *R. Philippson*, Studien zu Epikur und den Epikureern, im Anschl. an W. Schmid, ed. von *C.J. Classen*, 1983; *M. Erler*, in: AntF IV/1, 1994, S. 29ff; *M. Hossenfelder*, Epikur, 1991. Zum Todesproblem vgl. auch *E. Heintel*, Epikur und die Angst vor dem Tode, jetzt in: Ges.Abh. III, 1995, S.74ff.[20] Die Mahnung charakterisiert sich selbst als Programm.

21 Die genauere Bestimmung des Begriffsinhalts der epikureischen Hedoné war immer kontrovers. *Hossenfelder*, a.a.O. (Anm.19), S. 72f hat dazu den plausiblen Vorschlag gemacht, den Begriff dreifach zu bestimmen: (1.) Es gibt für Epikur keine Wissensdifferenz zwischen sinnlicher und geistiger Lust; (2.) Lust gründet wesentlich auf sinn-

Linie die irrationalen Ängste auszuschalten, und d.h.: die irrationalen Angst-Objekte zu entlarven. Die Angst vor den Göttern ist ebenso sinnlos wie die Angst vor dem Tod. Die Götter existieren (und man soll ihnen kultisch dienen), aber sie sind nicht zu fürchten, weil sie auf uns nicht einwirken.[22] Und die Angst vor dem Tod ist sinnlos, weil der Tod nichts anderes ist als die Empfindungslosigkeit. Es ist doch töricht, sich vor etwas zu fürchten, das durch Empfindungslosigkeit bestimmt ist (Kyriai Doxai II: Diog.Laert.X,139). Die Bedrohungen durch die Natur sind absehbar und endlich. Es gilt, die Grenzen der Natur und die Grenzen der Bedrohungen zu erkennen und sich innerhalb der Grenzen nach Möglichkeit einzurichten. Wer das tut, wird den Frieden der Seele finden – die Wellness des Leibes und des Geistes.[23]

(b) An die Stelle der „deistischen" Theologie der Epikureer, deren Intention lediglich darin bestand, die Vorstellung von der Existenz jenseitiger Mächte als Angst-Objekt zu entfernen, tritt in der *stoischen* Doktrin[24] eine fromme, allerdings rein immanentistische und materialistische Theologie. Sie soll den Menschen motivieren, sich der Natur zu fügen („Telos-Formel") bzw. (was das selbe ist), sich dem Weltgesetz drinnen und draußen, dem Logos im Hegemonikon und dem Welt-Logos (die in letzter Hinsicht identsch sind) zum eigenen Heil zu unterwerfen.[25] Der Mensch kann das, wenn er von der Ver-

---

licher Erfahrung; (3.) Lust ist Folge des Fehlens von Unlust (und fällt auf diese Weise mit der Ataraxie in eins). – Ob diese Bestimmungen zutreffen, kann man fragen.

22 Die theologischen Anschauungen Epikurs sind aus Gründen der Überlieferung und im Hinblick auf Interpretationsprobleme (speziell etwa Cic.de natura deor.I,49) kontrovers. Vielleicht kann man als Minimalkonsens beschreiben: die Götter existieren, sie sind feinstofflicher Art, ewig und ewig selig, man soll sie nach den Sitten des Landes verehren, aber sie kümmern sich weder um die Welt noch um die Menschen. Sie existieren in seligem, himmlischem Desinteresse an der Welt. Man fragt sich natürlich, warum Epikur unter diesen Umständen nicht gleich und ganz mit der religiösen Tradition gebrochen hat. *Lemke* hat a.a.O. (Anm.19), S. 101 die elegante Lösung: Epikur hat an den Göttern festgehalten, weil sie eine Art himmlisches Ideal des irdischen Kepos darstellen (!).

23 *W. Schmid*, RAC V, 715: die beiden Hauptmotive der epikureischen Philosophie sind (1.) die Tendenz, alle abergläubische Angst vor den Göttern abzutun, und (2.) die Hedoné als durchhaltendes Lebensgefühl zu erreichen. Natürlich setzt das Zweite das Erste voraus.

24 Trotz aller Vorbehalte gilt die große Monographie von *M. Pohlenz*, Die Stoa, I.II., 1948/49, 1992[7] als „epochemachend": *Steinmetz*, Ueberweg AntF 4/2, S. 506. Eine kritische Würdigung: S. 501. Über den heutigen Forschungsstand informiert *Steinmetz*, S. 501ff. „In stoicis ist offenbar Vieles im Fluß" (a.a.O. S. 502). Vgl. e.g.: *J.M. Rist* (Hg.), The Stoics, 1978; *A.A. Long* (Hg.), Problems in Stoicism, 1971, 1996 (repr.). Literatur zur Affektenlehre weiter unten.

25 Die klassische altstoische Lehre ist bekanntlich in Logik, Naturphilosophie und Ethik disponiert (in Aufnahme akademischer Vorgaben und in verschiedener Reihenfolge: SVF II, 35-44). Die „Theologie" erscheint konsequenter Weise im Rahmen der Naturphilosophie: SVF I, 152ff: Zenon, 527: das berühmte Gebet des Kleanthes und 537 der

nunft Gebrauch macht, die ihm als animal rationale gegeben ist. Die Rationalität ist sein bester Teil, hier ist er bei sich selbst, denn die Teilhabe des Vernunftwesens an der Weltvernunft zeichnet ihn aus. Was ihn dagegen bedroht, was ihn gefährdet, seine Identität zu verlieren, ist der Überfall der Affekte. Dagegen kann er sich nach stoischer Moral jederzeit zur Wehr setzen, indem er sich auf sein Hegemonikon zurückzieht und sich von den Täuschungen der Affekte nicht treiben und irreführen lässt.[26] Das moralische Ziel des „Weisen" besteht in erster Linie in der „Gesundheit des Logos", sie besteht darin, die Affekte unter seine Kontrolle zu bringen. Der Weise ist in diesem Sinn Herr seiner Affektivität (ἀπαθής), er bietet den Affekten keine Gelegenheit, ihn zu entfremden (SVF III,448).[27]

In den Anfängen der stoischen Schule ist die Lehre von der Affektfremdheit des Logos und der Affektfreiheit des wahrhaft Weisen mit Kompromisslosigkeit vorgetragen und gegenüber den Einwendungen (etwa von akademischer Seite her) verteidigt worden. Die sog. *„mittlere Stoa*" (Panaitios und Poseidonios) hat hier noch Kompromisse geschlossen, um der Realität zu ent-

---

Hymnus; II, 1008ff: Chrysipp. Zu Chrysipps Gottesbeweisen: II, 1011-1020. *Steinmetz*, a.a.O. S. 609f; *Pohlenz*, I, a.a.O. (Anm. 24), 64ff – Der physikalische Monismus wird zwar durch das zweite, das „tätige" Prinzip (Logos, Vernunft, Weltseele, das Göttliche) konterkariert, aber der Immanentismus soll doch dadurch aufrecht erhalten werden, dass der Logos als Natur-*immanent*, als *immanente Welt-Struktur* gefasst wird, der die Welt „durchwaltet" (term.tech.: διήκειν; vgl aus dem Zeus-Hymnus die pointierte Wendung: I,537,p.122,8f). In unserer Sprache geredet: der *Sinn* der Natur ist im stoischen Weltbild selbst etwas Naturhaftes. Daraus muss sich eine naturalistische Ethik ableiten.

26 Die Lehre von den Affekten: SVF I, 205ff: Zenon; 570ff: Kleanthes; III, 377ff: Chrysipp bzw. gemeinstoisch. Zu den oben Anm. 24 genannten Arbeiten vgl. noch: *A.C. Lloyd*, Emotion and Decision in Stoic Psychology, in: *Rist*, a.a.O. (Anm. 24), S. 233ff und vor allem: *M. Forschner*, die stoische Ethik, 1981, 1995². – Das Heer der Affekte teilt Zenon in die Klassen: Trauer, Furcht, Begierde, Lust. Diese Klassifizierung wird hernach scholastisch ausgebaut (III, 397ff). Bestimmend ist das rationalistische Menschenbild. Der Mensch ist als Mensch *Logoswesen*, alle Urteile und Handlungen laufen über den Logos in ihm. Die altstoische Psychologie kennt keine Lehre von verschiedenen Seelenteilen. Dadurch wird aber die Tatsache der Affektivität und ihres z.T. irrationalen Einflusses rätselhaft und zu einer dauernden Aporie des Systems. Der Schulterminus heißt: ὁρμὴ πλεονάζουσα, etwa „exzessiver Impuls", exzessiv = über die Grenzen des Natürlich-Vernünftigen hinausschießend. Nach *Pohlenz*, I, a.a.O. (Anm. 24), S. 146f soll dabei in der Erklärung des Phänomens eine Differenz zwischen Zenon und Chrysipp bestehen. Vgl. *Steinmetz*, a.a.O. (Anm. 24), S. 591 und S. 616f Zenon versteht demnach das „Pathos als die Folge des falschen Urteils", Chrysipp dagegen „als das irrige Urteil selbst" (S. 617; vgl. auch S. 691). Das Pathos ist demgemäß nicht der irrationale Widerspruch des Triebes gegen die Vernunft (so Zenon), sondern eine Selbstentfremdung, eine Perversion der Vernunft selbst (so Chrysipp). Vgl. *Steinmetz*, S. 617. Dieser inzwischen zur Schulmeinung aufgestiegene Lehre widerspricht *Forschner*, a.a.O., S. 144ff mit ernstzunehmenden Gründen. Nach Forschner wäre die altstoische Psychologie eine doxographische Einheit geblieben, erst die „mittlere" Stoa (Poseidonios, vgl. die folgenden Bemerkungen) hätten eine Änderung gebracht.

27 SVF III, 144.201.567ff.

sprechen.[28] So dürfen wir nicht unterschlagen, dass Poseidonios ut videtur mit dem strengen Rationalismus des Chrysipp gebrochen hat.[29] Er kennt offenbar wiederum eine Lehre von verschiedenen Seelenvermögen (ἐπιθυμία und θυμός als irrationale Vermögen, denen das Vermögen des Logos gegenübersteht), und er weiß auch, dass der Überfall der Affekte nicht jedes Mal durch Regress auf das Hegemonikon bereinigt werden kann; affektive Störungen sollen durch affektive Heilungen beseitigt werden, – aber nur zu dem Zweck, dass der Logos wieder seine Herrschaft übernimmt. (Eine pax interna *jenseits* des intellektuellen Vermögens ist auch für Poseidonios nicht denkbar).[30]

(c) Das Thema der Affektfreiheit als Folge des Seelenfriedens wird in der sog. *„späten Stoa"* der Kaiserzeit (Pohlenz nannte sie „die alternde Stoa")[31] womöglich noch ausführlicher behandelt als in den Anfängen der Schule. Der lateinische Fachausdruck ist traditioneller Weise: *tranquillitas,* die „Meeresstille des Gemütes." Die Übertragung eines Begriffes aus der Nautik in die Sprache der Psychologie und Moralphilosophie (*„anima serena"*) erklärt sehr schön Cicero, Tusc.disp.V,6,16: „Wie man die Ruhe des Meeres (*maris tranquillitas*) darin wahrnimmt, dass nicht einmal der kleinste Windhauch die Fluten bewegt, so erkennt man auch den ruhigen und friedlichen Zustand der Seele, wenn keine Verwirrung da ist, durch die sie bewegt werden könnte".[32] Der lateinische Terminus nimmt natürlich das griechische Vorbild (γαλήνη) auf, das (nebenbei bemerkt) auf Epikur zurück geht.[33]

---

28 Die Rekonstruktion der poseidonianischen Philosophie ist umstritten. Vgl. den Forschungsbericht bei *Steinmetz*, a.a.O. (Anm. 24), S. 677ff. Wir können hier auf Einzelheiten nicht eingehen.

29 Zur Ethik des Poseidonios vgl. nur: *Steinmetz*, a.a.O. (Anm. 24), S. 690f.

30 Der Einfluss der Affektlehre auf bestimmte geistige Strömungen des hellenistischen Judentums ist bekannt und braucht hier nicht ausgeführt zu werden. Man vgl. z.B. Ep.Arist.273; Philon, de opif.mundi 81; de ebr. 97f; de spec.leg.II,16,3; IV,79; de somn.II,276; de conf.ling.90; Philon hat auch die an Poseidonios erinnernde Dreiteilung der Seelenvermögen: leg.alleg.I,70f; de conf.ling.21; de spec.leg.IV,92ff.

31 Stoa, I, a.a.O. (Anm. 24), S. 8 und S. 277ff.

32 Übersetzung: *A. Kirfel*, Tusculanae disputationes. Gespräche in Tusculum, 1997, S. 393.

33 Aus dem Brief des Epikur an Menoikeus (Diog.Laert.X, 128. Übersetzung: *O. Appelt*, Diogenes Laertius, X. Buch, Epikur, PhB 266, 1968, S. 107): „... denn das ist das Ziel des glückseligen Lebens. Liegt doch allen unseren Handlungen die Absicht zugrunde, weder Schmerz zu empfinden noch außer Fassung zu geraten. Haben wir es aber einmal dahin gebracht, dann glätten sich die Wogen; es legt sich jeder Seelensturm ...". Vgl. noch Lukrez, de nat.rer.VI,78: *animi tranquilla pace*. Man sieht, dass die Metapher aus der epikureischen Überlieferung stammt. Vgl. noch Epic.frg.425 (*Usener)*.

Seneca[34] hat (vermutlich zwischen 51 und 54 n.Chr., also ziemlich zeitgleich mit einigen paulinischen Briefen) die kleine Schrift *„de tranquillitate animi“* (= dialog.9) verfasst, einen Dialog über die Heilmittel gegen seelische Leiden wie Überdruss, Weltekel, leere Geschäftigkeit, Todesangst – und was es sonst noch an Bedrohungen der inneren Ruhe gibt. Seneca tritt dabei als eine Art „Logotherapeut“ auf, der gegenüber den Verwirrungen der Seele die richtigen Heilmittel zur Vernunft verschreibt.[35]

(d) Der „seelsorgerliche“ Aspekt der späten stoischen Philosophie tritt noch deutlicher bei *Epiktet* zu Tage.[36] Unser Thema (der Friede des Herzens unter dem Ansturm der Realität) wird an vielen Stellen der Arrianischen Dissertationes erörtert[37], dreimal wird die Sache ausdrücklich thematisiert und zum Gegenstand ganzer Traktate gemacht: diss.II,2 (über die Ataraxie), diss.III,13,9ff. (über den inneren Frieden)[38], diss.IV,4 (über die „Hesychia“ – ein Zentralbegriff, der hernach in der Geschichte der christlichen Askese seine Rolle spielen wird). Zu beachten ist, dass alle drei Begriffe, Ataraxie, Seelenfriede, Hesy-

---

[34] *Pohlenz*, I, a.a.O. (Anm. 24), S. 305ff; *K. Abel*, Seneca. Leben und Existenz, in: ANRW II,32,2, 1985, S. 654ff; *P. Grimmel*, Sénéque et la stoicisme Romain, ebdt. 1763ff; *J.M. Rist*, Seneca and Stoic Orthodoxie, ebdt. S. 2084ff.

[35] II,4 definiert die tranquillitas. Die Definition wird dann im Folgenden in der Form einer Diatribe expliziert. Empfohlen werden: richtige Selbsteinschätzung und richtige Einschätzung der Menschen, richtiges Verhalten gegenüber Freunden, gegenüber Reichtum und Armut, richtiges Verhalten gegenüber der Bedrohung durch das Sterbenmüssen, gegenüber den Überfällen des Schicksals, Abwehr allen leeren Getriebes, u.s.f. Im Ganzen gilt: „mitten im Sturm Ruhe“ (XIV,10; Übers. *M. Rosenbach*, L. Annaeus Seneca, Philosophische Schriften, II, 1971, S. 161. „Ecce in media tempestate tranquillitas“ [S. 160]). – Man denkt unwillkürlich an Horaz: *Si fractus inlabatur orbis,impavidum ferient ruinae.* (Od.III,3,7). „Und wenn das Weltall rings zusammenbricht, auf den Ruinen stehend – wank ich nicht“.

[36] *Pohlenz,* I, a.a.O. (Anm. 24), S. 327ff; Neueres: *M. Spanneut*, Art. Epiktet, in: RAC V, 599ff; *J. Hershbell*, The Stoicism of Epictetus, in: ANRW II,36,3, 1989, S. 2148ff; *A. Jagu*, La moral d`Epictète et le christianisme, in: ANRW II, 36,3, 1989, S. 2164ff; *M. Billerbeck*, Epiktet. Vom Kynismus, Philos.Ant.XXXIV, 1987; *B. Wehner*, Die Funktion der Dialogstruktur in Epiktets Diatriben, Phil.d.Ant.13, 2000; *A.A. Long*, Epictetus. A Stoic and Socratic Guide to Life, 2002.

[37] Der Anteil Arrians an den Dissertationes ist nach wie vor umstritten. Die Auffassungen schwanken zwischen einer destruktiven Lösung (Arrian ist im Wesentlichen der Urheber der Schrift) und einer konstruktiven (Arrian hat die epiktetische Lehrweise nach Form und Inhalt bewahrt). Man vgl. nur die Erörterungen bei *Hershbell*, a.a.O. (Anm. 36), S. 2152f und *Wehner*, a.a.O. (Anm. 36), S. 27ff; S. 55.

[38] Der Kontext ist interessant. Es kommt darauf an, sich selbst zu genügen (so überwindet man Ekel und Einsamkeit). Man darf von niemandem abhängig sein (III,13,6f) und wird so in sich selbst Ruhe finden. Das Stichwort ἡσυχία führt charakteristischer Weise sofort zum weiteren Stichwort εἰρήνη: 13,9ff. Die zentrale Stelle lebt von der Gegenüberstellung der *pax Romana*, die der Kaiser gewährt, und der *pax interna*, die dem Weisen zukommt. Ataraxie und Freiheit sind Güter, die die Vernunft verkünden ließ (13,11f)

chie bei Epiktet faktisch synonym verwendet werden.[39] Dabei gewinnt Epiktets diatribische Belehrung streckenweise geradezu „prophetischen" Charakter. Das Paradigma konsequenter Lebensführung ist – der bedürfnislose Kyniker (das alte kynische Ideal, das am Anfang der Stoa stand, kehrt unter veränderten Verhältnissen zurück). Epiktet lässt ihn geradezu als Prediger auftreten. Er sagt zum Schüler: Du verlangst nach Eudaimonie und Autarkie, du willst den Frieden deiner Seele? Gut, du sollst sie haben! Schau auf mich! Die Gottheit hat mich zu dir gesandt als Vorbild richtiger Lebensführung. Was habe ich? Ich habe nichts, ich brauche nichts, ich suche nichts, ich verlange nichts (vgl. IV,8,30f.; 11,22ff. u.ö.).[40] Was also lernt man in dieser Schule? Nicht theoretische Philosophie, sondern die Fähigkeit, furchtlos und ohne Verwirrung durch die Wechselfälle des Lebens zu gehen, sich über nichts zu entsetzen, sich über nichts zu verwundern (I,18,11).[41] Man lernt nämlich das „Kunststück", zwischen dem zu unterscheiden, was in meiner Macht steht und dem, was nicht in meiner Macht steht. Nur das erste, das durch die προαίρεσις, die moralische Vorentscheidung, rational kontrollierbar ist, geht mich etwas an, alles andere ist moralisch indifferent und kann als Nicht-Ich distanziert werden (IV,4,23).[42] Wer das gelernt hat, ist gegenüber den Schicksalsmächten immun geworden (III,21,9), auch und nicht zuletzt gegenüber der Todesbedrohung (II,1,17).[43] Alles ist ihm *„voller Frieden"* (! III,13,13). Man gewinnt diesen Frieden mithin *durch die radikale Entscheidung zur Vernunft* und *für* die Vernunft. Die einzige Sorge ist: das Leben darf nicht aus der Hand geraten, – aber die Gottheit sorgt ja für den „Weisen". Geht es aber ans Äußerste, lässt sich der Rückzug auf die moralische Identität des Vernunftwesens nicht mehr durchhalten – dann gibt es den Aus-Weg, ἤνοικται ἡ θύρα, *patet exitus* (I,9,20; 24,19; 25,18; II,1,19; III,8,6; 13,14)[44]. Der Preis für diese Lebensführung ist groß (III,15,8-12; vgl. Ench.29), aber wer sein will, was er nach dem

---

39 Zu vergleichen wäre noch der Traktat über die Eustatheia, die Beharrlichkeit, Festigkeit: I, 29.

40 Sokrates, Krates und Diogenes sind die Vorbilder, auf die sich Epiktet beruft. Dazu *Billerbeck*, a.a.O. (Anm. 36), S. 7. Epiktets besonderer Beitrag besteht darin, dass er die Vorbilder als *Boten der Gottheit* darstellt: ebdt. S. 8.

41 Das *nil admirari* (Horaz, Epist.I,6,1), das freilich ein altes Motiv philosophischer Lebensweisheit darstellt.

42 Dieser Grundsatz kehrt immer wieder, vgl. I,29,24.

43 „Was ist der Tod? Ein Kinderschreck, ein Popanz! Dreh dich um und lerne: schau, er beißt nicht!" Vgl. III,5,7f: Apathie gegenüber dem Sterben. Der Tod ist schon deshalb nicht zu fürchten, weil er nichts anderes ist als die Auflösung der Elemente, aus denen der Mensch besteht. Nichts weiter. III,13,14.

44 Zur eulogos exagogé: SVF III, 757-768. Sen.de provid.VI,7; ep.26,10. *E. Benz*, Das Todesproblem in der stoischen Philosophie, 1929. Wie sich in der Beurteilung Epiktet von Marc Aurel voneinander unterscheiden, brauchen wir hier nicht zu erörtern.

Plan der göttlichen Vernunft sein soll, muss bereit sein, diesen Preis zu zahlen.[45]

(e) Nach den Diatriben des körperlich entstellten Freigelassenen aus Kleinasien – nun: der Kaiser, der sich in stoischer Selbstzucht entschlossen hat (und sich immer wieder aufs Neue schmerzvoll entschließt), die Rolle, die ihm das Schicksal auferlegt hat, zu spielen. *Marc Aurel* spricht in seinen Aufzeichnungen aus den letzten Jahren „zu sich selbst" (εἰς ἑαυτὸν)[46]. Er schreibt, um inneren Frieden zu finden.[47]

Die Aphorismen des Kaisers sind durchwegs auf die Lebenspraxis gerichtet, aber hinter der Paränese an die eigene Person steht die stoische Naturphilosophie.[48] Das wird in einzelnen Anspielungen sichtbar. Der Platz des Menschen ist der innerhalb der Natur, allerdings als λογικὸν ζῷον, was bedeutet, dass er aufgerufen ist, sich in vernünftiger Überlegung in das geordnete Ganze

---

45 Interessant wäre hier eine Auseinandersetzung mit Plutarchs Abhandlung de tranquillitate animi, Mor.464F-477F. Plutarch verwendet verschiedene Traditionen in eklektischer Weise, vieles stoisches Gut findet sich dabei.

46 Der Kaiser befindet sich in den Donauprovinzen im Abwehrkampf gegen Markomannen, Quaden, Jazygen; die drei Markomannenkriege: 161-171, 172-175, 177-180. Es fällt auf, dass Marc Aurel in seinem Soliloquium auf die politischen Verhältnisse, auf die militärische Situation kaum eingeht, vgl. immerhin eine Stelle wie XI,7. – Das erste Buch entstand 168/9 im Quadenland, das zweite 170/1 in Carnuntum, die Bücher III-XII in den folgenden Jahren bis zu Marc Aurels Tod. Die tragische Situation des von Krankheiten Gekennzeichneten, der zu Opiaten flüchtet (mit Hilfe des Theriak und mit Hilfe der philosophischen Meditation kann er durchhalten …), hat *Th.W. Africa* (siehe u. folgende Anm.), S. 134ff eindringlich geschildert. Sein Leben geht zu Ende, das Reich ist durch Einbrüche im Norden und im Osten gefährdet (die Germaneneinfälle signalisieren den Anfang vom Ende). Der Kaiser selbst treibt eine Philosophie, die ihre große Zeit hinter sich hat. Für das Kommende hat er kein Auge.

47 *Pohlenz*, I, a.a.O. (Anm. 24), S. 268ff.341ff; *R. Hanslik*, Art. Marcus Aurelius, KlP III, S. 1009f; *E. Asmis*, The Stoicism of Marcus Aurelius, in: ANRW II,36,3, 1989, S. 2228ff; *W. Theiler*; Kaiser Marc Aurel. Wege zu sich selbst, 1981; *R. Klein* (Hg.), Marc Aurel, WdF 550, 1979; darin: *J.F. Gilliam*, Die Pest unter Marc Aurel, S. 144ff; und: *Th.W. Africa*, Marc Aurels Opiumssucht, S. 133ff; *H. Bannert*, Der Tod des Kaisers Marcus, S. 459ff.

48 Die Natur ist das All, das nichts außer sich hat (VIII,50,2). Sie ist in einem ständigen Wechsel begriffen (IV,36; V,23; VIII,6,2; 50,2; XI,1,3). Sie ist ein organisches Ganzes, einer Polis vergleichbar (IV,3,5; 4,1), ein Geflecht, in das sich der Einzelne einzufügen hat (IV, 48,4-51). Sie ist vom Logos durchwaltet (IV,46,2) und der Mensch hat den Vorzug, in der Dianoia diesen Logos in sich zu tragen (III,1,1; 5,2; 6,2 u.ö.), sodass er imstande ist, dem Logos-geleiteten Schicksal innerlich zuzustimmen; die Theodizee-Frage wird abgelehnt (VIII,50; XII,5,5; 12). Alles was geschieht, geschieht naturgemäß, logosgemäß, ist vernünftig und gerecht (IV,10,1), die Natur ist eine gütige Gottheit (IV,23). – Und doch: das Lebensgefühl des Kaisers bleibt ambivalent. Neben der frommen Verehrung der Gott-Natur steht die Klage über die *Vergänglichkeit* (II,12,1; 17,1-3; IV,32ff; VII,3; VIII,25,3; XI,18,10; XII,24,3) und über die *Nichtigkeit* des Menschen (IV,43; V,10,6; 33; VII,47; VIII,2,1; 23; 37,2; IX,29,3; X,31,3; XII,7). Das Leben ist im Grunde belanglos: IV,48,3. – Über Differenzen zum orthodoxen stoischen Materialismus vgl. nur *Pohlenz*, I, a.a.O. (Anm. 24), S. 343f.

der Welt-Natur einzufügen. Man könnte (mit Paul Tillich) sagen: es geht darum, „den Mut zu haben, ein Teil zu sein“ (vgl. VIII,34; IX,22,2; X,6f.). Das wird aber geschehen, *wenn der Mensch den Weg der Vernunft geht,* den Weg des ὀρθός λόγος (III,6,1; 12,1; XI,9,1). Denn nur in der Vernunft ist er bei sich selbst (XII,3,1-3) und zugleich damit am rechten Ort im Weltganzen. Den Weg der Vernunft wird er aber gehen, wenn er sich immer wieder auf sein Hegemonikon zurückzieht, dorthin, wo er Er selbst ist (I,15,1; IV,3,1ff.; VIII,28; 48,1f.), und wenn er lernt, das, was in seiner Macht steht, und das, was sich seiner Rationalität (und damit Moralität !) entzieht, zu unterscheiden (VI,16; XI,16,1)[49], wenn er – mit einem Wort – die Kontrolle über die Affekte nicht verliert (I,15,1; III,9; XI,1; XII,25). Der Weise sagt zur Natur = zur Gottheit: „Gib, was du willst, nimm, was du willst“ (X,14).

Die entscheidende Probe aufs Exempel ist auch hier, bei Marc Aurel (wie zuvor schon bei Seneca und Epiktet), die Überwindung der Todesangst. Sie geschieht bei Kaiser Marcus im Grunde durch zwei Argumente: der Tod ist ein rein natürlicher Vorgang der Auflösung, nichts weiter (II,12,1; 17,4; X,36), und daher ebenso wenig zu fürchten wie andere Veränderungen auch. Dazu tritt: der Weise wird sich dem Tod nicht ängstlich ausliefern, sondern er wird versuchen, auch den Tod in seine rationale Verfügungsgewalt zu bekommen. Wenn es so weit ist, „steigt er aus“ (III,3,6), scheidet er froh und frei aus dem Leben (VIII,47,5), geht er mit heiterem Gemüt (XII,36).[50] Aus Elementen war er zusammengesetzt, in Elemente zerfällt er wieder. Aus.

Das Gut, das der Mensch auf diese Weise gewinnen soll, ist *die innere Ruhe* (γαλήνη: V,2; VII,33; 68,2; VIII,28), der Gleich-Mut. Auf eine Formel gebracht: wenn der Mensch vernünftiger Maßen bei sich ist und das Übrige sein lässt, was es ist, nämlich *gleich-gültig* (das eine ist so gültig wie das andere), dann erwirbt er den Gleich-Mut für sein Leben.[51] Er ist geworden, was er

---

49 Das ist natürlich auf den Einfluss des Epiktet zurückzuführen, der auch sonst auf den Kaiser stark gewirkt hat (während der Einfluss Senecas fragwürdig bleibt). Man darf sich von den Dingen nicht bestimmen lassen (V,2; 10; VIII,28,2; IX,15; XII,31ff). Die Dinge vermögen über die Seele nichts, solange sich die Seele nicht von den Dingen vereinnahmen lässt (IV,3,10). Es kommt darauf an, die Dinge zu desillusionieren, zu erkennen, was sie *wirklich* sind (IV,13; 15f; VII,27,2 u.ö.). In diesen Zusammenhang gehört auch die seltsame Metapher von der „Kugelgestalt der Seele“, soll heißen: sie ist ganz bei sich selbst, alles Fremde prallt an ihr ab (IX,12; XII,3,4). Marc Aurel bezieht sich dabei ausdrücklich auf die Lehre des Empedokles (DK 31,B 27), ob mit Recht, steht dahin.

50 Vgl. X,8,5. Keine Angst vor dem Tod: VIII,5; XII,5. Der Weise nimmt ihn gelassen hin, verachtet ihn (IV,50,1; XII,34), mehr noch: er freut sich über sein Kommen (IX,3,8).

51 Apathie: I,9,9; III,4,4; VIII,48,1f; Ataraxie: IV,24,3; 26,1; VII,27,4; VIII,5,1 u.ö. Wenn einem die gleichgültigen Dinge gleichgültig geworden sind, hat man das Glück

schicksalsmäßig sein soll, ein überaus geringfügiges Stück Natur in einem zwar organischen, aber unüberschaubaren Ganzen. Er hat naturgemäß gelebt, und das heißt vernunftgemäß.[52] Er hat sich (könnte man sagen) „naturalisiert". Er hat *seine Vernunft in die Natur hinein „aufgehoben"*. Und das ist die Aufgabe des Lebens.

3.

Soweit der kleine Exkurs. Wir kehren nun wieder zum paulinischen Text zurück. Lassen sich (auf dem Hintergrund der zeitgenössischen philosophischen Doktrinen) die spezifischen Inhalte der paulinischen Aussagen näherhin erfassen? Es scheint so.

Zunächst: überblickt man die zitierten Texte (die als literarische Quellen natürlich nur einen künstlichen Ausschnitt aus dem lebendigen Schulgespräch geben), so kann man die Vermutung schwer unterdrücken, dass der paulinische Nebensatz, der davon spricht, das die pax Christiana eben gerade nicht eine Leistung der selbstgewissen Vernunft ist, implizit auf die zeitgenössische Moraldiskussion eingeht, und zwar polemisch. Das explizit zu machen, war kein Anlass. Die Hörer der ersten Zeit werden, wenn sie nur ein geringes Maß an popularphilosophischer Vorbildung mitgebracht haben, ohnehin dergleichen sofort mitgehört haben. Aber wie dem auch sein mag: in der *Sache* ist der Unterschied zu den Grundvoraussetzungen der philosophischen Moral sofort zu erkennen: Paulus wird nicht geleugnet haben, dass mit Hilfe der auf sich selbst bezogenen Vernunft ein gewisses Maß an seelischer Integration erreichbar ist (um in unserer Sprache zu reden); aber der Friede, den er verkündet und der den Christen durch Taufe und Geistverleihung geschenkt wurde, ist *mehr*, und *etwas anderes*, ein Friede anderer Dimension[53], keine Gabe, die sich der Mensch selber gibt,, sondern eine Gabe, die die Vernunft *empfängt*. Es ist (wohlgemerkt, auch wenn das nicht explizit gemacht wird), ein Friede, der im Sterben mit Christus (per baptismum) seinen Ursprung hat und der daraus seine Kraft empfängt. Es ist der Friede, den die der Welt durch Christus Abgestorbenen (!) empfangen. Es ist der Friede des Heiligen Geistes. *Pax ... a su-*

(IX,16,1). Autarkie: I,16,11; Friede: III,5,9; Gleichmut: I,8,3; X,8,2; gute Laune: IV,24,2; X,22; innere Unabhängigkeit: VIII,51,3; X,8,5 u.ö.

52 Naturbedingt = vernunftbedingt – und umgekehrt.

53 Vgl. *Bear*, a.a.O. (Anm. 8), S. 147f.

pernis veniens et ad superna perducens (Leo Magn.sermo 26,c.V: PL 54,216 A).[54]

Sodann: wie die causa efficiens eine verschiedene ist, so auch die Qualität der (in manchen sicher ähnlichen) Modi der Erscheinungen. Das im Einzelnen auszuführen, erlaubt der begrenzte Raum nicht. Es muss genügen darauf hinzuweisen, dass auch der Christ um Bewahrung vor allem Leid beten darf, dass er aber unter der „Apatheia" etwas wurzelhaft anderes versteht als der Stoiker. Das gilt – mutatis mutandis – auch von der Ataraxie. Auch der Christ betet um Bewahrung vor den *perturbationes*, aber er denkt dabei in erster Linie an die Anfechtungen durch „Fleisch, Sünde, Welt", durch den Feind, der ihn verwirren will. Auch der Christ hat das Recht, dem Leiden auszuweichen, aber er wird nicht nur das eigene Leiden, wenn es der Kyrios verfügt hat, demütig annehmen, sondern auch am fremden Leiden mittragen. Er wird den inneren Frieden unter Umständen „mitten in Gefahren und innerem Leiden und äußerer Not" (H. Schlier)[55] in sich wahrnehmen, aber nicht als Folge trotziger Selbstbewahrung oder tragischer Fügung in das Unausweichliche, sondern als unbegreifliche, überraschende, alles Verstehen transzendierende Gabe. Nicht zuletzt: der Christ muss (man erschrickt immer, wenn man es formuliert) bereit sein, für seinen Kyrios Zeugnis abzulegen bis zum Tod – eine Haltung, über die sich (nicht zufällig) der Kaiser Marcus mokiert hat (XI,3).[56]

Schließlich: man darf freilich das, was Paulus kritisch-einschränkend über den Nous formuliert, nicht missverstehen. Es ist die *endlich-natürliche* Vernunft des Menschen gemeint, das lumen naturale. Paulus redet von der Einschränkung der *Kompetenz* (!) der *natürlichen* (!) Vernunft. Die Wendung darf

---

54 *Lohmeyer* hat a.a.O. (Anm. 8), S. 171 Anm.3 auf Arist.frg.49 Rose (= F 61,1; Zl.14f Gigon) hingewiesen, etwa zu übersetzen: „Gott ist entweder die Vernunft (selbst) oder etwas, das (auch noch) die Vernunft übersteigt". Die Formulierung erinnert natürlich an Plat.Pol.VI,509b. Das aristotelische Fragment wird aus dem verlorenen Dialog „Über das Gebet" stammen, den Diog.Laert. V,22, nr.14 erwähnt. Was der genaue Inhalt der intendierten Aussage des Fragments ist, lässt sich nicht leicht ausmachen (speziell im Hinblick auf die bekannten, anderslautenden Formulierungen in Met.XII,9f.1074b,15ff). Den Diskussionsstand erörtert *Flashar*, in: Ueberweg, AntF 3, S. 267. Man hätte zu verstehen, „daß Aristoteles hier (in leichter Abweichung von Met.λ) in Anspielung auf eine innerakademische Kontroverse (Speusipp) bei der Bestimmung Gottes die Alternative zwischen Intellekt und Über-Intellekt offen läßt" (a.a.O.). – Das Fragment verdiente eine ausführliche Analyse.

55 *H. Schlier*, Der Philipperbrief, 1980, S. 74.

56 Der Bezug auf die Christen ist freilich vielleicht erst durch eine spätere Glosse entstanden. Vgl. z.B. die ed. *Dalfen* (Marci Aurelii ad seipsum libri XII, 1971), die den Bezug sekludiert hat. – Die Stellung des Kaisers zu den Christen ist ein klassisches kontroverses Thema der Kirchengeschichte des 2. Jh., vgl. *Klein*, a.a.O. (Anm. 47), S. 15ff.

nicht im Sinne irgend eines Irrationalismus interpretiert werden[57], sondern versteht sich als Grenzziehung zwischen Natur und Gnade, zwischen Schöpfung und Christusoffenbarung. Der Friede übersteigt deshalb die Grenzen der Kompetenz der natürlichen Vernunft, *weil er überhaupt das Vermögen des Geschöpflichen übersteigt.* Die kreatürliche Vernunft kann den göttlichen Frieden weder herstellen noch begreifen.[58] (Könnte sie ihn von sich aus begreifen, könnte sie ihn auch erzeugen). Er ist aber ein übervernünftiges Geschenk, das die Vernunft lediglich entgegennimmt, staunend, dankbar und anbetend. Es liegt mithin keine Abwertung der Vernunft als solcher vor (sie ist ja eine Schöpfungsgabe), sondern ein Regress auf die Seinsordnung. Der Friede ist *höher* als die Vernunft, aber er *zerstört sie nicht.*[59]

4.

Der Apostel könnte seine Paränese (über die Frage: wie gehe ich als Christ mit den Sorgen meines Lebens um?) mit dem Versprechen des eschatologischen Friedens abschließen. Die Sequenz: Anfechtung durch die Sorge – das Gebet als Heilmittel – der Friede der Seele als Gnadengeschenk (wobei der besondere Gnadencharakter durch den Nebensatz zum Ausdruck gebracht wird) – diese Sequenz allein würde und müsste genügen. Aber der Apostel hat noch ein weiteres paränetisches Motiv zur Geltung zu bringen: er will nicht nur von dem versprochenen Eintreffen eines wunderbaren Friedens reden, sondern auch davon, dass dieser Frieden *wie eine Schutzmauer*[60] Affekte und Intellekt umgeben kann und wird. Das ist der Inhalt von V.7b. Hier interessieren uns

---

57 Richtig: *Schenk*, a.a.O. (Anm. 8), S. 247.

58 *Schlier*, a.a.O. (Anm. 55), S. 74: „Man versteht ihn nicht“.

59 Vgl. Eph 3,20. Auch dort geht es darum, dass Gottes Gabe über Bitten und *über das Verstehen hinaus* geht. Vgl. *Schlier*, Der Brief an die Epheser, 1968[6], S. 176.
Es liegt nahe, hier die (stark rhetorische) interpretatio des Ambrosius zu zitieren (ich schreibe sie in Sinnzeilen):
sed qui uult sapientiam inuestigare,
non in abysso eam quaerat sicut philosophi,
qui arbitrantur quod ipsi sua sponte suo ingenio
profunda eius possint cognoscere,
non in mari eam requirat
– etenim ubi tempestas,
ubi procella uenti est,
non potest ibi esse sapientia,
sed ibi quaerat, ubi est tranquillitas mentis et pax,
quae super omnem intellectum est (de interpell.II,23: CSEL 32,2, S. 247).

60 Vgl. *Lohmeyer*, a.a.O. (Anm. 8), S. 171.

speziell die Begriffe „schützen“, „Herz“, „Gedanken“.[61] Wie hängen sie untereinander und mit dem Vernunftbegriff von 7a zusammen? Dieser Frage gehen wir noch zum Abschluss nach.

(a) Beginnen wir mit dem regierenden Verbum φρουρεῖν, bewahren. Um den hier vorliegenden übertragenen Sinn zu verstehen, ist es gut, einen Blick auf die Etymologie zu werfen. Φρουρεῖν heisst ursprünglich „vorsehen“ (von προ-ὁράω), „Vor-sicht walten lassen“, „Wache halten“[62], intr. „bewahren, beschützen, kontrollieren“[63]. Im übertragenen Sinn wird das Wort speziell zum Ausdruck für den Schutz der Götter verwendet:

„… Möge dich für diesen Schritt
die Gottheit besser schützen (φρουρήσας) als sie mir getan“ (Sophokl.Oed.Rex 1478f.)[64]. In christlichem Sinn (Gottes Schutz) begegnet das Wort in 1 Petr 1,5.[65] An unserer Stelle (Phil 4,7) legen sich die Bedeutungsnuancen nahe: (der Friede Gottes wird in Christus) *bewahren*, und zugleich damit (vor Versuchung und Fall) *schützen*.[66] Die Wortwahl steht im Zusammenhang mit den Benediktionsformeln (darüber war oben schon die Rede). Objekt des göttlichen Schutzes ist in der jüdischen Tradition sehr oft das „Herz“, so in den nahen Parallelen 1 Thess 3,13; 2 Thess 2,17; 3,5, und so auch hier. Das Auftauchen des Stichwortes καρδία folgt also der Topik. Καρδία ist ein polysemantischer Begriff. Vielleicht kann man (genetisch) konstruieren: auf einer frühen Kulturstufe steht das „Herz“ für das, was wir den „inneren Sinn“ nennen, einschließlich den drei „Vermögen“ des inneren Sinns: *Fühlen, Denken, Wollen.*

---

61 Zu lesen ist: νοήματα. Eine alte Korrektur hat statt dessen: σώματα, FG ad Chrom. (tract.in Matth. XVII,7,1: CChr.S.L.IX A, S. 275: *corda vestra et corpora*). Mar.Victor. in Phil.4,7 (CSEL 83/2, S. 221) hat: *corpora vestra* nur in der Interpretation, nicht im Lemma. – Eine interessante Lesart liegt im P 16 vor (s.III/IV = Pap.Oxy. 1009 mit dem Text von Phil 3,10-17 recto und 4,2-8 verso). Vgl.: Das Neue Testament auf Pap.II,2, ANTF 27, 1991, S. 122. Zum Pap.: Einleitung p.XLI. Während P 46 den Normaltext bietet, liest P 16 zusätzlich κ[αὶ τὰ σώμα]τα. Wir haben hier m.E. ein schönes Beispiel für eine Mischlesart vor uns. – *Lohmeyer*, a.a.O. (Anm. 8), S. 174 hielt νοήματα für einen alten Schreibfehler oder Lesefehler und erwog die Lesart σώματα (FG u.s.f.). Diese Lesart erklärt sich aber sehr leicht als nachträgliche Konjektur: der Abschreiber erwartete bei einem Text dieser Art einen Segensspruch, der den *ganzen* Menschen umfasst. Die Variante könnte im Westen entstanden sein. – 0151 (s.IX) liest διὰ νοήματα (ANTF 27, S. 122).

62 Φρουρά = die Wache, der Wachposten; bei Philon, de agr.86: die Leibwache; Jos.c.Ap.I,77; ant.VII,104: die militärische Besatzung einer Festung; Lukian, Vera hist.II,23: die Wachmannschaft wird überwältigt; Ev.Petri IX,35: die Soldaten am Grab Jesu.

63 Herod.VII,203; Jos.vita 53.

64 Übersetzung: *W. Willige-R. Bayer*, Sophokles. Dramen, 1985^2, S. 373.

65 In anderem Zusammenhang 2 Kor 11,32.

66 Hilar.tract.in Ps.CXIX (CSEL 22, S. 559): haec igitur *conseruabit* corda in Christo … .

Sucht man in der Frühzeit einen leiblichen Quellort für die drei Vermögen, so findet man ihn (von anderen Vermögen abgesehen) im „Herzen". Das ist jedenfalls jüdische Tradition, aber nicht nur jüdische. Dagegen liegt der Begriff νόημα außerhalb der Benediktions-Topik. Νοήματα nimmt natürlich νοῦς von V.7a auf, ist aber bedeutungsverschieden. Νοῦς ist (an unserer Stelle) das Vermögen der Vernunft, νοήματα dagegen sind (hier in 7b) die Hervorbringungen des Vermögens, also die *Gedanken.*[67]

(b) Wie man nun die drei anthropologischen Begriffe (καρδία, νοῦς, νόημα) genau zueinander abzugrenzen hat, ist schwer zu sagen. Das liegt an Paulus selbst, der an unserer Stelle liturgisch formuliert und keine „wissenschaftliche" Anthropologie vorzutragen hat. Mehr als eine Vermutung wird nicht möglich sein, vielleicht kann man aber sagen: καρδία, „Herz", steht in 4,7 für den *inneren Sinn der menschlichen Selbsterfahrung*, und zwar (wie schon gesagt) nach den drei Seiten hin, welche die menschlichen Sinnvollzüge der Innerlichkeit aufweisen: *affectus, intellectus, voluntas.*[68] Nous ist *eines* dieser Vermögen, nämlich: das intellektuelle Vermögen des „Herzens"[69]. Νοήματα dagegen sind die Realisierungen des intellektuellen Vermögens. Sie kommen aus dem Nous, der selber wiederum ein „Teil" des Herzens ist (oder vielleicht besser: der *im* Herzen entspringt). So gehen die „Gedanken" auf die menschliche „Vernunft" und über diese auf das menschliche „Herz" zurück.[70] Das „Herz" ist jedenfalls als der Ort gefasst, an dem der Mensch (im inneren Sinn) bei sich selbst ist, von dem aus, oder besser: „aus dem heraus" er seine Existenz im Fühlen, Verstehen und Wollen vollzieht. Das Herz ist darum auch der Ort, an dem der Mensch (als „Person", wie wir sagen würden) seinem Gott

---

67 Hom.Od.VII,36; Noema ist der Gedanke, der einem in den Sinn kommt: Od.II,363. Parmenides identifiziert das Denken und die Gedanken des Seins: DK 28, B 8,34; von der Katalepsis: Philon, quod det pot.ins.sol.131; de spec.leg.IV,108; geradezu definierend ist Corp.Herm.IV,3: der Nous trägt Noemata in sich. – Die andere Bedeutung von Noema (Begriff, Sinn, u.ähnl.) ist für unseren Text nicht anzunehmen. – Sehr interessant ist in diesem Zusammenhang die präzise Begrifflichkeit bei Arist.de anima I,3,407a,6ff: Nous = die Vernunft, Noesis = das, was die Vernunft erkennt, Noema = das, was sie erkannt hat. – Im Neuen Test. Noema nur hier und an Stellen des 2 Kor in sehr verschiedener Bedeutung: 2,11 (die Anschläge des Satans); 3,14 (Sinn, Verstand); 4,4 (die Gesinnung der Ungläubigen); 10,5 (=Nous?); 11,3 (die Gesinnung).

68 Was bei Paulus „das Herz" ist, wäre bei Aristoteles „die Seele": Ethic.Nic.VI,2,1139a,16f, wo die drei Vermögen der Seele aufgezählt werden: Wahrnehmung, Intellekt, Begehren.

69 Vgl. Empedokles, DK 31, B 105: der Sitz der Denkkraft ist das Blut im Herzen.

70 Also: das Herz ist das *Organ*, Nous ist das *Vermögen* des Organs (eines seiner Vermögen), Noema ist das *Produkt* des Vermögens. Vgl. Barn 2,8 (von den Gedanken des Herzens). – Eine andere Bedeutung bei *O`Brien*, a.a.O. (Anm. 8), S. 408. Herz weise auf den emotionales Aspekt der Innerlichkeit, Noemata auf den mentalen Aspekt.

begegnet. Gott will sein Herz. Aber: Gott *schützt* es auch – und zwar bei den Seinen durch das Geschenk des „von draußen" kommenden, endzeitlichen Friedens. Wenn er aber das Herz schützt, dann schützt er mit dem Herzen zusammen auch die Gedanken, die im intellektuellen Vermögen des Herzens „aufsteigen".

Deutet man also die metaphorische Aussage weiter aus, so könnte man sagen: der Friede Gottes wird den Beter umgeben, er wird seinen inneren Sinn wie mit einer Mauer schützen, er wird ihn zu einer „inneren Burg" (!) machen, er wird Wächter an die Tore der Burg[71], Wächter an die Tore des Herzens stellen, der Friede selbst wird wie ein Wächter-Engel, wie ein *angelus custos* die Innerlichkeit bewachen, bewachen wovor? Das kann nicht zweifelhaft sein: bewachen vor dem Eindringen der destruierenden Mächte.

(c) Der Text schließt mit der liturgischen Wendung ἐν Χριστῷ Ἰησοῦ – und verrät dadurch noch einmal seine ursprüngliche Herkunft aus der Topik der Benediktion. V.7 hat mit der Nennung Gottes begonnen, mit der Nennung des Kyrios schließt er. Doch darf man die Bedeutung der Schlusswendung nicht auf das Liturgische beschränken: sie macht noch einmal deutlich, *wo* der Raum des Friedens ist („in Christus Jesus" gehört zum Verbum „er wird bewahren"). Die Bewahrung des Herzens und der Gedanken geschieht *„im Raum Jesu Christi"*. Herz und Gedanken sind geschützt, solange sie sich in diesem „Raum" „aufhalten". Das neue Sein in Christus ist gleichsam die *Schutz-Zone* des Herzens und seiner Gedanken. Sie *sind* in dieser Schutzzone, und in ihr sollen sie auch *bleiben.*

In dieser Zone sind sie geschützt vor den Versuchungen der *Affekte* (vor Unruhe, Trauer, Depressivität, Verwirrung und Verzweiflung), vor den Versuchungen des *Intellekts* (vor den Leerläufen äußerer Verständigkeit, vor der verblendeten Vernunft, vor dem Mechanismus der Rationalität), und geschützt vor den Versuchungen der *Voluntas* (vor dem Verfall an zwanghafte Selbstverwirklichung, dem Verfall an die doch immer aussichtslosen Unternehmungen der vollständigen Lebenssicherung). Es ist die Zone der inneren Freiheit, die der Friede umhegt. Pax Dei est custos animi.

---

[71] Man denkt an Ps 46,6; 91,11 (*Lohmeyer*, a.a.O. o.Anm.8, z.St.).

Karl Beth über Religionspsychologie, Seelsorge und Freud Zur Auseinandersetzung der Wiener Theologischen Fakultäten mit der Psychoanalyse

ISABELLE NOTH

1. Wiens besondere Verantwortung

1928 erschien im *„Der neue Geist Verlag"* in Leipzig als erster Band unter dem Gesamttitel *„Krisis der Psychoanalyse"* ein Sammelwerk über *„Auswirkungen der Psychoanalyse in Wissenschaft und Leben"*. Sein Herausgeber Hans Prinzhorn erklärte im Vorwort, „es sollte einmal eine Heerschau über die Hauptgedanken der psychoanalytischen Lehren abgehalten werden, ihre Anregungskraft sollte von Vertretern verschiedener Forschungsgebiete bezeugt und ihre Reichweite abgesteckt werden."[1] Betrachtet man das Inhaltsverzeichnis, stellt man fest, dass alle 22 Mitarbeiter von den Geistes- über die Naturwissenschaften bis zu den unter der Rubrik „Leben und Schaffen" versammelten Autoren fast ausschließlich entweder in Deutschland oder in der Schweiz ansässig sind und kein einziger Fachvertreter aus Österreich oder gar aus Wien – als Ort der Entstehung und Hauptsitz der Psychoanalyse – aufgeführt ist. Dieser Sachverhalt muss auch Pater Wilhelm Schmidt (1868-1954), seit 1921 Universitätsdozent für Ethnologie in Wien, aufgefallen sein.[2] Ein Jahr nach Erscheinen des Sammelbandes von Prinzhorn veröffentlichte er eine eigene Stellungnahme zur Psychoanalyse unter dem Titel *„Der Ödipus-Komplex der Freudschen Psychoanalyse und die Ehegestaltung des Bolschewismus. Eine kritische Prüfung ihrer ethnologischen Grundlagen"*.[3] Dieser Schrift vorausgegangen war ein Vortrag im November 1928 vor der *Kulturwissenschaftlichen Gesellschaft* in Wien. In seiner Abhandlung erläutert Schmidt, weshalb er damals darum gebeten hatte, den Vortragstitel kurzfristig ändern und über die Psychoanalyse sprechen zu dürfen: Der Grund lag in der Lektüre des Beitrags des Bonner Religionswissenschaftlers Carl Clemen über *„Mythologie,*

1 *H. Prinzhorn*, Vorrede, in: *ders.* (Hg.), Krisis der Psychoanalyse, Bd. I: Auswirkungen der Psychoanalyse in Wissenschaft und Leben, Leipzig 1928, S. 7-10, hier: S. 9. Vgl. *K. Hoffmann,* Hans Prinzhorn: Seine Auseinandersetzung mit der Psychoanalyse in Dresden und Frankfurt am Main (1922-1928), in: Luzifer-Amor 41, 2008, S. 153-159.

2 Vgl. *A. Quack*, Art. Wilhelm Schmidt, in: LThK 9, ^{3}2000, Sp. 182; *K.J. Rivinius,* Art. Wilhelm Schmidt, in: BBKL XVII, 2000, Sp. 1231-1246.

3 Wien 1929.

Religionsgeschichte und Psychoanalyse" in erwähntem Leipziger Sammelband. Clemen bezeichnete das bisherige Schweigen seiner Disziplin zur Psychoanalyse als „Unterlassungssünde".[4] Wenn nun Clemen hinsichtlich seines Faches schon von einer Unterlassungssünde spreche, um wieviel mehr, meint Schmidt, treffe dieses Urteil auf die Ethnologie zu, zumal „für die Ethnologie speziell von Wien (...), wo es doch Wien ist, von dem die Psychoanalyse ausgegangen ist, und wo einer ihrer beiden Begründer (sc. Freud, Josef Breuer war 1925 gestorben; IN) noch jetzt weilt und lehrt."[5] Schmidt streicht heraus, dass gerade „die Wiener Ethnologen hier eine besondere Verpflichtung und Verantwortlichkeit hätten."[6] In seiner Stellungnahme zur Psychoanalyse konzentriert er sich dann auf den Nachweis der ethnologischen Unhaltbarkeit der Theorie des Ödipuskomplexes in *„Totem und Tabu"*, das Schmidt als Freuds „Hauptwerk" bezeichnet.[7]

Wilhelm Schmidt gehörte katholischerseits in Sachen Psychoanalyse neben dem Jesuiten Josef Donat (1868-1946) zu den Wortführern in Österreich, wo es „der fast ausschließlich herrschenden Meinung" entsprach, Freuds Lehre „als ganzes abzulehnen".[8] Josef Donat, der von 1911 bis 1938 ordentlicher Professor für christliche Philosophie an der Theologischen Fakultät der Universität Innsbruck war, hatte 1932 ein als Einführung und Aufklärungsschrift konzipiertes Werk *„Über Psychoanalyse und Individualpsychologie"* veröffentlicht. Nach einer äußerst oberflächlichen Darstellung der psychoanalytischen Theorie auf 29 Seiten folgt deren „Beurteilung" bzw. Verurteilung auf insgesamt 124 Seiten. Donat hält es für sicher, dass die Psychoanalyse an sich „Kampf und Vernichtungsarbeit bedeutet nicht nur gegen die katholische Gedankenwelt, sondern gegen den Bestand der ganzen christlichen Kultur."[9]

---

4 *C. Clemen,* Mythologie, Religionsgeschichte und Psychoanalyse, in: *Prinzhorn* (Anm. 1), S. 172-195, hier: S. 172.

5 *W. Schmidt* (Anm. 3), S. 6. Die Publikation dieser eigenen Auseinandersetzung Schmidts mit Freud wird 1929 und nicht – wie *P. Gay,* Freud. Eine Biographie für unsere Zeit, Frankfurt a. M. [5]2004, S. 509 vermutet – schon 1928 erfolgt sein, da der Vortrag am 28. Nov. 1928 stattfand (S. 4). Zudem handelt es sich bei Wilhelm Schmidt nicht um „einen Arzt" (so *Gay*, S. 508).

6 Ebda. Schmidt hat zwar den Beitrag von R. Thurnwald aus Berlin über „Ethnologie und Psychoanalyse" (in: *Prinzhorn,* Krisis, S. 114-133, Anm. 1) zur Kenntnis genommen, doch empfindet er ihn insgesamt wohl als ungenügend, weil nicht aus der „Wiener Schule" stammend. Bezeichnenderweise gibt er den Titel des Beitrags von Thurnwald mit „Ethnologie und Psychologie" leicht verfälscht wieder (*Schmidt*, Ödipus-Komplex, S. 32, Anm. 3).

7 Ebda., S. 5. Siehe auch seine Kritik an Freud in seinem Handbuch der vergleichenden Religionsgeschichte, Münster 1930, S. 106-111.

8 *W. Huber,* Psychoanalyse in Österreich seit 1933, Bd. 2, Wien/Salzburg 1977, S. 156. Zu Donat vgl. *W. Löffler,* Art. Donat, Josef, in: LThK 11, [3]2001, Sp. 61f.

9 *J. Donat,* Über Psychoanalyse und Individualpsychologie, Innsbruck 1932, S. 165.

Wenn Donat an der Theologischen Fakultät in Innsbruck eine Aufklärungsschrift verfasste und sich Schmidt als hervorragender Vertreter der Ethnologie zu einer Stellungnahme zur Psychoanalyse – auch aufgrund seiner Präsenz vor Ort – förmlich gedrängt sah, wie erging es dann universitären Repräsentanten der Theologie in Wien? Fühlten sich Mitglieder der beiden Theologischen Fakultäten Wiens auch zu einer Erklärung zur Psychoanalyse herausgefordert, die „wie eine gewaltige Flutwelle" empfunden wurde,[10] oder hüllten sie sich in Schweigen, bzw. fanden sie die Psychoanalyse einer eingehenden Beschäftigung schlichtweg nicht würdig?

Im Sammelwerk von Prinzhorn ist die Theologie gleich mit zwei Beiträgen vertreten, die sich bezeichnenderweise aus dem Blickwinkel der – konfessionell getrennten – Seelsorge mit der Psychoanalyse beschäftigen. Der theologische Diskurs mit der Psychoanalyse war von Anfang an am intensivsten im Bereich der praktisch-theologischen Teildisziplin der Seelsorge. In Wien hingegen stellte sich die Situation komplexer dar. Zwar sei von Gustav Entz (1884-1957), der die Praktische Theologie an der Evangelisch-Theologischen Fakultät von 1922-1955 vertrat, eine vermutlich von 1936 stammende Nachschrift seiner Vorlesung über „Praktische Theologie" erhalten geblieben, in welcher 13 von 49 Seiten sich mit der Seelsorge beschäftigen, wovon 2 Seiten dem „Problem der Psychoanalyse" und einer „Kurze(n) Darstellung" derselben gewidmet sind, doch kennzeichne sie eine „scharfe und zum Teil rassistische Ablehnung von Sigmund Freud, Oskar Pfister und der ganzen Psychoanalyse".[11] Weiters hätte – nach Müncker an der Katholisch-Theologischen Fakultät – „in den Jahren um 1930 (...) Univ.Prof. Dr. Rudolf Allers (...) pastoralmedizinische Vorlesungen" gehalten, über deren Inhalt jedoch „bisher keine näheren thematischen Angaben gefunden werden konnte(n)".[12] Rudolf

---

10 *G. Mahr,* Evangelische Seelsorge und Psychoanalyse, in: *Prinzhorn* (Anm. 1), S. 334-349, hier: S. 334.

11 *E. Hofhansl,* Non enim satis est literas discere. Die Wiener Professoren Skalsky, Völker und Entz als Lehrer der Praktischen Theologie von 1895-1955, in: *K. Schwarz/F. Wagner* (Hg.), Zeitenwechsel und Beständigkeit. Beiträge zur Geschichte der Evangelisch-Theologischen Fakultät in Wien 1821-1996, Wien 1997, S. 487-512, hier: S. 505f u. 509. Vgl. dazu *G. Entz*, Erinnerungen aus fünfzig Jahren kirchlicher und theologischer Arbeit, S. 79: „Ich habe es stets als einen Notstand empfunden, dass ich von meiner allgemeinen Vorlesung über Seelsorge gerade nur etwa fünf bis sechs Stunden für die Probleme der Psychoanalyse abzweigen konnte" [masch. Ms.; AEvOKR Wien].

12 *G. Roth*, Christus Medicus. Zur Geschichte und Geistesgeschichte der Pastoralmedizin an der Katholisch-theologischen Fakultät der Universität Wien, in: *E. Chr. Suttner* (Hg.), Die Katholisch-Theologische Fakultät der Universität Wien 1884-1984. Festschrift zum 600-Jahr-Jubiläum, Berlin 1984, S. 307-312, hier: S. 308. Vgl. *Th. Müncker,* Katholische Seelsorge und Psychoanalyse, in: *Prinzhorn* (Anm. 1), S. 350-360, hier: S. 359 (Anm. 1). Zu Rudolf Allers – Anhänger der Adler'schen Individualpsychologie –, der nach dem Personalstand der Universität Wien bis 1938 Privatdozent geblieben war,

Allers (1883-1963) hatte aber schon 1922 einen Vortrag *„Über Psychoanalyse“* veröffentlicht, weshalb man annehmen darf, dass er sein Wissen im Rahmen einer pastoralmedizinischen Veranstaltung hätte einfließen lassen.[13] Den *Öffentlichen Vorlesungsverzeichnissen der Universität Wien* zufolge hielt Allers jedoch nie pastoralmedizinische Vorlesungen, sondern las mehrere Jahre über medizinische Psychologie am physiologischen Institut und hielt verschiedene Vorlesungen an der psychiatrischen Klinik. Während an der Katholisch-Theologischen Fakultät kein Exponent in Sachen Psychoanalyse auszumachen ist, sticht auf evangelischer Seite der Systematiker Karl Beth (1872-1959) hervor. Er verfasste 1929 eine in ihrer Kürze bemerkenswerte Replik auf Freuds *„Zukunft einer Illusion“*. Ihm als lutherischen Theologen an der Wiener Evangelisch-Theologischen Fakultät soll nun das Augenmerk gelten.

2. Beths Verhältnisbestimmung von Religionspsychologie und Seelsorge

Im Jahre 1922 rückte Wien mit der Eingliederung der Evangelisch-Theologischen Fakultät in die Universität und als Sitz des von Karl Beth mit ins Leben gerufenen *„Forschungsinstituts für Religionspsychologie“* und der von ihm gegründeten und präsidierten *„Internationalen Religionspsychologischen Gesellschaft“* erstmals auch institutionell ins Zentrum der deutschsprachigen religionspsychologischen Disziplin. Die Hauptstadt der noch jungen Ersten Republik Österreich empfahl sich als Alternative zu Dorpat, wo die experimentelle Methode Karl Girgensohns (1875-1925) rezipiert wurde.[14] Karl Beth, der diese Entwicklung maßgeblich beförderte, war von 1906 bis 1938 Professor für Systematische Theologie Augsburgischen Bekenntnisses an der

vgl. *Cl. Kenner,* Art. Allers, Rudolf, in: *G. Stumm u.a.* (Hg.), Personenlexikon der Psychotherapie, Wien/New York 2005, S. 13-15.

13 Vgl. *R. Allers,* Über Psychoanalyse, 16. Beiheft zur Monatsschrift für Psychiatrie und Neurologie, Berlin 1922.

14 Zum kräftigen Auftrieb, den die Religionspsychologie erhielt, vgl. auch den Hinweis von *E. Stange* im Vorwort des von ihm edierten Bandes „Die Religionswissenschaft der Gegenwart in Selbstdarstellungen“, Bd. II, Leipzig 1926, der „auch Beiträge aus dem Arbeitsgebiet der zurzeit besonders aktuellen religionspsychologischen Forschung“ beinhaltet. Zur experimentellen Methodik Girgensohns vgl. dessen eigene Beschreibung: *ders.,* Karl Girgensohn, in: *Stange*, S. 41-76, hier: S. 70-73.
Die Ansicht, „around 1930, any young man wishing to specialize in the psychology of religion had two viable options“, nämlich Werner Gruehn in Dorpat oder Oskar Pfister in Zürich zu kontaktieren, ist ergänzungsbedürftig. *T. Nørager,* Villiam Grønbaek and the Dorpat School. Elements of a „History“ based on the Correspondence between Villiam Grønbaek and Werner Gruehn, in: *J.A. Belzen* (Hg.), Aspects in Contexts. Studies in the History of Psychology of Religion, Amsterdam/Atlanta, GA 2000, S. 173-233, hier: S. 173.

Evangelisch-Theologischen Fakultät in Wien.[15] 1931 führte er daselbst den *Ersten Internationalen religionspsychologischen Kongress* durch. Seine Frau war die Jüdin Marianne von Weisl (1890-1962) – promovierte Orientalistin und erste promovierte Juristin Österreichs –, die rege am religionspsychologischen Diskurs Anteil nahm, Rezensionen für die von ihrem Mann herausgegebene Zeitschrift verfasste, vor der „*Internationalen Religionspsychologischen Gesellschaft*" Vorträge hielt und auch an dem erwähnten *Kongress* auftrat.[16] Wegen dieser Ehe wurde Beth nach dem Anschluss Österreichs an das Großdeutsche Reich und der Neuordnung des österreichischen Berufsbeamtentums am 31. Mai 1938 gezwungen, sein Lehramt und das von ihm betreute Dekanat niederzulegen. Nach der darauf folgenden Streichung seiner Pension musste er ins überseeische Exil nach Chicago übersiedeln, wo er von 1939 bis 1945 Religionsphilosophie und -psychologie lehrte und 1959 schließlich verstarb.

Während seiner Amtszeit in Wien bemühte sich Karl Beth nachweislich um die Aufnahme der Religionspsychologie in den Fächerkanon der Theologie, wobei ihre genaue Zuordnung zunächst noch Mühe zu bereiten schien.

So behandelt Beth im SoSe 1924 erstmals „Hauptfragen der Religionspsychologie" im Rahmen eines systematischen Seminars.[17] Im WiSe 1925/26 wird die Religionspsychologie als eigenes Gebiet *neben* der Systematischen Theologie aufgeführt.[18] Im SoSe 1932 wird unter der Rubrik „Religions*philosophie*" ein „Religionspsychologischer Zirkel" angezeigt.[19] Im WiSe 1932/33 finden unter „Systematische Theologie" sowohl „Übungen in der religionspsychologischen Arbeitsgemeinschaft" statt, als auch ein Seminar über „Schleiermachers Religionspsychologie".[20] Im SoSe 1933 wird wiederum unter „Religions*philosophie*" eine „Einführung in die Religionspsychologie" angekündigt.[21] Im WiSe 1934/35 werden unter „Systematische Theologie" neben einem Seminar über „das Wesen des Christentums und die großen arischen Religionen" „Religionspsychologische

15 Vgl. *E. Schneider,* Das Lebenswerk Karl Beths, in: ThLZ 78, 1953, Sp. 695-704 [inkl. Bibliographie]; *Fr. W. Bautz,* Art. Karl Beth, in BBKL I, 1990, Sp. 564f; *I. Tschank,* Positive Theologie der Moderne: Der „österreichische" Theologe Karl Beth, in: Gott und die Moderne. Theologisches Denken im Anschluß an Falk Wagner, Wiener Beiträge für Theologie und Gemeinde II, Wien 1994, S. 116-122; *K. Schwarz,* „Haus in der Zeit": Die Fakultät in den Wirrnissen dieses Jahrhunderts, in: *ders./Wagner* (Anm. 11), S. 125-208, hier: v.a. S. 139f u. S. 161-164.

16 Siehe z.B. ihre würdigende Rezension von Anna Freuds „Einführung in die Psychoanalyse für Pädagogen", in: ZRP 9, 1936, S. 117f. Am Kongress sprach sie über „Unglaube als Ausfallserscheinung". *O. Nahrhaft*, Der Erste Internationale Religionspsychologische Kongress, in: ZRP 4, 1931, S. 97-109, hier: S. 104. Der Vortrag wurde abgedruckt in: ZRP 8, 1935, S. 208-225. Vgl. auch *Fr. Stadler* (Hg.), Vertriebene Vernunft I. Emigration und Exil österreichischer Wissenschaftler 1930-1940, München 1987, S. 457. Erstaunlicherweise bleibt Karl Beth in diesem Werk gänzlich unerwähnt.

17 Öffentliche Vorlesungen an der Universität Wien im Sommersemester 1924, S. 8.

18 Öffentliche Vorlesungen an der Universität Wien im Wintersemester 1925/26, S. 6.

19 Öffentliche Vorlesungen an der Universität Wien im Sommersemester 1932, S. 7. Hervorhebung IN.

20 Öffentliche Vorlesungen an der Universität Wien im Wintersemester 1932/33, S. 7f.

21 Öffentliche Vorlesungen an der Universität Wien im Sommersemester 1933, S. 7. Hervorhebung IN.

Übungen“ angeboten.[22] Im WiSe 1936/37 wird das „Systematische Seminar“ dann erstmals in eine „A. Dogmatische Abteilung“ und „B. Religionspsychologische Abteilung“ aufgeteilt.[23]

Wenige Jahre nach Gründung der *Internationalen Religionspsychologischen Gesellschaft* ließ Karl Beth die schon vom Mediziner Johann Bresler und vom evangelischen Theologen Gustav Vorbrodt edierte, aber nur von 1907 bis 1913 erschienene *„Zeitschrift für Religionspsychologie“* 1928 neu auflegen. Dabei änderte er den ursprünglichen, am aktuellen Diskurs orientierten und die Profession der damaligen Herausgeber widerspiegelnden Untertitel *„Grenzfragen der Theologie und der Medizin“* um in *„Beiträge zur religiösen Seelenforschung und Seelenführung“*.[24] Den Auftakt zum ersten Band machte er mit einem Aufsatz über *„Religionspsychologie und Seelsorge“*, dessen Funktion zunächst darin zu bestehen schien, den wohlüberlegten und richtungsweisenden neuen Untertitel der Zeitschrift zu erläutern. Der Beitrag beginnt mit dem programmatischen Satz: „Religionspsychologie kann und muss sich praktisch erproben in der Pflege der Seelen.“[25] Beth eröffnete die neu aufgelegte Zeitschrift mit einer Bestimmung des Verhältnisses von Religionspsychologie und Seelsorge und legte dem/r Leser/in Rechenschaft über sein Verständnis von Religionspsychologie als eine mit der Seelsorge unzertrennlich verbundene Disziplin ab. Beide stehen nach ihm in einer engen Wechselbeziehung zueinander, wobei deutlich wird, dass „religiöse Seelenforschung“ den Bereich der Religionspsychologie und „Seelenführung“ denjenigen der Seelsorge bezeichnet. Die Seelsorge dient der Religionspsychologie, indem sie ihr Material in Form von „Erfahrungen und Beobachtungen der Praktiker des religiösen Lebens“ zur Verfügung stellt, während die Religionspsychologie für

22 Öffentliche Vorlesungen an der Universität Wien im Wintersemester 1934/35, S. 8.

23 Öffentliche Vorlesungen an der Universität Wien im Wintersemester 1936/37, S. 11. Unter „B“ wird eine „Einführung in die Religionspsychologie mit freigewählten Übungen“ angeboten, ebda. Im Sommersemester 1937 finden unter „B. Religionspsychologie“ „selbständige Arbeiten an Biographien“ statt; Öffentliche Vorlesungen an der Universität Wien im Sommersemester 1937, S. 11.

24 Die Zeitschrift erschien nur zehn Jahre lang und musste 1938 wieder eingestellt werden. Die 1929 erfolgte Erweiterung des von *W. Gruehn* herausgegebenen *„Archivs für Religionspsychologie“* um den Zusatz „und Seelenführung“ ist u.a. vor dem Hintergrund der zwischen Dorpat und Wien herrschenden Konkurrenz zu sehen.

25 *K. Beth,* Religionspsychologie und Seelsorge, in: ZRP 1, 1928, S. 5-25, hier: S. 5. Passend dazu wird in den Klappentexten für zwei Seelsorgelehren geworben: auf dem vorderen für das Werk des Pfarrers *I. Schairer,* Moderne Seelenpraxis. Grundlagen für eine positive Seelsorge, Gütersloh 1927 und auf dem rückwärtigen mit einem Empfehlungstext von K. Beth für die Schrift des Mediziners *O. von Weizsäcker*, Seelenbehandlung und Seelenführung nach ihren biologischen und metaphysischen Grundlagen betrachtet, Gütersloh 1926. In einer ebenfalls „unlöslichen Wechselbeziehung“ sieht Beth die Religionswissenschaft und die -psychologie, vgl. *ders.*, Die Aufgaben der Religionspsycho-

die Seelsorge spezifische theoretische Erkenntnisse über die menschliche Seele bereit hält. Nach Beth erweist sich nicht nur der Nutzen, sondern die Notwendigkeit der Religionspsychologie in ihrer seelsorglichen Verwertbarkeit – Seelsorge wird so zum religionspsychologischen Anwendungs- und Bewährungsfeld; die Seelsorge wiederum muss Erkenntnisse der Religionspsychologie verarbeiten und integrieren, will sie seriös betrieben werden. In der religiösen Typenlehre sieht Beth „die wichtigste wissenschaftliche Grundlage aller praktischen seelsorgerlichen Tätigkeit",[26] und die Beschreibung, Erforschung und Ausdifferenzierung „religiöser Typen" ist Aufgabe einer empirischen Religionspsychologie. Zusammenfassend stehen die beiden Disziplinen nach der Darstellung Beths in einem klassischen Theorie-Praxis-Verhältnis.

Nach diesen zum Verständnis der Neuauflage der *„Zeitschrift für Religionspsychologie"* zentralen Ausführungen drückt Beth sein Anliegen auch explizit aus, nämlich die Wahl des Untertitels und damit die herausragende Bedeutung des Faches der Religionspsychologie zu erläutern: Er definiert sein überkonfessionelles und laisierendes Verständnis von Seelsorge „in dem weiteren Begriffssinne von *Seelenführung* und Seelenbeeinflussung".[27] Seelsorge ist „ein Sichbemühen um die Seelen, die sich in irgendwelcher Not befinden", weshalb „jeder einzelne Mensch (...) ein berufener Seelsorger" sei, sogar „dann, wenn er sich dessen gar nicht bewußt" ist.[28] Aus diesem Grund erwächst die Notwendigkeit, sich nicht nur als Pfarrer oder als Christ, sondern schlichtweg als Mensch, mit der Seele des (Mit-)Menschen zu beschäftigen. Mit dieser Grundlegung im seelsorglichen Engagement plädiert Beth zugleich emphatisch für die Disziplin der Religionspsychologie und nimmt den/ie Leser/in in die Pflicht. Beths Text verfolgt deutlich adhortative Absichten. Der Aufbau seiner Argumentation in Form eines logischen Syllogismus verdient besondere Beachtung: Seelsorge betrifft jeden Menschen. Grund und Ziel von Religionspsychologie ist Seelsorge. Also darf Religionspsychologie allgemein Aufmerksamkeit beanspruchen.[29]

---

logie, in: *K. Beth* (Hg.), Religionspsychologie. Veröffentlichungen des Wiener Religionspsychologischen Forschungs-Instituts, Heft 1, 1926, S. 4-14, hier: S. 5.

26 *Beth* (1928, Anm. 25), S. 17. Zur „Typisierung" vgl. *Beth* (1926, Anm. 25), S. 7 u. 13.

27 *Beth* (1928, Anm. 25), S. 5 [Hervorhebung IN].

28 Ebda., S. 6. Diese Ausweitung des Seelsorgebegriffs ist schon bei Oskar Pfister klar zu erkennen, wobei dieser den Grund dafür in der Psychoanalyse sieht: „Der Begriff der Seelsorge hat sich unter dem Einfluss der Psychoanalyse weiter ausgedehnt, als die Lehrbücher der praktischen Theologie ahnen ließen. Sie ist nicht mehr Sache des geistlichen Standes." *O. Pfister*, Analytische Seelsorge. Einführung in die praktische Psychanalyse für Pfarrer und Laien, Göttingen 1927, S. 132.

29 Die Notwendigkeit der Religionspsychologie behauptet Beth auch im Blick auf andere Disziplinen. So vermöge ohne religionspsychologische Kenntnisse auch keine religi-

Beth bezieht als Nächstes psychoanalytische Erkenntnisse mit ein und unterteilt die Seelsorge in eine „bewusste" und eine „unbewusste" Ausübung.[30] Da nicht nur der berufsmäßige Seelsorger, sondern alle Menschen einander stets und ohne Unterlass in irgendeiner Weise beeinflussen, erinnert Beth an die Pflicht, das Leben so zu gestalten, dass keine – auch keine unbeabsichtigte – „falsche Einwirkung" entstehe. Er fordert dazu auf, „die Menschenseelen in ihrer Mannigfaltigkeit kennen zu lernen", um daraus Erkenntnis zu gewinnen, wie sie sich beeinflussen lassen.[31] Nach Beth geht „die wirksamste Seelsorge (...) vom Unbewußten zum Unbewußten." Wenn nun ein professioneller Seelsorger ein einseitig intellektuelles bzw. „bewußtseinsmäßiges Seelenleben" führt, so muss er „in eifrigem religionspsychologischem Studium das Seelenleben der Menschen studieren und dadurch lernen, wie man mit Seelen Kontakt gewinnt." Zudem muss er „mehr als jeder andere Mensch (...) sein Innenleben selbst analysiert und kritisch durchleuchtet d.h. die religionspsychologischen Kategorien auf sich selbst angewandt haben."[32]

Eine bestimmte „Energie", ein sog. „seelsorgerliche(s) Fluidum", das ein Seelsorger, will er seinen Beruf nicht verfehlen, ausstrahlt und das rational nicht erfasst werden kann, bewirke nach Beth die wirklichen Erfolge in der Seelsorge.[33] Auch wenn ein Minimum davon erforderlich sei, um die seelsorgliche Tätigkeit überhaupt ausüben zu können, legt Beth Wert auf die Feststellung, dass schon Ansätze desselben entwicklungsfähig seien; auch jemand mit bloß mittelmäßiger Fähigkeit zu Empathie und Menschenkenntnis könne „durch Übung Hohes erreichen, wenn er sich die Ergebnisse der religionspsychologischen Wissenschaft zunutze macht."[34] Was heutzutage im Besuch von Supervisionen, Psychotherapien und Kommunikationstrainings angeeignet wird, erhoffte sich Beth zum Teil noch vom Studium der Religionspsychologie.

Beths erster Beitrag der wiederbelebten *„Zeitschrift für Religionspsychologie"* belegt schon eine intensive kritische Auseinandersetzung mit Freud, der schließlich auch explizit erwähnt wird: Wenn der Seelsorger von Freuds Psychoanalyse etwas lernen könne, „so ist es dies, daß die bedeutsamsten Ein-

---

onshistorische Untersuchung zu gelingen. Vgl. *K. Beth*, Geleitwort, in: *Th. Weindl,* Monotheismus und Dualismus in Indien, Iran und Palästina als Religion junger, kriegerisch nomadistischer Völker im Gravitationsbereich von Völkern alter Kultur. Eine religionspsychologische und mythologische Studie, Sonderheft Nr. 3 zur ZRP, Wien 1935.

30 *Beth* (1928, Anm. 25), S. 6.

31 Ebda., S. 7.

32 Ebda., S. 8.

33 Ebda., S. 8.

34 Ebda., S. 9.

klemmungen der Seele nur selten und mit großen Schwierigkeiten und Abstrichen eingestanden werden; ja, daß sie dem Menschen so wenig bewußt werden, daß er oft bei allem Nachsinnen sie nicht bemerkt, es sei denn, daß er selbst zu psychoanalytischen Beobachtungen geschult wäre."[35] Beth sieht in Freuds Lehre vom Unbewussten und vom Widerstand den zentralen Erkenntniswert der Psychoanalyse für die Seelsorge und schließt daraus, dass sich der Seelsorger mit den Erkenntnissen der zeitgenössischen Psychologie zu beschäftigen habe, insbesondere „wo sie Belehrung über die Tiefen der Seele und den Abstieg in dieselben gibt."[36] Beths vergleichsweise große Offenheit für die Psychoanalyse, die ihn schon im ersten Erscheinungsjahr der *„Zeitschrift für Religionspsychologie"* einen Beitrag Oskar Pfisters aufnehmen ließ,[37] gereichte ihm von Kritikern wie etwa Werner Gruehn zum Vorwurf. Nach diesem fände Religion nicht primär „unterbewusst" statt, sondern spiele sich „im Bewußtsein" ab.[38]

Beth beabsichtigt mit seinem Beitrag insgesamt „eine völlige Umänderung der Methodik" und propagiert ein neues Verständnis von Psychologie, die sich nicht mehr als Natur-, sondern als Geisteswissenschaft im Sinne seines Berliner Lehrers Wilhelm Dilthey zu verstehen habe und deshalb methodisch „unabhängig von der Basis der naturwissenschaftlichen Erkenntnisweise durchgeführt werden" müsse.[39] Als „Geist" seien „nicht physiologisch bedingte und immer wieder nur im Physiologischen verankerte und aus ihm heraus zu verstehende Prozesse" zu bezeichnen, sondern „jene schöpferische, die Geschichte bedingende und bestimmende Energie".[40]

Vor dem Hintergrund des eben ausgeführten Verständnisses von Religionspsychologie, deren Hauptbeschäftigung die „Feststellung von religiösen Tatbeständen, ursächlichen Analysen derselben, Zusammenfassung und Zu-

---

35 Ebda., S. 12.

36 Ebda., S. 13. Vgl. *D.M. Wulff,* Psychology of Religion. Classic & Contemporary, New York ^{2}1997, S. 33: Beth „assumed that the crucial factors lie below the threshold of consciousness and thus he was receptive in particular to the work of the depth psychologists." 1941 veröffentlichte er in den USA einen Beitrag mit dem Titel „The Contribution of Freud's and Jung's Depth Psychology to the Understanding of the Christian Message" (in: The Journal of Liberal Religion 3, 1941, S. 112-124) und hielt fest: „Depth Psychology has made a real contribution to the understanding of the Christian message" (S. 112).

37 Vgl. *O. Pfister,* Sünde und Herzensreinheit im Lichte der Tiefenseelsorge, in: ZRP 1/3, 1928, S. 5-27.

38 *W. Gruehn,* Die Frömmigkeit der Gegenwart, Münster 1956, S. 223.

39 *Beth* (1928, Anm. 25), S. 13f. Zur innigen Beziehung Beths zu Dilthey, dessen „Famulus" er dank Vermittlung Harnacks war und der ihm „ein wirklich väterlicher Freund" wurde, vgl. *Beth* (1926, Anm. 25), S. 7f.

40 *Beth* (1928, Anm. 25), S. 14.

sammenordnung zu typischen psychischen Abläufen" sei,[41] ist Beths vehemente Reaktion auf die Lektüre von Freuds schärfster religionskritischer Schrift *„Die Zukunft einer Illusion"* zu sehen.

3. Beths Kampf für die Religion

Auf die Veröffentlichung von Freuds Studie *„Die Zukunft einer Illusion"* (1927) reagierte Beth im zweiten Band der *„Zeitschrift für Religionspsychologie"* (1929) mit einem Beitrag, dessen polemischer Stil merklich von seinen bisherigen Publikationen abwich und deshalb aufhorchen lässt.[42] Seinem Aufsatz über *„Die Religion im Urteil der Psychoanalyse"* fügte er den bezeichnenden Untertitel bei: *„Sigmund Freuds Kampf gegen die Religion"*.[43] Mit harscher Kritik überzieht Beth Freuds Werk, dessen Inhalt „weder neu noch packend, geschweige denn von wissenschaftlicher Bedeutung" sei (S. 76).

Während Beth verschiedene Elemente der Freudschen Theoriebildung ohne Umstände rezipieren konnte, grenzte er sich von dessen Religionskritik umso heftiger ab. Er unterstellt Freud in seiner Reaktion von 1929 die Absicht, Religion „vernichten" und die Menschheit von ihr wie von einer Krankheit heilen zu wollen.[44] Er erhebt im Wesentlichen folgende drei Vorwürfe:

Der erste Vorwurf richtet sich gegen Freuds Religionsbegriff, dessen Unangemessenheit eine verkehrte Fragestellung zur Folge habe. Freud frage nämlich nach dem Ursprung der Religion, ohne zuvor ihre „Erscheinungsweisen" zur Kenntnis zu nehmen. Dabei müsse jede „Untersuchung über den Wert der Religion (...) von dem phänomenologischen Befund über das Wesen der Religion ausgehen" (S. 80). Genau dieser interessiere Freud jedoch nicht. Schon vor Erscheinen von Freuds Werk hielt Beth in seiner *Selbstdarstellung*

---

41 *Beth* (1926, Anm. 25), S. 10. Vgl. ebda., S. 11f: „Der Weg, den die empirisch arbeitende Religionspsychologie zu gehen hat, besteht vor allem in der Beobachtung dessen, was an religiösen Triebkräften und Erfahrungen und an daraufhin zielenden anderweitigen psychischen Bedingungen vorhanden ist. (...) Die Analyse nicht nur der vorhandenen fertigen Psyche der Individuen, sondern diejenige der Entwicklung der Einzelpsychen ist es, die allein zu einer Antwort auf die Frage führen kann, warum es mit den Menschen in religiöser Hinsicht so verschieden bestellt ist und worin andererseits der Grund für die typische Gleichartigkeit religiösen Erlebens und religiöser Vorstellungsbildungen zu finden ist. Alles kommt dabei auf die religiöse Ontogenese an."

42 Beth gibt als Erscheinungsjahr 1928 an und bezieht sich damit auf die 2. Aufl. von Freuds Schrift.

43 In: ZRP 2, 1929, S. 76-87.

44 *Beth* (1929, Anm. 43), S. 76f. Donats Gesamturteil von 1932, die Psychoanalyse sei „Kampf und Vernichtungsarbeit" (oben S. 314), erinnert inhaltlich und sprachlich stark an Beth, der „Kampf" im Untertitel verwendet und auch von „vernichten" spricht; Donat verweist jedoch nirgendwo auf ihn.

fest, dass es zur Fundierung eines in Ferne gerückten gemeinsamen Religionsbegriffs zuerst „einer neuen und vollständigen Phänomenologie der Religion und Religiosität zu bedürfen scheint.“[45] Deshalb müsse, wer Religionspsychologie betreibe, „die Religion in ihrer ungeheuren Mannigfaltigkeit“ vor Augen halten, und dürfe „sich nie durch eine singuläre Form zum Stillstand verleiten lassen.“[46] Freud fehle die Gesamtperspektive bzw. „synthetische Betrachtung“ (S. 82), eine umsichtige Wahrnehmung von Religion als Ganzes, auf der eine Analyse beruhen müsse.[47] Freuds Vorgehen widerspricht methodisch den von Beth formulierten *„Aufgaben der Religionspsychologie“* selbst.[48] So fällt er das Urteil: Freud „analysiert, man weiß nicht recht was eigentlich; die Religion ist es jedenfalls nicht“ (S. 80).

Zweitens wirft Beth Freud vor, er wolle „die Religion zu etwas unselbständigem Psychischen machen, er will sie in anderes Psychisches rational auflösen“ (S. 82). Da Freud Religion in Kategorien zu fassen suche, die ihr nicht gerecht werden, weil sie „auf einer ganz anderen Linie als alle übrigen Wahrnehmungs- und Erkenntnisgegenstände“ liege, sei sein Urteil abwegig. Bei Religion handle es sich um einen Bereich *sui generis*. Die Vernunft zur obersten Instanz und zum alleinigem Maßstab zu erklären, sei „keine psychologische Feststellung“, sondern „ein rationales Verdikt“ (S. 82).

Drittens hält Beth Freud vor, zwei Beweise schuldig geblieben zu sein: Er hätte es versäumt nachzuweisen, „dass die religiösen Erscheinungen (...) außerhalb der menschlichen Psyche keinen Anhaltspunkt“ hätten (S. 82). Dadurch, dass Freud der Religion ihre Transzendenzbezogenheit und ihre verstandesmässig-logische Unzugänglichkeit vorhalte, beweise er, vom Sinn der Religion keine Ahnung zu haben. Zudem bemängelt Beth, dass Freud Religion mit einer Zwangsneurose parallelisiere, ohne nachzuweisen, dass sie denselben Gesetzen entspräche.

Für bemerkenswert hält Beth Freuds „Taktik“, Religion nicht wie gewöhnlich als kulturfeindlich anzuprangern, sondern sie geradezu als Bestandteil der Kultur und somit als „menschenfeindlich, individuumsfeindlich“ zu betrachten (S. 84). Und hier nun gerät Freud mit seiner Kulturtheorie in einen direkten

---

45 *K. Beth,* Karl Beth, in: *Stange* (Anm. 14), S. 1-40, hier: S. 30.

46 Ebda., S. 30.

47 Vgl. *Beth* (1929, Anm. 43), S. 81: „(...) die Gesamtschau die Voraussetzung, Grundlage, Ebene ist, auf welcher allein die Analyse einsetzen kann. Die Analyse hat sich daher immer neu an der synthetischen Schau zu orientieren.“

48 Vgl. o. Anm. 25.

Gegensatz zu Beths teleologischem Entwicklungsgedanken. Dass Kultur letztlich aufgrund des nötigen Triebverzichts Feindseligkeit wecke, treffe nach Beth „nur bei dem Menschentypus mit abgebrochener geistiger Entwicklung" zu, und diesen erhebe Freud zum Normalfall. Nach Beths anthropologischer Vorannahme sind „von vornherein, teleologisch, im Menschenwesen höhere, ja andersartige Zielsetzungen angelegt" (S. 84). Sie bestimmen die „Zielrichtung im Leben" (S. 85). Mit seinem epigenetischen Entwicklungsbegriff bzw. seiner „Epigenesistheorie" widerspricht Beth der eher skeptischen Perspektive Freuds, für den die Geschichte bzw. der Ausgang menschlicher Entwicklung offen ist.[49]
Der Urvatermord ist nach Beth „als eine der vagsten Konstruktionen zu bezeichnen, die je in wissenschaftlicher Literatur gewagt worden sind."[50] Und Beth weist nun messerscharf auf den Erklärungsnotstand hin, in den Freud mit seiner Rekonstruktion gerät: „Allein von dieser Vorstellung bis zu einer Gewissensregung und der Gottesvorstellung ist ein ungeheurer Schritt, über den Freud den Lesern keine Rechenschaft gibt" (S. 86).

Beth hat als Erster auf die axiomatischen Annahmen in Freuds Religionskritik aufmerksam gemacht: „Sollte wirklich aus der Furcht vor dem fortlebenden Geist des erschlagenen Urvaters der Gottglaube entstanden, der Urvater deifiziert worden sein, dann hätte für diesen Gedankenprozess die Idee der Gottheit schon zur Verfügung gestanden haben müssen. Ohne die Idee der Gottheit ist die Deifizierung nicht möglich, sie ist ihre Voraussetzung."[51] Beth deckt auf, dass Freud genau das, was er beweisen möchte, schon voraussetzt. In seinem Versuch, die Entstehung des Gottesglaubens nachzuzeichnen, macht er sich des methodischen Fehlschlusses schuldig, das zu Beweisende als Gegebenes schon vorauszusetzen. Was Beth aber nicht bewusst gewesen zu sein scheint ist, dass seine eigene Vorstellung ebenso auf Vorannahmen beruht –

---

49 *Beth* (1926, Anm. 25), S. 15. Vgl. dazu *K. Beth,* Thesen und Antithesen, in: ZThK 20, 1910, S. 406-417, hier: S. 417: Die Entwicklungsgeschichte der Religion „beruht auf der universal durchgreifenden Erziehung des Menschengeschlechts seitens Gottes, der (...) die Menschen aus aller Welt näher und näher zu sich ruft und zieht." Vgl. *Tschank* (Anm. 15), S. 120.

50 *Beth* (1929, Anm. 43), S. 86. Vgl. auch seine grundsätzliche Aussage: „Aber freilich müssen wir uns bei derartigen Fragen immer gegenwärtig halten, daß die feinen Fäden einer religiösen (zumal mythologisch gefärbten) Ideen- und Namenbildung oft viel zu tief liegen und eine zu zarte Veranlassung haben, als daß wir ihnen literarisch nachgehen könnten." Brief an Friedrich Loofs vom 19. März 1914 [unveröfftl. Ms.: ULB Sachsen-Anhalt, Abt. Sondersammlungen, Sign.: Yi 19 IX B 187-195].

51 Ebda., S. 87.

nämlich die Vorstellung einer den Menschen auf „höhere Lebensziele“ antreibenden „normalen Entwicklung“, die die Triebe „zur selbstverständlichen Zurückdrängung“ führe, die aber „durch die Wertung der höheren Lebensziele vollauf kompensiert“ würde (S. 84). Im Kern handelt es sich bei der religionstheoretischen Auseinandersetzung zwischen Beth und Freud um einen Wettstreit zweier mit unterschiedlichen anthropologischen Prämissen operierender Konzepte. Während Freud an der Animalität des Menschen festhält und Triebverzicht zur notwendigen Basis von Kultur deklariert, sieht Beth friedfertiges, großzügiges und gerechtes Verhalten nicht als kulturelle Forderung, sondern als menschliches Bedürfnis. Mit zunehmender Entwicklung entspreche ihm der Mensch als Ebenbild Gottes aus eigenem Antrieb. Aufgrund anderer anthropologischer Vorannahmen zieht Beth nach Freuds Schrift das Fazit: „Da gibt es keine Möglichkeit, eine Brücke zu bauen“ (S. 82). Dass dieses Fazit auf die Dauer auf Freuds Religionskritik beschränkt blieb und nicht die Psychoanalyse insgesamt betraf, zeigen die weiteren Veröffentlichungen Beths.[52]

Beth hat 1929 jenen Schwachpunkt der Freudschen Religionskritik schon vorformuliert, der bis heute an der Evangelisch-Theologischen Fakultät in Wien – bei aller sonstigen Wertschätzung Freuds – als wesentlich betrachtet wird, nämlich seine „Zirkelschlüsse“. Freud könne „keine schlüssige Auskunft darüber geben (...), wie es von Gott als Vaterfigur bzw. Vaterersatz und von einem verdrängten Urmord zu einer abstrakten Gottesidee und von dort zu einer höheren Geistigkeit kommt.“[53] Freud „setzt voraus, was er zu beweisen

[52] Vgl. den ausgewogenen Artikel von 1936, in welchem er die Psychoanalyse explizit als „wissenschaftliche Methode“ bezeichnet, der „wichtige Entdeckungen“ zu verdanken seien, die auch „ins Seelenleben des normalen Menschen hineinleuchten“, *K. Beth,* Art. Psychoanalyse, in: Handwörterbuch des deutschen Aberglaubens, Bd. VII, Berlin/Leipzig 1936, S. 366-381, hier: S. 366. In seiner Auswahl „grundlegende(r) Literatur zur Psychoanalyse“ fällt auf, dass neben Freud und Jung auch vier Schriften Pfisters aufgeführt sind, jedoch nicht dessen *„Analytische Seelsorge“* von 1927. Vgl. ebda., S. 367f. Vgl. zudem seinen Anm. 36 erwähnten Beitrag von 1941, in welchem er sowohl Freuds als auch Jungs „direct attempts to deal with religion“ ablehnt, dennoch: „certain observations on human mental life in general have been offered by this psychology, which cannot remain without influence upon research into the substance of Christianity“ (S. 112). Vgl. dazu die im Entstehen begriffene Habilitationsschrift von I. Noth über Freuds Wirkung auf die Pastoral- und Religionspsychologie im deutschen Sprachraum und in den USA.

[53] *S. Heine,* Grundlagen der Religionspsychologie. Modelle und Methoden, Göttingen 2005, S. 173. Vgl. auch ebda., S. 172: „Aber wie kann aus einem solchen Gott, der ontogenetisch als Illusion die Entwicklung des Intellekts behindert und phylogenetisch aus einem Verdrängungsprozess(es) resultiert, eine abstrakte Gottesidee hervorgehen, die mit Gott nichts mehr zu tun hat, sondern den Triumph der Geistigkeit darstellt?“

sucht."[54] Sollte es zutreffen – wie Wilhelm Schmidt einst meinte –, dass Wien eine besondere Verantwortung in der Auseinandersetzung mit der Psychoanalyse trägt, so war Karl Beth der Erste, der sie von theologischer Seite her wahrgenommen hat.

[54] Ebda., S. 177.

*Wer war Johannes der Täufer? Von Johannes 1,19-28 bis Herakleon**

MARKUS ÖHLER

Der folgende Beitrag geht jener Frage nach, die von den Jerusalemer Gesandten an Johannes den Täufer gerichtet wurde, als diese ihn am Jordan antrafen: „Wer bist du?“ (Joh 1,19). Hierbei soll der Blick nicht nur auf den Abschnitt Joh 1,19-28, sondern auch auf andere Themenbereiche gerichtet werden, wie etwa die innerhalb früher patristischer Exegese traditionelle Identifikation des Täufers mit dem wiedergekommenen Propheten Elija. Abschließend soll die durchaus bemerkenswerte Exegese des Herakleon über besagte Perikope untersucht werden – ein Stück früher christlicher Theologie, das nicht selten außerhalb orthodoxer Lehre verortet wird.

Zunächst jedoch ist darauf hinzuweisen, dass hierbei unterschiedliche exegetische Zugänge vorliegen. Am Beginn steht die „Exegese“ über die Person von Johannes dem Täufer selbst. Man verstand ihn in unterschiedlicher Weise, als Prophet oder Elija bzw. als Vorläufer Gottes, des Messias oder des Christus Jesus. Die synoptischen Evangelien überliefern diese Identifikationsformen, zugespitzt auf die Überzeugung, in Johannes sei derjenige zu erkennen, der den Weg Jesu vorbereitete und damit die Erfüllung der Verheißung der Wiederkunft Elijas repräsentierte. Wie später noch genauer zu zeigen ist, weist die Auffassung des Täufers durch das Johannesevangelium in eine durchaus andere Richtung. Die frühen Kirchenväter wiederum, und mit ihnen Herakleon, können als Reaktion auf jene unterschiedlichen Interpretationen des Täufers, die sie in den Quellen vorfanden, verstanden werden. Dabei drangen sie selbstverständlich zu eigenem Verständnis vor, beantworteten die Frage nach Johannes aber in Bezugnahme auf die Texte, die von ihm berichteten, also als mehr oder weniger ausgeführte Exegese.

---

* Vortrag gehalten an der Universität Aarhus am 7. Mai 2008.

1. Das Täuferbild in Joh 1,19-28[1]

Bekanntlich ist Johannes der Täufer von Beginn an fixer Bestandteil des Johannesevangeliums. So weist ihn etwa der johanneische Prolog (1,1-18) in seiner Funktion als Zeuge für das Licht aus (1,7f). Obwohl er ebenso von Gott gesandt ist (1,6), ist er dem Logos, der ja Gott ist, deutlich untergeordnet. In einem zweiten Kommentar über den Täufer innerhalb des Prologs wird dieser Sachverhalt als Johannes' eigene Worte bezüglich des einen Sohnes vom Vater eindeutig festgestellt (1,15): „Dieser war es, über den ich sagte: Der nach mir Kommende ist vor mir gewesen, weil er eher war als ich." Die Statusdifferenz zwischen Johannes und Jesus basiert auf der Präexistenz. Dies ist nun aber geradezu die Umkehrung des üblichen Falles, wonach der Ältere gegenüber dem Jüngeren als höher gilt und der Lehrer einen höheren Status als sein Jünger einnimmt: Jesus ist mehr als Johannes; er ist soviel mehr wie der Schöpfer im Vergleich zum Geschöpf.

Die Hauptfunktion des Täufers, wie sie sich als durchgängiges Charakteristikum im ganzen Evangelium zeigt, ist daher jene des Zeugen (1,7f.15). Diese Aufgabe wird ihm neben der Stelle 1,19 auch sonst, in nahezu allen Perikopen, in denen Johannes erwähnt wird, zugesprochen. So bezeugt er etwa in 1,32.34, dass Gott selbst es war, der ihm gesagt hatte, dass derjenige, auf den der Geist herabkomme, der Sohn Gottes sei. Es ist von entscheidender Bedeutung, dass dieses Wissen unmittelbar von Gott kommt und nicht dem Täufer selbst entspringt. In 1,33 bekennt er daher: „Ich selbst kannte ihn nicht". 3,32 unterstreicht dies ein weiteres Mal: Johannes „bezeugt, was er gesehen und gehört hat", doch niemand hört auf ihn. „Wer sein Zeugnis annimmt, beglaubigt, dass Gott wahrhaftig ist" (3,33). So sehr Johannes aber die Wahrheit bezeugt (5,33), die Zeugnisse Jesu sind ungleich größer: Sein Werk (5,36) und die Schrift (5,39) bezeugen ihn als den wahren Sohn Gottes. Und schließlich: Johannes selbst vollbringt keine Zeichen (10,41), ist er doch bloß Zeugnis und als solches selbst unter die Kategorie der Zeichen zu subsumieren.

---

[1] Die Literatur zur Interpretation des Täufers im Johannesevangelium ist zahlreich; vgl. aber v.a. *Josef Ernst*, Johannes der Täufer. Interpretation, Geschichte, Wirkungsgeschichte, BZNW 53, Berlin/New York 1989, S. 186-216; *Martin Stowasser*, Johannes der Täufer im Vierten Evangelium. Eine Untersuchung zu seiner Bedeutung für die johanneische Gemeinde, ÖBS 12, Klosterneuburg 1992; *Andreas Leinhäupl-Wilke*, Rettendes Wissen im Johannesevangelium. Ein Zugang über die narrativen Rahmenteile (1,19-2,12 – 20,1-21,25), NTA 45, Münster 2003, S. 37-119.

Die vorliegende Perikope[2] beginnt mit einer Akzentsetzung auf die Aufgabe des Johannes (1,19a): „Und dies ist das Zeugnis des Johannes". Der erste Teil der Erzählung über die Aktivitäten des Täufers am Jordan (1,19b-34) ist also seiner Funktion gewidmet (vv.19b-28). Das Zeugnis des Johannes ist somit zunächst ein solches über sich selbst, und zwar dergestalt, seine Rolle innerhalb der Heilsgeschichte zurückzunehmen. Nach der Einleitung kann die Perikope in drei Abschnitte geteilt werden:

- Fragen der Priester und Leviten aus Jerusalem (vv.19b-23)
- Fragen der pharisäischen Gesandten (vv.24-27)
- Abschluss: der Ort der Taufe des Johannes (v.28)

Während also die Thematik der vv.19b-23 um die Identität des Johannes kreist, handeln vv.24-27 von der Legitimität seiner Taufe.

Den Fragen der Priester und Leviten (1,19b-23) eignet ein offizieller Charakter. Sie wurden von Juden aus Jerusalem gesandt, um eine Klärung der johanneischen Identität einzuholen: σὺ τίς εἶ;

Die Frage ist sehr offen gestellt. Auffällig ist dabei freilich, dass Johannes darauf nicht erklärt, wer er ist, sondern gerade wer er nicht ist. Durch die doppelte Signatur der Antwort als Bekenntnis unterstreicht der Evangelist deren Bedeutung: „Er bekannte und leugnete nicht, sondern bekannte" (1,20a). Vielleicht stehen hier Konflikte zwischen Gemeindegliedern des Johanneischen Kreises und solchen, die an die eschatologische Bedeutung des Täufers glaubten, im Hintergrund. Dabei ist durchaus möglich, dass letztere Johannes auch für den Messias hielten.

Ist dieser historische Hintergrund des Textes zutreffend, wird deutlich, dass der Inhalt des Bekenntnisses des Johannes besonders wichtig ist: „Ich bin nicht der Christus" (v.20b). Interessant an dieser Stelle ist nicht nur die deutliche Parallele zu den „Ich bin-Worten" Jesu, sondern auch der Umstand, dass der Χριστός-Titel hier zum ersten Mal begegnet.[3]

Der Evangelist nimmt eindeutig an, dass die Rezipienten mit diesem Titel und seinen Implikationen hinlänglich vertraut sind. Ebenso sicher war es für ihn, dass der Täufer nicht der Messias war und dass jeder, der solches annahm, irrte. Der Täufer selbst verneinte dies ja – so die Darstellung des Evangelisten – selbst, wo es gar nicht nötig gewesen wäre.

---

2 Zum Folgenden vgl. *Markus Öhler*, Elia im Neuen Testament. Untersuchungen zur Bedeutung des alttestamentlichen Propheten im frühen Christentum, BZNW 88, Berlin/New York 1997, S. 89-97.

3 In 1,17 ist er Teil des Namens Jesus Christus als des Sohnes Gottes.

Die Verblüffung der Jerusalemer Gesandten aufgrund dieser negativen Antwort wird deutlich in ihrer Frage: „Was also?“ (τί οὖν). Hierauf befragen sie Johannes nach weiteren Identifikationsmöglichkeiten (v.21). Zu allererst denken sie an Elija. σὺ Ἠλίας εἶ; Johannes verneint. Hintergrund hierfür bildet eine christliche Tradition, die weiter unten noch näher beleuchtet wird. Zunächst genügt es zu verstehen, dass der Autor des Johannesevangeliums klar verdeutlicht, dass der Täufer selbst es ablehnt, der Prophet Elija zu sein.

Das gilt auch für die Möglichkeit der Identifikation als „der Prophet“. Die Frage der Jerusalemer ist auffällig: ὁ προφήτης εἶ σύ; Nicht irgendein Prophet, wie andere Propheten in der Geschichte Israels, ist hier gemeint, sondern ein spezieller. Hinter dem Titel ὁ προφήτης steht wahrscheinlich die Erwartung eines Propheten wie Mose oder sogar dessen eigene Wiederkunft. In Dtn 18,15.18 ist es Mose selbst, der einen Propheten nach seinem Vorbild ankündigt, den Gott aufstehen lassen wird. Auch weitere Traditionen zum Tod des Mose verstehen ihn nicht als verstorben, sondern vielmehr nach dem Vorbild eines Enoch oder Elija in den Himmel emporgehoben.[4] Im vorliegenden Text scheinen beide Vorstellungen miteinander kombiniert. Im weiteren Verlauf des Evangeliums wird Jesus von der Menschenmenge als „der Prophet“ verstanden (6,14; 7,40). Auch hier zeigt sich also der Fall, dass ein Titel bzw. eine Funktion Jesu für den Täufer verneint wird. Selbiges gilt für den Χριστός-Titel, nicht jedoch bezüglich Elija. Diese Tradition wird im Johannesevangelium nicht auf Jesus bezogen.

Nach diesen Negativäußerungen scheinen die Gesandten verzweifelt (1,22): „Wer bist du? Damit wir denen, die uns gesandt haben, Auskunft geben. Was sagst du über dich selbst?“ Die Antwort des Johannes muss man im Lichte seiner Funktion als Zeuge Jesu interpretieren. Er ist – man ist fast geneigt das Wort „nur“ hinzuzufügen – eine Stimme, die in der Wüste ruft. Wie es Jesaja prophezeite (40,3), fordert Johannes die Menschen auf, den Weg für den Herrn, der selbstverständlich Jesus ist, zu ebnen.

Die Fortsetzung in 1,24-27 nimmt sich der Legitimität der Taufe des Johannes an. Zunächst (1,24) wird allerdings nicht völlig deutlich, ob hier noch immer dieselbe Delegation vor uns steht – nun näher bezeichnet als eine der Pharisäer –, oder ob es sich um eine neue Gruppe handelt. Wie auch immer, die bloße Funktion des Täufers als einer Stimme genügt den Jerusalemern

4 Josephus,ant. 4,326; Philo,Quaest.in.Gen. 1,86.

nicht. Ist man eine bloße Stimme, kann man für sich noch nicht die Legitimität zu taufen proklamieren. Wenn Johannes weder der Christus, noch Elija oder der Prophet ist, aufgrund welchen Anspruchs kann er dann tun, was er tut? Es stellt sich also die Frage nach seiner Autorität, und so ist es für den Evangelisten von besonderer Bedeutung, folgendes klar zu stellen: Johannes hat nicht mehr Autorität als die eines Zeugen. Er steht keinesfalls höher als derjenige, für den er Zeugnis ablegt.

Die abschließende Antwort des Täufers macht dies deutlich: Er tauft lediglich mit Wasser. Später im Evangelium wird dem Leser dann gesagt, dass Jesus ebenso taufen wird, nunmehr jedoch mit dem Heiligen Geist (1,33). Johannes ist nicht einmal würdig, die Sandalen für den aufzuschnüren, der nach ihm kommt. Selbst die Aufgabe eines Dieners oder Sklaven ist zu hoch für ihn. Und obwohl der Messias bereits gegenwärtig ist (μέσος ὑμῶν v.26), erkennen ihn „die Juden" nicht. Das „unter euch" bezieht sich wohl nicht auf die Präexistenz des Logos oder dessen Funktion als Schöpfungsmittler des ganzen Kosmos, vielmehr ist hier jenes wahre Licht gemeint, das in die Welt gekommen ist. Es ist jetzt und hier unter den Menschen, in dieser speziellen historischen Situation. Deshalb verweist der Täufer in der nächsten Perikope auch auf Jesus: „Seht, das Lamm Gottes, das wegnimmt die Sünde der Welt!" (1,29).

Wichtiger noch als die Person Christi ist an dieser Stelle die Funktion des Täufers: Dieser ist nicht würdig für die Aufgabe eines Dieners. Er tauft lediglich mit Wasser. Er ist bloßer Vorläufer.

Der Abschluss der Perikope nennt den Namen jenes Ortes, an dem Johannes der Täufer von der Jerusalemer Gesandtschaft befragt worden war (1,28): ταῦτα ἐν Βηθανίᾳ ἐγένετο πέραν τοῦ Ἰορδάνου. Diese Auskunft gibt Exegeten und Exegetinnen seit den Zeiten des Origenes Rätsel auf. An dieser Stelle genügt es zunächst zu sagen, dass bislang kein Betanien östlich des Jordan bekannt ist. Frühe christliche Traditionen verorten es in der Nähe von Jericho.[5] Die wichtigsten neutestamentlichen Textzeugen haben Βηθανίᾳ, was aber beispielsweise durch den zweiten Korrektor des Codex Ephraemi rescriptus zu Βεθαβάρᾳ abgeändert wurde.

[5] Die Mosaikkarte von Madaba aus dem 6. Jh n.Chr. hat an dieser Stelle ΒΕΘΑΒΑΡΑ ΤΟ ΤΟΥ ΑΓΙΟΥ ΙΟΑΝΝΟΥ ΒΑΠΤΙΣΜΑΤΟΣ (Bethabara, jenes des Heiligen Johannes der Taufe). Der Pilger aus Bordeaux nennt im Zusammenhang mit dem Ort der johanneischen Taufe ebenso den Berg, zu welchem Elija gen Himmel fuhr (*locus super flumen, monticulus in illa ripa, ubi raptus est Helias in caelo;* Itin. Burdigalense, *ed. Geyer*, CSEL 39,24).

2. Die Elija-Identität des Täufers

In der Jesustradition lassen sich zwei verschiedene Meinungen zur Beziehung zwischen Johannes dem Täufer und dem alttestamentlichen Propheten Elija ausmachen. Eine davon wurde soeben besprochen: Johannes bekennt sich dazu, nicht Elija zu sein. Die andere freilich identifiziert beide Figuren miteinander.

2.1 Johannes ist Elija[6]

In Mk 9,9-13, einer redaktionellen Einfügung, spricht Jesus nach dem Verklärungsbericht darüber, wie Leiden und Tod des Menschensohnes näherin zu verstehen seien. Er verweist dabei auf Elija: Der angekündigte Prophet wäre bereits gekommen, doch die Menschen hätten mit ihm gemacht, was sie wollten. Die Deutung auf Johannes und seinen Tod (6,14-29) ist nur implizit zu erschließen.

Bei Mt wird dies noch weiter erläutert, indem der Evangelist hinzufügt: „Nun verstanden die Jünger, dass er von Johannes dem Täufer gesprochen hatte" (17,13). In Aufnahme von Q in Mt 11,13 hatte Jesus bereits auf die Identität des Täufers mit Elija verwiesen: „Wenn ihr es annehmen wollt: Er ist Elija, der kommen soll" (11,14).

Lukas geht bei diesem Thema anders vor: Er tilgt den ganzen Dialog nach der Verklärung und legt Jesus auch keine Identitätsaussage in den Mund. Andererseits kann der Engel Gabriel Johannes den Täufer sehr wohl als den, der Jesus „im Geist und in der Kraft des Elija vorangehen" wird, proklamieren (Lk 1,17). Mit dieser Ankündigung an Zacharias, den Vater des Johannes, adaptiert Lukas die Elija-Identität mit seinem eigenen Verständnis von Personalität: Johannes ist zwar nicht Elija, jedoch hat er dessen Geist und Kraft.

2.2 Die Wurzeln der Elija-Identität

2.2.1 Altes Testament und frühjüdische Traditionen[7]

Der Vorstellung einer Elija-Johannes-Identität liegen drei Quellen zu Grunde. Zunächst ist die Ankündigung der Wiederkunft Elijas zu nennen. Aufgrund seiner Erhöhung in den Himmel (2Kön 2) ist auch die Möglichkeit seiner

---

6 Vgl. zum Folgenden *Öhler*, a.a.O. (Anm. 2), S. 31-89, sowie die auf die Funktion der Elijaerwartung bei Markus ausgerichtete Untersuchung von *Silvia Pellegrini*, Elija – Wegbereiter des Gottessohnes. Eine textsemiotische Untersuchung im Markusevangelium, HBS 26, Freiburg u.a. 2000.

7 Vgl. zum Folgenden *Öhler*, a.a.O. (Anm. 2), S. 1-30.

Rückkehr gegeben. Mal 3,23 (4,5 LXX), die letzten Worte des Zwölfprophetenbuches, lauten: „Seht, ich sende zu euch den Propheten Elija, bevor der große und furchtbare Tag JHWHs kommt“. Elija galt als der Vorläufer Gottes selbst, der letzte Prophet, der die Menschen für das Gericht vorbereiten sollte (3,24 [4,6]). Diese Ankündigung steht in Zusammenhang mit Worten aus Mal 3,1: „Siehe, ich sende meinen Boten, den Weg vor mir her zu bereiten“. In der Folge wurde die Verheißung von Elijas Wiederkunft manchmal – wenn auch nicht allzu oft – in apokalyptische Erwartungen eingebunden, so etwa 4 Esr 6,26; LibAnt 48,1; OrSib 2,187-189; ApcEl 5,32f; 4Q558; Targum Jonathan Dtn 30,4, sowie öfters in rabbinischen Texten. Eine Verknüpfung mit der Messiaserwartung erfolgte aber außerhalb des Neuen Testaments erst spät (bEr 43a-b).

2.2.2 Das Selbstverständnis des Täufers[8]

Es gibt einige Punkte, die es durchaus wahrscheinlich machen, dass Johannes sich selbst als Erfüllung der Wiederkunft Elijas betrachtete: Seine Bekleidung (Mk 1,6a), seine Verkündigung (Lk 3,7-9.16f par.Q), die Ähnlichkeiten mit den Worten Maleachis aufweist (Mal 3,18f), seine Polemik gegen die Scheidung und Wiederverheiratung des Herodes Antipas (Mk 6,18; vgl. Mal 2,15), sowie der Ort seiner täuferischen Aktivitäten jenseits des Jordan (Joh 1,28). All dies verweist auf ein Selbstverständnis des Johannes als wiedergekommener Elija, oder zumindest als Erfüllung von Mal 3,23.

2.2.3 Jesus über Johannes[9]

Es liegen Hinweise darauf vor, dass möglicherweise auch Jesus selbst den Täufer in dieser Weise verstanden hat. In der Logienquelle begegnet uns ein Text, der Jesu Urteil über Johannes widerspiegelt (Lk 7,24-26 par. Mt 11,7-9). Die Stelle der Logienquelle ist bei Lk und Mt fast identisch. Ihr folgt mit v.27 eine spätere Hinzufügung des Mal 3,1/Ex 23,20-Zitates sowie ein erläuternder Kommentar (v.28).

Das Jesus-Logion besteht aus drei Fragen, die an Personen gerichtet sind, die zu Johannes in die Wüste gekommen waren. Kamen sie, um ein Schilfrohr zu sehen, das im Winde schwankt? Die implizierte Antwort lautet: Nein. Johannes war ein unbeugsamer Gefolgsmann Gottes. Kamen sie, um einen Mann in feiner Kleidung zu sehen? Die Antwort Jesu: Nein, solche Leute

---

[8] Ebda., S. 103-111.
[9] Ebda., S. 65-69.

wohnen in Königspalästen. Gingen sie in die Wüste hinaus, um dort einen Propheten zu sehen? „Ja, ich sage euch, und mehr als einen Propheten".

Diese letzte Antwort Jesu verdient besondere Aufmerksamkeit. Johannes war also nicht nur ein Prophet in der Wüste, er war sogar mehr als das. Er war der letzte, der größte, er war der eschatologische Prophet. M.E. liegt die Lösung dieses jesuanischen Rätselwortes darin, dass Johannes der Elija war. Das ist zumindest auch das, was die frühen Bearbeiter des Jesus-Logions dachten, indem sie es mit dem Zitat aus Mal 3,1/Ex 23,20 kommentierten. Ihnen wurde jene wichtige eschatologische Rolle deutlich, die Johannes durch die Jesusworte gegeben wurde. Im beigefügten Kommentar v.28 wird Johannes in der Hierarchie des Reiches Gottes deshalb unter die Geringsten der Christen gereiht. Von daher erscheint es m.E. durchaus möglich, dass Jesus selbst den Täufer als den verheißenen Elija deutete. Doch selbst wenn dies nicht der Fall sein sollte, sieht man an diesen Texten, dass die Elijaidentität des Täufers ein fixer Bestandteil der Jesustradition war.

Das exegetische Problem liegt nun auf der Hand: Die synoptischen Evangelien bezeichnen Johannes den Täufer als den wiedergekommenen Elija[10], während dies im JohEv vom Täufer selbst bestritten wird. Die autoritativen Texte beantworten also die Frage, wer nun Johannes wirklich war, unterschiedlich. Wie gingen nun aber die Kirchenväter mit Elija und der Identität des Johannes um?

3. Die Rezeption der Elija-Tradition und von Joh 1,19-28 in der frühen patristischen Literatur[11]

3.1 Justin der Märtyrer

Im Dialog mit dem Juden Tryphon kombiniert Justin Kap.1 des JohEv mit Lk 3 (dial. 88,7). Lk 3,15 berichtet davon, dass das Volk überlegte, ob Johannes der Messias sei. Justin verknüpft dies mit Joh 1,20.23: Johannes der Täufer sprach: „Ich bin nicht Christus, jedoch die Stimme eines Rufenden." Die wei-

---

[10] Selbiges dachte man, nebenbei bemerkt, auch von Jesus (Mk 6,15; 8,28 par).

[11] Zur Rezeption des Johannesevangeliums im 2. Jahrhundert vgl. jetzt *Titus Nagel*, Die Rezeption des Johannesevangeliums im 2. Jahrhundert. Studien zur vorirenäischen Aneignung und Auslegung des vierten Evangeliums in christlicher und christlich-gnostischer Literatur, Arbeiten zur Bibel und ihrer Geschichte 2, Leipzig 2000; *Charles F. Hill*, The Johannine Corpus in the Early Church, Oxford 2004.

teren Möglichkeiten – Elija oder der Prophet – spielen an dieser Stelle bei Justin keine Rolle.[12]

Etwas früher (Kap.49) war Justin bereits über die Rolle des Elija am Ende der Tage zu sprechen gekommen.[13] Sein jüdischer Kontrahent Tryphon reklamiert hier, dass, solange Elija nicht wiedergekommen wäre, auch Jesus nicht der Messias sein könne.

> „Denn wir alle erwarten, dass Christus ein Mensch von Menschen sein wird, und dass Elija, wenn er kommt, diesen salben wird" (dial. 49,1).

Justin kontert hierauf mit einer kongenialen Lösung: Zunächst verweist er auf die Formulierung der Maleachiverheißung.[14] Hier wird das Kommen des Elija vor dem großen und schrecklichen Tag des Herrn prophezeit.

Sodann schließt Justin von den zwei Ankünften des Messias – einmal verborgen, sodann zum Gericht – auf ebenso zwei bei Elija.[15] Das erste Kommen Elijas stand unter dem Zeichen des Leidens, so wie Jesus es gesagt hatte (Mt 17,9-13). Niemand außer Jesus erkannte die wahre Identität des Johannes. In seinem zweiten Kommen jedoch ist Elija der Wegbereiter von Gottes Gericht am Ende der Tage, wodurch die alttestamentliche Verheißung erfüllt wird.

Freilich bleibt das Problem weiter aufrecht, auf welche Weise Johannes der Täufer Elija gewesen sein konnte. Justins Erklärung lautet folgendermaßen: Der ersten Manifestation Christi ging der Geist Gottes voraus. Es war derselbe Geist, der sowohl in Elija wie auch in Johannes war. So war Johannes nun nicht Elija in Person, sondern hatte nur denselben Geist wie er. Im Hintergrund dieser Argumentation steht wohl Lk 1,17, wiewohl der Evangelist mit dieser Auslegung nicht ganz glücklich gewesen wäre.

Tryphon empfindet Justins Antwort als paradox: Wie kann der Geist, der in Elija war, ebenso in Johannes gewesen sein? Justin verweist nun (fälschlicherweise) auf die Beziehung zwischen Mose und Josua, wo eine ähnliche „Geistübernahme" stattgefunden hätte und versichert, dass der Geist unverändert geblieben sei. Er blieb stets unvermischt, d.h. er wurde durch die menschliche Natur nicht verunreinigt.

Für Justin ist somit klar: Johannes war Elija aufgrund desselben Geistes. Somit ist die Meinung seines Kontrahenten, Elija sei ja noch nicht gekommen, widerlegt.

---

12 Vgl. zu dem Abschnitt auch *Hill*, a.a.O. (Anm. 11), S. 328f; *Nagel*, a.a.O. (Anm. 11), S. 100-102.

13 Vgl. dazu *Stowasser*, a.a.O. (Anm. 1), S. 87-95.

14 Allerdings ordnet er sie Sacharja zu. Er zitiert also aus dem Gedächtnis.

15 Zum zweimaligen Kommen des Messias vgl. auch 8,4 und 110,1.

Interessant scheint in all dem allerdings, dass Justin trotz genauer Kenntnis des JohEv die johanneische Variante der Elija-Identität ausblendet. Sie würde der heilsgeschichtlichen Konzeption Justins ja zuwiderlaufen.

3.2 Clemens von Alexandrien

Clemens von Alexandrien kommt in seiner „Mahnrede an die Griechen" (Protreptikos I,9,1f) auf Joh 1,19-28 zu sprechen. Wie die Propheten forderte auch Johannes als Mahnstimme zur Erlösung auf. Mit feiner rhetorischer Klinge adaptiert Clemens die Frage der Gesandten (Joh 1,19): τίς πόθεν εἰς ἀνδρῶν; Johannes dementierte, entweder Elija oder Christus zu sein. Vielmehr beteuerte er, die mahnende Stimme des Wortes zu sein, die in der Wüste ruft (φωνὴ τοῦ λόγου προτρεπτικὴ ἐν ἐρήμῳ βοῶσα). Es war dies dieselbe Stimme, die Maria die Geburt des Messias verkündigte, und wiederum dieselbe, die durch die Propheten gesprochen hatte. Wie im JohEv, so reduziert auch Clemens den Täufer zu einem Vorläufer des Wortes als einer mahnenden Stimme (φωνὴ παρακλητική). Diese Stimme ist jedoch nicht neu, sie war vielmehr stets aktiv, im Grunde als Stimme Gottes.

3.3 Tertullian

In seinem Diskurs über die Seele (De Anima; 210-213 n.Chr.) beschäftigt sich Tertullian auch mit Gnostikern, die sowohl die Reinkarnation wie auch eine Seelenwanderung in einen neuen Körper zu ihrer Glaubensgewissheit erhoben. In Kap.35 polemisiert er gegen Karpokrates (vgl. auch Iren.adv.Haer. I, 25,4). Karpokrates meinte, die Seele müsse jegliche Sünde ableisten, bevor sie aus dem Gefängnis des Körpers befreit werden könnte. In diesem Kontext kommt Tertullian zum Beispiel des Elija (35,5). Er bemerkt, dass die Häretiker auf Elija verweisen könnten, gleichsam als würde Jesus selbst zum Advokaten des Glaubens an eine Seelenwanderung. In einer Paraphrase zu Joh 1,21 fügt er hinzu: Fragten die Juden den Johannes: „Bist du Elija?" im Sinne der Pythageoreer?

Obwohl nun Tertullian Joh 1,21 zitiert, fällt doch auf, dass er die exegetische Fragestellung, ob Johannes nun in der Tat Elija sei, nicht weiter behandelt. Die negative Antwort des Johannes auf die Frage nach seiner Elija-Identität übergeht er, da er sich der synoptischen Tradition anschließt. Vielmehr stellt sich die Frage, auf welche Weise der Täufer Elija gewesen sein könnte. Klar ist zunächst für Tertullian, dass die Möglichkeit einer Seelenwanderung ausfällt, schließlich war Elija ja nicht gestorben (35,6).[16] Er wurde emporgehoben und kommt zurück „zum Zwecke eines erneuten Aufenthalts in jener Welt, aus der er einst entrückt wurde." Elija bleibt aber in jeder Hinsicht dieselbe Person. Wie aber kann dann Johannes der Elija sein? Tertullian kommt zu seiner Antwort, indem er sich auf Lk 1,17 bezieht: Johannes „wird dem Volk vorangehen im Geist und in der Kraft des Elija". Während nämlich die Seele und der Körper einer Person in einzigartiger Weise zu eigen sind, werden Geist und Kraft als „externe" Gaben durch Gott verliehen. Der *spiritus Heliae* war also nicht sein eigener Geist, vielmehr war es der Geist Gottes, der zunächst Elija, dann aber in gleicher Weise dem Johannes verliehen wurde. Selbiges geschah, so Tertullian weiter, auch bei Mose.

3.4 Zusammenfassung

Innerhalb früher patristischer Exegese stand in Bezug auf die Identität des Täufers vordergründig jene Problematik im Zentrum, auf welche Weise Johannes der Elija gewesen sein konnte. Sowohl reinkarnatorische Gedanken, wie aber auch die Lösung des JohEv: „Der Täufer war nicht Elija", fanden keine Akzeptanz. Justin und Tertullian stützten sich auf Lk 1,17, um die Möglichkeit jener irritierenden Vorstellung beschreibbar zu machen, eine Person könne als jemand anderer erkannt werden. Hintergrundfolie für diesen Lösungsansatz bot dabei das anthropologische Modell einer Zweiteilung der Person in einen menschlichen und einen göttlichen Teil. So war der Geist des Elija derselbe Geist wie der des Johannes, mehr jedoch nicht.

4. Herakleons Exegese von Joh 1,19-28 und sein Verständnis von Johannes dem Täufer

4.1 Herakleon und sein Kommentar

Der Kommentar des Herakleon zum Johannesevangelium ist nur mehr fragmentarisch erhalten. Origenes hat Teile davon in seinem eigenen Kommentar aufbewahrt, den er etwa ab 220 verfasste.[17] Wenngleich der Alexandriner an manchen Stellen sogar mit Herakleon einer Meinung war, so war es doch eines seiner Hauptanliegen, jenen mit seinem eigenen Kommentar zu widerle-

---

16 Daher ist auch die Rede vom „Elias redivivus" missverständlich; vgl. *Öhler*, a.a.O. (Anm. 2), S. 2.

17 Als Edition wurde verwendet: Origène, Commentaire sur Saint Jean, texte critique, avant-propos, traduction et notes par Cécile Blanc, SC 120.157.222.290.385, Paris 1996^2.1970.1975.1982.1992.

gen.[18] Zusammen belaufen sich die Fragmente, die uns von Herakleon überliefert sind, auf 51; davon allein 48 bei Origenes. Zwei weitere fragmentarische Abschnitte zum Lukasevangelium finden sich bei Clemens von Alexandrien (EclProph 25,1; Strom IV,9,71), ein dubioses bei Photios (Ep.134). Die Auslegungen zu Joh 1,19-28 befinden sich im Kommentar des Origenes in Buch 6.[19] Die im Folgenden verwendete Nummerierung bezieht sich auf die Rekonstruktion von A.E. Brooke aus dem 19.Jh.[20]

Über das Leben des Herakleon ist kaum etwas bekannt.[21] Offensichtlich lebte er Mitte des 2. Jh. in Rom und war, so Irenäus, zusammen mit Ptolemäus Schüler des Valentinus (haer. II,4,1). Wenngleich sein Verhältnis zu dem berühmten Theologen nicht genau bestimmt werden kann, so scheint ein gewisser Kontakt doch vorhanden gewesen zu sein. Nach 150 oder 160 ging Herakleon möglicherweise nach Alexandria, wo er wohl irgendwann zwischen 160 und 180 seinen Kommentar verfasste.[22] Möglich scheint aber auch, dass er in Rom blieb und ihn dort verfasste.[23]

Scheinbar war das Werk des Herakleon ein durchgängiger Kommentar zum JohEv, bestehend aus Lemmata des Textes gefolgt von Auslegungen. In Fragment 4 bezeichnet Origenes den Kommentar als ὑπομνήματα („Bemerkungen").[24] Dieser Ausdruck konnte auch für Kommentare verwendet werden, die für den Unterricht gedacht waren.[25]

Der Stil antiker Kommentare war relativ ähnlich:[26] Nach einer Einleitung folgten Auslegungen der Textpassagen, wobei Paraphrasen, mittels derer der Text gleichsam noch einmal nacherzählt wurde, eine bedeutende Rolle einnahmen. Dieser Umstand macht es manchmal schwierig zu entscheiden, ob der auszulegende Text, etwa aus grammatikalischen oder theologischen Gründen, verändert wurde oder unverändert Grundlage des Kommentars war. Ebenso häufig waren Zitate und entsprechende Quellenangaben. Zu den Themen der Kommentare zählte neben der Rekonstruktion des korrekten Textes,

---

[18] Vgl. Ansgar *Wucherpfennig*, Heracleon Philologus. Gnostische Johannestexte im zweiten Jahrhundert, WUNT 142, Tübingen 2002, S. 20, der darauf hinweist, dass Origenes Herakleon als Valentinianer verstand.

[19] 15,92; 20,108-117; 23,126; 30,153; 39,194-200; 40,204; 60,306f.

[20] *A. E. Brooke*, The Fragments of Herakleon. Newly edited from the Mss. with an Introduction and Notes, Cambridge 1891.

[21] Vgl. dazu etwa *Caroline Bammel*, Art. Herakleon, in: TRE 15, Berlin 1986, S. 54-57; *Wucherpfennig*, a.a.O. (Anm. 18), S. 360-371.

[22] Ebda., S. 370.

[23] *Markus Lang*, Spuren des frühen ägyptischen Christentums, Diss. Wien 2008, S. 286f.

[24] Vgl. auch Iren., adv. haer. I praef. 2.

[25] *Wucherpfennig*, a.a.O. (Anm. 18), S. 33.

[26] *Marina del Fabro*, Il commentario nella tradizione papiracea, StPapy 18, 1979, S. 69-132; *Wucherpfennig*, a.a.O. (Anm. 18), S. 32-42.

ästhetischer Beurteilung und grammatikalischer Analyse natürlich auch die Erläuterung des Inhalts. Wichtig waren hierbei auch historische und prosopographische Untersuchungen, wie sie bei Herakleon etwa über Johannes den Täufer angestellt wurden. Eine der exegetischen Methoden war selbstverständlich die der Allegorie, die Herakleon wohl als erster auf einen neutestamentlichen Text anwendete. In der Frage, ob Herakleon seine Theologie aus dem Text entwickelte[27], oder ob sie von ihm in den Text hineingelesen wurde[28], gehen die Meinungen der Kommentatoren auseinander. M.E. stimmt beides, weil Theologie und Exegese nicht zu trennen sind.

Sowohl Herakleons Werk wie auch jenes des Origenes fügen sich gut in das Schema antiker Kommentare. Während sich nichtchristliche Autoren vorwiegend den Werken Homers und philosophischer Literatur widmeten, wurden von christlichen Verfassern die Bücher der LXX oder des neutestamentlichen Kanons, der in dieser Zeit im Entstehen begriffen war, kommentiert.

Ähnlich wie andere christliche Theologen dieser Zeit suchte auch Herakleon einen Weg, philosophisches Denken mit der biblischen und christlichen Tradition zu verbinden.[29] Dabei gründen seine Gedanken nicht nur im JohEv, sondern haben durchaus kanonische Breite, was sich etwa darin zeigt, dass er auch andere Evangelien dafür zu Rate zieht, um die Bedeutung des JohEv zu erhellen. Dennoch legte Herakleon seine Theologie durch die Kommentierung des JohEv dar. Möglicherweise war er der erste Lehrer des frühen Christentums, der dies in dieser Weise tat.

4.2 Der Text des Johannesevangeliums

Ein gründliches Studium der Textbasis, wie sie Herakleon vorlag, ergibt, das sein JohEv von dem unsrigen nicht besonders abweicht. Die Abweichungen zur 27. Auflage des NTG betragen nur 17 Prozent.[30]

Bezüglich der zu untersuchenden Textpassage sind es drei textkritische Probleme, die aufgrund der theologischen Konsequenzen von weiterem Interesse sind.

---

27 Vgl. etwa *Wucherpfennig*, a.a.O. (Anm. 18), S. 412f, der neben den theologischen auch die philologischen und historischen Interessen des Herakleon würdigt.

28 So etwa *Nagel*, a.a.O. (Anm. 11), S. 319f.

29 Vgl. dazu *Christoph Markschies*, Die Krise einer philosophischen Bibeltheologie in der Alten Kirche oder: Valentin und die valentinianische Gnosis zwischen philosophischer Bibelinterpretation und mythologischer Häresie, in: *A. Böhlig/C. Markschies*, Gnosis und Manichäismus, BZNW 72, Berlin/New York 1994, S. 1-37.

30 Vgl. dazu *Bart D. Ehrman*, Heracleon, Origen, and the Text of the Fourth Gospel, VigChr 47, 1993, S. 105-118; *Wucherpfenning*, a.a.O. (Anm. 18), S. 31.

- Fragment 9 (VI 40,204): Wie oben beschrieben, steht der Ort der johanneischen Taufe – Betanien oder Bethabara – zur Diskussion. Auch Origenes selbst kommentiert diese Frage und kommt zu dem Schluss, Βεθαβάρᾳ sei die korrekte Version, auch wenn er es als eine spätere annimmt. Herakleon allerdings liest Βηθανίᾳ, wie Origenes ausdrücklich vermerkt.
- Fragment 4 (VI 15,92): Auch zu 1,21 gibt es textliche Unterschiede: Origenes kritisiert Herakleon, denn er habe nicht bemerkt, dass die Frage der Jerusalemer nicht „Bist du *ein* Prophet?" (προφήτης εἶ σύ), sondern „Bist du *der* Prophet?" (ὁ προφήτης εἶ σύ) lautete. Interessant ist hierbei, dass es ein neutestamentliches Manuskript, namentlich den Codex Sinaiticus, gibt, der das ὁ auslässt und nur προφήτης εἶ σύ bezeugt. Es ist also durchaus möglich, dass dem Herakleon ein Text als Grundlage diente, der diesem frühen Manuskript ähnlich war. Eine absichtliche Konjektur ist nicht sicher.
- Fragment 8 (VI 39,194): Das dritte textkritische Problem findet sich zu 1,26: Die Worte des Johannes „aber unter euch steht einer, den ihr nicht kennt" (μέσος ὑμῶν ἕστηκεν ὃν ὑμεῖς οὐκ οἴδατε) hat das Verb ἵστημι zum einen in der präsentischen Form στήκει,[31] zum anderen in der perfektischen Version ἕστηκεν.[32] Origenes favorisiert letzteres, Herakleon ersteres, und beide ziehen daraus ihre jeweiligen theologischen Schlüsse.
- Zwar kein textkritisches Problem, aber dafür ein anschauliches Beispiel dafür, auf welche Weise die Form des Codex mit der Exegese in Verbindung steht, zeigt Fragment 7. Herakleon wie auch Origenes sind der Meinung, mit Joh 1,24 betritt eine neue Gruppe Jerusalemer Delegierter die Bühne, in diesem Fall eine pharisäische. Der Schreiber von P^{66} (Bodmer II, Ende 2. oder Anfang des 3. Jh) verstand dies in derselben Weise und begann nach Joh 1,23 mit einem neuen Absatz. Er suggerierte somit ebenfalls eine neue Delegation für 1,24-27.[33]

Diese Beispiele machen die Bedeutung der unterschiedlichen Textversionen für die Exegese deutlich. Gerade bei frühen christlichen Werken ist hier-

---

31 B L 083 f^{l} *pc*; Or^{pt}; vgl. auch das Plusquamperfekt εἱστήκει in P^{75} (א) *pc* f vg.
32 P^{66} A C T^{vid} W^{s} Θ Ψ f^{13} 33 Koinetext ; Or^{pt}.
33 Vgl. dazu *Wucherpfennig*, a.a.O. (Anm. 18), S. 196, sowie die Abbildung in Bibliotheca Bodmeriana, VIII: Planches de toutes les pages originales, München 2000.

auf besonders zu achten. Andererseits zeigt der Papyrus 66, dass die Exegese durchaus Einfluss auf die Gestaltung eines Manuskripts hatte.

4.3 Herakleons Exegese von Joh 1,19-29

4.3.1 Historische Beobachtungen

Einige Passagen verdeutlichen, dass Herakleon nicht nur an der Theologie, sondern ebenso an historischen Fragestellungen Interesse hatte. So fragt er nach der Motivation der Personen, deren Hintergrund, aber auch nach den Verbindungen zwischen ihnen. Zur Beantwortung dieser Fragen zieht er durchaus auch die anderen Evangelien zu Rate. Die zu untersuchende Perikope weist drei Beispiele dafür auf:

Bei Origenes VI 21,115 (Fragm. 5) ist zu lesen:

> Weiter, wenn er darstellen will, warum die Fragenden, die von den Juden gesandt worden sind, Priester und Leviten sind, sagt er nicht schlecht: „*weil es ihre Pflicht war, darüber viel zu untersuchen und zu verhören, sie hielten nämlich an Gott fest*“, aber ohne besondere Untersuchung (ergänzt er): „*weil auch er (i.e. Johannes) aus dem Stamm der Leviten war.*“[34]

Offenbar war Herakleon in besonderer Weise daran interessiert, dass es gerade Priester und Leviten waren, die sich um die wahre Identität des Johannes bemühten. Als Hauptmotivation dafür sah er deren Verantwortung für religiöse Belange an. Darüber hinaus fügt er hinzu, „sie hielten an Gott fest“, was sie positiv wertet. Doch noch ein Weiteres erscheint hier von Interesse: Herakleon zufolge sei auch der Täufer vom Stamme der Leviten. M.E. zeigt dies, dass Herakleon mit der lukanischen Geburtsgeschichte des Täufers vertraut gewesen war, wonach dessen Vater, Zacharias, als Priester diente (Lk 1,5). Somit erscheint aber auch die Kritik des Origenes an dieser Stelle wenig angebracht, da Herakleon das JohEv eben im kanonischen Zusammenhang gelesen hatte.

In VI 23,126 wird Herakleon von Origenes zitiert (Fragm. 6):

Herakleon hält das Wort der Pharisäer für zuverlässig gesagt, dass das Taufen Christus, Elija und jedem Propheten obliegt, und sagt mit eigenen Wor-

[34] Θέλων δ' ἔτι παραστῆσαι διὰ τί ἱερεῖς καὶ λευῖται οἱ ἐπερωτῶντες ἀπὸ τῶν Ἰουδαίων πεμφθέντες εἰσίν, οὐ κακῶς μὲν λέγει τό· Ὅτι τούτοις προσῆκον ἦν περὶ τούτων πολυπραγμονεῖν καὶ πυνθάνεσθαι, τοῖς τῷ θεῷ προσκαρτεροῦσιν, οὐ πάνυ δὲ ἐξητασμένως τὸ ὅτι καὶ αὐτὸς ἐκ τῆς λευϊτικῆς φυλῆς ἦν. (*Wucherpfennig*, a.a.O. [Anm. 18], S. 187).

ten: *„ihnen allein obliegt das Amt zu taufen*“. Aus dem Gesagten wird er uns in Kürze überführt sein, am meisten aber weil er den Propheten als allgemeinen (Begriff) versteht. Er kann nämlich nicht zeigen, dass einer der Propheten getauft hat. Nicht unglaubwürdig aber sagt er, *die Pharisäer hätten ihrem Argwohn entsprechend nachgeforscht, nicht (etwa) weil sie etwas lernen wollten.*[35]

Wiederum wirft Herakleon die Frage nach der Motivation der Gesandten auf, diesmal im Zusammenhang mit der Taufe. Herakleon betrachtet die Aufgabe der Taufe (ὀφείλεται τὸ βαπτίζειν) als eine solche, die Christus, Elija oder den Propheten vorbehalten sei. Zwar besteht die Möglichkeit, den Text des Evangeliums (1,25) in dieser Weise zu verstehen, doch hat Origenes hier sicherlich recht, wenn er sagt, dass die Taufe nicht Aufgabe der Propheten, von Elija oder dem Messias war.

In Einklang mit dem in allen Evangelien üblichen Bild der Pharisäer steht schließlich die Beobachtung, dass jene nicht aus ehrlichem Interesse zum Täufer kamen, sondern vielmehr mit arglistiger Intention.

VI 30,153 (Fragm. 7) berichtet über einen Kommentar des Herakleon zu Joh 1,26:

> *„Johannes antwortet der Delegation der Pharisäer nicht auf die Frage, die jene gestellt hatten, sondern das, was er selber wollte.*“[36]

Origenes übt auch bezüglich dieser Auslegung Kritik, da der Täufer nicht so unverschämt gewesen wäre, die Frage nicht zu beantworten. Allerdings ist Herakleons Interpretation hier durchaus nahe am Text: Der Täufer erzählt den Gesandten nicht, weshalb er taufe, sondern dass die Taufe Jesu im Vergleich zu der seinigen ungleich wirkungsvoller sei. Somit verhielt sich der Täufer in Joh 1,26 absichtlich „unverschämt“.

---

35 Παραδεξάμενος δὲ ὁ ῾Ηρακλέων τὸν τῶν φαρισαίων λόγον ὡς ὑγιῶς εἰρημένον περὶ τοῦ ὀφείλεσθαι τὸ βαπτίζειν Χριστῷ καὶ Ἠλίᾳ καὶ παντὶ προφήτῃ, αὐταῖς λέξεσίν φησιν, οἷς μόνοις ὀφείλεται τὸ βαπτίζειν, καὶ ἐκ τῶν εἰρημένων μὲν ἡμῖν ἔναγχος ἐλεγχόμενος, μάλιστα δὲ ὅτι κοινότερον τὸν προφήτην νενόηκεν· οὐ γὰρ ἔχει δεῖξαί τινα τῶν προφητῶν βαπτίσαντα. Οὐκ ἀπιθάνως δέ φησιν πυνθάνεσθαι τοὺς φαρισαίους κατὰ τὴν αὐτῶν πανουργίαν, οὐχὶ ὡς μαθεῖν θέλοντας. (*Wucherpfennig*, a.a.O. [Anm. 18], S. 189f).

36 'Αποκρίνεται ὁ Ἰωάννης τοῖς ἐκ τῶν φαρισαίων πεμφθεῖσιν, οὐ πρὸς ὅ ἐκεῖνοι ἐπηρώτων, ἀλλ' ὅ αὐτὸς ἐβούλετο (*Wucherpfennig*, a.a.O. [Anm. 18], S. 190).

Insgesamt erscheinen Herakleons historisch ausgerichtete Exegesen, wenigstens zu diesem Teil des Johannesevangeliums, ausgesprochen nüchtern und textbezogen zu sein. Der Ausleger arbeitet vor allem mit weiteren Quellen, konkret den synoptischen Evangelien, um die genaueren Umstände der in Joh 1 berichteten Ereignisse zu erläutern. Dahinter steht m. E. ein echtes Interesse an der historischen „Wirklichkeit", wenngleich die Bedeutung des Textes sich darin selbstverständlich nicht erschöpft.

4.3.2 Johannes, ein Prophet (VI 15,92 und 20,108-21,117 = Fragm. 4 und 5)

Wie weiter oben bereits ersichtlich wurde, steht hinter der Frage der Jerusalemer Gesandten die Vorstellung der Verheißung eines Propheten nach dem Vorbild des Mose, das durchaus nur mit der Chiffre „der Prophet" abgekürzt werden konnte. Die Exegese des Herakleon ist möglicherweise die Konsequenz seiner ihm vorliegenden Textvariante (s.o.). Dennoch scheint hier von weiterem Interesse zu sein, dass er zusätzlich dazu die Antwort des Täufers reformuliert: So bezeugt Johannes – mit den Worten des Herakleon – nicht der Christus zu sein, und ebenso wenig ein Prophet oder gar Elija. Herakleon dreht die Reihenfolge um: Im JohEv lautete sie „Elija - Prophet", hier umgekehrt „Prophet - Elija". Diese Umstellung macht deutlich, dass für Herakleon die Elija-Identität des Täufers nicht mehr als eine Variante des Prophetendaseins darstellt.

Noch deutlicher wird dieser Sachverhalt in der weiteren Auslegung des Herakleon. In Fragment 5 (112) geht er nicht genauer auf die spezifischen Implikationen der Elija-Identität ein, vielmehr subsumiert er sie unter die Überschrift „Johannes als Prophet". Elija und die Erwartung aus Mal 3 spielt für Herakleon keine Rolle, zumindest nicht innerhalb dieser Fragmente. Die Problemstellung eines Justin oder Tertullian, wie denn nun der Täufer Elija gewesen sein konnte, wird von Herakleon nicht weiter berührt.

Indes ist es aber ebenso spannend zu beobachten, wie sich Herakleon an einem sehr ähnlichen Problem abarbeitet (VI 20,112): Während Johannes dementiert, ein Prophet oder Elija zu sein, kann Jesus ihn sehr wohl als einen Propheten (und auch als den Elija) bezeichnen, ja sogar als den größten Propheten (μείζονα προφητῶν) und den größten unter den von Frauen Geborenen (vgl. Lk, 7,26.28; Mt 11,9.11). Diese Diskrepanz zwischen dem Urteil Jesu einerseits und der Selbstbeschreibung des Täufers andererseits wird nun mittels eines anthropologischen Modells näher erläutert:

Herakleon – wie auch Justin und Tertullian – differenziert, wenn auch auf unterschiedliche Weise, zwischen zwei Aspekten, oder besser: Teilen einer

Person. Hierbei ist der eine Teil, gleichsam das „Selbst" (ἑαυτοῦ), eingehüllt durch das Umgebende (τά περὶ αὐτόν). Eine solche Unterscheidung zweier Teile einer Person ist innerhalb platonischer Anthropologie durchaus ein Gemeinplatz. Manchmal sind drei unterschiedliche Teile einer Person vorzufinden (Geist, Seele, Körper – Plutarch, De Facie et Orbe Lunae 30,944f), wie auch die Unterscheidung eines inneren Menschen, der vom Körper gleichsam wie von einer Haut umhüllt ist (Plat.Resp.IX 590d1). Bei Herakleon wird dies mit der „Gewandmetapher" verbunden (VI 20,113), wie sie auch im NT häufig vorkommt (Kol 2,11; Gal 3,27; 1Kor 15,53):

> *„Das, was ihn umgibt, war wie Gewänder etwas anderes als er (i.e. Johannes der Täufer), auch wenn er über die Gewänder gefragt worden wäre, ob er (seine) Gewänder sei, hätte er schließlich nicht mit ‚Ja' geantwortet."*[37]

In einem anderen Kontext kann er auch von einer „Wohnstätte" sprechen (VI 60,306):

> *Das erste sei über seinen Leib gesagt, das zweite über das, was in seinem Leib ist, weil das Lamm noch unausgewachsen ist, in der Gattung der Schafe, so auch der Leib verglichen mit dem, der in ihm wohnt.*[38]

Somit löst Herakleon das Problem der Identität des Täufers auf folgende Weise:

- Bezüglich des inneren Selbst des Johannes gibt es innerhalb der Evangelien zwei Äußerungen. Im JohEv ist dies zunächst eine negative, der zufolge jenes Innere weder ein Prophet noch Elija ist. Mt und Lk hingegen bezeugen die positive Aussage Jesu zum inneren Selbst des Täufers: Er ist mehr als ein Prophet (περισσότερον προφήτου).
- Daneben gibt es auch die Aussage Jesu über die „Außenseite" des Johannes: Er ist ein Prophet und Elija.

Klar ist, dass dem inneren Selbst weit höherer Wert zukommt als der bloß äußerlichen, körperlichen Hülle. Demnach ist es aber weit weniger von Be-

---

37 Τὰ περὶ αὐτὸν οἱονεὶ ἐνδύματα ἦν ἕτερα αὐτοῦ, καὶ οὐκ ἂν ἐρωτηθεὶς περὶ τῶν ἐνδυμάτων εἰ αὐτὸς εἴη τὰ ἐνδύματα, ἀπεκρίθη ἂν τὸ Ναί. (*Wucherpfennig*, a.a.O. [Anm. 18], S. 186).

38 Τὸ μὲν πρότερον περὶ τοῦ σώματος αὐτοῦ λέγεσθαι, τὸ δὲ δεύτερον περὶ τοῦ ἐν τῷ σώματι, τῷ τὸν ἀμνὸν ἀτελῆ εἶναι ἐν τῷ τῶν προβάτων γένει, οὕτω δὲ καὶ τὸ σῶμα παραθέσει τοῦ ἐνοικοῦντος αὐτῷ (*Wucherpfennig*, a.a.O. [Anm. 18], S. 192).

deutung, ein Prophet oder auch Elija, als vielmehr größer als die Propheten zu sein (μείζονα προφητῶν). In Fragment 10 (VI 60,306-307) bringt Herakleon dies klar zum Ausdruck: Als Prophet konnte Johannes Jesus das „Lamm Gottes" nennen (Joh 1,29), was aber nicht der vollen Wahrheit entspricht, somit nur durch dessen äußere Hülle gesprochen wurde. Als jener jedoch, welcher mehr ist als ein Prophet (περισσότερον προφήτου) – also sein inneres Selbst – erfasst er Jesus als den einen, „der hinwegnimmt die Sünde der Welt" (Joh 1,29). Diese innere Identität entspricht also offensichtlich auch jener des Johannes als „Stimme" (113).[39] Bei Herakleon liegt also – verglichen mit Justin, Clemens oder Tertullian – ein umfassender Gesamtblick auf alle Evangelien samt ihrer unterschiedlichen Aussagen bezüglich der prophetischen Identität des Täufers vor. Dabei werden die einzelnen Unterschiede nicht bloß verneint, sondern vermittels gängiger Anthropologie miteinander harmonisiert. Allerdings werden Jesu Aussagen, wonach Johannes Elija ist (Mt 11,14; 17,12), übergangen.

Und schließlich fällt auf, dass Herakleon (wie auch Origenes bemerkt [VI 20,114]) Lk 1,17 nicht zitiert. Es scheint unwahrscheinlich, dass Herakleon diese Aussage nicht gekannt hätte, da er, wie wir oben sahen, die lk. Kindheitsgeschichte für die Frage der Herkunft des Johannes heranzieht. M.E. ist es plausibler, dass er die dortige anthropologische Explikation als nicht besonders hilfreich ansah.

4.3.3 Johannes als Stimme (VI 20,108-21,117 = Fragment 5)

In Verbindung mit der Frage nach der Identität des Johannes als Prophet und/oder Elija steht auch jene Diskussion, ob er „die Stimme" sei. In Paragraph 108 unterscheidet Herakleon zwischen λόγος (Wort), φωνή (Stimme) und ἦχος (Klang). Dabei ist der Logos der Erlöser, die Stimme Johannes der Täufer und der Klang alle prophetische Ordnung. Auf welche Weise dies nun zu interpretieren ist, wird in der Fachliteratur heftig diskutiert. Zunächst aber die entscheidenden Passagen des Textes im Wortlaut (108.111):

> Recht respektlos differenziert Herakleon zwischen Johannes und den Propheten und sagt: *„Der Logos (das Wort) ist der Erlöser; als Stimme ist die in der Wüste, welche durch Johannes (spricht), gemeint; Klang aber ist alle prophetische Ordnung."*

---

[39] Origenes verstand dies vor dem Hintergrund von Lk 1,17 in der Weise, als sei das Gewand der Geist des Elija.

> Ich weiß nicht, wie er (i.e. Herakleon) ohne jeden Beleg zeigt, *dass die Stimme, die dem Logos wesensverwandter sei, Logos werde, wie sich die Frau in einen Mann verwandelt.*
> Und wie einer, der das Recht hat, Lehrsätze aufzustellen und dass ihm geglaubt wird, und (das Recht, in der Lehre) voranzugehen, sagt er: *Dem Klang wird es möglich sein, sich in Stimme zu verwandeln*, und einen Platz eines Jüngers gibt er der sich in Logos verwandelnden Stimme, eines Sklaven aber dem (Klang, der sich) von Klang in Stimme (verwandelt).[40]

4.3.3.1 Der klassische Ansatz

Der klassische Ansatz geht davon aus, dass die Begriffe λόγος, φωνή und ἦχος sich auf die drei Gruppen von Menschen gemäß der Valentinianischen Schule beziehen, also auf Pneumatiker, Psychiker und Hyliker. Während die Hyliker (auch Choiker genannt) nicht mit der Fähigkeit ausgerüstet sind, die wahre Gottheit zu erfassen, ist dies den beiden anderen Gruppen sehr wohl möglich. Sie sind somit imstande, γνῶσις zu haben, wenn auch auf unterschiedlicher Stufe. Nach dieser Lesart erscheinen die drei Fragen nach der Identität des Johannes als Möglichkeiten der „Natur": Als Johannes gefragt wurde, ob er der Christus sei, also Pneumatiker, antwortete er mit „Nein". Dann kam die Frage, ob er ein Prophet oder Elija sei, also im Sinne der alten prophetischen Ordnung, was ihn als Hyliker identifizierte. Doch auch hier gibt er eine negative Antwort. Jesus aber nannte ihn mehr als einen Propheten, also einen Psychiker, und dies sei nun die wahre Identität des Täufers. Und wenn ihn das JohEv als „Stimme" bezeichnet, dann ist genau dies gemeint.

Eine der Hauptfragen in der Diskussion um die Begriffe der drei Naturen λόγος, φωνή und ἦχος ist dabei nun jene, in wieweit die Möglichkeit besteht, aus einer Natur in eine andere zu wechseln. In 111 ist zu lesen:

> „Und einen Platz eines Jüngers gibt er der sich in Logos verwandelnden Stimme, eines Sklaven aber dem (Klang, der sich) vom Klang in Stimme (verwandelt)."[41]

---

40 Δυσφημότερον δὲ ὁ Ἡρακλέων περὶ Ἰωάννου καὶ τῶν προφητῶν διαλαμβάνων φησὶν ὅτι Ὁ λόγος μὲν ὁ σωτήρ ἐστιν, φωνὴ δὲ ἡ ἐν τῇ ἐρήμῳ ἡ διὰ Ἰωάννου διανοουμένη, ἦχος δὲ πᾶσα προφητικὴ τάξις. ... Οὐκ οἶδα δ' ὅπως χωρὶς πάσης κατασκευῆς ἀποφαίνεται τὴν φωνὴν οἰκειοτέραν οὖσαν τῷ λόγῳ λόγον γίνεσθαι, ὡς καὶ τὴν γυναῖκα εἰς ἄνδρα μετατίθεσται. Καὶ ὡς ἐξουσίαν ἔχων τοῦ δογματίζειν καὶ πιστεύεσθαι καὶ προκόπτειν, τῷ ἤχῳ φησὶν ἔσεσθαι τὴν εἰς φωνὴν μεταβολὴν, μαθητοῦ μὲν χώραν διδοὺς τῇ μεταβαλλούσῃ εἰς λόγον φωνῇ, δούλου δὲ τῇ ἀπὸ ἤχου εἰς φωνήν. (*Wucherpfennig*, a.a.O. [Anm. 18], S. 184f).

41 Μαθητοῦ μὲν χώραν διδοὺς τῇ μεταβαλλούσῃ εἰς λόγον φωνῇ, δούλου δὲ τῇ ἀπὸ ἤχου εἰς φωνήν (*Wucherpfennig*, a.a.O. [Anm. 18], S. 185).

Zunächst fällt auf, dass Herakleon den λόγος-Begriff an dieser Stelle ohne Artikel verwendet. Das bedeutet, er meint hier eine bestimmte Qualität, die man erreichen kann. Weiters scheint eine Transformation der psychischen in eine pneumatische Natur möglich, wie Herakleon an einem späteren Beispiel erhellt: Die Stimme kann zum Logos werden, und somit den Status eines Jüngers erreichen (VI 20,111).[42] Demgemäß erlangt jemand, der aus dem Klang zur Stimme wurde, die Bezeichnung eines Sklaven.

Nach Barbara Aland, Jens Holzhausen und Elaine Pagels[43] ist diese Aufstellung der drei Naturen nicht in einem deterministischen Sinne zu verstehen. Demnach ist Johannes der Täufer kein Pneumatiker, sondern ein Psychiker, wiewohl ein solcher, der auf dem Weg zu höherer Gnosis ist. Das noch bestehende Erkenntnislimit wird hierbei, so Herakleon weiter, schon im Eingeständnis des Täufers selbst deutlich, wenn er bekennt, den Sinn der Heilsgeschichte (οἰκονομία) nicht zu verstehen (Fragment 8 [VI 39,198]). Herakleon ist entsprechend der Meinung, dass der Demiurg, der Baumeister des Kosmos, durch den Täufer spricht, wie es in Fragment 8 (200) heißt:

> Er glaubt nämlich, *dass der Demiurg des Kosmos, der geringer ist als Christus, dies mit diesen Worten bekannt habe.*[44]

Wenn nun Johannes den Baumeister des Kosmos repräsentiert, ist deutlich, dass er nicht von pneumatischer Natur sein kann. Doch ergibt sich hier ein Problem: In Fragment 5 (111) paraphrasiert Origenes die Exegese des Herakleon in folgender Weise:

> Er sagt: *Dem Klang wird es möglich sein, sich in Stimme zu verwandeln,* und einen Platz eines Jüngers gibt er der sich in Logos verwandelnden

---

42 Jünger können aber auch Engel repräsentieren (Fragment 35 = XIII 49,324).

43 *Barbara Aland*, Erwählungstheologie und Menschenklassenlehre. Die Theologie des Herakleon als Schlüssel zum Verständnis der christlichen Gnosis, in: Gnosis and Gnosticism. Papers read at the Seventh International Conference on Patristic Studies, NHS 8, Leiden 1977, S. 149-181; *Jens Holzhausen*, Die Seelenlehre des Gnostikers Herakleon, in: *J. Holzhausen* (Hg.), Ψυχή – Seele – anima, FS K. Alt, BzA 109, Stuttgart/Leipzig 1998, S. 279-300; *Elaine H. Pagels*, The Johannine Gospel in Gnostic Exegesis: Heracleon's Commentary on John, SBL.MS 17, Nashville/New York 1973.

44 Οἴεται γὰρ τὸν δημιουργὸν τοῦ κόσμου ἐλάττονα ὄντα τοῦ Χριστοῦ τοῦτο ὁμολογεῖν διὰ τούτων τῶν λέξεων (*Wucherpfennig*, a.a.O. [Anm. 18], S. 191f).

Stimme, eines Sklaven aber dem (Klang, der sich) vom Klang in Stimme (verwandelt).[45]

Wie ist es möglich, dass der Täufer die Position eines Jüngers einnehmen kann, wenn er den Demiurgen repräsentiert? Klassisch wird die Lösung hierfür in einem früheren Fragment zu Joh 1,18 gefunden. Hier unterscheidet Herakleon zwischen Johannes dem Täufer und Johannes dem Jünger. Manche Kommentare[46] interpretieren die vorliegende Stelle nun ebenso in dieser Weise: Der Jünger in Fragment 5 (111) ist dann Johannes der Evangelist, nicht der Täufer. Doch ist dies eine wahrscheinliche Lesart?

Nach dem klassischen Verständnis versteht Herakleon Johannes den Täufer somit zumindest als Psychiker, der möglicherweise sogar bereits auf dem Weg zum Pneumatiker war. Ein Übergang innerhalb dieser beiden Stände scheint möglich.[47]

4.3.3.2 Der alternative Ansatz

Ansgar Wucherpfennig hat zuletzt eine andere Deutung für die Begriffe λόγος, φωνή und ἦχος vorgelegt. Er stellt die These auf, Herakleon wollte mit der Statusdreiheit den Prozess von Offenbarung und Erkenntnis illustrieren. Im Gegensatz zur traditionellen Meinung verweist Wucherpfennig darauf, dass Herakleon hier gerade nicht über „Naturen" spricht.[48] Stattdessen geht er in Fragment 5 auf unterschiedliche Modi von Offenbarung ein. Das Wort ist hierbei die höchste aller Kommunikationsformen, während die Stimme höher als der Klang eingereiht wird.

Dennoch wirken alle drei durch bestimmte Personen. Das Wort selbst ist dabei bereits mit dem Erlöser Jesus gekommen. Die Stimme spricht durch den Täufer. Vor dem Kommen des Logos ist sie die wahrnehmbare Form Gottes in der Wüste des Kosmos. Der Klang wiederum ist die noch frühere Manifestation der Offenbarung in Gestalt des Alten Testaments, und hier vor allem in ihrer prophetischen Form. Wie können aber diese unterschiedlichen Offenbarungsformen nun ihren Status ändern? Durch Exegese!

---

45 Τῷ ἤχῳ φησὶν ἔσεσθαι τὴν εἰς φωνὴν μεταβολὴν, μαθητοῦ μὲν χώραν διδοὺς τῇ μεταβαλλουσῇ εἰς λόγον φωνῇ, δούλου δὲ τῇ ἀπὸ ἤχου εἰς φωνήν. (*Wucherpfennig*, a.a.O. [Anm. 18], S. 185).

46 *Aland*, a.a.O. (Anm. 43), S. 157; *Holzhausen*, a.a.O. (Anm. 43), S. 289; *Holger Strutwolf*, Zur Rezeption der valentinianischen Gnosis bei Origenes, FKDG 56, Göttingen 1993, S. 120.

47 Abgelehnt wird ein Übergang in der älteren Herakleondeutung; cf. dazu *Wucherpfennig*, a.a.O. [Anm. 18], S. 206.

48 Vgl. auch *Pagels*, a.a.O. (Anm. 43), S. 55.

Die Worte der alttestamentlichen Propheten können zur Stimme werden, wenn sie korrekt verstanden werden. Auch der Logos kann unter den Menschen präsent werden: Die Stimme derjenigen, die vom Logos lehren, kann selbst Logos werden. Somit ist jene dynamische Transformation nicht zu verstehen als eine der Naturen, sondern vielmehr eine im Sinne von Einsicht und Offenbarung.

Wer ist dann aber nach diesem Verständnis Johannes der Täufer? Sein inneres Selbst wurde zum Logos. In diesem Sinne wurde er auch zum Jünger, insofern er vom Logos lehrte. Seine äußere Hülle aber, also sein Gewand, war Stimme, in diesem Sinne freilich verstanden als bloßes Instrument für den Logos. Als Stimme legte er Jes 40, das an sich nur Klang ist, richtig aus. Jene äußere Hülle aber steht letztlich mit dem Demiurg in Verbindung.

Es ist nicht einfach zu entscheiden, welcher der beiden vorgestellten Ansätze als der richtige erscheint, allerdings neige ich Wucherpfennigs Verständnis von Herakleons Exegese zu. Es ist zunehmend problematisch geworden, spätere Valentinianische Vorstellungen auf diesen Text aus der Mitte des zweiten Jahrhunderts rückzuprojizieren. Die Studien von C. Markschies zu Valentinian[49] und von W. Löhr zu Basilides[50] haben gezeigt, dass ein neues Verständnis für den frühen Gnostizismus dadurch ermöglicht wird, dass man davon absieht, die überlieferten Fragmente durch die Brille der frühen Kirchenväter wie Irenäus, Hippolyt oder Epiphanius zu lesen. Das bedeutet, wenn Herakleon in unserem Text nicht auf Naturen zu sprechen kommt, so sollten sie auch nicht in den Text hineingelesen werden. Letztlich ist aber auch das Problem bezüglich des Jüngers, zu dem Johannes werden kann (Fragm. 5 111), mit dem Ansatz von Wucherpfennig wesentlich einfacher zu lösen.

Akzeptiert man diese Lesart, dann ist die Exegese des Herakleon zwar gnostisch, aber nicht heterodox, sondern vielmehr orthodox im Vollsinn des Wortes. Das Alte Testament als Gottes erstes Offenbarungswerkzeug war zwar noch nicht die klare Stimme des Täufers und schon gar nicht der inkarnierte Logos. Es wird erst dann zum Wort Gottes in seinem wahren Sinne, wenn es recht interpretiert wird, was nun aber für Jeden möglich ist. Vielleicht kann man noch hinzufügen: Durch seine eigene Exegese des JohEv hat Herakleon selbst dazu beigetragen, den Logos verständlicher werden zu lassen.

---

[49] *Christoph Markschies*, Valentinus Gnosticus? Untersuchungen zur valentinianischen Gnosis mit einem Kommentar zu den Fragmenten Valentins, WUNT 65, Tübingen 1992.

[50] *Winrich A. Löhr*, Basilides und seine Schule. Eine Studie zur Theologie- und Kirchengeschichte des zweiten Jahrhunderts, WUNT 83, Tübingen 1996.

Nebenbei bemerkt, findet sich hier durchaus eine Ähnlichkeit zu Clemens: Der Alexandriner verleiht der Stimme dieselbe Rolle, die Herakleon dem Klang zuteilt. Allerdings macht er keinen Unterschied zwischen den Propheten des Alten Testaments und Johannes dem Täufer, wogegen der Täufer von Herakleon als eine Person gedacht wird, die an der Schwelle zwischen altem und neuem Äon zu stehen kommt (Lk 16,16), somit selbst den Übergang symbolisiert.

4.3.4 Johannes ist der Vorläufer

In Fragment 8 (VI 39,197) stimmt selbst Origenes der Exegese Herakleons zu:

> Nicht unglaubwürdig aber ist bei ihm gesagt: *„Das ‚Hinter mir kommt er' offenbart, dass Johannes der Täufer der Vorläufer Christi ist."* Tatsächlich ist er nämlich wie ein Diener, der dem Herrn voranläuft.[51]

Es entspricht der maßgeblichen Meinung aller Evangelien, aber auch der frühen patristischen Exegese, Johannes den Täufer als den Vorläufer Christi zu betrachten, sei dies nun – wie oben zu sehen war – in Verbindung mit der Wiederkunft des Elija, sei es – wie im JohEv – davon unabhängig. M.E. interpretiert Herakleon ganz einfach das JohEv und versucht nicht, wie Wucherpfennig meint, damit die Elija-Identität des Täufers zu bewahren.[52]

4.3.5 Johannes weiß von nichts

In Fragment 8 und 10 ist Herakleons Meinung ersichtlich, wonach der Täufer sich nicht gänzlich der Bedeutung Christi bewusst gewesen ist. Fragment 8 (VI 39,198) lautet:

> Viel zu wörtlich aber hat er das: „Ich bin nicht würdig, dass ich die Riemen seiner Sandale löse" erklärt: *„der Täufer bekennt mit diesen Worten, dass er auch nicht des wertlosesten Dienstes an Christus würdig sei."* Jedoch nach dieser Auffassung hat er nicht unglaubwürdig vorgebracht: *„Ich bin nicht geeignet, dass er meinetwegen von (seiner) Majestät herabkommt und*

---

51 Οὐκ ἀπιθάνως δέ παρ' αὐτῷ λέγεται ὅτι τὸ Ὀπίσω μου ἐρχόμενος τὸ πρόδρομον εἶναι τὸν Ἰωάννην τοῦ Χριστοῦ δηλοῖ. Ἀληθῶς γὰρ ὡσπερεὶ οἰκέτης ἐστὶν προτρέχων τοῦ κυρίου (*Wucherpfennig*, a.a.O. [Anm. 18], S. 191).

52 *Wucherpfennig*, a.a.O. (Anm. 18), S. 241f. Das gelingt nur, wenn man die Aussagen des Tryphon, wonach der wiedergekommene Elia den Messias salben soll, als tatsächliche jüdische Ansicht versteht, die bereits vorchristlich bestanden hätte. Dafür gibt es freilich keinen zeitlich auch nur annähernd an das 1. Jahrhundert heranreichenden Beleg.

Fleisch annimmt wie eine Sandale, wofür ich keinen Sinn angeben kann und auch die planvolle Anordnung nicht erklären oder auflösen kann.“[53]

M.E. interpretiert Herakleon Joh 1,27 hier durchaus richtig. Der Autor des Evangeliums wollte in der Tat die Bedeutung des Johannes auf ein Minimum reduzieren. Die demütige Haltung des Täufers wie auch dessen Unverständnis für Gottes οἰκονομία passen gut in das Bild des Zeugen, wie es das Evangelium für den Täufer zeichnet. So sagt auch der Täufer selbst: „Ich selbst kannte ihn nicht“ (Joh 1,33). Herakleon bezieht diese Aussagen auf die Außenhülle des Täufers, also auf dessen „demiurgische“ Seite. Konsequenter Weise zeigen somit einige Worte des Täufers, dass er Jesus nicht in der ganzen Fülle als den erfasst hat, der er wirklich war.

In Fragment 10 (VI 60,306f) interpretiert Herakleon Joh 1,29: „Siehe, das Lamm Gottes, welches hinwegnimmt die Sünde der Welt!“

Herakleon bleibt es unverständlich, wieso Johannes von „Lamm“ anstelle von „Widder“ sprach, gilt doch der Widder als voll ausgewachsen und sei daher höher einzustufen. Auch hier bezieht er den Teil „Lamm Gottes“ auf die Außenhülle, und die Aussage „der hinwegnimmt die Sünde der Welt“ auf die Innenseite des Täufers. Während er also mit seiner Außenseite die Wahrheit bloß zum Teil verkündete, offenbarte er mit seiner inneren Seite – also mit dem „männlichen“ oder Jünger-Status (VI 20,111) – wer Jesus wirklich war.

5. Rückblick

Die Ursprungsfrage lautete, wer Johannes der Täufer war. Die Antworten innerhalb früher christlicher Exegese fallen höchst unterschiedlich aus, wenngleich sie auch Übereinstimmungen haben. Allen gemeinsam war die Deutung des Täufers als eines Vorgängers Christi, für die einen als Elija, für mache im Geist des Elija, und für wieder andere als ein Zeuge. Bei Herakleon schließlich wird Johannes der Täufer zu jenem Beispiel, wie der Klang Gottes für eine mangelhafte Welt hörbar wurde – eine Stimme in der Wüste, die den Logos verkündet. M.E. liegt hier nicht etwa eine heterodoxe Exegese vor, sie ist vielmehr in ihrer Verbindung von Textauslegung und Theologie sowohl tradi-

[53] Πολὺ δὲ ἁπλούστερον τὸ Οὐκ εἰμὶ ἄξιος, ἵνα λύσω αὐτοῦ τὸν ἱμάντα τοῦ ὑποδήματος ἐξείληφεν ὅτι οὐδὲ τῆς ἀτιμοτάτης ὑπηρεσίας τῆς πρὸς τὸν Χριστὸν ἄξιος εἶναι διὰ τούτων ὁ βαπτιστὴς ὁμολογεῖ. Πλὴν μετὰ ταύτην τὴν ἐκδοχὴν οὐκ ἀπιθάνως ὑποβέβληκεν τό· Οὔκ εἰμι ἐγὼ ἱκανὸς ἵνα δἰ ἐμὲ κατέλθῃ ἀπὸ μεγέθους καὶ σάρκα λάβῃ ὡς ὑπόδημα, περὶ ἧς ἐγὼ λόγον ἀποδοῦναι οὐ δύναμαι οὐδὲ διηγήσασθαι ἢ ἐπιλῦσαι τὴν περὶ αὐτῆς οἰκονομίαν. (*Wucherpfennig*, a.a.O. [Anm. 18], S. 191).

tionell wie innovativ zugleich. Und was ist von einem Exegeten des Neuen Testaments mehr zu erwarten?

Die Nabatäer – Wandler zwischen den Lebenswelten. Eine archäologische Spurensuche im zentraljordanischen Hochland von Moab in den Jahren 2006 und 2007.

FRIEDRICH T. SCHIPPER, ANNE LYKKE & MECHTHILD LADURNER

In den Sommermonaten der Jahre 2006 und 2007 unternahm das Institut für Alttestamentliche Wissenschaft und Biblische Archäologie der Evangelisch-Theologischen Fakultät an der Universität Wien zwei Pilotkampagnen zur Vorbreitung eines mehrjährigen interdisziplinären Feldforschungsprojektes im Areal zwischen dem Wadi ath-Thamad und dem Wadi Shabik im zentraljordanischen Hochland, dem biblischen Moab. Gegenstand der Feldforschung sind die materiellen Hinterlassenschaften der Nabatäer in diesem Raum, der als nabatäische Peripherie gilt und gemeinhin im Schatten der großartigen Architektur im Zentrum des nabatäischen Siedlungsgebietes rund um die berühmte Königsstadt Petra liegt. Primäres Ziel der Forschung ist die Rekonstruktion der realen Lebenswelt der Nabatäer in dieser semi-ariden Landschaft entlang der beiden Trockenflussbetten, die sie scheinbar trotz der relativ widrigen Umweltbedingungen landwirtschaftlich intensiv und erfolgreich nutzten. Eine erste kühne Arbeitshypothese wurde von der kanadischen Archäologin P. M. Michèle Daviau formuliert, die in diesem Gebiet sonst nur eisenzeitlich-moabitische Forschungen[1] anstellt: War dieses Gebiet einst die „Kornkammer von Petra"? Tatsächlich ist bis heute völlig ungeklärt, woher die Bewohner der Königsstadt Petra, mitten in der Wüste gelegen, alltäglich ihre Nahrungsmittel bezogen haben. So ergibt sich eine zweite kardinale Frage, nämlich jene nach der Vernetzung der Nabatäer in dieser Landschaft zwischen den beiden Wadis als potentiell hochproduktivem Landwirtschaftraum mit anderen realen Lebenswelten, etwa mit dem Zentrum nabatäischer Macht und Kultur in Petra.

---

1 *P.M. M. Daviau*, Survey and Excavation in Northern Moab, in: *P. Matthiae* (Hg.), Proceedings of the First International Congress on the Archaeology of the Ancient Near East, Rom 2000; *dies.*, –irbet el-Mudēyine in its Landscape. Iron Age Town, Forts, and Shrines, Zeitschrift des Deutschen Palästina-Vereins 122 (2006), S. 14-30; *dies./R. Chadwick/M. Steiner/M. Weigl/A. Dolan/Z. Mcquinn/N. Mulder-Hijmans/M.A. Judd/J. Ferguson*, Excavation and Survey at Khirbat al-Mudayna and its Surroundings. Preliminary Report of the 2001, 2004 and 2005 Season, Annual of the Department of Antiquities of Jordan 50 (2006), S. 249-284.

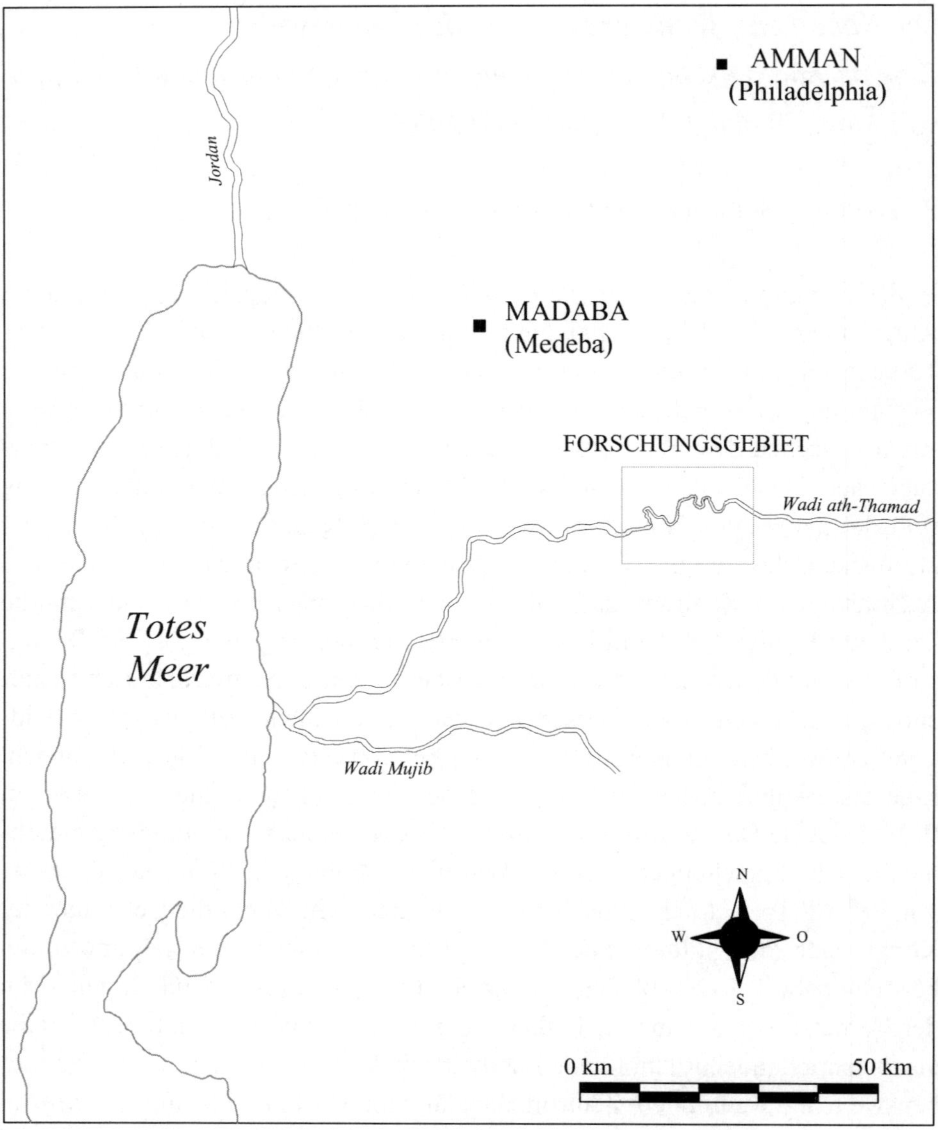

Karte des zentraljordanischen Hochlandes mit dem Forschungsgebiet am Wadi ath-Thamad
Zeichnung © Mechthild Ladurner (Univ. Wien)

Der vorliegende Beitrag stellt die Nabatäer in den Kontext der Bibelwissenschaft, resümiert die beiden archäologischen Pilotkampagnen und entwirft eine Skizze für das geplante Feldforschungsprojekt.[2]

---

2 Resümees/Vorberichte: *D. Fehlmann[Fellsner]/M. Ladurner/A. Lykke*, Nabatean Landscapes in Central Jordan: The Wadi ath-Thamad Regional Project, Poster: Broadening

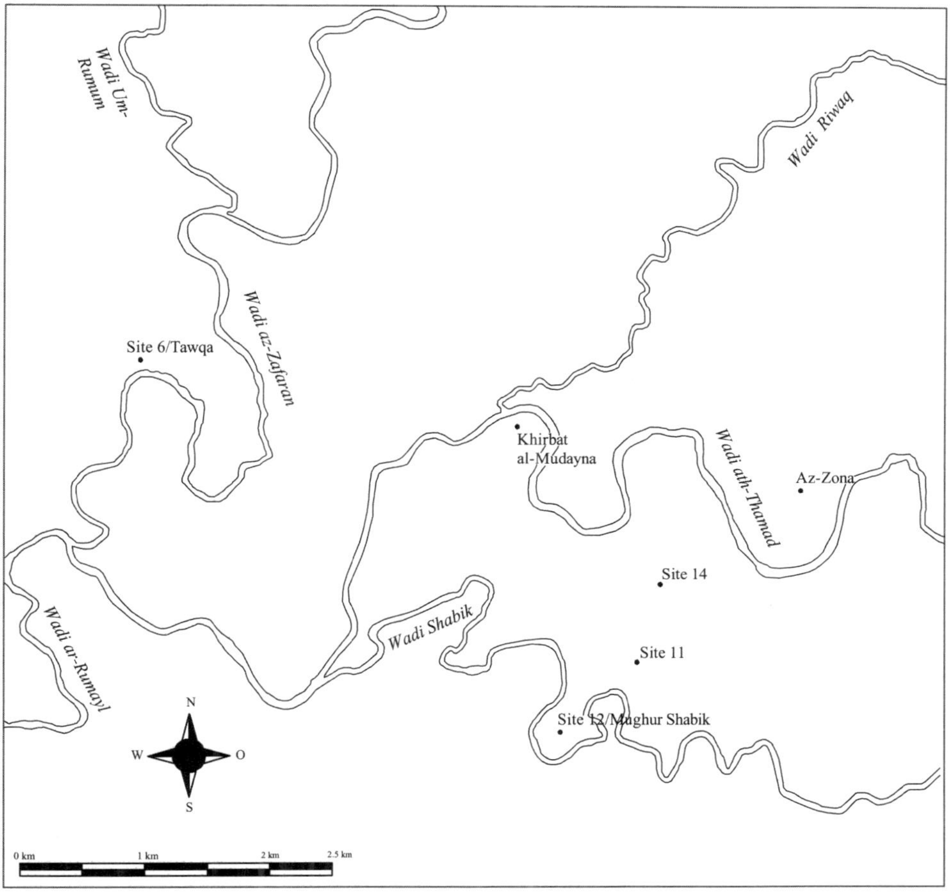

Karte des Forschungsgebietes am Wadi ath-Thamad im zentraljordanischen Hochland
Zeichnung © Mechthild Ladurner (Univ. Wien)

Horizons-Kongress in Ghent, 27.-28.2.2006; *dies.*, Nabatean Landscapes in Central Jordan. The Wadi ath-Thamad Regional Project. Akten zum ersten Broadening-Horizons Kongress. Ghent, 27.-28.2.2006, in Druck; *dies.*, Broadening Horizons in Nabatean Archaeology: The Wadi ath-Thamad Project, Poster: 5th International Congress on the Archaeology of the Ancient Near in Madrid, 3.-8.4.2006; *dies.*, Khirbat al-Mudayna. Wadi ath-Thamad Jordanien, Poster: Das Wiener Ernst-Sellin-Gedächtniskolloquium 2006: 100 Jahre „Nachlese auf dem Tell Ta'annek in Palästina" in Wien, 19.4.2006.

Von der Peripherie ins Zentrum:
Petra von Jean Louis Burckhardt bis Indiana Jones

Wer die Nabatäer wirklich waren, wissen nur wenige, die nabatäische Königsstadt Petra ist heute Millionen von Menschen bekannt. Vom Schweizer Arabisten und Orientreisenden Jean Louis Burckhardt[3] im Jahr 1812 wiederentdeckt,[4] wurde die „wie durch Zauber aus dem Felsen gewachsene rosenrote Stadt, halb so alt wie die Zeit“[5] im Jahr 1896 vom altösterreichischen Bibelwissenschaftler und Orientalisten Alois Musil („Musil von Arabien“) erstmals wissenschaftlich erforscht und kartographisch erfasst.[6] Musils indirekter Gegenspieler im 1. Weltkrieg, Thomas E. Lawrence („Lawrence von Arabien“) schrieb in seinem Kriegsmemoiren *Die sieben Säulen der Weisheit*: „Petra ist der herrlichste Ort der Welt.“[7]

Bereits seit 1930 für den Tourismus erschlossen wurde dieses einzigartige Kulturdenkmal im Jahr 1986 auf die Liste des UNESCO-Welterbes gesetzt. Doch erst das Finale des fulminanten Abenteuerfilms „Indiana Jones und der letzte Kreuzzug“ machte die nabatäische Stadt tatsächlich einem Millionen-

---

3 Jean Louis Burckhardt, geb. am 24. November 1784 in Lausanne, gest. am 15. Oktober 1817 in Kairo, ist auch unter den Vornamen Johann Ludwig und John Lewis bekannt, verwendete selbst aber seinen französischen Namen.

4 *J.L. Burckhardt*, Travels in Arabia, London 1829. Deutsche Übersetzung: Reisen durch Arabien, Weimar 1830.

5 Petras Fama als „rosenrote“ Stadt, im Deutschen mitunter fälschlich als „rosarote“ Stadt wiedergegeben, geht auf ein Sonnet von John William “Dean” Burgon zurück, für das er 1845 den Newdigate Prize der University of Oxford „for Best Composition in English verse by an undergraduate“ erhielt: “*It seems no work of Man's creative hand, by labor wrought as wavering fancy planned; But from the rock as by magic grown, eternal, silent, beautiful, alone! Not virgin-white like that old Doric shrine, where erst Athena held her rites divine; Not saintly-grey, like many a minster fane, that crowns the hill and consecrates the plain; But rose-red as if the blush of dawn, that first beheld them were not yet withdrawn; The hues of youth upon a brow of woe, which Man deemed old two thousand years ago, match me such marvel save in Eastern clime, a rose-red city half as old as time.*” John William Burgon war einer der hervorragenden englischen Theologen in der 2. Hälfte des 19. Jhs. Er hatte Petra nie selbst gesehen.

6 *A. Musil*, Arabia Petraea, Wien 1907/08. Zu Alois Musil vgl. *K.J. Bauer*, Alois Musil: Wahrheitssucher in der Wüste, Wien 1989; *E. Feigl*, Musil von Arabien: Vorkämpfer der islamischen Welt, Wien 1985. Ferner den Artikel von *G. Sauer*, Alois Musils Reisen nach Arabien im ersten Weltkrieg, Archiv Orientalni 37 (1969), S. 243-263.

7 *T.E. Lawrence*, Seven Pillars of Wisdom, Oxford 1926. Deutsche Übersetzung: Die Sieben Säulen der Weisheit, München 2003. – Der Titel bezieht sich auf Spr 9,1: „*Die Weisheit hat ihr Haus gebaut und ihre sieben Säulen behauen.*“ Ursprünglich war dieser Titel für ein Buch über sieben große Städte der arabischen Welt vorgesehen, das Lawrence noch vor dem 1. Weltkrieg begonnen hatte. Mit Ausbruch des Krieges brach er seine Arbeit ab und vernichtete das Manuskript. Während seiner militärischen Einsätze in Jordanien 1917-1918 operierte er oftmals von Wadi Rum aus, wo er einer eindrucksvollen Felsformation diesen Namen verlieh, die heute noch so heißt. Nach dem Krieg beschloss er, seinem neuen Opus, seinen Kriegsmemoiren, diesen Titel zu geben.

publikum bekannt.[8] Der Kinoerfolg bescherte Petra einen Tourismusboom. Im Jahr 2007 wurde Petra zu einem der Neuen Sieben Weltwunder gewählt. Während die relativ unbedeutende Rolle Petras in der Kreuzfahrerzeit den romantischen Hintergrund für tausende von „Kino-gebildeten" Besuchern liefert, bleiben die eigentlichen ursprünglichen Herren dieser Stadt für die meisten Besucher nach wie vor im Nebel der Geschichte. Wer waren nun die Nabatäer und welche Bedeutung haben sie in der Bibel?

Die Nabatäer und ihre Bedeutung für die Bibelwissenschaft

Die Nabatäer waren eine prä-islamische, proto-arabische Gesellschaft[9] mit beduinischer bzw. semi-beduinischer Lebensweise im syro-palästinischen und nordarabischen Raum. Sie dürfen nicht als ein Volk oder eine Nation verstanden werden, sondern als ein staatlich strukturierter Stammesverband,[10] in dem die leitenden Familien als primi inter pares fungiert haben – ein Konzept, das in der Antike mit Staunen betrachtet wurde[11] und dessen Vorbild bis heute in Jordanien, Saudi Arabien und den Golfstaaten immer noch bemerkbar ist.[12]

---

8 In diesem dritten Teil der megalomanen Tetralogie des Regisseurs Steven Spielberg geht es um den Heiligen Gral, den Kelch, aus dem Jesus von Nazaret und seine Jünger beim letzten Abendmahl tranken und der dessen Blut bei der Kreuzigung auffing. Dieser Kelch soll der Legende nach ungeheure Kräfte besitzen und der Schlüssel zur ewigen Jugend sein. Niemand geringerer als Adolf Hitler selbst will unbedingt in den Besitz dieses Grals gelangen. Ein erbittertes Rennen um *die* Vasa Sacra des Christentums zwischen dem wohl berühmtesten Archäologen der Welt, Dr. Henry Jones jr. alias Indiana Jones (dargestellt von Harrison Ford) und seinem Vater, Prof. Dr. Henry Jones (dargestellt von Sean Connery) mit den deutschen Nationalsozialisten endet just in Petra. Unvergesslich ist der rasende Ritt von Indiana Jones durch den Siq, eine teils nur zwei Meter breite, dafür über 1,2 Kilometer lange Schlucht, bis hin vor die imposante, etwa 40 m hohe Fassade des so genannten Khazne al-Firaun, des „Schatzhauses des Pharao", das tatsächlich ein nabatäischer Grabtempel ist. Dieser muss im Film als Kulisse für den Gralstempel herhalten, in dem sich die dramatischen Schlussszenen abspielen. Auch wenn am Ende das Gute siegt und die Nazis untergehen, so lässt der Zorn Gottes schließlich den ganzen Tempel in sich zusammenbrechen. – Zu den realen historischen und archäologischen Hintergründen der Abenteuer von Indiana Jones leistet ein neuer Band wissenschaftliche Aufklärungsarbeit: *L.H. Gresh/R. Weinberg*, Why Did It Have To Be Snakes? From Science to the Supernatural. The Many Mysteries of Indiana Jones, New York 2008; vgl. das Kap. „The Temple of the Crescent Moon".

9 Vgl. dazu *D.F. Graf*, The Origin of the Nabateans, Aram 2 (1990), S. 45-75; *J.F. Healey*, Were the Nabataeans Arabs? Aram 1, 1989, S. 38-44.

10 *E.A. Knauf*, Ismael. Untersuchungen zur Geschichte Palästinas und Nordarabiens im 1. Jahrtausend v. Chr., Abhandlungen des Deutschen Palästina-Vereins 7, Wiesbaden 1985, S. 92-111; *ders.*, Art. Bedouin and Bedouin States, in: Anchor Bible Dictionary 1, 634-638; *M.C.A. Macdonald*, Was the Nabataean Kingdom a "Bedouin State"? Zeitschrift des Deutschen Palästina-Vereins 107 (1991), S. 102-119.

11 Strabo XVI 4. 26

12 *R.G. Khouri/T. Weber*, „Meine geliebten Brüder und Schwestern". Das nabatäische Königtum und die modernen arabischen Monarchien, in: *T. Weber/R. Wenning* (Hg.), Pet-

Das Königtum wurde bei den Nabatäern erst im Jahr 82 v. Chr. verwirklicht, als die regionalen Reste des einstigen seleukidischen Großreiches Scheich Aretas III. (82-62/60 v. Chr.) in Petra vom Volk in Damaskus überlassen wurden.[13] Der Name „Nabatäer" ist deshalb nicht als ethnischer Terminus zu verstehen, sondern als eine Identifikation der leitenden Scheichs bestimmter Sippen, die eine nicht-militärische Herrschaft über verschiedene proto-arabische Stämme und Gemeinschaften in einem sehr großen Gebiet innehatten.[14]

In der Bibelwissenschaft wurden die Nabatäer seit den 1960er Jahren – also seitdem durch die Forschungen von Abraham Negev[15] mehr und mehr klar wurde, dass die prachtvolle nabatäische Architektur Petras wie der Großteil der damals bekannten Materialkultur nicht in die Zeit *nach* 106 n. Chr., als das bisherige nabatäische Königreich zu einem Teil der römischen Provinz Arabia wurde, sondern *vor* diese Zeit datiert – verstärkt als kulturelle Folie zum besseren Verständnis der Umwelt des Neuen Testaments in Betracht gezogen. Hatte man bislang lediglich Vergleichsmaterial zur Verfügung, das vorrangig der griechisch-römischen Kultursphäre entstammte, so war man nun erfreut und gespannt, auch auf zeitgenössisches Vergleichsmaterial aus der semitischen Welt verweisen zu können, das noch dazu einen geringeren griechisch-römischen Kultureinfluss aufwies als das Material in Palästina selbst.[16]

Doch selbst bei gründlicher Lektüre der biblischen Schriften kann man die wenigen Referenzen zu den Nabatäern leicht überlesen, oder sie setzen gar, um sie überhaupt erkennen zu können, ein Wissen voraus, über das zumeist

ra. Antike Felsstadt zwischen arabischer Tradition und griechischer Norm, Mainz 1997, S. 164-167.

13 *E.A. Knauf*, "Der sein Volk liebt". Entwicklung des nabatäischen Handelsimperiums zwischen Stamm, Königtum und Klientel, in: *T. Weber/R. Wenning* (Hg.), Petra. Antike Felsstadt zwischen arabischer Tradition und griechischer Norm, Mainz 1997, S. 15-24, s. S. 15f.

14 *P. Hammond*, The Nabataeans – Their History, Culture and Archaeology, Göteborg 1973; *R. Wenning*, Die Nabatäer – Denkmäler und Geschichte, Göttingen 1987; Zu den literarischen Quellen vgl. *U. Hackl/H. Jenni/C. Schneider*, Quellen zur Geschichte der Nabatäer, Freiburg 2003.

15 Vgl. *A. Negev*, Die Nabatäer, Mainz 1976. Der israelische Archäologe Abraham Negev hat die Nabatäerforschung seit 1960er Jahren maßgeblich und nachhaltig geprägt – und eben auch auf einen neue chronologische Basis gestellt. Zur Würdigung vgl. *J.D. Elliott jr.*, The Nabatean Synthesis of Avraham Negev: A Critical Appraisal, in: Retrieving the Past. Essays on Archaeological Research and Methodology in Honor of Gus W. van Beek, 1996, S. 47-60.

16 Vgl. das enthusiastische Resümee von *B. Schwank*, Neue Funde in Nabatäerstädten und ihre Bedeutung für die neutestamentliche Exegese, New Testament Studies 29, 1983, S. 429-435.

nur spezialisierte Altertumswissenschaftler verfügen.[17] Besonders kontrovers diskutiert wird dabei jene (zu Apg 9,24f parallele[18]) Stelle im 2. Korintherbrief, in der Paulus seine Flucht aus Damaskus schildert.

> 2 Kor 11: [32] In Damaskus bewachte der *Ethnarch des Königs Aretas* die Stadt der Damaszener und wollte mich gefangen nehmen, [33] und ich wurde in einem Korb durch ein Fenster die Mauer hinuntergelassen und entrann seinen Händen.

Beim hier erwähnten Aretas handelt es sich zweifelsfrei um einen nabatäischen König, um Aretas IV., der von 9 v. bis 40 n. Chr. geherrscht hat. Bis heute wird diese Stelle meist so interpretiert, als habe Damaskus unter der Herrschaft von Aretas IV. gestanden und wäre von einem „Statthalter“[19] des Königs verwaltet worden.[20] Diese Interpretation wurde schon seinerzeit von E. Schwartz zurückgewiesen[21] und stößt tatsächlich auf große Schwierigkeiten:

1. Es gibt außer jener Stelle in 2 Kor keinen einzigen literarischen Hinweis, dass die Nabatäer zu dieser Zeit, also in der 1. Hälfte des 1. Jhs. n. Chr., Damaskus beherrscht hätten. Zwar hatte Aretas III. in der 1. Hälfte des 1. Jhs. v. Chr. noch über Damaskus geherrscht, was sowohl literarisch, als auch numismatisch belegt ist. Doch seit der Neuordnung des römischen Ostens nach den Eroberungen durch Pompejus den Großen und der Schaffung der Provinz Syria im Jahr 63 v. Chr. war Damaskus immer römisch gewesen. Gäbe es den Beleg in 2 Kor 11,32 nicht, würde man diese Frage gar nicht diskutieren.

2. Der Titel ἐθνάρχης bezeichnet in antiker Terminologie keinen Statthalter. Dieser Titel kann drei unterschiedliche Funktionsträger benennen: a) einen Herrscher über ein größeres Gebiet, der selbst unter der Oberherrschaft eines Königs bzw. Großkönigs steht und dem dieser den Titel König nicht zuge-

---

[17] Grundlegend *A. Kasher*, Jews, Idumaeans, and Ancient Arabs. Relations of the Jews in Eretz-Israel with the Nations of the Frontier and the Desert during the Hellenistic and Roman Era (332 BCE – 70 CE), Tübingen 1988.

[18] In Apg 9,24f wollen in Damaskus wohnhafte Juden den Apostel fangen und töten, ein markanter Unterschied zur Darstellung in 2 Kor 11,32f. In der wissenschaftlichen Diskussion um die Frage nach dem Ethnarchen des Königs Aretas wird allerdings auf Apg 9,24f nie Bezug genommen. Die Stelle wird im Allgemeinen traditionsgeschichtlich als sekundär eingestuft und bleibt damit historisch außer Betracht.

[19] So übersetzt in LUT, ELB, EIN u.v.a.; in LUO und ELO noch als „Landpfleger“, MNT gibt es unübersetzt als „Ethnarch“ wider. Im Englischen als „governor“ in KJV und NKJ, NIV und NIB, NJB, RSV u.v.a.; NAS und NAU geben es unübersetzt als „ethnarch“ wieder.

[20] Vgl. *E. Schürer*, Die Geschichte des jüdischen Volkes im Zeitalter Jesu Christi, Bd. II, Leipzig [4]1907 (1901-1909), S. 108.

[21] *E. Schwartz*, Die Aeren von Gerasa und Eleutheropolis, Nachrichten der Gesellschaft der Wissenschaften in Göttingen, Philologisch-historische Klasse, 1906, S. 340-395, s. S. 367ff.

steht, der aber in der Hierarchie höher steht als ein Tetrarch; b) das Oberhaupt eines Stammes bzw. ein Scheich; c) das Oberhaupt einer ethnischen Gruppe innerhalb einer Polis. Es ist hingegen mehrfach belegt, dass nabatäische Statthalter den Titel eines στρατηγός, im Nabatäischen als Lehnwort *'srtg'* (einmal auch *'strtg'*), führten.[22] In der zeitgenössischen herodianischen Verwaltung waren auch die Titel ἄρχων und ἔπαρχος in Verwendung. Daher wurden mehrere neue Vorschläge zum besseren Verständnis der Stelle in 2 Kor vorgelegt.

Mehrfach wurde vorgeschlagen, in diesem nabatäischen Ethnarchen ein Stammesoberhaupt zu sehen, einen Scheich, der im Territorium rund um die Stadt, in jedem Fall also außerhalb von Damaskus, Macht ausgeübt hätte und dem Apostel vor den Toren der Stadt auflauerte.[23] Dieser Vorschlag vermeidet das Problem, eine sonst nicht belegte nabatäische Herrschaft in bzw. über Damaskus erklären zu müssen. Allerdings passt diese Erklärung weder sprachlich noch logisch zu 2 Kor 11,32f. So suggeriert einerseits das in 2 Kor verwendete Verb φρουρεῖν, dass der nabatäische Ethnarch die volle Kontrolle über die Stadt, ihre Mauern und Tore hatte – also von innen. Andererseits hätte man Paulus' Flucht – in einem Korb an einem Seil die Stadtmauer herab – von außerhalb leicht sehen und ihn so schnappen können.

Ein Gutteil der Meinungen basiert auf der Annahme, dass Damaskus zur Zeit von Aretas IV. tatsächlich unter nabatäischer Herrschaft gestanden hat. Die numismatische Evidenz lässt diese Annahme zumindest zu, denn tatsächlich hören die Tiberiasmünzen in Damaskus mit 33/34 n. Chr. auf, die Neromünzen beginnen erst 62/63 n. Chr. (Allerdings gilt es zu bedenken, das keine Münzen des Aretas IV. in Damaskus belegt sind, die nabatäische Münzprägung endet in Damaskus mit Aretas III.[24]) Konsequenterweise ist auch die konkrete Sprache von Paulus und die Verwendung des Titels ἐθνάρχης in 2 Kor ernst zu nehmen und der Text als historische Quelle nicht in Frage zu stellen.

In der revidierten englischen Version von Emil Schürers *Geschichte des jüdischen Volkes* schlagen die Autoren – entgegen Schürers ursprünglicher Meinung – vor, dass die paulinische Verwendung des Titels ἐθνάρχης konkrete Spezifika der Organisation des nabatäischen Königreiches reflektiere, das sich aus verschiedenen Stämmen konstituierte, deren jeweiliges Oberhaupt eben

22 *J. Cantineau*, Le Nabatéen, Vol. II, Paris 1932, S. 66.
23 Z.B. *J. Roloff*, Die Apostelgeschichte, NTD 5, Göttingen [17]1981, S. 155.
24 *Y. Meshorer*, Nabatean Coins, Qedem 3, Jerusalem 1975.

ein Ethnarch war. Ein solcher hätte auch in Damaskus – quasi als Statthalter des Königs – geherrscht.[25]

Diese These wurde von Justin Taylor weiterentwickelt. Auch er geht von einer nabatäischen Herrschaft über Damaskus aus, die von einem Ethnarchen ausgeübt wurde und folgert, dass Damaskus von einem Strategen verwaltet wurde, der eben auch ein Stammesoberhaupt, ein Ethnarch war – das eine schließe das andere nicht aus. Paulus benennt aber den Funktionär des nabatäischen Königs in 2 Kor mit jenem Titel, der ihm subjektiv als höherwertig erscheint, nämlich als ἐθνάρχης.[26]

Ebenfalls sprachlich konsistent ist die These von Glen W. Bowersock, der die Möglichkeit eines nabatäischen πολιτεύμα in Damaskus in Betracht zieht, dem ein ἐθνάρχης vorgestanden hätte.[27] Allerdings wäre eine solches Politeuma in Damaskus nirgends sonst belegt. Letztlich kann auch 2 Kor 11,32 schwerlich als Argument für die Existenz eines solchen Politeuma herhalten. Denn das würde voraussetzen, dass das Oberhaupt einer ethnischen Gruppe von Fremden innerhalb einer Polis, also konkret der Nabatäer in einem römisch verwalteten Damaskus, in der Lage gewesen wäre, die Mauern und Tore der gastgebenden Stadt zu überwachen, also die Exekutivgewalt in der Stadt jenseits seines eigentlichen Zuständigkeitsbereichs seiner eigenen Landsmannschaft auszuüben: der Ethnarch des nabatäischen Politeuma als eigentlicher Herrscher im römischen Damaskus.

In eine ähnliche Kerbe schlägt auch Ernst Axel Knauf. Unabhängig von der Frage, ob in Damaskus formal ein Politeuma der Nabatäer konstituiert gewesen ist, hält er fest, dass dort mit Sicherheit eine nabatäische Handelskolonie bestanden hat, und interpretiert den Ethnarchen des Aretas als den Vorsteher dieser Handelskolonie, der zugleich auch die Interessen des nabatäischen Staates vertrat – quasi eine Art Handelsattachee (Knauf verwendet dafür den Begriff „Konsul" im modernen Sinn des Wortes).[28]

Ob nun Oberhaupt eines Politeuma oder Vorsteher einer Handelskolonie – das Nachstellen anderer Personen wäre in jedem Fall ein Übergriff gewesen, der solchen Funktionsträgern nicht zugestanden wäre, ein Handeln *ultra vires* also, das Knauf allerdings bewusst in Kauf nimmt. Er verweist dafür auf The-

---

25 *E. Schürer*, The History of the Jewish People in the Age of Jesus Christ (175 B.C. – A.D. 135). A new English version revised and edited by *G. Vermes/F. Millar/M. Black/M. Goodman*, Vol. II, Edinburgh 1979 (1973-1987), S. 97.

26 *J. Taylor*, The Ethnarch of King Aretas at Damascus: a Note on 2 Cor 11,32-33, Revue Biblique 99 (1992), S. 719-728, s. S. 724.

27 *G.W. Bowersock*, Roman Arabia, Cambridge 1983, S. 68.

28 *E.A. Knauf*, Zum Ethnarchen des Aretas 2 Kor 11 32, Zeitschrift für neutestamentliche Wissenschaft 74 (1983), S. 145-147.

odor Mommsen, demzufolge Damaskus im 1. Jh. n. Chr. *de iure* eine freie Stadt, *de facto* ein „römisch-nabatäisches Kondominium" gewesen sei und die Nabatäer alle wichtigen Verkehrsverbindungen von und nach Damaskus kontrolliert hätten.[29]

Resümierend lässt sich nur feststellen, dass man den einzigen literarischen Beleg für die Nabatäer im neutestamentlichen Schrifttum zwar diskutieren kann, eine restlos schlüssige und widerspruchslose Erklärung steht aber aus. Es verwundert, dass die Nabatäer im NT nie explizit genannt sind und auch Paulus nicht weiter auf sie eingeht. So wird doch Gal 1,17 allgemein hin so verstanden, dass der Apostel nach seiner Bekehrung und seiner ersten Zeit in Damaskus die Stadt – lange vor den in 2 Kor geschilderten Ereignissen – verlassen hatte und auf Missionsreise nach Arabien, eben in das Nabatäerreich gegangen war.[30] Im Korpus der biblischen Schriften werden die Begriffe „Nabatäer" und „Araber" teils synonym verwendet, teils werden die Nabatäer bewusst von den anderen Arabern geschieden. Ein System ist dabei nicht erkennbar, vielmehr ist durch den Vergleich mit anderen – literarischen oder archäologischen – Quellen zu erschließen, wer an der betreffenden Bibelstelle nun konkret gemeint sein könnte, wenn von „Arabern" die Rede ist. Paulus' Missionsreise ins Nabatäerreich ist nur logisch, gab es doch in den nabatäischen Städten kleinere und größere jüdische Gemeinden, die es zu missionieren galt; ihre Existenz ist u.a. auch durch jüdische Gräber z.B. in Hegra belegt.[31] Auch eine Mission des Paulus in Petra wird allgemein angenommen, da dieser Ort eine eminente heilsgeschichtliche Bedeutung hatte, denn dort bestiegen, von Kadesch her kommend, Mose und Aaron den Berg Hor (vgl. Num 20,22-29). Dass Aaron auf dem Aaronsberg bei Petra, dem Dschebel Harun, begraben liegt, ist schon im 1. Jh. n. Chr. in der Jeremia-Vita vorausgesetzt.[32] Auch Flavius Josephus identifiziert das nabatäische Petra mit dem biblischen Kadesch bzw. Kadesch-Barnea/Meribat-Kadesch und dem Sterbeort Aarons.[33] Diese Ortstradition ist also relativ alt – wenn auch falsch, denn Kadesch ist mit einer der bedeutendsten Oasen im Norden des Sinai, mit dem Qellgebiet von En Quderat und En

---

29 *T. Mommsen*, Römische Geschichte, Bd. V: Die Provinzen von Caesar bis Diocletian, Berlin [5]1904, S. 476.

30 Dazu ausführlich *M. Hengel/A.M. Schwemer*, Paulus zwischen Damaskus und Antiochien. Die unbekannten Jahre des Apostels, Tübingen 1998, S. 174-213.

31 Vgl. *A. Negev*, The Nabataeans and the Provincia Arabia, in: Aufstieg und Niedergang der Römischen Welt II/8, S. 520-686, s. S. 581 (ohne weiterführende Literaturangaben).

32 *A.M. Schwemer*, Studien zu den frühjüdischen Prophetenlegenden Vitae Prophetarum, Bd. I, Tübingen 1995, S. 230f.

33 Flavius Josephus, Ant 4,82f und 161.

Qudes, gleichzusetzen.[34] Dennoch bleiben all diese Überlegungen gelehrte Spekulation. Das Informationsvakuum über die Nabatäer gerade bei Paulus hat wohl zwei Gründe: 1. Paulus gibt generell keine Information über seine Zeit zwischen den beiden Aufenthalten in Damaskus. 2. Vielleicht war Paulus' Mission in „Arabien" von Enttäuschung und Misserfolg gekennzeichnet, sodass er darüber eben schwieg; einen „Brief an die Araber" bzw. an die Nabatäer gibt es jedenfalls nicht.

In den alttestamentlichen Schriften werden die Nabatäer nur in den beiden Makkabäerbüchern erwähnt. Die chronologisch früheste Stelle findet sich im 2. Makkabäerbuch und datiert in die Zeit noch vor der makkabäischen Erhebung, als – nach der Entmachtung und schließlich Ermordung des rechtmäßigen Hohepriesters Onias III. – die beiden hellenismusfreundlichen Bewerber Jason und Menelaus um das Amt kämpfen. In Jerusalem bricht ein Bürgerkrieg aus:

> 2 Makk 5: [5] Nun kam das falsche Gerücht auf, dass [König] Antiochus tot sei. Da nahm Jason nicht weniger als tausend Mann und griff unversehens die Stadt [Jerusalem] an. Als aber die Verteidiger der Mauer zurückgetrieben worden waren und die Stadt gerade erobert wurde, [6] floh Menelaus auf die Burg. Jason aber schlachtete seine Mitbürger schonungslos ab und bedachte nicht, dass Kriegsglück gegen Blutsverwandte das größte Unglück ist, sondern er meinte, er siegte gegen Feinde und nicht gegen Landsleute. [7] Er konnte aber gleichwohl die Macht nicht erlangen, sondern erntete Schande für seinen Anschlag und floh wieder ins Land der Ammoniter. [8] Schließlich kam es mit ihm zu einem bösen Ende. Er wurde bei *Aretas, dem Tyrannen der Araber*, angeklagt und musste von einer Stadt in die andere fliehen, von allen verfolgt; er wurde gehasst, weil er von den Gesetzen abtrünnig war, und verabscheut als Verräter seines Vaterlands und Henker seiner Mitbürger, so dass man ihn nach Ägypten verstieß.

Beim hier erwähnten Aretas, dem Tyrannen der Araber, handelt es sich um Aretas I., dem ersten namentlich belegten Herrscher der Nabatäer. Der Autor von 2 Makk vermeidet wohl bewusst den Titel βασιλεὺς (König), das Königtum wurde bei den Nabatäern erst mit Aretas III. eingeführt; auffällig ist aber auch, dass er nicht den passenden Titel ἐθνάρχης verwendet, sondern τύραννος. Bei den „Arabern" handelt es sich also ohne jede Frage um Nabatäer.

Es ist nicht ganz einfach, Aretas' Verhalten im Bürgerkrieg zwischen Jason und Menelaus zu interpretieren. 2 Makk 5 erweckt den Anschein, dass Aretas um die Gesetzlosigkeit des Jason, also um seine Missachtung des jüdischen Gesetzes, nämlich der Tora, wusste und deswegen, gleichsam aus Freundschaft zu den rechtgläubigen Juden, Jason das politische Asyl verweigerte und ihn im Gegenzug festhielt und anklagte.

---

[34] Vgl. hierzu *F. Schipper*, Art. Kadesch, in: Herders Neues Bibellexikon, im Druck.

Doch vielmehr dürfte ausschlaggebend gewesen sein, dass die innerjüdischen Machtverhältnisse mittlerweile geklärt waren und – der ebenso gesetzeslose – Menelaus als Sieger hervorgegangen und vom seleukidischen Großkönig bestätigt worden war.

Auch wenn die Nabatäer im späteren Lauf ihrer Geschichte wieder selbständig in innerjüdische Konflikte eingriffen, so war Aretas Handeln noch eher vom politischen Pragmatismus eines Lokalherrschers bestimmt, der zwischen dem seleukidischen Großkönig und dem ptolemäischen Gottkönig eine kluge Balance finden musste.

Dennoch ist die Stelle für das Verhältnis zwischen Juden und Nabatäern in der 1. Hälfte des 2. Jhs. v. Chr.[35] bezeichnend. Denn immerhin sucht Jason als höchst prominenter Jude und Staatsmann – nach einem erneuten Umweg über das Ammoniterland[36] – ausgerechnet beim Nabatäerscheich um Asyl an. Beides scheint auf erstem Blick unverständlich.

Die Ammoniter waren die Erzfeinde Israels gewesen, vgl. Ri 3,13; 1 Sam 11,11; 2 Sam 10,8 etc., das Ammoniterland also Feindesland. Tatsächlich aber hatte Jasons Cousin zweiten Grades, der Tobiade Hyrkan gerade dort einen Herrschaftssitz bzw. ein Heiligtum begründet.[37] Der Bau war eine Art Gegenpol zu Jerusalem und ging auf die Zeit der Machtkämpfe um das Amt des Hohenpriesters zwischen den um die Wende vom 3. zum 2. Jh. v. Chr. mächtigsten Priesterfamilien, den pro-ptolemäischen Oniaden und den proseleukidischen Tobiaden[38] zurück. Hyrkan aber war der einzige seiner Familie, der gegen eine Parteinahme seiner Familie für die Seleukiden stand und deshalb seiner Familie weichen und sich aus Jerusalem in das Ostjordanland zurückziehen musste, wo er im tobiadischen Stammland in ʿIraq el-Emir eine Anlage namens Tyrus, heute als ʿQasr el-Abd bezeichnet, errichtete.

---

35 Die Affäre fiel wahrscheinlich in das Jahr 168 v. Chr., als der seleukidische König Antiochis IV. Epiphanes seinen zweiten Feldzug nach Ägypten durchführte und lokale Potentaten die Abwesenheit des Großkönigs ausnützen konnten, um ihre Streitigkeiten zu klären.

36 Bereits nach seinem Sturz im Jahr zuvor war Jason zunächst ins Ammoniterland geflohen, vgl. 2 Makk 5,26. Dazu *J.A. Goldstein*, II Maccabees, New York 1982, S. 148f.

37 Vgl. *C.C. McCown*, The 'Araq el-Emir and the Tobiads, Biblical Archaeologist 20 (1957), S. 63-76.

38 Zur jüdischen Familie der Tobiaden siehe *J.A. Goldstein*: The Tales of the Tobiads, in: *J. Neusner* (Hg.), Christianity, Judaism and other Greco-Roman Cults. FS M. Smith, Leiden 1975, S. 85-123; *B. Mazar*, The Tobiads, Israel Exploration Journal 7 (1957), S. 137-145.229-238.

Dieser Palast[39] ist das älteste erhaltene Beispiel eines jüdischen hellenistischen Palastes und datiert wohl um die Wende vom 3. zum 2. Jh. v. Chr.[40] Der Palast wurde nach Hyrkans Selbstmord – nach Josephus im Jahr 175 v. Chr., dem Jahr der Thronbesteigung Antiochus' IV. Epiphanes, nach neueren Forschungen erst im Jahr 169 v. Chr., dem Jahr der Eroberung und Plünderung Jerusalems durch Antiochus – vermutlich nicht mehr fertig gestellt und anschließend von Antiochus übernommen. Die Deutung des Baus als Palast ist, Flavius Josephus folgend,[41] in die archäologische Forschung eingegangen, wird aber nach wie vor kritisiert und der ursprünglichen Deutung des Baues als tobiadischen Gegentempel zum Jerusalemer Tempel gegenübergestellt.[42]

Doch wenn Jason schon einmal Asyl bei seinem Cousin gefunden hatte, warum blieb er nicht auch bei seiner zweiten Flucht dort und warum floh er dann ausgerechnet zu Aretas weiter? Dazu schweigt 2 Makk.

Allerdings ergibt sich nur eine logische Erklärung: Hyrkan hatte bereits Selbstmord begangen, als Jason auf seiner Flucht in Tyrus eingetroffen war; Hyrkan hatte stets offen gegen die Seleukiden und konkret gegen Antiochus opponiert und war immer für die ägyptischen Ptolemäer eingetreten, nach Antiochus' erfolgreichen Ägyptenfeldzug sah er jedoch keine Perspektiven mehr und zog in Resignation den Freitod der Kapitulation vor. Jason fand nun überraschenderweise im Ammoniterland kein sicheres Rückzugsgebiet mehr.

Die Flucht zu den Nabatäern erscheint vor dem Hintergrund der bei Flavius Josephus überlieferten Tobiadenerzählung[43] zunächst ebenso fraglich. So schreibt er über Hyrkan, dass er „rücksichtslos gegen die Araber kämpfte, vie-

---

39 Zur Archäologie vgl. *N.L. Lapp*, The Excavations at ʿAraq el-Emir, Cambridge 1983; *E. Will/F. Larché*, ʿIraq al-Emir. Le château du Tobiade Hyrcan, Paris 1991 bzw. *E. Will*, Le château du Tobiade Hyrcan à ʿIraq al Amir, in: *W. Hoepfner/G. Brands* (Hg.), Basileia. Die Paläste der hellenistischen Könige, Mainz 1996, S. 221 ff.

40 Die verschiedenen Datierungsvorschläge schwanken zwischen 210 und 182 v. Chr. Es ist aber unwahrscheinlich, dass Hyrkan erst nach dem 5. Syrischen Krieg, also nach 198 v. Chr., geflohen wäre. Daher ist eine frühe Datierung, in jedem Fall vor 201 v. Chr., vorzuziehen.

41 Josephus AJ 12.4.11 (230-233): „Er erbaute eine – βᾶριν … die ganze Ansiedlung nannte er Tyrus …" Josephus verwendet den Terminus βᾶρις in der Bedeutung für Palast (bzw. Burg, Festung, Turm) in den AJ insgesamt sechsmal: 8.15.2 (396); 10.11.7 (264-265); 11.4.6 (99); 12.4.11 (230) und 20.4.2 (85). Ebenso sechsmal verwendet er ihn als Eigenname, Βᾶρις, für den Palast der Hasmonäer in Jerusalem: 13.11.2 (307); 14.16.2 (481); 15.11.4 (403-409); 18.4.3 (91-92); dazu noch dreimal in BJ: 1.2.3 (75); 1.5.4 (118) und 1.18.2 (353).

42 Erst durch die archäologischen Ausgrabungen des ʿQasr el-Abd durch P.W. Lapp 1961-62 war die Deutung des Baus als Palast wieder ernsthaft in Erwägung gezogen worden. Vgl. *A. Lykke*, Hasmonäische Architektur in Palästina. Unter besonderer Berücksichtigung der Grabungsergebnisse der hasmonäischen Paläste aus Jericho (Tulul Abu el-Alayiq), unpubl. Dipl.Arb., Wien 2006, S. 24f.

43 Ant XII 229-234. Vgl. Anm. 38.

le von ihnen tötete und viele gefangen nahm." Allerdings ist es unwahrscheinlich, dass es sich bei diesen Arabern, gegen die Hyrkan so erfolgreich kämpfte, auch um Nabatäer handelte. Denn diese tendierten – wie Hyrkan selbst – zur Parteinahme für die Ptolemäer, die für sie einen wichtigen Handelspartner darstellten. So waren die Ptolemäer der wichtigste Abnehmer im nabatäischen Sklavenhandel, wie sich etwa aus den Zenon-Papyri schließen lässt.[44]

Vielmehr ist anzunehmen, dass Hyrkan gegen jene arabischen Stämme kämpfte, die noch nicht der nabatäischen Hegemonie unterworfen waren. Diese Umstände lassen folgern, dass Hyrkan mit den Nabatäern eine solide Kooperation pflegte. Diese Achse Hyrkan-Aretas gedachte wohl auch Jason zu nutzen, als er vor Menelaus wie Antiochus gleichermaßen floh. Die veränderte politische Großwetterlage veranlasste aber auch Aretas, seine eher proptolemäische Position aufzugeben, umsichtiger zu agieren und Jason das Asyl zu verweigern. Gejagt von allen schaffte es Jason nur mit Mühe nach Ägypten, wo er Asyl beantragen konnte.

Eine interessante alternative These hat A. Kasher aufgestellt, der es für plausibel hält, dass Aretas erst zwei Jahre später Jason nachstellte und festsetzte.[45] Anlass dafür wäre ein Freundschaftsabkommen des Scheichs mit dem neuen jüdischen Führer, Judas Makkabäus gewesen, dass seinen Reflex auch in 1 Makk 5,24-28 findet:

> 1 Makk 5: [24] Aber Judas Makkabäus und sein Bruder Jonatan zogen über den Jordan in die Wüste drei Tagereisen weit. [25] Da trafen sie auf die *Nabatäer*. Die empfingen sie freundlich und erzählten ihnen, wie es ihren Brüdern in Gilead ging [26] und dass viele eingeschlossen waren in Bosora, Bosor, Alema, Kaspin, Maked und Karnajim, alles große und befestigte Städte; [27] dass auch viele in andern Städten in Gilead eingeschlossen waren und die Feinde beschlossen hatten, am andern Tage die Befestigungen zu überfallen, zu stürmen und alle Juden an einem Tage umzubringen. [28] Da kehrte Judas mit seinem Heer sogleich um in die Wüste von Bosora, eroberte die Stadt und erschlug alles, was männlich war, mit der Schärfe des Schwerts und plünderte und verbrannte die Stadt.

Diese Freundschaft bzw. Waffenbrüderschaft findet auch noch in einer zweiten Stelle in 1 Makk seinen Ausdruck:

> 1 Makk 9: [35] Nun hatte Jonatan seinen Bruder Johanan, der Feldhauptmann war, zu seinen Freunden, den *Nabatäern*, gesandt, um sie zu bitten, dass sie ihr ganzes Hab und Gut bei ihnen aufbewahren dürften. [36] Aber die Männer von Jambri zogen aus Medeba

[44] Vgl. u.a. *R. Scholl*, Sklaverei in den Zenonpapyri: eine Untersuchung zu den Sklaventermini, zum Sklavenerwerb und zur Sklavenflucht, Trier 1982. Zu den Zenon-Papyri siehe *C.C. Edgar* (Hg.), Zenon Papyri, 4 Bde., Kairo 1925-1940; *P.W. Pestman* (Hg.), A Guide to the Zenon Archive, Leiden 1981.

[45] Vgl. *Kasher*, a.a.O. (Anm. 17), S. 24.

und überfielen den Johanan, nahmen ihn gefangen und raubten alles, was er mit sich führte, und zogen damit ab.

Die aus den beiden Stellen abzuleitenden freundschaftlichen Beziehungen mit den Makkabäern währten aber nicht lange und waren auf die Gründergeneration der hasmonäischen Dynastie, auf Judas Makkabäus, Jonatan, Johanan und Simeon beschränkt. Vielmehr waren latente militärische Konflikte charakteristisch für die Beziehungen zwischen den Hasmonäern und nabatäischen Herrschern.[46] Der Grund dafür lag im Zerfall der seleukidischen Zentralmacht, der ab der Mitte des 2. Jhs. v. Chr. nicht mehr aufzuhalten war und allgemein zu einem Erstarken der Randvölker des seleukidischen Großreiches führte. Neue Staaten entstanden, die ihr Gebiet auf Kosten des seleukidischen Reiches erweiterten. Dabei kam es immer wieder zu Konflikten zwischen konkurrierenden Staaten. Da diese Bestrebungen zur Erweiterung der Macht zumeist von den neuen Herrschern ausgingen, die sich in der Tradition des hellenistischen Königtums verstanden und nicht in alten ethnischen Konflikten begründet waren, hatten solche Auseinandersetzungen wenig nachhaltigen Effekt auf die Beziehungen zwischen den betroffenen Völkern. Auch die mit Alexander Jannäus beginnenden Nabatäerkriege taten den Beziehungen zwischen Juden und Nabatäern langfristig keinen Abbruch.

Aus 1 Makk 9,35f geht klar hervor, dass auch in den 160er Jahren v. Chr. immer noch nicht alle arabischen Stämme im Ostjordanland in den nabatäischen Stammesverband integriert waren. So ignorierten die in der Gegend von Madaba ansässigen Jambriter das Freundschaftsbündnis zwischen Nabatäern und Makkabäern und überfielen den Tross des Johanan und töteten sogar den Makkabäerbruder. Dabei handelte es sich aber wohl nicht um eine spezifisch judenfeindliche Kampfaktion, sondern eher um eine der bereits in den protoarabischen Gesellschaften durchaus üblichen Razzien, die als Mittel zur Einkommensbeschaffung allgemein akzeptiert waren.[47]

Aus beiden Stellen geht auch indirekt hervor, dass Nabatäer im Ostjordanland, in der Ammantis und der Galaaditis, sowie weiter nördlich in der Batanäa zwar schon niedergelassen waren, dass diese Gebiete aber noch nicht unter na-

---

46 In kurzer Übersicht bei *E.A. Knauf*, Juden und Nabatäer – eine schwierige Nachbarschaft, Welt und Umwelt der Bibel 19,1 (2001), S. 34f. Sehr ausführlich *Kasher*, a.a.O. (Anm. 17).

47 Das Banditenwesen war der Welt und Umwelt der Bibel durchaus nicht fremd, hatte aber von Gegend zu Gegend unterschiedliche Konnotationen. Das jüdische Banditenwesen war oftmals ideologisch konnotiert, vgl. *B. Isaac*, Art. Banditry, Anchor Bible Dictionary, Vol. 1, Sp. 575-580. In der proto-arabischen Welt hatte das Rauben hingegen durchaus eine wirtschaftliche Funktion, vgl. *Macdonald*, a.a.O. (Anm. 10), S. 104.

batäischer Herrschaft standen, da sie noch nicht in der Lage waren, sich selbständig militärisch durchzusetzen.

Das änderte sich erst um die Wende von 2. zum 1. Jh. v. Chr. Alexander Jannäus schlug sich mit wechselndem Erfolg mit den Nabatäern unter ihren Herrschern Obodas I., Rabbel I. und Aretas III. Schnittfläche der jüdisch-nabatäischen Herrschaftsansprüche war gerade das zentraljordanische Hochland von Moab, vor allem die westlichen und nördlichen Teile wechselten in der 1. Hälfte des 1. Jhs. vor Chr. – bis zur Eroberung des Vorderen Orients durch die Römer – mehrmals den Besitzer. Zunächst eroberte Alexander Jannäus die ostjordanischen Gebiete und stieß weit bis in den Süden vor, besetzte auch nabatäische Gebiete am Toten Meer, was einen langwierigen militärischen Konflikt auslöste. Obodas I. besiegte 93 v. Chr. Alexander Jannäus bei Gadara und nahm die Moabitis und Galaaditis in Besitz – ein erster Höhepunkt nabatäischer Macht im Ostjordanland.[48] Wie sich diese Macht konkret auswirkte, ist Desiderat der archäologischen Forschung, denn literarische Quellen geben so gut wie keine Auskunft. Daher wurde bislang immer angenommen, dass die Nabatäer lediglich Besatzungen in einige der Festungen legten.[49] Neuere Forschungen lassen jedoch vermuten, dass diese Gebiete wie z.B. Moab landwirtschaftlich von eminenter Bedeutung waren. Es ist daher fraglich, ob die Nabatäer wirklich nur eine Art formaler Herrschaft eingerichtet und lediglich Steuern abgeschöpft haben. Schließlich reagierte auch der seleukidische König Antiochus XII. Dionysos und zog gegen die Nabatäer, um klare Verhältnisse zu schaffen und die seleukidische Vorherrschaft in dieser wirtschaftlich wichtigen Region wieder herzustellen. Er schlug zunächst Alexander Jannäus, wodurch es mit der jüdischen Unabhängigkeit quasi schon wieder vorbei war. Antiochus wandte sich den Nabatäern zu. Es kam zur Schlacht bei Motho, bei der Antiochus fiel – die Welt stand Kopf. Es ist jedoch unsicher, ob diese Schlacht im Jahr 89 v. Chr. stattfand und Antiochus noch gegen Obodas I. kämpfte, oder erst 87 v. Chr. und sein Gegner bereits Rabbel I. war.[50]

In der Folge kam es jedenfalls zur völligen Umdrehung der Machtverhältnisse. Denn als der Ituräer[51] Ptolemäus Mennäus den Thron in Damaskus beanspruchte, boten die Bürger der Stadt Rabbels Nachfolger Aretas III. die Schutz-

---

[48] Ant XIII 13.5.

[49] Vgl. *R. Wenning*, Die Dekapolis und die Nabatäer, Zeitschrift des Deutschen Palästina-Vereins 110 (1994), S. 1-35, hier: S. 4.

[50] Auch die Identifikation dieses für die Geschichte der Nabatäer so zentralen Schlachtortes ist unsicher, er liegt entweder im südsyrischen Gebiet von Hauran oder im Negev, vgl. *Wenning*, a.a.O. (Anm. 49), S. 4, oder in der Moabitis, vgl. *Knauf* (Anm. 46), S. 35.

[51] Zu den Ituräern vgl. *W. Schottroff*, Die Ituräer, Zeitschrift des Deutschen Palästina-Vereins 98 (1982), S. 125-152.

herrschaft über Syrien an, welche er auch annahm. Durch den Sieg seiner Vorgänger über den seleukidischen Großkönig verstand er sich in rechtmäßiger Nachfolge und nahm den Titel eines Königs an, was auch in der Damaszener Münzprägung von Aretas III. seinen Ausdruck findet.[52] Die Bronze- und Silbermünzen mit seinem Bildnis auf dem Avers und der Stadtgöttin auf dem Revers entsprachen denen seiner seleukidischen Vorgänger. Die Legende war nicht nabatäisch, sondern griechisch: ΒΑΣΙΛΕΟΣ ΑΡΕΤΟΥ ΦΙΛΕΛΛΕΝΟΣ.[53] In der Forschung wird allerdings durchaus hinterfragt, ob Aretas III. Syrien dem nabatäischen Reich formal einverleibt oder die Gebiete getrennt verwaltet hat.

In Konsequenz wird auch hinterfragt, ob Aretas III. als König in Damaskus gleichzeitig auch König der Nabatäer gewesen ist.[54] Tatsächlich scheint die Annahme des – seleukidischen – Königstitels durch Aretas III. ein Wendepunkt in der Entwicklung der nabatäischen Herrschaftsideologie gewesen zu sein und der Titel „Scheich" bzw. ἐθνάρχης für die nabatäischen Herrscher *vor* Aretas III. sowie der Titel „König" bzw. βασιλεὺς für die nabatäischen Herrscher *seit* Aretas III. zutreffend zu sein.[55]

In der Folge erstarkte auch die Hasmonäerherrschaft wieder und Alexander Jannäus nutzte die neue Situation, in der Aretas doppelt beansprucht war – in Petra und in Damaskus – um abermals ins Ostjordanland einzufallen. Diesmal eroberte er sogar Gebiete in der Gaulantis, sodann wieder wichtige Städte in der Galaaditis und weite Teile der Moabitis bis hin zum Toten Meer, also bis hin zum nabatäischen Kernland.[56] Die Nabatäer regierten militärisch nicht oder nur völlig unzureichend, jedenfalls sind keine greifenden Gegenmaßnahmen belegt. Dieser Umstand ist nach wie vor rätselhaft, denn selbst wenn nach dem fulminanten Sieg bei Motho die Moabitis und Galaaditis von den Nabatäern nicht wirklich kolonisiert, sondern lediglich mit einigen Garnisonen besetzt worden wären, so kann der Verlust der Erträge dieser Gebiete für die Nabatäer nicht gleichgültig gewesen sein.

Jedenfalls wirkten die Eroberungen von Alexander Jannäus nachhaltig, da er die ostjordanischen Gebiete nicht einfach in Besitz nahm, um Hegemonie

---

52 Vgl. *Meshorer*, a.a.O. (Anm. 24).

53 B. Schwank nimmt fälschlicherweise an, dass Paulus in 2 Kor den Rückschluss auf die Herrschaft des Aretas IV. über Damaskus irrigerweise von diesen Münzen des Aretas III. abgeleitet habe, ohne die tatsächlichen politischen Verhältnisse zu kennen und der mit Paulus zeitgenössische Aretas IV. nie über Damaskus geherrscht hätte, vgl. *Schwank*, a.a.O. (Anm. 16), S. 435.

54 Vgl. *Wenning*, a.a.O. (Anm. 49), S. 5.

55 Viele Wissenschaftler verwenden für alle nabatäischen Herrscher ab Aretas I. durchgehend den Titel König, vgl. *Hackl*, a.a.O. (Anm. 14)

56 Ant XIII 15,3-5.

auszuüben und Steuern abzuschöpfen. Überall ließ er Judaisierungen durchführen, wobei er auch auf Zwangsbeschneidungen nicht verzichtete. Gegen Widerstand ging er außerordentlich hart vor und ließ betroffene Städte zerstören, wie z.B. Pella im Jahr 80 v. Chr.

Dieses Vorgehen bewirkte anhaltende Veränderungen in der Bevölkerung des Ostjordanlandes. Im Jahr 72 v. Chr. verlor Aretas überdies die Herrschaft über Damaskus, als der Armenier Tigranes II. ins Seleukidenreich einfiel und die Herrschaft an sich riss. Syrien wurde zu einer Provinz des armenischen Reiches. Allerdings erklärte Damaskus bereits im Jahr 69 v. Chr. seine Autonomie – mit eigener städtischer Münzprägung, die auch als ein Vorläufer der autonomen Münzprägungen der Städte der von Pompeius im Jahr 63 v. Chr. eingerichteten Dekapolis gesehen werden kann.[57]

Im Bruderkrieg zwischen den Hasmonäern Aristobul II. und Hyrkan II. intervenierte Aretas III. jedoch wieder ein und ergriff für Hyrkan Partei,[58] was ihm ermöglichte, die einst an Alexander Jannäus verloren gegangenen Gebiete nun wieder zurück zu gewinnen. Allerdings verhandelte Aretas bezeichnenderweise nur über die Moabitis, die Galaaditis gab er hingegen auf.

So belagerte Aretas III. im Jahr 65 v. Chr. Aristobul II. in Jerusalem, um seiner mit Hyrkan vereinbarten Waffenhilfe nachzukommen. Mittlerweile hatten aber die Römer (im Jahr 68 v. Chr.) Damaskus eingenommen und die Provinz Syria begründet. Das politische Chaos des Bruderkriegs im Hause Hasmon nutzend, rückten die Römer im Jahr 65 nach Judäa vor, beendeten die Streitigkeiten und forderten Aretas III. zum Rückzug auf.

Die Annahme der römischen Forderung bedeutete gleichzeitig auch die Anerkennung der römischen Oberherrschaft und das Ende der nabatäischen Souveränität. Doch auch die Souveränität der Hasmonäer kam zu einem Ende. Die Römer teilten schließlich die zwischen Juden, Nabatäern und Ituräern strittigen Gebiete nach eigenem Gutdünken auf. Die von Alexander Jannäus eroberten Gebiete in der Gaulantis wurden an die Ituräer returniert, die Galaaditis teils der Provinz Syria einverleibt, teils wurden die hellenistischen Städte frei, die hasmonäisch besetzten Gebiete der Moabitis gingen wieder an die Nabatäer.

Ob auch Philadelphia (heute Amman) den Nabatäern gegeben wurde, wie Flavius Josephus berichtet, ist fraglich. Vielmehr dürfte die nördlichste Nabatäerstadt nun Madaba gewesen sein, die Grenze verlief südlich von Philadel-

---

57 *Wenning*, a.a.O. (Anm. 49), S. 6.
58 Ant XIV 1,4.

phia. Allerdings gab es in allen freien Städten der Dekapolis[59] starke nabatäische Gemeinden, was sich auch archäologisch nachweisen lässt.[60]

Vom Zentrum an die Peripherie: Die Nabatäer im zentraljordanischen Hochland von Moab

Das Hochland von Moab bzw. die Moabitis gehörte also zu jenen Gebieten des Ostjordanlandes, die im 2. und 1. Jh. v. Chr. ständiger Zankapfel zwischen den Juden bzw. den Hasmonäern und den Nabatäern waren.

Die Geschichte des zentraljordanischen Hochlands von Moab in der nabatäisch-römischen Periode ist bislang weitgehend unbekannt. Die Lebenswelt der Nabatäer im Süden Jordaniens mit den kulturellen Zentren Petra, Hegra u.v.a. ist hingegen gut erforscht. Die Monumentalität und der Reichtum der dort gefundenen archäologischen Hinterlassenschaften haben Wissenschaftler in der Vergangenheit dazu veranlasst, die Erforschung der Nabatäer eben dort zu konzentrieren. Neuere vorläufige Untersuchungen in verschiedenen Gegenden im Vorderen Orient wie etwa im moabitischen Hochland haben aber gezeigt, dass dieser verengte geografische Fokus zu einem verzerrten Bild der archäologischen Wirklichkeit geführt hat.

Es ist aber auch anhand der literarischen Quellen nicht möglich, die Geschichte der Nabatäer im moabitischen Raum zu rekonstruieren. Sie begannen vermutlich schon im 3. Jh. v. Chr. in dieser Gegend zu siedeln. Das moabitische Hochland und die Regionen weiter nördlich gehörten ursprünglich zur Peripherie der nabatäischen Welt. Im 1. Makkabäerbuch wurde das Zentrum von Moab, das Gebiet um Madaba, das biblische Medeba, im 2. Jh. v. Chr. von einem anderen proto-arabischen Stamm besiedelt, den Jambritern.[61] Der direkte Kontakt zwischen der nabatäischen Hauptstadt Petra und den hier regierenden nabatäischen Scheichs war anscheinend zu diesem Zeitpunkt nicht gegeben. Das nabatäische Reich erreichte mit der Annektierung von Koile-Syria im Laufe der 1. Hälfte des 1. Jhs. v. Chr. seine größte Ausdehnung, vom Negev im Südwesten bis Damaskus im Norden bis hin zum nordwestlichen

---

[59] Die Befreiung der cisjordanischen Städte durch Pompeius im Jahr 63 v. Chr. wird in der Forschung als Gründung der Dekapolis gewertet, wenngleich der Begriff in der antiken Literatur erst gut 100 Jahre später begegnet: bei Plinius ist die älteste Liste der Dekapolisstädte überliefert (NH 5,16,74), auch Flavius Josephus nennt sie ausdrücklich (BJ III 9,7) und natürlich der Evangelist Markus (Mk 5,20; 7,31).

[60] Zum Verhältnis Nabatäer – Dekapolis und den archäologischen Belegen vgl. *Wenning*, a.a.O. (Anm 49). Das Verhältnis Nabatäer – Herodianer ist nicht mehr Gegenstand dieser Darstellung, vgl. dazu *Kasher*, a.a.O. (Anm. 17), S. 126-191.

[61] 1 Makk 9,32-42.

Territorium der arabischen Halbinsel im Südosten. Der Wendepunkt der politischen Geschichte der Nabatäer kam mit dem Anfang der römischen Okkupation unter Pompeius in den 60er Jahren v. Chr. Das wichtigste Resultat war die Etablierung der Römische Provinz Arabia mit der neuen Provinzhauptstadt Bosra (im heutigen Syrien) unter dem römischen Kaiser Trajan im Jahr 106 n. Chr. Der letzte nabatäische König Rabbel II. (70/71-106 n. Chr.) starb im gleichen Jahr. Ab diesem Zeitpunkt begann der graduale Niedergang der Nabatäer, ihre Kultur verschwand, nur ihre Sprache wurde als eine der Wurzeln des modernen Arabisch überliefert.

Die frühesten schriftlichen Quellen über die nabatäischen Aktivitäten im moabitischen Raum datieren in das 1. Jh. n. Chr. Flavius Josephus berichtet, dass Madaba zu diesem Zeitpunkt die Hauptstadt der Region war und vor 69 n. Chr. mehrmals an die hasmonäischen Könige verloren ging.[62] Anhand zweier Grabinschriften aus dem Jahr 37/38 n. Chr., die in Madaba gefunden wurden, lässt sich bestätigen, dass die Stadt spätestens ab dem 1. Jh. v. Chr. das Hauptquartier der nabatäischen Staats- und Militäradministration war. Sporadische Informationen über die Nabatäer in der römischen Periode – offizielle Funktionen verschiedener Leute, ihre Genealogie, die Gründung von Heiligtümern etc. – können aus späteren Inschriften gewonnen werden.[63] Ein rundes Bild der nabatäischen Gesellschaft in Moab kann aber anhand dieser Informationen nicht gezeichnet werden. Sowohl die literarischen als auch die epigraphischen Quellen bieten keine eindeutigen Belege für eine nabatäische Präsenz in dieser Lebenswelt vor dem 1. Jh. v. Chr. und die Beziehungen zum Zentrum in Petra.

Archäologische Feldforschungen in den Jahren 2006 und 2007

In den Jahren 2006 und 2007 unternahm das Institut für Alttestamentliche Wissenschaft und Biblische Archäologie auf Einladung von P. M. M. Daviau, Professorin an der Wilfrid Laurier University in Waterloo, Kanada, archäologische Forschungsarbeiten im Gebiet zwischen dem Wadi ath-Thamad und dem Wadi Shabik. Diese Arbeiten fanden im Rahmen des im Jahre 1996 von ihr selbst begonnen *Wadi ath-Thamad Project* statt. Die Ergebnisse des großflächigen *multi-period-survey* des kanadisch-amerikanischen Forschungsteams zur Aufnahme der Besiedlungsspuren zeigen bislang Überreste aus dem Chal-

[62] Flavius Josephus AJ 13.397, 14.18.
[63] *Hackl*, a.a.O. (Anm. 14), S. 210ff.

kolithikum bis in die byzantinische Zeit. Der Fokus der Forschung liegt auf den archäologischen Ausgrabungen auf Khirbat al-Mudayna, der als einer der wichtigsten eisenzeitlichen *Tulul* dieser Region gelten darf.[64] Verschiedene kleinere flankierende Grabungen und Sondierungen werden von Mitgliedern des *Wadi ath-Thamad Teams* parallel dazu durchgeführt.[65]

Bislang konnten in mehr als zehn Jahren Surveytätigkeit über 140 Stätten im Forschungsraum dokumentiert werden. Ein großer Teil davon weist Besiedlungsspuren aus der nabatäisch-römischen Zeit auf. Zu den im Survey-Gebiet identifizierten Anlagen zählen auch Wasserinstallationen (Dämme, Kanäle und Zisternen), landwirtschaftliche Einrichtungen (Feldmarkierungen, Terrassen, Ölpressen etc.), architektonische Strukturen (häusliche Einrichtungen, Wachtürme etc.), Straßenabschnitte, Steinbrüche und Gräber.

Der Grundstein des künftigen österreichischen Forschungsvorhabens wurde bereits im Jahr 2006 durch die Aufnahme der nach damaligen Daten größten nabatäischen Siedlung „Toga“ oder „Tawqa“ gelegt. Die durch eine Forschungsförderung der Universität Wien teilfinanzierten Arbeiten an der von Erosion sowie menschlichen Eingriffen bedrohten Nabatäersiedlung mit architektonischen Strukturen, die sich auf ungefähr einen Kilometer entlang einer Kurve des Wadis verteilen, sind bis auf den Gesamtplan abgeschlossen und bieten bereits jetzt erste Einblicke in Themen wie Ressourcennutzung (Wasserversorgungssysteme, Aufteilung von Frucht- und Bauland), ländliche Hausarchitektur, Bautechnik sowie die Anlage dorfähnlicher Strukturen.

Während der Survey-Kampagne 2007, die vom Deutschen Palästina-Verein teilfinanziert wurde,[66] konnten verschiedene Orte aus der nabatäisch-römischen Zeit aufgesucht und genauer dokumentiert werden. Manche von diesen Orten waren schon in den 1990er Jahren kurz untersucht worden, teilweise handelte es sich aber auch um neu entdeckte Stätten. Dabei wurden die GPS-Daten aufgenommen und eine umfassende beschreibende sowie fotografische Dokumentation mit der Aufnahme von Keramik sowie die Anfertigung von Skizzen wie auch Detailplänen erstellt.

Während dieser Kampagne wurde ein Ort besonders ausgiebig untersucht: WT survey site Nr 12 mit dem klingenden arabischen Namen Mughur Shabik („die Höhlen von Shabik“). Obwohl diese Stätte schon in den 1990er Jahren

---

64 Vgl. Anm. 1.

65 Zu den wichtigsten gehören die Ausgrabungen des römischen Forts az-Zona (J. Ferguson, Forscher an der University of Toronto, Kanada). Sowie die Ausgrabung von Site WT-8 (R. Chadwick, Professor an der Université de Sherbrooke in Quebec, Kanada).

66 Die Ergebnisse dieser Kampagne werden in der Zeitschrift des Deutschen Palästina-Verein publiziert.

einmal besucht worden war, stellte sich erst während des Survey 2007 heraus, dass damals nur ein Bruchteil der archäologischen Strukturen registriert worden waren. Mughur Shabik ist tatsächlich eine städtische Siedlung aus nabatäisch-römischer Zeit mit ausgeprägter Infrastruktur, deren große Ausdehnung noch immer nicht zur Gänze erfasst werden konnte.

Das Nabataean Landscapes Project 2008 – 2013

Auf Basis der hervorragenden Daten, die bei den Kampagnen 2006 und 2007 gewonnen werden konnten, wurde ein mehrjähriges *Nabataean Landscapes Project* geplant, das unabhängig vom *Wadi ath-Thamad Project* als eigenständiges österreichisches Feldforschungsprojekt durchgeführt wird. Gegenstand der Feldforschung sind konsequenterweise die materiellen Hinterlassenschaften der Nabatäer in diesem Raum. Eine wesentliche Aufgabe ist die wissenschaftliche Untersuchung der größten und am besten erhaltenen Ortschaft, Mughur Shabik. Ziel der Forschung ist die Rekonstruktion der realen Lebenswelt der Nabatäer in dieser semi-ariden Landschaft zwischen dem Wadi ath-Thamad und dem Wadi Shabik und ihrer Beziehungen zu Petra.

Die jährlichen Niederschläge waren in dieser semi-ariden Gegend Voraussetzung für das Überleben, ihre Zuverlässigkeit war eine Frage, die über Leben oder Tod entscheiden konnte. Durch alle Zeitalter hindurch und in allen Zivilisationen waren Land und Wasser immer die beiden entscheidenden Faktoren menschlicher Existenz. Insbesondere in semi-ariden und ariden Lebensräumen spielte nachhaltiges Wassermanagement eine grundlegende Rolle und bildete die Voraussetzung für das Überleben von Gemeinschaften. Nirgends kann dies treffender beobachtet werden als in den Ländern des Vorderen Orients – von der Antike bis in die Jetztzeit. In den vergangenen 5000 Jahren waren die Nationen, Völker und Kulturen in dieser Weltregion politisch und ökonomisch in ständig wechselnde Konfigurationen von Macht, politischer und militärischer Einflussnahme sowie ökonomischer Interaktion integriert.[67] Und auch heute noch stellen die Fragen von Wasser und Wasserversorgung einen der Hauptgründe für die ernsten anhaltenden Konflikte zwischen den Menschen dar.[68] Als Bewohner der Wüsten von Negev[69] und des nördlichen Ara-

67 *H.-D. Bienert/J. Häser* (Hg.), Men of Dikes and Canals. The Archaeology of Water in the Middle East, Rahden 2004.

68 *A.K. Biswas*, International Waters of the Middle East: from Euphrates-Tigris to Nile, Bombay 1994; *D. Hillel*, Rivers of Eden. The Struggle for Water and the Quest for Peace in the Middle East, New York 1994; *A. Soffer*, Rivers on Fire: the Conflict over Water in the Middle East, Lanham 1999.

biens hatten die Nabatäer die optimale Nutzung der geringen Wassermengen in semi-ariden und ariden Gegenden perfektioniert. Es ist für sie charakteristisch, dass sie als Lebensraum häufig extreme Gebiete gewählt haben. Sie kompensierten die umweltbedingten Nachteile dadurch, dass sie völlig eigene, höchst angepasste Kulturlandschaften gestalteten.

Das *Nabataean Landscapes Project* ist seinem methodischen Ansatz – Landscape Archaeology und Environmental Archaeology[70] – auf die Analyse von Raumnutzung, Siedlungsmuster und Wegesysteme, Subsistenzweisen (Landwirtschaft und Viehzucht), Bevölkerungssituation und territoriale Gliederung sowie Regionalökonomie ausgerichtet. Im Vordergrund der Untersuchungen steht demgemäß die Wechselbeziehung zwischen Mensch und Umwelt, sein Umgang mit klimatischen Problemen (Einrichtung unterschiedlicher Wasserversorgungssysteme, Errichtung von Schutzdämmen), landschaftlichen Gegebenheiten (Anlange von Terrassierungen zur Gewinnung von Fruchtlagen) sowie die Nutzung natürlicher Ressourcen (z.B. Stein- und Tonlagerstätten).

Der hermeneutische Zugang der so genannten Landscape Archaeology bezieht sich auf die Erforschung und Analyse einer Kulturlandschaft durch die Zeiten hindurch. Sie ist Teil und auch Pendant zur so genannten Environmental Archaeology, in der das menschliche Tier als Teil der natürlichen Umwelt gesehen und seine Wechselbeziehung untersucht wird. Die grundlegende Aufgabe ist die Rekonstruktion der Umwelt. In der Landscape Archaeology werden Entwicklungen und Veränderungen innerhalb eines definierten räumlichen und zeitlichen Rahmens aufgenommen und im Hinblick auf soziale, ökonomische und umweltbedingte Faktoren ausgewertet. Die bewusste oder unbewusste Reorganisierung der natürlichen Landschaft im Hinblick auf religiöse, ökonomische, soziale, politische, umweltbedingte oder symbolische Zwecke wird betrachtet. Beweise können in Form von Anzeichen von Erdbewegungen, Vegetationsmuster, Spuren von Ackerland, Siedlungen, Wassermanagement oder andere Zeichen von Landnutzung dokumentiert werden.[71]

Der Forschungsraum des Projektes nimmt ein ungefähr 11 x 10 km großes Gebiet südöstlich von Madaba ein. Es handelt sich dabei um eine semi-aride Region bestehend aus Plateaus und z.T. tief verlaufenden Wadis zwischen 600

---

69 Spätestens ab dem 3. Jh. v. Chr. wurde besonders der nördliche Teil des Negev von den Nabatäern besiedelt, vgl. Diodorus Siculus 19.94.5. Er zitiert Hieronymus von Cardias aus dem Ende des 4. Jh. v. Chr.

70 Diese beiden Fachbegriffe werden üblicherweise nicht übersetzt.

71 *D.F. Dincauze*, Environmental Archaeology. Principles and Practise, Cambridge 2000, S. 1-19; *T.J. Wilkinson*, Archaeological Landscapes of the Near East, Tucson 2003, S. 3-4.

und 800 m Seehöhe. Die Plateaus bestehen geologisch hauptsächlich aus horizontalen und semi-horizontalen Schichten von kreidehaltigem marinen und eozänen Gestein (Kalk) und tertiärem Basalt. Das Einzugsgebiet ist von tektonischen Störungen, Gräben und dem Gestein kontrolliert. Die Gräben des bedeutendsten Wadis des Forschungsgebietes, des Wadi ath-Thamad, sind durch eine Serie von Abschiebungen und Blattverschiebungen entstanden. Aufgrund dieser geologischen Bedingungen resultieren die reduzierten Wassergefälle in eine reichliche alluviale Sedimentation, begleitet von zahlreichen Einschnitten kreiert durch die Fließwasser, die eine Reihe von angeschwemmten Terrassen produzieren.

Das bedeutendste Charakteristikum des Nahen Ostens als Naturregion sind die Dürren im Sommer. Die jährlichen Niederschläge variieren zwischen 300 bis 400 mm im Nordwesten bis unter 200 mm im südöstlichen Teil. Das korrespondiert mit dem klimatischen Übergang zwischen dem mediterranen Raum und dem Irano-Turanischen Steppenraum. Eine Beobachtung der Vegetation der Gegend lässt die gleichen Schlüsse zu. Diese klimatischen Züge generieren distinktive und besondere menschliche Aktivitäten und Antworten.[72] In Regionen dieser Art ist das Erkennen und Berücksichtigen der geologischen Gegebenheiten besonders wichtig für den Erfolg archäologischer Feldarbeit. Künstliche Veränderungen des Landschaftsbildes wie z.B. Siedlungsmuster müssen trotz Erosion oder Anhäufung von Sedimentation bestimmt werden können. Geologische Studien erstellen den physischen Kontext der durch archäologische Surveys gewonnen Daten. Studien wie jene der Mikromorphologie der Erde, Korngrößenanalyse und Erdprofilbeschreibungen – zusammenfassend als Geoarchäologie zu bezeichnen – ermöglichen eine gute Einsicht in Hydrogeologie, Niederschlag sowie der Paläo-Klimatologie allgemein.[73]

Beide Siedlungen, Tawqa und Mughur Shabik, sind zu einer Reihe nabatäischer Niederlassungen im Wadi ath-Thamad-Gebiet zu zählen, die mit dem Ausbau und der Weiterentwicklung des Agrarwesens gerade unter Aretas IV., den von Paulus erwähnten Nabatäerkönig, in Zusammenhang stehen.[74] Die zunehmende Bedeutung der Landwirtschaft als Wirtschaftsfaktor unter Aretas

---

72 *Ø. S. LaBianca*, Sedentarization and Nomadization, Hesban 1 (MPP), Berrien Springs 1990, S. 34.

73 Dazu *G. Rapp/C.L. Hill*, Geoarchaeology. The Earth-Science Approach to Archaeological Interpretation, Yale 1998, S. 1-17; *D.F. Dincauze*, Environmental Archaeology. Principles and Practise, Cambridge 2000, S. 193-217; *C. French*, Geoarchaeology in Action. Studies in Soil Micromorphology and Landscape Evolution, London 2003, S. 3-9.

74 *P.M. Daviau/C.M. Foley*, Nabaean Water Management Systems in the Wadi ath-Thamad, Studies in the History of Jordan 9 (2007), S. 357-365, s. S. 359.

IV. ist mit einer fortschreitenden Sesshaftwerdung der Nabatäer verbunden, die durch die Weiterentwicklung und Verfeinerung unterschiedlichster Systeme zur künstlichen Bewässerung des Landes ermöglicht wurde.[75] Im Gebiet des Wadi ath-Thamad wird diese Entwicklung durch einen messbar erhöhten Niederschlag im ersten vor- und nachchristlichen Jahrhundert begünstigt.[76] Diese vergleichsweise vorteilhaften klimatischen Bedingungen begründen und begünstigten möglicherweise die Bedeutung der Region als Kornkammer der Hauptstadt Petra.

---

75 Ebda., S. 359.

76 *C.E. Cordova*, Landscape Transformation in the Mediterranean-Steppe Transition Zone of Jordan: A Geological Approach, The Arab World Geographer 2 (1999), S. 188-201.

Gleichnisdidaktik. Eine kritische Analyse der Religionsbuchreihe „Kursbuch Religion“[1]

MÓNIKA SOLYMÁR

In einer neueren Veröffentlichung zu den Gleichnissen Jesu finden sich folgende Ausführungen, die beachtenswert sind: „Gleichnisdidaktik kann sich nicht darauf beschränken, Ergebnisse der neutestamentlichen Exegese einfach »anwendend« zu verdoppeln. Die Aufgabe zielt vielmehr darauf, im Blick auf den Religionsunterricht exegetische und religionspädagogische Aspekte von Anfang an in ein wechselseitiges Verhältnis zu bringen. Zwar brauchen Exegese und Didaktik ohne Zweifel auch ihren jeweils eigenen Raum. Im Blick auf den Religionsunterricht ist aber zu fragen, welche exegetischen Aspekte mit welchen Elementen der didaktischen Analyse (vor allem im Hinblick auf Alter und Erfahrungshintergrund der Lernenden) in Beziehung gesetzt werden können.“[2] Damit werden wichtige Gesichtspunkte eines didaktisch reflektierten Umgangs mit Gleichnissen genannt.

In der Ausarbeitung der Kursbücher für die Hand der Schüler/innen ist das im Zitat genannte wechselseitige Verhältnis gut nachvollziehbar. In den konkreten Gleichnis-Bearbeitungen und in den Unterrichtsvorschlägen kann man sowohl die exegetischen Erkenntnisse als auch die verschiedenen religionsdidaktischen Strömungen gut erkennen und verfolgen. Die jeweils neuesten didaktischen Konzepte und exegetischen Auslegungen werden berücksichtigt und verwendet, so dass sie miteinander in Beziehung gesetzt werden und einander befruchten.

---

1 Beim „Kursbuch Religion“ handelt es sich um eine Religionsbuchreihe für die Sekundarstufen, die im deutschen Sprachraum sehr verbreitet und in vielen Hinsichten auch exemplarisch ist. Ab 1976 sind insgesamt sechs Folgen von Schülerbüchern und Lehrerhandbüchern für die Sekundarstufe I erschienen. Es handelt sich dabei um:

- Kursbuch Religion 5/6, 7/8, 9/10 (1976, 1978, 1979);
- Das neue Kursbuch Religion 5/6, 7/8, 9/10 (1984, 1986,1988);
- Kursbuch Religion Neuausgabe 5/6, 7/8, 9/10 (1995, 1991, 1993);
- Kursbuch Religion 2000 5/6, 7/8, 9/10 (1997, 1998, 1999);
- Kursbuch Religion Elementar 5/6, 7/8, 9/10 (2003, 2004, 2006);
- Das Kursbuch Religion 1-2-3 5/6, 7/8, 9/10 (2005, 2005, 2007).

Die Untersuchung berücksichtigt diese Ausgaben bis auf die jüngste Serie „Das Kursbuch Religion 1-2-3“.

2 *Peter Müller/Gerhard Büttner/Roman Heiligenthal/Jörg Thierfelder,* Die Gleichnisse Jesu, Ein Studium- und Arbeitsbuch für den Unterricht, Stuttgart 2002, S. 74.

In den älteren Kursbüchern (Kursbuch Religion, Das neue Kursbuch Religion) dominierten die exegetisch-theologischen Aspekte der Gleichnisauslegung. Dabei blieben die didaktischen Überlegungen weitgehend im Hintergrund. Sie dienten zumeist dazu, nur die exegetischen Erkenntnisse zu vermitteln und weiterzugeben. Je stärker bei den theologischen Aspekten die Rezipienten und der Ablauf der Rezeption berücksichtigt wurden, desto deutlicher traten die didaktischen Fragen hervor. Gerade bei den Gleichnissen kann man diese Feststellung gut nachvollziehen, weil die Frage der Rezeption sowohl eine theologische als auch eine didaktische Frage ist. Dabei sind beide Fragestellungen nicht voneinander zu trennen.

Die didaktische Perspektive kommt in den neueren Kursbüchern immer deutlicher und betonter zum Zuge. Im Hintergrund dieser Entwicklung stehen gesellschaftliche, entwicklungspsychologische und auch bildungspolitische Aspekte. Es gibt Modelle – z.B. das Konzept des problemorientierten Religionsunterrichts und der Ansatz des ästhetischen Lernens –, bei denen die theologischen Ergebnisse eher im Hintergrund bleiben. Aber die Kursbücher vermeiden es sowohl, sie lediglich einfach zu aktualisieren und zu funktionalisieren, als auch, sie nur als reine Geschichten, als Bildersprache – abgesehen von der Verkündigung Jesu vom Reiche Gottes – zu vermitteln.

Jedes neue Kursbuch bezieht die jeweils neuesten didaktischen Ansätze ein, so dass die Hauptströmungen der Religionsdidaktik bei der Untersuchung der Gleichnisdidaktik in den Kursbüchern deutlich erkennbar sind und gut verfolgt werden können.

1. Die Gleichnisdidaktik der Evangelischen Unterweisung

Gleichnisse als „Beweise“ einer Glaubensaussage – auf diese Formel kann man die Gleichnisdidaktik der Evangelischen Unterweisung bringen. Hier wird der biblische Text als Verkündigung und die von der Bibel gewonnene Glaubenslehre in den Mittelpunkt des Unterrichts gestellt. Man möchte die Schülerinnen und Schüler durch Bibeltexte mit der frohen Botschaft konfrontieren und in den Glauben einführen. Diese religionspädagogische Richtung sieht die Bibel als Wort Gottes an. Die Gleichnisse kommen dabei als solche Bibeltexte in den Blick, mit denen – eben weil sie in der Bibel stehen – die verschiedenen Glaubensinhalte begründet werden können. Sie dienen als „Beweis“ für die Glaubenswahrheiten, die ohne solche Hinweise für die Schülerinnen und Schüler fragwürdig sein könnten. Weil sie aber mit den Worten der Bibel begründet werden, beanspruchen sie, als gültige Wahrheit gesehen zu werden.

Es ist zu bemerken, dass die Gleichnisse bei diesem Ansatz nicht in didaktisch reflektierter Weise bearbeitet und methodisch entfaltet werden. Sie werden vielmehr nacherzählt oder nachgelesen und werden als Beleg für eine Glaubensaussage herangezogen. Die verwendeten Begriffe werden dabei meistens nicht erklärt und mit Verstehenshilfen versehen, ihre Verwendung ist altersmäßig oft nicht hinreichend bedacht. Diese Verwendung von biblischen Texten ist charakteristisch für das Kursbuch Religion 5/6 von 1976. In späteren Ausgaben fällt ein solcher Umgang weg. Die folgenden Beispiele können diese Art der Verwendung eindrücklich illustrieren:

> „Wenn Christen von Gott reden, reden sie von Jesus von Nazareth. Jesus erzählt, wie Gott mit den Menschen umgeht.
> Lest Lk 15,1-7. *(Gleichnis vom verlorenen Schaf)*
> Schreibt selbst ein ähnliches Gleichnis, aus dem deutlich wird, wie Gott die Menschen sucht."[3]
> „Jesus will, daß keiner ausgeschlossen ist vom Reich Gottes: alle sollen am Tisch Gottes Platz nehmen.
> • Die Zöllner und Sünder
> von ihnen sagte man: Sie haben sich durch ihr Verhalten selbst ausgeschlossen.
> • Die Kinder
> von ihnen sagte man: Erst wenn sie erwachsen sind, gelten sie etwas.
> • Die Pharisäer und die Frommen
> sie meinten, ihre Frömmigkeit sei der einzige Weg zum Reich Gottes.
> Lest Lk 14,15-24. (*Gleichnis vom großen Abendmahl*)"[4]
> „In der Bibel wird erzählt, dass Jesus ohne Vorbehalte und Bedingungen zu den Menschen ja sagt und sie ermutigt, einander anzunehmen.
> Lest Lk 10,25-37, Lk 15,11-32, Lk 18,9-14. (*Gleichnis vom barmherzigen Samariter, vom verlorenen Sohn, vom Pharisäer und Zöllner*)"[5]

Im Hintergrund dieser unterrichtlichen Verwendung steht – außer der Zielsetzung der Evangelischen Unterweisung – die Auslegungstheorie Adolf Jülichers, der im Blick auf die Gleichnisse zwischen Bildhälfte und Sachhälfte

---

[3] Kursbuch Religion 5/6 (1976), S. 11 und Das neue Kursbuch Religion 5/6 (1984), S. 68.
[4] Kursbuch Religion 5/6 (1976), S. 11.
[5] A.a.O. (Anm. 4), S. 28.

unterschieden hat; der beide Aspekte zusammenhaltende Vergleichspunkt ist dabei dann die eigentliche Verkündigung Jesu, das Ziel der Gleichnisrede.

Bei der Evangelischen Unterweisung ist aber der Verlauf gerade umgekehrt: Im Buch stehen die allgemeingültigen Grundwahrheiten (z.B.: Gott sucht die Menschen. Gott sagt ja zu den Menschen.), die die Kernaussagen des christlichen Glaubens darstellen. Die Gleichnisse „beweisen" diese Aussagen. Die Schüler/innen sollen diese Aussagen als zentralen Inhalt der Gleichnisse und der Glaubenslehre rezipieren. Dabei werden ihre kognitiven, emotionalen und erfahrungsmäßigen Verstehensmöglichkeiten nicht besonders berücksichtigt.

2. Die Gleichnisdidaktik des Hermeneutischen Konzeptes

Der hermeneutische Religionsunterricht stellt die sachgemäße Auslegung der Bibel und das Verstehen der biblischen Tradition in den Mittelpunkt. Der Unterricht zielt auf das Lernen, das Weitergeben von Kenntnissen. Diese Kenntnisse sollen den Schüler/innen helfen, sich selbst neu und besser zu verstehen. Die biblische Tradition und so auch die Gleichnisse sind dabei die wichtigsten Inhalte des Unterrichts.

Die herausgearbeiteten Merkmale zeigen, dass der hermeneutische Religionsunterricht in starkem Maße auf den exegetischen Erkenntnissen und der historisch-kritischen Forschung basiert, die sowohl den Inhalt des Unterrichtes als auch die verwendeten Methoden bestimmen. Die Nacherzählung der Gleichnisse wird in diesem Konzept abgelehnt, stattdessen werden vereinfachte exegetische Methoden im Unterricht benutzt. Die wichtigen Informationen und Textsignale werden durch ein fragendes Durchgehen durch den Text oder durch Vergleiche und Hinweise erhellt. Währenddessen werden die Verstehens- und Erfahrungsmöglichkeiten der Jugendlichen nicht besonders stark berücksichtigt. Die Bearbeitungsweise ist kognitiv ausgerichtet, sie setzt auf der Seite der Schüler/innen eine starke kognitive Orientierung voraus.

Die Zugänge des hermeneutischen Religionsunterrichts erscheinen in den Kursbüchern bei der Bearbeitung der Gleichnisse in unterschiedlicher Weise.

2.1 Gleichnisse als Illustrationen der Welt und Umwelt Jesu

Der hermeneutische Religionsunterricht bezieht die Erkenntnisse der historisch-kritischen Forschung ein und möchte möglichst viele Informationen über die zeitgenössische historische, geographische, politische und alltägliche Lage weitergeben. Man ist dabei der Auffassung, dass diese Voraus- und Zusatzinformationen unabdingbar sind, um Jesus und seine Botschaft verständlich werden zu lassen. Die Gleichnisse bieten für die Ausführung dieser Intentionen ausgezeichnete Möglichkeiten:

- Die in ihnen verwendeten Bilder stammen aus der Umwelt Jesu, aus dem Alltagsleben des damaligen Galiläas.
- Es kommen die verschiedenen politischen, ethnischen und religiösen Gruppen vor.
- Die verwendeten Bilder sind in eine Geschichte eingebettet, deswegen sind sie lebendig und bemerkenswert. Die Gleichnisse funktionieren in diesem Fall als „Bildersammlung".
- Durch gezielte Aufgabenstellungen und zusätzliche Erklärungen werden diese damaligen Bilder – die heute für uns meistens nicht oder nur schwer zu verstehen sind – eingeführt, definiert und erklärt. Diese Bearbeitung bleibt auf der Bildebene der Gleichnisse oder bereitet eine Textexegese vor.

Diese Art des didaktischen Umgangs mit den biblischen Texten sei durch einige ausgewählte Beispiele aus den Kursbüchern illustriert:

- „An folgenden Texten könnt ihr sehen, auf was manche Pharisäer besonders Wert legten: Mk 7,1-8; Mk 2,23-28; Lk 18,9-14. Überlegt, warum Jesus diese Pharisäer als Heuchler bezeichnet. *(Gleichnis vom betenden Pharisäer und Zöllner)*"[6]
  Diese Aufgabe möchte mit Hilfe des Gleichnisses über die Werteinstellung der Pharisäer Informationen geben.
- Im Kapitel „Nachrichten um die Zeitenwende", das sich im „Kursbuch Religion Neuausgabe 5/6" findet, wird das Leben in Galiläa zur Zeit Jesu durch Gleichnisse vorgestellt.[7]
  Die Häuser (Gleichnis vom Hausbau), das Leben und die Arbeit der Frauen (Gleichnis vom Sauerteig), die verschiedenen Berufe der Männer (Gleichnis vom Fischnetz, Gleichnis von den bösen Weingärtnern), die Feldbestellung (Gleichnis vom Sämann) sind auch Bilder der Gleichnisse Jesu, die die damalige Lebensverhältnisse für die Schüler/innen lebensnäher bringen.

---

[6] Kursbuch Religion 5/6 (1976), S. 126.
[7] Kursbuch Religion Neuausgabe 5/6 (1995), S. 57-59.

2.2 Struktur und Aufbau der Gleichnisse

Die Frage nach der literarischen Form und Struktur von Gleichnissen ist auch eine Art der sachgemäßen Bearbeitung. Das „Kursbuch Religion 5/6" behandelt die Gleichnisse nach diesem Zugang, bei dem die „Tätigkeitswörter" und die „Handlungsketten" das Gerüst der Gleichnisse bilden. Dadurch werden Ablauf und Handlung der Geschichten betont. Die Handlungsketten beschreiben verschiedene Formen des Verhaltens zur Gottesherrschaft. Die Schüler/innen sollen die Handlungsketten herausfinden.

- „Gelegentlich erzählt Jesus Geschichten über die neue Welt Gottes (das Reich Gottes). Diese Geschichten sind Bildbeschreibungen, bei denen die Tätigkeitswörter die Hauptrolle spielen, also nur ein Verhalten geschildert wird. Diese Geschichten heißen Gleichnisse. Lest eine solche Geschichte bei Mt 18,23-35 *(Gleichnis von der Vergebung)*

  Zwei Handlungsketten werden hier dargestellt. Am besten erkennt ihr sie, wenn ihr die Tätigkeitswörter in zwei Listen eintragt und die Handlungsträger dazu feststellt."[8]

Auf der strukturellen Analyse der Gleichnisse basiert die Methode der „Gleichnisübersetzung". Nach dem gefundenen Gerüst können die Schüler/innen selbst „Gleichnisse" mit Verhaltensweisen unserer Zeit schreiben. Aber das Kursbuch für die Hand der Schüler/innen und das Lehrerhandbuch warnen davor, beliebige Geschichten als Gleichnisse zu definieren.[9]

Die Bearbeitungsfolge „Das neue Kursbuch Religion 5/6" betont vom Aufbau her das Überraschende, das in den Gleichnissen vorkommt.

> „In den Gleichnissen geschieht immer etwas Überraschendes. Das kommt daher, dass Jesus seinen Mitmenschen die Augen öffnet für einen neuen Weg. Man kann etwas entdecken, was vorher als zugedeckt erschien.
> - Worin besteht die Überraschung in den Gleichnissen Jesu?"[10]

---

[8] Kursbuch Religion 5/6 (1976), S. 149.

[9] „Vielleicht ist es nicht gut, die Schüler beliebig viele Geschichten als Gleichnisse erzählen lassen. Man sollte zunächst einmal damit beginnen, eines der Beispiele gemeinsam zu bearbeiten und dann die Ausgestaltung den Schülern überlassen." (Lehrerhandbuch Kursbuch Religion 5/6 [1976], S. 231.)
„Natürlich könnt ihr auch eigene Überschriften für eure Gleichnisse erfinden. Wenn ihr die Gleichnisse neu erzählt, müßt ihr aufpassen, daß die >neue Welt Gottes< immer das eigentliche Thema bleibt.
Das Fest Mt 22,1-10 – Halbe Klasse feiert gelungene Party." (Kursbuch Religion 5/6 [1976], S. 152.).

[10] Das neue Kursbuch Religion 5/6 (1984), S. 55.

2.3 Gleichnisse als Bilder der neuen Welt, wo Gott herrscht

Die sachgemäße Reflexion der biblischen Gleichnisse betont auch ihren theologischen Inhalt. Das eigentliche Thema der Gleichnisse ist die neue Welt Gottes, die zwar verborgen ist, aber gleichwohl unter uns gegenwärtig ist und sich in Zukunft ausbreiten wird. Jesus verkündigte diese neue Welt, wo Gott herrscht, und er ermöglichte, dass man jetzt schon in dieser Welt leben kann. Die Gleichnisse sprechen über diese neue Welt in Bildgeschichten:

- ihre Werteinstellungen, Regeln, Hoffnungen,
- über das Kommen dieser Welt,
- über die Einladung zu dieser Welt, die Gott für jeden Menschen schenkt,
- über die Möglichkeit, jetzt schon in diesem Reich Gottes zu leben.

Dies soll wiederum an einigen ausgewählten Beispielen illustriert werden. Eindrückliche Beispiele gibt es im „Neuen Kursbuch Religion 5/6". Dort werden die Fragen nach dem Reich Gottes von Jesus mit seinen Gleichnissen beantwortet.[11]

- „Zu Jesus kamen Menschen, die ungeduldig fragten: ›Wann kommt endlich das Reich Gottes?‹ Einige sagten: ›Für Gottes neue Welt muß man mit der Waffe in der Hand kämpfen. Wenn Gott sein Reich aufrichten soll, dann muß zuvor das Land von unseren Feinden, den Römern, gesäubert sein. Aber was tust du? Warum greifst du nicht zum Schwert? Warum setzt du dich sogar noch mit den Römerfreunden, den Zolleinnehmern, an einen Tisch?‹
  Menschen, die solche Einwände gegen Jesus hatten, erzählte er ein anderes Gleichnis. *(Mk 4,26-29; Gleichnis vom selbst wachsenden Samen)*"[12]

2.4 Gleichnisse als Herausforderung der Hörer/innen

Der hermeneutische Religionsunterricht möchte ein dialogisches Verhältnis zwischen den überlieferten biblischen Inhalten und den Hörerinnen und Hörern aufbauen, um eine neue Lebensorientierung für diese zu gewinnen. Es gibt Raum sowohl für kritisches Denken als auch für Fragen und Reflexionen. Das einzelne Individuum wird auch im Spiegel der Gleichnisse zur Selbstfindung, zur Neuformulierung und zur existentiellen Entscheidung herausgefordert und zu neuen Lebenswegen, zum Nachfolgen Jesu, zum Leben im Reich Gottes gerufen.

---

[11] Ebda., S. 51-55.
[12] Ebda., S. 52.

„Jesus macht mit den Gleichnissen, die er erzählt, seinen Zuhörern Mut; er lädt sie ein, ein Stück Weg mit ihm zu gehen. Er lädt sie dazu ein, erste Schritte in Gottes neuer Welt zu tun.

- Was erfahrt ihr aus den Gleichnissen über die Zuhörer Jesu?
- Zu welchen Schritten ermuntert Jesus seine Zuhörer?“[13]

Die Entscheidungen werden in den Kursbüchern entweder direkt formuliert oder indirekt in den Rahmenerzählungen als Fragen herausgestellt. So fordert z.B. eine Aufgabe im Kursbuch Religion 5/6 eine direkte Entscheidung, während im Neuen Kursbuch Religion 5/6 die Fragen aus der Situationsschilderung von Jesu Leben deutlich werden:

- „Die Hörer des Gleichnisses vom unbarmherzigen Knecht müssen wählen zwischen … und … Die Hörer des Gleichnisses vom verlorenen Sohn müssen wählen zwischen … und … und zwischen … und ... Die Hörer des Gleichnisses von den Arbeitern im Weinberg müssen wählen zwischen … und …“[14]
- „Wenn Jesus in Kafarnaum war, wurde er häufig am Sabbat eingeladen. Seine Gastgeber waren oft Arme, Zöllner und Menschen mit einem schlechten Ruf. Einige der Frommen sagten: ›Das ist nicht recht! Du tust so, als habe Gott genauso viel Gefallen an den Gottlosen wie an uns, den Frommen. Manchmal hat man sogar den Eindruck, du sitzt lieber mit den Sündern zusammen als mit uns! Gelten wir denn gar nichts mehr? Liebt Gott die Sünder mehr als uns?‹ Menschen, die so fragten, erzählte Jesus das Gleichnis vom verlorenen Schaf.
- Einige Zuhörer haben sich über das Gleichnis gefreut, einige haben sich geärgert. Was sagt das Gleichnis heute? Hast du schon etwas Ähnliches erlebt?“[15]

Die damaligen Bilder des Alltagslebens, die literarische Struktur der Gleichnisse, die Fragen nach dem Reich Gottes als Gegenstände des Gleichnisunterrichts sind von den heutigen Schüler/innen allerdings weit entfernt. Die gewonnenen Erkenntnisse können für einige Schüler durchaus interessant sein, aber sie kommen nicht mit ihrer Lebens- und Erfahrungswelt zusammen. So können sie diesen „Lehrstoff” zwar lernen, sie finden ihn aber für ihr Leben im Allgemeinen nicht relevant und wenig herausfordernd.

---

[13] Ebda., S. 55.
[14] Kursbuch Religion 5/6 (1976), S. 151.
[15] Das neue Kursbuch Religion 5/6 (1984), S. 51.

Das Konzept des hermeneutischen Religionsunterrichts ist deutlich erkennbar in der Ausarbeitung von Kursbuch Religion 5/6 (1976) und Das neue Kursbuch Religion 5/6 (1984). Manche Spuren dieses Konzepts finden sich auch noch im Kursbuch Religion Neuausgabe 5/6 (1995). In allen Lehrerhandbüchern wird die Auslegungsweise Adolf Jülichers kritisiert. Trotzdem ist sie ebenso wie die konsequent historische Auslegung in der hermeneutischen Gleichnisdidaktik der Kursbücher vorzufinden.

Die Bilder der Gleichnisse, die Sache (Gottesherrschaft), die Vergleichspunkte (Lehre, Herausforderung der Hörenden) und die historischen Hintergründe bilden die verschiedenen didaktischen Zugänge zu den Gleichnissen. Auch eine altersentsprechende Bearbeitung wird teilweise verwirklicht. Die Bilder und die historischen Erklärungen sind für die Kinder gut nachvollziehbar, aber die Gottesherrschaft als Begriff mitsamt theologischer Erklärung ist für die Schüler/innen der fünften und sechsten Klasse noch schwer nachvollziehbar.

3. Die Gleichnisdidaktik des thematisch-problemorientierten Religionsunterrichts

Man kann dieses Konzept so charakterisieren, dass darin die Gleichnisse als Antworten Jesu auf gegenwärtige Fragen und Probleme ins Spiel kommen. Dementsprechend wird beim thematisch-problemorientierten Religionsunterricht die Bibel sozusagen als „Reservoir von Hoffnungsbildern" gesehen, die für Schüler/innen in ihrer Lebenswirklichkeit und mit ihren Problemen und Fragen Problemlösungspotential bereit hält und Problemlösungsmodelle bietet. Die biblischen Geschichten werden unter bestimmten vorkommenden Themen eingeordnet und pragmatisch, gezielt auf den Kontext gegenwärtiger Probleme der Schüler/innen, behandelt.

Die Gleichnisse sind ein beliebter Bestandteil des biblischen Stoffs im problemorientierten Religionsunterricht, einerseits weil ihr Thema, die Gottesherrschaft, selbst zukunftsorientiert ist und Hoffnungsdimensionen enthält, andererseits weil sie verschiedene, für die Jugendlichen wichtige Themenbereiche enthalten. In der Kursbuchreihe kommen im Zusammenhang mit den Gleichnissen folgende Themen vor:

Gleichnis	**Thema**	**Kursbuch**
Reicher Mann und armer Lazarus (Lk 16,19-31)	Arm und reich	Kursbuch Religion 7/8 Das neue Kursbuch Religion 7/8 Kursbuch Religion 2000 7/8
Vergebung (Mt 18,21-35)	Gewissen Schuld Gewissen	Kursbuch Religion 7/8 Das neue Kursbuch Religion 7/8 Kursbuch Religion Neuausgabe 7/8 Kursbuch Religion 2000 7/8
Anvertraute Zentner (Mt 25,14-30; Lk 19,12-27)	Diakonie Arbeit und Beruf Diakonie Miteinander leben	Kursbuch Religion 7/8 Kursbuch Religion 9/10 Das neue Kursbuch Religion 7/8 Kursbuch Religion Neuausgabe 5/6
Der reiche Kornbauer (Lk 12,16-21)	Lebenssinn, Lebensziele Glück Lebenssinn, Lebensziele Arm und Reich	Kursbuch Religion 9/10 Das neue Kursbuch Religion 5/6 Kursbuch Religion Neuausgabe 9/10 Kursbuch Religion 2000 7/8
Pharisäer und Zöllner (Lk 18,9-14)	Rechtfertigung Gerechtigkeit Frömmigkeit	Kursbuch Religion 9/10 Das neue Kursbuch Religion 9/10 Kursbuch Religion Neuausgabe 7/8
Der barmherziger Samariter (Lk 10,25-37)	Menschen brauchen einander	Das neue Kursbuch Religion 5/6
Der bittende Freund (Mt 7,7-11; Lk 11,5-13)	Gebet	Kursbuch Religion Neuausgabe 9/10
Der verlorene Sohn (Lk 15,11-32)	Misserfolg	Kursbuch Religion 2000 9/10

Die einzelnen Themen sind von der Gegenwart und vom Alltagsleben her bearbeitet, und die biblische Stoffe – hier die Gleichnisse – sollen den Schüler/innen zeigen, was Jesus und die Bibel über diese Themen sagen.

> „Menschen handeln oft lieblos aneinander. Sie fügen sich gegenseitig Leid und Schaden zu. Jesus zeigt einen anderen Weg:
> Nicht Vergeltung, sondern Vergebung. Jesus will Lebensmöglichkeiten neu eröffnen. Jesus sagt: ›Handelt selbst so, wie ihr es von anderen euch gegenüber erwartet.‹
> Das Gleichnis vom hartherzigen Schuldner (Mt 18,23-35).
> Das Gleichnis vom hartherzigen Schuldner soll die Forderung Jesu, immer zu verzeihen, begründen.“[16]

[16] Das neue Kursbuch Religion 7/8 (1986), S. 89.

Zum Thema „Frömmigkeit – verantworteter Glaube“ sagt Jesus seine Meinung über die wahre und falsche Frömmigkeit in der Geschichte des betenden Pharisäers und Zöllners.

> „Jesus erzählt eine Geschichte. Er verdeutlicht mit ihr, worin wahre Frömmigkeit und falsche Frömmigkeit bestehen (*Lk 18,10-14; Gleichnis vom Pharisäer und Zöllner)*.“[17]

Zum Thema „Arm und Reich” vertreten die Beispielgeschichten vom reichen Kornbauer und vom reichen Mann und armen Lazarus die christliche Orientierung.

> „In der Bibel finden sich viele Stellen, die sich mit dem Thema Reichtum und Armut beschäftigen. Dabei wird nicht der Reichtum verdammt, wohl aber die mangelnde Bereitschaft, sich von seinem Reichtum zu lösen und mit anderen zu teilen. Jesus erzählt ein Gleichnis: (*Lk 12,16-21; Gleichnis vom reichen Kornbauer*).”[18]

Die vorkommenden Themen reichen von den individuellen Fragen (Glück, Lebenssinn) bis hin zu den großen gesellschaftlichen Problemen (Armut und Reichtum, Gerechtigkeit, miteinander leben). Auch die theologischen Themen (Gebet, Rechtfertigung, Frömmigkeit) werden nicht ausgelassen. Theologischen Begriffen nähert man sich auch durch heutige thematische Zugänge und Begrifflichkeiten an. So wird z.B. die Rechtfertigungsthematik mit Hilfe der Themen „Masken und Rollen“, „Entfremdung“ und „So-wie-ich-bin - Angenommen-Sein“ präsentiert.

Dabei werden die einzelnen Themen von den verschiedensten Aspekten (individuellen, sozialen, ethischen, politischen, gegenwärtigen und zukünftigen) her behandelt und durch konkrete Situationen aus dem heutigen Leben den Schüler/innen nahe gebracht. Nach dieser Themenbearbeitung kommen in der Regel die biblischen Stoffe, die eine Problemlösung und Antwort bieten sollen. Sie werden eben dadurch legitimiert und verwendet, weil sie zu dieser Problemlösung beitragen und taugen.

Die Gleichnisse werden nacherzählt und die Schüler/innen haben die Aufgabe, ihre Impulse und Lösungsangebote herauszufinden. Die Kursbücher für die Hand der Schüler/innen geben dazu mit ihren einleitenden und zusammenfassenden Sätzen Hilfestellung, wobei sie die konkreten Antworten nahe legen. Die Antwortsätze vereinfachen und „reduzieren” (im Sinne der didakti-

---

[17] Kursbuch Religion Neuausgabe 7/8 (1991), S. 124.
[18] Kursbuch Religion 2000 7/8 (1998), S. 139.

schen Reduktion) dabei die Gleichnisaussagen, sie enthalten aber auch in sich Fragen und lassen Probleme offen.

Die theologischen Aspekte der Gleichnisse sind allerdings nicht mehr Gegenstand des Unterrichtes, so dass die Antwortsätze oft keinen Hintergrund haben und eine Begründung offen bleibt. Ein solches Verfahren kann auf der Seite der Schüler/innen zu einem Relevanzverlust führen. Die folgenden Fragen: „Warum sind diese Geschichten wichtig? Warum können sie uns als Problemlösungsmodelle dienen?“ kommen so nicht vor und werden daher auch nicht beantwortet. Dies sei wiederum an zwei Beispielen verdeutlicht:

- Im Kursbuch Religion 5/6 heißt es: „Der Fehler des reichen Kornbauern besteht darin, daß er sein Vertrauen auf seinen Reichtum setzt. ›Reich in den Augen Gottes‹ ist der, der sein Vertrauen auf Gott setzt.“[19] Das zentrale Thema Vertrauen wird angesprochen. Die Formulierung des Kursbuches wirft aber neue Fragen auf: Was bedeutet „Reich in den Augen Gottes“? Warum sollen die Schüler „Reich in den Augen Gottes“ sein? Diese Fragen werden offen gelassen, es gibt keine Impulse für weitere Überlegungen dieser sich stellenden Fragen.
- Im Neuen Kursbuch Religion 5/6 ist das Gleichnis vom barmherzigen Samariter enthalten. Dort ist zu lesen: „Nehmet einander an, wie Christus uns angenommen hat, schrieb der Apostel Paulus an die Christen in Rom. Jesus zeigt im Gleichnis vom barmherzigen Samariter, Lukas 10,30-37, wie ein Ausländer einem Einheimischen hilft.“[20] Damit wird das Gleichnis auf eine Beispielgeschichte vereinfacht, in der über die Hilfsaktion eines Ausländers berichtet wird.

Die Bearbeiter der drei Kursbuchfolgen „Kursbuch Religion“, „Das neue Kursbuch Religion“ und „Kursbuch Religion Neuausgabe“ verwenden bei ihrer Bearbeitung der Gleichnisse den problemorientierten Ansatz. Sie vermeiden in der Regel die Gefahr, die biblischen Gleichnisse nur pragmatisch, d.h. als Anleitung für ethisch richtiges Verhalten, zu verwenden. Auch funktionalisieren sie nur selten und dann auch nur teilweise die biblischen Texte. Von gegenwärtigen Aspekten her bearbeiten sie auch theologische Themen mit Hilfe des biblischen Gleichnismaterials.

---

19 Kursbuch Religion 5/6 (1976), S. 213.
20 Das neue Kursbuch Religion 5/6 (1984), S. 114.

4. Die Gleichnisdidaktik der Symboldidaktik

Im symboldidaktischen Konzept spielen die Gleichnisse – pointiert formuliert – als herausforderndes Hilfsmittel im Vermittlungsproblem zwischen Glaubens- und Lebenserfahrungen eine wesentliche Rolle. Im Mittelpunkt der Symboldidaktik stehen die Erfahrungen des Menschen und das Vermittlungsproblem zwischen Lebenserfahrungen und Glaubenserfahrungen. Deswegen sind die Gleichnisse in der Symboldidaktik beliebt. Ihr theologischer Inhalt ist das von Jesus angekündigte, in direkter Form unaussagbare Reich Gottes.

Die Gleichnisse thematisieren aber eben die Spannung zwischen unserer Lebenswelt und Gottes Welt. Außerdem bauen sich Gleichnisse von narrativen und bildhaften Ausdrucksformen her auf, die in der Symboldidaktik wichtige Zugänge darstellen. Im symboldidaktischen Ansatz wird den Symbolen und Metaphern im Blick auf die menschliche Erfahrung eine bedeutende Rolle zugeschrieben in der Weise, dass sie zwischen Erfahrung und Offenbarung Brücken zu bauen und zwischen Wissen und Glaube die Distanz zu überbrücken vermögen.

Nach der Antwort auf die Frage, welche Möglichkeiten die Symbole im Vermittlungsproblem spielen, sind verschiedene symboldidaktische Konzepte entstanden. Nach Hubertus Halbfas kann das Symbol wegen seines zusammenfügenden, vereinenden Charakters die Vermittlung zwischen Glaubens- und Lebenserfahrungen leisten. Das geschieht aber vorerst nicht auf der kognitiven, sondern auf der emotionellen Ebene, zumal dann, wenn die Einübung des symbolischen Sinns vorhanden ist. Peter Biehl sieht die Symbole als Hilfen zur Deutung der Erfahrungen, die aber die Fragen nicht beantworten, das Vermittlungsproblem nicht lösen, sondern neue Fragen und Perspektiven eröffnen, Herausforderungen und Deutungen hervorrufen. Sie lassen die Welt nicht außerhalb der alltäglichen Lebenserfahrungen sehen, sondern interpretieren diese Erfahrungen in einer bestimmten Deutung.

Die Gleichnisse können im symboldidaktischen Ansatz zuerst zur Einübung der symbolischen Sprache Hilfe leisten. Sie enthalten in sich viele Symbole, Metaphern und bildhafte Ausdrucksformen. Diese Eigenschaft der Gleichnisse wird in den Kursbüchern verwendet, um die religiöse Sprachfähigkeit der Schülerinnen und Schüler zu fördern. So wird z.B. im Kapitel „Symbole: Bilder des Glaubens“ im „Kursbuch Religion 2000 5/6“ das Symbol Weg bearbeitet. Dafür wird unter anderem das Gleichnis vom barmherzigen Samariter verwendet.[21]

Die Symboldidaktik beschäftigt sich weder mit dem historischen Kontext des Gleichnisses noch mit der Herausfindung und Erklärung seines theologischen Inhaltes, sondern es geht um den metaphorischen Bedeutungsüberschuss der Gleichnisse, um ihre Tiefendimension. Die Gleichnisse werden wie Kunstwerke, die in sich selbst genug sind, um ihrer selbst willen geschätzt und behandelt. Diese Vorgehensweise fördert handlungs- und erfahrungsorientiertes Lernen sowie einen aktiv-kreativen Umgang mit den Gleichnissen selbst und ebenso mit dem Bildermaterial der Gleichnisse.

Dies eröffnet eine Vielzahl methodischer Vorschläge, die sowohl individuelle Begegnungen (malen, zeichnen, erzählen, Bibelcomic, Bildbetrachtung, musikalische Inszenierung usw.) als auch gemeinschaftsstiftende Erlebnisse (spielen, backen, Projekt-Arbeit, Bibliodrama usw.) mit den Gleichnissen ermöglichen. Die verschiedenen Bearbeitungen möchten aber weder Informationen oder Kenntnisse weitergeben noch pragmatische, zweckorientierte Verwendungen der Gleichnisse vermitteln. Sie möchten vielmehr die emotional-affektive Wahrnehmung des Menschen ansprechen, Tiefendimensionen öffnen und mit dem Wahrnehmen des Gleichnisses das Wahrnehmen des Lebens aktivieren und herausfordern. Das sei an einigen Beispielen verdeutlicht:

- „Du kannst Sonnenblumenkerne in einen Blumentopf säen und beobachten, wie eine Pflanze daraus wächst.
- Male ein Bild von einem großen Baum, in dem die Vögel nisten können.“[22]
- „Lest in Matthäus 18,23-27, was der Szene vorausgeht. Richtet euer Klassenzimmer als Gerichtssaal ein und spielt eine Gerichtsverhandlung. Der Knecht ist der Angeklagte, der König ist der Richter. Es gibt noch einen Kläger und einen Verteidiger.“[23]
- „Legt ein Senfkorn oder ein anderes kleines Samenkorn in eure Hand und spürt seine Größe. Wie fühlt es sich an? Klebt ein Senfkorn auf eine Papierbahn und zeichnet zu ihm eine Senfstaude. Sie kann bis zu vier Meter hoch werden. Viele Vögel finden in ihr Platz.“[24]
- „Formuliert eine Überschrift zu diesem Bild. Was will die indische Künstlerin Lucy D'Souza sagen, wenn sie eine arme Frau in ein Weizenkorn hineinzeichnet?“[25]

---

21 Kursbuch Religion 2000 5/6 (1997), S. 114.
22 Das neue Kursbuch Religion 5/6 (1984), S. 52.
23 Kursbuch Religion 2000 5/6 (1997), S. 159.
24 Ebda., S. 155.
25 Ebda.

In den Kursbüchern findet man bei der Bearbeitung der Gleichnisse umfangreiche Bilder von bildenden Kunstwerken, die nicht als Illustrationen, sondern zur Gleichnis-Wahrnehmung dienen. Nach dem symboldidaktischen Ansatz ist eine typische Aufgabe, was auf dem Bild zu sehen ist zu beschreiben.

Diese Gleichnisdidaktik ist die religionspädagogische Auswirkung der ästhetischen und metaphorischen Form der Gleichnisinterpretation. Sie findet sich vor allem im „Kursbuch Religion 2000". Spuren dieses Konzepts sind auch im „Kursbuch Religion Neuausgabe" zu finden. Die Beschäftigung mit den konkret-anschaulichen Elementen der Gleichnisse bietet für elf- bis dreizehnjährige heutige Schüler/innen relevante Zugänge zur Bildersprache der Gleichnisse. Allerdings fällt auf, dass das Motiv der Reich-Gottes-Metapher der Gleichnisse ausgelassen wird.

Die Übertragung der metaphorischen Aussagen ist häufig für die Schüler/innen noch ziemlich schwer; methodisch einfacher ist es, sich mit anschaulichen Bildern zu beschäftigen. Die Gefahr dieser Didaktik besteht darin, dass sie einseitig ist, indem sie nur bei den konkret-anschaulichen Elementen verbleibt und die andere Seite der Metapher auslässt. Sie bleibt auf der emotional-affektive Ebene und geht auf die kognitive Seite nicht ein. Um dieser Gefahr zu entgehen, wird versucht, durch gezielte Aufgabenstellung die Schüler/innen zu Gleichnisinterpretationen anzuleiten, um Übertragungen auf Gott, Gottes neue Welt und auf das eigene Leben zu fördern. Trotz dieser erkennbaren Aufgabenstellungen bekommen die Schüler/innen m.E. nicht genug methodische Hilfestellungen zur Übertragung, das Übergewicht bleibt letztlich bei den Bildern und Geschichten. Methodische Anweisungen lauten beispielsweise:

- „Formuliert mit eigenen Worten, was Jesus mit diesen beiden Gleichnissen Menschen sagen wollte, die meinen, ›es hat ja doch alles keinen Sinn‹. Ihr könnt dazu ein Textplakat entwerfen."[26]
- „Besprecht, ob Gott so wie der König handelt."[27]
- „Beurteilt, ob Gott genauso wie der Weinbergbesitzer im biblischen Gleichnis handelt."[28]

[26] Kursbuch Religion 2000 5/6 (1997), S. 155.
[27] Ebda., S. 159.
[28] Ebda., S. 160.

5. Die Gleichnisdidaktik der integrativen Gleichnisauslegung

Die Vielfalt der unterschiedlichen Zugänge zu Gleichnissen berücksichtigt das Konzept der integrativen Gleichnisauslegung, die sich auch in der didaktischen Ebene entfalten lässt. Dieses integrative Konzept möchte die aus den exegetischen Erkenntnissen kommenden Inhalte und Themenfelder, die Erfahrungen und die Lebenswelt der Schüler/innen, die entwicklungspsychologischen Aspekte und die situationsbezogenen Aktualisierungen einbeziehen und zueinander in eine Wechselbeziehung setzen, um auf diese Weise die Gleichnisse im Unterricht angemessen zu behandeln. Die zuvor vorhandenen exegetischen und religionspädagogischen Einsichten und die bis dahin entwickelten gleichnisdidaktischen Ansätze werden zur Kenntnis genommen und überprüft, inwieweit sie noch oder erneut verwendbar sind. So möchte diese Didaktik die bisherigen Einsichten miteinander verbinden.

Diese Gleichnisdidaktik lässt theologisch und didaktisch ein breites Spektrum zu, um die Gleichnisse zu behandeln. So wird dasselbe Gleichnis einmal allegorisch, ein anderes Mal metaphorisch oder als Beispielgeschichte gedeutet. Teilweise wird der historische Kontext der Gleichnisse berücksichtigt, teilweise werden Situationen aus der heutigen Lebenswelt der Schüler/innen benutzt, um auf diese Weise die Gleichnisse unter einem bestimmten Aspekt vorzustellen und dadurch bestimmte Deutungen zu unterstreichen. Die Aufgabenstellungen fördern die emotionale Wahrnehmung, die Vermittlung von Kenntnissen und Deutungen und das handlungsorientierte Lernen. Sie sind methodisch vielfältig, klar definiert und dem jeweiligen Alter gemäß. Sie zielen oft auf direkte Antworten ab und entfalten wiederum neue Gleichnisdeutungen.

Diese Art der Gleichnisdidaktik findet sich vor allem im „Kursbuch Religion Elementar 5/6 (2003)". Die Gefahr dieser Didaktik ist darin zu sehen, dass die Schüler/innen sich in der Fülle möglicher Interpretationen und Deutungen der Gleichnisse verlieren können. Diesem Problem wird mit klar formulierten Aufgaben entgegengewirkt, die auf direkte Antworten ausgerichtet sind. Z.B.: „Welche Antwort beschreibt am besten, was Jesus uns mit diesem Gleichnis sagen will? Antwort a, b, c, d."[29]

Die Darstellung der verschiedenen Interpretationsversuche auf der einen Seite und die Ausrichtung auf klare Antworten auf der anderen Seite enthalten in sich zweifellos Spannungen und beabsichtigen zugleich eine Verschränkung. So wird einerseits deutlich, dass es eine ein für allemal gültige Gleichnisauslegung nicht geben kann, andererseits soll nicht der Eindruck der Beliebigkeit vermittelt werden, sondern es soll eine „richtige“ Gleichnisdeutung gefördert und formuliert werden.

6. Ertrag der Analyse

Die Analyse wandte sich der Schulbuchreihe „Kursbuch Religion“ zu, um ihre Art des Umgangs mit den Gleichnissen zu untersuchen. Es hat sich gezeigt, dass die Gleichnisdidaktik der Schulbücher sich auf einem guten Niveau bewegt. Es ist durchgängig das Bemühen erkennbar, sowohl in theologischer wie in didaktischer Hinsicht einen reflektierten Umgang mit den Gleichnissen zu pflegen.

Das Eingangszitat hatte die leitende Fragestellung der Gleichnisdidaktik verdeutlicht, wie nämlich exegetische und religionspädagogische Aspekte sich miteinander verbinden. Die Untersuchung zeigte, dass die theologischen Ansätze auch unterschiedlich didaktikfähig sind. Insgesamt wurde aber erkennbar, dass im Laufe der Zeit die Didaktik an Gewicht gewonnen hat und den didaktischen Kriterien zunehmend Relevanz eingeräumt wurde.

[29] Kursbuch Religion Elementar 5/6 (2003), S. 125.127.129.

III.

Die Fakultät in den Studienjahren 2006/07 und 2007/08

1. Bibliographie der Lehrenden

Verzeichnis der Veröffentlichungen für den Zeitraum 1. Januar 2006 - 31. Dezember 2007

Bearbeitet von Thomas Feldkirchner und Robert Szczypiorkovski

Dieses Verzeichnis enthält die Publikationen aller hauptberuflich an der Evangelisch-Theologischen Fakultät der Universität Wien tätigen Personen, die aufgrund einer venia docendi eine Lehrtätigkeit ausüben, sowie der Lektoren.
Verzeichnet sind die Veröffentlichungen,

- Die im Zeitraum von Januar 2006 bis Dezember 2007 im Druck erschienen sind.
  Maßgebend ist dabei das Erscheinungsdatum, nicht der Ablieferungszeitraum.
- Rezensionen werden nur dann aufgenommen, wenn es sich um größere Diskussionsbeiträge handelt.
  Ansonsten wird auf Rez. nur quantitativ hingewiesen.
- Zeitungsartikel und Miszellen werden nicht berücksichtigt.
- Radiosendungen werden nicht aufgenommen.
- Dissertationen und Diplomarbeiten werden extra dokumentiert.
- Die Reihenfolge richtet sich nach den alphabetisch gereihten Verfassernamen.
- Die Publikationen der einzelnen Autorinnen und Autoren werden bis auf einzelne Ausnahmen wo sie fortlaufend nummeriert oder chronologisch geordnet sind, in sich wiederum alphabetisch geordnet.

Adam

2006

Behinderung und Gewalt.
In: W. Haußmann u.a. (Hg.), Handbuch Friedenserziehung. Interreligiös-interkutlurell-interkonfessionell, Gütersloh 2006, S. 275-280.

Bildung in evangelischer Verantwortung: z.B. Diakonisch-soziales Lernen.
In: AuG 57, 2006, H. 11, S. 232-234.

Diakonisch-soziales Lernen: Entstehen-Perspektiven-Praxis.
In: AuG 57, 2006, H. 9/10, S. 201-206.

Didaktische Kriterien und Formate diakonisch-sozialen Lernens.
In: G. Adam u.a. (Hg.), Unterwegs zu einer Kultur des Helfens. Handbuch des diakonisch-sozialen Lernens, Stuttgart 2006, S. 80-93.

Dietrich Bonhoeffer - Das Alphabet des Christseins buchstabieren.
In: AuG 57, 2006, S. 73-76.

Editorial.
In: AuG 57, 2006, H. 12, S. 237.

Ethisches Lernen: Methoden und Formen.
In: R. Lachmann u.a. (Hg.), Ethische Schlüsselprobleme. Lebensweltlich-theologisch-didaktisch, Göttingen 2006, S. 23-37.

Gedenken an Univ.Prof. Dr. Alfred Raddatz.
In: AuG 57, 2006, H. 6-8, S. 156.

Kinderbibeln – Von Luther bis heute.
In: G. Adam / R. Lachmann (Hgg.), Kinderbibeln. Ein Lese- und Studienbuch (Schriften aus dem Comenius-Institut. Studienbücher 1), Münster 2006, S. 50-64.

Kinderfreundliche Kirche.
In: AuG 57, 2006, H. 9/10, S. 161.

Konfirmandenarbeit in der Schwedischen Kirche: Ziele-Inhalte-Wege-Organisations-formen.
In: AuG 57, 2006, H. 12, S. 255-263.

Lernen an außerschulischen Lernorten.
In: G. Wermke / G. Adam / M. Rothgangel (Hgg.), Religion in der Sekundarstufe II. Ein Kompendium, Göttingen 2006, S. 357-382.

Menschenbilder.
In: M. Wermke / G. Adam / M. Rothgangel (Hgg.), Religion in der Sekundarstufe II. Ein Kompendium, Göttingen 2006, S. 245-252.

Nachwort.
In: H. Uhl, Evangelische Akademie und Diaspora. Zwei unbekannte theologische Wesen (Gutachten und Studien 4), Wien: Evangelisch-Theologische Fakultät 2006, S. 98f.

Predigt über Jeremia 15, 10f. und 20-25.
In: AuG 57, 2006, H, 6-8, S. 142-146.

Sünde in Kinderbibeln.
In: G. Adam / R. Lachmann (Hgg.), Kinderbibeln. Ein Lese- und Studienbuch (Schriften aus dem Comenius-Institut. Studienbücher 1), Münster 2006, S. 110-116.

Umgang mit der Bibel - Zur didaktischen Erschließung biblischer Texte.
In: WJTh 6, 2006, S. 251-263.

Umwelt.
In: R. Lachmann u.a. (Hg.), Ethische Schlüsselprobleme. Lebensweltlich-theologisch-didaktisch, Göttingen 2006, S. 49-65.

Umwelt als Thema und Bildungsaufgabe.
In: AuG 57, 2006, H. 12, S. 264-266.

Universitätsprofessor Georg Sauer begeht 80. Geburtstag.
In: AuG 57, 2006, H. 6/7/8, S. 105.

Unterwegs nach Hermannstadt/Sibiu.
In: AuG 57, 2006, H. 11, S. 209.

Zusammen mit R. Schelander Vorwort.
In: SchR 25, 2006, H. 1 /2, S. 5-7.

Zusammen mit M. Wermke / M. Rothgangel Vorwort.
In: M. Wermke/G. Adam/M. Rothgangel, Religion in der Sekundarstufe II. Ein Kompendium, Göttingen 2006, S. 9f..

Zusammen mit U. Körtner / W. Pratscher Vorwort.
In: WJTh 6, Wien 2006, S. 9f.

Zusamme. mit R. Lachmann Vorwort zur Einführung.
In: G. Adam / R. Lachmann (Hgg.), Kinderbibeln. Ein Lese- und Arbeitsbuch (Schriften aus dem Comenius-Institut. Studienbücher 1), Münster 2006, S. 7f.

Wege entstehen beim Gehen. Zum religionspädagogischen Wirken von Anna-Katharina Szagun.
In: SchR 25, 2006, H. 1/ 2, S. 63-71.

Zu Dietrich Bonhoeffer.
In: AuG 57, 2006, H. 4/5, S. 61.

Zusammen mit R. Englert / R. Lachmann / N. Mette Zur Einführung.
In: G. Adam / R. Englert / R. Lachmann / N.Mette (Hgg.), Bibeldidaktik. Ein Lesebuch, Münster 2006, S. 7f.

Zusammen mit R. Englert / N. Mette / R. Lachmann (Hgg.), Bibeldidaktik. Ein Lesebuch,
Münster 2006.

Zusammen mit H. Hanisch / H. Schmidt / R. Zitt (Hgg.), Unterwegs zu einer Kultur des Helfens. Handbuch diakonisch-sozialen Lernens,
Stuttgart 2006.

Zusammen mit M. Rothgangel / M. Wermke (Hgg.), Religion in der Sekundarstufe II. Ein Kompendium,
Göttingen 2006.

Zusammen mit R. Lachmann (Hg.), Methodisches Kompendium für den Religionsunterricht 2. Aufbaukurs,
Göttingen ^{2}2006.

Zusammen mit R. Lachmann / M. Rothgangel (Hgg.), Ethische Schlüsselprobleme. Lebensweltlich-systematisch-didaktisch,
Göttingen 2006.

Zusammen mit R. Lachmann (Hg.), Kinderbibeln. Eine Lese- und Studienbuch (Schriften aus dem Comenius-Institut. Studienbücher 1),
Münster 2006.

15. Januar: Geburtstag von Nathan Söderblom (1866-1931).
In: R. Englert (Hg.), Woran sie glaubten – wofür sie lebten. Vorbilder für die 365 Tage des Jahres. Ein Kalenderbuch, München 2006, S. 23.

22. Mai: Geburtstag von Oskar Hammelsbeck (1889-1975).
In: R. Englert (Hg.), Woran sie glaubten – wofür sie lebten. Vorbilder für die 365 Tage des Jahres. Ein Kalenderbuch, München 2006, S. 150.

23. August: Gestern war der Todestag von Rudolf Alexander Schröder (1878- 1962).
In: R. Englert (Hg.), Woran sie glaubten – wofür sie lebten. Vorbilder für die 365 Tage des Jahres. Ein Kalenderbuch, München 2006, S. 243.

10 Rez. in AuG und SchR

(Mithg.) Arbeiten zur Religionspädagogik, Bd. 28, Göttingen 2006.

(Mithg.) KU-Praxis, H. 50: Kunst im KU, Gütersloh 2006.

(Mithg.) GlLern. 22. Jg., Göttingen 2006.

(Mithg.) SchR 25. Jg., Wien 2006.

(Redaktion) WJTh, Bd. 6, Wien 2006 – zus. m. U. Körtner / W. Pratscher.

(Schriftleiter) AuG 57, Wien 2006.

2007

Das Grundanliegen der Reformation und Luthers Frage nach dem gnädigen Gott.
In: AuG 58, 2007, S. 178-187.

Diakonisch-soziales Lernen. Eine Spurensuche zwischen Diakonie, Religionspädagogik und Gesellschaft.
In: VuF 52, 2007, H. 1, S. 63-72.

Die Kinderbibel.
In: M. Spenn u.a. (Hg.), Handbuch Kirchliche Arbeit mit Kindern: Evangelische Perspektiven, Gütersloh 2007, S. 300-308.

Dietrich Bonhoeffer-Das Alphabet des Christseins neu buchstabieren.
In: P. Imhof / J. Reiter (Hgg.), Wissen um Werte. Perspektiven der Religion (Strukturen der Wirklichkeit , Bd. 3), Scheidegg 2007, S. 316-324.

Editorial.
In: AuG 58, 2007, H. 3/4, S. 41.

Editorial.
In: AuG 58, 2007, H. 5/6, S. 73.

Gemeinde auf Zeit? Überlegungen zum „Expowal - Eine unglaubliche Kirche".
In: H. Klein u.a. (Hg.), Kirche als Gemeinschaft. FS Christoph Klein, Hermannstadt 2007.

Im Blickpunkt. Der Mensch – Biblische und systematisch-theologische Aspekte der Anthropologie.
In: P. Imhof / J. Reiter (Hgg.), Wissen um Werte. Perspektiven der Religion (Strukturen der Wirklichkeit , Bd. 3), Scheidegg 2007, S. 285-298.

Zusammen mit Eberhard Harbsmeier Konfirmandenarbeit in der Dänischen Volkskirche. Ein einführender Bericht.
In: AuG 58, 2007, S. 150-158.

Lernorte außerhalb der Schule. Profile und Chancen außerschulischer Lernprozesse.
In: SchR 26, 2007, H. 1/2, S. 81-108.

Mit didaktischem Augenmaß und inhaltlicher Fundierung.
In: Das Wort 60, 2007, Nr. 1, S. 4f.

Religionspädagogik unterwegs. Eine kleine Zwischenbilanz.
In: SchR 26, 2007, H. 1/2, S. 73-77.

Religionsunterricht, evangelisch/katholisch.
In: G. Theunissen u.a. (Hg.), Handlexikon Geistige Behinderung. Schlüselbegriffe, Stuttgart 2007, S. 292f.

Religionsunterricht in Finnland. Rechtliche Rahmenbedingungen und fachliches Profil.
In: SchR 26, 2007, H. 3/4, S. 133-146.

Wer ist der Mensch? Ein Beitrag zu Luthers theologischer Anthropologie.
In: AuG 58, 2007, H. 3/4, S. 42-49.

Zusammen mit R. Englert / N. Mette / R. Lachmann (Hgg.), Bibeldidaktik. Ein Lesebuch (Schriften aus dem Comenius-Institut. Studienbücher 2),
Münster ^{2}2007.

9 Rez. in AuG, SchR und ThLZ.

(Mithg.) Arbeiten zur Religionspädagogik Bd. 29 bis 33, Göttingen 2007.

(Mithg.) KU-Praxis, H. 51, Gütersloh 2007.

(Mithg.) GuL 23. Jg., Göttingen 2007.

(Mithg.) SchR 26. Jg., Wien 2007.

(Schriftleiter) AuG 58, Wien 2007.

Danz

2006

Die Durchsichtigkeit des Selbst im Gottesverhältnis. Kierkegaard und Schelling über die menschliche Freiheit.
In: G. Linde / R. Purarthofer / H. Schulz / P. Steinacker (Hgg.), Theologie zwischen Pragmatismus und Existenzdenken. Festschrift für Hermann Deuser zum 60. Geburtstag, Marburg 2006, S. 469-486.

Einleitung. Theologie zwischen Antike und Gegenwart.
In: C. Danz (Hg.), Große Theologen, Darmstadt 2006, S. 7-18.

Die Geschichtlichkeit der Offenbarung. Die Bedeutung Schellings für die christologische Debatte der Gegenwart.
In: S. Dietzsch / G.F. Frigo (Hgg.), Vernunft und Glauben. Ein philosophischer Dialog der Moderne mit dem Christentum. Père Xavier Tilliette SJ zum 85. Geburtstag, Berlin 2006, S. 107-126.

God and History: The Influence of Schelling's Philosophy of History on Tillich's Early Theology of History.
In: Bulletin of the NAPTS 32, 2006, Nr. 1, S. 27-34.

Gott und die Geschichte. Aspekte der Schelling-Rezeption in der evangelischen Theologie.
In: C. Danz / R. Langthaler (Hgg.), Kritische und absolute Transzendenz. Religionsphilosophie und Philosophische Theologie bei Kant und Schelling, Freiburg/München 2006, S. 243-269.

(Hg.) Große Theologen.
Darmstadt 2006.

Grußwort des neuen Vorsitzenden der DPTG.
In: Dialog. Mitteilungsblatt der Deutschen Paul-Tillich-Gesellschaft e.V. NF 43, 2006, S. 3-4.

Zusammen mit R. Langthaler (Hg.), Kritische und absolute Transzendenz. Religionsphilosophie und Philosophische Theologie bei Kant und Schelling, Freiburg/München 2006.

Religionsbegriff und Religionskritik in der Theologie der Religionen.
In: I.U. Dalferth / H.-P. Grosshans (Hgg.), Kritik der Religion. Zur Aktualität einer unerledigten philosophischen und theologischen Anfrage, Tübingen 2006, S. 259-284.

Vera et falsa religio. Zum Verhältnis von Religions- und Geltungstheorie in der Religionstheologie.
In: C. Danz / F. Hermanni (Hgg.), Wahrheitsansprüche der Weltreligionen – Konturen gegenwärtiger Religionstheologie, Neukirchen-Vluyn 2006, S. 191-210.

Zusammen mit R. Langthaler, Vorwort. Religionsphilosophie und Philosophische Theologie bei Kant und Schelling.
In: C. Danz / R. Langthaler (Hgg.), Kritische und absolute Transzendenz. Religionsphilosophie und Philosophische Theologie bei Kant und Schelling, Freiburg/München 2006, S. 7-10.

Zusammen mit F. Hermanni (Hg.), Wahrheitsansprüche der Weltreligionen – Konturen gegenwärtiger Religionstheologie, Neukirchen-Vluyn 2006.

Wort Gottes, Kirche, Organisation. Zur evangelischen Ekklesiologie im Anschluss an Martin Luther.
In: WJTh 6, 2006, S. 155-172.

Zusammen mit F. Hermanni, Zur Einführung: Wahrheitsansprüche der Weltreligionen – Konturen gegenwärtiger Religionstheologie.
In: C. Danz / F. Hermanni (Hgg.), Wahrheitsansprüche der Weltreligionen – Konturen gegenwärtiger Religionstheologie, Neukirchen-Vluyn 2006, S. 1-7.

1 Rez. in Dialog.
2 Rez. in PhJ.
6 Rez. in ThLZ.

2007

Bericht über das Internationale Paul Tillich Doktoranden-Kolloquium an der Evangelisch-Theologischen Fakultät der Universität Wien, 27. bis 29. Januar 2006.
In: Dialog. Mitteilungsblatt der Deutschen Paul-Tillich-Gesellschaft e.V. Neue Folge Nr. 42 (2006), S. 13-14.
Wiederabgedruckt in: C. Danz / W. Schüßler / E. Sturm (Hgg.), Das Symbol als Sprache der Religion. Internationales Jahrbuch für die Tillich-Forschung Bd. 2, Wien 2007, S. 223-224.

Bericht vom Ersten internationalen Kongress der DPTG in Halle/Saale vom 18. bis 21. 10. 2007: Religion – Kultur – Gesellschaft. Der frühe Tillich im Spiegel neuer Texte (1919-1920).
In: Dialog. Mitteilungsblatt der Deutschen Paul-Tillich-Gesellschaft e.V. Neue Folge Nr. 44/45, 2007, S. 23-26.

Breakthrough of the Unconditional: Tillich's Concept of Revelation as an Answer to the Crisis of Historicism.
In: Bulletin of the NAPTS 33, 2007, Nr. 2, S. 2-6.

Einleitung: Gott und das Absolute – philosophische Theologie im Deutschen Idealismus.
In: C. Danz / R. Marszałek (Hgg.), Gott und das Absolute. Studien zur philosophischen Theologie im deutschen Idealismus, Wien 2007, S. 1-7.

Zusammen mit R. Marszalek (Hg.) Gott und das Absolute. Studien zur philosophischen Theologie im deutschen Idealismus, Wien 2007.

Jesus Christus als Mitte der Geschichte. Die geschichtsphilosophischen Grundlagen von Paul Tillichs Christologie.
In: P. Haigis / G. Hummel / D. Lax (Hgg.), Christus Jesus – „Mitte der Geschichte"!? Beiträge des X. Internationalen Paul-Tillich-Symposions Frankfurt/Main 2004, Berlin 2007, S. 142-154.

Practical Theology as a Part of Systematic theology: Aspects of Tillich's New Definition of Practical theology.
In: M. Dumas / M. Mireille / D. Nelson (Hgg.), Paul Tillich, prédicateur et théologien pratique. Actes du XVIe Colloque International Paul Tillich, Montepellier 2005, Berlin 2007, S. 121-130.

Predigt über Kolosser 2, 12-15.
In: Tillich Preview 1, 2007, S. 115-118.

Religion – Kultur – Gesellschaft. Der frühe Tillich im Spiegel neuer Texte (1919-1920). Erster internationaler Kongress der Deutschen Paul-Tillich-Gesellschaft e.V. in Halle/Saale.
In: DtPfrBl 107, 2007, S. 386.

Religion zwischen Aneignung und Kritik. Überlegungen zur Religionstheorie von Jürgen Habermas.
In: R. Langthaler / H. Nagl-Docekal (Hgg.), Glauben und Wissen. Ein Symposium mit Jürgen Habermas, Wiener Reihe. Themen der Philosophie, Bd. 13, Wien 2007, S. 9-31.

Report on the Annual Meeting of the German Paul-Tillich-Society, 13.-15. April 2007 in Hofgeismar.
In: Bulletin of the NAPTS 33, 2007, Nr. 3, S. 2-3.

Zusammen mit W. Schüßler / E. Sturm (Hgg.) Das Symbol als Sprache der Religion. Internationales Jahrbuch für die Tillich-Forschung Bd. 2, Wien 2007.

Symbolische Form und die Erfassung des Geistes im Gottesverhältnis. Anmerkungen zur Genese des Symbolbegriffs von Paul Tillich.
In: C. Danz / W. Schüßler / E. Sturm (Hgg.), Das Symbol als Sprache der Religion. Internationales Jahrbuch für die Tillich-Forschung Bd. 2., Wien 2007, S. 59-75.

Schellings Wesensbestimmung des Christentums in den „Vorlesungen über die Methode des akademischen Studiums".
In: HTS 63, 2007, S. 863-883.

Der „umgekehrte Gott". Zur Rezeption Luthers in Schellings Freiheitsschrift.
In: C. Danz / R. Marszałek (Hgg.), Gott und das Absolute. Studien zur philosophischen Theologie im deutschen Idealismus, Wien 2007, S. 145-161.

Ursprungsphilosophie und Theologiebegriff. Heinrich Barth im Kontext der dialektischen Theologie Karl Barths.
In: H. Schwaetzer / C. Graf (Hgg.), Existenz. Facetten, Genese, Umfeld eines zentralen Begriffs bei Heinrich Barth, Regensburg 2007, S. 104-122.

Zur Bildungskompetenz evangelischen Glaubensverständnisses. Ein Kapitel zum Glauben in der multireligiösen Gesellschaft.
In: SchR 25, 2006, Nr. 1-2, S. 159-169.
Wiederabgedruckt unter dem Titel: Glaube in der multireligiösen Gesellschaft. Zur Bildungskompetenz evangelischen Glaubensverständnisses. in: HTS 63,2007, S. 207-220.

1 Rez. in PhJ.
1 Rez. in Review of Biblical Literature.
1 Rez. in Das Symbol als Sprache der Religion.
1 Rez. in ThLZ.
1 Rez. in ThRv.
1 Rez. in Tillich Review.

Eichler

2006

1 Rez. in SchR.

2007

1 Rez. in Das Wort.

Fischer

2006

Der Lebensanfang als Schlüssel zu personaler und sozialer Identität in Hoheslied.
In: D. Dieckmann / D. Erbele-Küster (Hgg.), „Du hast mich aus meiner Mutter Leib gezogen". Beiträge zur Geburt im Alten Testament (BThSt 75), Neukirchen-Vluyn 2006, S. 55-71.

2007

3 Rez. in RBL.

Grohmann

2006

„Du hast mich aus meiner Mutter Leib gezogen." Geburt in Psalm 22.
In: D. Dieckmann / D. Erbele-Küster (Hgg.), „Du hast mich aus meiner Mutter Leib gezogen." Beiträge zur Geburt im Alten Testament (BThSt 75), Neukirchen-Vluyn 2006, S. 73-97.

1 Rez. in ThRev.

2007

Fruchtbarkeit und Geburt in den Psalmen (FAT 53),
Tübingen 2007.

Jüdische Psalmenexegese als Paradigma kanonischer Intertextualität.
In: E. Ballhorn / G. Steins, (Hgg.), Der Bibelkanon in der Bibelauslegung. Beispielexegesen und Methodenreflexionen, Stuttgart 2007, S. 62-73.

1 Rez. auf http://www.bookreviews.org/pdf/5253_5532.pdf.

Heine

2006

Dänische Kurpfuscher. Zum Karikaturenstreit.
In: Die Furche, 9. Februar 2006.

Der Versuchung widerstehen. Eine Erörterung der Frage: Was ist eine gute Religion?
In: NZZ, 7. Nr. 180, August 2006.

Erkennen und Scham. Sigmund Freuds biblisches Menschenbild.
In: WJTh 6, Wien 2006, S. 233-249.

Erkennen und Scham. Sigmund Freuds biblisches Menschenbild / Recognition and shame. Sigmund Freud's biblical image of man.
In: Dirk Human (Hg.), Verbum et Ecclesia (Skrif en Kerk), 27, 3, Universität Pretoria 2006, S. 869-885 (reviewed).

Feigenblatt und Intellekt. Sigmund Freuds biblisches Menschenbild.
In: Die Furche, 4. Mai 2006.

FS/DRS/Schweiz: Sigmund Freud und die Religionskritik, einstündiges Interview in der Sendung „Sternstunde", 28. Mai 2006.

Protestantismus und Bildung.
In: M. Prisching / W. Lenz / W. Hauser (Hgg.), Bildung und Religion, Schriften zur Bildungspolitik 10, Wien 2006, S. 117-133.

Raum des Textes – Raum der Predigt.
In: H. Kerner (Hg.), Predigt in einer polyphonen Kultur, Leipzig 2006, S. 47-63.

Rechenschaft vom Glauben. Leben in der multireligiösen Gesellschaft.
In: „Anzetteln“, Zeitung der Evangelischen Kirche im Burgenland, Nr. 3, September 2006, S. 3-4.

Religiöse Bildung als Gewaltprävention?
In: F. Schweitzer (Hg.), Religion, Politik und Gewalt, Dokumentation des XII. Europäischen Kongresses für Theologie, Berlin, September 2005, Gütersloh 2006, S. 158-171.

Die Religion der „Heiligen Natur“. Freud und Jung – der bleibende Bruch.
In: Quart, Zeitschrift des Forums Kunst-Wissenschaft-Medien, Heft 2, 2006, S. 20-22.

Sigmund Freud und die Religion.
In: online-Zeitung der Universität Wien, 21. April 2006.

2007

11 Kommentare zu den sonntäglichen Predigttexten, vierwöchig.
In: Kleine Zeitung, Graz.

Der Versuchung widerstehen.
In: U.J. Wenzel (Hg.), Was ist eine gute Religion?, München 2007, S. 61-65.

Entwurf im Spiegel. Über den Sinn der Rede von Christus.
In: Die Furche, Heft 3, Jänner 2007.

Die Erfüllung von Religion im philosophischen Denken. Susanne K. Langers ontologisches Naturverständnis.
In: P. Bahr / C. Richter (Hgg.), Naturalisierung des Geistes – Symbolisierung des Fühlens. Susanne K. Langer im Gespräch der Forschung, Marburg, 2007, S. 1-33.

In Beziehung zur Welt im Ganzen. Der Ertrag der Objektbeziehungstheorie für Theologie und Seelsorge.
In: I. Noth / Ch. Morgenthaler (Hgg.), Seelsorge und Psychoanalyse, Stuttgart 2007, S. 108-121.

Kommentar zu „Klarheit und gute Nachbarschaft. Christen und Muslime in Deutschland“, eine Handreichung des Rates der EKD (Texte 86), Kirchenamt der EKD (Hg.), Hannover 2006.
In: Religionen unterwegs, Heft 3, September 2007, S. 29-30.

Die Kunst der Unterbrechung. Zur Didaktik des Feierns.
In: Das Wort, Jubiläum 60 Jahre, Heft 1, 2007, S. 20-22.

Religion and Equal Rights for Women. Dealing with Cultural Non-Synchronicity.
In: M. Eder / F. Unger (Hgg.), Religion and European Integration. Religion as a Factor of Stability and Development in South Eastern Europe, European Academy of Sciences and Arts, Weimar 2007, S. 115-121.

(Art.) Religionspsychologie.
In: B. Weyel / W. Gräb (Hgg.), Handbuch Praktische Theologie, Gütersloh, 2007, S. 783-795.

Szenen eines Anfangs. Ein Rückblick mit Zukunft auf 25 Jahre „Schulfach Religion“.
In: SchR, 1/2, 2007, S. 241-247.

Über Frauenbilder in Religion und Patriarchat.
In: Profil, Heft 45, 5. November 2007.

(Hg.) Verkündigung und Forschung.
Interreligiöses Lernen, Heft 1, 2007, Editorial.

Zurück an den Start. Noch kein Durchbruch zur Ökumene.
In: Quart, Heft 3, September 2007, S. 4-6.

Henner

2006

Bibel und Kunst.
In: Glaube und Heimat 60, 2006, S. 35f.

„Wenn ihr nicht werdet wie die Kinder...". Spiritualität einer kinderfreundlichen Kirche.
In: AuG 57, H. 9/10, 2006, S. 170-176.

2007

1 Rez. in Review of Biblical Literature [http://www.bookreviews.org] (2007).

Klein

2006

Biblische Schöpfungsberichte und naturwissenschaftliche Theorien. Bemerkungen zu einer neu aufgeflammten alten Frage.
In: WJTh 6, 2006, S. 187-203.

Christliche Freiheit im Spannungsfeld zwischen Philosophie und Neurobiologie.
In: GlLern 21, 2006, S. 136-148.

Etsi deus non daretur. Zum Ende einer Arbeitshypothese.
In: A. Klein / M. Geist (Hgg.), "Bonhoeffer weiterdenken..." Zur theologischen Relevanz Dietrich Bonhoeffers (1906-1945) für die Gegenwart (Theologie: Forschung und Wissenschaft 21), Wien 2006, S. 67-95.

Wie "natürlich" sind Bewußtsein und Glaube? Zu den neurophilosophischen Herausforderungen für eine christliche Theologie.
In: U. Körtner / A. Klein (Hgg.), Die Wirklichkeit des Geistes. Konzeptionen und Phänomene des Geistes in Philosophie und Theologie der Gegenwart, Neukirchen-Vluyn 2006, S. 19-64.

Zusammen mit M. Geist (Hg.), "Bonhoeffer weiterdenken..." Zur theologischen Relevanz Dietrich Bonhoeffers (1906-1945) für die Gegenwart (Theologie: Forschung und Wissenschaft 21),
Wien 2006.

Zusammen mit U. Körtner (Hg.), Die Wirklichkeit des Geistes. Konzeptionen und Phänomene des Geistes in Philosophie und Theologie der Gegenwart,
Neukirchen-Vluyn 2006.

1 Rez. in ThR.
1 Rez. in GlLern.

2007

Evolution und Ethik auf dem Laufsteg.
In: U. Körtner / M. Popp (Hgg.), Schöpfung und Evolution - zwischen Sein und Design. Neuer Streit um die Evolutionstheorie, Wien/Köln/Weimar 2007, S. 159-211.

Zusammen mit M. Geist (Hg.), 2. Auflage von "Bonhoeffer weiterdenken..." Zur theologischen Relevanz Dietrich Bonhoeffers (1906-1945) für die Gegenwart, Theologie: Forschung und Wissenschaft 21, Wien 2007.

1 Rez. in AuG.

2006

714. ***Wiederkehr der Religion? Das Christentum zwischen neuer Spiritualität und Gottvergessenheit***, Gütersloh 2006 (176 S.)

715. Zurück zum Verstehen. Von wegen Megatrend Spiritualität und Wiederkehr des Religiösen: Die Säkularisierung ist nicht aufzuhalten, DER STANDARD, 16.1.2006, S. 23

716. „Dem Rad in die Speichen fallen". Dietrich Bonhoeffer zum 100. Geburtstag, in: Die Presse, Spectrum, 21.1.2006, S. IV

717. „Dem Rad in die Speichen fallen". Zur Aktualität Dietrich Bonhoeffers, http://science.orf.at/science/koertner/142961, 27.1.2006 (5 S.)

718. Ulrich H.J. Körtner/Andreas Klein (Hg.), ***Die Wirklichkeit des Geistes. Konzeptionen und Phänomene des Geistes in Philosophie und Theologie der Gegenwart***, Neukirchen-Vluyn 2006 (VIII + 171 S.), *darin:* Vorwort (S. V-VI); Zur Einführung: Konzeptionen und Phänomene des Geistes (S. 1-17)

719. „... auf die Anfänge des Verstehens zurückgeworfen". Was ich von Dietrich Bonhoeffer gelernt habe, in: A. Klein/M. Geist (Hg.), "Bonhoeffer weiterdenken ...". Zur theologischen Relevanz Dietrich Bonhoeffers (1906-1945) für die Gegenwart (Theologie: Forschung und Wissenschaft 21), Wien 2006, S. 1-16

720. Kirchenleitung und Episkopé. Funktionen und Formen der Episkopé im Rahmen der presbyterial-synodalen Ordnung evangelischer Kirchen. Thesen, KuD 2006, S. 2-24

721. Der verborgene Gott. Christlicher Glaube zwischen neuer Spiritualität und Gottvergessenheit, in: Wort auf dem Weg, hg. vom Werk der Frohbotschaft Batschuns, 2006/H. 2, S. 16-18

722. Narrenfreiheit um des Glaubens willen. Der Karikaturenstreit aus christlicher Sicht, DER STANDARD, 18./19.2.2006, S. 46

723. Den modernen Menschen ernst nehmen. Ein Interview mit dem Systematiker Univ.-Prof. Dr. Ulrich H.J. Körtner über einen Megatrend Spiritualität [Interview: Christoph Weist], in: Saat Nr. 3, 5.3.2006, S. 8-9

724. „Es braucht Geduld und einen langen Atem ...", Interview, in: Die Universität. Zeitung der Universität Wien – online, 14.3.2006, http://www.dieuniversitaet-online.at/beitraege/news/es-braucht-geduld-und-einen-langen-atem/10.html (4 S.)

725. Vom unfreien Willen. Ein Beitrag zum Gespräch zwischen Theologie, Philosophie und Hirnforschung über das Leib-Seele-Problem im Anschluß an Martin Luther, in: F. Hermanni/Th. Buchheim (Hg.), Das Leib-Seele-Problem. Antwortversuche aus medizinisch-naturwissenschaftlicher, philosophischer und theologischer Sicht, München 2006, S. 199-221

726. „Mensch bleibt unvollkommen". Medizinischer Fortschritt zwischen Fluch und Segen – zu wenig Öffentlichkeit. Interview mit Mag. Petra Grabner und Univ.Prof. Dr. Ulrich Körtner, in: Vorarlberger Nachrichten, 1./2.4.2006, S. A 10 (online: http://www.bundeskanzleramt.at/Docs/2006/4/11/Medienberichte.pdf)

727. Leben in Menschenhand?! Die bioethische Herausforderung (Eröffnungsvortrag auf der Fachtagung „Bioethik – Leben in Menschenhand?!", Schloß Hofen/Vorarlberg. 31.3.2006), http://www.bundeskanzleramt.at/Docs/2006/4/11/Eroeffnungsvortrag.pdf (11 S.)

728. Sinn und Geschmack fürs Unendliche. Abendmahl Eucharistie, in: Wie fühlt sich der Glaube an? Wellness, Religion, Gott (Christ in der Gegenwart. Das besondere Thema. Extra-Heft), Freiburg i.Br. 2006, S. 22-25 [= Nachdruck von Nr. 525]

729. Banalisierung des Christentums, Reformiertes Kirchenblatt 83, 2006, H. 4, S. 6

730. Frailty. Medizinethische Überlegungen zur Gebrechlichkeit des alten Menschen, EthMed 18, 2006, S. 108-119 (auch online publiziert, 7.4.2006: http://www.springerlink.com/media/g19tay35yr7ruwfcgt7r/contributions/m/v/7/0/mv704n7812l26l00_html/fulltext.html)

731. Einleitung zu: ZEE 50, 2006, H. 2 (S.81-82)

732. (Hg.), ***Jesus im 21. Jahrhundert. Bultmanns Jesusbuch und die heutige Jesusforschung***, 2. Auflage, Neukirchen-Vluyn 2006 (VIII + 231 S.), *darin:* Vorwort (S. V-VI) [= Nr. 441]

733. Megatrend Gottvergessenheit. Die These von der Wiederkehr der Religion hat wenig Anhalt an der Wirklichkeit, Zeitzeichen 7, 2006, H. 5, S. 12-14

734. Ist die Moral das Ende der Seelsorge, oder ist die Seelsorge am Ende Moral?, WzM 58, 2006, S. 225-245

735. Sündenvergebung und Schuldübernahme in der Seelsorge, WzM 2006, 58, S. 259-269

736. Gesundheit um jeden Preis? Ziele und Kosten des medizinischen Fortschritts aus der Sicht medizinischer Ethik, in: H.-J. Kaatsch/H. Rosenau (Hg.), Wirtschaftsethik. Gesammelte Vorträge zur Ringvorlesung Wirtschaftsethik I/II (Ethik interdisziplinär 6), Münster 2006, S. 31-62 [= Nr. 485]

737. Wohin steuert die Ökumene? Evangelische Perspektiven, in: M. Bünker (Hg.), Evangelischen Kirchen und Europa, Wien 2006, S. 105-122

738. Ende der interreligiösen Gemütlichkeit. Stellen Religionen ein Sicherheitsrisiko dar?, DER STANDARD, 20./21.5.2006, S. 39

739. KrankenRäume – Christliche Ethik in der Medizin, Amt und Gemeinde 57, 2006, S. 80-91

740. Angst essen Fortschritt auf. Der Theologe Ulrich Körtner ist neu in der Ethikkommission der Unesco [Interview mit Peter Illetschko], in: DER STANDARD (Forschung Spezial), 31.5.2006, S. 14

741. Ulrich H.J. Körtner/Günter Virt/Dietrich v. Engelhardt/Franz Haslinger (Hg.), ***Lebensanfang und Lebensende in den Weltreligionen. Beiträge zu einer interkulturellen Medizinethik***, Neukirchen-Vluyn 2006 (VIII + 254 S.),
darin: (zus. m. G. Virt, D. v. Engelhardt u. F. Haslinger) Vorwort (S. V); Zur Einführung: Interkulturelle und interreligiöse Fragestellungen heutiger Medizinethik (S. 1-4)

742. Krankheit, Kultur und Religion. Der Krankheitsbegriff in der medizinethischen Diskussion, in: U. Körtner/G. Virt/D. v. Engelhardt/F. Haslinger (Hg.), Lebensanfang und Lebensende in den Weltreligionen. Beiträge zu einer interkulturellen Medizinethik, Neukirchen-Vluyn 2006, S. 231-250

743. Eine Frage der Religionen. Interkulturelle Medizinethik: Ein Beitrag zur aktuellen Integrationsdebatte, in: Die Furche, Nr. 24, 15.6.2006, S. 11

744. Lebensanfang und Lebensende in den Weltreligionen, Die Universität. Zeitung der Universität Wien – online, 19.6.2006, http://www.dieuniversitaet-online.at/beitraege/news/lebensanfang-und-lebensende-in-den-weltreligionen/10.html (3 S.)

745. Lebensanfang und Lebensende in den Weltreligionen. Institut für Ethik und Recht in der Medizin präsentiert Neuerscheinung, http://science.orf.at/science/koertner/144600, 20.6.2006 (3 S.)

746. Ein Bild, das uns gleich sei. Christliche Anthropologie im biotechnologischen Zeitalter, BThZ 23, 2006, S. 125-142 [= Nr. 694]

747. Nachfolge und Verantwortungsethik. Zur Ethik Dietrich Bonhoeffers, DtPfrBl 106, 2006, S. 283-286

748. Klone: Menschen oder Monster?, Teil 1, http://science.orf.at/science/koertner/144859, 26.6.2006 (4 S.)

749. Kirchenleitung und Episkopé. Funktionen und Formen der Episkopé im Rahmen der presbyterial-synodalen Ordnung evangelischer Kirchen. Thesen, in: D. Sattler/G. Wenz (Hg.), Das kirchliche Amt in apostolischer Nachfolge, Bd. II: Ursprünge und Wandlungen (DiKi 13), Freiburg i.Br./Göttingen 2006, S. 216-240 (vgl. Nr. 720)

750. Klone: Menschen oder Monster?, Teil 2, http://science.orf.at/science/koertner/144860, 28.6.2006 (3 S.)

751. Hauptsache gesund?, Junge Gemeinde. Das Magazin für evangelische Kinder- und Jugendarbeit, Nr. 178, Wien 2006, S. 4

752. Art. Ethik, Evangelisches Staatslexikon. Neuausgabe, hg. v. W. Heun, M. Honecker, M. Morlok u. J. Wieland, Stuttgart 2006, Sp. 461-473

753. Art. Fortpflanzung, künstliche (Th), Evangelisches Staatslexikon. Neuausgabe, hg. v. W. Heun, M. Honecker, M. Morlok u. J. Wieland, Stuttgart 2006, Sp. 607-610

754. Art. Genetik, Gentechnologie (Th), Evangelisches Staatslexikon. Neuausgabe, hg. v. W. Heun, M. Honecker, M. Morlok u. J. Wieland, Stuttgart 2006, Sp. 711-718

755. „Wann werden wir Gott?“. Gespräch mit Ulrich Körtner [Interview: Simone Achermann], in: GDI Impuls. Wissensmaganzin für Wirtschaft, Gesellschaft, Handel, 24. Jg., 2006, H.2 (Thema: Healthstyle), S. 44-45

756. Das österreichische Patientenverfügungsgesetz. Entstehungsgeschichte, Inhalt, Bewertung, ZEE 50, 2006, S. 221-227

757. ***Einführung in die theologische Hermeneutik***, Darmstadt 2006 (192 S.)

758. Enthüllung der Wirklichkeit. Hermeneutik und Kritik apokalyptischen Daseinsverständnisses aus systematisch-theologischer Sicht, in: M. Becker/M. Öhler (Hg.), Apokalyptik als Herausforderung neutestamentlicher Theologie (WUNT II/214), Tübingen 2006, S. 383-402

759. Ingeborg Gabriel/Alexandros K. Papaderos/Ulrich H.J. Körtner, ***Perspektiven Ökumenischer Sozialethik. Der Auftrag der Kirchen im größeren Europa***, 2., um Register erw. Aufl., Ostfildern 2006 (337 S.),
darin: (zus. mit I. Gabriel u. A. Papaderos) Einleitung (S. 11-21) [= Nr. 701]

760. Grundzüge und Traditionen evangelischer Sozialethik, in: I. Gabriel/A.K. Papaderos/U. Körtner, Perspektiven Ökumenischer Sozialethik. Der Auftrag der Kirchen im größeren Europa, Ostfildern ^{2}2006, S. 227-292.316-321 (Literatur) [= Nr. 702]

761. Darwin und die Rache Gottes, http://science.orf.at/science/koertner/145524, 28.8.2006 (4 S.)

762. Darwin und die Rache Gottes. Anmerkungen zu Kardinal Schönborns Kampf gegen den „Neodarwinismus“, in: Die Furche, Nr. 35, 31.8.2006, S. 5

763. Nachfolge und Verantwortungsethik. Zur Ethik Dietrich Bonhoeffers, in: Standpunkt. Zeitschrift des Evangelischen Bundes in Österreich, H. 183, Wien 2006, S. 3-23

764. Flucht in die Rhetorik. Der Protestantismus muss eine Friedensethik entwickeln, die heutigen Kriegen gerecht wird, Zeitzeichen 8, 2006, H. 9, S. 12-14

765. Forsetzung des Djihad mit anderen Mitteln?, DER STANDARD, 18.9.2006, S. 23

766. Verantwortung als ethisches Prinzip multiprofessioneller Altenarbeit, in:. Diakonie-Zentrum Salzburg (Hg.), „Wer ist dafür zuständig?“ Abgrenzen – Angrenzen – Netzwerken. Schnittstellenmanagement in

der Altenarbeit, 12. Salzburger Diakonie-Dialoge, 30. Juni 2006, Abdruck der Fachbeiträge, Salzburg 2006, S. 27-36

767. Offen gefragt – offen gesagt: Welcher Protestant würde nach Entschuldigung rufen?, in: Sonntagsblatt für Steiermark, 24.9.2006, S. 2

768. Moralisierung der Politik oder Politisierung der Moral? Zur politischen Funktion von Ethikkommissionen am Beispiel Österreichs, in: M. Fischer/K.S. Zänker (Hg.), Medizin- und Bioethik (Ethik transdisziplinär 1), Frankfurt a.M. 2006, S, 89-103 [= Nr. 690, mit Anmerkungen]

769. Warum läßt Gott Kriege zu?, in: in: I. Ackerl/J. Lehner/J. Sachslehner (Hg.), Wissen! Antworten auf unsere großen Fragen, Wien/Graz 2006, S. 44

770. Warum sollen wir unsere Feinde lieben?, in: in: I. Ackerl/J. Lehner/J. Sachslehner (Hg.), Wissen! Antworten auf unsere großen Fragen, Wien/Graz 2006, S. 54

771. Wird der Mensch eines Tages Begriffe wie „Vorsehung“ und „Schicksal“ außer Kraft setzen?, in: in: I. Ackerl/J. Lehner/J. Sachslehner (Hg.), Wissen! Antworten auf unsere großen Fragen, Wien/Graz 2006, S. 70

772. Wo sind die Grenzen moderner Medizin aus ethischer Sicht?, in: I. Ackerl/J. Lehner/J. Sachslehner (Hg.), Wissen! Antworten auf unsere großen Fragen, Wien/Graz 2006, S. 416

773. Profil des Christlichen schärfen. Ein protestantischer Blick auf die vermeintliche Rückkehr der Religion, in: Herder Korrespondenz Spezial: Renaissance der Religion. Mode oder Megathema?, Freiburg i.Br. 2006, S. 24-27

774. Solang es Menschen gibt. Wann fängt der Mensch an, „Person“ zu sein? Bei der Geburt? Erst später? Oder schon im Mutterbauch? Und: Was macht uns überhaupt erst zur Person?, in: Die Presse, Spectrum, 28.10.2006, S. IV

775. Wunschdenken. Eine Vorlesung und ihre Folgen. Die Regensburger Rede des Papstes, Zeitzeichen 8, 2006, H. 11, S. 19-21

776. Vorsicht, Johannes Huber! Vor populärwissenschaftlichen Erklärungsversuchen sei im Dialog zwischen Theologie und modernen Naturwissenschaften eindringlich gewarnt, in: Die Presse, Spectrum, 4.11.2006, S. V

777. Für uns gestorben? Die Heilsbedeutung des Todes Jesu als religiöse Provokation, AuG, 2006, S. 189-200

778. Hermeneutik der Religion? Die hermeneutische Frage in der gegenwärtigen Theologie, Internationales Jahrbuch für Hermeneutik 5, 2006, S. 15-38

779. Nachfolge und Verantwortungsethik. Zur Ethik Dietrich Bonhoeffers, in: F. Eichinger/J. Berger/H. Eichmeyer (Hg.), Glauben lernen in einer mündigen Welt. Linzer Bonhoeffer-Symposium 2006, Wien 2006, S. 113-133 [= Nr. 763]

780. Eine Frage, drei Antworten. Moralisches Gefühl und Funktionsentsprechung – eine Zwickmühle. Kommentar zu einem Fallbeispiel, in: PADUA – die Fachzeitschrift für Pflegepädagogik 1, 2006, H. 5, S. 30-31

781. Tendenzen und Konzeptionen deutschsprachiger Dogmatik, ThR 71, 2006, S. 422-462

782. (Redaktion, zus. m. Gottfried Adam u. Wilhelm Pratscher:) ***Wiener Jahrbuch für Theologie, Bd. 6, 2006*** (440 S.),
darin: (zus. m. G. Adam u. W. Pratscher) Vorwort, S. 3-4

783. Über Bultmann hinaus: Biblische Hermeneutik bei Ernst Käsemann, WJTh 6, 2006, S. 205-216

784. Die Frage nach der Frage, auf die die Theologie die Antwort ist, NZSTh 48, 2006, S. 407-423

2007

785. Neue Regierung: Wo bleibt die Biopolitik?, http://science.orf.at/science/koertner/146885, 12.1.2007 (3 S.)

786. Wo bleibt die Biopolitik?, DER STANDARD, 13./14.1.2007, S. 46

787. (Hg.), ***Geschichte und Vergangenheit. Rekonstruktion – Deutung – Fiktion***, Neukirchen-Vluyn 2007 (VIII + 159 S.),
darin: Vorwort (S. V-VI); Zur Einführung: (S. 1-21)

788. Geschichte und Vergangenheit. Geschichtsschreibung zwischen Fakten und Fiktionen, http://science.orf.at/science/koertner/146911, 19.1.2007 (4 S.)

789. Geschichtsschreibung zwischen Fakten und Fiktionen, Die Universität. Zeitung der Universität Wien – online, 22.1.2007, http://www.dieuniversitaet-online.at/beitraege/news/geschichtsschreibung-zwischen-fakten-und-fiktionen/10.html (4 S.) [vgl. Nr. 787]

790. Die Bibel im Konflikt der Interpretationen, http://science.orf.at/science/koertner/146980, 29.1.2007 (4 S.)

791. Die Bibel im Konflikt der Interpretationen, Die Universität. Zeitung der Universität Wien – online, 29.1.2007, http://www.dieuniversitaet-online.at/beitraege/news/die-bibel-im-konflikt-der-interpretationen/10.html (3 S.) [vgl. Nr. 789]

792. *Rezension:* Stefan Grotefeld/Matthias Neugebauer/Jean-David Strub/Johannes Fischer (Hg.), Quellentexte theologischer Ethik. Von der Alten Kirche bis zur Gegenwart, Stuttgart 2006, in: ZEE 51, 2007, S. S. 70-72

793. Die Gnosis und ihre Überwindung in Christentum, Judentum und Islam, Religionen unterwegs 13, 2007, H.1, S. 10-14

794. Megatrend Gottvergessenheit. Die These von der Wiederkehr der Religion hat wenig Anhalt an der Wirklichkeit, in: Imprimatur. Nachrichten und kritische Meinungen aus der katholischen Kirche 40, 2007, H. 1, S. 37-40 [= Nr. 733]

795. Flucht in die Rhetorik. Der Protestantismus muss eine Friedensethik entwickeln, die heutigen Kriegen gerecht wird, epd-Dokumentation 11-12/2007, S. 58-60 [= Nr. 764]

796. „Forderung nach vermehrter Ethik". Fortschritte verlangen nach neuen Lösungen [Interview: Lutz Reinfried], in: Ärztewoche, 21. Jg., Nr. 14, 5.4.2007, Sonderbeilage 20 Jahre Ärztewoche, S. IV

797. „... auf die Anfänge des Verstehens zurückgeworfen". Was ich von Dietrich Bonhoeffer gelernt habe, in: A. Klein/M. Geist (Hg.), "Bonhoeffer weiterdenken ...". Zur theologischen Relevanz Dietrich Bonhoeffers (1906-1945) für die Gegenwart (Theologie: Forschung und Wissenschaft 21), Wien ^{2}2007, S. 1-20 [= Nr. 719]

798. „Jedes Leben ist *verdanktes* Leben". Der evangelische Theologe Ulrich Körtner über den Sinn und die Abwehr von Leid [Interview: Daniela Tomasovsky], in: Die Presse, 6.4.2007, S. 31

799. „... eine gewisse Intellektualität in Glaubensfragen". Der evangelische Theologe Ulrich H.J. Körtner erklärt die Unterschiede zwischen Protestantismus und Katholizismus, beurteilt die Möglichkeiten der Ökumene im Zeitalter der religiösen Unterschiede und denkt über Fragen der Bioethik nach. [Interview: Franceso Campagner und Hermann Schlösser], in: Wiener Zeitung, extra, 7.4.2007, S. 6-7

800. Bibel oder nicht Bibel: das ist hier die Frage! Zur Kritik der „Bibel in gerechter Sprache", epd-Dokumentation 17-18/2007, S. 21-23

801. Genetica, predizione, libertà. L'applicazione dei test genetici nella pratica clinica. Aspetti etici e sociali, in: Bioetica. Rivista interdisciplinare 15, 2007, n.1, Inserto a cura della Commissione Bioetica della Tavola Valdese, S. 15-26

802. Das Recht auf Faulheit. Bezahlte Arbeit ist ein knappes Gut. Ulrich Körtner plädiert für eine Ethik der Muße, in: Die Kirche. Evangelische Wochenzeitung, Nr. 17, 29.4.2007, S. 1

803. Bibel oder nicht Bibel: das ist hier die Frage! Zur Kritik der „Bibel in gerechter Sprache", AuG 58, 2007, S. 68-70 [= Nr. 800]

804. Leichen-Schau und Menschenwürde. Von Körperwelten, Kuriositätenkabinetten und Crash-Test-Dummies, in: J. Taupitz (Hg.), Kommerzialisierung des menschlichen Körpers (Veröffentlichungen des Instituts für Deutsches, Europäisches und Internationales Medizinrecht, Gesundheitsrecht und Bioethik der Universitäten Heidelberg und Mannheim, Band 28), Berlin/Heidelberg/New York 2007, S. 83-93

805. Boff gegen Ratzinger: Christentum ohne Christus? Zur Kontroverse zwischen Benedikt XVI. und der Befreiungstheologie – Eine Replik, in: DER STANDARD, 21.5.2007, S. 23

806. „Ein größer werdendes Europa muss auch von gemeinsamen ethischen Werten getragen werden", in: J. Pühringer (Hg.), Reichersberger Pfingstgespräche 2002-2006, Linz 2007, S. 224-239

807. Attentate der Ausleger. Ein Einwurf [zur „Bibel in gerechter Sprache"], Die Presse, Spectrum, 26.5.2007, S. VII

808. ***Ethik im Krankenhaus. Diakonie – Seelsorge – Medizin***, Göttingen 2007 (238 S.)

809. *Rezension:* Matthias Dreher, Rudolf Bultmann als Kritiker in seinen Rezensionen und Forschungsberichten. Kommentierende Auswertung (Beiträge zum Verstehen der Bibel 11), Münster 2005, in: ThR 72, 2007, S. 242-245

810. Das Jesusbuch des Papstes. Schriftverständnis – Ökumene – ingterreligiöser Dialog. Anmerkungen aus evangelischer Sicht [*Rezension:* Joseph Ratzinger – Benedikt XVI., Jesus von Nazareth, Teil 1: Von der Taufe im Jordan bis zur Verklärung, Freiburg/Basel/Wien 2007], in: Christ in der Gegenwart 59, 2007, S. 189-190

811. Krankheit, Kultur und Religion. Fragestellungen interkultureller Medizin- und Pflegeethik, Wiener Medizinische Wochenschrift 157, 2007, H. 9-10, S. 183-189

812. „Ecce Homo!" – „Seht, welch ein Mensch!" (Joh 19,5). Ulrich Körtner im Gespräch mit Astrid Schweighofer, in: superNews. Magazin für das evangelische Niederösterreich, Nr. 2/2007, S. 7-9

813. Schweigen hat seine Zeit, reden hat seine Zeit [Das Evangelische Wort, 20.5.2007, Ö1], Reformiertes Kirchenblatt 84, 2007, H. 6, S.8

814. Das Recht auf Faulheit. Ein Plädoyer fur eine Ethik der Muße, in: Die Kirche. Evangelische Wochenzeitung, SommerSpezial, Juli 2007, S. 8 [= Nr. 802]

815. Für uns gestorben? Die Heilsbedeutung des Todes Jesu als religiöse Provokation, in: K. Grünwaldt/U. Hahn (Hg.), Kreuzestheologie – kontrovers und erhellend. Prof. Dr. Volker Weynmann zur Verabschiedung in den Ruhestand, Hannover 2007, S. 203-222

816. Christentum zwischen neuer Spiritualität und Gottvergessenheit, epd-Dokumentation 29/2007, S. 6-16

817. Post aus Rom: Splendid Isolation, in: DER STANDARD, 12.7.2007, S. 31

818. Ulrich H.J. Körtner/Christian Kopetzki (Hg.), ***Schriftenreihe Ethik und Recht in der Medizin***, Springer Verlag, Wien (seit Gründung 2007)

819. Ulrich H.J. Körtner/Christian Kopetzki/Maria Kletečka-Pulker (Hg.), ***Das österreichische Patientenverfügungsgesetz. Ethische und rechtliche Aspekte*** (Schriftenreihe Ethik und Recht in der Medizin, Bd. 1), Wien/New York 2007 (255 S.),
darin: (zus. m. Chr. Kopetzki u. M. Kletečka-Pulker) Vorwort (S. V)

820. Patientenverfügungen in der theologischen Diskussion, in: U. Körtner/Chr. Kopetzki/M. Kletečka-Pulker (Hg.), Das österreichische Patientenverfügungsgesetz. Ethische und rechtliche Aspekte (Schriftenreihe Ethik und Recht in der Medizin, Bd. 1), Wien 2007, S. 20-33

821. Auf dem Weg zu einer ökumenischen Soziallehre? Evangelische Kirchen vor neuen sozialen Herausforderungen, ZEE 51/ 2007, S. 163-168

822. Reiner Anselm/Ulrich H.J. Körtner (Hg.), ***A polêmica da biomedicina. Um avaliação pleo prisma da responsabilidade cristã***, São Paulo 2007 [= portugiesische Übersetzung von Nr. 535]
darin: (zus. m. R. Anselm) Prefácio (S. 9-10); Glossário de termos da ética e da medicina (S. 205-211)

823. Ecumenismo bioético? Possibilidades e limites da ética ecumênica no exemplo da miomedicina, in: R. Anselm/U. Körtner (Hg.), A polêmica da biomedicina. Um avaliação pleo prisma da responsabilidade cristã, São Paulo 2007, S. 67-92 [= portugiesische Übersetzung von Nr. 536]

824. Leben um jeden Preis? Medizinethische Probleme in den Neonatologie, WSP-Journal. Nachrichten des Wilhelminenspitals der Stadt Wien 2/2007, S. 76-79

825. Ethik und Anthropologie – Das christliche Menschenbild im biotechnologischen Zeitalter, in: H. Zehetmair (Hg.), Politik aus christlicher Verantwortung. Anspruch und Wirklichkeit christlicher Politik, Wiesbaden 2007, S. 175-188

826. Keine Ökumene im eigentlichen Sinne, in: Die Furche, Nr. 35, 30.8.2007, S. 11

827. Bio-Based Economy aus ethischer Sicht, http://science.orf.at/science/koertner/149315, 30.8.2007 (5 S.)

828. Keine Ökumene im eigentlichen Sinne, epd-Dokumentation 37/2007, S. 22-23 [= Nr. 826]

829. „Eher ein Dienst an der Spaltung". Der evangelische Theologe Ulrich Körtner erwartet sich vom Papstbesuch nichts. [Interview: Klaus Taschwer], in: Der Standard, 7.9.2007, S. 2

830. Schöpfung und Evolution – zwischen Sein und Design, http://science.orf.at/science/koertner/149423, 7.9.2007 (4 S.)

831. Schöpfung und Evolution – zwischen Sein und Design, Die Universität. Zeitung der Universität Wien – online, 10.9.2007, http://www.dieuniversitaet-online.at/beitraege/news/schopfung-und-evolution-zwischen-sein-und-design/10.html (4 S.) [vgl. Nr. 830]

832. Ulrich H.J. Körtner/Marianne Popp (Hg.), ***Schöpfung und Evolution – zwischen Sein und Design. Neuer Streit um die Evolutionstheorie***, Wien 2007 (262 S.)
darin: (zus. m. M. Popp) Vorwort (S. 7-9)

833. Schöpfung, Kosmologie und Evolution. Zum Stand der Diskussion zwischen Theologie und Naturwissenschaften, in: U. Körtner/M. Popp (Hg.), Schöpfung und Evolution – zwischen Sein und Design. Neuer Streit um die Evolutionstheorie, Wien 2007, S. 65-87

834. Kirchliche Identitäten im Wandel. Differenzökumene und Ökumene der Profile, DtPfrBl 107, 2007, S. 480-482

835. Wird aus Lebensrecht Lebenspflicht?, http://science.orf.at/science/koertner/149520, 18.9.2007 (4 S.)

836. Lebensrecht, nicht Lebenspflicht. Wie weit reicht das Selbstbestimmungsrecht von Wachkomapatienten?, in: Die Presse, 27.9.2007, S. 37

837. Nur quasi dasselbe mit anderen Worten? Zur Kritik der „Bibel in gerechter Sprache", in: E. Gössmann/ E. Moltmann-Wendel/H. Schüngel-Straumann (Hg.), Der Teufel blieb männlich. Kritische Diskussion zur „Bibel in gerechter Sprache". Feministische, historische und systematische Beiträge, Neukirchen-Vluyn 2007, S. 241-249

838. Den Willen des Patienten respektieren. Das österreichische Patientenverfügungsgesetz ist sei einem Jahr in Kraft. [Interview: Inge Smolek], in: Ärztewoche Nr. 41, 11.10.2007, S. 25

839. Suizid – ein Menschenrecht?, http://science.orf.at/science/koertner/149890, 26.10.2007 (3 S.)

840. Ist Selbsttötung ein Menschenrecht?, in: DER STANDARD, 30.10.2007, S. 35 [vgl. Nr. 839]

841. Die Zumutung, dennoch zu hoffen. Predigt über Jeremia 29,1.4-11, http://www.reformiert-info.de/side.php?news_id=1439&part_id=0&navi=1, 30.10.2007 (6 S.)

842. Von der Hoffnung, die uns erfüllt. Tod, Auferstehung und ewiges Leben, http://www.reformiert-info.de/daten/File/Upload/doc-1442-1.doc, 6.11.2007 (18 S.)

843. Divattéma a vallás. Szempontok korunk vallási kultúrájának megközelítéséhez [Modethema Religion – Aspekte der religiösen Gegenwartskultur], Lelkipástor. Evangélikus lelkészi szakfolyóirat 82, 2007, S. 401-406

844. Spiritualität in der Medizin, Teil 1, http://science.orf.at/science/koertner/149984, 9.11.2007 (5 S.)

845. Spiritualität in der Medizin, Teil 2, http://science.orf.at/science/koertner/149985, 14.11.2007 (4 S.)

846. Theologie für die Gegenwart, Christ in der Gegenwart im Bild 18, 2007, S. 188

847. Grenzen der Toleranz, in: Kirche aus Verantwortung. Zeitschrift des Katholischen Akademikerverbandes St. Pölten 5/2007, S.5-12

848. Wiederkehr der Religion? Säkularisierung, Revitalisierung und Repolitisierung von Religion aus der Sicht protestantischer Theologie, in: Europische Akademie für lebensforschung, Integration und Zivilgesellschaft (Hg.), Atheismen und Säkularisierung oder Wie religiös sind noch die Bürgergesellschaften Europas, Krems 2007, S. 117-132

849. Zerrbild der Reformation. Ulrich H. J. Körtner widerspricht Benedikts XVI. „polemischer Formel" von der „Enthellenisierung", in: Die Furche, Nr. 51/52, 20.12.2007, S.27

850. Grenzen der Toleranz, in: Standpunkt. Zeitschrift des Evangelischen Bundes in Österreich, H. 189, Wien 2007, S. 3-19 [= Nr. 847]

851. Modethema Religion – Aspekte der religiösen Gegenwartskultur, in: Deutscher Evangelischer Kirchentag 2007. Dokumente, hg. im Auftrag des Deutschen Evangelischen Kirchentages, Gütersloh 2007, S. 336-343

852. Ulrich H.J. Körtner/Chr. Schwöbel, Kommt die Religion oder geht die Religion? Gespräch am Donnerstag, 7. Juni 2007, Moderation: Reinhard Hempelmann, in: Deutscher Evangelischer Kirchentag 2007. Dokumente, hg. im Auftrag des Deutschen Evangelischen Kirchentages, Gütersloh 2007, S. 351-354

853. Natality. A Theological Approach to an Anthropological Basic Concept in the Context of Bioethics, Verbum et Ecclesia 28, 2007, S. 468-487

Leeb

2006

Der Augsburger Religionsfrieden und die österreichischen Länder.
In: JGPrÖ 122, 2006, S. 23-54.

Der Einfluss von Cyriakus Spangenberg auf die habsburgischen Erblande und das Erzstift Salzburg.
In: S. Rhein / G. Wartenberg (Hgg.), Reformatoren im Mansfelder Land. Erasmus Sarcerius und Cyriakus Spangenberg, Schriften der Stiftung Luthergedenkstätten in Sachsen-Anhalt 4, Leipzig 2006, S. 259-278.

In Memoriam Oskar Sakrausky.
In: JGPrÖ 122, 2006, S. 5-9.

Staatsgewalt und Seelenheil. Die „Gegenreformation" in Innerösterreich als Modellfall.
In: F. Schweizer (Hg.), Religion, Politik und Gewalt. Kongressband des XII. Europäischen Kongresses für Theologie 18.-22. September 2005 in Berlin (Veröffentlichungen der Wissenschaftlichen Gesellschaft für Theologie 29), Gütersloh 2006, S. 490-509.

2007

Die Kirche von St. Salvator in Rottenman und die Kirchweihpredigt des Dr. Georg Senger vom 15. Februar 1579.
In: JGPrÖ 123, 2007, S. 190-218.

Neu gelesen: Kurt Aland, Über den Glaubenswechsel in der Geschichte des Christentums (1961).
In: Wiener Zeitschrift zur Geschichte der Neuzeit 7, 2007, H. 2, S. 123-133.

Protestantismus und evangelische Kirche in Tirol im 19. Jahrhundert.
In: JGPrÖ 123, 2007, S. 43-64.

Regensburg und das Evangelische Österreich.
In: P. Schmid / H. Wanderwitz (Hgg.), Die Geburt Österreichs, Regensburg 2007, S. 103-122.

Widerstand und leidender Ungehorsam gegen die katholische Konfessionalisierung in den österreichischen Ländern
In: R. Leeb / S.C. Pils / T. Winkelbauer (Hgg.), Staatsmacht und Seelenheil. Gegenreformation und Geheimprotestantismus in der Habsburgermonarchie (VIÖG 47), Wien/München 2007 (recte: 2006), S. 183-201.

Zusammen mit T. Winkelbauer, Vorwort.
In: R. Leeb / S.C. Pils / T. Winkelbauer (Hgg.), Staatsmacht und Seelenheil. Gegenreformation und Geheimprotestantismus in der Habsburgermonarchie (VIÖG 47), Wien/München 2007 (recte: 2006), S. 7-10.

Loader

2006

Metaphorical and literal readings of aphorisms in the Book of Proverbs.
In: HTS 62/4, 2006, S. 1177-1199.

Qumran, text and intertext. On the significance of the Dead Sea Scrolls for theologians reading the Old Testament.
In: OTE 19/3, 2006, S. 892-911.

Reading and controlling the text.
In: OTE 19/2, 2006, S. 694-711.

1 Rez in Review of Biblical Literature.

2007

Old Testament Criticism and Interpretation in the Twentieth Century.
In: S.E. Porter (Hg.), Dictionary of Biblical Criticism and Interpretation, London/New York 2007, S. 372-377, 381-383.

2 Rez. in HTS.

Öhler

2006

Zusammen mit Michael Becker, Apokalyptik als Herausforderung neutestamentlicher Theologie (WUNT 2. Reihe 214),
Tübingen 2006.

Iobakchen und Christusverehrer. Das Christentum im Rahmen des antiken Vereinswesens.
In: Inkulturation. Historische Beispiele und theologische Reflexionen zur Flexibilität und Widerständigkeit des Christlichen.
In: R. Klieber / M. Stowasser (Hgg.), Theologie (Forschung und Wissenschaft 10), Wien 2006, S. 63-86.

Zusammen mit M. Becker „Und die Wahrheit wird offenbar gemacht“. Zur Herausforderung der Theologie durch die Apokalyptik.
In: M. Becker / M. Öhler (Hgg.), Apokalyptik als Herausforderung neutestamentlicher Theologie (WUNT 2.Reihe 214), Tübingen 2006, S. 3-20.

Die Steinigung Jesu. Spontane Gewalt in Joh 8 und 10.
In: F. Schweitzer (Hg.), Religion, Politik und Gewalt (Veröffentlichungen der Wissenschaftlichen Gesellschaft für Theologie 29), Gütersloh 2006, S. 396-412.

Die vier Reiter (Apk 6,1-8): Die Apokalypse des Johannes und ihre Rezeption.
In: WJTh 6, 2006, S. 85-98.

2007

Die Erwählung der Heiden und ihrer Apostel.
In: Protokolle zur Bibel 16, 2007, S. 25-42.

Gütergemeinschaft und Wohltäterschaft. Die Jerusalemer Urgemeinde und die Frage nach der Gerechtigkeit.
In: GlLern 22, 2007, S. 121-130.

Pratscher

2006

Eine frühchristliche Schrift neben vielen anderen. Der neue Evangelienfund: Das Evangelium des Judas.
In: Saat. Evangelisch-lutherische Kirchenzeitung für Österreich 53, 2006, Nr. 7, S. 8f.

The Motivations of Ethos in 2 Clement.
In: J. G. van der Watt (Hg.), Identity, Ethics, and Ethos in the New Testament (BZNW 141), Berlin/New York 2006, S. 597-610.

Neutestamentliche und apokryphe Zitate im 2. Clemensbrief.
In: WJTh 6, 2006, S. 99-111.

Die Parusieerwartung im 2. Klemensbrief.
In: M. Becker / M. Öhler (Hgg.), Apokalyptik als Herausforderung neutestamentlicher Theologie (WUNT 2, 214), Tübingen 2006, S. 197-210.

Zusammen mit G. Adam / U. Körtner (Hgg.), WJTh 6,
Wien 2006.

2007

Der Jesus der Evangelien als der wirkliche Jesus von Nazareth. Zum Jesusbuch von Joseph Ratzinger / Benedikt XVI.
In: Saat. Evangelisch-Lutherische Kirchenzeitung für Österreich 54, 2007, Nr. 8, S. 7.

Judas, der wahre Freund Jesu: Das Judasevangelium.
In: Protokolle zur Bibel 16, 2007, S. 119-135.

Maria in der frühchristlichen Literatur.
In: AuG 58, 2007, S. 82-92.

Der zweite Clemensbrief (KAV 3),
Göttingen 2007.

1 Rez. in RKBl.

Reingrabner

2004 – 2005

(in annähernd zeitlicher Reihenfolge)

Zum Stand der niederösterreichischen Reformationsgeschichtsforschung.
In: JGPrÖ 120, 2004, S. 95-149.

Gesellschaft für die Geschichte des Protestantismus in Österreich.
In: JGPrÖ 120, 2004, S. 17-30.

Die Gesellschaft für die Geschichte des Protestantismus in Österreich – einhundertfünfundzwanzig Jahre.
In: Standpunkt 174, 2004, S. 3-41.

Ein Bildprogramm mit religiösem Thema auf der Rosenburg.
In: Das Waldviertel 53, 2004, S. 127-137.

Reformatorische Schulordnungen im Land unter der Enns als Ausdruck eines neuen Kirchenverständnisses.
In: ÖARuR 51, 2004, S. 41-60.

Wandern um der Wahrheit willen – auch eine Erinnerung.
In: Kultur und Bildung 2004, H. 2, S. 19-22.

..zeitlich und ewiglich wohl verdienet – Einige theologische Bemerkungen zur Zeit.
In: H. Heller (Hg.), Gemessene Zeit – gefühlte Zeit. Tendenzen der Beschleunigung, Verlangsamung und subjektiven Zeitempfindens, Wien 2004, S. 23-42.

Neufeld und die Evangelische Kirche.
Einleitender Beitrag zu Reinhold Arthofer, Festschrift 100 Jahre Evangelische Kirche Neufeld a. d. Leitha, Eisenstadt 2004, S. 3-9.

Neue Erkenntnisse zu Gottlieb August Wimmer.
In: Kultur und Bildung 2004, H. 2, S. 18-19.

Beiträge zur inneren Geschichte des österreichischen Protestantismus im späteren 19. Jahrhundert.
In: JGPrÖ 121, 2005, S. 205-284.

(Hg.) Ein Bischof schreibt .. Die amtsbrüderlichen Rundschreiben von Bischof D. Gerhard May 1944 – 1968, Zurndorf 2005.

Wie das Viertel oberm Wienerwald katholisch geworden ist.
In: Standpunkt 181, 2005, S. 3-20.

Die reformierte Kirche in Oberwart:
In: Kultur und Bildung 2005, H. 1, S. 14-17.

Elisabeth von Puchheim.(1544 – 1612). Adelige Frau und Stadtherrin von Horn.
In: H. Hitz u.a., (Hg.), Waldviertler Biographien, Band 2, Horn 2004, S. 33-52.

Max Monsky (1876 – 1969). Evangelischer Pfarrer in Krems.
In: Harald Hitz u.a., (Hgg.), Waldviertler Biographien, Band 2, Horn 2004, S. 207-220.

.. .Einen Schatz gegeben. Vom evangelischen Anteil an Österreichs Kultur.
Wien 2004.

Baustein und nicht Episode. Reformation und Protestantismus in Niederösterreich.
Zurndorf 2004.

Beiträge in Edgar Hösch u.a., (Hg.), Lexikon zur Geschichte Südosteuropas,
Wien/Köln/Weimar 2004.

Das Heimathaus in Oberschützen – Gottlieb August Wimmer und Franz Simons Sammlung,
Oberschützen 2004.

Glaube und Heimat – Protestantisch in Ungarn.
In: Oberschützer Museumsblätter 1, 2004, S. 5-16.

Theologische Wissenschaft und das „einfache" Evangelium – ein Fall von Luxurierung?
In: H. Heller (Hg.), Luxurierung. Beschreibung und Analyse aufwändiger Entwicklungen in Natur und Kultur, Graz 2004, S. 153-168.

Ordination im evangelischen Verständnis – Bemerkungen zu ihrer Bedeutung und Problematik.
In: AuG 55, 2004, S. 150-162.

Ethik und Kirchenrecht – einige Bemerkungen.
In: AuG 55, 2004, S. 239-244.

Heimat oder Bekenntnis – Zur Konfessionalisierung der nördlichen Landesteile Ober- und Niederösterreichs.
In: Thomas Aigner u.a. (Hg.), C.R.Y. , Festschrift zum 75. Geburtstag von Heinrich Fasching, St.Pölten 2004, S. 222-234.

Eine Trugburg?
In: Standpunkt 178, 2005, S. 3-17.

Evangelische Pfarrgemeinden im Burgenland und die Darstellung ihrer Geschichte.
In: Burgenländische Heimatblätter 66, 2004, S. 185-209.

Zum Verhältnis von Kirche und Spital in Österreich und dem Burgenland, vor allem in der Zeit der Konfessionalisierung.
In: A. Friedrich, u.a. (Hg.), Das Hospital am Beginn der Neuzeit, Petersberg 2004, S. 121-136.

Evangelischer Religionsunterricht in Österreich – eine Skizze.
In: A. Rinnerthaler (Hg.), Historische und rechtliche Aspekte des Religionsunterrichtes, Frankfurt a.M. 2004, S. 133-188.

Gruß und Abschied in der Überlieferung der Bibel.
In: G. Reingrabner (Hg.), Abschied und Erinnerung. Zum Gedenken an Otto Koenig, Wien 2005, S. 87-92.

Was blieb vom Werk Otto Koenigs?
In: G. Reingrabner (Hg.), Abschied und Erinnerung. Zum Gedenken an Otto Koenig, Wien 2005, S. 13-20.

Oberschützen – der Ort und die Kirchengemeinde zwischen 1850 und 1900.
In: Oberschützer Museumsblätter 2, 2005, S. 4-14.

Zur Reform kirchlicher Strukturen – Sachgerechte Überlegungen, dargestellt am Beispiel Österreich.
In: AuG 56,2005, S. 131-140.

Hierarchien in der Kirche – Entwicklung, Motive und Legitimationen.
In: H. Heller (Hg.), Hierarchien – Evolutionäre Voraussetzungen ..., Wien 2005, S. 122-142.

Die Gesellschaft für Geschichte des Protestantismus in Österreich.
In: D. Blaufuß (Hg.), Handbuch der deutschen Territorialkirchengeschichte, ^{2}2005.

2006 – 2007

(lediglich die wichtigeren, in annähernd zeitlicher Reihenfolge)

Erinnerungen an den Altbischof (Oskar Sakrausky).
In: AuG 57, 2006, S. 51-54.

Reformation und Gegenreformation im westungarisch-burgenländischen Raum – einige Bemerkungen.
In: Burgenländische Heimatblätter 68, 2006, S. 25-50.

Die Geschichte des christlichen Glaubens und der kirchlichen Einrichtungen.
In: H. Huber (Hg.), Gols. Geschichte einer Marktgemeinde, Gols 2006, S. 427-535.

Der Ort Oberschützen.
In: E. Schedl (Hg.), Johann Georg Bruckner 1828 – 1909. Was ist das menschliche Leben, Lebenserinnerungen eines Schuhmachermeisters, Oberwart 2006, S. 28-34.

Gustav Entz – Prediger und Lehrer.
In: Standpunkt 179, 2006.

Auch das Viertel ober Wienerwald ist katholisch geworden – warum?
In: Blätter für Fränkische Familienkunde 29, 2006, S. 35-51.

Protestantismus und Evangelische Pfarrgemeinde.
In: R. Kropf (Hg.), Festschrift 15 Jahre Stadt Stadtschlaining, Stadtschlaining 2006.

Eine Ermahnung als Abschied – zur Leichenpredigt für Dietrich von Puchheim.
In: Das Waldviertel 55, 2006, S. 241-265.

Der Zwang zum wahren Glauben und seine Folgen.
In: Adler, Zeitschrift für Genealogie und Heraldik 23, 2006, S. 216-237.

Heilige Stätte – heiliger Ort – heiliger Raum – eine Entwicklung?
In: H. Heller (Hg.), Raum – Heimat – fremde und vertraute Welt, Wien 2006, S. 307-322.

„Leichpredigt / So bey der ehrlichen Begrebnus des Ehrwirdigen von wolgelärten Herrn .. gehalten worden ist, Wittemberg 1588".
Neudruck, Horn 2006, als Gabe zum 70. Geburtstag von Gustav Reingrabner.

Der Augsburger Religionsfriede in den habsburgischen Ländern.
In: Günther Wartenberg u.a., (Hg.), Der Augsburger Religionsfriede, Leipzig 2007.

Der Horner Bund von 1608 – Nachrichten aus der Kanzlei der evangelischen Stände.
In: UH 77, 2006, S. 55 - 68.

Besonderheiten von Reformation und katholischer Konfessionalisierung im Land unter der Enns.
In: Rudolf Leeb u.a., (Hg.), Staatsmacht und Seelenheil. Gegenreformation und Geheimprotestantismus in der Habsburgermonarchie, Wien-München 2007, S. 386-395.

Bücher in Alt-Horner Häusern.
In: Horner Kalender 2007, S. 18-31.

Das „Geistliche Amt" und „förmliche Stellen der heiligen Schrift".
In: WJTh 6, 2006, S. 265-283.

Recht in der Kirche – Einige persönliche Erfahrungen und Erkenntnisse.
In: Standpunkt 186, 2007, S. 3-28.

„Bedrängte Tage 1945" – Notizen eines Betroffenen.
In: Burgenländische Heimatblätter 69, 2007, S. 41-54.

Die Pfarrgemeinde Oberschützen zwischen den Kriegen.
In: Oberschützer Museumsblätter 4, 2007, S. 3-21.

Literatur in Oberschützen – eine bescheidene Hinführung.
In: Oberschützer Museumsblätter 4, 2007, S. 31-34.

Das Schulwesen in Horn zur Zeit der Reformation.
In: E. Rabl (Hg.), 350 Jahre Gymnasium Horn 1657 - 2007. Festschrift, Horn 2007, S. 29-42.

Magister Stephan Lohaeus – ein evangelischer Prediger in Horn.
In: Das Waldviertel 56, 2007, S. 156-180.

„Weder Anbetung, noch Verachtung" – Die Evangelischen und Mariazell.
In: Ökumenischer Rat der Kirchen und Österr. Bischofskonferenz (Hg.), Aufeinander zugehen. Maria und die Einheit der Kirchen. Tagungsbericht, Wien 2007, S. 47-58.

Toleranz in einer intoleranten Zeit.
In: Kultur und Bildung 3, 2007, S. 8-12.

Um Glaube und Freiheit. Eine kleine Rechtsgeschichte der Evangelischen in Österreich und ihrer Kirche.
Frankfurt a. Main u.a. 2007, 258 S.

Der Kampf um die „Glaubenseinheit Tirols" – ein Kampf gegen Windmühlen?
In: D. Meyer u.a. (Hg.), Über Schlesien hinaus. Festgabe für Herbert Patzelt, Würzburg 2006, S. 83-98.

Das evangelische Schulwesen in Österreich.
In: A. Rinnerthaler (Hg.), Das kirchliche Privatschulwesen – historische, pastorale, rechtliche und ökonomische Aspekte, Frankfurt a. Main u.a., 2007, S. 155-255.

Fremdlingschaft als religiöse Kategorie und ethisches Problem.
In: H. Heller (Hg.), Fremdheit im Prozess der Globalisierung. Bereicherung? Bedrohung? Nivellierung?, Wien 2006, S. 178-292.

Glaube oder Heimat, (Karl Schönherr).
In: M. Bünker u.a. (Hg.), Protestantismus & Literatur. ein kulturwissenschaftlicher Dialog, Wien 2007, S. 137-156.

Wallfahrten.
In: Denkmalpflege in Niederösterreich 38, 2007, S. 21-24.

Ein wenig über den Sinn von Wallfahrten.
In: Denkmalpflege in Niederösterreich 38, 2007, S. 27-29.

Reiss

2006

Kommentare der Vertreter des Palästinensischen Curriculumzentrums und des Arabischen Bildungsinstituts.
In: K. Hock / J. Lähnemann / W. Reiss (Hgg.), Schulbuchforschung im Dialog. Die Darstellung des Christentums in Schulbüchern islamisch geprägter Länder (Beiheft der Zeitschrift für Mission 5), Frankfurt 2006, S. 52-56.

La Representación de la Cristiandad y Occidente en los libros de texto en Oriente Medio. Principales conclusiones y hallazgos de un proyecto de investigación alemán.
In: Entelequia. Revista International No. 2, otoño 2006, S. 207-215.

المسيحية والغرب في كتب المدارس بالشرق الأوسط الاستنتاجات والنتائج الرئيسية لمشروع البحث الألماني = Représentation du christianisme et de l'Occident dans les manuels scolaires au Moyen Orient.
In: Konrad-Adenauer-Stifung (Hg.), Dialoguer avec autrui, se questioner sur soi-même. Islam et Christianisme, éducation et progrès, Conférence de l'Université de Manouba/ Konrad Adenauer Stiftung, Tunis 26.-27.9.2005, Tunis 2006, S. 205-215.

Schulbuchforschung im Dialog. Die Darstellung des Christentums in Schulbüchern islamisch geprägter Länder.
In: K. Hock / J. Lähnemann / W. Reiss (Hgg.), [Dokumentation eines Symposiums zur Internationalen Schulbuchforschung in Nürnberg und Analyse der Gespräche mit ägyptischen Gesprächspartnern zum ägyptischen Curriculum und Veröffentlichung des Teils II meiner Habilitationsschrift „Die Darstellung des Christentums in ägyptischen Schulbüchern“: Schwierigkeiten und Chancen des Gesprächs über die Darstellung des Christentums in ägyptischen Schulbüchern] (Beiheft der Zeitschrift für Mission 5), Frankfurt 2006, S. 137-243.

Zusammen mit Pia Zumbrink Wie sehen die Religionen sich gegenseitig in ihren Schulbüchern.
In: BThZ 23, 2006, S. 237-262.

2007

Ansätze zur Verbesserung der Darstellung des Christentums in ägyptischen Schulbüchern.
In: J. Lähnemann (Hg.), Visionen wahr machen. Interreligiöse Bildung auf dem Prüfstand, Hamburg-Schenefeld 2007, S. 502-508.

Anwendungsorientierte Religionswissenschaft. Eine notwendige Ergänzung religionswissenschaftlicher Forschung und Lehre.
In: H. Reza Yousefi u.a. (Hg.), Wege zur Religionswissenschaft, Nordhausen 2007, S. 289-306.

Hoffnungsvolle Perspektiven zur Revision von Schulbüchern im Nahen Osten.
In: [Übersicht über Ergebnisse und Gesprächsverlauf mit Repräsentanten aus 8 Ländern] (CIBEDO-Beiträge 1), 2007, S. 13-25.

Obstacles and Chances of an International Dialogue on Curriculum Revision in the Middle East.
In: R. Kaymakcan / O. Leirvik (Hgg.), Teaching for Tolerance In Muslim Majority Societies, Istanbul 2007, S. 133-148.

Sauer

(Nachtrag) **2005**

Dolmen im Ostjordanland.
In: Festschrift für Erzpriester Professor Dr. Nikolai Schivarov, ISBN 954-524-491-7, Sofia 2005, S. 57-60.

2006

Elia und die Baalsverehrung:
In: WJTh 6, 2006, S. 35-44.

8 Beiträge zur Zeitschriftenschau in ZAW.
1 Rez. in RBL.

2007

Ben Sira 50 – eine Festliturgie?
In: J. Männchen (Hg.), Mein Haus wird ein Bethaus für alle Völker genannt werden (Jes 56,7). Judentum seit der Zeit des Zweiten Tempels in Geschichte, Literatur und Kult. Festschrift für Thomas Willi zum 65. Geburtstag, Neukirchen-Vluyn 2007, S. 119-126.

Georg Sauer.
In: S.Grätz / B.U. Schipper (Hgg.), Alttestamentliche Wissenschaft in Selbstdarstellungen, Göttingen 2007, S. 50-58.

4 Beiträge zur Zeitschriftenschau in ZAW.

Schelander

2006

Inkulturation und das Wesen des Christentums in der liberalen Religionspädagogik.
In: R. Klieber / M. Stowasser (Hgg.), Inkulturation. Historische Beispiele und theologische Reflexionen zur Flexibilität und Widerständigkeit des Christlichen (Theologie: Forschung und Wissenschaft 10), Wien 2006, S. 188-202.

Osterfreude – Predigt für den Ostersonntag 16. April 2006 (Predigttext: 1. Samuel 2,1-2.6-8).
In: U. Nembach / J. Neukirch (Hgg.), Göttinger Predigten im Internet,
www.predigten.uni-goettingen.de

1 Rez. In ThLZ 131, 2006.

2007

Bild im Wort und Wort im Bild. Beobachtungen zur Veränderung der Bilddidaktik.
In: Das Wort, 2007, H. 1, S. 6-9.

EVAS Profil. Anregungen zur Weiterarbeit.
In: H.-E. Pollitt / M. Leuthold / A. Preis (Hgg.), Wege und Ziele evangelischer Schulen in Österreich. Eine empirische Untersuchung (Schule in evangelischer Trägerschaft 7), Münster u.a. 2007 S. 103-111.

Kinderbibelforschung.
In: VF 52, 2007, H. 1, S. 72-76.

Kinder- und Jugendbücher der Aufklärungszeit. Arbeitskreis Jakob Glatz gegründet.
In: libri liberorum 8, 2007, H. 27, S. 11-15.

Weihnachtsmann oder Christkind? Ein Fragebogenprojekt zum Thema Weihnachten im Gymnasium.
In: SchR 26, 2007, Nr. 1-2, S. 109-120.

Schipper

2006

100 Jahre Palästina-Archäologie aus Wien. Ernst Sellins Ausgrabungen auf Tell Ta'annek/Taanach.
In: Bulletin. Gesellschaft für Österreichisch-Arabische Beziehungen 2, 2006, S. 9-11.

Ernst Sellin: ein Pionier der Biblischen Archäologie in Wien. 100 Jahre 'Nachlese auf dem Tell Ta'annek in Palästina'.
In: Schalom. Zeitschrift der Österreichisch-Israelischen Gesellschaft 39/1, 2006, S. 15.
In: Forum Archaeologiae 40/IX/2006 (http://farch.net).

Jason's Gymnasium in Jerusalem: Greek Athletics and Circumcision as the Mark of the Holy Covenant.
In: Sport and the Construction of Identities. Proceedings of the XIth International Cesh Congress, Vienna, September 17th-20th 2006, Wien 2006, S. 775-789.

Jasons Gymnasium in Jerusalem. Griechische Athletik, makkabäische Polemik und die Hellenisierung des Judentums im frühen 2. Jahrhundert v. Chr. Überlegungen zu 1 Makk 1,15.
In: Akten des 10. Österreichischen Althistorikertages 2004, Salzburg 2006, S. 113-126.

Jüdische Identität und griechische Athletik. Beschneidung und Epispasmos in der Zeit der sogenannten „hellenistischen Reform".
In: WJTh 6, 2006, S. 45-59.

Libanon. Kulturland im Kampf der Kulturen.
In: Journal. Österreichische Gesellschaft für Kulturgüterschutz, 2006, S. 2-3.

Zusammen mit F. Schuller / K. v. Habsburg-Lothringen (Poster) The Protection of Cultural Property in the Event of Armed Conflict.
American Schools of Oriental Research – Annual Meeting: Washington D.C. 2006

Zusammen mit S. Kreuzer, Tell Ta'annek – das biblische Taanach. Ernst Sellins Ausgrabungen im wissenschaftsgeschichtlichen Kontext: 100 Jahre Nachlese auf dem Tell Ta`annek in Palästina.
In: WJTh 6, 2006, S. 287-312.

7 Rez. in Bibel und Liturgie 79, 2006.

2007

1 Rez. in Bibel und Liturgie 80, 2007.

Schwarz

2006

„Unter dem Gesetz der Diaspora“: Das Diasporaverständnis des österreichischen Theologen Gerhard May zwischen politischer Konjunktur und theologischer Metaphorik.
In: Kirche und Diaspora – Erfahrungen und Einsichten (Beihefte zur Ev. Diaspora 3), Leipzig 2006, S. 9-40.

Die evangelischen Kirchen in Österreich von 1945 bis heute.
In: M. Bünker (Hg.), Evangelische Kirchen und Europa, Wien 2006, S. 123-147.

Konfessionelle Minderheiten in der Schule: Der Religionsunterricht – ein Seismograph für die Gewährleistung religiöser Interessen in der Gesellschaft.
In: K. Breitsching / W. Rees (Hg.), Recht – Bürge der Freiheit. Festschrift für Johannes Mühlsteiger SJ zum 80. Geburtstag (Kanonistische Studien und Texte 51), Berlin 2006, S. 1003-1020.

Ján Kvačala ja tema tähendus Tartu/Dorpati ülikoolile [Ján Kvačala – ein Kind der Donaumonarchie und seine Bedeutung für die Universität Tartu/Dorpat].
In: R. Altnurme (Hg.), Eesti Teoloogilise Mõtlemise Ajaloost. Sissejuhatavaid Märkusi Ja Apokrüüfe, Tartu 2006, S. 72-83.

Die „Vorsynode“ 1849. Ein Beitrag zur Rechtsgeschichte des österreichischen Protestantismus.
In: ZSRG.K 123/92, 2006, S. 570-602.

„Meine Popularität (...) dürfte auch der Anstalt zu Gute kommen“. Zum 200. Geburtstag des lutherischen Kirchenrechtslehrers Karl Kuzmány.
In: WJTh 6, 2006, S. 337-352.

Zusammen mit H. Unterköfler Zur Geschichte der evangelischen Lutherkirche in Stockerau.
In: JGPrÖ 122, 2006, S. 175-188.

Bischof Dr. Oskar Sakrausky zum Gedenken (24.3.1914-10.2.2006).
In: Car. I 196, 2006, S. 677-680.

Ökumenisches Kirchenrecht. Anmerkungen aus evangelischer Perspektive.
In: D. A. Binder / K. Lüdicke / H. Paarhammer (Hgg.), Kirche in einer säkularisierten Gesellschaft (Festschrift für Hugo Schwendenwein zum 80. Geburtstag), Innsbruck 2006, S. 457-467.

Religion und Kirchen in Rumänien. Ein Überblick.
In: T. Kahl / M. Metzeltin / M.-Răzvan Ungureanu (Hgg.), Rumänien (Österreichische Osthefte Jahrgang 48/2006 Sonderband), Wien/Münster 2006, S. 581-599.

Der „Fall Brünn“: Eine evangelische Kirchengemeinde im Nationalitätenkonflikt der Habsburgermonarchie.
In: H. Krmíčková / A. Pumprová / D. Růžičková / Libor Švanda (Hgg.), Querite primum regnum Dei: Festschrift für Professor Jana Nechutová, Brünn 2006, S. 623-633.

„Am Ende des konstantinischen Zeitalters“: Heinrich Drimmel und die österreichische Kultuspolitik.
In: H. Wohnout (Hg.), Demokratie und Geschichte. Jahrbuch des Karl von Voglsang-Instituts zur Erforschung der Geschichte der christlichen Demokratie in Österreich 9/10, 2005/2006, S. 209-225.

Václav Pokorný a založení reformovaného sboru v Brně. Evangelický sbor v národnostních konflictech habsburské monarchie [Wenzel Pokorný und die Gründung der reformierten Gemeinde in Brünn. Eine evangelische Kirchengemeinde im Nationalitätenkonflikt der Habsburgermonarchie].
In: Setkávání Brněnský Evangelický Měsíčník 8, 2006, H. 6, S. 113-116; H. 7, S. 135-138.

Samuel Hruškovic (1694-1748) a náboženskopolitická situácia v Uhorsku na prelome 17. a 18. storočia, [Samuel Hruškovič (1694-1748) und die religionspolitische Situation im Königreich Ungarn um die Wende vom 17. zum 18. Jahrhundert].
In: Ľ. Ozabalová (Hg.), Život Samuela Hruškovica (Vita Samuelis Hruscowitz), Bratislava 2006, S. 148-152.

(Mitarbeit in:) F. Fellner / D. A. Corradini (Hgg.), Österreichische Geschichtswissenschaft im 20. Jahrhundert. Ein biographisch-bibliographisches Lexikon, Wien/Köln/Weimar 2006, S. 373-374.

1 Rez. in: Mitteilungen der Österr. Gesellschaft für Wissenschaftsgeschichte.
1 Rez. in: Dialog du Siach.

2007

Zur Gewährleistung „der Seelsorge an den evangelischen Angehörigen des Bundesheeres“: Der Staat und die Evangelische Militärseelsorge.
In: K.-R. Trauner (Hg.), Es gibt nie ein Zuviel an Seelsorge … 50 Jahre Evangelische Militärseelsorge im Österreichischen Bundesheer (Schriften zur Geschichte des Österreichischen Bundesheeres Bd. 11), Wien 2007, S. 130-136.

„Am Ende des konstantinischen Zeitalters“. Heinrich Drimmel und die österreichische Kultuspolitik.
In: H. Wohnout (Hg.), Demokratie und Geschichte. Jahrbuch des Karl von Voglsang-Institus zur Erforschung der Geschichte der christlichen Demokratie in Österreich 9/10, 2005/2006, Wien/Köln/Weimar 2007, S. 209-225.

Die Wiener Protestantisch-Theologische Lehranstalt, ihre Gründung 1819/21 und ihre Beziehungen zur Zips.
In: W. Kriegleder / A. Seidler / J. Tancer (Hgg.), Deutsche Sprache und Kultur in der Zips (Presse und Geschichte Neue Beiträge 24), Bremen 2007, S. 137-153.

„Heilendes Erinnern“. Ein Dialog über die Geschichte der christlichen Kirchen in Rumänien.
In: biblos 56, 2007, S. 125-142.

Evangelische Theologie zwischen kultureller Nachbarschaftshilfe und volksdeutschem „Sendungsbewusstsein“. Die Wiener Protestantisch-theologische Lehranstalt/Fakultät und ihre Bedeutung für den Donau- und Karpatenraum.
In: Danubiana-Carpathica 1 (48), 2007, S. 89-112.

60 Jahre Evangelische Superintendenz A.B. Steiermark.
In: Blätter für Heimatkunde 81, 2007, S. 2-3, 77-85.

Anmerkungen zum österreichischen Privatschulrecht.
In: H.-E. Pollitt / M. Leuthold / A. Preis (Hgg.), Wege und Ziele evangelischer Schulen in Österreich. Eine empirische Untersuchung (Schule in evangelischer Trägerschaft 7), Münster/New York/München/Berlin 2007, S. 17-27.

Das Privatschulwesen der Evangelischen Kirche in Österreich. Eine Bestandsaufnahme.
In: A. Rinnerthaler (Hg.), Das kirchliche Privatschulwesen - historische, pastorale, rechtliche und ökonomische Aspekte (Wissenschaft und Religion 16), Frankfurt a. M. 2007, S. 421-440.

Der „Löwe aus Mitternacht“ und das österreichische Schulrecht.
In: Das Wort 2007, H. 2, S. 15-18.

Ein „Kirchenkampf“ in Österreich. Zum Konflikt um das Bischofsamt (1940).
In: K. Stokłosa / A. Strübind (Hgg.), Glaube – Freiheit – Diktatur in Europa und den USA. Festschrift für Gerhard Besier zum 60. Geburtstag, Göttingen 2007, S. 141-157.

Freikirchen zwischen Konsens, Konflikt und gesetzlicher Anerkennung. Zur kultusrechtlichen Lage in Böhmen im 19. Jahrhundert.
In: Über Schlesien hinaus … Zur Kirchengeschichte in Mitteleuropa. Festgabe für Herbert Patzelt zum 80. Geburtstag (Beihefte zum Jahrbuch für Schlesische Kirchengeschichte 10), Würzburg 2006, S. 57-81.

Das Verhältnis von Kirche und Staat in Österreich.
In: ZEvKR 52, 2007, S. 464-494.

„Ein verlassenes Stiefkind" vor dem „Tempel der Freiheit". Die Wiener Protestantisch-theologische Lehranstalt im Frühjahr 1848.
In: Mitteilungen der Österreichischen Gesellschaft für Wissenschaftsgeschichte 25, 2007, S. 145-160.

Otto Bünkers „Hirten" – pastoraltheologische Wahrheit zwischen Kirchengeschichte und Dichtung.
In: M. Bünker / K. W. Schwarz (Hgg.), Protestantismus & Literatur. Ein kulturwissenschaftlicher Dialog (Protestantische Beiträge zu Kultur und Gesellschaft 1), Wien 2007, S. 283-301.

60 Jahre Evangelische Superintendenz A.B. Kärnten. Zur Erinnerung an den ersten Superintendenten Dr. Fritz Zerbst.
In: Car. I 197, 2007, S. 219-248.

Vom Exercitium religionis privatum zur Privatisierung des Religionsbekenntnisses. Der Protestantismus im Spiegel seines Ringens um Religionsfreiheit zwischen 1848 und 1938.
In: W. Drobesch / R. Stauber / P. G. Tropper (Hgg.), Mensch, Staat und Kirchen zwischen Alpen und Adria 1848-1938. Einblicke in Religion, Politik, Kultur und Wirtschaft einer Übergangszeit, Klagenfurt 2007, S. 29-50.

Im Spannungsfeld von Kirche und Kultur: Ján Kvačala – ein slowakischer Kirchenhistoriker zwischen Pozsony, Wien, Dorpat und Bratislava.
In: Beiträge zur ostdeutschen Kirchengeschichte F. 8, Münster 2007, S. 87-99.

„(...) als eine Vor-Mauer der Christenheit mit Teutschen leuthen zu besetzen". Zur Religions- und Kulturpolitik der Habsburger im Banat.
In: H. Klein / H. Pitters (Hgg.), Kirche als versöhnte Gemeinschaft. Festschrift für Bischof D.Dr. Christoph Klein zu seinem 70. Geburtstag (Beihefte der Kirchlichen Blätter 7), Sibiu/Hermannstadt 2007, S. 138-149.

Zur Kirchenrechtslehre an der Evangelisch-Theologischen Fakultät bzw Lehranstalt in Wien. Wissenschaftsgeschichtliche Perspektiven.
In: ÖARuR 54, 2007, S. 306-351.

(Art.) Paul Schramko.
In: ÖBL 59, Lieferung 2007, S. 58.

(Art.) Heinrich August Stählin.
In: ÖBL 59, Lieferung 2007, S. 78.

Zusammen mit O. Wagner (Art.) Paul Stalmach.
In: ÖBL 59, Lieferung 2007, S. 83-84.

Zusammen mit R. Klieber (Hg.) Österreichs Kirchen im 20. Jahrhundert. Eine Bibliographie (Österreichische Historische Bibliographie Sonderband 1),
Graz/Santa Barbara 2007.

Zusammen mit D. Meyer / Ch. Erdmann-Schott (Hgg.) Über Schlesien hinaus. Zur Kirchengeschichte in Mitteleuropa. Festgabe für Herbert Patzelt zum 80. Geburtstag (Beihefte zum Jahrbuch für Schlesische Kirchengeschichte 10),
Würzburg 2006 [tatsächlich erschienen VIII/2007].

Zusammen mit M. Bünker (Hg.) Protestantismus & Literatur. Ein kulturwissenschaftlicher Dialog,
Wien 2007.

1 Rez. in: Zeitschrift für evangelisches Kirchenrecht.
1 Rez. in: Annales historici Presovienses.
1 Rez. in: Car I.
1 Rez. in: Mitteilungen der Österr. Gesellschaft für Wissenschaftsgeschichte.
1 Rez. in: Dialog du Siach.

Schmidt-Lauber

2006

(Art.) The Lutheran Tradition in the German Lands.
G. Wainwright / K. B. Westerfield Tucker (Hgg.), The Oxford History of Christian Worship, New York 2006, S. 395-421.

2007

Apostolizität der Kirche aus evangelischer Sicht.
In: FS Christoph Klein zum 70. Geburtstag, Herrmannstadt 2007.

(Art.) Worship 1 + 2.3-4.
In: The Encyclopedia of Christianity, Grand Rapids/Leiden, Vol. V, 2007, S. 785-789; 792-797.

Suda

2006

Biblische Meditationen
In: „Blick aus der Gemeinde“, 1982-2006, Ev. Pfarrgemeinde Wien-Floridsdorf 2006.

Die Ethik Martin Luthers. (FSÖTh 108),
Göttingen 2006.

Selbstoffenbarung Gottes in der Bibel?
In: WJTh 6, 2006, S. 217-231.

Tloka

2006

Schöpfung predigen. Das Sechstagewerk bei Basilios und Johannes Chrysostomos.
In: WJTh 6, 2006, S. 125-141.

1 Rez. in Das Wort.

2007

Die christliche polis bei Johannes Chrysostomos. Leitbild und Identifikationfiguren.
In: J. Hahn / M. Vielberg (Hgg.), Formen und Funktionen von Leitbildern (Altertumswissenschaftliches Kolloquium 17), Stuttgart 2007, S. 163-176.

1 Rez. auf: http://www.bookreviews.org (RBL).

Westerink

2006

1 Rez. in NTT.

2007

Zusammen mit W. Visser (Hg.), Friedrich Schleiermacher, Over de religie. Betogen voor de ontwikkelden onder haar verachters,
Amsterdam 2007.

Zusammen mit P. Vandermeersch Godsdienstpsychologie in cultuurhistorisch perspectief,
Amsterdam 2007.

The Great Man from Tarsus. Freud on the Apostle Paul.
In: The Psychoanalytic Quarterly, 2007, S. 217-236.

Inleiding op Friedrich Schleiermachers „Betogen over de religie".
In: W. Visser / H. Westerink (Hg.), Friedrich Schleiermacher, Over de religie. Betogen voor de ontwikkelden onder haar verachters, Amsterdam 2007, S. 9-39.

De mythische held of de man Mozes? Over joodse mythologie.
In: Tijdschrift voor Psychoanalyse, 2007, S. 3-15.

Paulus: een groot man bewonderd door Freud.
In: J. van Eijnatten / F. van Lieburg / H. de Waardt (Hgg.), Heiligen of helden. Opstellen voor Willem Frijhoff, Amsterdam 2007, S. 19-30.

Schleiermachers actualiteit.
In: http://meer.trouw.nl/nieuws-en-debat/ook-de-achttiende-eeuw-kende-zijn-spirituele-zoekers

Slavoj Zizek on New Age Spirituality.
In: https://praha.psu.cas.cz/spirituality/texts/Westerink.doc

2 Beitr. in Newsletter IAPR.
2 Rez. in NTT.

Wischmeyer

2006

Alfred Raddatz 1928-2006.
In: WJTh 6, 2006, S. 255-360.

Asyl und Fremdenaufnahme in der Kirchengeschichte. Zwei Fallbeispiele: Spätantike Sklaven und Réfugiés.
In: E. Noort / W. Wischmeyer (Hg.), Europa, Minderheiten und die Globalisierung, Groningen 2006, S. 41-54.

Bibelauslegung und bischöfliches Machtmonopol bei Dionysius von Alexandrien.
In: WJTh 6, 2006, S. 142-154.

Christen im römischen Reich: Statusinkonsistenz in der Alten Kirche und der Versuch, sie zu beseitigen.
In: Bericht über den 24. Österr. Historikertag in Innsbruck, 2005 (Veröffentlichungen des Verbandes Österreich. Historiker und Geschichtsvereine 33), Innsbruck 2006, S. 334-342.

Durch Emanzipation zur Transdisziplinarität. Von der Christlichen Archäologie zur spätantiken und frühbyzantinischen Kunstwissenschaft und Archäologie.
In: ThLZ 131, 2006, S. 817-832.

Zusammen mit E. Noort (Hg.), Europa, Minderheiten und die Globalisierung. Theologische Überlegungen zu der sich erweiternden Welt. Vorträge der vierten Konferenz der Mittelsüdosteuropäischen und niederländischen Theologischen Fakultäten in Bratislava 2004 (Theologie zwischen Ost und West 4), Groningen 2006.

Die Rezeption des Paulus in der Geschichte der Kirche.
In: O. Wischmeyer (Hg.), Paulus. Leben – Umwelt – Werk – Briefe, Tübingen 2006, S. 358-368.

2007

Zusammen mit H. de Roest (Hg.), Heiliger Text. Die identitätsbildende Funktion klassischer Texte innerhalb einer Gemeinschaft. Vorträge der fünften Konferenz der mittelsüdosteuropäischen und niederländischen Theologischen Fakultäten in Leiden,
Groningen 2007.

Vom Brunnen zum Baptisterium. Spätantike Brunnengedichte.
In: V. Panagl (Hg.), Dulce Melos (La poesia tardoantica e medievale 3), Wien/Alessandria 2007, S. 301-318.

Von Menschen für Menschen. Augustins Schrift de Doctrina Christiana - Die hermeneutischen Positionierungen des Prologs.
In: H. de Roest / W. Wischmeyer (Hg.), Heiliger Text, Groningen 2007, S. 109-117.

Zwei Lehrer aus Kleinasien.
In: F. R. Prostmeier (Hg.), Frühchristentum und Kultur, Festschrift für Oracio Lona (KfA, Erg. Band 2), Freiburg 2007, S. 95-109.

Folgende Abkürzungen wurden verwendet:

AuG	Amt und Gemeinde
BThSt	Biblisch –theologische Studien
BThZ	Berliner Theologische Zeitschrift
Car	Carynthia
DtPfrBl	Deutsches Pfarrerblatt
FAT	Forschungen zum Alten Testament
FSÖTh	Forschungen zur systematischen und ökumenischen Theologie
GlLern	Glaube und Lernen
GuL	Geist und Leben
HTS	Hervormde teologiese studies
JGPrÖ	Jahrbuch für die Geschichte des Protestantismus in Österreich
KfA	Kommentar zu frühchristlichen Apologeten
NTT	Nederlands Theologisch Tijdschrift
NZZ	Neue Zürcher Zeitung
ÖARuR	Österreichisches Archiv für Recht & Religion
ÖBL	Österreichisches biographisches Lexikon
OTE	Old Tesament Essays
PhJ	Philosophisches Jahrbuch
RKBl	Reformiertes Kirchenblatt
SchR	Schulfach Religion
ThLZ	Theologische Literaturzeitung
ThR	Theologische Rundschau
ThRev	Theological Review
ThRv	Theologische Revue
UH	Unsere Heimat
VF + VuF	Verkündigung und Forschung
VIÖG	Veröffentlichungen des Instituts für Österreichische Geschichtsforschung
WJTh	Wiener Jahrbuch für Theologie
WUNT	Wissenschaftliche Untersuchungen zum Neuen Testament
ZEvKR	Zeitschrift für Alttestamentliche Wissenschaft
ZSRG.K	Zeitschrift der Savigny-Stiftung für Rechtsgeschichte.Kanonistische Abteilung

2. Personalstand

Personalverzeichnis der Evangelisch-Theologischen Fakultät der Universität Wien
Stand: 30. Juni 2008

I. Wissenschaftliches Personal

Universitätsprofessoren/Universitätsprofessorinnen

Gottfried ADAM, Dr. theol., Dr. theol. h.c. (Hermannstadt), Dr. theol. h.c. (Budapest), O. Univ.-Prof. f. Religionspädagogik, emeritiert mit 30.09.2008

Christian DANZ, Dr. theol., Univ.-Prof., Institut f. Systematische Theologie A.B., dzt. Stellvertretender Studienprogrammleiter (bis 30.09.2008), Vizedekan ab 01.10.2008

Susanne HEINE, Dr. theol., O. Univ.-Professorin f. Praktische Theologie und Religionspsychologie, Vorstand d. Instituts f. Praktische Theologie und Religionspsychologie

Ulrich KÖRTNER, Dr. theol., O. Univ.-Prof. f. Systematische Theologie H.B., Vorstand d. Instituts f. Systematische Theologie, Vorstand d. Instituts f. Ethik und Recht in der Medizin, dzt. Vizedekan (bis 30.09.2008)

Rudolf LEEB, Dr. theol., Dr. phil., Univ.-Prof. für Territorialkirchengeschichte, Institut f. Kirchengeschichte, Christliche Archäologie und Kirchliche Kunst

James Alfred LOADER, D.Litt., Th.D., D.Th., O. Univ.-Prof. f. Alttestamentliche Wissenschaft und Biblische Archäologie, Vorstand d. Instituts f. Alttestamentliche Wissenschaft und Biblische Archäologie, dzt. Dekan

Wilhelm PRATSCHER, Dr. theol., O. Univ.-Prof. f. Neutestamentliche Wissenschaft, Vorstand d. Instituts f. Neutestamentliche Wissenschaft, Stellvertretender Studienprogrammleiter ab 01.10.2008

Wolfram REISS, Dr. theol., Univ.-Prof. f. Religionswissenschaft, Institut für Systematische Theologie

Wolfgang WISCHMEYER, Dr. theol., O. Univ.-Prof. f. Kirchengeschichte, Christliche Archäologie und Kirchliche Kunst, Vorstand d. Instituts f. Kirchengeschichte, Christliche Archäologie und Kirchliche Kunst

Außerordentliche Universitätsprofessorinnen und -professoren

Marianne GROHMANN, Dr. theol., Ao. Univ.-Prof. f Alttestamentliche Wissenschaft und Biblische Archäologie

Markus ÖHLER, Dr. theol., Ao. Univ.-Prof. f. Neutestamentliche Wissenschaft

Robert SCHELANDER, Dr. theol., Ao. Univ.-Prof. f. Religionspädagogik, Vorstand des Instituts f. Religionspädagogik, dzt. Studienprogrammleiter

Emeritierte Professoren

Peter F. BARTON, Dr. theol., Dr. phil., Dr. theol. h.c. (Budapest), Ao. Prof. (tit. O. Prof.) f. Kirchengeschichte, Christliche Archäologie und Kirchliche Kunst i.R.

Kurt LÜTHI, Dr. theol., emer. O. Univ.-Prof. f. Systematische Theologie H.B.

Kurt NIEDERWIMMER, Dr. theol., emer. O. Univ.-Prof. f. Neutestamentliche Wissenschaft

Gustav REINGRABNER, Dr. theol., emer. O. Univ.-Prof. f. Kirchenrecht und Evangelische Kirchenordnung

Georg SAUER, Dr. theol., emer. O. Univ.-Prof. f. Alttestamentliche Wissenschaft und Biblische Archäologie

Hans-Christoph SCHMIDT-LAUBER, Dr. theol., Master of Arts (Birmingham), Dr. theol. h.c. (Hermannstadt), emer. O. Univ.-Prof. f. Praktische Theologie, korrespond. Mitgl. d. Pontificia Academia Mariana Internationalis

Honorarprofessoren

Michael BÜNKER, Bischof Dr. theol., Hon.-Prof. f. Religionspädagogik

Raoul KNEUCKER, Dr. jur., Sektionschef i.R., Hon.-Prof. f. Kirchenrecht

Ulrich KÜHN, Dr. theol., Hon.-Prof. f. Systematische Theologie A.B.

Universitätsdozenten

1. Mit dem Berufstitel Ordentlicher Professor

Koloman MICSKEY, Dr., Dr. theol., Univ.-Doz. tit. O. Prof. f. Sprachphilosophische Aspekte d. Theologie (im Rahmen des Faches Systematische Theologie)

2. Mit dem Berufstitel Außerordentlicher Professor

Karl SCHWARZ, Dr. theol., tit. Ao. Univ.-Prof. f. Kirchenrecht, Ministerialrat im Bundesministerium für Unterricht, Kunst und Kultur

3. Universitätsdozenten

Reinhold MOKROSCH, Dr. phil. et theol. habil., M.D., Univ.-Doz. f. Religionspädagogik an der Univ. Wien, emer. O. Prof. d. Univ. Osnabrück

Max SUDA, Dr. theol., Univ.-Doz. i.R. f. Systematische Theologie

UniversitätslektorInnen, UniversitätsassistentInnen, Wissenschaftliche MitarbeiterInnen

Katja EICHLER, Dr. theol., Lektorin am, Institut f. Religionspädagogik

Martin FISCHER, Dr. theol., Lektor am Institut f. Systematische Theologie

Stefan FISCHER, Dr. theol., Assistent, Institut f. Altestamentliche Wissenschaft und Biblische Archäologie

Gernot HOCHHAUSER, Dr. theol, Assistent, Institut f. Kirchengeschichte, Christliche Archäologie und Kirchliche Kunst

Felix HULLA, Mag. theol., Assistent in Ausbildung, Institut f. Systematische Theologie

Roland KADAN, Mag. theol., Lektor am Institut f. Religionspädagogik

Andreas KLEIN, Dr. theol., Assistent, Institut f. Systematische Theologie

Andrea KLIMT, Mag. theol., Lektorin am Institut f. Religionspädagogik

Matthias Urs KRAMPE, Mag. phil., Lektor am Institut f. Praktische Theologie und Religionspsychologie

Markus LANG, Dr. theol., Assistent, Institut f. Neutestamentliche Wissenschaft

Marianne PRATL, Mag. theol., Assistentin in Ausbildung, Institut f. Praktische Theologie und Religionspsychologie

Hellmut SANTER, Dr. theol., Lektor am Institut f. Praktische Theologie und Religionspsychologie

Friedrich SCHIPPER, Dr. phil., Assistent, Institut f. Alttestamentliche Wissenschaft und Biblische Archäologie

Stefan SCHUMANN, Pfr., Dr. theol., Lektor am Institut f. Praktische Theologie und Religionspsychologie

Astrid SCHWEIGHOFER, Mag. phil. Mag. theol., Assistentin in Ausbildung am Institut für Kirchengeschichte, Christliche Archäologie und Kirchliche Kunst (ab 1. 9. 2008)

Ilona Monika SOLYMAR, Dr. theol., Assistentin, Institut f. Religionspädagogik

Moritz STROH, Pfr., Mag. theol., Lektor am Institut f. Praktische Theologie und Religionspsychologie

Andrea TASCHL-ERBER, Mag. phil., Mag. theol., Lektorin am Institut f. Neutestamentliche Wissenschaft (Evang.-Theol. Fakultät), Lektorin am Institut f. Neutestamentliche Bibelwissenschaft (Kath.-Theol. Fakultät)

Herman WESTERINK, Dr. theol., Assistent, Institut f. Praktische Theologie und Religionspsychologie

Renate ZITT, Dr. theol., (Gemeindepädaogik – Professorin an der Evangelische Hochschule Darmstadt), Lektorin am Institut f. Praktische Theologie und Religionspsychologie

II. Nichtwissenschaftliches Personal

Astrid BAMBERGER, Dipl.-Ing. (FH), Institut f. Alttestamentliche Wissenschaft und Biblische Archäologie

Elfriede BORSODI, Dekanat, StudienServiceCenter

Ingrid BREZINA, Institut f. Systematische Theologie

Elke BUCHNER, Institut f. Religionspädagogik, dzt. karenziert

Hildegard BUSCH, Institut f. Kirchengeschichte, Christliche Archäologie und Kirchliche Kunst

Elisabeth CELLA, Dekanatsdirektorin, Dekanat

Dorothea-Maria ESCHNER, Mag. phil., Institut f. Religionspädagogik

Erich FOLTINOWSKY, Dekanat

Daniela HERSING, Dekanat

Nicole NUNGESSER, Institut f. Praktische Theologie und Religionspsychologie

Bernhard PETRI-HASENÖHRL, Institut f. Systematische Theologie

Adalbert RAAB, Institut f. Neutestamentliche Wissenschaft

Gertraud SCHAFFENBERGER, FI, Dekanat,

Karin SIMA-SETH, Institut f. Religionspädagogik

III. Studienassistenten (Liste unvollständig)

Katharina ALDER, Institut f. Praktische Theologie und Religionspsychologie

Katja BACHL, Institut f. Alttestamentliche Wissenschaft und Biblische Archäologie

Thomas FELDKIRCHNER, Institut f. Neutestamentliche Wissenschaft

Bernhard HACKL, Dr., Institut f. Kirchengeschichte, Christliche Archäologie und Kirchliche Kunst

Martin SIEGRIST, Institut f. Religionspädagogik

IV. Fachbereichsbibliothek Katholische und Evangelische Theologie

Martin HRABE, Mag., Bibliotheksleitung

Eva PREIMEL

Wolfgang Nikolaus RAPPERT, Dr. theol., Stellvertretende Bibliotheksleitung

Laurenz SCHWARZACHER

Robert SZCZYPIORKOVSKI

Stefan WEGLEITNER

Matthias WENDT

3. Sponsionen/Promotionen

Sponsionen / Promotionen
an der Evangelisch-Theologischen Fakultät der Universität Wien

Nachtrag zu Studienjahr 2004/05

Rudolf WARON
Thema: „Leitvorstellungen zur Kirchenmitgliedschaft. Anlässe und Modelle."
Beurteiler: O. Univ. Prof. Dr. Susanne Heine

Studienjahr 2006/07

Sponsionen:

Alexander HEIST,
Thema: „Seelsorge – Therapie – Menschenbild. Die Rezeptionsweisen des Konzeptes von Carl R. Rogers in der deutschsprachigen, protestantischen Seelsorge."
Beurteiler: O. Univ. Prof. Dr. Susanne Heine

Barbara HYLL
Thema: „Evangelischer Religionsunterricht damals und heute. Ein Einblick in die Situation des evangelischen Religionsunterrichts in Österreich der letzten 50 Jahre. Pensionierte und aktive ReligionslehrerInnen berichten über ihren Unterricht."
Beurteiler: Ao. Univ. Prof. Dr. Robert Schelander

Marianne PRATL
Thema: „Von der Schuld zum Neubeginn. Die Beichte als Übergangsritual."
Beurteiler: O. Univ. Prof. Dr. Susanne Heine

Daniela SCHWIMBERSKY
Thema: „Evangelischer Gottesdienst. Eine Positionierung."
Beurteiler: O. Univ. Prof. Dr. Susanne Heine

Promotionen:

Stefan ATZE, Mag. theol.
Thema: „Ethik als Steigerungsform von Theologie? Systematische Rekonstruktion und Kritik eines Strukturprozesses im neuzeitlichen Protestantismus."
1. Begutachter: O. Univ. Prof. Dr. Ulrich Körtner
2. Begutachter: Univ.-Prof. Dr. Christian Danz

Gernot Helmut HOCHHAUSER, Mag. theol.
Thema: „Tibi condidit aulam. Spätantike Stiftungsinschriften zu kirchlichen Gebäuden Roms, Katalog und vergleichende Untersuchung."
1. Begutachter: O. Univ. Prof. Dr. Wolfgang Wischmeyer
2. Begutachter: Ao. Univ.-Prof. Dr. Johannes Divjak

Arndt Kopp-GAERTNER, Mag. thol.
Thema: „Religion als salutogene Ressource. Ein geistiges Phänomen im Zugriff empirisch-quantitativer Methodik."
1. Begutachter: O. Univ. Prof. Dr. Susanne Heine
2. Begutachter: O. Univ. Prof. Dr. Dr. h.c. Gottfried Adam

Martin PRANIESS, Mag. theol.
Thema: „'Godly Play'. Die Rezeption der Montessori-Pädagogik durch den amerikanischen Religionspädagogen Jerome W. Berryman."
1. Begutachter: O. Univ. Prof. Dr. Dr. h.c. Gottfried Adam
2. Begutachter: Ao. Univ. Prof. Dr. Robert Schelander

Studienjahr 2007/08

Sponsionen:

Annemarie DEPISCH, Dr. Mag.
Thema: „Seuchen im Alten Testament und ihr Einfluss auf das Gottesbild."
Beurteiler: O. Univ.-Prof. DDDr. James Alfred Loader

Stefan Bruno GRAUWALD
Thema: „Rhetorische Kommunikation und Seelsorge. Konzepte, Kontexte und Konkretionen."
Beurteiler: O. Univ. Prof. Dr. Susanne Heine

Iris HAIDVOGEL
Thema: „Die Frauen der Jerusalemer Urgemeinde. Persönlichkeiten, Schicksale und Konflikte von Frauen."
Beurteiler: Ao. Univ.-Prof. Mag. Dr. Markus Öhler

Karin HÜGEL
Thema: „Homoerotik und Hebräische Bibel."
Beurteiler: O. Univ.-Prof. DDDr. James Alfred Loader

Felix HULLA
Thema: „Die systematisch-theologischen Voraussetzungen von Gott als Tiefe in den Religiösen Reden Paul Tillichs."
Beurteiler: Univ.-Prof. Dr. Christian Danz

Anna-Lisa HYLL
Thema: „Die Witwe. Eine Analyse der Darstellung verwitweter Frauen im Neuen Testament."
Beurteiler: Ao. Univ.-Prof. Mag. Dr. Markus Öhler

Peter HYLL
Thema: „'Streitschriftenkrieg' Die Kontroverse zwischen Grazer Jesuiten und Tübinger Theologen Ende des 16. Jahrhunderts."
Beurteiler: Univ.-Prof. DDr. Rudolf Leeb

Irmgard LANGER,
Thema: „Die evangelische Kirche und die Einführung der Feuerbestattung in Österreich."
Beurteiler: Univ.-Prof. DDr. Rudolf Leeb

Elisabeth OBERLEITNER
Thema: „Wie kommt es, dass so eine ungleiche Verteilung besteht ? Das Leben und das Wirken von Gräfin Eveline de La Tour."
Beurteiler: Ao. Univ. Prof. Dr. Robert Schelander

Fleur Sirin POHL
Thema: „Der Pfarrer und die Mediation. Grenzen und Möglichkeiten."
Beurteiler: O. Univ. Prof. Dr. Susanne Heine

Astrid SCHWEIGHOFER,
Thema: „Jüdische Konversionen zum Protestantismus in Wien um 1900. Zur Religiosität von Arnold Schönberg, Otto Weininger, Victor Adler, Egon Friedell und Elise Richter."
Beurteiler: Univ.-Prof. DDr. Rudolf Leeb

Promotionen:

Katja EICHLER, Mag. theol.
Thema: „Biblische Geschichten bei Rudolf Christoph Lossius und Kaspar Friedrich Lossius. Eine Analyse zu Kinderbibeln in der Aufklärungszeit."
1. Begutachter: O. Univ. Prof. Dr. Dr. h.c. Gottfried Adam
2. Begutachter: Ao. Univ. Prof. Dr. Robert Schelander

Martin Christoph FISCHER, Mag. theol.
Thema: „Männermacht und Männerleid. Theologische Männerforschung als Beitrag zur Gleichstellung der Geschlechter."
1. Begutachter: O. Univ. Prof. Dr. Ulrich Körtner
2. Begutachter: Univ.-Prof. Dr. Christian Danz

Markus LANG, Mag. theol.
Thema: „Spuren des frühen Christentums."
1. Begutachter: O. Univ. Prof. Dr. Wilhelm Pratscher
2. Begutachter: Ao. Univ.-Prof. Mag. Dr. Markus Öhler

Ilona Monika SOLYMÁR, Mag. theol.
Thema: „Wer ist Jesus Christus? Eine theologisch-didaktische Analyse der Schulbuchreihe ‚Kursbuch Religion'"
1. Begutachter: O. Univ. Prof. Dr. Dr. h.c. Gottfried Adam
2. Begutachter: Ao. Univ. Prof. Dr. Robert Schelander

4. Verzeichnis der Autorinnen und Autoren

Verzeichnis der Autorinnen und Autoren

O. Univ.-Prof. Dr. Dr.h.c. Gottfried Adam
gottfried.adam@univie.ac.at

Hon.-Prof. Dr. Michael Bünker
Religionspaedagogik-evang@univie.ac.at

Dr. h.c. Joachim E. Christoph
christoph@velkd.de

V.-Prof. Dr. Christian Danz
christian.danz@univie.ac.at

Dr. Mag. Katja Eichler
katja.eichler@univie.ac.at

Dr. Stefan Fischer
stefan.fischer@univie.ac.at

Ao. Univ.-Prof. Mag. Dr. Marianne Grohmann
marianne.grohmann@univie.ac.at

Dr. Eva Harasta
eva.harasta@uni-bamberg.de

Prof. Eberhard Harbsmeier
eha@teo.au.dk

O. Univ.-Prof. Dr. Ulrich Körtner
Vorstand des Instituts für Systematische Theologie
Vizedekan der Evangelisch-Theologischen Fakultät
ulrich.koertner@univie.ac.at

O. Univ.-Prof. Dr. DDr. James Alfred Loader
Vorstand des Instituts für Alttestamentliche Wissenschaft und Biblische Archäologie
Dekan der Evangelisch-Theologischen Fakultät
james-alfred.loader@univie.ac.at

Eckhart Marggraf
marggraf@t-online.de

Prof. Dr. Reinhold Mokrosch
reinhold.mokrosch@uni-osnabrueck.de

Emer. O. Univ.-Prof. Dr. Kurt Niederwimmer
neutestament-evang@univie.ac.at

Dr. Isabelle Noth
isabelle.noth@theol.unibe.ch

Ao. Univ.-Prof. Dr. Markus Öhler
markus.oehler@univie.ac.at

O. Univ.-Prof. Dr. Wilhelm Pratscher
Vorstand des Instituts für Neutestamentliche Wissenschaft
wilhelm.pratscher@univie.ac.at

O. Univ.-Prof. Dr. Gustav Reingrabner
g.reingrabner@bnet.at

Dr. Mag. Friedrich Schipper
friedrich.schipper@univie.ac.at

Ao. Univ.-Prof. Dr. Karl Schwarz
karl.schwarz@univie.ac.at

Prof. Dr. Friedrich Schweitzer
friedrich.schweitzer@uni-tuebingen.de

Ao.Univ.Prof. i.R. Dr. Max Suda
max.suda@univie.ac.at

Prof. Dr. Joachim Track
joachim.track@augustana.de